ESV

Basel II

Handbuch zur praktischen Umsetzung des neuen Bankenaufsichtsrechts

Herausgegeben von

Deloitte

Schriftleitung: **Michael Cluse und Jörg Engels**

mit Beiträgen von

Sabine Appel, Dr. Ulrich Braun, Claus Buchholz, Leon Bloom, Bernd Claußen, Michael Cluse, Ingo de Harde, Alexander Dernbach, Dr. Jens Döhring, Jörg Engels, Patrick Esperstedt, Dr. Oliver Everling, Klaus Frick, Joachim von Gélieu, Dr. Sabine Henke, Hans Peter Hochradl, Jürgen Hromadka, Alexander Kottmann, Peter Lellmann, Volker Linde, Ulrich Lotz, Birgit Müller, Dr. Stefan Nellshen, Kurt Peter, Inge Reuling, Joachim Schauff, Frank Schönherr, Philip Schwersensky, Frank Send, Dr. Thomas Siwik, Tobias Stellmacher, Maria R. Tomasi, Christoph Wichmann, Wilhelm Wolfgarten, Henryk E. B. Wuppermann

ERICH SCHMIDT VERLAG

Bibliografische Information der Deutschen Bibliothek

Die Deutsche Bibliothek verzeichnet diese Publikation in der Deutschen Nationalbibliografie; detaillierte bibliografische Daten sind im Internet über dnb.ddb.de abrufbar.

Weitere Informationen zu diesem Titel finden Sie im Internet unter
esv.info/3 503 08346 4

Herausgeber:
Deloitte & Touche GmbH Wirtschaftsprüfungsgesellschaft (Deloitte)

ISBN 3 503 08346 4

Alle Rechte vorbehalten
© Erich Schmidt Verlag GmbH & Co., Berlin 2005
www.ESV.info

Dieses Papier erfüllt die Frankfurter Forderungen
der Deutschen Bibliothek und der Gesellschaft für das Buch
bezüglich der Alterungsbeständigkeit und entspricht sowohl den
strengen Bestimmungen der US Norm Ansi/Niso Z 39.48-1992
als auch der ISO Norm 9706.

Gesetzt aus der Stempel Garamond, 9/11 Punkt

Satz: multitext, Berlin
Druck: Druckhaus Berlin-Mitte
Buchbinderei: Stein + Lehmann, Berlin

Vorwort

„Basel II" – wohl kaum hat ein Fachbegriff des Bankenaufsichtsrechts in den letzten Jahren eine vergleichbar intensive Diskussion außerhalb der betroffenen Institute und der Bankenaufsicht in Medien, Politik und Wirtschaft ausgelöst. Mit Recht, wird man sagen müssen, denn ein von solventen Banken getragenes, solides Finanzwesen sowie eine ausreichende Kreditversorgung der Wirtschaft sind mehr denn je Wettbewerbs- und Standortfaktoren in globalen Märkten. Und da mag Feinschliff im Detail die Qualität eines neuen Regelwerks entscheidend verbessern.

Nach mehrjährigem Prozess legte der Baseler Ausschuss für Bankenaufsicht Ende Juni 2004 die Endfassung der neuen Eigenkapitalanforderungen vor. Es verwundert nicht, wenn nach kontrovers geführtem Meinungsbildungsprozess nun doch mehr Ruhe in der Öffentlichkeit eintritt: Einsicht in die Notwendigkeit eines modernen aufsichtsrechtlichen Ansatzes und seine Vorzüge fokussieren den Blick jetzt auf die Umsetzung der neuen Regelungen. Indessen, für die betroffenen Institute bringt die Einführung von Basel II eine Menge Arbeit mit sich. Die Erfüllung der Eigenkapitalanforderungen von Basel II ist nämlich nicht *en passant* zu erledigen. Zu komplex ist die Vielschichtigkeit der Regelungen und Ausnahmen, zu wichtig die optimale Ausübung von Wahlrechten und zu bedeutend der Einfluss der Eigenkapitalkosten im Konditionenwettbewerb.

Das vorliegende Handbuch soll eine praxisnahe Hilfestellung bei der Einführung von Basel II in Kredit- und Finanzinstituten bieten. Es erläutert die neuen Vorschriften – insbesondere die für die Institute wichtige Säule I „Mindesteigenkapitalunterlegung" – umsetzungsorientiert, geht auf die wahlweise anzuwendenden Methoden und deren Anforderungen detailliert ein und gibt Hinweise zur Banksteuerung. Angesichts der Aktualität basiert das Handbuch auf der verabschiedeten Endfassung von Basel II. Die geplante EU-Richtlinie (CAD 3) zur Transformation von Basel II in nationales Recht, lag zum Zeitpunkt der Drucklegung lediglich als vorläufiger Entwurf vor. Hier sind noch Änderungen zu erwarten, weshalb die CAD 3 lediglich in Auszügen berücksichtigt wurde.

Im **Teil A – Einführung** wird vor allem ein Überblick über die neuen Regelungen, den Umsetzungszeitplan und die Übergangsvorschriften gegeben. Obwohl Basel II sich nicht explizit mit den Eigenkapitalkomponenten befasst, werden einige Auswirkungen aufgrund ihrer Bedeutung ebenfalls dargestellt.

Der **Teil B – Kreditrisikomessverfahren unter Basel II** stellt die beiden wesentlichen Grundmethoden der Einschätzung von Kreditrisiken durch externe und interne Ratings dar. Der externe Ratingprozess wird eingehend erläutert und anhand des BVR-II-Ratingsystems ein Beispiel für einen internen Ratingprozess vorgestellt. In einem besonderen Beitrag wird auf die wichtige Frage der Validierung von internen Ratingmodellen im IRB-Ansatz eingegangen.

Der **Teil C – Kreditrisikounterlegung** erlaubt eine Orientierung bei der Fragestellung, ob ein Institut besser den Standardansatz unter Rückgriff auf externe

Ratings für Kreditkunden oder den IRB-Ansatz mit bankinternen Ratings verwenden soll. Nachdem die für die Umsetzung wichtigen organisatorischen Mindestanforderungen besprochen sind, werden beide zur Wahl stehenden Ansätze eingehend dargestellt. Praktisch relevanten Detailfragen, wie etwa die Abgrenzung der Risikoaktivaklassen, die Berücksichtigung von Beteiligungen sowie von Sicherheiten und anderen Risk Mitigation-Instrumenten einschließlich deren technischer Umsetzung, sind ebenso jeweils eigene Kapitel gewidmet wie der *Securitisation*. Wichtige Hinweise aus Kundensicht können Institute auch aus den beiden Praxisberichten der Auswirkungen von Basel II auf Kreditnehmer – ein Großunternehmen und ein mittelständisches Unternehmen – gewinnen.

Gegenstand des **Teiles D – Messung und Steuerung der operationellen Risiken** ist eine Einführung in diese aufsichtsrechtlich neue Risikokategorie, verbunden mit einer Beschreibung der Quantifizierungsmethoden und der Anforderungen an die Eigenkapitalunterlegung. Eingegangen wird auch auf die Notwendigkeit, das Risikomanagement operationeller Risiken in das strategische Eigenkapitalmanagement zu integrieren.

Der **Teil E – Banksteuerung unter Basel II** stellt schließlich ein Kompendium praktischer Hinweise zu Fragen der Risikosteuerung und des Risikocontrolling dar. Es werden die Eigenkapitalanforderungen bei der Unterlegung von *Zinsänderungs- und Marktpreisrisiken* erläutert und die Steuerung von Eigenmitteln unter Basel II diskutiert. Querschnittsthemen behandeln sodann die Beiträge zum Einsatz von *ABS-Transaktionen* unter Basel II, zum effizienten Datenmanagement und zu Applikationsarchitekturen für Basel II sowie zur Kommunikation von internen Ratings gegenüber den Kreditnehmern und zum Netting unter Basel II und IFRS/IAS.

Teil F – Branchenspezifische Aspekte für Kreditinstitute und Finanzdienstleister beleuchtet praxisrelevante Fragen der Basel-II-Umsetzung bei Hypothekenbanken, Bausparkassen und für Finanzdienstleistungsinstitute der Energiebranche.

Für die Umsetzung in den Instituten wird momentan sicherlich die sog. Säule I des Baseler 3-Säulenkonzepts im Vordergrund stehen. Gleichwohl werden in **Teil G – Die Säulen II und III: Aufsichtsrechtliche Überprüfung und Offenlegungsanforderungen** ausgewählte Aspekte der beiden weiteren, für die Bankenaufsicht gleichgewichtigen, Komponenten des Aufsichtskonzepts vorgestellt. Der *Supervisory Review Process* wird der Bankenaufsicht vor allem mehr Flexibilität und eine neue Qualität geben. Mit zusätzlichen Offenlegungsanforderungen, z.B. zu Risiken, deren Management und Eigenkapitalunterlegung, wird schließlich die Markttransparenz als Regulativ gegen übermäßige Risikoexposures wirken.

Ein so umfassendes Werk wie das vorliegende in vergleichsweise kurzer Frist nach Vorliegen der Endfassung von Basel II zu veröffentlichen, ist ohne die tatkräftige Mitwirkung zahlreicher Beteiligter nicht möglich. Dank gebührt in erster Linie den Autoren, die sich intensiv mit der komplizierten Materie auseinandergesetzt haben. Neben Beratern von Deloitte kommen aus der Praxis vor allem Banken, Kreditnehmer aus Industrie und Mittelstand, Ratingadvisory und Spezialinstitute zu Wort. Die breite Palette ermöglicht den Lesern eine ausgewogene Perspektive und Einschätzung eigener Umsetzungsprojekte.

Besonderer Dank ist an dieser Stelle auch an die Schriftleitung zu richten. Herr Michael Cluse und Herr Jörg Engels haben sich mit besonderem Engagement und hoher Fachkenntnis um die Gesamtkonzeption und die redaktionelle Bearbeitung verdient gemacht.

Düsseldorf, im September 2004

Dr. Michael Göttgens
Geschäftsführender Partner, Deloitte

Inhaltsverzeichnis

Vorwort (*Dr. Michael Göttgens*) 5
Abkürzungsverzeichnis. 11

Teil A: Einleitung
I.   Einführung in Basel II (*Michael Cluse, Alexander Dernbach, Jörg Engels, Peter Lellmann*) 19
II.   Zeitplan der Umsetzung (*Peter Lellmann*). 45
III. Eigenmittel und Eigenmittelkonsolidierung (*Wilhelm Wolfgarten*) 53

Teil B: Kreditrisikomessverfahren unter Basel II
I.   Externe Ratingverfahren (*Dr. Oliver Everling*)..................... 67
II.   Interne Ratingverfahren (*Dr. Jens Döhring, Jürgen Hromadka*)........ 89
III. Validierung von Ratingmodellen im IRB-Ansatz (*Dr. Thomas Siwik*) .. 107

Teil C: Kreditrisikounterlegung
I.   Organisatorische Mindestanforderungen im Rahmen der Kreditrisikounterlegung (*Michael Cluse, Alexander Dernbach*) 125
II.   Der Standardansatz für die Kreditrisikounterlegung (*Michael Cluse*) ... 143
III. Die IRB-Ansätze (*Michael Cluse, Tobias Stellmacher*)................ 167
IV. Abgrenzung der Segmente/Risikoaktivaklassen (*Michael Cluse, Ingo de Harde*) 209
V.   Berücksichtigung von Beteiligungen (*Michael Cluse, Wilhelm Wolfgarten*).................... 223
VI. Sicherheiten und Risk Mitigation (*Dr. Ulrich Braun*) 243
VII. Technische Umsetzung der Risk Mitigation (*Philip Schwersensky*) 267
VIII. Einsatz von Kreditderivaten und Garantien (*Dr. Sabine Henke, Dr. Thomas Siwik*) 277
IX. Securitisation und Behandlung von ABS-Transaktionen (*Alexander Kottmann, Ulrich Lotz, Birgit Müller*).................... 293
X.   Die Risikounterlegung aus Kreditnehmersicht
    A. Die Auswirkungen von Basel II auf die Finanzierung von Großunternehmen (*Dr. Stefan Nellshen, Henryk E. B. Wuppermann*)............... 329
    B. Externes Rating – Praxisbericht eines mittelständischen Unternehmens (*Kurt Peter*) 341

Teil D: Messung und Steuerung der operationellen Risiken

I. Behandlung der operationellen Risiken unter Basel II
(*Jörg Engels, Joachim Schauff*) 353

II. Development of OR-Management (*Leon Bloom*) 385

Teil E: Banksteuerung unter Basel II

I. Unterlegung der Zinsänderungsrisiken (*Frank Send*) 395

II. Die Steuerung der Eigenmittel unter Basel II
(*Michael Cluse, Jörg Engels*) 403

III. Veränderungen bei der Unterlegung von Marktpreisrisiken
(*Sabine Appel*) 415

IV. Einsatz von ABS-Transaktionen unter Basel II
(*Alexander Kottmann, Ulrich Lotz, Birgit Müller*) 431

V. Erfolgreiche Umsetzung von Basel II
(*Hans Peter Hochradl, Inge Reuling*) 445

VI. Kommunikation von internen Ratings mit den Kreditnehmern
(*Klaus Frick, Frank Schönherr*) 489

VII. Behandlung von Nettingvereinbarungen unter Basel II und IAS/IFRS
(*Bernd Claußen, Michael Cluse, Maria R. Tomasi*) 505

Teil F: Branchenspezifische Aspekte der Kreditinstitute und Finanzdienstleister

I. Basel II in Hypothekenbanken (*Patrick Esperstedt*) 517

II. Basel II in Bausparkassen (*Christoph Wichmann*) 543

III. Basel II in der Energiewirtschaft
(*Joachim von Gélieu, Volker Linde*) 555

Teil G: Die Säulen II und III: Aufsichtliche Überprüfung und Marktdisziplin

I. Der Supervisory Review Process
(*Joachim Schauff, Tobias Stellmacher*) 567

II. Ausgewählte Rechnungslegungsnormen zur Risikopublizität
(*Claus Buchholz*) 589

Autorenverzeichnis 613
Stichwortverzeichnis 621

Abkürzungsverzeichnis

Abkürzung	Englische Bezeichnung	Deutsche Bezeichnung
ABCP	Asset Backed Commercial Papers	Durch Vermögenswerte besicherte Handelspapiere
ABS	Asset Backed Securities	Durch Aktiva gedeckte Wertpapiere
ADC	Acquisition, Development and Construction	Grunderwerb, Erschließung und Bebauung
AMA	Advanced Measurement Approaches	Ambitionierte Messansätze für operationelle Risiken
ASA	Alternative Standardised Approach	Alternativer Standardansatz
ATF	Accounting Task Force	Arbeitsgruppe des Baseler Komitees zum Rechnungswesen
BaFin		Bundesanstalt für Finanzdienstleistungsaufsicht
BaKred		Bundesaufsichtsamt für das Kreditwesen (heute: BaFin)
BP	Basis Points	Basispunkte
BCBS	Basel Committee on Banking Supervision	Baseler Ausschuss für Bankenaufsicht
BCM	Business Continuity Management	
BIA	Basis Indicator Approach	Basisindikatoransatz
BIS	Bank for International Settlements	Bank für internationalen Zahlungsausgleich
BRW	Benchmark Risk Weight	Benchmark-Risikogewicht
BVR		Bundesverband der Deutschen Volksbanken und Raiffeisenbanken e. V.
C	Collateral	Sicherheiten
CAAP	Capital Adequacy Assessment-Process	Bewertungsprozess über die Angemessenheit des Eigenkapitals
CAD 3	Capital Adequacy Directive 3	3. Kapitaladäquanzrichtlinie
CAPM	Capital Asset Pricing Model	
CCF	Credit Conversion Factor	Kreditumrechnungsfaktor
CDO	Collateralised Debt Obligations	
CDR	Cumulative Default Rate	Kumulative Ausfallrate
CDS	Credit Default Swap	

Abkürzung	Englische Bezeichnung	Deutsche Bezeichnung
CEBS	Committee of European Banking Supervisors	Ausschuss der europäischen Bankaufsichtsbehörden
CEIOPS	Committee of European Insurance and Occupational Pensions Supervisors	Ausschuss der europäischen Aufsichtsbehörden für das Versicherungswesen und die betriebliche Altersversorgung
CEO	Chief Executive Officer	
CESR	Committee of European Securities Regulators	Ausschuss der europäischen Wertpapierregulierungsbehörden
CF	Commodities Finance	Warenfinanzierung
CLN	Credit Linked Note	
CLO	Collateralised Loan Obligations	Mit Sicherheiten hinterlegte Kreditverpflichtungen
CP	Commercial Paper	
CP 2	Consultative Paper 2	2. Konsultationspapier (zu Basel II)
CRE	Commercial Real Estate	Gewerbliche Immobilien
CRM	Credit Risk Mitigation	Kreditrisikominderung
CRMT	Credit Risk Mitigation Techniques	Techniken zur Kreditrisikominderung
CRO	Chief Risk Officer	
CSO	Credit Spread Option	
CVaR	Credit-Value-at-Risk	
DM	Default-Mode	Standardvorgehen
DRS		Deutscher Rechnungslegungs Standard
DRSC		Deutsches Rechnungslegungs Standards Committee
E	Exposure	Nominalbetrag des Kredits
EAD	Exposure at Default	Erwartete Höhe der Forderung im Zeitpunkt des Ausfalls
EBC	European Banking Committee	Europäischer Bankenausschuss
EC	European Commission	Europäische Kommission
ECA	Export Credit Agency	Exportkreditagentur
ECAI	External Credit Assessment Institution	Externe Bonitätsbeurteilungsinstitution (Ratingagentur)
ECB	European Central Bank	Europäische Zentralbank (EZB)
ECOFIN	Economic and Financial Council	Rat der EU-Wirtschafts- und Finanzminister
EEX	European Energy Exchange	Deutsche Strombörse

Abkürzung	Englische Bezeichnung	Deutsche Bezeichnung
EI	Exposure Indicator	Gefährdungsindikator
EIOPC	European Insurance and Operational Pensions Committee	Europäischer Ausschuss für das Versicherungswesen und die betriebliche Altersversorgung
EL	Expected Loss	Erwarteter Verlust
EP	European Parliament	Europäisches Parlament
ERM	Enterprise Risk Management	Unternehmensweites Risikomanagement
ESC	European Securities Committee	Europäischer Wertpapierausschuss
EVQ		Einbringungs- und Verwertungsquote
FDIC	Federal Deposit Insurance Corporation	US-Einlagensicherungsbehörde
FI	Financial Collateral	Finanzielle Sicherheit
FMI	Future Margin Income	Zukünftiger Gewinn aus Margen
FRA	Forward Rate Agreement	Vereinbarung über Termingeschäftskurse
FSA	Financial Services Authority	Britische Finanzdienstleistungsaufsicht
G	Granularity	Granularität
G	Guarantee	Garantie (auch im Sinne von Bürgschaft)
GAAP	Generally Accepted Accounting Principles	US-amerikanische Rechnungslegungsstandards
GP	General Loan Loss Provisions	Pauschalwertberichtigung
GroMiKV		Groß- und Millionenkreditverordnung
GS I		Grundsatz I
GSBK		Garantien, selbstschuldnerische Bürgschaften und Kreditderivate
GuV		Gewinn- und Verlustrechnung
H	Haircut	Sicherheitsmarge
HGB		Handelsgesetzbuch
HVCRE	High-Volatility Commercial Real Estate	Hochvolatile gewerbliche Realkredite
IAA	Internal Assessment Approach	Interner Bemessungsansatz
IAS	International Accounting Standards	
IASC	International Accounting Standard Committee	Internationales Rechnungslegungsstandard Komitee

Abkürzung	Englische Bezeichnung	Deutsche Bezeichnung
ICAAP	Internal Capital Assessment-Process	Institutsinterner Bewertungsprozess über die Angemessenheit des Eigenkapitals
IFRS	International Financial Reporting Standards	
IIF	Institute for International Finance	
IMF	International Monetary Fund	Internationaler Währungsfonds
I/O	Interest-only Strip	Zinskuponabtrennung
IOSCO	The International Organization of Securities Commissions	Internationaler Verband der Wertpapieraufsichtsbehörden
IPO	Initial Public Offering	Öffentliche Erstemission
IPRE	Income-Producing Real Estate	Gewerbliche Immobilien
IRB	Internal Ratings-Based Approach	Auf internen Ratings basierender Ansatz
IRR	Interest Rate Risk	Zinsänderungsrisiko
IRR	Internal Rates of Return	Interner Zinsfuß
ISDA	International Swaps and Derivatives Association	Internationale Vereinigung für Swaps und Derivate
JWG	Joint Working Group	Gemeinsame Arbeitsgruppe
KMU		Kleine und mittelständische Unternehmen (siehe SME)
KMV	Moody´s KMV	Anbieter von Kreditanalysesoftware
KRI	Key Risk Indicator	
KWG		Kreditwesengesetz
L	Credit Enhancement Level	Grad der Absicherung durch Sicherheiten
LDA	Loss Distribution Approach	Verlustverteilungsansatz
LGD	Loss given Default	Verlust bei Ausfall
LGE	Loss given that Event	im Schadensfall entstehender Verlust
LOCOM	Lower of Cost or Market	Minimum von ursprünglichen Kosten und aktuellem Marktpreis
LPX	Leipzig Power Exchange	Leipziger Energiebörse
LTV	Loan-to-Value	Verhältnis zwischen Kredithöhe und Sicherheitenwert
M	Maturity	Laufzeit
MaH		Mindestanforderungen an das Betreiben von Handelsgeschäften
MaK		Mindestanforderungen an das Kreditgeschäft der Kreditinstitute

Abkürzung	Englische Bezeichnung	Deutsche Bezeichnung
MaRisk		Mindestanforderungen an das Risikomanagement (in Vorbereitung)
MBO	Management-Buy-Out	
MDB	Multilateral Development Bank	Multilaterale Entwicklungsbank
MLV	Mortgage Lending Value	Beleihungswert einer Hypothek
MRC	Minimum Regulatory Capital	Regulatorisch erforderliches Mindestkapital
MTF	Models Task Force	Arbeitsgruppe des Baseler Komitees zur Modellbildung
MTM	Mark-to-Market	Marktbewertungsprozess
N	Number of Exposures	Anzahl der Einzelausfälle
NPV	Net Present Value	Nettobarwert
OBS	Off-Balance-Sheet	Außerbilanziell
OECD	Organisation for Economic Coordination and Development	
OF	Object Finance	Objektfinanzierung
ORM	Operational Risk Management	Management der operationellen Risiken
ORTWG	Other Risks Technical Working Group	Arbeitsgruppe des Basler Komitees zu Sonstigen Risiken
OTC	Over the Counter	Nicht über Börsen gehandelte Wertpapiere oder Waren
PD	Probability of Default	Ausfallwahrscheinlichkeit
PE	Probability of Loss Event	Wahrscheinlichkeit des Schadensfalls
PF	Project Finance	Projektfinanzierung
PFE	Potential Future Exposure	Potenzielle zukünftige Forderungen
PH	Physical Collateral	Physische Sicherheit
Pillar 1		Säule I (Mindestkapitalanforderungen)
Pillar 2		Säule II (Aufsichtliches Überprüfungsverfahren)
Pillar 3		Säule III (Marktdisziplin)
PMS	Principles for the Management and Supervision of Interest Rate Risk	
PSE	Public Sector Entity	Öffentlich-rechtliche Gesellschaften
QIS 3	Quantitative Impact Study 3	3. Studie über die Auswirkungen von Basel II (Feldstudie)

Abkürzung	Englische Bezeichnung	Deutsche Bezeichnung
QRRE	Qualifying Revolving Retail Exposure	Qualifizierender revolvierender Retailkredit
RAS	Risk Assessment Process	Risikobewertungsprozess
R&D	Research and Development	Forschung und Entwicklung
RBA	Rating Based Approach	Ansatz zur Bewertung von Sicherungsgeschäften auf der Basis externer Ratings
RBC	Risk Based Capital	Risikobasiertes Kapital
RC	Regulatory Capital	Regulatorisches Kapital
RM	Residential Mortgage	Wohnimmobilienhypothek
RMG	Risk Management Group	Risikomanagementgruppe des Baseler Komitees
RoE	Return on Equity	Nettoverzinsung des Eigenkapitals (Kernkapitalverzinsung)
RoI	Return on Investment	Nettoverzinsung des Buchwerts
RRE	Residential Real Estate	Wohnimmobilien
RW	Risk Weight	Risikogewicht
RWA	Risk Weighted Asset	Risikogewichtete Aktivaposition
S&P		Standard & Poor's (Ratingagentur)
SA	Standardised Approach	Standardansatz
SF	Supervisory Formula	Aufsichtliche Formel
SL	Specialised Lending	Spezialfinanzierung
SME	Small and Medium Sized Enterprises	Kleine und mittelständische Unternehmen (siehe KMU)
SolvV		Solvabilitätsverordnung
SPE	Special Purpose Entity	Zweckgesellschaft
SPV	Special Purpose Vehicle	Zweckgesellschaft
SREP	Supervisory Review and Evaluation Process	Aufsichtliches Überprüfungs- und Bewertungsverfahren
SRP	Supervisory Review Process	Aufsichtliches Überprüfungsverfahren
TRS	Total Rate of Return Swap	
UCITS	Undertakings for Collective Investment in Transferable Securities	Investmentfonds, die den Vorgaben der EU-Investmentdirektive entsprechen
UL	Unexpected Loss	Unerwarteter Verlust
VaR	Value-at-Risk	
VDH		Verband deutscher Hypothekenbanken
WP	Working Paper	Entwurfsdokument

Teil A:
Einleitung

I. Einführung in Basel II

Michael Cluse, Alexander Dernbach, Jörg Engels, Peter Lellmann

Inhalt:

		Seite
1	Entwicklungsgeschichte der Baseler Eigenkapitalanforderungen	19
2	Der neue Akkord	21
	2.1 Aufbau des neuen Akkords	21
	2.2 Nationale Interessen und weltweite Umsetzung	22
	2.2.1 Weltweite Umsetzung des neuen Akkords	22
	2.2.2 Beispiel: Behandlung von Basel II in den Niederlanden	24
	2.2.3 Beispiel: Umsetzung in Frankreich	26
	2.2.4 Beispiel: Nationale Diskussion in Polen	26
3	Mindesteigenkapitalunterlegung (Säule I)	27
	3.1 Standardansätze	28
	3.2 Risikoaktivaklassen in den IRB-Ansätzen	30
	3.3 Risikogewichte in den IRB-Ansätzen	31
	3.4 Behandlung von Sicherheiten in den Ansätzen	32
	3.5 Anteile an Unternehmen	34
	3.6 Verbriefte Transaktionen	34
4	Operationelle Risiken	35
5	Partial Use	38
6	Gesamtkapitalunterlegung	39
7	Aufsichtliches Überprüfungsverfahren (Säule II)	40
8	Marktdisziplin und Markttransparenz (Säule III)	42
9	Umsetzungszeitplan	43

1. Entwicklungsgeschichte der Baseler Eigenkapitalanforderungen

Anlass für die Einführung der derzeit noch geltenden Baseler Eigenkapitalvereinbarung von 1988 (**Basel I**) war seinerzeit vor allem die Besorgnis der Zentralbankpräsidenten der G-10-Länder, dass die Eigenmittel[1] der wichtigsten Banken weltweit aufgrund des anhaltenden Verdrängungskampfes auf einen gefährlich tiefen Stand gefallen waren. Banken benötigen Eigenkapital, um Verluste aus eingetretenen Marktpreis- und Kreditrisiken sowie operationellen Risiken (z. B. Betriebsrisiken) abzufedern. Das knappe Eigenkapital stellt für die Eigentümer einen Anreiz dar, ihre Geschäfte risikobewusster zu tätigen. Insgesamt sollte die Regelung damit der Stabilisierung des Bankensystems dienen.

Da Kreditausfälle die Sicherheit der Einlagen und die Existenz einer Bank bedrohen können, verlangt die Eigenkapitalanforderung von 1988 von den international

---

[1] Das deutsche Kreditwesengesetz (KWG) spricht im Zusammenhang mit dem Begriff Eigenkapital von der Eigenmittelausstattung der Kreditinstitute.

Teil A: Einleitung

tätigen Banken in den G-10-Ländern, dass sie bei Kreditvergaben einen bestimmten Eigenkapitalbetrag zur Unterlegung der eingegangenen Risiken vorhalten (**sog. regulatorisches Kapital**). Dieses Kapital muss im Verhältnis zu einem Korb von Aktiva, die je nach Risikogehalt unterschiedlich gemessen werden, mindestens 8 % betragen. Die Risikomessung erfolgt dabei bislang insofern pauschal, als die Kreditnehmer entsprechend ihrer Schuldnerkategorie lediglich vier Klassen mit einem **Risikogewicht** (RW) von 0 %, 20 %, 50 % oder 100 % zugeordnet werden.

Dies bedeutet, dass für einige Forderungen (vor allem Bankforderungen gegenüber Staaten, also Bestände an Schatzwechseln und Staatsanleihen) keine Eigenkapitalanforderungen bestehen, während Forderungen gegenüber Banken ein Risikogewicht von 20 % haben. Daraus ergibt sich eine erforderliche Eigenkapitalunterlegung von 1,6 % (20 % RW * 8 % Eigenkapital). Mit 50 % zu gewichten sind bestimmte Forderungen aus Wohn- und Gewerbeimmobilienfinanzierungen (Realkredite). Für praktisch alle übrigen Forderungen gegenüber dem privaten Nichtbankensektor, d. h. auch für Kredite an Firmenkunden und Versicherungsunternehmen, gilt jedoch ein RW von 100 % und somit die Standardanforderung von 8 % Eigenkapitalunterlegung.

Die Verdienste von Basel I – Sicherung einer angemessenen Eigenkapitalausstattung im internationalen Bankwesen und Schaffung einheitlicherer Wettbewerbsbedingungen – wurden allgemein anerkannt. Im letzten Jahrzehnt wurde Basel I zu einem international akzeptierten Standard, der in weit über 100 Staaten im Bankwesen Anwendung findet. Seit Inkrafttreten haben sich die Kapitalmärkte jedoch stark verändert. Anleger sind risikosensitiver geworden und erwarten für riskante Engagements entsprechend höhere Renditen.

Daneben standen die aufsichtsrechtlichen Eigenkapitalanforderungen zunehmend im Widerspruch zu den verbesserten **bankinternen Methoden** zur Messung des betriebswirtschaftlich erforderlichen Eigenkapitals (ökonomisches Kapital) sowie den weiterentwickelten Verfahren zur Risikomessung und -steuerung, insbesondere beim Rating. Der Ansatz einfacher Risikogewichte (mit einer starren 8 %-Quote für Forderungen gegenüber dem privaten Sektor) veranlasste Banken dazu, risikoärmere werthaltige Aktiva aus der Bilanz zu entfernen. Diese wurden zum Zweck der Eigenkapitalarbitrage gegen risikoreichere Aktiva, die i. d. R. einen höheren Ertrag generieren, ausgetauscht, wodurch die durchschnittliche Qualität der Bankkreditportfolios gesenkt wurde. Zudem erkennt Basel I nur wenige Methoden zur Minderung des Kreditrisikos wie Sicherheiten und Garantien an. Dies sind die wichtigsten Gründe, die im Juni 1999 zu einem ersten Vorschlag für eine neue, risiko- und zeitgerechtere Regelung der Eigenkapitalanforderungen (**Basel II**) durch den Baseler Ausschuss für Bankenaufsicht der Bank for International Settlements (BIS) führten.

Das 1. Konsultationspapier zu Basel II hatte mit rd. 60 Seiten einen stark konzeptionellen Inhalt und war in bestimmten Fragen bewusst vage formuliert, damit schon relativ früh Stellungnahmen in der Arbeit des Ausschusses Berücksichtigung finden konnten. Im Januar 2001 wurde dann eine stark erweiterte Fassung mit über 500 Seiten (einschließlich begleitender Arbeitspapiere) veröffentlicht. In diesem 2. Konsultationspapier waren bereits eine Vielzahl von Kommentaren und Anregungen der Banken und Interessensverbände verarbeitet worden. Im Juli 2002 hatte der Baseler

Ausschuss in einer Pressemitteilung[2] einige Details bekannt gegeben, die die Ergebnisse der Diskussionen über die verschiedenen Ansätze des Basel II-Entwurfs seit Januar 2001 widerspiegelten. Im Rahmen der bislang letzten Auswirkungsstudie (Quantitative Impact Study 3, QIS 3) wurden die vorgesehenen Anpassungen im Herbst 2002 hinsichtlich ihrer Praxiseignung überprüft. Eine weitere Auswirkungsstudie (QIS 4) wird für Deutschland im Dezember 2004 erwartet und soll bis Februar 2005 abgeschlossen sein.

Im April 2003 erschien das 3. Konsultationspapier mit einem deutlich verringerten Umfang von 216 Seiten. Kurz darauf wurden auch die Ergebnisse der QIS 3 veröffentlicht. An die Veröffentlichung des 3. Konsultationspapiers schloss sich eine weitere Konsultationsperiode an, in der interessierten Parteien Gelegenheit zur Stellungnahme geboten wurde. Einige wesentliche Veränderungen, die Eingang in das endgültige Rahmenwerk finden sollten, wurden vorab im Oktober 2003 sowie im Januar und Mai 2004 in Pressemitteilungen des Komitees angekündigt. Diese betrafen insbesondere die Behandlung von erwarteten und unerwarteten Verlusten im Kreditgeschäft, Verbriefungspositionen und Sicherheiten sowie das Retailgeschäft.[3]

2. Der neue Akkord

2.1 Aufbau des neuen Akkords

Am 26. Juni 2004 veröffentlichte der Baseler Ausschuss die Nachricht, dass die Gouverneure der Zentralbanken und Leiter der Bankaufsichtsbehörden der G-10-Länder der Verabschiedung und Veröffentlichung der endgültigen Fassung der neuen Eigenkapitalvereinbarung mit dem Titel „International Convergence of Capital Measurement and Capital Standards: A Revised Framework" zugestimmt haben.[4]

Basel II bringt drei **grundlegende Neuerungen**, die alle auf eine risikogerechtere Ausrichtung der Eigenkapitalvereinbarung abzielen. Die erste besteht in der Ergänzung des geltenden quantitativen Standards zur Mindesteigenkapitalunterlegung (Säule I) um zwei weitere Säulen, der Überprüfung durch die Aufsicht (Säule II) und der Marktdisziplin (Säule III). Der aufsichtliche Überprüfungsprozess in Säule II repräsentiert die individuelle Eingriffsmöglichkeit der Bankenaufsicht[5] bei einzelnen Banken. Marktdisziplin und -transparenz sollen im Rahmen der Säule III durch erweiterte Veröffentlichungspflichten der Kreditinstitute gefördert werden.

Insgesamt wird die Bedeutung der bereits bestehenden quantitativen Säule I durch diese Ergänzungen zu einem ausgewogenen Ansatz zur Eigenkapitalbeurteilung erweitert. Im Zentrum der öffentlichen Diskussionen standen seit Januar 2001 jedoch fast ausschließlich die Vorschläge des Baseler Ausschusses zu den neuen Mindestkapitalanforderungen der Säule I und deren mögliche Auswirkungen auf die

---
[2] Vgl. „Basel Committee reaches agreement on New Capital Accord issues" (www.bis.org).
[3] Vgl. „Basel II: Significant Progress on Major Issues", „Continued progress toward Basel II" und „Consensus achieved on Basel II proposals".
[4] Im Folgenden wird hierfür verkürzend „Basel II" verwandt.
[5] In Deutschland ist hierfür die Bundesanstalt für Finanzdienstleistungsaufsicht (BaFin) zuständig.

Teil A: Einleitung

Abbildung 1: Das Baseler 3-Säulen-Modell

Kreditvergabepolitik der Banken. Eine weitere Neuerung durch Basel II gestattet den Banken, die Ratings anerkannter externer Bonitätsbeurteilungsinstitutionen (u. a. private Ratingagenturen wie beispielsweise Standard & Poor's, Moody's oder Fitch) zu verwenden, um ihre Forderungen gegenüber Kreditnehmern anhand von vorgegebenen Risikogewichten in den so genannten **Standardansätzen** zu klassifizieren. Alternativ ist Banken mit fortgeschrittenen Risikomanagementsystemen erlaubt, anstatt der standardisierten Risikogewichte für jede Schuldnerkategorie ihre interne Beurteilung der Ausfallwahrscheinlichkeit (interne Ratings) im Rahmen der so genannten **IRB-Ansätze**[6] zu verwenden. Außerdem gibt es eine Anzahl weiterer Regelungen zur Verfeinerung der Risikogewichtungen und zur Einführung von Eigenkapitalanforderungen für die operationellen Risiken. Die grundlegende Eigenkapitaldefinition bleibt unter Basel II aber unverändert.

2.2 Nationale Interessen und weltweite Umsetzung
2.2.1 Weltweite Umsetzung des neuen Akkords

Bereits der Akkord von 1988 wurde nicht nur in den an seiner Verabschiedung beteiligten Ländern als angemessene Grundlage zur Sicherung des Bankwesens etabliert. Weltweit werden mittlerweile in über 100 weiteren Ländern auf Basel I basierende Aufsichtsregeln angewandt. Durch die bereits angesprochene Veränderung der Kapitalmärkte in den letzten Jahren sind die überarbeiteten Regelungen damit auch in vielen nicht am Konsultationsprozess direkt beteiligten Ländern von nicht zu unterschätzender Bedeutung.

Deshalb ist davon auszugehen, dass Basel II nicht nur in den im Baseler Ausschuss vertretenen Ländern umgesetzt werden wird. Das **Basel Committee on Banking Supervision (BCBS)** hat durch eine Umfrage feststellen können, dass zeitgleich über die 13 BCBS-Staaten hinaus **88 Länder** Basel II umsetzen möchten: Im Zeitraum 2007 bis 2009 werden etwas mehr als 5000 Banken, die fast 75 % des Vermö-

---
[6] IRB = auf internen Ratings basierender Ansatz (Internal Ratings Based Approach).

gens in 73 „Nicht-BCBS"-Ländern verwalten, das neue Regelwerk umsetzen. Andere Länder ziehen es vor, ihre Umsetzung zeitlich weiter zu strecken.[7]

Aufmerksame Beobachter der öffentlichen Diskussion haben allerdings feststellen können, dass die Vorstellungen über die weltweite Umsetzung teilweise sehr weit auseinander liegen, wie ein paar Beispiele zeigen:

Die **EU** plant eine Umsetzung der Baseler Vorschläge durch eine so genannte EU-Kapitaladäquanzrichtlinie (CAD 3), die für alle ca. 8000 Kreditinstitute und Investmentfirmen der EU Gültigkeit haben wird. Die neuen Regeln sollen andererseits in den **USA** nur für die 10 bis 20 größten Banken gelten. Da diese auch im Auslandsgeschäft tätig sind und ca. 99 % aller Kundenanlagen verwalten, ist den amerikanischen Vertretern im Baseler Ausschuss zur Folge nicht mit negativen Auswirkungen auf die angestrebte internationale Gleichbehandlung (Schaffung eines „Level Playing Field") zu rechnen. Eine Ausdehnung auf regional tätige, kleine Institute ist in den USA jedenfalls nicht vorgesehen.

Die **Schweiz** plant wie die EU eine vollumfängliche Umsetzung in ihrem Land. Die *Eidgenössische Bankenkommission (EBK)* hat bereits konkrete Grundsätze formuliert, anhand derer sie die Zulassung der fortgeschrittenen Ansätze prüfen will. Die dortigen Banken melden bereits ihren gewählten Ansatz und die Richtlinien werden durch noch strengere Vorschriften von der Industrie bereits umgesetzt.

Die indische Bankenaufsicht (*Reserve Bank of India*) wird die Banken in **Indien** anweisen, ihre Umsetzungsmöglichkeiten zu ermitteln und einen vierteljährlichen Umsetzungszeitplan ab Dezember 2004 verlangen. Dennoch dürfen zunächst nur die Standardansätze angewandt werden, bis einige Banken und die Aufsicht selbst ausreichende Kenntnisse entwickelt haben, um zu fortgeschritteneren Ansätzen zu wechseln.[8]

China wird auch über das Jahr 2006 hinaus an Basel I festhalten, um den regionalen Besonderheiten gerecht werden zu können. Dennoch wird die chinesische Bankenaufsicht Säule II und Säule III umsetzen und die Banken zu einer Verbesserung ihres Risikomanagements anhalten.[9]

Um die Unterschiede auch innerhalb der EU aufzuzeigen, werden im Folgenden die Niederlande, Frankreich und Polen als direkte EU-Nachbarn näher betrachtet und deren nationale Belange und Interessen herausgestellt.

---

[7] Dieser hohe Wert ist auch damit zu begründen, dass es sich um ausländisch kontrollierte Banken bzw. Auslandstöchter handelt. Vgl. www.riskcenter.com, New Capital Adequacy Framework – Implementation in Non-Basel Committee Member Countries, 24. August 2004 und BIS, Occasional Paper No. 4, Implementation of the New Capital Adequacy Framework in Non-Basel Committee Member Countries, July 2004.

[8] Vgl. Smt. Kishori J. Udeshi, Deputy Governor, Reserve Bank of India at the World Bank/IMF/US Federal Reserve Board 4th Annual International Seminar on Policy Challenges for the Financial Sector: Basel II at Washington on June 2, 2004.

[9] Vgl. Letter of Mr Liu Mingkang, Chairman of the China Banking Regulatory Commission to Mr Jaime Caruana, Chairman of the BCBS, www.cbrc.gov.cn.

2.2.2 Beispiel: Behandlung von Basel II in den Niederlanden

Bankenmarkt und Regulierung

Der niederländische Bankenmarkt ist durch eine höhere Konzentration als der deutsche Markt geprägt. Der Kreditmarkt ist im Wesentlichen auf vier Institute aufgeteilt: Der Marktanteil bei lang laufenden Krediten liegt bei 40 % für die ABN-Amro, die Rabobank und die ING halten jeweils 20 % und die Fortis-Bank 10 %. Die restlichen 10 % teilen sich kleinere Institute.

Der Baseler Akkord stand in den Niederlanden weitaus weniger im öffentlichen Interesse und unter politischem Einfluss als in Deutschland. Außerdem sind die Erwartungen der Banken an die neuen Regelungen vergleichsweise weniger hoch. Umfragen unter den großen Instituten belegen aber, dass alle mit Kapitaleinsparungen rechnen und so die Kreditvergabe unter Basel II lukrativer werden wird.[10]

Das niederländische Finanzministerium wird 2005 eine Verordnung erlassen (*Dutch Wet Financieel Toezicht, Wft*), das eine Reihe von gesetzlichen Änderungen mit sich bringen wird. Dieses Gesetz wird durch einen Anhang mit den Regelungen des Baseler Akkords ergänzt, um die neue EU-Richtlinie in nationales Recht umzusetzen.[11]

Die niederländische Zentralbank (*De Nederlandsche Bank, DNB*) als Aufsichtsbehörde der niederländischen Kreditwirtschaft ist bestrebt, in den Baseler Ausschüssen und auf europäischer Ebene internationale Konvergenz sowohl in der Kapitalunterlegung als auch in der Aufsicht zu erreichen. Sie ist Mitglied in der *Accord Implementation Group* (AIG) und der *Groupe de Contact*. Außerdem fördert sie durch bilaterale Kontakte mit anderen Aufsichtsbehörden eine möglichst gut abgestimmte Umsetzung des neuen Akkords in den einzelnen Ländern.

Die DNB sieht die Finanzierung der kleinen und mittelständischen Unternehmen in den Niederlanden durch die neue Eigenkapitalunterlegung nicht schlechter bzw. teurer werden.

Der Verband der Leasinggeber (*Nederlandse Vereniging van Leasemaatschappijen, NVL*) befürchtet eine Verzerrung der Konkurrenzsituation als Folge der neuen Eigenkapitalunterlegung: Die Leasinggesellschaften, die keine Tochtergesellschaften von Banken sind, könnten durch höhere Refinanzierungskosten benachteiligt werden.

Der Rat der selbstständigen Unternehmer (*Raad voor het zelfstandig ondernemerschap, RZO*) sieht eher die zunehmende Bankenkonzentration als eine Bedrohung der kleinen und mittleren Unternehmen an, denn die Verhandlungsposition zwischen Kreditnehmern und -gebern sei so nicht mehr gewährleistet. Darüber hinaus hat ein erstarktes „Shoppingverhalten" der Kreditnehmer dazu geführt, dass neben dem Kredit auch andere Finanzierungsformen wie Leasing und Venture Capital zugenommen haben.

---

[10] Vgl. FEM Business, 21. Februar 2004, S. 48 f. und De Accountant, Dezember 2003, S. 44 f.
[11] Vgl. De Nederlandsche Bank, Consultation Paper No. P01A/EN, September 2003, S. 5.

Großbanken

Die niederländischen Großbanken entwickeln derzeit eigene Ratingsysteme, um die anspruchsvolleren IRB-Ansätze anzuwenden. Diese internen Verfahren basieren i. d. R. auf Modellen von Moody's oder S & P und wurden mit Hilfe eigener Erfahrungen und zur besseren Erfassung individueller Segmente weiterentwickelt. Ziel ist die Entwicklung einer umfassenden Strategie zum Management des ökonomischen Kapitals. Das Massen- bzw. Retailgeschäft wird weitgehend durch eine automatisierte modellgetriebene Kreditanalyse ersetzt.

Die operationellen Risiken beabsichtigen die großen Banken mit ambitionierten Messansätzen zu steuern. Derzeit sehen sie sich jedoch noch in der Analysephase.

ING und Rabobank schätzen, dass sie zukünftig deutlich Kapital einsparen können. Dadurch sehen die beiden Banken die Kreditvergabe in Zukunft als ein rentableres Geschäft an.[12]

Kleine Institute

Die kleineren Kreditinstitute haben erst wesentlich später mit der Umsetzung des Baseler Akkords begonnen, weil sie zunächst die Ansätze und Erfahrungen der Großbanken abwarten wollten. Diese Banken tendieren zur Anwendung der Standardansätze, da die Investitionen in Systeme und Datenaufbereitung als zu hoch eingeschätzt werden.

Die kleineren niederländischen Banken halten am traditionellen Bankgeschäft fest, werden sich jedoch zukünftig mehr auf spezielle Marktsegmente konzentrieren. Experten erwarten, dass es insgesamt zu keiner großen Änderung der Marktanteile in den Niederlanden kommen wird. Die DNB weist aber darauf hin, dass kleine Banken, die sich im Allgemeinen durch einen relativ großen Anteil an Retailkrediten auszeichnen, mit größeren Risikoaufschlägen als bisher konfrontiert werden.

Unternehmen

Das Interesse der größeren Unternehmen aus anderen Branchen am Baseler Akkord ist in den Niederlanden eher gering. Sie haben zwar die anstehenden Änderungen bei der Kreditvergabe wahrgenommen, haben aber hinsichtlich einer umfassenderen Informationspolitik durch ihre Banken noch keine Anstrengungen unternommen. Auch eine mögliche Neuausrichtung ihrer Finanzierungsstruktur wurde überwiegend noch nicht in Angriff genommen. Dabei stehen die niederländischen Unternehmen genau wie die deutschen im Spannungsfeld zwischen Kreditfinanzierung und Kapitalmarktfinanzierung.

Kleine und mittlere Unternehmen haben noch kein ausgeprägtes Bewusstsein gegenüber Basel II entwickelt. Dieses unterscheidet sie vom deutschen Mittelstand, der sich schon von Anfang an über die Verbände Gedanken über die möglichen Auswirkungen des neuen Baseler Akkords gemacht hat. Der niederländische Mittelstand befindet sich noch im Informationsprozess, um herauszufinden, welche Kriterien die Banken zukünftig für ihre Kreditvergaben ansetzen werden. Einige Branchen, wie

---
[12] Vgl. FEM Business, 21. Februar 2004, S. 48 f.

Teil A: Einleitung

z. B. die Immobilienbranche, sehen sich allerdings größeren Veränderungen gegenüber.

Im internationalen Vergleich werden die niederländischen Banken durch den neuen Eigenkapitalakkord voraussichtlich Vorteile erlangen, die sie durch günstigere Kredite an ihre Kunden weitergeben könnten. Dennoch stehen auch die niederländischen Kreditnehmer vor der Aufgabe, sich mehr mit dem neuen Akkord auseinander zu setzen, um bis 2006 bzw. 2007 selbst Vorteile aus dem System ziehen zu können.

2.2.3 Beispiel: Umsetzung in Frankreich
Bankenmarkt und Regulierung

Der französische Bankenmarkt wird von weniger als zehn Instituten dominiert. Da diese Banken auch international tätig sind, ist Basel II für sie von besonderer Bedeutung.

Das öffentliche Interesse am Baseler Abkommen war in Frankreich dennoch sehr gering. Das Thema wurde lediglich in der Wirtschafts- und Finanzpresse behandelt, so dass die breite Öffentlichkeit über die Konsultationen im Baseler Ausschuss kaum informiert wurde. Die Diskussion beschränkte sich daher ausschließlich auf Beteiligte aus den Bereichen Industrie und Finanzen. Dies lässt sich auch damit erklären, dass der französische Mittelstand die Regeln sehr gelassen sieht, da er im Durchschnitt über eine höhere Eigenkapitalquote verfügt (34 %) als der deutsche (18 %), und auch die Nutzung alternativer Finanzierungsformen weiter verbreitet ist, wodurch nur geringe Auswirkungen erwartet werden.

Alle großen französischen Banken planen einen der IRB-Ansätze anzuwenden. Im Bereich der Unternehmenskredite wird zum größten Teil zunächst der IRB-Basisansatz zur Anwendung kommen. Die Umstellung auf den fortgeschrittenen Ansatz soll aber vorgenommen werden, sobald die entsprechenden Modelle entwickelt und genügend Daten gesammelt wurden. Die Retailkredite sollen nach dem IRB-Retailansatz unterlegt werden.

Für die Bemessung des operationellen Risikos planen die großen Institute mittelfristig die Nutzung eines Ambitionierten Messansatzes. Das Baseler Abkommen wird in Frankreich zeitnah umgesetzt werden, sobald die angekündigte EU-Richtlinie verabschiedet wurde.

2.2.4 Beispiel: Nationale Diskussion in Polen
Markt in Polen

Der polnische Bankenmarkt charakterisiert sich dadurch, dass die meisten Institute in der Hand eines ausländischen Investors sind. Ende 2001 lag der Anteil von Banken, in denen ausländisches Kapital überwiegt, bei 70 %. Aus diesem Grund fallen die Entscheidungen über die Wahl der Ansätze häufig in den Mutterunternehmen außerhalb Polens.

Die Diskussion über Basel II fing in Polen schon vergleichsweise früh an. Sie wurde zunächst mehr von der Vereinigung der Risikomanager (GARP) angestoßen als von Banken oder der Bankenaufsicht. Das erste Treffen zu diesem Thema fand bereits im Jahre 2000 statt und wurde von der polnischen Bankaufsicht organisiert. Während der Diskussion zeigten sich starke Vorbehalte gegen Basel II. Als Ursache wurde der unterentwickelte Zustand des polnischen Bankensektors genannt, der aufgrund der kommunistischen Vergangenheit des Landes erst seit 1989 existiert. Ein weiteres Problem wurde in dem vergleichsweise niedrigen Rating Polens (BBB+) gesehen, das bei einer risikoorientierten Kapitalunterlegung die Kapitalkosten in Polen und anderen Emerging Markets drastisch erhöhen könnte. Dadurch würde sich der Unterschied zwischen den entwickelten und den aufstrebenden Volkswirtschaften erhöhen. Entsprechende Eingaben wurden von der Vereinigung polnischer Banken und der GARP an das Baseler Komitee gemacht, jedoch vom Baseler Komitee nicht im gewünschten Umfang berücksichtigt.

Während eines späteren Treffens, das von der polnischen Bankaufsicht und der polnischen Bankvereinigung initiiert wurde, wurden die Ergebnisse von Simulationsrechnungen verschiedener Banken vorgestellt. Dabei zeigte sich, dass weder für Privatkundenbanken noch für Geschäfts- und Investmentbanken die Kapitalanforderungen so stark steigen würden wie zunächst angenommen.

Daher wird Basel II in Polen im Rahmen der EU-Richtlinie umgesetzt werden. Der wichtigste Unterstützer des Baseler Abkommens in Polen ist die polnische Zentralbank. Die Aufsicht, die in Händen der Zentralbank liegt, sieht sich für die Umsetzung der Basel II-Standards gerüstet.

Die polnischen Banken befinden sich noch in einer sehr frühen Phase der Umsetzung. Deshalb kann noch nicht abgeschätzt werden, für welchen Ansatz sich die Banken letztendlich entscheiden werden. Wie beschrieben ist aber davon auszugehen, dass die Institute mittelfristig dem Ansatz der Konzernmutter folgen werden.

3. Mindesteigenkapitalunterlegung (Säule I)

Gemäß den Beschlüssen des Baseler Ausschusses stellt die Bonitätseinstufung anhand eines externen oder internen Ratings des Kreditnehmers zukünftig das wesentliche Kriterium dar, nach dem die Eigenkapitalunterlegung bestimmt wird. Weitere wichtige Faktoren bilden die anrechnungsfähigen Sicherheiten, das Finanzierungssegment, die am Umsatzvolumen gemessene Größe des Kreditnehmers und das Niveau der Kreditrisikosteuerung der Kreditinstitute.

Da die **Förderung des Einsatzes fortschrittlicher Risikomessmethoden** ein ausdrückliches Ziel von Basel II ist, verringert sich die geforderte Kapitalunterlegung mit dem Risikosensitivitätsgrad des gewählten Ansatzes. Somit erfordert der einfache Standardansatz i. d. R. die höchste, der umfassende Standardansatz die zweithöchste, der IRB-Basisansatz die dritthöchste und der fortgeschrittene IRB-Ansatz die niedrigste Unterlegung. Eine niedrigere Eigenmittelunterlegung ist dabei mit einem Nutzenanstieg für die Kreditinstitute verbunden. Gleichzeitig steigen die qualitativen und quantitativen Mindestanforderungen für den Einsatz der jeweiligen Ansätze in umgekehrter Richtung an, was wiederum gleichbedeutend mit steigenden Kosten ist.

Teil A: Einleitung

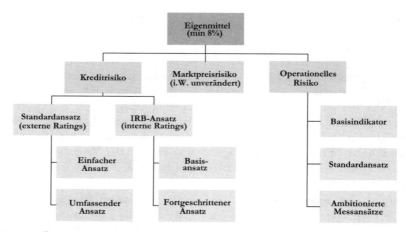

Abbildung 2: Übersicht der Ansätze

Zur Ermittlung der erforderlichen Eigenmittelunterlegung je Kreditnehmer müssen Banken grundsätzlich **einen** der vier vorgenannten Ansätze auswählen.

3.1 Standardansätze

Der einfache und der umfassende Standardansatz unterscheiden sich in Bezug auf die Behandlung und den Kreis der zulässigen **Sicherheiten**. Beide Ansätze weisen wie auch unter Basel I bestimmten Schuldnerkategorien feste Risikogewichte zu, wobei das anzuwendende Risikogewicht vom **externen** Rating des Kreditnehmers abhängt. Die nationalen Aufsichtsinstanzen entscheiden, ob eine Ratingagentur (ECAI)[13] die Anforderungen von Basel II erfüllt. Der zu unterlegende Kapitalbetrag ergibt sich weiterhin als Produkt von ausstehendem Kreditbetrag und Risikogewicht.

Forderungen an*	AAA – AA-	A+ – A-	BBB+ – BBB-	BB+ – BB-	B+ – B-	Unter B-	Nicht beurteilt
Staaten	0	20	50	100	100	150	100
Banken	20	50	100**)	100	100	150	100**)
Unternehmen	20	50	100	100	150	150	100
ABS-Transaktionen	20	50	100	350	1250	1250	1250

*) Angaben in Prozent
**) Das Risikogewicht für diese Forderungen beträgt 50 % unter Option 2 (Rating der Banken)

Tabelle 1: Übersicht der Risikogewichte im Standardansatz

Die Behandlung mittelständischer Kreditnehmer war vor allem in Deutschland Gegenstand heftiger Diskussionen. Nach langwierigen Verhandlungen wurde im Rahmen des Konsultationsprozesses erreicht, dass mittelständische Unternehmen (SMEs)[14] getrennt von Großunternehmen behandelt werden können. Großunter-

---

[13] ECAI = External Credit Assessment Institution.
[14] SMEs = Small- and Medium-sized Enterprises.

nehmen im Sinne dieser Definition sind Unternehmen mit einem jährlichen Umsatz von 50 Mio. Euro oder mehr. Kleinere Unternehmen können i. d. R. wie Retailgeschäft (Mengengeschäft) behandelt werden.

Bei den Forderungen an Banken besteht ein nationales Wahlrecht, ob auf das Rating des Sitzlandes (Option 1) oder auf das Rating des jeweiligen Instituts (Option 2) abgestellt werden soll. In Deutschland wird voraussichtlich die erste Variante maßgeblich sein, so dass insbesondere für ausschließlich national tätige Institute kein Zwang bestehen wird, sich durch eine Ratingagentur beurteilen zu lassen.

In den Standardansätzen ist für das **Retailgeschäft** ein pauschales Risikogewicht von 75 % festgelegt. Wegen der besseren Risikostreuung gelten für das Retailgeschäft geringere Eigenkapitalanforderungen, so dass für den Mittelstand gegenüber den anfänglichen Planungen eine Erleichterung geschaffen wurde. Nach Schätzungen der BaFin aus Mitte 2002 fallen ca. 95 % der deutschen Unternehmen zukünftig unter das Retailgeschäft.[15] Dieser Kategorie können von Banken und Sparkassen Kredite an Privatkunden und SMEs, die ein Volumen von 1 Mio. Euro nicht überschreiten, zugerechnet werden.

Daneben gelten besondere Risikogewichte für spezielle Kreditarten wie beispielsweise die private Wohnungsbaufinanzierung (35 % bei vollständiger Absicherung durch Grundpfandrechte/Hypotheken) oder Forderungen, die durch gewerbliche Immobilien besichert sind (grundsätzlich 100 %; für Realkreditanteile 50 %).

Für den unbesicherten Teil einer Forderung, die mehr als 90 Tage **in Verzug** ist, kommen – nach Abzug vorhandener Einzelwertberichtigungen – in Abhängigkeit von der Höhe der Einzelwertberichtigung unterschiedliche Risikogewichte zur Anwendung. Daneben gelten für private Wohnungsbaufinanzierungen und voll abgesicherte Darlehen mit nicht anerkannten Sicherheiten besondere Regelungen (vgl. nachfolgende Tabelle).

Forderungen (Verzug > 90 Tage)	Einzelwertberichtigung	Risikogewicht
Ungesicherter Forderungsteil	< 20 % des ausstehenden Forderungsbetrags	150 %
Ungesicherter Forderungsteil	mindestens 20 % des ausstehenden Forderungsbetrags	100 %
Ungesicherter Forderungsteil	mindestens 50 % des ausstehenden Forderungsbetrags	100 %/50 %*)
Vollabsicherung der Forderung durch nicht anerkannte Sicherheiten	mindestens 15 % des ausstehenden Forderungsbetrags	100 %
Qualifizierte Wohnimmobilienkredite	< 50 % des ausstehenden Forderungsbetrags	100 %
Qualifizierte Wohnimmobilienkredite	mindestens 50 % des ausstehenden Forderungsbetrags	100 %/50 %*)

*) 50 % als Wahlrecht der lokalen Aufsichtsbehörde

Tabelle 2: Behandlung von Forderungen in Verzug

---

[15] Vgl. BaFin, Pressemitteilung 14/2002.

Das Standardrisikogewicht für alle anderen Vermögensgegenstände beträgt weiterhin 100 %. Außerbilanzielle Geschäfte sind unter Anwendung von Kreditumrechnungsfaktoren in Kreditrisikoäquivalente umzurechnen. Nicht jederzeit unbedingt kündbare Kreditzusagen mit einer ursprünglichen Laufzeit bis zu einem Jahr erhalten einen Kreditumrechnungsfaktor von 20 %, Zusagen mit einer Ursprungslaufzeit von mehr als einem Jahr 50 %. Jederzeit unbedingt kündbare Zusagen werden mit 0 % bewertet.

3.2 Risikoaktivaklassen in den IRB-Ansätzen

Im Rahmen der IRB-Ansätze setzen die Banken eigene Bewertungsverfahren ein, um die erforderliche Eigenkapitalunterlegung zu bestimmen. Die Banken beurteilen die Kreditnehmer somit auf Basis interner Ratingverfahren, die von der BaFin geprüft und zertifiziert werden müssen. Bei diesen Ansätzen erfolgt die Berechnung der erforderlichen Kapitalbeträge nicht wie bei den Standardansätzen als einfaches Produkt von ausstehendem Kreditbetrag und anzuwendendem Risikogewicht, sondern auf Basis eines approximierten Risikomodells. Ähnlich den Standardansätzen werden die Kreditnehmer dazu in vorgegebene Kategorien bzw. **Risikoaktivaklassen** eingeordnet.

```
                    Risikoaktivaklassen

          Staaten              Retail
                               Revolvierende
                               Retailfinanzierungen
          Banken
                               Immobilienfinanzierungen
                               (Retail)
          Corporates
                               Sonstige Retailforderungen
          Unternehmen

          Spezialfinanzierungen    Anteile an Unternehmen
```

Abbildung 3: Übersicht Risikoaktivaklassen

Die im November 2001 angekündigte Differenzierung des **Retailgeschäfts** wurde vom Baseler Ausschuss im Laufe der Konsultationen weiter ausgebaut und in den endgültigen Akkord übernommen. Neben der privaten Wohnungsbaufinanzierung wird auch das revolvierende Retailgeschäft separat behandelt. Hierbei handelt es sich beispielsweise um Forderungen aus Girokonten und dem Kreditkartengeschäft. Die verbleibenden Retailforderungen bilden eine weitere Unterklasse, zu der wie im Standardansatz auch Forderungen an kleinere und mittlere Unternehmen zählen können.

Im 2. Konsultationspapier wurde noch ausdrücklich zwischen **Unternehmensfinanzierungen** im engeren Sinne („Claims on Corporates") und **Projektfinanzierungen** unterschieden, bei denen der Rückzahlungscashflow nicht von der Kreditnehmerqualität sondern vom Erfolg des finanzierten Objektes selbst abhängig ist. Diese strikte Trennung wurde jedoch aufgegeben, so dass die nunmehr mit dem neuen Oberbegriff **Spezialfinanzierungen** *(Specialised Lending, SL)* versehenen Finanzierungen eine Unterkategorie des Corporate-Segments darstellen. Hierunter fallen klassische Projektfinanzierungen, gewerbliche Immobilienprojekte (Wohnungsbau und Gewerbe), Objektfinanzierungen (Schiffe, Flugzeuge etc.) sowie bestimmte Warenfinanzierungen (z. B. Rohöl). Sofern eine Bank nicht in der Lage ist, Spezialfinanzierungen in ihrem internen Ratingsystem abzubilden, sind die Forderungen anhand von vorgegebenen Kriterien in Risikokategorien zu unterteilen. Für diese Kategorien werden die Risikogewichte vom Ausschuss vorgegeben.

3.3 Risikogewichte in den IRB-Ansätzen

Die beiden Verfahren im IRB-Ansatz unterscheiden sich in ihrer Komplexität, z. B. in Bezug auf die Ermittlung der zu erwartenden Verlusthöhen oder der Möglichkeiten zur Berücksichtigung von Sicherheiten. Im **IRB-Basisansatz** ist vor allem die Ausfallwahrscheinlichkeit des Kreditnehmers *(Probability of Default, PD)* durch die Bank zu schätzen, während im Mittelpunkt des **fortgeschrittenen IRB-Ansatzes** die Quantifizierung des zu erwartenden Schadens steht. Dies bedeutet, dass neben der Ausfallwahrscheinlichkeit auch der mögliche Verlustbetrag (Produkt aus *EAD* und *LGD*) durch die Bank zu schätzen ist. Für das Retailportfolio besteht ein eigenständiger Ansatz, der an den fortgeschrittenen IRB-Ansatz angelehnt ist, jedoch eine Eigenkapitalunterlegung auf Poolebene statt auf Basis der Einzelforderungen vorsieht.

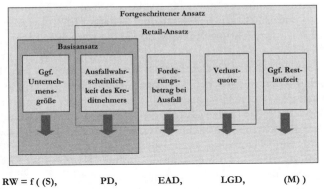

Abbildung 4: Übersicht Risikoparameter im IRB-Ansatz

Die Ausfallwahrscheinlichkeit einer Forderung ist in der Praxis dadurch zu bestimmen, dass für jede Ratingklasse die historische Ausfallhäufigkeit nachgewiesen wird. Auf Basis dieser Historie wird dann über eine aufsichtsrechtlich vorgegebene Formel das **individuelle Risikogewicht** des Kreditnehmers bzw. des Retailpools errechnet.[16] Zusätzlich zur Ausfallwahrscheinlichkeit fließen auch der

---

[16] Wenn Banken unterschiedliche Ratingverfahren nutzen oder die Ausfallwahrscheinlichkeit unterschiedlich einschätzen, wird das Risikogewicht eines Kreditnehmers bei beiden Banken unterschiedlich sein. Vgl. hierzu auch: Send/Siwik: Statistische Kreditwürdigkeitsprognosen, ZfgK, Heft 17/2002, S. 889 ff.

erwartete Forderungsbetrag zum Ausfallzeitpunkt *(Exposure at Default, EAD)* und der erwartete Verlust im Falle eines Kreditausfalls sowie die standardisierte oder effektive Restkreditlaufzeit M *(Maturity)* in die Formel ein. Im IRB-Basisansatz werden durch das Aufsichtsrecht Standardwerte für die Größen EAD, LGD und M vorgegeben. Für die **SMEs**, bei denen aufgrund des Kreditvolumens oder des Jahresumsatzes eine Zuordnung zum Retailgeschäft nicht möglich ist, ist zukünftig ein umsatzabhängiger Abschlag (S) von bis zu 20 % auf die Kapitalunterlegung gegenüber Großunternehmen vorgesehen.

Die standardisierte Restlaufzeit M im Basisansatz beträgt 2,5 Jahre (sechs Monate für Repo-Geschäfte). Im fortgeschrittenen IRB-Ansatz besteht ein nationales Wahlrecht, ob auf die explizite Restlaufzeitenanpassung verzichtet werden darf. Es ist davon auszugehen, dass dadurch in Deutschland die Berücksichtigung der effektiven Restlaufzeit entfällt. Lediglich für Kredite an Unternehmen, deren konsolidierter Umsatz und Bilanzsumme 500 Mio. Euro oder mehr betragen, müssen die individuellen Laufzeitfaktoren dann noch berücksichtigt werden.

Im Rahmen der dritten Konsultationsperiode wurde an das Baseler Komitee die Forderung gerichtet, die Risikogewichte im IRB-Ansatz neu zu kalibrieren. Die im dritten Konsultationspapier genannten Risikogewichtungsformeln wurden seinerzeit so ausgestaltet, dass sowohl für erwartete als auch für unerwartete Verluste Eigenkapital vorzuhalten war. Vertreter verschiedener Bankenverbände wandten jedoch ein, dass die erwarteten Verluste *(Expected Loss, EL)* i. d. R. bereits im Kalkulationsprozess (Standardrisikokosten) und der Risikovorsorge der Banken berücksichtigt werden. Im Oktober 2003 reagierte das Komitee darauf und überarbeitete die Ausgestaltung der Risikogewichtungsfunktion sowie die Berücksichtigung von Wertberichtungen.[17]

Unter Basel II werden somit **nur noch die unerwarteten Verluste**, also die Schwankungen um den statistischen Mittelwert, Grundlage der Eigenkapitalunterlegung sein. Nach den neuen Vorschlägen wird die Höhe der Risikovorsorge (inklusive Einzel- und Pauschalwertberichtigungen) mit dem erwarteten Verlust abgeglichen. Sollte die Risikovorsorge nicht ausreichen, um den EL abzudecken, ist der Differenzbetrag vom Eigenkapital abzuziehen. Umgekehrt kann überschüssige Risikovorsorge (sofern vorhanden) innerhalb bestimmter Grenzen als Ergänzungskapital angerechnet werden und erhöht damit ggf. die Kapitaldecke.

3.4 Behandlung von Sicherheiten in den Ansätzen

Banken nutzen verschiedene Techniken zur Minderung ihrer eingegangenen Kreditrisiken. Forderungen können durch erstrangige Ansprüche auf Bareinlagen oder Wertpapiere komplett oder teilweise besichert sein, ein Kredit kann durch einen Dritten garantiert sein oder eine Bank kann ein Kreditderivat kaufen, um verschiedene Formen des Kreditrisikos auszuschließen. Zudem können Banken Nettingvereinbarungen eingehen, bei denen sie Kredite an einen Kontrahenten und Einlagen desselben Kontrahenten saldieren.

---

[17] Vgl. BIS, Pressemitteilung vom 11. Oktober 2003.

Im **einfachen Standardansatz** wird dazu wie unter Basel I das Risikogewicht des Kontrahenten für den besicherten Teil der Forderung durch das Risikogewicht der Sicherheit ersetzt. Werden Sicherheiten im **umfassenden Standardansatz** berücksichtigt, müssen die Banken den um den Sicherheiteneffekt angepassten Wert der Forderung gegenüber dem Kontrahenten ermitteln. Durch die Verwendung von Sicherheitszu- oder -abschlägen *(Haircuts, H)* müssen die Banken sowohl den Betrag der Forderung gegenüber dem Kontrahenten als auch den Wert der vom Kontrahenten erhaltenen Sicherheiten anpassen, um den künftigen, durch Marktentwicklungen bedingten Wertveränderungen (Preis- und Währungsschwankungen) beider Seiten Rechnung zu tragen.

Die Banken haben zwei Möglichkeiten zur Ermittlung der *Haircuts*: Aufsichtsrechtliche *Haircuts* unter Verwendung fester, durch den Ausschuss vorgegebener Größen, oder selbst geschätzte *Haircuts*, denen bankeigene Berechnungen der Marktpreisvolatilität zugrunde liegen. Die Aufsichtsbehörde gestattet den Banken die Verwendung selbst geschätzter *Haircuts* nur, wenn bestimmte qualitative und quantitative Bedingungen erfüllt werden.

Sicherheitenart	Mindest-*LGD*	Minimum Besicherungsgrad C^*	Besicherungsgrad für maximale *LGD*-Minderung C^{**}
Finanzielle Sicherheiten	0 %	0 %	n.a.
Forderungsabtretungen	35 %	0 %	125 %
Grundpfandrechte	35 %	30 %	140 %
Sonstige Sicherheiten	40 %	30 %	140 %

Tabelle 3: Mindestbesicherung für Anpassung des LGD

Im **IRB-Basisansatz** erfolgt die Einbeziehung von Sicherheiten über die Modifikation des *LGD*, also des erwarteten Verlustes im Default-Fall. Bei vorrangigen Forderungen ist der *LGD* standardmäßig mit 45 % anzusetzen, bei nachrangigen Forderungen mit 75 %. Durch anerkennungsfähige Sicherheiten kann der in die Eigenkapitalformel einfließende LGD-Wert jedoch vermindert werden.

Da dem Standard-*LGD* von 45 % die Annahme zugrunde liegt, dass vorrangige Forderungen meist über eine Basisabsicherung verfügen, müssen die Sicherheiten bestimmten Ansprüchen genügen, um anerkennungsfähig zu sein. Hierzu zählt der Mindestbesicherungsgrad C^*, der angibt, welchen Marktwert *(C)* die Sicherheit in Relation zum Forderungsbetrag *(E)* haben muss, um eine Eigenkapitalminderung zu bewirken. Nur wenn $C > C^*$ ist kommt die Sicherheit für eine LGD-Minderung in Frage. Übersteigt C auch die zweite Schwelle C^{**}, kann für die gesamte Forderung der geringere Mindest-LGD angesetzt werden. Liegt der Marktwert der Sicherheit zwischen C^* und C^{**}, so gilt für den Anteil C/C^{**} der Mindest-LGD, während für die restliche Forderung der Standardwert angesetzt werden muss.

Im IRB-Basisansatz ist der Kreis der **anerkennungsfähigen Sicherheiten** beschränkt. Neben den finanziellen Sicherheiten, die wie im umfassenden Standardansatz definiert sind, werden Forderungsabtretungen und Grundsicherheiten anerkannt. Zusätzlich können auch sonstige physische Sicherheiten anerkannt werden, sofern dafür liquide Märkte mit öffentlich zugänglichen Marktpreisen bestehen. Hierunter fallen beispielsweise Kraftfahrzeuge. Im **fortgeschrittenen IRB-Ansatz** sowie im **IRB-Retailansatz** gilt die Beschränkung auf bestimmte Sicherheiten nicht. Grundsätzlich können alle Sicherheiten anerkannt werden, wenn die Bank in der Lage ist, einen statistisch validierbaren *LGD* selbst zu prognostizieren. Für diese Prognose gilt eine Zeitreihenanforderung von mindestens sieben Jahren (fünf Jahre für das Retailportfolio).

3.5 Anteile an Unternehmen

Im Standardansatz erhalten **Unternehmensbeteiligungen** weiterhin ein Risikogewicht von 100 %, sofern der Beteiligungswert nicht im Rahmen der Konsolidierung vom Eigenkapital abgezogen werden muss. In den IRB-Ansätzen besteht eine Grandfathering-Regel, nach der bereits bestehende Unternehmensbeteiligungen über einen Zeitraum von zehn Jahren nach den bisherigen Regeln mit Eigenmitteln zu unterlegen sind (nationales Wahlrecht). Nach dieser Frist sowie für Beteiligungen, die während des Zeitraums eingegangen oder ausgebaut wurden, stehen zwei Varianten zur Auswahl: Entweder können die Beteiligungen nach dem Marktansatz oder nach dem PD/LGD-Ansatz einbezogen werden. Der nationalen Aufsicht steht allerdings frei, nur eine der Varianten zuzulassen.

Der **Marktansatz** bietet mit der einfachen Risikogewichtsmethode und der auf internen Risikomodellen basierenden Methode nochmals eine Wahlmöglichkeit. In der einfachsten Variante wird pauschal ein Risikogewicht von 400 % zugeordnet, das bei frei handelbaren Beteiligungen auf 300 % sinkt. Bei der Anwendung von **internen Modellen** errechnen Banken den Unterlegungsbetrag auf Basis eines VaR-Modells mit einem Konfidenzniveau von 99 %. Die Anwendung eines internen Modells kann einzelnen Banken vom Aufseher vorgeschrieben werden.

Der **PD/LGD-Ansatz** entspricht grundsätzlich dem normalen IRB-Ansatz, jedoch werden für Ausfallwahrscheinlichkeit und Schadenschwere besondere Vorgaben gemacht. Wenn die beteiligte Bank die Ausfallwahrscheinlichkeit nur unzureichend schätzen kann, muss die der Ratingklasse zugeordnete Ausfallwahrscheinlichkeit mit einem Faktor von 1,5 skaliert werden. Außerdem ist als *LGD* ein Wert von 90 % anzusetzen. Die rechnerische Laufzeit *M* beträgt fünf Jahre. Bei einigen Beteiligungen (z. B. langfristig ausgerichteten Beteiligungen an Kunden und bestimmten nicht frei handelbaren Beteiligungen) darf das Risikogewicht 100 % nicht unterschreiten. Für andere Beteiligungen darf das Risikogewicht nicht geringer ausfallen als bei der einfachen Risikogewichtsmethode.

3.6 Verbriefte Transaktionen

Die Behandlung von ABS-Transaktionen[18] wurde im Laufe des Konsultationsprozesses mehrfach überarbeitet. Ziel des Ausschusses war es, eine Lösung zu finden, die weder positive noch negative Anreize in Bezug auf die Verbriefung von Forde-

---

[18] ABS = Asset-Backed-Securities.

rungen setzt. In der neuen Eigenkapitalvereinbarung werden die Regelungen zur Behandlung der Securitisation in einem eigenen Hauptkapitel umfassend geregelt.

Grundsätzlich unterscheiden die Regelungen zwischen dem investierenden Institut und dem ursprünglich Kredit gebenden Institut („Originator"). Dabei gilt, dass die investierende Bank möglichst soviel Kapital vorhalten soll, wie es bei der ursprünglich Kredit gebenden Bank erforderlich gewesen wäre. Umgekehrt soll der Originator nur dann von der Kapitalunterlegung entlastet werden, wenn das Risiko wirksam auf den Forderungskäufer übergeht.

Mit Standardansatz und IRB-Ansatz sind unter Basel II für die Eigenmittelunterlegung zwei Methoden vorhanden. Welchen Ansatz die Banken anwenden müssen, hängt davon ab, welchen Ansatz sie für vergleichbare Forderungen des Kreditgeschäfts gewählt haben und ob sie investierende oder verbriefende Bank sind.

Im Standardansatz hängt das Risikogewicht wie bereits beschrieben vom externen Rating der jeweiligen Tranche ab. Besondere Risikogewichte bestehen für Positionen mit erhöhtem Risiko, z. B. Liquiditätszusagen an die Zweckgesellschaft. Im IRB-Ansatz für Verbriefungspositionen bestehen drei unterschiedliche Varianten: der aufsichtliche Formelansatz *(Supervisory Formula, SF)*, der ratingbasierte Ansatz (RBA) und der Interne Assessmentansatz (IAA), der nur für verbriefte ABCP-Programme[19] angewandt werden darf.

Investierende Institute errechnen die Eigenmittelunterlegung im IRB-Ansatz ebenfalls über das externe Rating der Verbriefungspositionen, jedoch mit anderen, stärker differenzierten Risikogewichten als im Standardansatz. Neben dem Rating spielt dabei auch die Granularität des Pools eine Rolle. Hochgranulare – also stärker diversifizierte – Tranchen erhalten dadurch günstigere Risikogewichte.

Im IAA dürfen unter bestimmten Bedingungen die Ratings von *ABCPs* auch für vertragliche Unterstützungsleistungen an die Zweckgesellschaft (z. B. Liquiditätslinien und so genannte Credit Enhancements) genutzt werden. Grundsätzlich ist die Anwendung des IAA genehmigungsfrei, allerdings kann die Aufsicht einem Institut die Anwendung untersagen, wenn sie zu der Auffassung kommt, dass die Mindestanforderungen nicht eingehalten werden.

Die aufsichtliche Formel kommt zur Anwendung, wenn kein externes Rating vorhanden ist und auch nicht aus vergleichbaren Tranchen abgeleitet werden kann. Wesentliche Größe im Formelansatz ist der Referenzwert K_{IRB}, der das Verhältnis zwischen der ursprünglichen Eigenmittelunterlegung der dem Pool zugrunde liegenden Forderungen und dem Nominalvolumen (bzw. Kreditäquivalenzbetrag) der Forderungen im Pool beschreibt. In die aufsichtliche Formel fließen neben K_{IRB} weitere Parameter ein, über die das Risiko der jeweiligen Tranche detailliert abgebildet werden soll.

4. Operationelle Risiken

Bereits im Juni 1999 erklärte der Baseler Ausschuss seine Absicht, zukünftig auch Eigenkapitalanforderungen für die so genannten operationellen Risiken einzuführen,

---

[19] ABCP = Asset Backed Commercial Paper.

denn das derzeit noch gültige Regelwerk sieht nur die Unterlegung von Marktpreis- und Kreditrisiken mit Eigenmitteln vor. Operationelle Risiken werden für aufsichtsrechtliche Zwecke als „die Gefahr von Verlusten, die infolge der Unangemessenheit oder des Versagens von internen Verfahren, Menschen und Systemen oder von externen Ereignissen eintreten" definiert. In dieser Definition ist das Rechtsrisiko enthalten. Nicht erfasst werden strategische Risiken und Reputationsrisiken.

Typische Beispiele für operationelle Risiken sind Fehler aufgrund menschlichen Versagens oder unzulänglichen internen Kontrollen, Betrugsdelikte, DV-Systemausfälle und größere Brände oder andere Katastrophen.

Die ursprüngliche Planung des Baseler Ausschusses sah vor, etwa 20 % des regulatorisch erforderlichen Eigenkapitals der Institute für die Unterlegung der operationellen Risiken zu reservieren. Da diese Zielgröße nicht ausreichend begründet wurde, stand sie im Mittelpunkt der Kritik. Mit dem im September 2001 veröffentlichten Arbeitspapier zur aufsichtsrechtlichen Behandlung der operationellen Risiken reagierte der Ausschuss ausdrücklich auf einige der Kritikpunkte.[20]

So verminderte sich die angestrebte Kapitalunterlegung in den **Basisindikator- und Standardansätzen** auf 12 % des Eigenkapitals. Die vormals geplante Untergrenze von 9 % für die Kapitalunterlegung in den **Ambitionierten Messansätzen** entfiel. Zudem wurde mit dem **Alternativen Standardansatz** eine neue Variante zur Vermeidung von Doppelunterlegungen von Risiken geschaffen. Die Berücksichtigung der Risiko mindernden Wirkung von Versicherungen ist in Basel II nur im Rahmen der Ambitionierten Messansätze[21] unter Beachtung von bestimmten Kriterien vorgesehen. Bereits jetzt kündigt der Ausschuss an, dass er zukünftig mit mehr Praxiserfahrung im Austausch mit der Finanzindustrie die Kriterien und Limite zur Anerkennung von Risiko mindernden Versicherungen überprüfen will. Generell erwartet der Ausschuss, dass insbesondere international tätige Banken und Banken mit einem durch ihre Geschäftstätigkeiten bedingten hohen Anteil an operationellen Risiken einen Ansatz wählen, der anspruchsvoller als der Basisindikatoransatz und gleichzeitig ihrem Risikoprofil angemessen ist.

Die qualitativen Anforderungen an das Management der operationellen Risiken wurden bereits in den im Februar 2003 veröffentlichten „Sound Practices for the Management and Supervision of Operational Risk" (SPOR) erläutert. Diese gliedern sich in die vier Themenschwerpunkte: Entwicklung einer angemessenen Umgebung für das Risikomanagement, Identifikation, Einschätzung, Überwachung und Steuerung der operationellen Risiken, die Rolle der Aufsichtsbehörden und die Bedeutung der Offenlegung (Disclosure). Die Umsetzung in Deutschland soll im Rahmen der so genannten **„Mindestanforderungen an das Risikomanagement (MaRisk)"** erfolgen, die seit April 2004 in einer gemeinsamen Arbeitsgruppe von Bundesbank und BaFin erarbeitet werden. Darin soll u. a. das bisher aufsichtlich ungeregelte operationelle Risiko berücksichtigt werden. Ferner werden hierin die bereits existieren-

---

[20] Vgl. Working Paper on the Regulatory Treatment of Operational Risk, BCBS.
[21] Die Vorschläge der EU-Kommission aus November 2002 sahen noch eine Berücksichtigung in den übrigen Ansätzen vor; seit dem 3. Konsultationspapier vom 1. Juli 2003 ist die Berücksichtigung auch nur im Rahmen der ambitionierten Messansätze vorgesehen.

den Mindestanforderungen (MaH, MaIR und MaK) im Sinne einer ganzheitlichen Risikobetrachtung in einem Rahmenwerk zusammengefasst.[22] Der erste Entwurf der MaRisk wird für November 2004 erwartet, die Endfassung ist nach derzeitigem Planungsstand für die 2. Jahreshälfte 2005 vorgesehen.[23]

Die nachfolgende Tabelle gibt eine Übersicht über die Unterschiede in den Anforderungen der einzelnen Ansätze:

Ansatz	Kapitalunterlegung	Merkmale
Basisindikatoransatz	– Durchschnitt der positiven Bruttoerträge innerhalb der letzten drei Jahre × α (α = 15 %)	– Nicht risikosensitiv; Bankenaufsicht legt α-Faktor fest – Einfache Umsetzung; neben SPOR keine weiteren qualitativen Anforderungen
Standardansatz	– 3-Jahres-Durchschnitt von Jahressummen der Einzelunterlegungen (Bruttoerträge1-8 × β_{1-8}); Verrechnung positiver und negativer Kapitalanforderungen der Einzelsegmente innerhalb eines Jahres erlaubt – β-Faktor beträgt je nach Geschäftssegment 12 %, 15 % oder 18 %	– Wenig risikosensitiv; Bankenaufsicht legt β-Faktoren fest – Acht verschiedene Geschäftssegmente mit Bruttoerträgen je Segment als einzige Bezugsgröße – Wenig komplexe Umsetzung; neben SPOR weitere qualitative Anforderungen
Alternativer Standardansatz (Wahlrecht der lokalen Aufsichtsbehörde)	– CB = β_{CB} (15 %) × m × Kreditvolumen$_{CB}$ – RB = β_{RB} (12 %) × m × Kreditvolumen$_{RB}$ – m = 0,035 – Gesamtkapitalunterlegung errechnet sich als 3-Jahres-Durchschnitt von Jahressummen der Einzelunterlegungen, d. h. für CB und RB sowie die übrigen sechs Geschäftssegmente; für zweite Aggregationserleichterung können negative Bruttoerträge wie beim SA behandelt werden	– Verfahren grundsätzlich identisch mit Standardansatz – Abweichung bei Ermittlung der Kapitalunterlegung für die Geschäftssegmente „Commercial Banking" (CB) und „Retail Banking" (RB); Kreditvolumen anstatt Bruttoerträge als Bezugsgröße – Zusätzliche Aggregationserleichterungen; Banken können CB und RB zusammenfassen und mit β von 15 % multiplizieren; Zusammenfassung des Bruttoertrags für die übrigen sechs Geschäftsfelder ebenfalls möglich (β = 18 %)

---

[22] Vgl. BaFin, Protokoll Arbeitskreis „Umsetzung Basel II", 15. Januar 2004.
[23] Vgl. BaFin, „Entwicklung von Mindestanforderungen an das Risikomanagement (MaRisk)", 15. April 2004.

Ansatz	Kapitalunterlegung	Merkmale
Ambitionierte Messansätze	– Ableitung aus praxisrelevanten Messansätzen wie z. B. Szenariobasierte Ansätze, Verlustverteilungsansätze oder Scorecard-Ansätze – Baseler Ausschuss spezifiziert weder Verfahren noch Verteilungsannahmen zur Schaffung eines für aufsichtliche Eigenkapitalzwecke geeigneten Messverfahrens	– Risikosensitiv – Kapitalunterlegung basiert auf bankinternen Risikoschätzungen; keine Vorgabe eines bestimmten Verfahrens durch den Baseler Ausschuss (Soundness Standard) – Komplexe Umsetzung; neben SPOR zusätzlich hohe qualitative und quantitative Anforderungen; aufsichtsrechtliche Anerkennung erforderlich

Tabelle 4: Mindestanforderungen der einzelnen Ansätze

5. Partial Use

Eine nach Finanzierungssegmenten **unterschiedliche Nutzung der Ansätze** für die Kreditrisikounterlegung (sog. *Partial Use*) wird grundsätzlich nur in einer Übergangsphase möglich sein, d. h., bei Beantragung der Genehmigung für die Anwendung eines IRB-Ansatzes muss das Institut einen Einführungszeitplan beifügen, aus dem die bankweite Umsetzung hervorgehen muss. Einzelne Engagements in unbedeutenden Niederlassungen oder Finanzierungssegmenten können – nach Zustimmung der zuständigen Aufsicht – auch dann nach dem Standardansatz unterlegt werden, wenn die Bank grundsätzlich einen IRB-Ansatz anwendet. Die Diskussion um die Höhe von Schwellenwerten (Mindestanteil der zu Beginn und langfristig nach IRB zu unterlegenden Portfolien) ist derzeit allerdings noch nicht abgeschlossen.[24] Ferner wird in Erwägung gezogen, den Standardansatz für Forderungen an Staaten und Banken allen IRB-Banken zu gestatten.

Für den Bereich der **Spezialfinanzierungen** ist in jedem Fall der IRB-Ansatz anzuwenden, wenn sich ein Institut im Segment der Unternehmensforderungen für einen IRB-Ansatz entschieden hat. Hier sieht Basel II allerdings Vereinfachungsregelungen vor, falls ein Institut die relevanten Risikoparameter intern nicht schätzen kann.

Bei der Unterlegung der **operationellen Risken** erlaubt der Ausschuss Banken, für einige Geschäftsfelder Ambitionierte Messansätze (AMA) und für die übrigen Teile ihrer Aktivitäten zu Beginn den Basisindikator- oder den Standardansatz bzw. Alternativen Standardansatz zu verwenden.[25] Es muss gewährleistet sein, dass bei erstmaliger Anwendung eines AMA ein wesentlicher Teil der operationellen Risiken hiervon abgedeckt wird und die Bank ihren Aufsehern einen Zeitplan vorlegt, aus dem sich der Ablauf für die Ausweitung des AMA auf alle wesentlichen Rechtseinheiten und Geschäftsfelder (*„Roll Out"*) ergibt. Somit ist klar, dass die partielle

---

[24] Vgl. Protokoll des BaFin-Arbeitskreises „Umsetzung Basel II" vom 24. Mai 2004.
[25] Nach dem Entwurf der EU ist auch die Kombination von Basisindikator- und Standardansatz vorgesehen.

Anwendung grundsätzlich nur dann und nur temporäre möglich ist, wenn die Bank von Anfang an die AMA als endgültige und ausschließliche Bemessungsverfahren zur Ermittlung der regulatorischen Kapitalanforderung vorsieht. Nur in bestimmten Ausnahmefällen und mit Zustimmung der zuständigen Aufsichtsbehörde kann eine Bank den AMA dauerhaft für einen unwesentlichen und abgegrenzten Teil ihrer Aktivitäten einsetzen und für alle übrigen Bereiche als Globalansatz einen anderen Ansatz wählen, also die Umkehrung der im vorangegangenen Abschnitt beschriebenen Situation. Dies gilt z. B. für eine Niederlassung in einem Land, wo der AMA zwingend von der dortigen Bankenaufsicht vorgegeben wird.

6. Gesamtkapitalunterlegung

Die Auswertung der ersten Auswirkungsstudien hat gezeigt, dass sich die Kapitalanforderungen nach IRB-Basisansatz und fortgeschrittenem IRB-Ansatz deutlicher unterscheiden als vom Baseler Ausschuss beabsichtigt. Um den Unterschiedsbetrag zu verringern, wurden im Rahmen der QIS 3 verschiedene Parameter der Risikogewichtungsformel modifiziert.

Entsprechend der stärkeren **Ausrichtung der Kapitalunterlegung am tatsächlichen Risiko** der Banken hat es bei der QIS 3 „Gewinner" und „Verlierer" bei der Kapitalunterlegung gegeben.[26] Im Standardansatz war im Mittel eine leichte Erhöhung des Kapitalbedarfs zu erkennen, während die weiter fortgeschrittenen Ansätze zu einer verminderten Kapitalunterlegung führten. Dies entspricht dem Wunsch des Komitees, Anreize für die Anwendung der fortgeschrittenen Ansätze zu geben. Institute mit einem hohen Retailanteil profitierten dabei überdurchschnittlich von den neuen Regeln. Über alle beteiligten Institute und Ansätze schwankten die Veränderungen des Kapitalbedarfs gegenüber den geltenden Regeln von + 103 % bis – 67 % im Standardansatz und + 75 % bis – 58 % in den IRB-Ansätzen.

Wenngleich diese Extremwerte mit einer gewissen Vorsicht zu genießen sind, da Rechenfehler und zu konservative Annahmen bei den beteiligten Banken möglich sind, zeigen die Ergebnisse doch, dass jedes einzelne Institut unabhängig von den Wünschen und Vorgaben Dritter (Verbände, Rechenzentren etc.) eine individuelle Testrechnung durchführen sollte, um den attraktivsten Ansatz auszuwählen. Dabei ist zu beachten, dass eine Rückkehr von einem fortschrittlicheren Ansatz zu einem einfachen Ansatz nur in besonderen Fällen und nach vorheriger Genehmigung durch die Aufsicht möglich ist.

Da sich durch die **Beschränkung der Unterlegungspflicht auf unerwartete Verluste** eine weitere Änderung der Risikogewichtungsformeln ergeben hat, beabsichtigen verschiedene Aufsichtsbehörden, eine weitere Auswirkungsstudie durchzuführen. Das BaFin wird sich an dieser Studie beteiligen.[27] Im Rahmen der Untersuchungen soll auch überprüft werden, ob sich die Kapitalausstattung der Kreditinstitute durch Basel II insgesamt ändern wird. Derzeit geht die Aufsicht davon aus, dass ein Skalierungsfaktor von 1,06 erforderlich ist. Dies bedeutet, dass

---

[26] Vgl. Results of the QIS 3 Impact Study, BCBS, Mai 2003.
[27] Vgl. BaFin-Rundschreiben vom 26. Juni 2004.

Teil A: Einleitung

die tatsächlichen Kapitalanforderungen um 6 % über dem Wert liegen werden, der sich nach den IRB-Ansätzen ergibt. Dieser Faktor soll jedoch zukünftig überwacht und bei Bedarf angepasst werden.

Um die Höhe des Skalierungsfaktors besser abschätzen zu können, müssen Banken, die einen fortgeschrittenen Ansatz[28] anwenden wollen, bereits ein Jahr vor Inkrafttreten die Kapitalunterlegung nach den neuen Vorschriften ermitteln und melden. Dies bedeutet, dass die entsprechenden Rechenverfahren spätestens zum 31. Dezember 2005 in die EDV-Architektur eingebunden werden sollten.

Zudem darf der insgesamt zu unterlegende Betrag für das Kreditrisiko, die Marktrisiken **und** die operationellen Risiken im ersten Jahr der Anwendung von Basel II nicht unter 95 % des nach dem derzeitigen Grundsatz I erforderlichen Betrags sinken. Im zweiten Anwendungsjahr (2008) beträgt die Mindestunterlegung 90 % und in 2009 80 % des heutigen Betrags. Dabei ist zu beachten, dass der fortgeschrittene IRB-Ansatz und die AMA-Ansätze für operationelle Risiken frühestens ab 2008 angewandt werden dürfen.

Unter Berücksichtigung der einjährigen Parallelrechnungsphase in 2006 ergibt sich für die Kreditinstitute und Finanzdienstleister ein nicht zu unterschätzender Arbeitsaufwand, da bis zu vier Jahre lang sowohl der alte Grundsatz I wie auch die Kapitalunterlegung nach Basel II zu berechnen sind.[29]

Die Kapitalunterlegung unterscheidet sich jedoch nicht nur in ihrer Höhe vom bisherigen Grundsatz I. Durch die **verstärkte Risikosensitivität** schwankt sie zukünftig stärker als bisher. Damit wird die Gesamtkapitalplanung erschwert. Die zunächst vom Baseler Ausschuss vorgesehenen Risikogewichte wurden allerdings schnell als zu zyklisch identifiziert. Aus diesem Grund fallen die verabschiedeten Risikogewichte bzw. Formeln der IRB-Ansätze flacher aus als noch im Januar 2001.[30] Darüber hinaus sind die Institute aufgefordert worden, in ihrem Ratingprozess auch die Wirtschaftszyklen zu berücksichtigen und so einem zusätzlichen Kapitalbedarf durch mögliche Downgrades vorzubeugen.

Ergänzend dazu müssen Banken, die einen IRB-Ansatz anwenden, verpflichtend Kreditrisiko-Stresstests durchführen, um den zusätzlichen Kapitalbedarf in einer Rezessionsphase zu bestimmen. Die Gestaltung der Stresstests bleibt im Wesentlichen den einzelnen Kreditinstituten überlassen, jedoch werden die Aufsichtsbehörden im Rahmen der Säule II überprüfen, ob der Kapitalpuffer des Instituts ausreichend ist.

7. Aufsichtliches Überprüfungsverfahren (Säule II)

Das aufsichtliche Überprüfungsverfahren soll die Einhaltung der in den Mindesteigenkapitalanforderungen aufgestellten Standards und Veröffentlichungspflichten

---

[28] Dies sind die IRB-Ansätze für das Kreditrisiko sowie die Ambitionierten Messansätze für operationelle Risiken.
[29] Der CAD 3 Entwurf der EU-Kommission von 14. Juli 2004 sieht keine Parallelrechnung vor.
[30] Vgl. hierzu auch: Cluse/Engels: Die Steuerung der Eigenmittel unter Basel II, ZfgK, Heft 3-4/2002, S. 165 ff.

sicherstellen. Dabei wird seitens der Aufsicht aber auch zu gewährleisten sein, dass in den Mindesteigenkapitalanforderungen nicht bzw. nicht vollständig erfasste Risiken und auf die Modelle einwirkende externe Faktoren bei Bedarf Berücksichtigung finden. In Ergänzung zu den seitens des Baseler Ausschusses bereits veröffentlichten Richtlinien für die Aufsichtsbehörden wurden vier Grundsätze für die Durchführung des Überprüfungsverfahrens aufgestellt.[31]

Grundsatz 1 fordert von den Banken einen Bewertungsprozess zur Festlegung der angemessenen (ökonomischen) Eigenkapitalausstattung im Verhältnis zu ihrem Risikoprofil und eine Strategie zur Aufrechterhaltung der Eigenkapitalausstattung. Neben den Anforderungen an die Vorstände und Aufsichtsräte, die internen Prozesse und Kontrollen sowie an das Reporting nimmt die umfassende Bewertung aller Risiken eine zentrale Stellung ein. Insbesondere gehören hierzu das Kredit-, Markt-, Liquiditäts- und Operationelle Risiko der Institute, aber auch das Zinsrisiko im Anlagebuch und sonstige Risiken. Basel II stellt in diesem Sinne keine abschließende Auflistung zu behandelnder Risiken dar. Die Institute sind im Gegenteil gehalten, die Risikoerfassung auch auf weitere, bisher nicht oder schwer zu quantifizierende, Risiken auszudehnen.

Grundsatz 2 bezieht sich auf die Überprüfung und Evaluierung der in Grundsatz 1 von den Instituten geforderten Systeme und Prozesse zur Bestimmung der Angemessenheit der Eigenkapitalausstattung sowie ihre Fähigkeiten zur Einhaltung und Sicherstellung der Mindestanforderungen durch die Aufsicht. Ein Schwerpunkt liegt auf der Überprüfung der Erfüllung der Mindestanforderungen, vor allem bei den IRB-Ansätzen, und der Anwendung von Risikominderungsinstrumenten und ABS-Transaktionen.

Während **Grundsatz 3** postuliert, dass Banken aus Sicht der Aufsicht i. d. R. mit mehr als dem Mindesteigenkapital operieren sollten und der Aufsicht das Recht auf Durchsetzung darüber hinausgehender Eigenkapitalquoten gibt, stellt **Grundsatz 4** diesbezüglich die Forderungen des proaktiven Eingreifens der Aufsicht zur Sicherstellung des Mindesteigenkapitals auf. Der Durchsetzung dienen bspw. festzulegende EK-Quoten-Kategorien im Sinne von Gütestufen. Als Sofortmaßnahmen sind das Verbot der Dividendenausschüttung bzw. die Anordnung einer Kapitalerhöhung zu sehen. Es ist das Ziel des Überprüfungsverfahrens solche Maßnahmen zu vermeiden, in dem die Aufsicht im Vorfeld über die Adjustierung des Risikomessprozesses und der internen Kontrollverfahren das Risikomanagement der Institute entsprechend beeinflusst.

Nach Auffassung der Aufsicht stellen das Zinsrisiko im Anlagebuch, das besondere Kreditrisiko (z. B. Klumpenrisiken) und Aspekte der ABS-Transaktionen spezielle Schwerpunkte im Überprüfungsverfahren dar, da sie nicht direkt unter Säule I behandelten werden. In Bezug auf das **Zinsrisiko im Anlagebuch** liegt es im Ermessen der nationalen Aufsicht, ob sie bankindividuell eine entsprechende Unterlegung

---

[31] Vgl. auch „Core Principles for Effective Banking Supervision" (1997) und „Core Principles Methodology" (1999).

bzw. eine Risikoreduzierung verlangt, oder aber für ihre Jurisdiktion eine verpflichtende Eigenkapitalunterlegung für Zinsänderungsrisiken des Anlagebuches einführt.[32]

Den Ergebnissen der Stresstests und ihrer Zuverlässigkeit gilt die besondere Aufmerksamkeit der Aufsicht unter dem Aspekt einer ausreichenden Eigenkapitaldecke gem. den IRB-Mindestanforderungen. Auch Abweichungen und ihre Auswirkungen bei Anwendung der nationalen Referenzdefinition für den Default werden als kritisch betrachtet. Einen weiteren Schwerpunkt im Überprüfungsverfahren bilden die **Kreditrisikokonzentrationen**. Zwar werden diese in Teilen im nationalen Recht berücksichtigt, vernachlässigen aber i. d. R. Konzentrationen auf Wirtschaftsräume und -sektoren etc.[33]

ABS-Transaktionen und ihre angemessene Berücksichtigung bei der Ermittlung unterliegen nicht nur den unter der Mindesteigenkapitalausstattung formulierten Anforderungen, sondern auch der besonderen Überprüfung seitens der Aufsicht. Im Überprüfungsverfahren, vor allem unter dem Aspekt der permanenten Innovation, werden der tatsächliche Risikotransfer, das Nichtvorliegen impliziter Unterstützung und die Handhabung von Kündigungsklauseln gesondert untersucht. Im Fall der Gewährung impliziter Unterstützung und von Kündigungsklauseln, die zu einer Übernahme von Verlusten bzw. Krediten minderer Qualität führen, kann die Bank zur Veröffentlichung des Vorgangs gezwungen werden. Darüber hinaus kann die Aufsicht sogar bestimmen, dass die betroffenen oder alle Transaktionen mit Eigenkapital zu unterlegen sind, als wenn sie nie verbrieft worden wären (Aberkennung des Risikoübergangs).

8. Marktdisziplin und Markttransparenz (Säule III)

Die weit über das bisherige Maß hinaus gehenden Veröffentlichungspflichten haben die Vergleichbarkeit der Institutionen auf Basis ihrer **individuellen Risikopositionen** und der zugehörigen Unterlegung mit Eigenkapital aus Sicht der Marktteilnehmer zum Ziel. Angesichts der insbesondere bei Anwendung der IRB-Ansätze individuellen Ermessensspielräume ist dies ein durchaus nachvollziehbares Anliegen.

Jenseits der je nach gewähltem Ansatz zu veröffentlichenden Informationen liegt es im Ermessen der nationalen Aufsicht, in welchem Umfang sie **zusätzliche Informationspflichten** vorgibt. Die Institute können ihren Informationspflichten auch im Rahmen ihrer Jahres- und Quartalsabschlüsse bzw. den Veröffentlichungspflichten bei Börsennotierung nachkommen. Dies wird sogar präferiert, da die vorgelegten Daten i. d. R. extern verifiziert werden.

Art, Ausmaß und Umfang der Veröffentlichung sind abhängig von der Materialität der Informationen. Diese wird unter Basel II im Sinne der Materialität von Informationen nach den IAS/IFRS definiert und ist gegeben, wenn ihr Verschweigen

---

[32] Vgl. hierzu auch die BIS-Veröffentlichungen „Management of Interest Rate Risk" (1997) und „Principles for the Management and Supervision of Interest Rate Risk" (2004).
[33] Vgl. z. B. GroMiKV.

oder ihre fälschliche Darstellung die Einschätzung oder Entscheidung eines Marktteilnehmers ändern oder beeinflussen könnte. Sofern eine Information die Wettbewerbsposition des Instituts verletzt oder vertrauliche Daten über Dritte darstellt, ist die Veröffentlichung spezifischer Daten nicht zwingend. Jedoch sind in solch einem Fall Angaben allgemeiner Natur über den Vorgang zu machen.

In Bezug auf die Veröffentlichung sollte die Bank über interne Richtlinien definieren, welche Informationen sie publiziert und wie sie ihre Richtigkeit sicherstellt. Angemessenheit, Rahmen und Häufigkeit der Veröffentlichung sind Bestandteile dieses Prozesses. Eine Veröffentlichung erfolgt nach Basel II auf konsolidierter Ebene und umfasst qualitative und quantitative Angaben über den Anwendungsbereich, die Eigenkapitalstruktur und -adäquanz, Risken und ihre Einschätzung sowie Informationen zu den angewandten Risikominderungstechniken und ABS-Transaktionen.

9. Umsetzungszeitplan

Nach der im Juni 2004 erfolgten Verabschiedung des neuen Baseler Akkords beginnt nunmehr die „heiße Phase" der Umsetzung. Als Termin für das Inkrafttreten wurde der 31. Dezember 2006 bekräftigt, wobei der fortgeschrittene IRB-Ansatz und die AMA für operationelle Risiken erst ein Jahr später angewandt werden dürfen.[34]

Zur Umsetzung von Basel II in der EU wird eine **gemeinsame europäische Richtlinie** verabschiedet werden, der entsprechende Gesetzgebungsprozess läuft bereits. Erste Entwürfe zeigen, dass sich beide Regelwerke in einigen Details unterscheiden werden. Die Verabschiedung der EU-Richtlinie soll spätestens Mitte 2005 erfolgen, da anschließend noch die nationale Umsetzung erfolgen muss. Im Juli 2004, und damit zeitnah nach der Verabschiedung von Basel II, wurde bereits ein am endgültigen Akkord orientierter neuer Vorab-Entwurf präsentiert. Dieser sieht vor, dass die Institute für die Unterlegung der Kreditrisiken im Jahre 2007 wahlweise auch die bisherigen Vorschriften weiter anwenden dürfen. Dessen ungeachtet sind die übrigen neuen Vorschriften (Unterlegung operationeller Risiken, Säulen II und III) bereits ab dem 31. Dezember 2006 anzuwenden.

In Deutschland wird eine **Solvabilitätsverordnung (SolvV)** an die Stelle des derzeit geltenden Grundsatz I treten.[35] In diesem Zusammenhang wird die Aufsicht über die Ausübung von nationalen Wahlrechten entscheiden. Weitere Detailfragen werden von einem Arbeitskreis geklärt, in den neben der Aufsicht auch Vertreter der Bankenverbände eingebunden sind. Durch die laufende Veröffentlichung der Sit-

---

[34] Ein späteres Inkrafttreten soll nur in den Staaten möglich sein, die erst seit kurzem die derzeitigen einheitlichen Vorschriften anwenden. Die Staaten der Europäischen Union zählen nicht zu diesem Kreis, da die kommende europäische Kapitaladäquanzrichtlinie EU-weit umzusetzen ist.

[35] Einen weit gehend dem aktuellen Grundsatz I entsprechenden Entwurf zur SolvV hat das BaFin bereits im Januar 2004 präsentiert. Die Interims-Verordnung soll zeitnah in Kraft treten und zum Stichtag 31. Dezember 2006 durch eine dann auf Basel II bzw. der EU-Richtlinie basierende neue Verordnung ersetzt werden. Der geltende Grundsatz II wird in diesem Zuge durch eine Liquiditätsverordnung (LiqV) ersetzt.

zungsprotokolle ist auch anderen interessierten Parteien die Möglichkeit zur Mitwirkung und Stellungnahme gegeben.

26. Juni 2004	Verabschiedung des neuen Baseler Akkords
Herbst 2004	Vorstellung des Entwurfs zu den „Mindestanforderungen an das Risikomanagement" (MaRisk) zur Umsetzung der Säule II
Ab 1. Dezember 2004	Beginn der QIS 4 in Deutschland bis voraussichtlich Februar 2005
Ab 1. Januar 2005	Pflicht zur Aufstellung von IAS/IFRS-Konzernabschlüssen für kapitalmarktorientierte Unternehmen (sog. IAS-Verordnung)
Ca. Mitte 2005	Verabschiedung Richtlinienvorschlag EU-Kommission („CAD 3"), parallel: Überleitung in deutsches Recht (SolvV)
31. Dezember 2005	Ende der technischen Umsetzungsfrist MaK
1. Januar 2006	Beginn der Parallelrechnung für alle IRB-Ansätze und Ambitionierte Messansätze für operationelle Risiken
31. Dezember 2006	Verpflichtende Anwendung der neuen Eigenkapitalvorschriften durch alle Institute
31. Dezember 2007	Vollständige Verfügbarkeit aller unter Basel II/CAD 3 zulässigen Ansätze; Auslaufen der Übergangsregelung zur Unterlegung der Kreditrisiken nach der bisherigen EU-Richtlinie
31. Dezember 2009	Auslaufen der Übergangsregelungen und der Mindestkapitalunterlegung

Tabelle 5: Übersicht Umsetzungszeitplan

II. Zeitplan der Umsetzung
Peter Lellmann

Inhalt:

		Seite
1	Verabschiedung und Umsetzung in nationales Recht	45
	1.1 Europäische Gesetzgebung	45
	1.2 Nationale Gesetzgebung in der Bundesrepublik	47
2	Darstellung der Übergangsvorschriften	47
	2.1 Gemeinsame Übergangsvorschriften von Basel II und EU-Richtlinie	47
	2.1.1 Definition des Kreditausfalls im IRB-Ansatz	47
	2.1.2 Datenhistorie im IRB-Ansatz	48
	2.1.3 Fortgeschrittene Ansätze für Kredit- und operationelle Risiken	49
	2.1.4 Parallelrechnung nach Basel I/alter EU-Richtlinie	49
	2.1.5 Beteiligungspositionen	50
	2.1.6 Sicherheitenanrechnung im Standardansatz	51
	2.2 Zusätzliche Übergangsvorschriften der EU-Richtlinie	51

1. Verabschiedung und Umsetzung in nationales Recht

Die Umsetzung der vom Baseler Ausschuss für Bankenaufsicht beschlossenen Neuen Baseler Eigenkapitalvereinbarung, im Folgenden Basel II genannt, in nationales Recht erfolgt zweistufig über die Dritte Kapitaladäquanzrichtlinie (EU-Richtlinie, CAD 3) der Europäischen Kommission und die anschließende Umsetzung per BaFin-Verordnung. Diese löst unter dem Titel Solvabilitätsverordnung (SolvV) den bisherigen Grundsatz I ab.

1.1 Europäische Gesetzgebung

Die Europäische Kommission führte im Zusammenhang mit der laufenden Überarbeitung der Baseler Eigenkapitalvereinbarung von 1988 durch den Baseler Ausschuss für Bankenaufsicht seit dem 22. November 1999 Konsultationen zur Neufassung der EU-Eigenkapitalrichtlinie durch. Angeregt wurden die Überlegungen zu einer Neufassung ursprünglich durch den Vorschlag des damaligen Kommissars für Finanzdienstleistungen, Mario Monti, für eine Verbesserung der Aufsichtsregeln in der Europäischen Union im Jahre 1997. Seither hat die Europäische Kommission in enger Abstimmung mit dem Baseler Ausschuss und in drei Konsultationsrunden an der Dritten Kapitaladäquanzrichtlinie gearbeitet. In Anbetracht der Vollmitgliedschaft von acht Mitgliedern der Europäischen Union im Baseler Ausschuss und deren Mitwirken an Basel II ist es nicht erstaunlich, dass sich die Europäische Kommission in ihrer Kapitaladäquanzrichtlinie an den Vorschlägen des Baseler Ausschusses orientiert hat.

Teil A: Einleitung

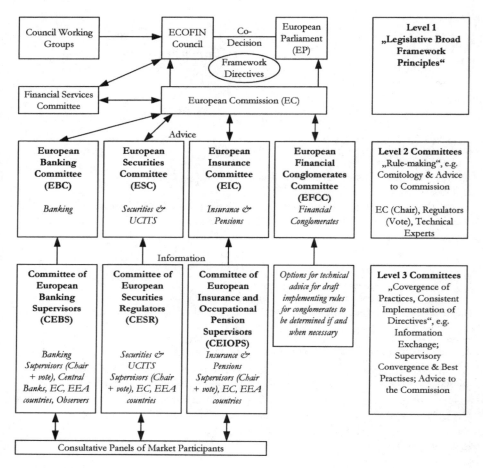

Abbildung 1: Übersicht Komitologieverfahren

Die Umsetzung der Dritten Kapitaladäquanzrichtlinie erfolgt im Rahmen des **Mitentscheidungsverfahrens**. D. h., das Europäische Parlament muss der mit qualifizierter Mehrheit im Rat der Europäischen Union (Ministerrat) verabschiedeten Richtlinie ebenfalls mit qualifizierter Mehrheit zustimmen.

Von besonderer Bedeutung für die zukünftigen Veränderungen im Aufsichtsrecht ist die Verabschiedung des gesamten Regelwerks in Form einer Richtlinie samt zugehörigem Anhang (Technical Guidance). Während die Richtlinie die grundsätzlichen Regelungen beinhaltet, werden die technischen und organisatorischen Regelungen in den Anhängen geregelt. Damit ist zukünftig nur noch bei Änderungen der Richtlinie selbst über das Mitentscheidungsverfahren eine Zustimmung per qualifizierter Mehrheit durch den Rat der Europäischen Union und durch das Europäische Parlament notwendig. Änderungen in den Anhängen sollen hingegen im Rahmen des

Komitologie-Verfahrens (auch „Lamfalussy-Prozess" genannt) in den vorgesehenen Komitees verabschiedet werden. Für den Bankenbereich sind dies das **Committee of European Banking Supervisors (CEBS)** und das **European Banking Committee (EBC)**.

Die Bedeutung dieser Vorgehensweise ergibt sich aus der Tatsache der umfassenden Verlagerung von elementaren Regelungen und Prinzipien aus der Richtlinie in die Anhänge. Wesentliche Aspekte bei Veränderungen der technischen und organisatorischen Umsetzung sind damit zukünftig dem Prozess der öffentlichen Meinungsbildung und der kritischen Begutachtung in den Parlamenten entzogen (Regelungen im Retailgeschäft etc.).

Von Vorteil ist diese Regelung hingegen in Bezug auf die seitens des Baseler Ausschusses immer wieder in den Vordergrund gerückte zukünftige laufende Anpassung des neuen Regelwerks. Da bei Verabschiedung wesentliche Elemente von Basel II von der Betrachtung ausgenommen (bspw. die Definition des Eigenkapitals) bzw. deren Auswirkungen fachlich umstritten waren (bspw. die Prozyklizität), ist eine Anpassung der Eigenkapitalvereinbarung bereits kurze Zeit nach der Kodifizierung möglich. Indem die Europäische Kommission den Weg des Komitologie-Verfahrens gewählt hat, geht sie diesbezüglich den Weg des geringsten Widerstands bei zukünftigen Änderungen. Zugleich ermöglicht das Komitologie-Verfahren die schnelle und zügige Anpassung der Eigenkapitalrichtlinie an den aktuellen aufsichtsrechtlichen Erkenntnisstand.

1.2 Nationale Gesetzgebung in der Bundesrepublik

Die Umsetzung der **Dritten Kapitaladäquanzrichtlinie** der Europäischen Kommission in nationales Recht und dessen laufende Anpassung an die zu erwartenden Änderungen erfolgt per Rechtsverordnung durch die Bundesanstalt für Finanzdienstleistungsaufsicht (BaFin).

Der deutsche Gesetzgeber hat im **Kreditwesengesetz** die Umsetzung der Anforderung einer ausreichenden Eigenmittelausstattung per Rechtsverordnung an das Bundesministerium der Finanzen in Zusammenarbeit mit der Deutschen Bundesbank übertragen. Das Bundesministerium der Finanzen hat dieses Recht am 13. Dezember 2002 per Rechtsverordnung auf die Bundesanstalt für Finanzdienstleistungsaufsicht in Zusammenarbeit mit der Deutschen Bundesbank übertragen.

Die Ausübung der nationalen Wahlrechte steht damit im Ermessen der Bundesanstalt für Finanzdienstleistungsaufsicht und der Deutschen Bundesbank.

2. Darstellung der Übergangsvorschriften
2.1 Gemeinsame Übergangsvorschriften von Basel II und EU-Richtlinie
2.1.1 Definition des Kreditausfalls im IRB-Ansatz

Die Definition des Kreditausfalls in der EU basiert auf zwei Kriterien. Entweder muss das Institut auf Grund von **Indikatoren** davon ausgehen, dass es den Kreditbetrag nicht ohne Inanspruchnahme von Sicherheiten vollständig zurückgezahlt bekommt, oder der **Schuldner** ist seit **mehr als 90 Tagen mit seiner Zahlung überfällig**.

Die 90-Tage-Regel gilt generell als Untergrenze und kann im IRB-Ansatz im nationalen Ermessen im Retailgeschäft und für **Public Service Entities (PSE) auf bis zu 180 Tage** heraufgesetzt werden. Dabei kann die Anzahl der Tage je nach Produktlinie unterschiedlich ausfallen. Es liegt im Ermessen der nationalen Aufsicht, für Kredite in Ländern mit einer höheren Tage-Regel diese ebenfalls zuzulassen, bzw. für diese Kredite eine Tage-Regel zuzulassen die sich zwischen den beiden Überfälligkeits-Tage-Regeln bewegt.[1]

Für Forderungen an Unternehmen sieht die EU im IRB-Ansatz eine Übertragung der 90-bis-180-Tage-Regel für das Retailgeschäft und PSEs für fünf Jahre nach nationalem Ermessen vor. Ab dem 1. Januar 2012 gilt dann für die Ausfalldefinition von Unternehmen EU-weit die 90-Tage-Regel.[2]

Der Baseler Ausschuss lässt hingegen nur für das Retailgeschäft und PSE-Forderungen im nationalen Ermessen und je Produktlinie entweder 90 Tage oder bis zu 180 Tage als Ausfalldefinition zu.[3]

Für Unternehmen sieht der Baseler Ausschuss nur in einem Mitgliedsland die Übernahme der Regelung für das Retailgeschäft und PSE-Forderungen für einen Zeitraum von fünf Jahren vor. Die Basel II Übergangsregelung ist also im Vergleich zur EU-Richtlinie geografisch auf ein Land begrenzt.

2.1.2 Datenhistorie im IRB-Ansatz

Die Banken müssen mit Inkrafttreten des Eigenkapitalakkords bzw. der EU-Richtlinie am 1. Januar 2007 über eine **Datenhistorie von mindestens zwei Jahren** verfügen. Diese Anforderung steigt mit jedem abgelaufenen Jahr der dreijährigen Übergangsperiode ab Inkrafttreten des Akkords um ein weiteres Jahr. Die Regelung gilt übereinstimmend für Banken die der EU-Richtlinie unterliegen.

Für Forderungen an Unternehmen, Staaten und Banken im IRB-Basisansatz kann die Mindestanforderung, dass die Banken unabhängig von der Datenquelle eine Datenhistorie von mindestens fünf Jahren zur Schätzung der *PD (Probability of Default)* verwenden müssen, auf eine Datenhistorie von bis zu zwei Jahren herabgesetzt werden. Diese Übergangsbestimmungen gelten auch für den *PD/LGD (Loss Given Default)* Ansatz für Beteiligungsbesitz.[4]

Für **Retailforderungen** kann die Mindestanforderung, dass die Banken unabhängig von der Datenquelle eine Datenhistorie von mindestens fünf Jahren zur Schätzung der Ausfallcharakteristika *(EAD (Exposure at Default)* und entweder der *EL (Expected Loss)* oder *PD* und *LGD)* verwenden müssen, auf eine Datenhistorie von bis zu zwei Jahren herabgesetzt werden.

---

[1] Vgl. CAD 3, Annex VII, Part 4 Punkt 2.1, Nr. 44.
[2] Vgl. CAD 3, Art. 154, Abs. 4.
[3] Vgl. Basel II, § 452.
[4] Vgl. Basel II, §§ 264 ff. und CAD 3, Art. 154.

Für **Forderungen an Unternehmen, Staaten und Banken** sowie Retailforderungen gilt, das Banken mindestens drei Jahre vor der Zulassung zu den IRB-Ansätzen ein Ratingsystem zu nutzen haben, dass grundsätzlich den Mindestanforderungen des Eigenkapitalakkordes bzw. der Technical Guidance der EU-Richtlinie entspricht. Diese Mindestanforderung kann durch die Aufsicht auf bis zu zwei Jahre herabgesetzt werden. Die Regelung findet gemäß der EU-Richtlinie auch für die Ermittlung von eigenen LGD- und Konversionsfaktorschätzungen Anwendung. Die entsprechenden Regelungen treten gemäß der EU-Richtlinie ab dem 31. Dezember 2009 in Kraft.

Auf Grund der potenziell sehr langfristigen **Immobilienpreiszyklen**, die kurzfristig erhobene Daten gegebenenfalls nicht angemessen abbilden, dürfen die *LGD*s der durch private Wohnimmobilien besicherten Retailforderungen während der dreijährigen Übergangsperiode 10 % nicht unterschreiten. Dies gilt in jedem Teilsegment der Forderungen, auf das die Formel zur Berechnung der risikogewichteten Aktiva im Bereich der Privatkunden anzuwenden ist. Im Gegensatz zum Baseler Eigenkapitalakkord nimmt die EU-Richtlinie Forderungen, für die staatliche Garantien vorliegen, von der 10 %-Mindest-LGD-Bestimmung aus. Der Baseler Ausschuss behält sich vor, diese 10 %-Mindest-LGD-Bestimmung gegebenenfalls über die dreijährige Übergangsperiode hinaus beizubehalten. Hiervon sieht die EU-Richtlinie ab.

2.1.3 Fortgeschrittene Ansätze für Kredit- und operationelle Risiken

Im Bereich der fortgeschrittenen Ansätze für das Kredit- und das operationelle Risiko hält der Baseler Ausschuss die Durchführung von weiteren Auswirkungsstudien bzw. eine **verlängerte Parallelrechnungsphase** zur Ermittlung der Auswirkungen für notwendig.[5] Er hat daher beschlossen die fortgeschrittenen Ansätze ein Jahr später als die Basis- und Standardansätze zuzulassen.

Die EU-Richtlinie reflektiert dieses Vorgehen in den Übergangsvorschriften. Im fortgeschrittenen IRB-Ansatz gestattet die Richtlinie die Ermittlung eigener *LGD*s bzw. Konversionsraten erst ab dem 31. Dezember 2007. Der ambitionierte Messansatz für operationelle Risiken steht den Kreditinstituten ebenfalls erst ab dem 31. Dezember 2007 zur Verfügung.[6]

2.1.4 Parallelrechnung nach Basel I/alter EU-Richtlinie

Für Banken, die einen der IRB-Ansätze für das Kreditrisiko verwenden bzw. den ambitionierten Messansatz für operationelle Risiken wird für die ersten drei Jahre nach Inkrafttreten der Neuen Eigenkapitalvereinbarung **zusätzlich eine sich jährlich reduzierende Untergrenze festgelegt**. Diese Untergrenze bezieht sich auf die Berechnungen nach Maßgabe der gegenwärtigen Eigenkapitalvereinbarung bzw. der

---

[5] Eine weitere Auswirkungsstudie (QIS 4) wird für Deutschland im Dezember 2004 erwartet und soll bis Februar 2005 abgeschlossen sein.
[6] Vgl. CAD 3, Art. 157, Abs. 2.

Teil A: Einleitung

EU-Richtlinie. Im Jahr 2007 dürfen die Eigenkapitalanforderungen für das Kreditrisiko, die Marktrisiken und die operationellen Risiken zusammen nicht unter 95 % der geforderten Mindesteigenkapitalausstattung für Kredit- und Marktrisiken gemäß alter Regelung fallen. Im Jahr 2008 beträgt die Untergrenze 90 % und im Jahr 2009 80 % der Eigenkapitalanforderungen nach alter Regelung.

Sowohl der Baseler Eigenkapitalakkord als auch die EU-Richtlinie sehen eine dreijährige Übergangsphase mit Parallelrechnung zur Bemessung der Eigenkapitaluntergrenze ab dem 31. Dezember 2007 nach den alten und neuen Regelungen für diejenigen Banken vor, die IRB-Ansätze für das Kreditrisiko bzw. den ambitionierten Messansatz für das operationelle Risiko verwenden. Banken, die den Standardansatz im Kreditrisiko, im Bereich der operationellen Risiken aber den ambitionierten Messansatz nutzen, sind damit ebenfalls zur fortgesetzten Berechnung der alten Mindesteigenkapitalausstattung gezwungen.

Der Baseler Eigenkapitalakkord fordert für Vergleichszwecke darüber hinaus eine Parallelrechnung für das Jahr 2006. Da der Baseler Ausschuss den fortgeschrittenen IRB-Ansatz erst ab dem 31. Dezember 2007 einführt, ergibt sich für diesen Ansatz bei Instituten die ihr Eigenkapital auch nach den Regelungen des Baseler Ausschuss berechnen nur eine **zweijährige Übergangsphase** mit Eigenkapitaluntergrenze.

	Ab 31.12.2005	Ab 31.12.2006	Ab 31.12.2007	Ab 31.12.2008
IRB-Basisansatz	Parallelrechnung	95 %	90 %	80 %
Fortgeschrittener IRB-Ansatz und/oder AMA	Parallelrechnung oder Auswirkungsstudien	Parallelrechnung	90 %	80 %

Tabelle 1: Übersicht zur Parallelrechnung

2.1.5 Beteiligungspositionen

Die Bankenaufsicht kann nach eigenem Bemessen bestimmte alte Beteiligungspositionen von der Behandlung nach den IRB-Ansätzen für maximal zehn Jahre ausnehmen. Für den Baseler Akkord ist das Datum der Publikation (26. Juni 2004) maßgebend für den Beginn der Frist. Die EU sieht den 31. Dezember 2007 als Stichtag vor, so dass die Übergangsfrist am 31. Dezember 2017 ausläuft.[7]

Beteiligungen, die zum relevanten Stichtag bereits gehalten werden, können nach den Regeln des Standardansatzes unterlegt werden. Die ausgenommene Position bemisst sich nach der Anzahl der Anteile am Stichtag und jeder weiteren aus diesem

---

[7] Vgl. Basel II, §§ 267 ff. und CAD 3, Art. 154, Abs. 3.

Besitz direkt resultierenden Zunahme, solange diese nicht die Beteiligungsquote an diesem Unternehmen erhöht.

Im Fall einer **Kapitalerhöhung mit Bezugsrecht** fällt die Beteiligungsposition weiterhin unter den Ausnahmetatbestand. Jede Erhöhung der Beteiligungsposition durch Kauf von Bezugsrechten bzw. durch Zeichnung bei einer Kapitalerhöhung ohne Bezugsrecht fällt nicht unter den Ausnahmetatbestand. Erhöht sich die Beteiligungsquote im Rahmen eines Kapitalschnitts, fällt die erhöhte Position ebenfalls nicht unter den Ausnahmetatbestand.

Erhöht sich die Beteiligungsquote an einem bestimmten Unternehmen durch den **Erwerb eines Unternehmens,** wird der die bisherige Beteiligungsquote übersteigende Anteil nicht Gegenstand der Ausnahmeregelung. Ebenso wird die Ausnahmeregelung nicht angewandt auf Beteiligungen, die zwar ursprünglich unter die Ausnahmeregelung fielen, zwischenzeitlich jedoch verkauft und anschließend wieder zurückgekauft wurden.

Sofern die Bankenaufsicht Beteiligungspositionen von der Berechnung der Eigenkapitalanforderungen nach den IRB-Ansätzen ausnimmt, werden diese nach dem Standardansatz berechnet.

2.1.6 Sicherheitenanrechnung im Standardansatz

Der Neue Eigenkapitalakkord und die neue Kapitaladäquanzrichtlinie gewähren für eine Übergangsphase eine im nationalen Ermessen liegende **umfassendere Anerkennung** von Kreditsicherheiten, als im Standardansatz zugelassen. Beispiele hierfür könnten Automobile oder Konsumgüter als Sicherheit sein. Für Deutschland ist jedoch davon auszugehen, dass die zugelassenen Sicherheiten in den Standardansätzen nicht über die im alten Grundsatz I definierten hinausgehen werden. Im Fall des neuen Eigenkapitalakkords umfasst die Übergangsphase drei Jahre (31. Dezember 2006 bis 31. Dezember 2009), im Fall der Kapitaladäquanzrichtlinie vier Jahre (31. Dezember 2006 bis 31. Dezember 2010). Mit Beendigung der Übergangsphase reduzieren sich die anerkennungsfähigen Sicherheiten auf die im Standardansatz aufgezählten Sicherheiten.[8]

2.2 Zusätzliche Übergangsvorschriften der EU-Richtlinie

Von besonderer Bedeutung ist die Regelung, wonach Kreditinstitute im ersten Anwendungsjahr der Kapitaladäquanzrichtlinie die Berechnung der Eigenkapitalanforderungen auch auf Basis der alten Kapitaladäquanzrichtlinie für ggf. alle Forderungen durchführen dürfen. Insofern Kreditinstitute im ersten Anwendungsjahr noch nicht in der Lage sind das Eigenkapital nach Maßgabe der IRB-Ansätze zu berechnen, sind sie damit nicht gezwungen den Standardansatz zu implementieren. Sie können in der Übergangsphase vielmehr in den betroffenen Segmenten auf die **Regelungen der alten Richtlinie** zurückgreifen. Dies bedeutet effektiv ein Jahr mehr Vorbereitungs- und Umsetzungszeit für die IRB-Ansätze, wobei die daraus

---
[8] Vgl. Basel II, § 76 und CAD 3, Art. 153.

resultierende Erhöhung der Anforderungen an die Länge der Datenhistorie um ein Jahr zu beachten ist. Bei Nutzung dieser Regelung sind ebenfalls diverse technische Sonderbestimmungen bei der Berechnung des Eigenkapitals nach alter Kapitaladäquanzrichtlinie zu berücksichtigen.[9]

Überdies reduziert sich die Eigenkapitalanforderung für operationelle Risiken um den Prozentsatz, für den die Eigenkapitalanforderungen auf Grund von Kreditrisiken nach der alten Kapitaladäquanzrichtlinie berechnet werden. Im Extremfall muss **keine Eigenkapitalforderung für die operationellen Risiken** berechnet werden, sollte diese Regelung für alle Forderungen Anwendung finden. Da die alte Eigenkapitalanforderung laut Baseler Ausschuss bereits operationelle Risiken berücksichtigte, wird durch den Abzug eine doppelte Anrechnung ausgeschlossen.

Für den Standardansatz im operationellen Risiko gilt für den Geschäftsbereich Trading und Sales bis zum 31. Dezember 2012 ein reduzierter Prozentsatz von 15 % statt 18 % von der Bemessungsgrundlage zur Ermittlung des notwendigen Eigenkapitals. Diese Ausnahme gilt, wenn die Bemessungsgrundlage des Geschäftsbereichs Trading und Sales mindestens 50 % der aufaddierten Bemessungsgrundlage aller Geschäftsbereiche ausmacht.[10]

Im Bereich der durch gewerbliche Immobilien besicherten Forderungen ist im nationalen Ermessen eine Übergangsphase von sechs Jahren (31. Dezember 2006 bis 31. Dezember 2012) vorgesehen. In dieser Zeit kann grundsätzlich das Risikogewicht von 50 % in denjenigen Fällen angewandt werden, in denen das Risiko des Schuldners nachweislich nicht abhängig ist von der Leistungsfähigkeit des zugrunde liegenden Eigentums oder Projekts, ohne das die hierfür geltenden Zusatzbedingungen Anwendung finden.[11] D. h., die Verluste im Bereich der gewerblichen Immobilien dürfen ggf. sechs Jahre lang die vorgegebenen Limite übersteigen. Die betroffenen Limite sind: (a) 50 % des Marktwertes oder 60 % des Beleihungsauslaufes auf Grundlage des Beleihungswertes dürfen 0,3 % aller ausstehenden Kredite in jedem Jahr, und (b) die Gesamtverluste aus gewerblichen Immobilien dürfen 0,5 % aller ausstehender Kredite in jedem Jahr nicht übersteigen.[12] Der Baseler Ausschuss lässt hingegen keine Ausnahme von diesen Zusatzbedingungen zu, da durch gewerbliche Immobilien besicherte Forderungen in der Vergangenheit zu Problemen in den Banksystemen einiger Länder geführt haben.

Die nationalen Aufsichtsbehörden können während einer sechsjährigen Übergangszeit (vom 31. Dezember 2006 bis zum 31. Dezember 2012) den Mindest-LGD für vorrangige Forderungen im IRB-Basisansatz herabsetzten. Im Bereich des gewerblichen Immobilienleasing kann der Mindest-LGD von 35 % auf 30 %, für das Leasing gewerblicher Anlagegüter von 40 % auf 35 % herabgesetzt werden.[13]

---

[9] Vgl. CAD 3, Art. 152, Abs. 7 ff.
[10] Vgl. CAD 3, Art. 157, Abs. 2 und Art. 155.
[11] Vgl. CAD 3, Annex VI, Part 1, Punkt 9.2, Nr. 51.
[12] Vgl. CAD 3, Art. 153.
[13] Vgl. CAD 3, Annex VIII, Part 3, Punkt 1.5, Nr. 73.

III. Eigenmittel und Eigenmittelkonsolidierung
Wilhelm Wolfgarten

Inhalt:

	Seite
1 Allgemeiner Rahmen	53
2 Anwendungs- und Konsolidierungsbereich	54
2.1 Anwendung auf Institutsebene	54
2.2 Konsolidierung von Bankengruppen	55
3 Berücksichtigung von Versicherungstöchtern – Finanzkonglomerate	56
4 Innovative Kapitalinstrumente	60
5 Wertberichtigungen und Unterlegung von erwarteten Verlusten	63
6 Zukünftige Aufgaben der nationalen Aufsichtsbehörden	64

1. Allgemeiner Rahmen

Vielfach erklärtes Ziel der nunmehr vorliegenden Überarbeitung der internationalen Eigenkapitalregeln war die risikoadäquatere Erfassung von Adressenausfallrisiken durch international tätige Banken. Ebenso sollten operationelle Risiken erstmalig eine quantitative Berücksichtigung und entsprechende Unterlegung mit Eigenkapital finden. Während dafür eine grundlegende Neufassung der bestehenden Regelungen für die Anrechnung von Adressenausfallrisiken vorgenommen bzw. neue Verfahren zur Erfassung operativer Risiken mit Eigenkapital entwickelt wurden, sollten andererseits die Mindesteigenkapitalquote für die risikogewichteten Aktiva von 8 % sowie insbesondere ihre Bemessungsgrundlage, die Eigenmittel mit ihren einzelnen Bestandteilen, unverändert bleiben.[1] Dementsprechend greift Basel II originär bewusst nicht Fragen der einzelnen Komponenten aufsichtsrechtlichen Eigenkapitals sowie ihrer definitorischen Abgrenzung auf. Wenngleich auf dem langen Weg nach Basel II vereinzelt auch die Veränderung der Kernkapitalbestandteile erörtert wurde, sollte die grundsätzliche Abgrenzung des Eigenkapitals einer weiteren, erneuten Diskussion, ggf. einem Basel III, vorbehalten bleiben.

Gleichwohl ergeben sich aus der neuen Baseler Eigenkapitalvereinbarung (Basel II) eine Reihe von Modifikationen, die eine Thematisierung einzelner Aspekte der Eigenmittel interessant erscheinen lassen. Dies geht über Fragen des Anwendungs- und Konsolidierungsbereiches der aufsichtsrechtlichen Vorschriften hinaus, insbesondere für die Beaufsichtigung von Finanzkonglomeraten und die Begrenzung innovativer Kapitalinstrumente. Mit der im Herbst 2003 insbesondere von den US-amerikanischen Vertretern erneut initiierten Diskussion um die Berücksichtigung

---

[1] Vgl. Die Neue Baseler Eigenkapitalübereinkunft, abgedr. in: CMBS 23.17a, Tz. 9; CP 3, § 22 und Basel II, § 41.

von erwarteten Verlusten im Rahmen von Basel II[2] ergab sich erst relativ zum Schluss der Arbeiten eine weitere Modifikation der Eigenmittel. Anders als originär vorgesehen sollen erwartete Verluste – soweit keine entsprechende Risikovorsorge getroffen wurde – zu Anpassungen in den Eigenmitteln führen.

2. Anwendungs- und Konsolidierungsbereich

2.1 Anwendung auf Institutsebene

Vor dem Hintergrund des vom Baseler Ausschuss verfolgten Ziels der Stärkung der Solidität insbesondere des internationalen Finanzsystems richtet sich die neue Eigenkapitalvereinbarung primär an international tätige Banken auf konsolidierter Ebene. Dabei sind die strengen aufsichtsrechtlichen Anforderungen der Baseler Eigenkapitalvereinbarung lediglich für diese **international tätigen Banken** verpflichtend, auf ausschließlich lokal bzw. national agierende Banken sind sie nicht anzuwenden. Insoweit geht die Eigenkapitalunterlegung von einem relativ begrenzten Anwendungsbereich aus, der beispielsweise für die USA dazu führt, dass voraussichtlich lediglich zehn Banken die Baseler Regelungen verpflichtend anzuwenden haben. Weitere zehn Institute wollen die Normen freiwillig anwenden.[3] Überdies gilt die Eigenkapitalvereinbarung originär nur für die international tätigen Kreditinstitute in den dreizehn Ländern, die im Baseler Ausschuss vertreten sind, sie wird jedoch weltweit in über 100 Ländern von Instituten unterschiedlicher Größe und Komplexität angewendet.[4]

Demgegenüber sieht das Konsultationspapier für die Überarbeitung der Eigenkapitalanforderungen in der Europäischen Union, das den Baseler Diskussionsprozess begleitet und mit dem die Änderungen der Baseler Eigenkapitalübereinkunft weitgehend in EU-Recht umgesetzt werden sollen, eine Anwendung der Regelungen auf alle EU-Kreditinstitute und Wertpapierhäuser **unabhängig von ihrer Rechtsform, Größe und Struktur** vor. Zwar soll dabei neben EU-spezifischen Besonderheiten den Erfordernissen kleinerer und weniger komplexen Institute Rechnung getragen werden, jedoch werden die allgemeinen EU-Regelungen gleichermaßen gesetzlich verbindlich.[5] De facto ergibt sich damit innerhalb der EU eine Anwendung bei allen EU-Kreditinstituten und Wertpapierhäusern. Insoweit sind die sich aus Basel II mittelbar über die EU-Eigenkapitalanforderungen ergebenden Änderungen in Europa auch für kleine Banken, in Deutschland beispielsweise auch für die kleinsten Institute des Sparkassen- und Volksbankensektors relevant.

---

[2] Vgl. Basel Committee on Banking Supervision: Modifications to the capital treatment for expected and unexpected credit losses in the New Basel Accord, 30 January 2004.
[3] Diese zwanzig Auslandsbanken halten jedoch ca. 99 % der Auslandsaktiva des amerikanischen Bankensystems. Es sollen jedoch für diese Banken dann auch nur die jeweils fortschrittlichsten Ansätze zugelassen werden.
[4] Vgl. CAD 3, Explanatory Memorandum, Punkt 1.
[5] Vgl. CAD 3, Explanatory Memorandum, Punkt 2.

2.2 Konsolidierung von Bankengruppen

Zur Vermeidung einer Mehrfachbelegung des haftenden Eigenkapitals sehen die Baseler Eigenkapitalvereinbarung sowie die bisherigen EU-rechtlichen Regelungen eine Anwendung der jeweiligen Normen für international tätige Banken auch auf konsolidierter Basis vor. In Ergänzung des ursprünglichen Baseler Akkords wird der Konsolidierungskreis jedoch dahingehend erweitert, dass im Rahmen der Vollkonsolidierung grundsätzlich auch Holdinggesellschaften einzubeziehen sind. Dies gilt jedoch nur insoweit, wie es sich bei der Holding um ein Mutterunternehmen handelt, das übergeordnete Gesellschaft einer international tätigen Bankengruppe ist.[6]

Um überdies sicher zu stellen, dass jedes einzelne Kreditinstitut einer international tätigen Gruppe über eine ausreichende Eigenkapitalbasis zur kurzfristigen Abdeckung von Verlusten verfügt und es nicht zu einer Doppelanrechnung kommt, ist in Erweiterung der bisherigen Regelungen ebenfalls eine Unterkonsolidierung auf jeder Ebene der Institutsgruppe vorgesehen, d. h. die Anforderungen müssen auf jeder Ebene erfüllt werden. Die bisherige Beaufsichtigung auf Basis des Einzelinstituts sowie der obersten Gruppenebene wird damit durch eine Teilgruppenaufsicht ergänzt,[7] da nach Auffassung des Baseler Ausschusses eine Beaufsichtigung auf oberster Ebene nicht ausreicht, um eine kurzfristige Verlustdeckung in adäquater Weise sicherzustellen. Zwar wird alternativ zur vollständigen (Unter-)Konsolidierung auch ein Abzug der Beteiligungsbuchwerte vorgeschlagen,[8] gleichwohl präferiert der Baseler Ausschuss die bislang für Mehrheitsbeteiligungen gebotene Vollkonsolidierung. Die Behandlung von Minderheitsbeteiligungen, die über nicht 100%ige Tochterunternehmen vermittelt werden, wird in das Ermessen der jeweiligen Aufsichtsinstanzen gestellt. Ebenso wird die Möglichkeit eröffnet, wesentliche Minderheitsbeteiligungen bei Erfüllung bestimmter Voraussetzung, z. B. bei gemeinschaftlicher Leitung oder bei faktischer Stützungsverpflichtung, quotal zu konsolidieren,[9] wie es bereits § 10a Abs. 4 KWG für deutsche Institutsgruppen vorsieht.

Die EU-Eigenkapitalanforderungen normieren auf Basis weitgehend unveränderter Eigenkapitalregelungen ebenfalls eine Verpflichtung zur Teilkonsolidierung von Kreditinstitutsgruppen, gehen jedoch von einer obligatorischen Teilkonsolidierung nur für den Fall aus, in dem ein gruppenangehöriges Unternehmen nicht im gleichen Staat seinen Sitz hat.[10]

---

[6] Demgegenüber unterliegt eine dieser Holding wiederum übergeordnete Holding nicht zwingend den Basel II-Vorschriften. Auf sie sind die Regelungen nur anzuwenden, wenn sie ihrerseits Muttergesellschaft überwiegend aus Banken bestehender Gruppen ist. Vgl. Basel II, Teil 1, Abbildung: „Veranschaulichung des Anwendungsbereichs der überarbeiteten Rahmenvereinbarung".

[7] Sofern bislang in einzelnen Ländern keine Unterkonsolidierung vorgenommen wurde, ist eine dreijährige Übergangsfrist vorgesehen, vgl. Basel II, § 22.

[8] Der Abzug der Beteiligungsbuchwerte hat jeweils zu 50 % vom Kern- und Ergänzungskapital zu erfolgen, vgl. Basel II, § 37.

[9] Vgl. Basel II, § 28.

[10] Vgl. CAD 3, Art. 73, Abs. 2.

Teil A: Einleitung

Der Vergleich der beiden Regelungsnormen zeigt mithin sowohl hinsichtlich des Anwendungsbereiches als auch bei der Unterkonsolidierung deutliche Unterschiede, die nochmals an der folgenden Gegenüberstellung verdeutlicht werden sollen.

Baseler Eigenmittelübereinkunft   **EU-Eigenmittelanforderung**

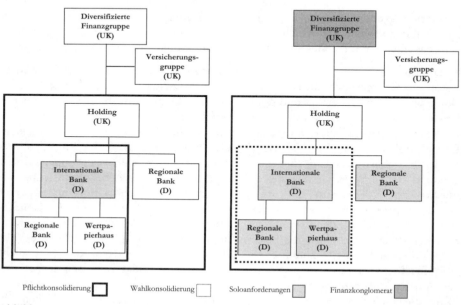

Abbildung 1

In den **Konsolidierungskreis** sollen unbeschadet dessen, ob es sich um regulierte oder nicht regulierte Unternehmen handelt, Unternehmen, die Finanzgeschäfte betreiben, so weit wie möglich einbezogen werden. Dazu gehören auch Geschäftsarten wie z. B. das Finanzleasing, Portfoliomanagement und die Anlageberatung.[11] Demgegenüber werden Versicherungsgeschäfte explizit hiervon ausgenommen.

3. Berücksichtigung von Versicherungstöchtern – Finanzkonglomerate

Aufgrund der aktuellen Entwicklung auf den Finanzmärkten haben sich in den letzten Jahren Finanzgruppen (Allfinanzkonzerne oder Finanzkonglomerate) etabliert, die Dienstleistungen und Produkte in verschiedenen Finanzbranchen (Kreditinstitute, Wertpapierfirmen, Versicherungsunternehmen) anbieten. Dabei übernehmen Kreditinstitute, denen in solchen Allfinanzkonzernen Versicherungen als Tochtergesellschaften nachgeordnet sind, auch das volle versicherungsbezogene unternehme-

---

[11] Desweiteren gehören hierzu die Ausgabe von Kreditkarten, die Anlageberatung sowie Verwaltungs- und Verwahrungsdienstleistungen.

III. Eigenmittel und Eigenmittelkonsolidierung

rische Risiko. Während **Versicherungsbeteiligungen** vor dem Hintergrund der für diese ebenfalls bestehenden Branchenaufsicht aus Sicht der Kreditinstitute bislang weithin wie normale Industriebeteiligungen behandelt wurden, haben zwischenzeitlich auch die europäischen Aufsichtsbehörden dieser Entwicklung durch Schaffung von Branchen übergreifenden **Allfinanzaufsichten** vielfach Rechnung getragen. Die Ansätze zur adäquaten Berücksichtigung der in einer Gruppe bestehenden Risiken gehen dabei auf Ebene der Europäischen Union über die in der Baseler Eigenkapitalvereinbarung bzw. den EU-Eigenkapitalanforderungen gemachten Vorschläge hinaus und konkretisieren sich in der EG-Richtlinie zur Beaufsichtigung von Finanzkonglomeraten.[12] Sie soll mit dem derzeit im Entwurf vorliegenden „Finanzkonglomeraterichtlinie-Umsetzungsgesetz" (FKRLUmsG)[13] in nationales Recht transformiert werden.

Hinsichtlich der Bemessung des aufsichtsrechtlichen Eigenkapitals von Kreditinstituten hält es der Baseler Ausschuss für angemessen, Beteiligungen oder andere anerkannte Kapitalanteile an Versicherungen vom Eigenkapital abzuziehen. Insoweit wären Versicherungen den Beteiligungen an anderen Instituten oder Finanzunternehmen gleichgestellt, soweit sie nicht in die aufsichtsrechtliche Konsolidierung einbezogen werden. Gleichwohl sieht die Regelung auch alternative Ansätze vor, sofern diese im Rahmen einer gruppenweiten Betrachtung eine Doppel-Anrechnung von Eigenkapital vermeiden.[14]

Für Mehrheitsbeteiligungen an oder beherrschendem Einfluss bei Versicherungsgesellschaften sieht die Baseler Eigenkapitalvereinbarung die Möglichkeit vor, dass über das bei der Versicherung aufsichtsrechtlich benötigte Haftkapital hinausgehende investierte Kapital (Überschusskapital) bei der Berechnung des aufsichtsrechtlichen Eigenkapitals der Bank zu berücksichtigen.[15] Insoweit ist im Rahmen des Abzugsverfahrens nur der geringere Betrag aus dem Investitionsbetrag und den aufsichtlichen Kapitalanforderungen abzuziehen, während der Differenzbetrag zum investierten Kapital (aktivischer Unterschiedsbetrag) wie eine normale Aktienposition zu berücksichtigen ist. Für unter 100 % liegende Mehrheitsbeteiligungen kann eine quotale Berücksichtigung erfolgen.

---

[12] Vgl. Richtlinie 2002/87/EG des Europäischen Parlaments und des Rates vom 16. Dezember 2002 über die zusätzliche Beaufsichtigung der Kreditinstitute, Versicherungsunternehmen und Wertpapierfirmen, Abl. der EU L 35/1.

[13] Gesetzentwurf zur Umsetzung der Richtlinie 2002/87/EG des Europäischen Parlaments und des Rates vom 16. Dezember 2002 über die zusätzliche Beaufsichtigung der Kreditinstitute, Versicherungsunternehmen und Wertpapierfirmen eines Finanzkonglomerats und zur Änderung der Richtlinien 73/239/EWG, 79/267/EWG, 92/96/EWG und 93/22/EWG des Rates und der Richtlinien 98/78 EG und 2000/12/EG des Europäischen Parlaments und des Rates.

[14] Vgl. Basel II, § 30. Einzelne Staaten können aus Wettbewerbsgesichtspunkten ihre bestehende Praxis der Risikogewichtung bzw. Risikoaggregation beibehalten. In diesem Fall ist jedoch eine Anrechnung von Dritten gehaltener Kapitalanteile nicht möglich.

[15] Die nationalen Aufsichtsbehörden haben die Kriterien festzulegen, nach denen der Überschussbetrag als Eigenkapital der Bank anerkannt werden kann. Die Anrechnung von Überschusskapital ist von den Banken anzugeben. Vgl. Basel II, § 33.

Teil A: Einleitung

Auch die EU-Eigenkapitalanforderungen sowie der Entwurf des FKRLUmsG sehen zur Berücksichtigung von Beteiligungen an Versicherungsunternehmen, Rückversicherungen und Versicherungsholdinggesellschaften einen entsprechenden Abzug der maßgeblichen Positionen vor. Alternativ können jedoch auch die nach der EG-Richtlinie zur Beaufsichtigung von Finanzkonglomeraten[16] zur Verfügung stehenden Methoden Anwendung finden. Hierbei wird in der Regel ein zusätzlicher Eigenmittelbedarf errechnet, der sich durch gruppenweite Betrachtung des Finanzkonglomerats ergibt. Der zusätzliche Eigenmittelbedarf für Finanzkonglomerate ergibt sich mithin nach folgenden Methoden:

Methode des konsolidierten Abschlusses (1)
Differenz zwischen den aufgrund des konsolidierten Abschlusses errechneten Eigenmitteln des Finanzkonglomerats und der Summe der Solvenzanforderungen an die jeweiligen in der Gruppe vertretenen Finanzbranchen. Dabei wird für die unbeaufsichtigten Unternehmen der Finanzbranche eine fiktive Solvabilitätsanforderung ermittelt.

Berechnung Methode 1:	
+	Eigenmittel gemäß Konzernabschluss
−	Solvenzanforderungen für beaufsichtigte und unbeaufsichtigte Unternehmen der Banken- und Wertpapierbranche
−	Solvenzanforderungen für beaufsichtigte und unbeaufsichtigte Unternehmen der Versicherungsbranche
=	Eigenkapitalanforderung Finanzkonglomerat (sofern negativ)

Tabelle 1

Abzugs- und Aggregationsmethode (2)
Differenz zwischen der Summe der Eigenmittel und der Summe aus den Solvenzanforderungen jedes beaufsichtigten und unbeaufsichtigten der Finanzbranche angehörenden Unternehmens des Finanzkonglomerats einschließlich der Buchwerte der Beteiligungen an anderen Unternehmen der Gruppe.

---

[16] Ein Finanzkonglomerat besteht u. a. dann, wenn das Mutterunternehmen ein Einlagenkreditinstitut ist, das ein Unternehmen der Versicherungsbranche (Erstversicherungsunternehmen) zum Tochterunternehmen hat, und die jeweilige Tätigkeit in der Banken-/Wertpapierdienstleistungsbranche und der Versicherungsbranche erheblich ist.

Berechnung Methode 2:
+ Eigenmittel der beaufsichtigten und unbeaufsichtigten Unternehmen der Banken- und Wertpapierbranche
+ Eigenmittel der beaufsichtigten und unbeaufsichtigten Unternehmen der Versicherungsbranche
− Solvenzanforderungen für beaufsichtige und unbeaufsichtigte Unternehmen der Banken- und Wertpapierbranche
− Solvenzanforderungen für beaufsichtige und unbeaufsichtigte Unternehmen der Versicherungsbranche
− Buchwerte der Beteiligungen an Gruppenunternehmen
= Eigenkapitalanforderung Finanzkonglomerat (sofern negativ)

Tabelle 2

Buchwert/Anforderungsabzugsmethode (3)
Differenz zwischen den Eigenmitteln des Mutterunternehmens bzw. des Unternehmens an der Spitze des Finanzkonglomerates und der Summe aus der Solvenzanforderung an das Mutterunternehmen oder das Unternehmen an der Spitze sowie dem jeweils höheren Wert aus dem Buchwert der Beteiligungen des Mutterunternehmens oder des Unternehmens an der Spitze an anderen Unternehmen der Gruppe oder den Solvabilitätsanforderungen an den anderen Unternehmen.

Berechnung Methode 3:
+ Eigenmittel des Mutterunternehmens/Unternehmens an der Spitze
− Solvenzanforderung an das Mutterunternehmen/Unternehmen an der Spitze
− Der jeweils höhere Wert an den Beteiligungsunternehmen von:
Beteiligungsbuchwert des Mutterunternehmens/Unternehmens an der Spitze an dem Gruppenunternehmen
(anteilige) Solvabilitätsanforderungen an Beteiligungsunternehmen des Mutterunternehmens/Unternehmens an der Spitze
= Eigenkapitalanforderung Finanzkonglomerat (sofern negativ)

Tabelle 3

Kombinationsmethode (4)
Die Methoden 1 bis 3 können auch kombiniert angewendet werden.

Die quantitative Beaufsichtigung des Finanzkonglomerats im Hinblick auf eine angemessene Eigenkapitalausstattung der Gruppe wird ergänzt durch die qualitative Aufsicht. Sie bezieht sich auf gruppeninterne Transaktionen, das interne Risikomanagement sowie die Zuverlässigkeit und fachliche Eignung der Geschäftsleitung.

Die Allfinanzaufsicht in Deutschland obliegt der Bundesanstalt für Finanzdienstleistungsaufsicht (BaFin). Für international tätige Finanzkonglomerate wird unter

4. Innovative Kapitalinstrumente

Im Rahmen der effizienten Nutzung der knappen Ressource Eigenkapital haben die Kreditinstitute eine Vielzahl unterschiedlicher Formen **innovativer, hybrider Kapitalinstrumente** geschaffen. Dabei wurden bei der Suche nach der aus aufsichts-, handels- und steuerrechtlicher Sicht optimalen Struktur die typischen Grenzen zwischen hartem Haftkapital einerseits und Schuldtiteln andererseits zunehmend verwischt. Um dieser Tendenz entgegen zu wirken, hat der Baseler Ausschuss in seinen Leitlinien „Instruments eligible for inclusion in Tier 1 capital" die Voraussetzungen für die Berücksichtigung innovativer Kapitalbestandteile im Kernkapital bereits im Oktober 1998 konkretisiert und eine Begrenzung dieser innovativen Kapitalinstrumente auf 15 % des Kernkapitals vorgenommen.[17] Basel II greift diese Begrenzung innovativer Kapitalinstrumente wieder auf, ohne jedoch erneut auf die Abgrenzung dieser Kapitalinstrumente einzugehen.[18] Die vor dem Hintergrund der Vielzahl von Gestaltungen auftretenden Fragestellungen zeigen, dass die gestellten Kriterien des Baseler Ausschusses nicht immer eine trennscharfe Abgrenzung der verschiedenen Kapitalbestandteile ermöglichen.

Ausgehend von der Aussage, dass das Grund- bzw. Stammkapital sowie die ausgewiesenen Rücklagen die beste Grundlage für die Verlustdeckung darstellen, stellt der Baseler Ausschuss folgende Kriterien an die Berücksichtigung innovativer Kapitalinstrumente als Kernkapital:[19]

Leitlinien des Baseler Ausschusses	Anmerkungen zu deutschen Kapitalbestandteilen
– Volle Einzahlung des Kapitals	Zuflussprinzip nach § 10 Abs. 1d KWG und kein Erwerb von Eigenmitteln durch das Institut oder eines für Rechnung dieses handelnden Dritten
– Kein nachzahlbarer Gewinnanspruch	Vorzugsaktien gem. § 139 AktG, mit nachzuzahlender Dividende ausgestattete GmbH-Anteile und Genussrechte scheiden damit aus
– Eignung zur laufenden Verlustteilnahme	Nachrangverbindlichkeiten oder andere Kapitalinstrumente, die erst im Insolvenzfall zur Verfügung stehen, scheiden damit aus
– Nachrangigkeit gegenüber Einlegern und sonstigen auch nachrangigen Gläubigern	Insoweit zumindest Nachrangigkeit z. B. hinsichtlich Genussrechten und nachrangigen Verbindlichkeiten

---

[17] Vgl. Basle Committee on Banking Supervision Bank for International Settlements, Press Release, Instruments eligible for inclusion in Tier 1 capital, 27 October 1998.
[18] Vgl. Basel II, § 20.
[19] Vgl. auch Bellavite-Hövermann et al., Handbuch der Eigenmittel und Liquidität nach KWG, S. 156 ff.; Böger/ Heidorn/Graf Waldstein, Hybrides Kernkapital für Kreditinstitute, Die Bank 9/2000, S. 603.

Leitlinien des Baseler Ausschusses	Anmerkungen zu deutschen Kapitalbestandteilen
– Keine feste Laufzeit (permanent, d. h. keine Dated-Strukturen)	Zeitlich begrenzte Kapitalinstrumente und stille Beteiligungen sind damit grundsätzlich nicht zulässig
– Keine Besicherung oder Garantie durch das Kreditinstitut oder eines mit diesem verbundenen Unternehmens	Damit keine Unterlegung eventueller Rückzahlungsansprüche mit Aktiva oder Verknüpfung mit Optionsrechten auf diese
– Emittentenkündigungsrecht frühestens nach fünf Jahren und ggf. Zustimmung der zuständigen Aufsichtsbehörde.	
– Leichte Verständlichkeit und Offenlegung	
– Unmittelbares und unbeschränktes Verfügungsrecht der Bank über die zufließenden Mittel	Insoweit muss bei zwischengeschalteten Zweckgesellschaften sichergestellt sein, dass die Mittel an die Bank unmittelbar oder frühzeitig bei einem vorab festgelegten Ereignis weitergeleitet werden.
– Freie Verfügbarkeit über Höhe und Zeitpunkt von Ausschüttungen	Dies gilt auch für eventuell vereinbarte Zinszahlungen, die aussetzbar sein müssen
– Ausschüttung nur aus dafür vorgesehenen Positionen	

Tabelle 4

Ein dem Schuldner des Kapitalinstruments (z. B. einer ewigen Anleihe) eingeräumtes einfaches Kündigungsrecht steht dabei dem Charakter als Perpetual grundsätzlich nicht entgegen. Dies gilt für gleichzeitig vereinbarte Step-Ups jedoch nur dann, wenn sie einmalig, frühestens nach zehn Jahren erfolgen und als moderat angesehen werden können. Damit soll sichergestellt werden, dass nicht bereits bei Begebung des Kapitalinstruments von einer Kündigung auszugehen ist.[20]

Die in Deutschland weit verbreiteten **stillen Beteiligungen**, die als Dated-Strukturen nach den Richtlinien grundsätzlich nicht dem Kernkapital zugerechnet werden können, dürfen auf Basis eines mit dem Baseler Ausschuss gefundenen Kompromisses ebenfalls als innovatives Kernkapital angerechnet werden, sofern sie eine Ursprungslaufzeit von mindestens zehn Jahren und eine Restlaufzeit von mindestens zwei Jahren aufweisen.[21]

---

[20] Vgl. Financial Services Authority, Consultation Paper 155, Tier 1 Capital for Banks: Update to IPRU (Banks), October 2002, Annex C 18, 19.
[21] Vgl. Bundesaufsichtsamt für das Kreditwesen, Pressemitteilung, Leitlinien für die Zuordnung sog. Innovativer Kapitalinstrumente zum bankaufsichtlichen Kernkapital, vom 27. Oktober 1998.

Neben den klassischen Komponenten darf das **Kernkapital** auf konsolidierter Basis zu 15 % aus innovativen Kapitalinstrumenten bestehen, d. h. 17,65 % des klassischen Kernkapitals betragen. Bemessungsgrundlage ist dabei das klassische Kernkapital der Mutter- bzw. Tochterunternehmen abzüglich eventueller Firmenwerte. Der Beteiligungsbuchwert an der Tochter ist dabei jedoch nicht abzuziehen. Darüber hinausgehende Beträge, die die Voraussetzungen für Kernkapital erfüllen, können jedoch im Rahmen der bestehenden Grenzen als Ergänzungskapital Berücksichtigung finden.

Im Gegensatz zum Baseler Ausschuss greifen die EU-Eigenkapitalvorschriften die Begrenzung innovativer Kapitalinstrumente auf 15 % des Kernkapitals bislang nicht auf. Ebenso ergaben sich aus den veröffentlichten Leitlinien bislang keine unmittelbaren Auswirkungen auf die Berechnung des Eigenkapitals nach § 10 KWG, die insbesondere bei den stillen Beteiligungen erhebliche Bedeutung erlangt hätten. Gleichwohl ist nicht auszuschließen, dass zukünftig nicht auch die EU-rechtlichen Vorschriften eine Begrenzung innovativer Kapitalinstrumente vorsehen werden. Dies begründet sich nicht nur in der Zusammenarbeit zwischen Baseler Ausschuss und EU-Kommission und dem damit wünschenswerten Gleichklang aufsichtsrechtlicher Vorschriften, sondern zeigt sich zudem in den Überlegungen anderer Aufsichtsbehören, beispielsweise der Financial Services Authority (FSA) in Großbritannien. Die Einführung einer solchen Kappungsgrenze im Kernkapital wirkt sich unmittelbar auch auf die anderen Eigenkapitalbestandteile aus und führt insoweit zu einer entsprechenden Reduzierung der Eigenmittel.[22] Für die Abgrenzung der einzelnen Eigenkapitalkomponenten wird von der FSA auf Basis der Baseler Leitlinien ein Entscheidungsbaum vorgeschlagen, der den Kreditinstituten hinsichtlich der Einordnung Rechtssicherheit geben soll.[23]

In Deutschland dürfte eine Begrenzung der innovativen Kapitalinstrumente insbesondere zu einem deutlichen Rückgang der Eigenkapitalaufbringung durch stille Beteiligungen führen. Wenngleich davon auszugehen ist, dass für die bestehenden stillen Beteiligungen Bestandsschutz (**Grandfathering**) gelten wird, ist aufgrund der vielfach dann schon überschrittenen Grenze die Berücksichtigung von stillen Beteiligungen allenfalls im Ergänzungskapital möglich. Ebenso dürften damit aufgrund der unterschiedlichen Behandlung bislang interessante Strukturierungen bei der internationalen Kapitalaufnahme entfallen. Andere ebenfalls unter die Definition fallende Kapitalinstrumente, wie z. B. Vorzugsaktien, werden in Deutschland bereits heute dem Ergänzungskapital zugerechnet.

---

[22] Nimmt man beispielsweise ein Core Tier 1 in Höhe von 100 EUR an, so könnten Innovative Tier 1 bis zu 17,65 EUR sowie Tier 2 bis zu 117,65 EUR angerechnet werden. Vermindert sich das Core Tier 1 um 10 %, d. h. auf 90 EUR, so reduzieren sich die anrechenbaren Innovative Tier 1 auf 15,89 EUR bzw. Core Tier 2 auf 105,89 EUR. Das Gesamtkapital liegt damit im Vergleich um 23,52 EUR (1,7 %) niedriger als ohne weitere Kappungsgrenze.

[23] Vgl. Financial Services Authority, Consultation Paper 155, Tier 1 Capital for Banks: Update to IPRU (Banks), October 2002, Annex C 15.

5. Wertberichtigungen und Unterlegung von erwarteten Verlusten

Bereits die Eigenkapitalvereinbarung von 1988 sah die Möglichkeit vor, Pauschalwertberichtigungen im Ergänzungskapital zu berücksichtigen. Diese Möglichkeit entfällt mit Basel II für einen Teil der Banken und weicht insofern einer nach den verschiedenen Ansätzen, Standardansatz und IRB-Ansatz, differenzierenden Regelung.[24]

Banken, die für die Beurteilung des Kreditrisikos den Standardansatz wählen, können **Pauschalwertberichtigungen** bis zu einer Grenze von 1,25 % der gewichteten Risikoaktiva dem Ergänzungskapital zuordnen.[25]

Entsprechendes gilt für Kreditinstitute, die im Rahmen der eingeräumten Übergangsregelungen oder mit Blick auf unbedeutende Teile ihrer kreditrisikobehafteten Forderungen den Standardansatz anwenden. Sie haben den entsprechenden Anteil der dem Standardansatz unterliegenden Forderungen zu bestimmen. Maßstab für die Zuordnung der unspezifischen anerkennungsfähigen Wertberichtigungen sind die nach den einzelnen Ansätzen behandelten risikogewichteten Aktiva. Soweit innerhalb einer rechtlichen Einheit ausschließlich ein Ansatz angewendet wird, so sind die Reserven ausschließlich nach den für den Standardansatz bzw. IRB-Ansatz geltenden Regelungen zu behandeln. Nach Maßgabe eines nationalen Wahlrechts können bei entsprechenden Vorgaben und Zustimmung der Bankenaufsicht interne Methoden der Banken für die Zuordnung herangezogen werden.[26]

Demgegenüber wird für Kreditinstitute, die den IRB-Ansatz verwenden, zunächst die Möglichkeit der Anrechnung von Pauschalwertberichtigungen aufgehoben. Vielmehr haben Banken, die den IRB-Ansatz für Verbriefungspositionen oder den PD/LGD-Ansatz für Beteiligungspositionen anwenden, hierfür erwartete Verluste vom Eigenkapital abzuziehen.[27] Soweit der IRB-Ansatz auch für andere Forderungsklassen genutzt wird, ist der Gesamtbetrag der anrechenbaren Wertberichtigungen[28] dem Gesamtbetrag der erwarteten Verluste gegenüber zu stellen. Soweit die erwarteten Verluste die anrechenbaren Wertberichtigungen übersteigen, ist der Differenzbetrag jeweils zur Hälfte vom Kern- und Ergänzungskapital abzuziehen. Werden demgegenüber die erwarteten Verluste durch die Wertberichtigungen überkompensiert, so kann der übersteigende Betrag bis zu einer Höhe von 0,6 % der gewichteten Risikoaktiva dem Ergänzungskapital zugerechnet werden. Die Obergrenze kann nach Ermessen der nationalen Aufsichtsbehörden auch niedriger festgelegt werden.[29]

---

[24] Vgl. Basel II, § 43.
[25] Vgl. Basel II, § 42.
[26] Vgl. Basel II, §§ 380-383.
[27] Die Expected Loss-Beträge von Verbriefungs- und Beteiligungspositionen (PD/LGD-Ansatz) gehen nicht in die Berechnung der Expected Loss-Wertberichtigungen ein.
[28] Zu den Wertberichtigungen gehören Einzelwertberichtigungen, Teilwertabschreibungen, portfoliospezifische Wertberichtigungen wie etwa Wertberichtigungen für Länderrisiken oder Pauschalwertberichtigungen.
[29] Vgl. Basel II, § 43.

Teil A: Einleitung

Die EU-rechtlichen Vorschriften adaptieren die entsprechende Regelung insoweit, dass Kreditinstitute, die den IRB-Ansatz anwenden, die die erwarteten Verluste übersteigenden Wertberichtigungen ebenfalls bis zu einer Höhe von 0,6 % der risikogewichteten Aktiva als Eigenkapital („Other items") anrechnen können.[30] Demgegenüber müssen die die Wertberichtigungen übersteigenden erwarteten Verluste sowie die erwarteten Verluste für Verbriefungs- und Beteiligungspositionen vom Eigenkapital abgezogen werden.[31]

6. Zukünftige Aufgaben der nationalen Aufsichtsbehörden

Auch wenn mit Basel II die Eigenkapitalbasis der Kreditinstitute originär grundsätzlich unverändert bleiben sollte, so ergeben sich jedoch mit Blick auf die vorgesehene Unterkonsolidierung von Institutsgruppen, die Berücksichtigung von Finanzkonglomeraten, die eventuelle Begrenzung innovativer Kapitalbestandteile sowie die Anpassungen des Eigenkapitals aufgrund der Berücksichtigung erwarteter Verluste einige bedeutsame Veränderungen auch für die deutsche Bankenaufsicht. Im Falle der Beaufsichtigung von Finanzkonglomeraten dürften sie sich aufgrund der gesetzten Umsetzungsfrist bereits im Vorfeld zur Implementierung der neuen Baseler Regelungen konkretisieren.

Neben diesen unmittelbaren Veränderungen ergeben sich durch die Verabschiedung der IAS-Verordnung[32] und die damit verbundene Einführung der IAS/IFRS-Rechnungslegung innerhalb der Europäischen Union bis 2005 bzw. 2007 weitere Fragestellungen im Hinblick auf die Eigenmittel der Kredit- und Finanzdienstleistungsinstitute. Da das Rechnungswesen und der hieraus abgeleitete Jahresabschluss die Grundlage für einen Großteil der aufsichtsrechtlich relevanten Informationen bilden und vielfach Anknüpfungspunkte für aufsichtsrechtliche Maßnahmen sind, führen Änderungen in der Rechnungslegung zu mittelbaren Auswirkungen auf die Bankenaufsicht. Dies wird dadurch deutlich, dass nicht nur der Grundsatz I z. B. hinsichtlich der Bemessungsgrundlage der Risikoaktiva auf die handelsrechtlichen Buchwert zurückgreift, sondern ebenfalls für die Eigenmittel auf die Handelsbilanzwerte abgestellt wird.[33] Mit der Umstellung der Rechnungslegung insbesondere auf IAS 39 bzw. der Umsetzung der Fair-Value-Richtlinie in das HGB sind gewichtige aufsichtsrechtliche Fragen zu klären.[34]

---

[30] Vgl. CAD 3, Art. 57 (f) i. V. m. Art. 63 Abs. 3.
[31] Vgl. CAD 3, Art. 57 (q) i. V. m. Annex VII, Part 1, Punkt 3, Nr. 30 ff.
[32] EG-Verordnung 1606/2002 vom 19. Juli 2002.
[33] Vgl. Hanenberg/Hillen, ZfgK 11/2003, S. 574 ff.
[34] Unterstrichen wird dies beispielsweise durch Pressemitteilungen der BIS, die auf mögliche Implikationen bei der Implementierung der IAS/IFRS hinweisen; Vgl. Pressenotiz der BIS, „Regulatory capital in light of forthcoming changes in accounting standards", vom 8. Juni 2004 und „Capital treatment of certain items unter IFRS" vom 20. Juli 2004.

Teil B:
Kreditrisikomessverfahren unter Basel II

I. Externe Ratingverfahren

Dr. Oliver Everling

Inhalt:

		Seite
1	Einleitung.	67
2	Aufgaben und Bedeutung von Bonitätsanalysen	68
	2.1 Bankinterne Kreditwürdigkeitsprüfung	68
	2.2 Beurteilung durch Ratingagenturen	68
3	Ratingprozess der Agenturen	70
	3.1 Rating durch internationale Agenturen	70
	3.2 Die internationalen Agenturen	73
	3.2.1 Moody's.	73
	3.2.2 Standard & Poor's.	76
	3.2.3 Fitch Ratings	77
	3.3 Rating durch Agenturen für den Mittelstand	79
	3.4 Rating durch spezialisierte Anbieter.	82
4	Vor- und Nachteile externer Ratings	83
5	Anerkennung externer Bonitätsbeurteilungs-Institute.	84
6	Wandel im Verhältnis zwischen Emittent, Investor und Ratingagentur	85
7	Fazit.	87

1. Einleitung

Die jüngsten Veröffentlichungen zum so genannten Basel II-Abkommen bringen Gewissheit: Ratings werden zukünftig Kreditkonditionen und Kreditrahmen der Unternehmen maßgeblich bestimmen. Die bankaufsichtsrechtlichen Normen, die Banken in ihrem Kreditgeschäft zu beachten haben, führten über Jahre hinweg zu einigen Fehlsteuerungen. Die wichtigste Schwäche des bisherigen Systems lag darin, unterschiedliche Risiken gleich zu behandeln. Ohne Unterschied, ob ein Milliardenkredit an einen praktisch mittellosen Immobilienspekulanten oder ein Millionenkredit zur Deckung eines geringfügigen Kapitalbedarfs bei einem solide geführten mittelständischen Unternehmen mit guter Bonität herausgelegt wurde, für die vorzuhaltenden Eigenmittel im Kreditgeschäft galten die gleichen Prozentsätze.

Erst durch Ratings werden die unterschiedlichen Risikosituationen einzelner Unternehmen ausgewertet und bei der Konditionengestaltung wie auch bei der Eigenmittelunterlegung im Kreditgeschäft der Banken adäquat berücksichtigt. Den Banken wird eine Bemessungsgrundlage geschaffen, die es ermöglicht, Unternehmensrisiken sachgerecht zu differenzieren. Auf Grund des intensiveren Wettbewerbs zwischen den Kreditinstituten werden die präzise Messung der Risiken in den Kreditengagements und die Berücksichtigung dieser Risiken bei der Fixierung der Zinskonditionen zu einem zentralen Erfolgsfaktor der Kreditinstitute.

2. Aufgaben und Bedeutung von Bonitätsanalysen

2.1 Bankinterne Kreditwürdigkeitsprüfung

Aufbau und Ablauf von bankinternen **Ratingprozessen** ist bei vielen Banken bis heute Gegenstand der Geheimhaltung. Banken sehen im Rating eines ihrer zentralen Kompetenzfelder. Wettbewerbsvorteile werden unter Banken unter anderem durch die Expertise begründet, die sie bei der Beurteilung von Kreditnehmern und Kreditgeschäften entwickelt haben.

Während früher den Entscheidungsträgern in Banken die (zu) grobe Differenzierung in „kreditwürdige" und „nicht kreditwürdige" Kunden ausreichend erschien, wird künftig aufgrund der Baseler Konsultationspapiere eine genaue Abstufung in mindestens 7+1 vorgegebene Klassen beim bankinternen Rating verlangt.[1] Die damit verbundenen Herausforderungen für Institute, die noch über kein ausgebautes internes Rating verfügen, sind enorm. Durch die Systematik bankinterner Ratings soll sichergestellt werden, dass zumindest die wichtigsten Faktoren der Bonitätsbeurteilung durch Firmenkundenbetreuer und Kreditsachbearbeiter berücksichtigt werden.

Der Prozess der Bonitätsbeurteilung bleibt dem Kunden der Bank grundsätzlich nicht verborgen. **§ 18 KWG** verpflichtet Banken dazu, ab einem Kreditvolumen von 0,25 Mio. EUR die Offenlegung der wirtschaftlichen Verhältnisse des Kunden, insbesondere durch **Vorlage von Jahresabschlüssen**, zu verlangen. Das Ergebnis der Bonitätseinschätzung wurde von der Bank in der Regel in einem diskursiven Urteil zum Ausdruck gebracht, das vergleichsweise wenig konkret die von der Bank vermutete Höhe des Ausfallrisikos angab.

Neu ist durch den Einsatz von Ratings nun, dass die Bonitätsbeurteilung in einer eindeutigen Note in der Art einer Schulzensur transparent gemacht werden kann. Risiken und ihre Einschätzung werden dadurch unmittelbar vergleichbar und leicht kommunizierbar. Während jedoch die Ratingagenturen weitgehend gleiche Ratingskalen benutzen, verwenden deutsche Banken unterschiedliche Skalen mit einer uneinheitlichen Klassenzahl. Sich an den Ratingskalen der Agenturen zu orientieren kommt Banken beispielsweise auch dann zugute, wenn sie gegenüber Ratingagenturen ihr eigenes Rating argumentieren müssen. Je besser die Risikostruktur des Kreditportfolios transparent gemacht werden kann, desto größer ist das Vertrauen der Analysten der Agenturen in die Fähigkeit des Bankmanagements, eingegangene Risiken gezielt zu steuern.

2.2 Beurteilung durch Ratingagenturen

Im Unterschied zu den bankinternen Ratings, deren Beurteilungen zu einem großen Teil aus harten Fakten bestehen, zielen externe Ratings renommierter **Ratingagenturen** stärker auf das Verständnis der Ursachen, um Aussagen betreffend der lang-

---

[1] Ein bankinternes Ratingverfahren muss über mindestens sieben Ratingklassen für nicht ausgefallene Schuldner sowie mindestens einer weiteren Ratingklasse für ausgefallene Kreditnehmer verfügen, um für den IRB-Ansatz Anerkennung zu finden. Durch die Aufsicht kann jedoch auch eine höhere Klassenzahl vorgeschrieben werden. Vgl. Basel II, § 404.

fristigen Zukunftschancen bzw. Risiken der Unternehmen zu schließen. Das externe Rating gilt international zunehmend als eine Art „Visitenkarte", mit deren Hilfe eine Vielzahl von Zielgruppen erreicht wird. Dazu zählen alle „stakeholders" des Unternehmens. Da führende Ratingagenturen wie Standard & Poor's, Moody's und Fitch Ratings in mehr als 110 Ländern der Welt tätig sind, haben ihre Gütesiegel rund um den Globus Geltung.

Aber auch lokale Ratingagenturen, wie sie in den letzten Jahren in Deutschland gegründet wurden, nehmen wichtige Funktionen wahr. Ein geschäftsführender Gesellschafter überzeugt durch das Rating seine Mitgesellschafter von der Solidität seines Managements. Bei Lieferanten kann das Rating für großzügige Lieferbedingungen sorgen. Kunden gewinnen durch das Rating Vertrauen. Mitarbeitern ist es ein Signal der Attraktivität und Sicherheit des Arbeitsplatzes. Agenturen, deren Fokus eher auf das bessere Verständnis lokaler Besonderheiten abzielt, sind beispielsweise URA Unternehmens Ratingagentur, Euler Hermes Rating oder Creditreform Rating.

Unter einem „externen Ratingprozess" versteht man das Ratingverfahren durch eine **unabhängige Agentur**. Ziel des Ratingprozesses ist es, ein neutrales Urteil über die wirtschaftliche Fähigkeit, rechtliche Bindung und Willigkeit eines Zahlungsverpflichteten zu bilden, die zwingend fälligen Zahlungsansprüche seiner Gläubiger vollständig und rechtzeitig zu befriedigen. Das Urteil ist weder Empfehlung zum Kaufen, Verkaufen oder Halten eines Finanztitels, noch ist es zwingend mit einer Kreditentscheidung verbunden. Das Rating ist von den Motiven und Intentionen desjenigen, der das Rating nachfragt, unabhängig.

Durch die Ratingagentur tritt in die Beziehungen zwischen Kapitalgeber und Kapitalnehmer eine weitere Institution. Banken übernehmen die Rolle von Transformatoren für Losgrößen, Fristen und Risiken der Kapitalanlage, indem sie auf der einen Seite als Kapitalnehmer, auf der anderen Seite als Kapitalgeber fungieren. Um diese Rolle wahrnehmen zu können, bedürfen sie eines Instrumentariums, um Risiken zu evaluieren. Das bankinterne Rating ist das Instrument, um den Risikogehalt von Kreditgeschäften hinsichtlich des Aspektes des Adressenrisikos zu bestimmen.

Eine Ratingagentur tritt dagegen weder auf der Kapitalgeber-, noch auf der Kapitalnehmerseite als Marktteilnehmer auf. Die Ratingagentur ist auf die Bonitätsbeurteilung spezialisiert. Bei ihr vermengen sich nicht die unterschiedlichen Interessen und Ansprüche, die sich im Spannungsfeld der Beziehungen zwischen den verschiedenen Marktteilnehmern ergeben.

Im Gegensatz zum bankeigenen Ratingprozess, wo die Bank im Falle des schlechten Ratings eines Neukunden durchaus das Interesse an der weiteren Durchführung des Ratingverfahrens verlieren kann, wird die Ratingagentur auch bei Unternehmen niedriger Bonität tätig, die für eine Kreditfinanzierung nicht oder kaum noch in Frage kommen. Die Platzierung von Anleihen in den **High-Yield-Segmenten** der Kapitalmärkte geben dafür Beispiele. Bei Banken sind Ratings in den niedrigen Kategorien dagegen meist das Ergebnis von sich ungünstig entwickelnden Kreditengagements oder betreffen Abwicklungsfälle.

Indem Ratingagenturen ihre Beurteilungen veröffentlichen, erlauben sie praktisch jedermann, die Ergebnisse des Ratingverfahrens zu kontrollieren. Bankenratings bleiben dagegen vertraulich. Das Bankgeheimnis hindert Banken daran, von sich aus Ratings ihrer Kunden zu veröffentlichen. Viele Banken schützen jedoch ihre Ratings wie Betriebsgeheimnisse, um dem Kunden keinen Einblick in die Beurteilungsgrundlagen zu gewähren. So war es in Deutschland bisher in den meisten Kreditinstituten üblich, dem Wunsch des Kunden nach Offenlegung der ihm erteilen Bonitätsnote nicht zu entsprechen. Dementsprechend werden nur die Ratings neutraler Agenturen als „extern" bezeichnet.

Der Markt der Ratingagenturen lässt sich durch drei Hauptsegmente charakterisieren, die vor dem Hintergrund der Komplexität des Ratingmarktes notwendigerweise eine nur grobe Einteilung darstellen können. Nach dem internationalen Konsolidierungsprozess der Ratingagenturen, der durch die Internationalisierung der Finanzmärkte, die Globalisierung, Liberalisierungen und Deregulierungen angetrieben wurde, finden sich zahlreiche bisher selbständige Ratingagenturen in den Netzwerken der drei führenden Agenturen wieder.

Einer „ersten Liga" von Ratingagenturen können klar die Agenturen Moody's, Standard & Poor's und Fitch zugeordnet werden, allerdings liegen die Stärken von Fitch eher bei strukturierten Wertpapieren als bei Unternehmensratings. Die von den internationalen Agenturen erteilten Urteile finden bei Investoren aus Chile ebenso Beachtung wie in Brunei oder in Australien.

3. Ratingprozess der Agenturen
3.1 Rating durch internationale Agenturen

Die internationalen Agenturen sind mit Warenhäusern vergleichbar, die die zwar nur Ratingprodukte, davon aber ein breites Spektrum anbieten. Den Ratingprozess der internationalen Ratingagenturen zu skizzieren, kommt daher nicht ohne Vereinfachungen und Abstraktionen aus. Im Vordergrund soll hier der typische Ratingprozess bei einem Industrieunternehmen stehen, das durch Auflegung einer Anleihe sich der Finanzierung über den Kapitalmarkt bedient.

Zwischen den Ratingprozessen der international führenden Agenturen bestehen Unterschiede, die sich beispielsweise in einer unterschiedlichen Servicequalität für den Emittenten ausdrücken. So zeigen Untersuchungen durch die Ratingberatung Cantwell & Company aus Chatham, New Jersey, USA; dass sich beispielsweise Fitch im Niveau der erbrachten Serviceleistungen positiv von seinen Wettbewerbern aus Sicht der Kunden abhebt. Um Aufbau und Ablauf des Ratingprozesses bei internationalen Agenturen zu verdeutlichen, sei jedoch von Details der Ausgestaltung abstrahiert.

Bei großen Anleihevolumina sind die Ratings von mindestens zwei Agenturen üblich. International kann ein Trend zu einem dritten Rating beobachtet werden; es ist durchaus denkbar, dass Ratings von drei Agenturen zum „Standard" werden. Umgekehrt kann nämlich auch beobachtet werden, dass Emittenten, die über Ratings von sechs, sieben oder noch mehr Agenturen verfügten, die Anzahl ihrer Verbindungen zu Ratingagenturen reduzieren.

Die Mindestkosten für ein Rating durch eine internationale Agentur belaufen sich auf circa 50–80 TEUR. Die Ratinggebühr ist – ausgehend von einem Fixbetrag – abhängig vom Emissionsvolumen, nicht aber vom Aufwand der Analyse. Auch bei so genannten „No-Brainers", wie es im Rating-Jargon heißt, fallen die Ratinggebühren an. Zu den „No-Brainers" gehören Ratings für Unternehmen, die von fachkundigen Analysten mit geringem Aufwand schon bei elementaren Kenntnissen über die wirtschaftliche Lage und rechtliche Situation einer organisatorischen Einheit erteilt werden können. Dazu zählt beispielsweise das Rating der KfW.

Dass dennoch auch für ein solches Rating vom betroffenen Emittenten ohne weiteres mehr als eine Viertelmillion Euro bezahlt werden, hängt allein mit der Qualität des „Gütesiegels" zusammen, welches die internationalen Agenturen zu erteilen vermögen. Durch das Rating werden große Emissionsvolumina platzierbar, es können günstigere Konditionen am Markt durchgesetzt werden, die Liquidität der Anleihe steigt und das Vertrauen der Anleger in das emittierende Unternehmen wird gestärkt. Das Rating spielt eine zentrale Rolle im Finanzmarketing des Emittenten, der um eine glaubhafte Kommunikation seiner guten Bonität bemüht ist.

Der Ratingprozess läuft unterschiedlich ab, je nachdem, ob es sich um das erstmalige Rating eines Emittenten handelt oder um das Folgerating, das erforderlich wird, nachdem eine Klassifizierung bereits vorgenommen wurde. Das erstmalige Rating nimmt oft schon in der Identifikation der Finanzierungserfordernisse eines Unternehmens seinen Ausgangspunkt.

Platziert der Emittent eine Anleihe ohne Rating, signalisiert er dem Anlegerpublikum damit, dass er entweder die Ansprüche der Ratingagenturen nicht zu erfüllen vermag oder aber gezielt dem Anlegerpublikum das durch das Rating gebotene, höhere Informationsniveau vorenthalten möchte.

Bei der Ausgestaltung einer Anleihe wird der Emittent in der Regel von einer Investmentbank beraten. Die in den Banken vorherrschenden **Rating-Advisory-Gruppen** machen die Mitarbeiter des Emittenten mit den Anforderungen der Ratingagenturen vertraut und bereiten das Verfahren gemeinsam vor. Im Idealfall kennt der Rating Advisor die Unterschiede zwischen den Ratingagenturen genau und vermag Empfehlungen zu geben, mit welcher Agentur der Emittent zusammenarbeiten sollte. In jedem Fall sind eine Fülle von Daten zu recherchieren, Marktuntersuchungen auszuwerten und Jahresabschlüsse mit Blick auf die Ratingimplikationen durchzusehen.

Kern der Vorbereitungen ist die Erarbeitung einer glaubwürdigen „**Credit Story**", die dem Emittenten zu einem guten Rating verhelfen soll. Im Vordergrund stehen dabei die leistungs- und finanzwirtschaftlichen Faktoren im Unternehmen. Darüber hinaus soll damit eine möglichst Ressourcen schonende Vorbereitung und Durchführung des Ratingverfahrens auf der Seite des Unternehmens ermöglicht werden. Nach diesen Vorkonzeptionen wird der Kontakt mit der Ratingagentur aufgenommen. Die Vertreter der Agentur informieren über Voraussetzungen und Ablauf des Ratingverfahrens und geben Auskünfte zu formalen Aspekten des Verfahrens.

Erst nachdem der Emittent einen formalen **Ratingantrag** gestellt hat, wird dem zu beurteilenden Unternehmen ein **Analystenteam** zugewiesen. Dieses setzt sich üblicherweise aus zwei Personen zusammen, etwa einem Senior- und einem Junior-Analysten. Der Ratingantrag wird abgelehnt, wenn der Emittent die Voraussetzungen des spezifischen Ratingverfahrens der betreffenden Agentur nicht erfüllt.

Wird der Antrag angenommen, ist die Agentur zur Erteilung eines Ratings verpflichtet, sofern der Emittent alle von der Agentur verlangten Informationen bereitstellt. Die Analysten der Agentur beginnen mit einer **internen Recherche**, werten insbesondere auch Angaben zu Vergleichsunternehmen aus. Die Analysten erstellen einen meist individuell gehaltenen Fragenkatalog. Im Dialog mit den Mitarbeitern des Unternehmens werden im Vorfeld eines Managementgesprächs bereits wichtige Fragen geklärt. Der Emittent stellt alle wesentlichen Unterlagen zur Verfügung.

Von zentraler Bedeutung für das Rating ist dann die Begegnung der Analysten der Agentur mit dem Management des Emittenten. In der Regel nimmt an dieser Begegnung der Vorstandsvorsitzende und sein Finanzvorstand, der CEO und CFO bzw. die Geschäftsführung sowie weitere Mitarbeiter, wie Ressortleiter, Geschäftsbereichsleiter oder auch Geschäftsführer von elementar wichtigen Tochtergesellschaften teil. Gewöhnlich finden diese Treffen in der örtlichen Niederlassung der Agentur oder in den Räumlichkeiten des Emittenten statt.

Im **Managementgespräch** wird auch eine Vielzahl vertraulicher Aspekte ausgetauscht, wie etwa über stille Reserven oder Konzernstrategien. Die Analysten sind zu strengster Geheimhaltung verpflichtet, da sie rechtlich als **Primärinsider** gewertet werden. Darin unterscheiden sie sich von Finanzanalysten der Banken und unabhängigen Kapitalmarktexperten, die ihre etwa in Analysten- oder Pressekonferenzen gewonnenen Informationen verwerten.

Nach Abschluss des Managementgesprächs erarbeiten die Analysten der Agentur einen **Bericht**, der alle wesentlichen Beurteilungsaspekte umfasst. Dieser ist bei den internationalen Agenturen vergleichsweise wenig vorstrukturiert, zu unterschiedlich sind die Branchen und Länder, in denen die Beurteilungen erstellt werden müssen. Der Ratingbericht wird einem aus besonders erfahrenen Analysten zusammengesetzten Ratingkomitee zur Lektüre und Entscheidung vorgelegt.

Das Ratingkomitee entscheidet nach eingehender Diskussion der vorgelegten Unterlagen über das Rating. Das Urteil wird dem Emittenten umgehend mitgeteilt. Nun bieten sich für den Emittenten drei Möglichkeiten:

(1) Das Urteil ist fern jeder Erwartung des Emittenten. In diesem Fall würde er auf die weitere Fortsetzung des Ratingverfahrens und der Beziehungen zur Ratingagentur verzichten. Dementsprechend wird in der Regel auch das Emissionsvorhaben abgebrochen. Da jedoch kaum Emittenten in den Ratingprozess einsteigen, ohne sich vorher ausführlich durch einen Rating Advisor beraten zu lassen, ist dieser Fall äußerst selten.

(2) Das Rating entspricht nicht ganz den Erwartungen; oft glaubt sich der Emittent in einer besseren Kategorie. Der Veröffentlichung des Ratings würde der Emittent auch in diesem Fall zunächst widersprechen. Sein dilatorisches Verhalten kann jedoch nur dann zum Erfolg führen, wenn er durch Bereitstellung weiterer Informationen auf eine Revision des Urteils hinzuwirken vermag. Ein blo-

ßer Widerspruch veranlasst das Ratingkomitee zu keiner erneuten Prüfung des Falles. Das Widerspruchsrecht wird von vielen Emittenten gezielt genutzt, um ein angestrebtes Ratingniveau zu erreichen. Gelangt die Ratingagentur bereits im „ersten Anlauf" zum gewünschten Urteil, kann der Aufwand der Offenlegung weiterer Unternehmensdetails erspart werden. Andernfalls werden weitere Daten aufbereitet und der Agentur zur Verfügung gestellt.

(3) Im dritten Fall entspricht das mitgeteilte Rating bereits den Erwartungen des Emittenten, so dass sich dieser mit dem Rating einverstanden erklärt. Das Rating wird nur mit Zustimmung des Emittenten veröffentlicht.

Nach Abschluss des Ratingverfahrens wird die Ratinggebühr fällig. Für das Rating wird nur dann keine Gebühr berechnet, wenn das Unternehmen unfreiwillig einem Erstrating unterzogen wurde. Auch beim **nicht beantragten Rating** („unsolicited rating") wird der Emittent aufgefordert, gegen Gebühr das Ratingverfahren zu unterstützen. Verweigert der Emittent seine spontane Mitwirkung, wird ihm in der Regel eine Frist gesetzt. Liegen nach Ablauf der Frist die gewünschten Unterlagen nicht vor, wird dennoch ein Rating unter der Annahme erstellt, dass der Emittent Informationen über ungünstige Tatbestände zurückbehalten möchte. Dieses durch das Vorsichtsprinzip legitimierte Vorgehen der Ratingagenturen führt dann allerdings in der Regel zu einem niedrigeren Rating.

Nur für den Fall, dass dieses unbeantragt erteilte, niedrige Rating der Realität entspricht, oder bei Mitwirkung des Emittenten sogar noch niedriger ausfallen würde, lohnt es sich für den Emittenten, den Aufwand der Unterstützung des Ratingverfahrens zu ersparen. Im Regelfall ist es für das beurteilte Unternehmen jedoch günstiger, das Ratingverfahren aktiv zu begleiten und die geforderte Ratinggebühr zu bezahlen, wenn es dazu von der Ratingagentur ausgewählt wurde.

Grundsätzlich sollen unbeauftragte Ratings nicht für die Kapitalunterlegung im Standardansatz nach Basel II genutzt werden. Sollten Ratingagenturen unbeauftragte Ratings nutzen, um Unternehmen unter Druck zu setzen, z. B. hinsichtlich der Beauftragung eines Ratings, können die Aufsichtsbehörden der betreffenden Agentur die Anerkennung für die Eigenmittelunterlegung aberkennen.[2]

3.2 Die internationalen Agenturen

3.2.1 Moody's

Moody's wurde 1900 von John Moody, einem Finanzanalysten und Verleger an der Wallstreet, gegründet. 1909 veröffentlichte er die ersten Ratings; rund 1500 Anleihen der 250 größten Eisenbahngesellschaften wurden nach der noch heute gebräuchlichen Skala von Rating-Symbolen von Aaa bis C eingestuft. Ratings wurden später auf wichtige Industrieunternehmen sowie Gebietskörperschaften und schließlich auch auf Staaten ausgedehnt. 1962 wurde Moody's eine 100 % Tochter von **Dun & Bradstreet**, bis die Agentur 2001 im Wege eines Aktiensplittings wieder abgetrennt wurde. Die Agentur arbeitete weitgehend unabhängig von D & B,

---
[2] Vgl. Basel II, § 108.

kooperiert bis heute praktisch nicht mit anderen Rating Agencies und hält – im Gegensatz zu Standard & Poor's – auch kaum Beteiligungen an anderen Agenturen. In den 1970er nahm Moody's das Rating für Commercial Papers und Eurobonds auf. Erst in den 80ern wurden auch Beurteilungen für die Bonität von Versicherungen, Bankeinlagen und strukturierten Finanzierungen hinzugefügt.

Moody's Investors Service beschäftigte 2003 insgesamt rund 1700 Mitarbeiter, davon ist mehr als die Hälfte mit „Analyse" befasst. Die Agentur ist ganz überwiegend auf die amerikanischen Geld- und Finanzmärkte ausgerichtet und gliedert sich in zwei Bereiche: das Corporate Department und das Public Finance Department, das sich ausschließlich mit dem Rating des amerikanischen „tax exempt"-Marktes befasst.

Weltweit beurteilt Moody's mehr als 6000 unabhängige Unternehmen, darunter Industrieunternehmen, Banken, Bankholdinggesellschaften, Sparkassen, Finanzierungsgesellschaften, Wertpapierfirmen, Versicherungsgesellschaften und öffentliche Emittenten.

Die lange Tradition der Agentur in den USA hat zur Entwicklung spezifischer Beurteilungsmaßstäbe geführt, die eng mit amerikanischer Unternehmensphilosophie verbunden sind und sich nicht auf ein objektiv nachprüfbares Raster von Ratingkriterien reduzieren lassen. Finanzkennzahlen und sogar mathematisch-statistische Modelle der Kreditwürdigkeitsbeurteilung werden zwar als nützliche Analyseinstrumente gesehen, jedoch verlieren sie in der Entscheidung über ein Rating stets dann an Gewicht, wenn neue Einflussfaktoren in der Entwicklung der Bonität von Unternehmen wirksam werden. Die Zuverlässigkeit der Beurteilungen soll daher weniger durch eine exakte zahlenmäßige Datenauswertung sichergestellt werden, sondern vielmehr durch Abwägung sowohl quantitativer, als auch qualitativer Kriterien in der subjektiven Urteilsbildung der Analysten.

In den Analysen von Moody's lassen sich bestimmte Beurteilungsprinzipien angeben, nach denen die Analysten Ratings gewöhnlich bestimmen. An erster Stelle ist als ein Prinzip die Betonung von Risikokomponenten zu nennen: Da Gläubiger grundsätzlich nicht an den Wachstumschancen der Schuldnerunternehmung partizipieren, analysiert Moody's primär die Anfälligkeit des Emittenten für ungünstige Entwicklungen der wirtschaftlichen Rahmenbedingungen und mögliche Gefährdungen der Gläubigerposition.

Als ein weiteres Beurteilungsprinzip ist die vergleichende Analyse zu nennen. Erst im Vergleich verschiedener Emissionen und verschiedener Emittenten lassen sich danach Nuancierungen in der Bonität präzise angeben. Jeder Analyst von Moody's beobachtet ein relativ breites Spektrum von Emittenten und ist an einer Vielzahl von Ratingverfahren beteiligt, um mögliche Inkonsistenzen in den Beurteilungen erkennen zu können. Schließlich ist das Prinzip der Ausrichtung der Analyse auf fundamentale Faktoren hervorzuheben.

Jede Analyse zur Festlegung eines Ratings nimmt in der Untersuchung der allgemeinen Wirtschaftslage des Landes, in dem der Emittent seinen Sitz hat, ihren Ausgangspunkt. Die Länderrisikoanalyse umfasst als ihre Komponenten die Bewertung sowohl der politischen, als auch der wirtschaftlichen Risiken, und entspricht im

Wesentlichen der Analyse, die im Falle des Ratings staatlicher Emittenten vorgenommen wird.

Moody's misst der Beurteilung des Managements in der Analyse besonders hohe Bedeutung bei. Das Gewicht dieses Kriteriums im Gesamturteil kontrastiert mit den Schwierigkeiten seiner genauen Abgrenzung und Bemessung. Ex post spiegelt sich auch die Fähigkeit der Unternehmensleitung, realisierbare strategische Ziele zu formulieren sowie die Geschäftspolitik des Unternehmens klar darzustellen und umzusetzen, in den vom Rechnungswesen dokumentierten Ergebnissen wider, ex ante ist die Beurteilung dieser Qualitäten jedoch in hohem Maße von Subjektivitäten geprägt. Moody's greift dabei auf in den USA gesammelte Erfahrungen zurück.

Die Finanzanalyse wird bei Moody's auf der Basis der US-amerikanischen „**Generally Accepted Accounting Principles**" (GAAP) vorgenommen, jedoch wird von Emittenten, die ihre Jahresabschlüsse nicht nach den GAAP vornehmen, keine sofortige Umstellung ihrer Rechnungslegung erwartet.

Schließlich wird Moody's Rating auch von Kriterien bestimmt, die sich auf die Ausstattung und Besicherung des einzelnen Finanzierungstitels beziehen. Langfristige Ratings werden stets nur für genau bestimmte Emissionen erteilt; dieses Rating wird durch den Einbezug spezifischer Merkmale der beurteilten Emission definiert. Das kurzfristige Rating dagegen ist Moody's Meinung über die Fähigkeit eines Emittenten, seine vorrangigen Schuldverpflichtungen mit ursprünglichen Fälligkeiten unter einem Jahr pünktlich zurückzuzahlen, und somit nicht etwa an eine bestimmte Commercial-Paper-Emission gebunden.

Die Ratingskala reicht im langfristigen Laufzeitenbereich von Aaa (höchste Qualität) bis C, wobei in den Kategorien Aa bis C Nuancierungen in der Bonitätsbeurteilung durch die Modifikatoren 1, 2 und 3 möglich sind. Der Modifikator 1 indiziert, dass die betreffende Emission günstiger beurteilt wird als der Durchschnitt der Kategorie. Anleihen in den Kategorien Baa3 oder besser gelten als „**Investment Grade**", bei Ba1 oder schlechter überwiegt der spekulative Charakter der Anlage. Bei Shelf Registrations, durch die eine vorsorgliche Eintragung einer Anleihe in die Bücher der Aufsichtsbehörde mit der Absicht erfolgt, erst später von der Möglichkeit der Kapitalaufnahme Gebrauch zu machen, wird das Rating mit dem Zusatz (P) (für „Prospective") versehen. Sobald es unter einer **Shelf Registration** zu einer Ziehung (Takedown) kommt, bestätigt Moody's das Rating für den spezifischen **Takedown** mit den regulären Symbolen. Kurzfristige Ratings werden anhand der Skala P-1, P-2, P-3 und NP (= Not Prime) vergeben; letztere Kategorie ist dadurch definiert, dass die hier eingeordneten Instrumente nicht der Anforderung der „Investmentqualität" genügen, die für die ersten drei Klassen erwartet wird. Für Preferred Stock werden die Symbole „aaa" bis „c" verwendet. Reine Eigenkapitalpositionen ratet Moody's nicht.

Das Ratingverfahren dauert in der Regel zwischen drei und sechs Wochen. Während die Gespräche mit den Emittenten von Analysten geführt werden, die zum Teil mit der Sprache und den Verhältnissen in dem jeweiligen Land vertraut sind, werden alle Entscheidungen über festzusetzende Ratings zentral in New York getroffen. Die Entscheidungen werden von einem Ratingkomitee getroffen.

3.2.2 Standard & Poor's

Die Wurzeln von Standard and Poor's (S & P) reichen bis in das Jahr 1860 zurück. Schon zu dieser Zeit beschäftigte sich Henry Varnum Poor mit der Bereitstellung von Finanzinformationen. Er versuchte vor allem interessierte Investoren über Schienen- und Kanalprojekte zu informieren und ihnen eine qualifizierte Investmentbewertung zukommen zu lassen. Das „Recht des Investoren auf Information" stand dabei im Fokus der Aktivitäten. Im Jahr 1906 kam es zur Gründung des Standard Statistics Bureaus mit dem Ziel, bis zu diesem Zeitpunkt nicht verfügbare Informationen über US-amerikanische Finanzmärkte zu liefern. Aus dieser Initiative entstanden dann später die heute bekannten Ratings. 1966 wurde S & P vom Medienkonzern McGraw-Hill, Inc. komplett übernommen. S & P ist in weltweit 19 Ländern vertreten, wovon sich sieben Büros in Europa befinden. Per Ende 2002 beschäftigte die Agentur 1900 Mitarbeiter, darunter 600 Kreditanalysten.

S & P war die erste amerikanische Rating-Agentur, die ein Büro außerhalb der USA eröffnete: Im März 1990 wurden die auf Ratings für Versicherungen spezialisierte Agentur Insurance Solvency International Ltd., London, sowie die Australian Ratings Pty. Ltd., Melbourne, übernommen. Beide übernommene Agenturen hatten zur Londoner Rating-Agentur IBCA Limited Verbindungen, die durch die Akquisitionen abgeschnitten wurden. In einem weiteren, strategischen Schritt übernahm S & P die restlichen 50 % der Anteile an der Nordisk Rating AB in Schweden sowie die Hälfte der Anteile an der französischen Agence d'Évaluation Financière (ADEF) und sicherte sich beherrschenden Einfluss.

Im Rahmen der Analyse unterscheidet Standard & Poor's im Wesentlichen das **Geschäftsrisiko** und das **finanzielle Risiko**. Der auf die qualitativen Faktoren des Unternehmens ausgerichteten Geschäftsrisikoanalyse kommt die größte Bedeutung zu. Der Fokus liegt weniger auf abstrakten Kerngrößen wie Eigenkapital und Jahresüberschuss, sondern auf Cashflow orientierten Kennzahlen (Zinsdeckung, Cashflow/Verschuldung). Daneben werden Branchencharakteristika und die relative Wettbewerbssituation begutachtet. Bei der Analyse des Managements steht dagegen die Industrie- und Führungserfahrung sowie die Glaubwürdigkeit und Risikobereitschaft im Mittelpunkt.

Im Wesentlichen werden zwei Ratingskalen verwendet: Das Commercial Paper Rating wird durch die Symbole A-1+ (oberste Kategorie), A-1, A-2, A-3, B, C und D zum Ausdruck gebracht und wird für Emissionen mit ursprünglichen Laufzeiten von bis zu einem Jahr vergeben. Nur die „A"-Kategorien werden zum Bereich des „Investment Grade" gerechnet, während die übrigen Kategorien spekulative Titel kennzeichnen. Emissionen mit Laufzeiten von mehr als einem Jahr erhalten ein sog. langfristiges Rating, das ebenfalls nach einer zweigeteilten Skala vergeben wird. Anleihen in den obersten vier Kategorien (AAA, AA, A, BBB) wird „Investmentqualität" zugesprochen, zum „Speculative Grade" rechnen dagegen die Einstufungen BB, B, CCC, CC, C sowie D (diese Kategorie kennzeichnet Anleihe insolventer Emittenten) und kennzeichnen „Abfallanleihen" bzw. „Junk Bonds". Die relative Stellung einer Emission innerhalb ihrer Kategorie wird gegebenenfalls durch die Modifikatoren „+" oder „–" kenntlich gemacht, je nachdem, ob die Anleihe eher über oder unter dem Durchschnitt ihrer Klasse einzuordnen ist. Durch das Zusatzsymbol „p" wird kenntlich gemacht, dass sich das Rating auf eine Emission bezieht, deren Bonitätseinstufung wesentlich von dem erfolgreichen Abschluss eines bestimmten Projektes determiniert wird; nach Wegfall dieser Unsicherheit entfällt das Zusatzsymbol.

Verfahrensablauf des Ratings, Dauer ca. 20 Tage
– Mandat
– Basisresearch/Agenda
– Management Meeting
– Analyse/Ratingbericht
– Rating Komitee
– Genehmigung/Appeal
– Veröffentlichung

S & P Ratingskala, Schlüsselbegriffe der Ratingkategorie

Rating	Geschäftsrisikoprofil	Finanzrisikoprofil
AAA/AA	Well above average	Very conversative
A	Above average	Conversative
BBB	Average	Moderate
BB	Below average	Aggressive
B	Well below average	Very aggressive

Das Ratingverfahren wird bei S & P fast immer durch den Emittenten initiiert. Nach einführenden Gesprächen teilt S & P der Emission zwei oder mehr Analysten zu, die sich zunächst anhand der intern verfügbaren Daten über den Emittenten und seine Branche informieren. In manchen Fällen liegen bereits Analysen vor, da S & P auch ohne Auftrag des Emittenten und ohne ein Rating zu erteilen gelegentlich Bonitätsuntersuchungen vornimmt. Die Vorbereitungen münden in einer Zusammenkunft mit dem Management des Emittenten, die meist ein bis zwei Tage beansprucht und der Klärung zentraler Fragen der Geschäfts- und Finanzierungspolitik des Emittenten dient. Die Ergebnisse dieser Besprechung und der übrigen Analyse werden in einem Bericht zusammengefasst und dem Ratingkomitee vorgelegt, das auf dieser Grundlage eine vorläufige Entscheidung über das festzusetzende Rating trifft.

3.2.3 Fitch Ratings

Die Agentur nahm in der Gründung der Fitch Publishing Company durch John K. Fitch ihren Anfang. Die erste Publikation des Instituts, „The Fitch Bond Book", enthielt noch keine Ratings, schuf aber erstmalig einen kompletten Überblick über alle an amerikanischen Börsen notierte Bonds. Nachdem sich die Agentur mit diesem Service erfolgreich an der Wall Street etablieren konnte, wurde zunehmend ein Bedarf gesehen, in der Qualität gehandelter Obligationen zu unterscheiden. Die Firma führte daher 1922 ein Ratingsystem ein, das die relative Bonität von Emittenten mit den Symbolen AAA bis D zum Ausdruck brachte. Im Jahr 1960 verkaufte Fitch nicht nur einen wesentlichen Teil der Publizierungsrechte an S & P, sondern auch die bekannten Ratingsymbole.

Fitch ist die älteste Ratingagentur der Welt, die ihre Unabhängigkeit bis heute bewahrt hat. Obwohl Fitch auf eine lange Tradition und zahlreiche „Pionierleistungen" im Rating verweisen kann – Fitch erschloss oft als erste der Agenturen neue Marktsegmente, veröffentlichte als erste die dem Rating zugrunde liegenden Beurteilungskriterien und führte 1971 die Plus- und Minus-Symbole beim Rating ein -, konnte Fitch nicht mit den beiden Markt führenden Agenturen gleichziehen.

Auf Grund des Eigentümerwechsels – im April 1989 wurde Fitch von einem Managerteam übernommen, das sich zum großen Teil aus hochkarätigen Managern konkurrierender Ratingagenturen zusammensetzte – wurden in kurzer Frist einige organisatorischen Veränderungen vorgenommen. Ratings wurden in zwei Hauptabteilungen ermittelt: Die auf das Rating von privaten Emittenten ausgerichtete Abteilung umfasst die Bereiche Finanzinstitutionen und strukturierte Finanzierungen, Industrieunternehmen und Versorgungsunternehmen.

Fitch Ratings ist mittlerweile in 75 Ländern und 40 regionalen Büros weltweit vertreten. Ratings dieser Agentur decken mehr als 2.300 Finanzinstitutionen und 1.000 Industrieunternehmen ab. Überwacht werden außerdem rund 7.000 strukturierte Finanzierungen und 17.000 Ratings für Anleihen öffentlicher Körperschaften im US-amerikanischen Inlandsmarkt. Fitch Ratings beurteilt mindestens 800 Versicherungsgesellschaften sowie 73 Staatsregierungen.

Die Analyse von Fitch bezieht sich grundsätzlich auf drei Bereiche: die **Qualifikation des Managements** des Emittenten, die **Besicherung der Anleihe** und die **finanzielle Kapazität** des Emittenten, den eingegangenen Verpflichtungen in vollem Umfang nachzukommen. In Zusammenhang mit diesen analytischen Bereichen werden die Wettbewerbsposition des Emittenten sowie Faktoren der Branchen-, der gesamtwirtschaftlichen und der politischen Entwicklungen und ihrer Konsequenzen für die Finanzlage der betrachteten wirtschaftlichen Einheit untersucht. Unter den Informationsquellen der Agentur steht an erster Stelle der Emittent selber: Die Analysten arbeiten sich nicht nur durch die Geschäftsberichte und die Publikationen des Emittenten, sondern nehmen auch die Betriebs- und Geschäftsausstattung sowie sonstigen Sachanlagen in Augenschein.

Jedes Rating wird von einem Ratingkomitee entschieden, dem sechs Spitzenanalysten der Agentur angehören. Aufgabe des Ratingkomitees ist es, Stärken und Schwächen jedes Emittenten gegeneinander abzuwägen und ein Bonitätsurteil zu treffen. Nach einer ersten Beurteilung wird das so genannte **Preliminary Rating** dem Emittenten mitgeteilt, der Gelegenheit erhält, Einwendungen gegen das Rating vorzutragen und gegebenenfalls auf eine Revision des Urteils hinzuwirken. Die Argumente des Emittenten werden vom Ratingkomitee bei der Festsetzung des endgültigen Ratings berücksichtigt. Das Rating wird dann der Öffentlichkeit über die einschlägigen Medien und den Abonnenten des Rating-Service von Fitch mitgeteilt.

Die Publizierung des Ratings unterbleibt bei Privatplatzierungen, es sei denn, dies wird ausdrücklich vom Emittenten gewünscht.

Zielgruppe der Fitch Deutschland GmbH sind emissionsfähige Unternehmen, die sich am Fremdkapitalmarkt finanzieren wollen. Für diese bietet Fitch Ratings neben dem „vollen" Rating ein so genanntes „indikatives" Rating, durch das die zu erwartende Wahrscheinlichkeit des Ratingurteils innerhalb einer Bandbreite von zwei Ratingstufen (zum Beispiel BB/BB-) angegeben wird. Der Prozess des „vollen" Ratings, das über Printmedien, die Homepage von Fitch Ratings, Reuters, Bloomberg usw. veröffentlicht wird und Voraussetzung für den Kapitalmarktzugang ist, hängt stark von der Qualität der vom Unternehmen bereitgestellten Informationen ab, da sowohl quantitative als auch qualitative Beurteilungsaspekte berücksichtigt werden.

3.3 Rating durch Agenturen für den Mittelstand

Der Kapitalmarkt in Deutschland ist, gemessen an internationalen Maßstäben, deutlich unterentwickelt. Für kleine und mittlere Unternehmen ist es in Deutschland äußerst schwierig, sich Kapital über den Kapitalmarkt zu beschaffen. Geringe Emissionstätigkeit in Relation zu anderen Ländern, insbesondere im Vergleich zu den angelsächsischen Ländern, ist die Konsequenz.

Während Großkonzerne mit Blick auf die internationalen Finanzmärkte die Ratings der internationalen Agenturen nachfragen, konzentriert sich das Interesse kleiner und mittlerer Unternehmen auf die alternativen Angebote der jüngst auch in Deutschland gegründeten Agenturen für den Mittelstand. Da sich diese Ratings bisher nicht mit der Emission einer Anleihe verknüpften, sondern in den Beziehungen des beurteilten Unternehmens zu seinen sonstigen Kapitalgebern eine Rolle spielten, sind die bei diesen Agenturen durchgeführten Ratingprozesse nicht nur von Art und Ablauf, sondern auch von ihrem Ergebnis und ökonomischen Wirkung her von den Ratingprozessen der internationalen Anbieter zu unterscheiden.

Zu den Ratingagenturen für den Mittelstand sind u. a. zu rechnen: Creditreform Rating AG, Euler Hermes Rating GmbH und URA Unternehmens Ratingagentur AG. Zwischen diesen Agenturen bestehen zum Teil erhebliche Unterschiede; insbesondere dürften sich Differenzen in der erzielten Genauigkeit der Urteile herausbilden. In jedem Fall erfüllen die Agenturen jedoch sinnvolle Funktionen, indem sie an die Stelle pauschaler Schwarz-Weiß-Betrachtungen (im Sinne von „kreditwürdig" und „nicht kreditwürdig") ein abgestuftes Urteil über die Zukunftsfähigkeit eines Unternehmens setzen. Die von den Agenturen eingesetzte Ratingskala von AAA, AA, A usw. bis D ist bei allen nahezu identisch.

Da keine rechtliche Verpflichtung zur Beantragung eines Ratings besteht und externe Ratings auch von Banken nicht zwingend verlangt werden, wird das Ratingverfahren nur auf Initiative des beurteilten Unternehmens in Gang gesetzt. Zahlreiche Beratungsgesellschaften setzen sich für ihre Mandanten mit den Vor- und Nachteilen eines Ratings auseinander. Die Durchführung eines Ratingverfahrens folgt oft der Anregung eines Unternehmensberaters.

Während beim Ratingverfahren der internationalen Agenturen das Ziel meist vorgegeben ist, nämlich das für eine konkrete Transaktion erforderliche Rating zu beschaffen, und sich die Arbeit der Rating Advisors auf die Unterstützung des Ratingverfahrens konzentriert, setzt die Beratung bei mittelständischen Unternehmen früher an. Der **Rating Advisor** spielt hier eine besondere Rolle bei der Identifikation der Aufgaben, die das Rating wahrnehmen soll: Sei es als Instrument der allgemeinen Finanzkommunikation, als Argumentationshilfe gegenüber Banken, als Information für Kunden und Lieferanten, als Differenzierungsmerkmal hinsichtlich der Sicherheit des Arbeitgebers gegenüber Mitarbeitern des Unternehmens oder als zusätzliches Kontrollinstrument für Gesellschafter, Aktionäre, Beirat oder Aufsichtsrat der Gesellschaft.

Der erste Schritt zur Durchführung eines Ratingprozesses besteht insbesondere bei größeren Mittelständlern in der Beauftragung eines unabhängigen Rating Advisors. Der Berater kann eine wichtige Rolle bei der Wahl der Ratingagentur spielen. In einigen Fällen arbeiten die Advisors allerdings nur mit einer bestimmten Ratingagentur zusammen. so dass die bevorzugte Ratingagentur vorgegeben ist. In anderen Fällen erfolgt ein gezieltes **Screening** der verschiedenen Ansätze.

Nach der Auswahl der Ratingagentur folgen die – durch den Rating Advisor koordinierten – Vorbereitungen des Unternehmens auf das Ratingverfahren. Im Unterschied zu Großkonzernen ist das Rechnungswesen und Controlling oft weniger gut ausgebaut, so dass viele Informationen eigens für den Ratingprozess beschafft und aufbereitet werden müssen. Da der Steuerberater mit dem Zahlenwerk vertraut ist, werden oft eine Reihe der anfallenden Arbeiten von ihm ausgeführt. Die **Gespräche** mit den Agenturen führen meist Mitglieder des Vorstandes bzw. der Geschäftsleitung.

Nach dem Entschluss, ein Ratingverfahren von der Agentur durchführen zu lassen, fordert die Firma einen **Ratingvertrag** an. Dieser wird von der Ratingagentur direkt der Firma zugesandt. Der Ratingvertrag von der Agentur legt detailliert die Anforderungen fest, die an das Unternehmen – v. a. in Bezug auf relevante Informationen – gestellt werden.

Des Weiteren gibt die Firma gegenüber der Ratingagentur eine formlose Erklärung ab, dass der Rating Advisor in die Beratung einbezogen wird und mit der Ratingagentur über das Ratingverfahren bei der Firma korrespondieren darf. Alternativ tritt der Rating Advisor im Ratingprozess gegenüber der Ratingagentur und Dritten nicht in Erscheinung und unterstützt die Firma vertraulich. Der Advisor verpflichtet sich zur vertraulichen Behandlung aller im Rahmen des Ratingverfahrens anfallenden Daten.

Das zu ratende Unternehmen definiert den Zeitplan für die Ratingerstellung. Anhand verschiedener Kriterien ist zu bestimmen, wann einerseits das Rating wünschenswert ist, andererseits auch die informationellen Voraussetzungen erfüllt sind, um das Ratingverfahren durchzuführen. Der Rating Advisor berät bei der Terminplanung, um einerseits die mit dem Rating verfolgten Ziele, andererseits die bei der Firma wie auch der Ratingagentur bestehenden Arbeitsbelastungen und Ressourcenbindungen zu berücksichtigen.

Das zu beurteilende Unternehmen stellt im Rahmen einer **Unternehmensdokumentation**, bei der der Advisor mitwirken kann, relevante Presseerklärungen, Geschäftsberichte, Halbjahresabschlüsse, Quartalsberichte usw. zusammen, die sowohl der Rating Advisor als auch der Ratingagentur ausgehändigt werden können. Idealerweise liegt eine Dokumentation für die letzten fünf Jahre vor. Die Firma ist darin völlig frei zu bestimmen, welche Informationen der Rating Advisor und/oder der Ratingagentur zur Verfügung gestellt werden.

Der Advisor sichtet das verfügbare Material und berät bei der Auswahl der Unterlagen, die an die Ratingagentur weitergeleitet werden. Eine zentrale Rolle spielt dabei – wie beim Ratingprozess der internationalen Agenturen – die Entwicklung einer „**Credit Story**", die überzeugend die am Ende des Verfahrens erfolgende Einstufung zu begründen vermag. Der Rating Advisor führt eine umfassende Recherche über möglicherweise vergleichbare, bereits geratete Unternehmen durch. Die Ergebnisse werden allein der Firma zur Verfügung gestellt. Der Advisor erläutert der Firma eventuelle Ratingkonsequenzen, die – aus Sicht der Ratingagentur – fehlende Informationen bzw. Daten haben könnten, prüft die Konsistenz und Plausibilität der Daten und ihre Eignung, die gewünschte „Credit Story" zu begründen.

Die Ratingagentur ist für die Beschaffung und Voranalyse von Markt- und Umfeldinformationen verantwortlich, die Definition von Vergleichsgruppen und die Voranalyse unternehmensspezifischer Informationen. Diese Phase des Ratings ermöglicht der Firma, sich selbst zu präsentieren. Das zu klassifizierende Unternehmen ermöglicht den Analysten die Beurteilung der qualitativen und quantitativen Faktoren, klärt offene Fragen, führt gegebenenfalls eine Haus- oder Werksbesichtigung durch und demonstriert anschaulich Produkte und Leistungen.

Das **Analysegespräch** ist ein etwa zwei Tage beanspruchender Dialog zwischen dem Analystenteam der Ratingagentur (i. d. R. der Lead Analyst und ein Back-up Analyst) auf der einen Seite und Vertretern des zu beurteilenden Unternehmens auf der anderen Seite. Von letzterem sind die oberste Unternehmensleitung sowie weitere ausgewählte leitende Mitarbeiter involviert. Das Analysegespräch legt die speziellen Kriterien offen, die bei der Klassifizierung der Firma durch die Ratingagentur über Nuancen auf der Ratingskala entscheiden werden. Dementsprechend können diese, von den Analysten der Ratingagentur als besonders wichtig erachteten Aspekte kritisch reflektiert und gegebenenfalls „nachgebessert" werden, um auf eine günstige Beurteilung hinzuwirken.

Nachdem sich der Analyst ein genaues Bild von der Firma gemacht hat, präsentiert er sein Ratingurteil vor dem **Ratingkomitee**, dem neben dem Vorstand von Ratingagentur auch andere erfahrene Analysten angehören. Nachdem das Ratingkomitee schließlich sein Ratingurteil getroffen hat, teilt es dieses dem betreffenden Unternehmen mit. Danach steht es diesem frei, das Rating zu akzeptieren, abzulehnen oder aber Widerspruch einzulegen, was zu einer erneuten Analyse führt. Mit der Entscheidung über die Zustimmung zum Ratingurteil fällt die Entscheidung über den Zeitpunkt der Veröffentlichung des Ratings zusammen.

3.4 Rating durch spezialisierte Anbieter

Neben den internationalen Agenturen und den nach gleichen Prinzipien, aber auf lokaler Ebene operierenden Agenturen gibt es weitere Anbieter, die Ratings zum Teil jedoch mit einem anderen Ratingverständnis anbieten als die vorgenannten Adressen. Von wachsender Bedeutung im Ratinggeschäft sind die Dienstleistungen von Kreditversicherern, die eine lange Tradition in der Beurteilung von Bonitätsrisiken aufweisen.

Das Geschäft von **Kreditversicherungen** besteht letztlich darin, die aus bestimmten Geschäften resultierenden Kreditrisiken zu beurteilen und gegen eine Versicherungsprämie zu übernehmen. Sie gewähren in der Regel nicht selber Kredit, sondern sichern lediglich das Risiko des Zahlungsausfalls unter genau festgelegten Bedingungen ab. Da sie selber die gewährten Kredite nicht in ihren Büchern führen, weisen sie schon eine größere Verwandtschaft mit Ratingagenturen auf als Banken, die ihr Engagement bei ihren Kunden in entsprechenden Bilanzpositionen wieder finden, die den Nominalbeträgen der gewährten Kredite (unter Berücksichtigung eventueller Abschreibungen) entsprechen. Auch die Ratingagenturen nehmen die beurteilten Forderungen nicht selbst in ihren Bestand, sondern überlassen dies Investoren bzw. Gläubigern. Ihre strikte Fokussierung auf ihre Kernkompetenz der Bonitätsbeurteilung und -klassifizierung erlaubt ihnen, Spezialisierungsvorteile wahrzunehmen.

In Deutschland sind zwei Kreditversicherungsgesellschaften auf diesem Gebiet tätig geworden: Zum einen die zum Allianz-Konzern zählende Euler Hermes Kreditversicherungs-AG aus Hamburg, zum anderen die zur französischen Coface-Gruppe gehörige Allgemeine Kreditversicherung Coface AG aus Mainz (@rating). Die von diesen Versicherern entwickelten Ratingansätze sind jedoch unterschiedlich, wenn auch die Ratingaktivitäten bei beiden Adressen in eigens zu diesen Zwecken gegründeten Gesellschaften wahrgenommen werden. Bei beiden Gesellschaften beziehen sich die Ratings auf den kurzen Zeithorizont. Dies ist ein wesentlicher Unterschied zum Langfristrating, wie es von Fitch, Moody's, Standard & Poor's oder auch den lokalen deutschen Agenturen angeboten wird.

Das Ratingsystem der Euler Hermes Kreditversicherungs-AG beruht auf der Theorie der unscharfen Mengen (Fuzzy Logic). Aus Zahlen und Fakten, aber auch aus Angaben über so genannte „weiche" Faktoren wird ein Rating durch mathematisch-statische Verknüpfungen abgeleitet, das auf der bekannten Notenskala aus AAA, AA, A, BBB usw. zum Ausdruck gebracht wird. Der Zeithorizont hinsichtlich der Erwartung über die Zahlungsfähigkeit beträgt bei der Euler Hermes Kreditversicherungs-AG ein Jahr.

Im Unterschied zum Ansatz der Euler Hermes Kreditversicherung beim „Bonitätscheck" ist das so genannte @rating der Coface-Gruppe nicht lediglich eine Wahrscheinlichkeitsaussage, sondern erschließt darüber hinaus eine betragsmäßige Dimension. Durch das Rating informiert die Agentur somit nicht nur über die Bonitätsklasse, sondern auch über den Maximalbetrag, den die Coface-Gruppe für jedes einzelne Rechtsgeschäft zu versichern bereit ist. Das @rating-Konzept versteht die Coface-Gruppe als Antwort auf die sich ständig ändernden Anforderungen an einen

Finanzdienstleister. Die @rating Produktpalette reicht von einer individuellen Unternehmensbewertung und -zertifizierung über die anhaltende Überwachung von Unternehmen bis hin zur Einzelabsicherung von Forderungen.

Die zentrale Aussage, die sich durch die gesamte @rating-Produktpalette zieht, liegt in der @rating Bewertung eines Unternehmens, dem eigentlichen Rating. Der Unterschied zur klassischen Auskunft liegt darin, dass es sich bei der @rating-Bewertung um das komprimierte Resultat einer eingehenden Unternehmens- und Umfeldanalyse handelt. Auch wenn die @rating-Bewertung als Antwort auf einen @rating Check unter Ausschluss von Haftung abgegeben wird, so liegt doch die Bereitschaft der Coface-Gruppe zur Haftungsübernahme vor, sei es im Rahmen von „@rating protection", einer Factoring-Lösung, oder in der traditionellen Kreditversicherung.

4. Vor- und Nachteile externer Ratings

Für ein mittelständisches Unternehmen lohnt es sich nicht, über Vor- und Nachteile des bankinternen Ratings nachzudenken: Sein Rating, wie es im Regelfall durch die Hausbank erteilt ist, wird ohnehin zum Dreh- und Angelpunkt der Kreditbeziehung. Dem bankinternen Rating kann sich das Unternehmen nicht entziehen, da in den Großbanken schon vor vielen Jahren, in kleineren Häusern sowie bei manchen Volksbanken und Raiffeisenbanken oder Sparkassen in jüngerer Zeit ein Rating geschäftspolitisch zur **zwingenden Voraussetzung jeder Kreditgewährung** gemacht wurde. Nicht zuletzt fordern auch die im Dezember 2002 in Kraft getretenen „Mindestanforderungen an das Kreditgeschäft der Kreditinstitute" (MaK), dass alle in Deutschland ansässigen Kreditinstitute über aussagekräftige Risikoklassifizierungsverfahren verfügen müssen.[3]

Dem Rating einer anerkannten Agentur kommt zwingend auch im Bankkreditgeschäft Bedeutung zu, wenn eine Bank unter Basel II den Standardansatz für die Eigenmittelunterlegung der Kreditrisiken anwendet:[4] Die Eigenmittelunterlegung ist dann – unter bestimmten weiteren Voraussetzungen – direkt an das Ratingurteil geknüpft, das im Auftrag des Kreditnehmers durch eine „externe Bonitätsbeurteilungsinstitution", wie es im Amtsdeutsch heißt, erteilt wurde. Der Vorteil des Unternehmens ist in dieser Situation evident: Seine **Verhandlungsposition** wird insbesondere im Falle eines guten Ratings entscheidend gegenüber der Bank gestärkt. Die Bank ist beim so genannten Standardansatz auf das Rating der unabhängigen Agentur angewiesen, wenn sie ihr Eigenkapital schonen und ihre Eigenmittelkosten gering halten möchte; das Kreditinstitut ist zwingend den bankenaufsichtsrechtlichen Bestimmungen unterworfen, die der Kunde durch sein externes Rating für sich nutzen kann.

Nachdem die Frage nach den Vor- und Nachteilen des bankinternen Ratings bereits durch die Praxis entschieden ist, dreht sich die Diskussion darüber, ob der

---

[3] Vgl. MaK, Tz. 67 ff.
[4] Zu den Vorschriften des Standardansatzes vgl. Kapitel C. II. „Der Standardansatz für die Kreditrisikounterlegung".

bankinternen Klassifizierung das Urteil einer unabhängigen Ratingagentur gegenüberzustellen ist. Während der Nachteil des externen Ratings, nämlich eine mehr oder weniger hohe, vom Unternehmen selbst zu zahlende Ratinggebühr jedermann klar sein dürfte, sind die Vorteile ungewiss. Je nach Unternehmen sind unterschiedliche Antworten auf die Frage zu geben, ob sich die Ausgabe für ein Rating lohnt.

Im Unterschied zum bankinternen Rating kontrolliert das Unternehmen selbst das Ratingverfahren einer unabhängigen Agentur: Beginn und Ende des Ratingverfahrens können frei vereinbart werden, über die zu berücksichtigenden Daten entscheidet das Unternehmen ebenso selbst wie über die Frage der Veröffentlichung oder sonstigen Weitergabe des Ratingergebnisses an Dritte.

Anders als beim bankinternen Rating, das in der Regel auf einem mehr oder weniger starren Computermodell basiert, sind Analysten von Ratingagenturen für Argumente offen, weshalb im Einzelfall beispielsweise eine niedrige Eigenkapitalquote nicht die für diese Quote typische Ausfallrate impliziert. Bei den Ratingagenturen steht vor allem die wirtschaftliche Fähigkeit, rechtliche Bindung und Willigkeit eines Unternehmens, seinen zwingend fälligen Zahlungsverpflichtungen stets vollständig und rechtzeitig nachzukommen, in den Vordergrund.

Zwar erhält auch das Unternehmen auch beim bankinternen Rating eine Note, die genaue Bedeutung der Klassifizierung wird die Bank dem Kunden jedoch nicht offen legen: Zu sensibel sind die Daten über Ausfallraten und Wertberichtigungen, als dass sie der offenen Diskussion preisgegeben würden. Die Offenlegungsanforderungen nach Säule III verpflichten allerdings Institute, die einen IRB-Ansatz anwenden, diverse Informationen zum Ratingverfahren und den Risiken der einzelnen Portfolien offen zu legen. Beim externen Rating gibt es derartige Interessenkonflikte nicht, da die Agentur als ein auf Ratings spezialisiertes Unternehmen an der überzeugenden Dokumentation ihres Produktes interessiert ist. Zudem geht das Rating der Agenturen wesentlich mehr ins Detail, nicht zuletzt auch deshalb, weil sich die Analysten der Ratingagentur im Unterschied zum Bankangestellten in der Öffentlichkeit für ihr Urteil rechtfertigen müssen.

5. Anerkennung externer Bonitätsbeurteilungs-Institute

Nicht jedes externe Rating kommt automatisch für die Nutzung im Rahmen des Standardansatzes in Frage. Vielmehr muss die nationale Bankenaufsicht entscheiden, welche Ratingagenturen bestimmte, vom Baseler Komitee vorgegebene Kriterien wie Objektivität, Unabhängigkeit und Glaubwürdigkeit erfüllen.[5]

Insofern ist die Frage der Anerkennung als **externes Bonitätsbeurteilungs-Institut** (External Credit Assessment Institution, ECAI) für die in Deutschland gegründeten Ratingagenturen möglicherweise von existentieller Bedeutung. Vertreter verschiedener Agenturen sind deshalb bereits an die Bundesanstalt für Finanzdienstleistungsaufsicht bzw. die Bundesbank herangetreten, um sich zum einen über

---

[5] Vgl Basel II, §§ 90 ff. Zu den Zulassungskriterien vgl. Kapitel C. II. „Der Standardansatz für die Kreditrisikounterlegung".

die geplanten Voraussetzungen der Anerkennung auszutauschen und zum anderen Verbesserungsvorschläge zu den geplanten Regelungen vorzutragen.

Im Unterschied zu den Banken haben die in Deutschland gegründeten Ratingagenturen ihre Interessen noch nicht in Form von Verbänden oder Repräsentanten organisiert, um gemeinsame Anliegen zu vertreten. Auch der **Rating Cert e. V.** in Berlin, der Ratinganalysten aus verschiedenen Agenturen zu seinen Mitgliedern zählt und die Entwicklung allgemeingültiger Qualitätsstandards im Unternehmensrating zum Gegenstand hat, kann eine solche Rolle nicht beanspruchen. Im März 2004 wurde der Rating Cert e. V. in „Bundesverband der Ratinganalysten und Rating Advisors e. V." umbenannt. Als eine Gesellschaft des Vereins wird die Rating Cert GmbH gegründet, die sich mit Zertifizierungsfragen im Ratingwesen befasst.

Um das Verfahren zur Einbeziehung der betroffenen Ratingagenturen in den Baseler Konsultationsprozess zu vereinfachen, haben sich daher Vertreter verschiedener Ratingagenturen zusammengefunden, um eine Stellungnahme zum Punkt „EXTERNE BONITÄTSBEURTEILUNGEN (EXTERNE RATINGS) (i) Das Anerkennungsverfahren" des Konsultationspapiers „Die Neue Baseler Eigenkapitalvereinbarung" des „Baseler Ausschusses für Bankenaufsicht" zu erarbeiten. Die Vorschläge wurden durch die **Bundesanstalt für Finanzdienstleistungsaufsicht** aufgenommen und in zwei Sitzungen eingehend erörtert.

Zu den bekannten Ratingagenturen mit Hauptsitz in Deutschland, die nach Erkenntnissen des Rating Cert e. V. den Status als **ECAI anzustreben** erwägen, sind folgende zu zählen:
– Creditreform Rating AG, Neuss
– GDUR-Mittelstands-Rating AG, Frankfurt am Main
– Global-Rating GmbH, Passau
– Euler Hermes Rating GmbH, Hamburg
– RS Rating Services AG, München
– URA Unternehmens Ratingagentur AG, München.

Darüber hinaus sind auch Bureau Veritas Quality International (Deutschland) GmbH, Hamburg, sowie die Cofacerating.de GmbH, Mainz, zu nennen, da diese Unternehmen angekündigt haben, bis zur Umsetzung der Eigenkapitalvereinbarung in geltendes Recht ebenfalls mit Agenturen im deutschen Markt zu sein, die die Voraussetzungen zur Anerkennung erfüllen wollen. Die US-amerikanischen Agenturen gaben ihre Stellungnahmen gegenüber den Bankenaufsehern in den USA ab. Fast alle Agenturen haben sich an der Beratung der Stellungnahme aktiv beteiligt.

6. Wandel im Verhältnis zwischen Emittent, Investor und Ratingagentur

Vor dem Hintergrund der neuen Entwicklungsperspektiven im Themenfeld Rating wird sich in Deutschland ein arbeitsteiliges nebeneinander von Kreditinstituten, externen Ratingagenturen und Rating Advisors herausbilden.

Bisher hat es vielfach den Anschein, dass externe Ratingagenturen, Kreditinstitute und Unternehmensberater, die Rating-Advisory-Leistungen anbieten, in unmittelbarem Wettbewerb stehen. Schon jetzt ist erkennbar, dass in Deutschland kein Weg an den bankinternen Ratings vorbeiführt: Sieht man von den (relativ teuren) international anerkannten Ratingagenturen, wie Moody's und Standard & Poor's ab, so ist zu erkennen, dass die Ratings der so genannten „Mittelstands-Ratingagenturen" das Rating durch die Bank weder ersetzen noch in der Breite maßgeblich beeinflussen werden.

Die dominierende Form der Ratings in Deutschland werden mittelfristig diejenigen durch die Banken sein. Die Ratingagenturen für den Mittelstand haben aus Bankensicht nicht die erforderliche Datenhistorie und die statistisch relevante Menge an durchgeführten Ratings, um in diesem Feld zu relevanten Wettbewerbern oder Dienstleistern für die Banken zu werden. Folglich werden sich diese externen, mittelstandsorientierten Ratingagenturen voraussichtlich zu durchaus interessanten Nischenanbietern entwickeln, die immer dort gefordert sind, wo ein Unternehmen ein schriftliches Gutachten über seine finanzielle Bonität für Geschäftspartner (z. B. wichtige Kunden) benötigt.

Aller Voraussicht nach werden viele Kreditinstitute schriftliche Bestätigungen über ihre Ratings in nächster Zeit nicht zur Verfügung stellen.[6] Infolge dessen sind externe Ratingagenturen zu einer „absoluten" Objektivität (sofern dies überhaupt möglich ist) und Neutralität verpflichtet.

Genau deshalb müssen ihre Aufgaben deutlich unterschieden werden von denen eines „Rating Advisors". Der **Rating Advisor** ist nicht zur Neutralität verpflichtet, sondern nimmt konsequent die Position des von ihm beratenen Unternehmens ein und hilft ihm, sich möglichst optimal auf das Rating durch eine Bank oder Sparkasse bzw. eine Ratingagentur vorzubereiten. Der Rating Advisor hat dabei durchaus auch die Kompetenz, eine Abschätzung der Ratingstufe eines Unternehmens vorzunehmen und insbesondere die Aufgabe, eine Indikation abzuleiten, welche „kritischen" Ratingkriterien das Rating besonders maßgeblich beeinflussen, um so Handlungsbedarf aufzuzeigen.

Im harten Kampf um die Eigenkapitalbeschaffung reklamieren Bondinvestoren zunehmend eine Gleichbehandlung mit Aktien-Investoren in der Informationspolitik. Unternehmen werden ihre Kommunikationsinstrumente künftig auf beide Zielgruppen ausrichten und diese mit den jeweiligen relevanten Informationen ansprechen müssen. Im Gegensatz zu Aktienanalysten beanspruchen Creditanalysten Verschuldungs- und Liquiditätskennzahlen. Die Unternehmen können dieser Anforderung nachkommen, in dem sie die Investor Relations-Webseite beispielsweise getrennt nach Bond- und Equity-Investoren- bzw. Analysten einrichten.

Ungeachtet dieser Problematik wird das Management künftig stärker im Blickpunkt der Bonitätsbewertung der Agenturen rücken. Vor dem Hintergrund der Bilanzskandale in den USA sowie erhöhten Transparenzanforderungen seitens Institutioneller Investoren wird die Corporate Governance-Thematik bei der Bonitätsbewertung künftig einen größeren Raum einnehmen. Selbst wenn dieser Aspekt bis dato noch keinen Einfluss auf das Rating der Agenturen hat, ist davon auszugehen,

---

[6] Eine Ausnahme stellt diesbezüglich beispielsweise die IKB Deutsche Industriebank AG dar. Vgl. hierzu auch Kapitel E. VI. „Kommunikation von internen Ratings mit den Kreditnehmern".

dass die Qualität des Managements auf mittlere Sicht im Ratingprozess stärker berücksichtigt wird. Die Branchenführer S & P und Moody's haben für diese Thematik bereits Spezialistenteams installiert.

7. Fazit

Die intensivere Auseinandersetzung mit dem Thema Rating kann viel mehr sein als eine notwendige Pflichtübung für die Unternehmer. Neben der Notwendigkeit, Transparenz über die Risiken des Unternehmens zu schaffen, wird der erforderliche Ausbau der innerbetrieblichen betriebswirtschaftlichen Informations- und Steuerungssysteme maßgeblich dazu beitragen, die Kosten der Eigenkapitalbeschaffung zu senken.

Besonders gefordert sind nunmehr die Kreditinstitute und Ratingagenturen. Offenkundig sind die notwendigen Elemente in Vorbereitung bzw. die in der Einführung befindlichen Verbesserungen der Kreditwürdigkeitsprüfung ein Schritt in die richtige Richtung. Sie werden aber noch nicht das realisieren, was heute aus einer wissenschaftlichen Perspektive als „State of the art" interpretiert werden muss. Für die Kreditinstitute wird es wesentlich sein, die oben aufgegriffenen Trends zu nutzen und aktiv zu gestalten, um im zukünftig immer schärferen Wettbewerb zu bestehen.

Wandel ist auch bei den Ratingagenturen verlangt. So müssen auch die Entscheidungen der Ratingagenturen transparenter werden. Grundsätzlich sollten jene Faktoren, die das Rating vornehmlich beeinflusst haben, deutlicher als bisher für Investoren und Analysten nachzuvollziehen sein, um auf Dauer Vertrauen in das System und Stabilität der Finanzmärkte zu gewährleisten.

II. Interne Ratingverfahren

Dr. Jens Döhring, Jürgen Hromadka

Inhalt:

	Seite
1 Einleitung.	89
2 Verbundeinheitliche Ratingverfahren im Rahmen des BVR-Projekts VR-Control...	90
2.1 VR-Control als Gesamtbanksteuerungsprojekt.	90
2.2 Arten von Ratingsystemen im Rahmen der „BVR-II-Ratingfamilie"	91
3 Aufbau und Entwicklung von BVR-II-Ratingsystemen	93
3.1 Typische Architekturelemente von BVR-II-Ratingsystemen.	93
3.2 Entwicklungsschritte am Beispiel einer Gut-Schlecht-Stichprobenmethodik.	96
3.3 Alternative Verfahren der Ratingentwicklung.	98
4 Einführung von BVR-II-Ratingsystemen	100
4.1 DV-Umsetzung	100
4.2 Determinanten für die erfolgreiche Einführung moderner Ratingsysteme	102
5 Resümee.	105

1. Einleitung

Ausfallrisiken können im Vergleich zu Marktpreis- oder operationellen Risiken in ihrer Wahrnehmung durch Banken als das „Ur-Risiko" des Bankgeschäfts bezeichnet werden. Darüber hinaus zeigen nicht zuletzt die Kreditausfälle der jüngsten konjunkturellen Schwächephase, dass Ausfallrisiken in ihrer Bedeutung – gemessen in den Dimensionen erwartete und unerwartete Verluste – nach wie vor die wohl bedeutendste Bankrisikoart darstellen. Vor diesem Hintergrund haben die Regelungen zur Säule I des Baseler Akkords (Basel II) sicherlich als „positiver Katalysator" gewirkt, die Finanzmarktstabilität zu erhöhen und bereits vorhandene Anstrengungen der Banken zur Verbesserung ihrer Ausfallrisikosteuerungssysteme zu beschleunigen. Der genossenschaftliche Sektor hatte sich bereits in seinem strategischen Grundlagenpapier „Bündelung der Kräfte" 1999 u. a. auf die völlige Erneuerung seines betriebswirtschaftlichen Steuerungsinstrumentariums verständigt.

Nukleus der neuen, von den Banken in jüngster Zeit entwickelten Verfahren zur Ausfallrisikosteuerung – wie auch der Baseler Regelungen – sind interne Ratingsysteme. Die **DZ BANK** hat diesbezüglich in Zusammenarbeit mit dem **BVR** (Bundesverband der Deutschen Volksbanken und Raiffeisenbanken) und der **WGZ-BANK** eine „Familie" von verbundweit einzusetzenden sog. **BVR-II-Ratingsystemen** entwickelt, die den Basel II-Anforderungen genügen und das gesamte Kunden- und Produktportfolio des genossenschaftlichen Finanzverbunds abdecken. Im Vergleich zu dem **bisher eingesetzten BVR-I-Ratingsystem** zeichnen sich die modernen Verfahren primär dadurch aus, dass sie in der Regel empirisch-statistisch basiert sind, und sie es hierdurch den Banken ermöglichen, Kreditnehmer sowohl in ihrer bonitätsmäßigen Rangfolge als auch hinsichtlich der absoluten Höhe ihres Ausfallrisikos differenziert, begründet und auch für Dritte nachvollziehbar einzustufen. Der Anforderungskatalog von Basel II an den IRB-Ansatz setzt hier einen überaus hohen Standard, der von der DZ BANK – trotz Kritik im Einzelfall an den Basel II-Regelungen – grundsätzlich begrüßt wird.

Nachfolgend werden **erstens** die verbundeinheitliche Vorgehensweise bei der Entwicklung der BVR-II-Ratingsysteme sowie die Arten der BVR-II-Ratingsysteme selbst beschrieben. **Zweitens** wird die Vorgehensweise beim Bau der BVR-II-Ratingsysteme dargestellt. **Drittens** schließlich fokussieren die Ausführungen auf den Einführungsprozess der BVR-II-Ratingsysteme.

2. Verbundeinheitliche Ratingverfahren im Rahmen des BVR-Projekts VR-Control

2.1 VR-Control als Gesamtbanksteuerungsprojekt

Interne Ratingsysteme, die den Basel II-Anforderungen an den IRB-Ansatz genügen (sog. BVR-II-Ratingsysteme), werden von der DZ BANK im Rahmen des BVR-Projekts VR-Control – in das auch die WGZ-Bank, Regionalverbände, Rechenzentralen und Primärbanken eingebunden sind – verbundeinheitlich entwickelt. Dieses bereits im Juni 1999 gestartete BVR-Projekt fokussiert neben Ratingsystemen auch auf grundlegende betriebswirtschaftliche Konzepte der Gesamtbanksteuerung unter Berücksichtigung rechtlicher bzw. aufsichtsrechtlicher Rahmenbedingungen.

Konzepte der Gesamtbanksteuerung beinhalten hierbei einerseits Methoden zur effizienten **Gestaltung der Ertragssituation** einer Bank, andererseits aber auch Verfahren zur bewussten **Steuerung banktypischer Risiken**. Methodische Schwerpunkte des Projekts sind entsprechend die Entwicklung eines Kundengeschäfts- (Deckungsbeitragsrechnung), Adressrisiko- (*Credit-Value-at-Risk*-System), Marktpreis- (*Market-Value-at-Risk*-System) und Produktivitätsergebnisses (Standardstückkosten) sowie eine handelsrechtliche Überleitungsrechnung zur Simulation von GuV-Effekten. Prozessual beziehen sich die Inhalte des Projekts auf **Planungsrechnungen** sowie auf Methoden der Vor- und Nachkalkulation. Aber auch übergreifende Themen wie etwa ein „**Weißbuch Unternehmenssteuerung**" sind Gegenstand des BVR-Projekts VR-Control.

Im Rahmen dieses Konzeptkanons ist die verbundeinheitliche Entwicklung der BVR-II-Ratingsysteme einerseits Gegenstand des Themenkomplexes Kundengeschäftssteuerung, da Ratingnoten bzw. daraus abgeleitete Ausfallwahrscheinlichkeiten zentrale Determinanten von (Ausfall)Risikoprämien (Standardrisikokosten) sind, zum anderen determinieren aus Ratingnoten abgeleitete Ausfallwahrscheinlichkeiten aber auch *Credit-Value-at-Risk*-Systeme und das Adressrisikoergebnis. Insgesamt stellt die Entwicklung von BVR-II-Ratingsystemen einen zentralen Bestandteil des Projekts VR-Control und der Gesamtbanksteuerungskonzeption im genossenschaftlichen Finanzverbund überhaupt dar.

Das verbundeinheitliche Vorgehen insbesondere bei der Entwicklung von BVR-II-Ratingsystemen bringt sowohl den beiden genossenschaftlichen Zentralbanken als auch den Volksbanken und Raiffeisenbanken sowie den genossenschaftlichen Spezialinstituten Vorteile:

- „Kleineren" Volksbanken und Raiffeisenbanken sowie Spezialinstituten des genossenschaftlichen Finanzverbunds werden mit deutlich reduzierten Aufwendungen eigener Ressourcen moderne BVR-II-Ratingsysteme zur Verfügung gestellt.
- Die genossenschaftlichen Zentralbanken wiederum können im Rahmen der Ratingentwicklung nicht nur auf eigene Daten zugreifen, sondern auch auf Daten der Volksbanken und Raiffeisenbanken sowie auf Daten der Spezialinstitute. Diese hohe Datenverfügbarkeit stellt einen wesentlichen Vorteil der verbundeinheitlichen Ratingentwicklung dar, weil eine ausreichende Datenbasis insbesondere für die Trennschärfe von auf empirischer Basis entwickelten Ratingsystemen eine wesentliche Voraussetzung darstellt.
- Darüber hinaus gewährleistet aber auch die im Rahmen der verbundeinheitlichen Ratingentwicklung gebündelte breite Verfügbarkeit von Erfahrungs- und Expertenwissen von Zentralbanken, Volksbanken und Raiffeisenbanken sowie von Spezialinstituten die Qualität der BVR-II-Ratings.

Als weitere Vorteile, die den genossenschaftlichen Finanzverbund zur gemeinsamen Ratingentwicklung motiviert haben, sind zu nennen:
- Die aus einheitlichen Ratingsystemen resultierende Förderung des Meta-Kreditgeschäfts (Konsortialkreditgeschäft) bzw. die Förderung eines Ausfallrisikohandels im Verbund
- die verbundeinheitliche Ratingkommunikation gegenüber Dritten – insbesondere gegenüber Kreditnehmern
- eine vereinfachte bankenaufsichtsrechtliche Abnahme der BVR-II-Ratingsysteme
- eine effiziente Schulung der Anwender der BVR-II-Ratingsysteme
- eine effiziente DV-technische Umsetzung der BVR-II-Ratingsysteme sowie
- Kosteneinsparungen bei der Ratingentwicklung und -weiterentwicklung.

2.2 Arten von Ratingsystemen im Rahmen der „BVR-II-Ratingfamilie"

Aufgrund der verbundeinheitlichen Entwicklung von BVR-II-Ratingsystemen wurde es dem genossenschaftlichen Verbund erleichtert, eine große Zahl maßgeschneiderter BVR-II-Ratingsysteme zu entwickeln, die den Besonderheiten der Kreditkunden (Privat- und Firmenkunden) des genossenschaftlichen Verbunds weitgehend Rechnung tragen. Damit wird – neben dem Override – einem grundlegenden Bedürfnis sowohl der genossenschaftlichen Banken nach sachgerechter Bonitätsbewertung als auch der Kreditkunden nach spezifischer Berücksichtigung „ihres" Ausfallrisikos und nachfolgend einer risikogerechten „fairen" Preisstellung Rechnung getragen.

Im Rahmen der BVR-II-Ratingsysteme berücksichtigte Spezifika ergeben sich diesbezüglich zum Beispiel aus:
- der Unternehmensgröße des Kreditkunden (im Rahmen der BVR-II-Ratingfamilie wurden zwei Ratingsysteme für den (unteren) Mittelstand (Umsatz bis 5 Mio. Euro) und den oberen Mittelstand (Umsatz größer 5 Mio. Euro bis 1 Mrd. Euro) entwickelt)

Segment-bezeichnung		Definition	Größen-abgrenzung
Privatkunden	Kontokorrentkredite	Kreditnehmer, der mehr als 50 % seines Einkommens aus unselbständiger Arbeit generiert oder ein Kreditkunde, bei dem bei mehreren Einkunftsarten das Einkommen aus nichtselbständiger Berufstätigkeit den absolut höchsten Betrag darstellt.	keine
	Konsumentenkredite		
	Baudarlehen		
Firmenkunden	Kleingewerbetreibende / Freiberufler	Bilanzierende und nicht bilanzierende Kleingewerbetreibende und Freiberufler	bis zu 260 TEUR Umsatz bei Kleingewerbetreibenden, keine bei Freiberuflern
	Mittelstand	Gewinn orientierte Unternehmen mit mehr als fünf Jahren Geschäftsbetrieb, deren Geschäft zu einem wesentlichen Teil außerhalb der Agrarwirtschaft, Finanzdienstleistung und Spezialfinanzierung liegt	von 260 TEUR bis 5 Mio. EUR Umsatz
	Oberer Mittelstand		von 5 Mio. EUR bis 1 Mrd. EUR Umsatz
	Großkunden		über 1 Mrd. EUR Umsatz
	Mittelstand Ausland		bis 1 Mrd. EUR Umsatz
	Not-for-Profit-Unternehmen	„Es liegt weder eine durchgreifende Haftung durch eine Gebietskörperschaft noch durch eine verfasste Kirche vor; ein möglicher erzielter Gewinn darf nicht an Mitglieder oder Eigentümer ausgeschüttet werden."	keine
	Existenzgründer	Unternehmen mit weniger als fünf Jahren Geschäftsbetrieb	keine
	Agrar	Unternehmen, die einen Großteil ihres Umsatzes durch landwirtschaftliche Produktion oder Dienstleistungen erzielen	keine
Spezialfinanzierung	Projekte	Die Rückzahlung des Krediges hängt maßgeblich von der Cashflow-Erzielung des jeweiligen Vorhabens ab	keine
	Gewerbliche Immobilienfinanzierung		keine
Finanzdienstleister	Banken (ohne VB/RB)	Verbundexterne Banken	keine
	Volksbanken/ Raiffeisenbanken		keine
	Sonstige Finanzdienstleister	Z. B. Versicherungen	keine
Staatlicher Sektor	Länder	Kunden, die ihre Kreditaufnahme primär aus heutigen und zukünftigen Steuereinnahmen finanzieren	keine
	Gebietskörperschaften		keine

Abbildung 1: BVR-II-Ratingsegmente

- der Art der Rechnungslegung (beim BVR-II-Bankenrating werden verschiedene Submodelle je nach Art der Rechnungslegung entwickelt)
- seinem Sitzland (es gibt unterschiedliche BVR-II-Ratingsysteme für inländische und ausländische mittelständische Kunden)
- der Art der Finanzierung (für Spezialfinanzierungen wie etwa für Projektfinanzierungen gibt es ein gesondertes BVR-II-Ratingsystem)

- den Unterstützungsmechanismen durch Dritte (beim BVR-II-Bankenrating werden beispielsweise Unterstützungen durch Konzernmütter spezifisch erfasst)
- dem Transferrisiko (dieses wird berücksichtigt, wenn der Kreditnehmer im Ausland domiziliert) oder
- den privaten Vermögensverhältnissen bei Privatkunden.

3. Aufbau und Entwicklung von BVR-II-Ratingsystemen

3.1 Typische Architekturelemente von BVR-II-Ratingsystemen

Alle vorgenannten BVR-II-Ratingsysteme – die außer bei Spezialfinanzierungen zunächst darauf abzielen, allein das Ausfallrisiko des Schuldners als 1-Jahres-Ausfallwahrscheinlichkeit zu messen und transaktionsspezifische Faktoren erst in weiteren Steuerungssystemen berücksichtigen – zeichnen sich durch einen modularen Aufbau aus. Dabei werden im Rahmen der Ratingentwicklung verschiedene Bonitätsursachenkomplexe identifiziert und zunächst isoliert entwickelt. Interdependenzen zwischen den einzelnen Modulen werden in einem nächsten Schritt auf der Ebene des Gesamtmodells berücksichtigt. Der Vorteil dieses Vorgehens besteht darin, dass zukünftig ein einzelnes Modul des jeweiligen BVR-II-Ratings etwa aufgrund neuer methodisch-konzeptioneller oder empirischer Erkenntnisse überarbeitet werden kann, ohne dass ein anderes Modul hiervon betroffen ist und ebenfalls überarbeitet werden muss, was den Weiterentwicklungsaufwand reduziert.

Nachfolgend werden die einzelnen idealtypischen Module eines BVR-II-Ratingsystems beschrieben, wobei nicht jedes Modul bei allen BVR-II-Ratingsystemen Anwendung findet.

In der Regel weisen BVR-II-Ratingsysteme ein quantitatives und ein qualitatives Modul auf. Im Rahmen des **quantitativen Moduls** werden quantitativ/objektive Daten (intervallskalierte Daten und solche auf nominalem und ordinalem Skalenniveau) erfasst, die

- durch außen stehende Dritte überprüfbar sind
- bei Ratingwiederholungen zu gleichen Ergebnissen führen
- bei unterschiedlichen Analysten stets gleich beantwortet werden.

Quantitative Daten unterliegen folglich nur **geringen subjektiven Einflüssen** seitens des das Rating unmittelbar durchführenden Analysten. Bei quantitativen Daten handelt es sich bei Firmenkundenratings insbesondere um Informationen aus dem Jahresabschluss. Darüber hinaus können zu den quantitativen Daten aber z. B. auch die Anzahl der Mitarbeiter, das Sitzland/die Region oder die Branche des zu beurteilenden Unternehmens gezählt werden. Aufgrund des Ausschlusses subjektiver Einflüsse kommt dem quantitativen Modul eine besondere Bedeutung zu, die sich gewöhnlich in einem hohen Modulgewicht niederschlägt.

Qualitative Module umfassen im Unterschied zu quantitativen hingegen solche Informationen, die die drei oben genannten Kriterien quantitativer Faktoren nicht erfüllen, sondern in gewissem Umfang dem **Urteilsvermögen** des Analysten unterliegen. Hierbei handelt es sich etwa um die Qualität des Managements oder die Marktstellung des Unternehmens. Wenngleich nicht oder nur bedingt objektiv überprüfbar, können qualitative Informationen gleichwohl zur Verbesserung der Trennschärfe eines Ratingsystems beitragen. Mangelnde Nachvollziehbarkeit kann aber dann problematisch sein, wenn eine Divergenz zwischen den individuellen Interessen des Analysten und dem Gesamtbankinteresse besteht. Um entsprechende Verfälschungen oder auch nur eine fehlende Nachvollziehbarkeit von qualitativen Faktoren zu verhindern oder zumindest einzuschränken, wird bei den BVR-II-Ratings versucht, die qualitative Bonitätsursache durch möglichst objektive Kriterien („reliable") zu erfassen. Beispielsweise wird die Frage nach der Qualität des Managements nicht der Interpretation des Analysten überlassen und dieser aufgefordert, die Managementqualität auf einer Skala zwischen null und zehn festzustellen. Vielmehr wird die Managementqualität anhand detaillierter Fragen wie etwa zur Ausbildung, zur Berufs- oder Branchenerfahrung des Managements erfasst. Allerdings wird nicht willkürlich anhand von objektiven Fragen auf qualitative Bonitätseinschätzungen geschlossen; vielmehr finden diese objektiven Fragen zu qualitativen Bonitätsursachen nur dann Eingang in das BVR-II-Ratingsystem, wenn empirisch nachgewiesen werden kann, dass es einen Wirkungszusammenhang zwischen den objektiven Fragen und dem Ausfall eines Kreditnehmers gibt (z. B. wenn sich in der Vergangenheit gezeigt hat, dass von Managern ohne Branchenerfahrung geführte Unternehmen signifikant häufiger ausgefallen sind als Unternehmen mit Managern mit einschlägiger Branchenerfahrung).

Da entsprechende empirische Erfahrungen oftmals nicht vorliegen, d. h. qualitative Fragen in der Vergangenheit nicht gestellt und beantwortet wurden, erfolgt bei den BVR-II-Ratings in der Regel eine laufende Erhebung einer begrenzten Zahl potenziell bonitätsrelevanter Fragen (sog. **Dummy-Variablen**). Antworten auf diese Fragen haben noch keinen Einfluss auf das BVR-II-Rating. Nach einem ausreichenden Erhebungszeitraum werden die Antworten zu diesen Fragen statistisch ausgewertet und auf ihre Trennfähigkeit zwischen guten und schlechten Kreditnehmern hin untersucht. Nur bei nachgewiesener Trennfähigkeit werden die qualitativen Fragen dann im Rahmen einer Überarbeitung in der neuen Version des qualitativen Moduls berücksichtigt.

Die gewichteten Bonitätsergebnisse der quantitativen und qualitativen Module führen zu einem ersten Bonitätsurteil. Dieses wird erweitert um sog. **Warnsignale**. Bei diesen handelt es sich um Ereignisse, die zwar selten auftreten, im Falle eines Eintritts aber eindeutige Hinweise auf eine erhöhte Ausfallgefahr des Kunden geben. Hierbei handelt es sich beispielsweise um Scheck- oder Lastschriftrückgaben mangels Deckung. Eingetretene Warnsignale führen in der Konsequenz zu einem Bonitätsabschlag.

Die gewichteten Ergebnisse aus den quantitativen und qualitativen Teilmodulen und den Warnsignalen spiegeln die **intrinsische Bonität** wieder, d. h. diejenige Bonität, die auf den Bonitätsmerkmalen des zu beurteilenden Unternehmens selbst beruht (Finanzstärkerating). Darüber hinaus gibt es im Rahmen von BVR-II-Ratings berücksichtigte **Unterstützungsmechanismen**, d. h. unternehmensexterne – in der Regel bonitätsverbessernde – Einflussfaktoren auf die Bonität des zu beurteilenden Unternehmens durch Dritte, wie etwa durch die Patronatserklärung einer Konzernmutter für ihre Tochter. Auch die Berücksichtigung von Unterstützungsmechanismen geschieht aber nicht willkürlich oder intuitiv, sondern erfolgt auf der Basis empirischer Erkenntnisse.

Hat das bonitätsmäßig zu beurteilende Unternehmen seinen Sitz im **Ausland**, so ist ferner das **Transferrisiko** zu berücksichtigen. Dieses Risiko tritt dann ein, wenn trotz Zahlungsfähigkeit des Kreditnehmers durch staatlichen Eingriff – wie etwa durch ein staatliches Zahlungsmoratorium – der Kapitaldienst nicht erfolgt. Das Transferrisiko wird bei den BVR-II-Ratings mit Hilfe eines sog. modifizierten *Country-Ceiling-Ansatzes* berücksichtigt. Das bedeutet, dass das *Local-Currency-Rating* um einen Faktor korrigiert wird, der die Ausfallwahrscheinlichkeit des Sitzlandes des Unternehmens widerspiegelt. Das um das Transferrisiko adjustierte Rating ist dann das *Foreign-Currency-Rating*.[1]

Das *Foreign-Currency-Rating* kann im Rahmen eines letzten Schrittes durch einen Override vom Analysten korrigiert werden. Beim **Override** handelt es sich um eine Korrektur des im Wesentlichen maschinell erzeugten *Foreign-Currency-Ratings* durch den Analysten. Eine Korrektur kann aus zwei Gründen erfolgen:

1. Es liegen aktuellere ratingrelevante Informationen vor als diejenigen, die in das maschinelle BVR-II-Ratingergebnis eingeflossen sind.
2. Es werden vom Analysten – für das zu beurteilende Unternehmen – bonitätsrelevante Sachverhalte erkannt, die bis dato nicht im Ratingmodell berücksichtigt wurden/werden konnten, da diese Sachverhalte bei der Mehrzahl der zu beurteilenden Unternehmen nicht einschlägig sind.

Overrides müssen vom Analysten detailliert begründet und durch geeignete Unterlagen belegt werden. Hinsichtlich der Richtung der Overrides sind sowohl Up- als auch Downgrades möglich. Jedoch werden aus Vorsichtsgründen an Upgrades höhere Anforderungen gestellt.

Die Durchführung eines Overrides ist insgesamt kein Indiz für Fehler des BVR-II-Ratingsystems. Vielmehr sind Overrides geeignet, die Spezifika von Kreditkunden zu erfassen, um zu einem sachgerechten und fairen Bonitätsurteil zu gelangen. Die Analysten der DZ BANK sind entsprechend aktiv aufgefordert, jedes maschinelle Rating auf die Notwendigkeit eines Overrides hin zu überprüfen. Diesbezüglich spielen die Erfahrung des Analysten und seine spezifischen Kenntnisse des zu beurteilenden Unternehmens eine besondere Rolle, die auch in Zukunft durch empirische Erhebungen und statistische Verfahren nicht substituiert werden können.

---

[1] Das modifizierte Country-Ceiling-Modell führt dazu, dass nicht mehr nur das jeweils schlechtere Unternehmens- oder Länderrating allein als letztlich bonitätsrelevantes Rating berücksichtigt wird, sondern dass das jeweils schlechtere Länder- oder Unternehmens-Rating mit einem weiteren Bonitätsabschlag für das beim „normalen" Country-Ceiling-Modell bis dato nicht berücksichtigte Risiko versehen wird, um alle Risiken sachgerecht zu erfassen. Allerdings wird beim modifizierten Country-Ceiling-Ansatz auch berücksichtigt, dass zukünftig ein Transferrisiko dann überhaupt nicht erfasst (in diesem Fall ist nur das unternehmensspezifische Risiko ratingrelevant) oder gemindert wird, wenn bestimmte länderspezifische Faktoren (etwa Mitgliedschaft in der EWWU – in diesem Fall ist kein Transferrisiko gegeben) bzw. unternehmens- oder bankspezifische Faktoren eintreten.

Das *Foreign-Currency-Rating* nach Override ist dasjenige Rating, das im Rahmen der Banksteuerung Verwendung findet.

Alle BVR-II-Ratingsysteme weisen schließlich eine identische Ratingnotenterminologie auf und werden auf die BVR-II-Masterskala gemappt. Die BVR-II-Masterskala verknüpft die 25 BVR-II-Ratingnoten mit Einjahres-Ausfallwahrscheinlichkeiten. Die Zuordnung der Einjahres-Ausfallwahrscheinlichkeiten wurde hierbei so gewählt, dass in keiner Ratingklasse und in keinem der kunden- bzw. produktspezifischen BVR-II-Ratingsysteme Klumpungen entstehen, sondern sich die Kreditnehmer bestmöglich hinsichtlich ihrer Bonität differenzieren lassen. Darüber hinaus bietet die BVR-II-Masterskala den Vorteil, dass die Ratingnoten aller BVR-II-Ratingsysteme miteinander vergleichbar sind.

3.2 Entwicklungsschritte am Beispiel einer Gut-Schlecht-Stichprobenmethodik

Die prozessuale Entwicklung der modular aufgebauten BVR-II-Ratings folgt einer idealtypischen Entwicklungsschrittlogik. Die Aufgaben innerhalb der einzelnen Schritte können jedoch in Abhängigkeit vom Verfahren der Ratingmodellentwicklung differieren. Nachstehend sollen die Entwicklungsschritte beispielhaft anhand des Verfahrens „Gut-Schlecht-Analyse" für das BVR-II-Ratingsegment „inländischer Mittelstand" aufgezeigt werden.

Erster Schritt beim Ratingbau des BVR II-Ratings für das Segment inländischer Mittelstand war eine Festlegung auf die für das jeweils relevante Kunden- bzw. Produktsegment spezifische **Architektur des Ratingsystems**. So sind nicht bei jedem BVR-II-Ratingsystem alle vorgenannten Module von Relevanz. Beispielsweise kann beim Bau eines Ratingsystems für den inländischen Mittelstand auf die Entwicklung und Integration der Transferrisikokomponente verzichtet werden.

Nach Festlegung der Modellarchitektur wird im **zweiten** Schritt für das quantitative und das qualitative Modul eine Obermenge von **Risikofaktoren** (sog. „Long List") eruiert. Die Risikofaktoren wurden danach ausgewählt, ob sie potenziell in der Lage sind, gute und schlechte Kreditnehmer voneinander zu trennen. Ob dies der Fall ist, wurde entschieden

- auf der Basis von Expertenwissen
- ökonomischen Insolvenzmodellüberlegungen
- Erfahrungen beim Bau von Ratingsystemen bei anderen Banken.

Bei quantitativen Risikofaktoren handelt es sich etwa um Jahresabschlusskennzahlen wie die Eigenkapitalquote, Personalaufwandsquote oder das Verhältnis Cashflow zu Verbindlichkeiten. Qualitative Risikofaktoren sind zum Beispiel das Marktumfeld des Kunden, die Qualität seiner internen Steuerungsinstrumente oder sonstige Umstände, die bonitätsrelevant sein könnten.

Im Rahmen eines **dritten** Schrittes wurden auf der Grundlage dieser „Long List" sodann bei den am Ratingbau beteiligten Genossenschaftsbanken entsprechende **historische Daten** von in der Vergangenheit guten und schlechten Kreditnehmern gesammelt. Von besonderer Bedeutung für den Ratingbau war hier die Anzahl schlechter Kreditnehmer. Je mehr schlechte Kreditnehmer beim Ratingbau zur Verfügung stehen und je mehr aus den Erfahrungen – etwa unterschiedliche Bilanz- und

GuV-Kennzahlen – mit diesen schlechten im Vergleich zu den guten Kreditnehmern gelernt werden kann, desto stabiler ist dann das entstehende Ratingmodell. Bedingt durch die verbundweite Datensammlung bei den Zentralbanken und bei Primärinstituten konnten allerdings hinreichend Daten zum Bau eines stabilen BVR-II-Ratingsystems gesammelt werden.

Im folgenden **vierten** Schritt wurden die Daten einer umfassenden **Datenreinigung** unterzogen. Bei der Bereinigung handelte es sich im Einzelnen etwa um fehlende Angaben, um Ausreißer im Sinne ungewöhnlich hoher oder niedriger Werte, um die Suche nach Bilanzpositionen mit Nullwerten, bei denen eigentlich keine Nullwerte auftreten dürfen – z. B. bei der Bilanzsumme –, oder um die Überprüfung von gebildeten Summengrößen.

Nach der Datenreinigung wurden im **fünften** Schritt basierend auf den Erhebungen und der „Long List" Kennzahlen – wie etwa aus dem erhobenen Eigenkapital und der Bilanzsumme die Eigenkapitalquote – gebildet.

Nach der Datenreinigung wurde im **sechsten** Schritt eine **Scoretransformation** der bereinigten Kennzahlenwerte durchgeführt. Bei einer Scoretransformation handelt es sich in diesem Zusammenhang um eine funktionale Verknüpfung von rohen Kennzahlenwerten (wie z. B. der Eigenkapitalquote) mit standardisierten Bonitätsbenotungen dieser Kennzahlen zwischen null und eins. Sinnvoll ist diese Transformation, weil für den Ratingbau verwendete Kennzahlen wie beispielsweise die Eigenkapitalquote nur in einem bestimmten Definitionsbereich eine Trennung guter und schlechter Kreditnehmer ermöglichen. Zum Beispiel wird sich die Ausfallwahrscheinlichkeit zweier Kreditnehmer, die Eigenkapitalquoten von 80 % und 90 % aufweisen, nicht wesentlich voneinander unterscheiden, wohingegen dies bei zwei anderen Kreditnehmern mit Eigenkapitalquoten von 10 % und 20 % durchaus der Fall ist. Entsprechend bekommen die Kreditnehmer mit Eigenkapitalquoten von 80 % und 90 % nahe beieinander liegende Scorewerte und die Kreditnehmer mit Eigenkapitalquoten von 10 % und 20 % stärker unterschiedliche Scorewerte zugewiesen. Insgesamt können durch derartige Transformationen der Inputvariablen trennschärfere Ratingsysteme konzipiert werden.

Auf der Basis der scoretransformierten quantitativen und qualitativen Kennzahlen wurde eine Einzelfaktoranalyse durchgeführt, d. h. es wurde für jede Kennzahl über den gesamten bereinigten Datenbestand auf der Basis statistischer Methoden ihre Trennfähigkeit zwischen guten und schlechten Kreditnehmern ermittelt. War die Trennfähigkeit für eine einzelne Kennzahl sehr gering, wurde diese vom weiteren Ratingbau ausgeschlossen.

Im **siebten** Schritt wurde eine **Korrelationsanalyse** durchgeführt. Korrelationskoeffizienten geben diesbezüglich an, ob einzelne Kennzahlenpaare, die nicht bereits in der Einzelfaktoranalyse aussortiert wurden, immer gleichzeitig einen Ausfall indizieren – dies ist bei vollständig positiven (+1) oder vollständig negativen Korrelationskoeffizienten (–1) gegeben – oder ob die Kennzahlen Ausfälle unabhängig voneinander anzeigen (Korrelationskoeffizient von null). Ist ersteres der Fall, ist der Informationsnutzen der Kennzahlen redundant und für den weiteren

Ratingbau braucht nur eine der vollständig korrelierten Kennzahlen berücksichtigt zu werden.[2]

Im **achten** Schritt erfolgte eine **Mehrfaktoranalyse,** bei der mit Hilfe des statistischen Verfahrens der logistischen Regression die verbliebenen Kennzahlen kombiniert und auf eine möglichst hohe Trennfähigkeit zwischen guten und schlechten Kreditnehmern hin optimiert wurden.

Mit Beendigung dieses Schrittes standen dem Entwicklungsteam mehrere quantitative und qualitative Rating-Teilmodule mit hohen Trennschärfe-Werten zur Verfügung.

Aufgabe des **neunten** Schrittes war es nun, die quantitativen und qualitativen Teilmodule mittels der Methode der **logistischen Regression** so zu kombinieren, dass das dann entstehende Gesamtrating zum einen eine hohe Trennschärfe bezogen auf ein Prognosezeitraum von einem Jahr aufweist, zum anderen aber auch eine hohe zeitliche Trennschärfe-Stabilität besitzt.

Im **zehnten** Schritt wurden für das Segment relevante **Warnsignale** empirisch eruiert und in das Modell eingefügt.

Im **elften** Schritt, der sog. **Kalibrierung,** wurden den einzelnen Ratings Ausfallwahrscheinlichkeiten zugerechnet, indem zunächst die guten und schlechten Kunden der einzelnen Ratingklassen in Beziehung gesetzt und die errechneten Relationen dann wegen der aus technischen Gründen nicht dem Gesamtportfolio entsprechenden Repräsentativität der Stichprobe (relativ zu viele schlechte Kreditnehmer) auf die durchschnittliche Ausfallwahrscheinlichkeit im gesamten Portfolio transformiert wurden. Interpolations- und Glättungsroutinen sowie der Vergleich mit externen Benchmarks rundeten das Kalibrierungsverfahren ab.

Schließlich wurde in einem **letzten** Schritt das fertige und kalibrierte Ratingmodell in einem DV-**Prototyp** technisch realisiert. Dieser diente abschließenden inhaltlichen und DV-technischen Testzwecken des Ratingmodells, war aber auch hilfreich bei der Pilotierung des Ratingmodells sowie der endgültigen DV-technischen Umsetzung.

3.3 Alternative Verfahren der Ratingentwicklung

Die oben beschriebenen Entwicklungsschritte finden sich in dieser Grundstruktur in jeder Ratingentwicklung wieder, wobei sich die genaue methodische Ausgestaltung und der Umfang der einzelnen Schritte insbesondere danach unterscheiden, auf welcher Datengrundlage bzw. nach welchem Verfahren das jeweilige Rating entwickelt wird. Abhängig von den für die Ratingentwicklung zur Verfügung stehenden Daten kommt eine der vier klassischen Verfahrensweisen zur Anwendung:
1. Gut-Schlecht-Analyse (oben zugrunde gelegt)
2. Externe-Rating-Referenzansatz
3. Expertenbasierte Modellentwicklung
4. Cashflow-Simulation

---

[2] Vollständige positive oder negative Korrelationen sind allerdings nur ein theoretisches Phänomen. Praxisrelevant sind vielmehr unvollständige, aber hohe Korrelationen.

Die Aufzählungsreihenfolge entspricht dabei zugleich der verbundüblichen – und der marktüblichen – Präferenzreihenfolge in der Anwendung.

Wann immer möglich, wurde auf die **Gut-Schlecht-Analyse** zur Entwicklung der BVR-II-Ratings zurückgegriffen. Die Entwicklungs- (und ebenso die Validierungs-)Stichprobe besteht bei diesem Verfahren aus Kreditnehmern des eigenen Portfolios bzw. aus Kreditnehmern der VR-Control-Entwicklungskooperation, von denen bekannt ist, ob sie ausgefallen sind (Schlechtfälle) oder nicht (Gutfälle) sowie aus den über diese Kreditnehmer im Vorfeld des Ausfalls vorliegenden Informationen (potenzielle Ratingfaktoren). Im Rahmen der statistischen Analyse wird dann untersucht, mit welchen Einzelfaktoren und mit welchen Mehrfaktorkombinationen sich die späteren Schlechtfälle möglichst präzise von den Gutfällen unterscheiden lassen.

Die Gut-Schlecht-Analyse setzt das Vorhandensein einer ausreichenden Anzahl von Ausfällen voraus. In vielen Kreditnehmer-Segmenten, für die sachgerecht ein eigenes, maßgeschneidertes Rating zu entwickeln ist, liegt eine entsprechende Anzahl von Ausfällen nicht vor. Beispiele hierfür sind typischerweise das Bankenportfolio und das Länderportfolio. Selbst durch das Poolen von Ausfalldaten im gesamten genossenschaftlichen Finanzverbund konnte hier nicht die erforderliche Datenmenge an Ausfällen erhoben werden.

Deshalb hat sich als Marktstandard als Second Best-Lösung der **Externe-Rating-Referenzansatz** durchgesetzt, der auch bei einzelnen BVR-II-Ratingsystemen eingesetzt wurde. Aus der Kalibrierung externer Ratings auf Ausfallwahrscheinlichkeiten wurde anstelle der binären zu erklärenden „Gut oder Schlecht" (0 oder 1) die stetige erklärende „Ausfallwahrscheinlichkeit" ($0 \leq PD \leq 1$) erhoben. Der Methodikbaukasten der Gut-Schlecht-Analyse ließ sich durch diesen „Kunstgriff" auf den Externe-Rating-Referenzansatz übertragen.

Liegen schließlich weder genügend Ausfälle noch genügend Kreditnehmer mit einem externen Rating vor, so wird ein **expertenbasiertes Modell** entwickelt. Hierbei wird durch einen entsprechenden Moderationsprozess das langjährige Experten-Know-how der Analysten in eine Auswahl besonders relevanter Risikofaktoren und deren Gewichtung kondensiert. Eine statistische Überprüfung kann dabei nur im Rahmen anekdotischer Evidenz erfolgen. D. h., es wird zum Beispiel überprüft, wie mit dem entwickelten Modell Ausfälle, die in dem entsprechenden Segment in den letzten fünf Jahren aufgetreten sind, vor Ausfall eingestuft worden wären. Sind die in der Vergangenheit aufgetretenen Ausfälle mit dem Expertenmodell als bonitätsmäßig gut eingestuft worden, wird das Modell überarbeitet. Darüber hinaus erfolgt eine expertenbasierte Validierung des Modells, in dem Kreditnehmer mit dem Modell geratet werden, und die Analysten das Modellergebnis anschließend mit ihrer Gesamteinschätzung des Kreditnehmers vergleichen. Hierzu eignen sich besonders Rangfolgevergleiche (d. h. Anordnung der Kreditnehmer nach abnehmender Bonität).

In der Anwendung finden sich die oben genannten drei Entwicklungsansätze häufig auch in Mischformen – z. B. dergestalt, dass der quantitative Teil des Ratings (d. h. vor allem Jahresabschlussfaktoren) auf Basis einer Gut-Schlecht-Analyse entwickelt wird, der qualitative Teil des Ratings aber aufgrund mangelnder Verfügbarkeit qualitativer Daten aus der Vergangenheit zunächst auf Basis von Expertenwissen modelliert und später (nach einiger Zeit der Anwendung) dann mittels Gut-Schlecht-Analyse validiert und weiterentwickelt wird. Zu diesem Zweck ist es auch sinnvoll und üblich, ergänzend zu den „scharf geschalteten" (das Ratingurteil tatsächlich determinierenden) qualitativen Faktoren zusätzliche „Dummy-Faktoren" zu erheben, die zukünftig ebenfalls statistisch auf ihre Trennschärfe getestet werden sollen.

Für den Bereich der **Spezialfinanzierungen** (z. B. Projektfinanzierungen) ist es sinnvoll, neben den hier beschriebenen drei klassischen Entwicklungsmethoden, auf Elemente der **Cashflow-Simulation** als weiteres Verfahren der Ratingentwicklung zurückzugreifen.[3] Bei der Cashflow-Simulation wird die Ausfallwahrscheinlichkeit nicht über mit dem Ausfallereignis möglichst hoch korrelierte Faktoren prognostiziert, sondern kausal modelliert. Hierzu wird der Einfluss der (wenigen) zentralen Risikotreiber auf den Cashflow der Spezialfinanzierung modelliert, der zur Abdeckung des fälligen Kapitaldienstes ausreichen muss. Die Wahrscheinlichkeitsverteilung der Risikotreiber wird damit in eine Wahrscheinlichkeitsverteilung für den Fall übersetzt, dass der Cashflow für den Kapitaldienst nicht ausreicht und die Spezialfinanzierung ausfällt. Da die Ausfallwahrscheinlichkeit direkt kausal erklärt wird, ist das Modell „selbst kalibrierend". Es sind demnach keine umfangreichen Gut-Schlecht-Daten erforderlich.

4. Einführung von BVR-II-Ratingsystemen

Im letzten Abschnitt dieses Beitrages wird die Vorgehensweise der DZ BANK zur Umsetzung des BVR-II-Ratingsystems in DV-Anwendungen dargestellt. Gleichfalls werden die speziell in kommunikativen Prozessen bestehenden Determinanten für eine erfolgreiche Einführung der BVR-II-Ratingsysteme in den laufenden Geschäftsprozess der DZ BANK beschrieben. Insbesondere letztere Dimension ist von zentraler Bedeutung für den Erfolg der Einführung von modernen Ratingsystemen, da die Systeme durch ihre empirisch-statistische Basierung einen Paradigmenwechsel in der Bonitätsmessung darstellen und eine Akzeptanz derselben nicht allein durch eine sachgerechte Entwicklung erreicht werden kann.

4.1 DV-Umsetzung

Wie bereits dargelegt, stellt der letzte Schritt bei der Entwicklung von BVR-II-Ratingsystemen die Programmierung eines DV-Prototyps dar. Dieses in der Regel von den Ratingentwicklern selbst auf Standardsoftware (z. B. Excel) und nicht von DV-Spezialisten entwickelte Programm dient dazu, die Funktionsweise des einzelnen BVR-II-Ratingmodells in Form von Rechenschritten darzulegen. Der DV-Prototyp ist damit aber noch nicht für den Einsatz im operativen Prozess geeignet. So

---

[3] Eine vollständige Cashflow-Simulation ist allerdings sehr aufwendig und erfordert detaillierte Parameterschätzungen. Daher bietet es sich an, lediglich grundlegende Elemente der Cashflow-Simulation mit einem Expertenmodell zu kombinieren.

fehlt dem DV-Prototyp zum Beispiel eine Datenbank zur Speicherung der Input- und der Outputdaten, Revisionsanforderungen werden nicht erfüllt, grafische Benutzeroberflächen fehlen ebenso wie Zugriffsrechte und schließlich weist der Prototyp in der Regel auch nicht die für einen Echtbetrieb erforderliche technische Stabilität auf.

Letzterer Aspekt der technischen Stabilität ist insbesondere deshalb von Bedeutung, weil die DV-Anwendungen nicht zentral, sondern dezentral in den Analyseeinheiten eingesetzt werden sollen, um den operativen Ratingerstellungsprozess effizient und schnell zu gestalten, den Analysten auch simulative Testratings für Beratungszwecke zu ermöglichen und durch die **Dezentralität der Ratingerstellung** schließlich auch die Verantwortung des Analysten für das Ratingurteil zu dokumentieren. Entsprechend ist es erforderlich, auf der Basis der jeweiligen DV-Prototypen für jedes BVR-II-Ratingsystem jeweils eine für den dezentralen Echtbetrieb geeignete DV-Anwendung zu entwickeln. Die Entwicklungszeit für ein derartiges DV-System – einschließlich der Erstellung eines auf dem Ratingfachkonzept basierenden DV-Konzepts und Testaktivitäten – dauert in Abhängigkeit von der Komplexität des Ratingmodells sechs bis neun Monate.

Um mit der Einführung der BVR-II-Ratingsysteme nicht bis zur Fertigstellung der endgültigen, dezentralen DV-Anwendungen zu warten, wird als Interimslösung in der Regel zunächst eine zeitnah umzusetzende zentrale **DV-Einzelplatzanwendung** entwickelt, die auf dem DV-Prototyp basiert und diesen um für den Echteinsatz erforderliche Mindestfunktionalitäten erweitert. Durch dieses Vorgehen besteht auf DV-technischer Seite Unabhängigkeit von der Rechnerarchitektur auf der Endanwenderseite bzw. den verschiedenen Standorten auf der Analyseseite.

In prozesstechnischer Sicht bedeutet die zentrale DV-Einzelplatzanwendung, dass die Analysten (Marktfolge) **elektronische Erfassungsbögen** zur Verfügung gestellt bekommen. In diese Erfassungsbögen sind die für die jeweiligen BVR-II-Ratings erforderlichen Inputparameter – d. h. zum einen die Jahresabschlussdaten des Unternehmens, zum anderen die qualitativen Kriterien über das einzustufende Unternehmen einschließlich weiterer Informationen wie etwa zu Unterstützungswirkungen durch Dritte – einzutragen. Hiernach sind die ausgefüllten Erfassungsbögen dann via Internet an ein sog. Ratingcenter zu versenden. Der Analyst ist im Rahmen dieses Prozesses für die Vollständigkeit und Qualität der angelieferten Daten verantwortlich. Alle BVR-II-Ratings werden sodann in einem integrierten Arbeitsgang im Ratingcenter zentral erstellt, und das Ratingergebnis wird den Analysten vor Ort von Mitarbeitern des Ratingcenters wiederum via Internet innerhalb von 24 Stunden zurückgesandt. Falls erforderlich, stehen die Mitarbeiter des Ratingcenters dem Analysten auch für im Zusammenhang mit der Modellanwendung stehende Analysegespräche zur Verfügung. Der Analyst leitet das Ratingergebnis schließlich an den Firmenkundenbetreuer weiter.

Dieses vorgenannte Vorgehen brachte – über die Möglichkeit einer unmittelbar an die Entwicklung zeitlich anknüpfenden Einführung hinaus – die Vorteile, dass Ratingsoftware, Datenbank sowie die tatsächliche Anwendung nur an einem zentralen Ort vorhanden sind. Die gerade in der Start- und Pilotphase eines solchen Projekts anfallenden Verbesserungen, Programmrevisionen und Fehlerkorrekturen

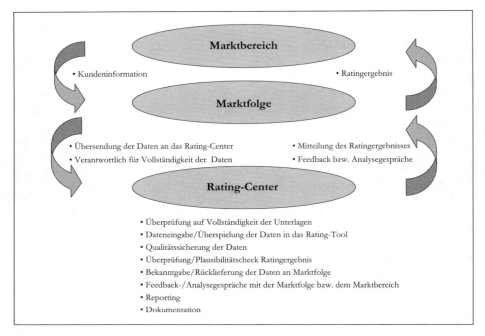

Abbildung 2: Prozessorganisation des Rating-Centers

konnten somit schnell und ohne Friktionen durchgeführt werden. Auf der fachlichen Seite bietet die DV-Einzelplatzanwendung/das Ratingcenter den Vorteil, dass der praktische Analysevorgang in engem Kontakt mit den Ratingentwicklern begleitet werden kann. Eventuelle Anwendungsprobleme im Umgang mit dem DV-Ratingmodell, fachliche Fehlinterpretationen oder in der Praxis schwer interpretierbare und kommunizierbare Kennzahlen und Bewertungen können somit kurzfristig durch den gegenseitigen Dialog aufgedeckt und Lösungsmöglichkeiten diskutiert werden.

4.2 Determinanten für die erfolgreiche Einführung moderner Ratingsysteme

Der in einer möglichst hohen Akzeptanz vieler betroffener Mitarbeiter gemessene Erfolg der Einführung moderner Ratingsysteme hängt jedoch nicht nur von einer sachgerechten methodischen Modell-Entwicklung und einer zeitnahen und anwenderfreundlichen DV-Umsetzung ab. Vielmehr wird der Erfolg wesentlich von einem intensiven Kommunikationsprozess determiniert, der bereits vor dem Start der Ratingentwicklung beginnt. Aufbauend auf den Erfahrungen der DZ BANK sollen nachfolgende Aspekte für eine erfolgreiche Einführung moderner Ratingsysteme beachtet werden.

Die Grundlage für die erfolgreiche Einführung moderner Ratingsysteme besteht bereits darin, die Bedeutung des Ausfallrisikos – insbesondere im Vergleich zum

Marktpreisrisiko – zu messen und die Entscheidungsträger der Bank frühzeitig für die Bedeutung des Ausfallrisikos – das im Vergleich zum Marktpreisrisiko oftmals unterschätzt wird – zu sensibilisieren. Hilfreich sind diesbezüglich auf Gesamtbankebene und auf der Basis einfacher Kalibrierungen der alten Ratingsysteme durchgeführte indikative **Value-at-Risk (VaR)**-Rechnungen für Marktrisiken (hierfür liegen VaR-Werte in der Regel bereits vor) und Ausfallrisiken.

Aufbauend auf diesen Erkenntnissen sollten im nächsten Schritt die Argumente für die Weiterentwicklung der alten Ratingsysteme bzw. für die Notwendigkeit der Entwicklung neuer, empirisch-statistisch basierter Ratingsysteme erarbeitet werden. Hierbei ist nicht nur auf die Basel II-Anforderungen an einen IRB-Ansatz abzustellen; vielmehr sollten **betriebswirtschaftliche Erfordernisse** in den Vordergrund gestellt werden. Letztere betreffend ist es hilfreich, Trennschärfeanalysen der alten Ratingsysteme durchzuführen, bonitätsbezogene Konzentrationen von Kreditnehmern in nur wenigen Ratingklassen aufzudecken, eine Ratingwanderungsanalyse in der Vergangenheit ausgefallener Kunden auf der Basis des alten Ratingsystems durchzuführen und einen Vergleich in der Vergangenheit vereinnahmter kumulierter Standardrisikokosten mit der respektiven kumulierten Nettorisikovorsorge vorzunehmen.

Nach dieser Sensibilisierung der Bank für die Bedeutung des Ausfallrisikos und die Notwendigkeit der Entwicklung neuer Ratingsysteme ist ein konkreter Vorstandsauftrag für den Beginn der Ratingentwicklung einzuholen, da aufgrund des Paradigmenwechsels Widerstände zu erwarten sind, die nur mit einer klaren Vorstandsunterstützung überwunden werden können.

Hinsichtlich der konkreten Entwicklung moderner Ratingsysteme bietet sich ein projekthaftes Vorgehen an, um eine friktionslose Interaktion von Mitarbeitern verschiedener Unternehmensbereiche zu ermöglichen. Auftraggeber des Projekts sollten alle von der Ratingentwicklung unmittelbar betroffenen Bereiche sein. Hierbei handelt es sich insbesondere um den Kreditanalysebereich, den Controllingbereich, den Kreditrisikomanagementbereich und den Bereich Datenverarbeitung. Alle Bereiche sollten gleichermaßen Mitarbeiter für die Entwicklung der Ratingsysteme zur Verfügung stellen. Hierdurch wird das für die Ratingentwicklung erforderliche Know-how aller beteiligten Bereiche bei der Ratingentwicklung mit berücksichtigt, das Interesse der Bereiche am Projekt dokumentiert, und ferner ist bei einer intensiven Mitarbeiterbeteiligung auch mit einer hohen Akzeptanz des Projektergebnisses zu rechnen.

Nachfolgend ist von der **Projektleitung** – hier sollten im Idealfall Vertreter aller wesentlichen Bereiche gleichberechtigt vertreten sein – eine umfassende Konzeptstudie zu erstellen, die das konkrete Projektvorgehen beschreibt. Hierdurch können bereits im Vorfeld unterschiedliche Erwartungen hinsichtlich des Ratingmodells erkannt und abgestimmt werden. Zudem sind konkrete Budget- und Zeitpläne zu erstellen, da sowohl die Kosten als auch die Zeitdauer einer Ratingentwicklung oftmals unterschätzt werden. Konzeptstudien, Zeit- und Budgetpläne sind wiederum mit den Entscheidungsträgern aller betroffenen Bereiche abzustimmen.

Angesichts der Entwicklungsdauer moderner Ratingsysteme von bis zu einem Jahr und – aufgrund der Neuartigkeit der Ratingsysteme – oftmals unvorhersehbarer

Erkenntnisse, ist aber auch nach Verabschiedung von Konzeptstudien, Zeit- und Budgetplänen eine regelmäßige Information der Entscheidungsträger über den Entwicklungsfortschritt, erste Projektergebnisse und ggf. Probleme bei der Entwicklung zwingend erforderlich.

Nach erfolgter Vorstandsgenehmigung zur Einführung ist ein Auftrag an die bereits frühzeitig in das Ratingprojekt involvierten DV-Mitarbeiter zur Entwicklung der zentralen DV-Einzelplatzanwendung zu geben. Nach Abschluss der Programmierung bietet sich eine **Pilotphase** an, in deren Rahmen die Kreditanalysten Testratings durchführen können. In diesem Rahmen kann das neue Ratingmodell vor dem Echteinsatz nochmals getestet werden, und der Analyst wird mit den Ratingergebnissen für seine konkreten Kunden vertraut.

Parallel zur Entwicklung der DV-Einzelplatzanwendung ist insbesondere von den Fachbereichsvertretern ein **Ratingleitfaden** zu erstellen, der die Ratinganwender in die Nutzung des neuen Ratingmodells einführt.

Der Leitfaden ersetzt aber nicht intensive **Schulungen** der betroffenen Analysten vor der offiziellen Einführung des neuen Ratings. Im Rahmen der Schulung sollten insbesondere fünf Themenkomplexe behandelt werden:
- Veränderungen im Vergleich zum alten Ratingsystem
- Vorteile des neuen Ratingsystems
- Vorstellung der formellen Tätigkeiten, welche zur Erstellung des Ratings notwendig sind
- Vorstellung der inhaltlichen Komponenten des Ratings
- Vorstellung des Ratingcenter als Kompetenzcenter.

Idealerweise sollten im Rahmen der Schulung auch Testratings auf der Basis zuvor von den teilnehmenden Analysten eingereichter Inputparameter diskutiert werden. Zudem ist es sinnvoll, die DV-Einzelplatzanwendung online vorzustellen. Diskutiert werden sollte in diesem Zusammenhang schließlich über die Aufgabe des Analysten nach Einführung des neuen, empirisch-statistischen Ratingsystems. Diesbezüglich ist insbesondere herauszustellen, dass das neue Ratingsystem den Analysten, seine Analyseexpertise und seine Kunden- und Marktinformationen keineswegs überflüssig macht, sondern sein Wissen vielmehr fokussiert auf das Erkennen von Overridefällen eingesetzt wird.

Nach Abschluss der Schulungsveranstaltungen, die kurz vor der Einführung des neuen Ratingsystems stattfinden sollten, ist das Ratingcenter in Betrieb zu nehmen. Hiermit beginnt der Echteinsatz der neuen Ratings im Rahmen der Ausfallrisikosteuerung.

Kurz nach der Inbetriebnahme bietet es sich an, Gesamthausveranstaltungen über das neue Ratingsystem durchzuführen, um alle weiteren am neuen Ratingsystem interessierten Mitarbeiter und hiervon mittelbar Betroffenen zu informieren. Auch Veröffentlichungen in Mitarbeiterzeitschriften dienen dazu, das neue Ratingsystem bekannt zu machen und für Akzeptanz zu werben.

5. Resümee

In der Öffentlichkeit geäußerte grundsätzliche Befürchtungen, die aufgrund der Basel II-Anforderungen an den IRB-Ansatz entwickelten neuen Ratingsysteme würden wegen ihrer emprisch-statistischen Basierung die Besonderheiten einzelner Kreditnehmer nicht hinreichend berücksichtigen, hält die DZ BANK für die BVR-II-Ratingsysteme für unbegründet. Im Rahmen eines sog. Overrideprozesses sind die Analysten der DZ BANK aufgefordert – und es ist auch ihre Pflicht –, bonitätsrelevante Besonderheiten des Kunden, die im Rahmen des maschinellen Ratingurteils noch nicht erfasst wurden, zu berücksichtigen. Denn auch im Zeitalter emprisch-statistischer Ratingsysteme ist der Analyst nach wie vor wichtig für ein sachgerechtes Bonitätsurteil und hierfür auch verantwortlich.

Darüber hinaus ist auch die oftmals kritisch vorgetragene Argumentation, es handele sich bei den empirisch-statistischen Ratingsystemen um eine „Black-Box", irreführend. Nach Ansicht der DZ BANK führen die neuen BVR-II-Ratingsysteme vielmehr dazu, dass das Ratingurteil aufgrund einer sehr strukturierten Vorgehensweise bei der Ermittlung der BVR-II-Ratings weitaus transparenter als bisher ist und sowohl vom Firmenkundenbetreuer als auch vom Kunden besser nachvollzogen werden kann.

Die Entwicklung der BVR-II-Ratingsysteme hat allerdings auch einen hohen Einsatz an finanziellen Ressourcen und an Spezialisten, die sowohl mit hoch komplexen mathematisch-statistischen Verfahren als auch mit der Kreditpraxis vertraut sein mussten, erfordert. Entsprechende Anforderungen konnten jedoch im Rahmen einer engen Zusammenarbeit im genossenschaftlichen Finanzverbund erfüllt werden.

III. Validierung von Ratingmodellen im IRB-Ansatz

Dr. Thomas Siwik

Inhalt:

		Seite
1	Einleitung	107
2	Ausgewählte Mindestanforderungen	108
3	Validierung des Kreditnehmerratings	112
	3.1 Qualitative Validierung	112
	3.1.1 Interne Verwendung	112
	3.1.2 Datenqualität	114
	3.1.3 Modelldesign	115
	3.2 Quantitative Validierung	116
	3.2.1 Modelldesign	116
	3.2.2 Backtesting	119
	3.2.3 Benchmarking	120
Literatur		121

1. Einleitung

Mit der Einführung der Möglichkeit, die Risikoeinstufung für die Kapitalunterlegung im IRB-Basisansatz und im fortgeschrittenen IRB-Ansatz auf Basis interner Ratingverfahren vornehmen zu dürfen, hat das „Basel Committee on Banking Supervision" (BCBS) einen entscheidenden Schritt in Richtung interner Portfoliomodelle für Kreditrisiken getan. Zu Beginn der Überarbeitung der Eigenkapitalanforderungen galten die Erfahrungen mit internen Kreditrisikomodellen als nicht ausreichend fundiert, um den großen Schritt wagen zu können. Trotz dieser nur zögerlichen Öffnung offenbart die komplexe Detailtiefe der Regelungen eine beachtliche Vorsicht gegenüber möglichen bankwirtschaftlichen Vorgehensweisen. So ist die Verwendung des IRB-Ansatzes an eine Reihe von Voraussetzungen geknüpft, die mit einem Satz hätten zusammengefasst werden können:

> „Ein IRB-Institut muss über einen angemessenes und in allen relevanten internen Prozessen etabliertes sowie präzise differenzierendes Risikomessverfahren für die jeweils für den IRB-Ansatz geforderten Größen *Probability of Default* (PD), *Loss Given Default* (LGD), *Exposure at Default* (EAD) und *Expected Loss* (EL) verfügen, das ordnungsgemäß entwickelt wurde und einer laufenden Überprüfung und Verbesserung unterzogen wird."

Die Mindestanforderungen an die IRB-Ansätze beinhalten viele auslegungsbedürftige Details. Ob sich diese in der konkreten täglichen Anwendung durch die Institute und Prüfenden als praktikabel und flexibel bezogen auf das Institut erweisen werden, entscheidet die Abwägung zwischen Wortlaut und Wesensgehalt.

Dieses Kapitel beschäftigt sich mit der internen Validierung bzw. der Prüfung von Ratingmodellen. Im Folgenden sollen die wesentlichen Anforderungen im Hinblick auf die Validierung, insbesondere von Ratingmodellen, zusammengefasst und interpretiert werden. Die denkbaren Modellwelten und das Spektrum der Bankspezifika sind so umfassend, dass es vielmehr gilt, ein Korsett zu umreißen, in dessen Rahmen eine mögliche Überprüfung stattfinden kann. Aus Sicht der Aufsicht hat die Deutsche Bundesbank zu diesem Thema bereits eine erste Vorlage geliefert, die nachstehend aufgegriffen wird.

Das Kapitel unterteilt sich in zwei Hauptabschnitte, „Ausgewählte Mindestanforderungen" und „Validierung des Kreditnehmerratings". Im ersten Teil werden die wesentlichen Anforderungen dargestellt, die bei der Validierung zu berücksichtigen sind. Der zweite Teil vertieft die abstrakten Anforderungen, indem ausgewählte Aspekte der Überprüfung diskutiert werden. Einen Schwerpunkt dabei bilden die statistischen Modelle zur Kreditwürdigkeitsprognose.

2. Ausgewählte Mindestanforderungen

Die im Folgenden dargestellten Mindestanforderungen beschränken sich auf wesentliche Aspekte, die einer **Modellvalidierung** zugänglich sind. Daneben sind weitere Anforderungen an Prozesse, an das Risikomanagement, an die Offenlegung etc. zu beachten, die erst die Qualifizierung für die IRB-Ansätze sicherstellen.[1]

Übergeordnete Prinzipien

Das Ratingsystem einer Bank soll eine konsistente, glaubwürdige und zutreffende Klassifizierung und Quantifizierung der Kreditrisiken ermöglichen, d. h. eine aussagekräftige Bewertung der Kreditnehmer und Geschäfte, eine klare Differenzierung zwischen den Risiken und eine angemessen genaue, in sich schlüssige, quantitative Risikoschätzung. Dabei ist ausschließlich auf die auch intern verwendeten Ratingsysteme abzustellen. Die Mindestanforderungen beziehen sich auf alle Forderungsklassen sowie in gleicher Weise auf die Zuordnung von Retailforderungen zu homogenen Portfolien. Die Aufsicht stellt durch detaillierte Überprüfungsverfahren die Eignung der Ratingsysteme sicher.[2]

Ratingkriterien

Eine IRB-Bank muss über dokumentierte Ratingprozesse, -definitionen und -zuordnungskriterien verfügen. Die Definitionen und Kriterien sollen in Übereinstimmung mit den internen Richtlinien zur Kreditvergabe und Problemfallbetreuung stehen; jedem sachverständigen Dritten müssen sie intuitiv einleuchten und deren Anwendung auf den Einzelfall nachvollziehbar sein. Des Weiteren hat ihre Anwendung zu einer aussagekräftigen und bankweit konsistenten Differenzierung zu führen. Bei Abweichungen der Verfahren zwischen den Bereichen ist die Konsistenz zu über-

---

[1] Vgl. Kapitel C. I. „Organisatorische Mindestanforderungen im Rahmen der Kreditrisikounterlegung", das eine erschöpfende Darstellung beinhaltet.
[2] Vgl. Basel II, §§ 388-390.

wachen bzw. durch Anpassungen sicherzustellen. Das Rating eines Kreditnehmers soll alle relevanten, aktuell verfügbaren Informationen berücksichtigen. Ein externes Rating kann nur ein erstes Indiz für die eigene Einstufung sein. Je schlechter die Informationslage desto vorsichtiger hat die Zuordnung zu erfolgen.[3]

Zeithorizont

Bei der Ratingeinstufung ist die Fähigkeit und Bereitschaft des Kreditnehmers zur Vertragserfüllung auch über einen längeren Zeithorizont und unter widrigen und unerwarteten Umständen maßgeblich. Stressszenarien oder Anfälligkeitsanalysen können dies gewährleisten. Sowohl die gegenwärtigen als auch die mit gewisser Wahrscheinlichkeit möglichen Verhältnisse im Verlauf eines Konjunkturzyklus der Branche oder Region sind zu berücksichtigen. Unsichere Erwartungen über zukünftige Entwicklungen oder auf Basis weniger Daten sind konservativ anzusetzen.[4]

Verwendung von Modellen

Automatisierte, z. B. statistische Ratingverfahren können eine erste Grundlage für die Ratingeinstufung bzw. die Schätzung von *PD*, *LGD* und *EAD* bieten. Persönliche Urteile und Überwachungen stellen darüber hinaus die Berücksichtigung auch modellfremder Informationen und die angemessene Anwendung des Modells sicher. Die Verknüpfung von Modellergebnissen und Meinungen basiert auf schriftlichen Leitlinien und erfasst alle wesentlichen Informationen.

Das Verfahren besitzt nachweislich eine gute Vorhersagekraft auf Basis einer angemessenen Anzahl an Risikofaktoren und verzerrt nicht die Kapitalanforderungen. Die eingehenden Daten sind auf Vollständigkeit, Genauigkeit und Angemessenheit zu prüfen. Die für die Entwicklung zugrunde gelegte Stichprobe ist für das aktuelle Geschäft repräsentativ. Nach vorgegebenen Verfahren werden die Modelle stets auf Kausalbeziehungen, Vorhersagekraft und Stabilität überprüft und fortwährend ernsthaften Optimierungsbemühungen unterzogen.

Dokumentation

Ausgestaltung und Verwendung des Ratingsystems sowie die Erfüllung der Anforderungen sind zu dokumentieren, insbesondere: Portfolioabgrenzung, Ratingkriterien einschließlich der Ausfall- und Verlustdefinitionen, Verfahren der Ratingzuordnung mit Verantwortlichkeiten für die Ratingeinstufungen und Definitionen der Ausnahmen und genehmigende Stellen, Frequenz der Ratingüberprüfung sowie interne Überwachungsstrukturen unter Einbeziehung der Geschäftsleitung. Die Gründe für die Wahl der Ratingkriterien sind niederzulegen; ihre aussagekräftige Risikodifferenzierung ist im Zusammenspiel mit dem Ratingverfahren durch Analysen zu belegen. Eine turnusgemäße Überprüfung hat die vollumfängliche Anwendbarkeit auf das aktuelle Portfolio unter den geltenden externen Bedingungen festzu-

---

[3] Vgl. Basel II, §§ 410, 411.
[4] Vgl. Basel II, §§ 414-421.

stellen. Alle wesentlichen Veränderungen am Ratingprozess, insbesondere die seit der letzten aufsichtlichen Prüfung, sind festzuhalten.

Bei Verwendung statistischer Modelle sind die angewandten Methoden zu dokumentieren. Dies umfasst auch: Eine detaillierte Beschreibung der Theorie, der Annahmen und der mathematischen bzw. empirischen Basis sowie der Datenquellen, einen strengen statistischen Validierungsprozess mit Out-of-time- und Out-of-sample-Tests sowie Hinweise auf mögliche Modellschwächen. Es ist Aufgabe des Systemanbieters und der Bank, alle Anforderungen auch für gekaufte Systeme zu erfüllen.

Allgemeine Anforderungen an Schätzverfahren – Struktur und Grundüberlegungen

Für jede Risikoklasse bzw. jeden Forderungspool ist eine Schätzung der *PD* vorzunehmen. Außer für Retailkredite stellen die *PD* einen langfristigen Durchschnitt der Ausfallraten dar. Im fortgeschrittenen IRB-Ansatz sind für alle Kreditarten und Retailklassen angemessene, langfristige, ausfallgewichtete Durchschnitts-LGD zu schätzen. Gleiches gilt für den *EAD* bezüglich der betreffenden Kreditarten. Genügen die EAD- oder LGD-Schätzungen nicht den Anforderungen, sind die aufsichtlichen Vorgaben zu verwenden.[5]

Schätzer für *PD*, *LGD* und *EAD* müssen unverzüglich alle wesentlichen und verfügbaren Daten, Informationen und Methoden sowie den technischen Fortschritt, Veränderungen in der Kreditvergabepraxis und der Sicherheitenverwertung berücksichtigen. Interne, externe sowie bankenübergreifende Datensätze dürfen verwendet werden. Darzulegen ist, dass die Schätzungen langfristige Erwartungswerte repräsentieren, also Erfahrungen und empirische Ergebnisse widerspiegeln. Subjektive oder wertende Annahmen sind allein keine ausreichende Basis. Die Schätzer sind mindestens jährlich zu überprüfen.[6]

Das bei der Entwicklung der Schätzer vorherrschende Umfeld (Kreditvergaberichtlinien, Kreditstruktur, wirtschaftliche Rahmenbedingungen etc.) muss auf die gegenwärtigen und absehbaren Verhältnisse übertragbar sein. Im Falle volatiler Erwartung für *LGD* und *EAD* sind diese Schwankungen in die Berechnungen einzubeziehen. Umfang und Zeitraum der Stichprobe müssen eine genaue und solide Schätzung sicherstellen, was durch Out-of-sample-Tests zu bestätigen ist.[7]

Ein Sicherheitszuschlag muss vorgenommen werden, um die mit den Schätzern verbundene Unsicherheit und Fehlerspannbreite angemessen zu berücksichtigen. Sofern für Daten aus der Zeit vor der Implementierung von Basel II die weitgehende, ggf. mit Anpassungen erzielte Gleichwertigkeit mit später erhobenen Daten nachgewiesen wird, kann die Aufsicht die Anforderungen an die Altdaten flexibel auslegen.

---

[5] Vgl. Basel II, §§ 446 f. mit Verweise auf §§ 461-467 für PDs, §§ 468-473 für LGDs, §§ 474-479 für EAD und §§ 506-522 für aufsichtliche LGD- und EAD-Schätzwerte.
[6] Vgl. Basel II, §§ 448 f.
[7] Vgl. Basel II, §§ 450 f. mit Verweis auf §§ 468-473 für LGD- und EAD-Messung.

Validierung der Schätzung

Banken haben ein stabiles Verfahren zur Validierung der Genauigkeit und Konsistenz des Ratings und seiner Anwendung sowie der Schätzungen aller relevanten Risikokomponenten zu implementieren. Der Aufsicht ist die Angemessenheit des Beurteilungsprozesses nachzuweisen.

Die Schätzungen von *PD*, *LGD* und *EAD* sind mit den eingetretenen Realisationen zu vergleichen. Die Ausfallraten liegen nachweislich in den PD-Grenzen der jeweiligen Ratingklassen. Für *LGD* und *EAD* sind möglichst langfristige Zeitreihen heranzuziehen. Die verwendeten Methoden und Daten sind im Zeitablauf konsistent anzuwenden und einschließlich Veränderungen zu dokumentieren. Der Prozess ist mindestens jährlich zu wiederholen.

Die Bank soll über Richtlinien verfügen, welche die Validität der Schätzungen, auch im Hinblick auf Konjunkturverläufe, definieren. Die Schätzer sind heraufzusetzen, wenn sich kontinuierlich höhere Risiken realisieren als prognostiziert waren. Sofern mehr aufsichtliche als interne Schätzer Verwendung finden, sind gleichwohl Vergleiche zu den realisierten Werten vorzunehmen, wobei nur interne Prognosen für die Bemessung des ökonomischen Kapitals maßgeblich sein sollen.[8]

Interne Verwendung

Banken qualifizieren sich nur dann für den IRB-Ansatz, wenn das interne Rating und die Ausfall- und Verlustschätzungen einen entscheidenden Stellenwert bei der Kreditgenehmigung, bei der internen Kapitalallokation und im Kreditrisikomanagement haben. Eine Erfahrung von mindestens drei Jahren mit einem weitgehend den Mindestanforderungen entsprechenden Einsatz von PD-, LGD- und EAD-Schätzungen muss für deren jeweilige Verwendung für die IRB-Ansätze vorliegen. Abweichungen zwischen den intern und für die Kapitalunterlegung verwendeten Schätzern sind gestattet, sofern ihre Angemessenheit nachgewiesen und dokumentiert wird.[9]

Datenverwaltung

Alle Daten über Merkmale von Kreditnehmern und Transaktionen, die in die Kreditrisikomess- und -steuerungssystematik einfließen, der Erfüllung der Mindestanforderungen und der Offenlegung nach Säule III sowie dem aufsichtlichen Meldewesen dienen, sind zu historisieren. Hierzu gehören neben den individuellen Historien der Portfoliozuordnungen, der prognostizierten *PD*, *LGD* und *EL* sowie deren Realisationen auch die Ratingverfahren und -modelle einschließlich der eingehenden Kerndaten sowie die Namen der beteiligten Mitarbeiter. Die Prognosegüte ist u. a. anhand von tatsächlichen Verlustquoten und Wanderungsbewegungen zu überwachen. Retrograde Einstufungen müssen gewährleistet sein.[10]

---

[8] Vgl. Basel II, §§ 500-505, bzgl. Beteiligungsbesitz auch §§ 529-536.
[9] Vgl. Basel II, §§ 444 f.
[10] Vgl. Basel II, §§ 429-434.

3. Validierung des Kreditnehmerratings

Die Deutsche Bundesbank (2003) hat zu Validierungsansätzen für interne Ratingsysteme Stellung genommen. Sie schlägt die im Schaubild dargestellte Unterteilung der Validierung vor.

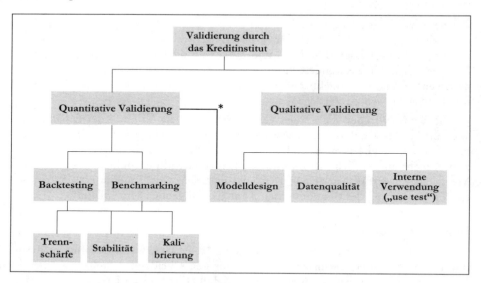

Abbildung 1: Aspekte der Validierung
Quelle: Deutsche Bundesbank (2003), *Einfügung des Autors

Die Validierung durch das Kreditinstitut unterteilt sich demnach in eine qualitative und eine quantitative Überprüfung. Erstere umfasst die Beurteilung der internen Verwendung des Ratings und die zugrunde liegende Datenqualität sowie das Modelldesign. Zu den quantitativen Aspekten werden die Gegenüberstellung von Prognose und Realisation (Backtesting) und das Benchmarking (Modellvergleiche) gezählt. Der Autor würde hingegen die quantitativ geprägte Modellerstellung als einen wichtigen Fokus der Validierung hinzunehmen.

3.1 Qualitative Validierung

Bestandteile der qualitativen Validierung sind die interne Verwendung der verwendeten Schätzer, die Datenintegrität und qualitative Aspekte des Modelldesigns.

3.1.1 Interne Verwendung

Die interne Verwendung bzw. die so genannte **Etabliertheit des Ratingsystems** in der Bank bescheinigt dem Rating, das ihm das Vertrauen der Bank entgegengebracht wird. Wird das Rating lediglich partiell eingesetzt, obwohl andere Prozesse und Systeme ebenfalls von Ratinginformationen profitieren könnten, fehlt eine vertrauenswürdige Grundlage für einen Einsatz im IRB-Ansatz.

Das BCBS hat richtig erkannt, dass die unterschiedlichen Zielsetzungen der Anwendungsbereiche zu berücksichtigen sind. Die Anforderung an die Schätzungen der Risikogrößen, dass eine Einstufung konservativ unter Berücksichtigung von Konjunkturschwankungen, modellfremder Informationen und der Modellrisiken zu erfolgen hat, dass also gemäß dem Vorsichtsprinzip tendenziell zu hohe *PD*, *LGD* und *EAD* anzusetzen sind, mag zwar für Zwecke der Solvabilität des Bankensystems und im Risikocontrolling der jeweiligen Bank ein zielführender Ansatz sein. In der Kreditkalkulation hingegen könnten konservativ geschätzte Risikogrößen gegebenenfalls zu nicht marktfähigen Margen führen. Hier sind erwartungstreue Schätzer konservativen Schätzern möglicherweise vorzuziehen.

Die nachfolgende Tabelle zeigt mögliche Einsatzbereiche für ein Rating und die Risikokennziffern *PD*, *LGD* und *EAD*:

Kreditrisikomanagement	
Engagement-management	– Kontrahentenlimite – Genehmigungskompetenzen – Frühwarnindikatoren – Engagementprüfung der Revision
Portfoliosteuerung	– Messung und Limitierung der Risikokonzentrationen auf Länder, Branchen, Sicherheitenarten, Laufzeiten etc. – Interne Risikomodelle, Berechnung der Auslastung des ökonomischen Kapitals – Selektion und Bewertung von Portfolien für Zwecke der Verbriefung
Erfolgsrechnung	– Bemessung der Standardrisikokosten – Kreditkalkulation – Bonuszahlungen für Geschäftsabschlüsse – Messung der bonitätsinduzierten Wertänderungen – Ergebnisermittlung der Geschäftssegmente
Rechnungslegung	– Einzel- und Pauschalwertberichtigungen, Rückstellungen aus Bürgschaften – Ermittlung der Zeitwerte und der gesicherten Wertänderungen (z. B. im *Hedge Accounting* unter IFRS) – Risikoberichterstattung

Tabelle 1: Einsatzbereiche Rating

Sicherlich ist es akzeptabel, dass in ausgewählten Anwendungsgebieten das Rating nicht zum Einsatz gelangt, weil das Institut einen anderen, begründeten Ansatz verfolgt oder noch nicht so fortschrittlich ist. Hingegen wäre die Verwendung konkurrierender Schätzer bzw. Ratings, die nicht mit dem IRB-Ansatz im Einklang stehen, kaum hinnehmbar.

3.1.2 Datenqualität

Offensichtlich ist die Datenqualität ausschlaggebend für die Prognose zukünftiger Ausfälle und Verwertungserlöse, die regelmäßig auf die Kausalzusammenhänge abstellt, die für den Bestand statistisch nachgewiesen werden konnten. Die Sicherstellung der Datenqualität basiert auf der **retrospektiv prüfenden Datenpflege** und der **prospektiv steuernden Datenerfassungsstrategie**. Die Sicherstellung der Vollständigkeit und Richtigkeit der Datensätze und somit die Prüfung der involvierten Prozesse sollten folgende Aspekte einbeziehen:

- Einheitliches Verständnis der zu erfassenden Informationen und ihrer Systemabbildung sowie hinreichende Qualifikation der involvierten Mitarbeiter
- Anreizproblematik beim Datenerhebenden
- Überwachung durch gegenprüfende Stellen auf Einzelfallbasis und Portfolioebene einschließlich Berichtswege und Sanktionsmechanismen bei Erfassungsmängeln

Die **Datenerfassung** berücksichtigt nicht nur die Verfügbarkeit der notwendigen Datensätze, sondern insbesondere auch die Qualifikation des und die Anreizsituation beim Erfassenden, der die Aussagekraft der Daten gekonnt und gewollt sicherzustellen hat. Wird beispielsweise der Kundenbetreuer nach Maßgabe der Wirtschaftlichkeit des Kredits variabel vergütet, besteht die Tendenz, die Risikosituation des Engagements eher positiv zu sehen. Eine neutrale Überprüfung durch eine unabhängige Stelle und weniger ausgeprägte Anreize in Abhängigkeit der Engagementrisiken bei den Kreditbeurteilern wirken sich entsprechend positiv auf die Datenqualität aus.

Die **Datenpflege** nimmt die Gesamtschau des Datenbestands wahr und prüft diesen auf fehlende Daten und Inkonsistenzen. Schon simple Proberechnungen können Missstände offenbaren. Betrachtet man beispielsweise für jeden Kredit die Risikoprämie, die für erwartete und unerwartete Verluste zu vereinnahmen ist, und trägt diese gegen den erwarteten Verlust ab, können Ausreißer als Indiz zu erkennen geben, dass Risiken anders eingewertet als kalkuliert wurden.

$$EL \text{ versus Risikoprämie}$$
$$\text{Risikoprämie} = \text{Effektivzins ./. Effektiveinstand ./. Kostenmarge}$$

Ein weiterer Prüfstein ist die Profitabilität in Bezug auf das eingesetzte Kapital für jedes einzelne Engagement. Überschlägig berechnet sich diese wie folgt:

$$(\text{Risikoprämie ./. Standardrisikokosten}) \div (8\ \% \times \text{Solvabilitätsfaktor})$$

Weisen diese Kennzahlen erhebliche Abweichungen vom Durchschnitt für die jeweilige Risikoklasse auf, definiert durch *PD*, *LGD* (oder *EL*) und Laufzeit, ist dies ein Hinweis auf spezifische Risikoeigenschaften des Engagements oder Erfassungsfehler.

Im Vorgriff auf eine spätere quantitative Validierung lohnt es sich auch, den Erklärungsgehalt der einzelnen Faktoren als fortlaufende Kennziffern (z. B. Signifikanz) zu generieren, um frühzeitig gegen Modellbrüche gewappnet zu sein.

Die Prüfung der Datenqualität sollte durchsetzt sein mit einer Reihe von Fehlerabfragen und Plausibilitätsprüfungen. Anhand geeignet festgesetzter Grenzwerte können dann Listen generiert werden, die einer genaueren Nachschau unterzogen werden.

Oftmals fehlen jedoch adäquate Berichtsprozesse und Sanktionsmechanismen, die bei mangelhafter Datenerfassung im Einzelnen greifen. Der Risikobericht über operationale Risiken sollte das Feld der Datenqualität berücksichtigen, beispielsweise durch die Kennziffer „angemahnte Datenfehler und -inkonsistenzen unbearbeitet seit mehr als vier Wochen" o. ä.

Keinen Gefallen erweisen sich Kreditinstitute, wenn sie der Tätigkeit des Datenqualitätsmanagements gegenüber den Marktbereichen, die die Datenerfassung eher als notwendiges Übel sehen, geringere Durchsetzungskraft zugestehen. Die interne Revision sollte ihr Augenmerk hierauf in entsprechenden Prüfungen verwenden.

3.1.3 Modelldesign

Wenn die Deutsche Bundesbank die Validierung des Modelldesigns zu den qualitativen Aspekten zählt, wird dies dem Begriff des Designs nicht vollkommen gerecht. Die im Schaubild dargestellten Themen *Backtesting* und *Benchmarking* sind als retrospektive Prüfverfahren zu verstehen. Das Design, also die Erstellung, nimmt die prospektive Sicht ein, auf der die zukunftsgerichteten Erwartungen fußen. Beim Design spielen sowohl quantitative als auch qualitative Aspekte eine entscheidende Rolle, weshalb dieser Punkt aus beiderlei Perspektiven zu betrachten ist. Aus qualitativer Sicht sind an das Design folgende Anforderungen zu stellen:

– Transparenz und ökonomische Plausibilität der Wirkungszusammenhänge

– Dokumentation von Ergebnissen und Prozessen

Transparenz bedeutet keinesfalls, dass die verwendeten Modelle lediglich einfachen Typs sein müssen. Auch komplexe Prognosemodelle, wie neuronale Netze, lassen sich anhand von Sensitivitäten und Vergleichen zu bedeutenden Referenzadressen (Branchenprimus) dem statistisch unbedarften Manager oder Prüfer erklären.

Grundstein für die ökonomische Plausibilität ist, dass die einzubeziehenden Faktoren auf Basis von Expertenwissen entwickelt wurden. Nicht immer sind jedoch die wirtschaftlichen Zusammenhänge eines Prognosemodells auf Basis der Einzelfaktoren eingängig. Ergebnis eines statistischen Verfahrens kann durchaus sein, dass sich Faktoren komplementär oder reziprok ergänzen, obwohl für beide Faktoren alleine stehend eine gleichgerichtete Auswirkung erwartet wird.[11] Dann ist die ökonomische Plausibilität nur für beide Faktoren gemeinsam darstellbar.

Die Dokumentation von Entwicklungsprozessen unter Berücksichtigung von – auch verworfenen – Zwischenschritten ist äußerst mühselig und erscheint dem Entwickler oftmals wenig viel versprechend. Das knappe Protokollieren von Entwicklungsschritten und Wertungen ist umso wertvoller für Prüfungen, Anpassungen und Einarbeitung von Mitarbeitern.

---

11 Dieser Fall ist in Bezug auf Ausfallprognosen selten zu erwarten und wird, ungeachtet seiner statistischen Berechnung, als störend empfunden.

3.2 Quantitative Validierung

Im Folgenden werden die mathematisch-statistischen Aspekte der Validierung näher beleuchtet. Entsprechend der oben skizzierten Systematik wird auf die Themen Modeldesign, Backtesting und Benchmarking eingegangen.

3.2.1 Modelldesign

Das Modelldesign ist typischerweise geprägt von Expertenmeinungen *und statistischen Analysen*. Die Validierung des Designs kann als ein rein qualitativer Review der ordnungsgemäßen Ableitung des Modells verstanden werden. Das wird jedoch dem Charakter des Modellbaus nicht gerecht, für dessen Validierung fundierte statistische Kenntnisse aufzuweisen sind. So umfasst das Modelldesign typischerweise folgende Aspekte:

Auswahl von erklärenden Faktoren

Die zu erklärende Variable ist die einjährige Ausfallwahrscheinlichkeit. Die erklärenden Variablen umfassen kardinale Kennziffern und ordinale Faktorvariablen bzw. Softfacts. Die Kennziffern sollten auf ökonomischen Kausalzusammenhängen und Definitionen fußen, die ein möglichst eineindeutiges Verständnis sicherstellen und Möglichkeiten der Manipulation minimieren. An dieser Stelle ist das Expertenwissen der Marktbereiche gefragt und die einschlägige Literatur zu Rate zu ziehen, um eine vollständige und breite Abdeckung der Risikofaktoren zu erzielen. Es ist vorausschauend zu bedenken, dass Kennziffern, die dem Kanon der regelmäßig erhobenen Informationen nicht angehören bzw. sich nicht aus diesen ableiten lassen, später nur mit größerem Aufwand hinzugefügt werden können, insbesondere was **Softfacts** angeht.

Sofern in der Vergangenheit die Daten nicht einer nun nach Basel II erforderlichen Vollständigkeitskontrolle unterlagen, sind unter Umständen Datensätze nur teilweise befüllt. Ist die Stichprobe zudem klein und eine Nacherhebung problematisch, müssen die fehlenden Werte befüllt werden, um nicht wertvolle Datensätze zu verlieren. Würde man die Ergänzung auf Basis der Mittelwerte oder Mediane der vorhandenen Ausprägungen vornehmen, käme es zu einer Verwässerung der Information. Ratsam ist, die Korrelationen zwischen den Faktoren zu berücksichtigen, beispielsweise durch eine einfache lineare oder auch nicht-parametrische Regression (z. B. Kernregression).

Eine große Auswahl an möglichen Kennziffern ist wünschenswert, um hieraus die besten auswählen zu können. Für eine Regression ist jedoch eine Vorauswahl zwecks Handhabbarkeit notwendig. Die Vorauswahl sollte sich vorrangig am Erklärungsgehalt bzw. der univariaten Trennfähigkeit festmachen lassen.

Ein einfacher statistischer Test für stetige Merkmale basiert auf dem **Vergleich von Stichprobenmedianen**. Für den Median gilt, dass er die Stichprobe in zwei gleich große Mengen teilt. Falls ein Merkmal keine Trennfähigkeit besitzt, würde der Median des Merkmals für die ausgefallenen und die nicht ausgefallenen Kredite gleich groß sein. Befindet sich hingegen ein signifikant hoher Prozentsatz von über 50 % der ausgefallenen Kreditnehmer auf einer Seite des Medians der Gesamtstichprobe, deutet dies auf eine gute Trennfähigkeit hin. Dieser Test ist allerdings generell anfällig gegen Ausreißer. Empfehlenswerter ist der alternative Rangsummentest.[12]

Zusätzlich sollten die Merkmale keine redundante Information beisteuern. Lineare **Redundanzen** lassen sich in einem ersten Schritt mit der Korrelationsmatrix aufdecken.[13] Zusätzlich hilft die Varianzdekomposition Interdependenzen zwischen mehreren Faktoren aufzudecken.[14] Sind nun Faktoren stark korreliert bzw. kollinear und beschreiben ähnliche Ausprägungen (z. B. Liquiditätslage), würde am ehesten auf die weniger trennfähigen verzichtet werden. Die mutmaßlich wichtigsten Merkmale sollten aber keinesfalls in der Vorauswahl ausgesondert werden.

Mit **Vortransformationen** im Zusammenhang mit der Faktorauswahl sollte generell vorsichtig umgegangen werden. Diese gehören zur Modelloptimierung, denn eine Transformation sollte vor dem Hintergrund ihrer Auswirkung auf den Erklärungsgehalt adjustiert werden.

Optimierung des multivariaten Modells

Klassischerweise stellt das logistische Modell eine gute Alternative für die Beschreibung der Wahrscheinlichkeiten bivariater Ereignisse, also des Ausfalls, dar. Im logistischen Modell ist die Ausfallwahrscheinlichkeit nicht-linear abhängig vom Score gemäß einer Logit-Funktion. Der Score wiederum wird gebildet aus einer linearen Verknüpfung der erklärenden Variablen. Die Schätzung der Koeffizienten des Scores wird mittels der **Methode der maximalen Wahrscheinlichkeit** erreicht. Wird bei der Modellanpassung kein zufriedenstellendes Ergebnis erzielt, ist die Modellwahl erneut zu hinterfragen. Ggf. führen komplexere Methoden, wie neuronale Netze, zu besseren Resultaten.[15]

Die Modelloptimierung ist der eigentliche Nukleus, der die Güte der Prognose maßgeblich bestimmt. In der Regel kann ohne eine adäquate Statistiksoftware[16] und statistische Expertise die Aufgabe nicht ernsthaft betrieben werden, da für die im Folgenden zu analysierenden Problemstellungen jeweils das Verständnis und die Werkzeuge vorhanden sein müssen. Diese Voraussetzungen gegeben, liegen in diesem Prozess eher geringe operationale Risiken.

Zuerst ist die Anzahl der Faktoren soweit zu reduzieren, dass die weiteren Detailanalysen sinnvoll betrieben werden können. Bei großen **Datenkränzen** gelangt man zu einer vernünftigen Faktorauswahl, indem schrittweise signifikante Merkmale hinzugefügt bzw. nicht signifikante Merkmale herausgenommen werden. Dabei wird der **Modellvergleich** anhand statistischer Tests (z. B. LR- oder Wald-Test) durchgeführt.

Eine weitere Eingrenzung sollte, wie bereits bei der Vorauswahl, Informationsredundanzen zwischen Faktoren berücksichtigen. Für die Schätzung sind nun stren-

---

[12] Nach Mann, Whitney und Wilcoxon, vgl. Hayashi (2000).
[13] Es sollten auch andere Korrelationsmaße betrachtet werden, z. B. Rangkorrelation, die nicht anfällig sind gegen nicht-lineare Transformationen, vgl. Embrechts et al. (2002).
[14] Vgl. Judge et al. (1985).
[15] Vgl. Anders & Szczesny (1996), Anders (1997), Ripley & Ripley.
[16] Vgl. Venables & Ripley (1999).

gere Maßstäbe anzulegen, da **Kollinearität** der Faktoren bei linearen Beiträgen zur Instabilität ihrer Koeffizienten führen kann.

Zusätzlich steigt mit der Anzahl der einfließenden Faktoren, also der erklärenden Variablen und zusätzlicher Transformationen, die Gefahr der **Überanpassung**. Überspitzt formuliert wird die Stichprobe durch ein Modell mit sehr vielen Freiheitsgraden auswendig gelernt. Die Verallgemeinerbarkeit auf die Grundgesamtheit bzw. auf zukünftige Fälle wird verfehlt. Die relative Güte von zwei Modellen sollte daher nicht am Bestimmtheitsmaß allein, sondern anhand von so genannten Informationskriterien gemessen werden. Überanpassung kann vermieden werden, indem die Modellkalibrierung und die Bemessung der Prognosegüte auf getrennten Stichproben erfolgt.[17] Aufschlussreich ist zudem die parallele Schätzung auf zeitlich getrennten Stichproben. Weichen die Koeffizientenschätzer stark voneinander ab, ist die zeitliche Stabilität nicht gewährleistet.

Unerlässlich ist die **Analyse von Fehlprognosen**, also echte Fälle der Fehler erster und zweiter Art. Zum einen können Fehlprognosen Informationen beinhalten, die durch die modellgestützte Prognose nicht erfasst wurden. Diese Erkenntnis wirkt, abgesehen von möglichen Datenfehlern, zurück auf das Datenmodell mit der Frage, ob entweder zusätzliche Merkmale zu erfassen sind, oder ob Leitlinien zur Kommentierungen von Sonderfaktoren vorzugeben sind. Zum anderen gefährden Fehlprognosen, die als Ausreißer zu qualifizieren sind, gegebenenfalls die Stabilität des Modells zu Lasten der **Verallgemeinerbarkeit**. Solche Ausreißer sind aus der Stichprobe auszuschließen.[18]

Die üblichen statistischen Methoden beruhen auf **asymptotischer Konvergenz**. D. h., die resultierenden Schätzer konvergieren gegen die tatsächlichen wahren Werte bei unendlich anwachsender Stichprobe. Allerdings kann es bei nicht-linearen Verfahren und kleinen Stichproben zu erheblichen Verzerrungen kommen, die es zu berücksichtigen gilt. Bei der logistischen Regression kommt das Problem bei geringer Häufigkeit der zu erklärenden Ereignisse zum Tragen, was ja offensichtlich für Kreditausfälle vorliegt. Die Angleichung der Stichprobenanteile zwischen ausgefallenen und überlebenden Kreditnehmern ist kaum zielführend, da die Stichprobengröße zu Lasten der Varianz der geschätzten Koeffizienten verringert wird und die Ausfallwahrscheinlichkeit nicht mehr direkt prognostiziert werden kann. Stattdessen sind die Schätzer in diesen Fällen entsprechend zu adjustieren.[19]

Obligatorisch sollten die Modellannahmen überprüft werden, z. B. die Symmetrie der Logit-Funktion. Eine Analyse der **Deviance** bzw. **Residuen** gibt oftmals Aufschluss darüber, ob noch Struktur in den Daten enthalten ist. So führen oft Modellkorrekturen in Form nicht-linearer Transformationen von Eingangs- oder Zwischenwerten zu verbesserten Ergebnissen, wenn dadurch die Trennfähigkeit

---

[17] Für kleine Stichproben kann auf die Kreuzvalidierung zurückgegriffen werden, vgl. Kohavi (1995) und Wernecke (1993).
[18] Die Identifikation von Ausreißern kann anhand der Cook's Distance oder mittels der Forward Search erfolgen, vgl. Atkinson & Riani (2000), Send (2001).
[19] Vgl. King & Zeng (2001).

eines Faktors im Zusammenwirken mit den übrigen (z. B. durch Entzerrungen) verbessert werden kann.

Aufbereitung der Ergebnisse

Die Darstellung der Ergebnisse hat gegenüber dem Management und zur Dokumentation zu erfolgen. Zu den Ergebnissen gehören u. a. die statistischen Eigenschaften des resultierenden Modells (z. B. Signifikanz der Koeffizienten), eine grafische Darstellung des Erklärungsgehalts (z. B. Power Plots), die Visualisierung der Wirkungszusammenhänge (z. B. anhand von Sensitivitäten und Referenzkreditnehmern) und die Verteilungen der Prognosen im Portfolio. Angezeigt sind in der Regel kosmetische Korrekturen (z. B. die Normierung von Faktoren), um die Transparenz und die Vergleichbarkeit zwischen den Einflussmerkmalen zu erhöhen.

Da statistische Modelle oft den Nimbus des Undurchschaubaren haben, sollte die Darstellung der Prognose- und Modellrisiken besonderen Stellenwert einnehmen. Das kann geschehen anhand exemplarischer Detailanalysen von Fehlprognosen und einem Backtesting über den zurückliegenden Stichprobenzeitraum. Nicht fehlen sollte die Betonung der Volatilität, mit der jede Prognose behaftet ist, z. B. anhand von **Konfidenzintervallen** für die Schätzung der Ausfallwahrscheinlichkeit.

Die angesprochenen statistischen Methoden sind nicht als erschöpfend zu betrachten. Während für Prognosen der Ausfallwahrscheinlichkeit bei vorliegen großer Datenmengen anspruchsvolle Modelle angewandt werden können, bleibt für die Prognose des *LGD* oftmals nur die einfache Durchschnittsbildung, was das Modelldesign aus der Not heraus erheblich vereinfacht.

3.2.2 Backtesting

Unter „Backtesting" wird klassischerweise der Vergleich zwischen Prognose und Realisation im Sinne eines Out-of-time-Tests verstanden. Treten Abweichungen oder Inkonsistenzen auf, die sich mit einem Signifikanztest belegen lassen, wird die Prognosefunktion rückblickend als unbrauchbar bezeichnet.

Die Anforderung von Basel II, dass Einstufungen in die Risikoklassen gemäß dem Vorsichtsprinzip zu erfolgen haben, widerspricht der Erwartungstreue einer Schätzung generell. Zudem ist eine bessere Realisation als die erwartete aus Sicht der Aufsicht kaum schädlich im Hinblick auf die Kapitalunterlegung. Konsequenterweise erfolgt die Rückschau auf Basis der nicht konservativ adjustierten Schätzer bzw. anhand von einseitigen Tests, die lediglich zu progressive Einstufungen identifizieren.

Das Backtesting bezieht sich in erster Instanz auf die Prognoseergebnisse. Die primäre Anforderung an die Prognose der Ausfallwahrscheinlichkeit ist, dass die realisierten Ausfallhäufigkeiten mit schlechterem Rating zunehmen und die ursprüngliche Prognose nicht übersteigen. Die **Migrationsmatrix**, welche die Häufigkeiten der Re-Ratings erfasst, sollte die Eigenschaft der Monotonie erfüllen. Monotonie bedeutet, dass ein Re-Rating unterhalb eines bestimmten Levels (z. B. schlechter als BBB) unwahrscheinlicher für zuvor besser eingestufte Kreditnehmer ist, bzw. dass ein Ausgangsrating unterhalb eines bestimmten Levels mit schlechterem Re-Rating wahrscheinlicher wird. Außerdem sollten Ratings zeitlich stabil sein, Re-Ratings also unwahrscheinlicher sein als das Ausgangsrating.

Für die Migrationsmatrix bedeutet dies, dass das Maximum jeder Zeile und Spalte über dem Ausgangsrating, also auf der Hauptdiagonalen, liegt, und dass die Wahrscheinlichkeiten zu den Rändern hin monoton abfallen. Statt einer Matrix können stetige Wahrscheinlichkeitsprognosen durch einen geglätteten dreidimensionalen Grafen (z. B. mittels bedingter Kerndichteschätzung) visualisiert werden. Die anzuwendenden Signifikanztestes vergleichen die jeweiligen Verteilungen (z. B. anhand von Goodness-of-fit-Tests), also beispielsweise die Häufigkeiten der neuen Ratings für zwei benachbarte Ausgangsratings.

An zweiter Stelle sollte die Prognosefunktion einer **Veränderungsanalyse** unterzogen werden, indem Teile des Modelldesigns auf Basis der neuen Daten wiederholt werden. Beispielsweise sollten die Koeffizienten jährlich kalibriert werden. Deutliche Veränderungen weisen unter Umständen auf Strukturbrüche oder Instabilitäten hin, denen es nachzugehen gilt. In größeren Abständen, ungefähr alle fünf Jahre, ist auch das vollständige Modelldesign zu wiederholen. Dann könnten auch Merkmale statistisch berücksichtigt werden, die erst zwischenzeitlich neu erhoben wurden; insbesondere trifft dies wohl auf Softfacts zu. Zusätzlich sollten auf Basis der Out-of-time-Stichprobe der Realisationen alle Gütemaße und -grafen (z. B. Powerplot) neu berechnet und den vormaligen Modellwerten gegenübergestellt werden.

Das Backtesting des LGD könnte einfach den Durchschnitt der Realisationen mit den Konfidenzbändern des Erwartungswertes vergleichen.

3.2.3 Benchmarking

Das Benchmarking des eigenen Ratings erfordert das Wissen über andere Ratings. So bieten sich Vergleiche der internen Ratingeinstufungen mit externen Ratings von Ratingagenturen an. Zu diesem Zweck sind für größere Kontrahenten die Einzelratings und zugehörigen Ratingberichte sowie auf Portfolioebene die Migrationsmatrizen mit den eigenen Ergebnissen abzugleichen. Ein detailliertes Benchmarking gegen ein fremdes Modell, so wie es die Deutsche Bundesbank mit KMV durchgeführt hat, vermittelt besondere Sicherheit.[20]

Bei größeren Portfolien sollten Vergleiche zwischen den Geschäftsfeldern bzw. Produkttypen angestellt werden. Hierdurch lassen sich spezifische Risiken oder ein abweichendes Anwendungsverständnis identifizieren.

Die Performance von Ratingsystemen ist Geschäftsgeheimnis. Zwischen Wettbewerbern wird es untereinander belegbare Vergleiche kaum geben. Mitglieder von Verbünden haben es diesbezüglich einfacher. Dennoch wäre es wünschenswert, bestimmte Gütemaße und Ergebnisse vergleichen zu können, beispielsweise das **Accuracy Ratio**[21] oder konkrete Bonitätsurteile im Rahmen von Syndizierungen. Ein informeller Austausch wäre kaum von kompetitivem Nachteil.[22]

---

[20] Vgl. Deutsche Bundesbank (2003).
[21] Verhältnis der Flächen des Powerplots zwischen dem Ratingmodell und einem perfekten zu einem uninformativen Rating, vgl. Stein (2002).
[22] In den USA scheuen sich Banken nicht, Bonitätsurteile preiszugeben. Der Zwang zur Offenlegung bestimmter einheitlicher Kennziffern wäre aufsichtsrechtlich indes wünschenswert.

Literatur

Anders U. & A. Szczesny, *Prognose von Insolvenzwahrscheinlichkeiten mit Hilfe logistischer Neuronaler Netze*, mimeo Zentrum für Europäische Wirtschaftsforschung, Mannheim, November 1996

Anders U., *Statistische Neuronale Netze*, Verlag Vahlen, November 1997

Atkinson A. C. & M. Riani, *Robust Diagnostic Regression Analysis*, Springer-Verlag, New York 2000

Blochwitz S., Th. Liebig & M. Nyberg, *Benchmarking Deutsche Bundesbank's Default Risk Model, the KMV Private Firm Model and Common Financial Ratios for German Corporations*, mimeo Bundesbank & KMV, undatiert

Deutsche Bundesbank, *Validierungsansätze für interne Ratingsysteme*, Deutsche Bundesbank Monatsbericht September 2003, Frankfurt a. M., S. 61-74

Embrechts P., A. J. McNeil & D. Strautmann, *Correlation and Dependence in Risk Management: Properties and Pitfalls*, in *Risk Management: Value at Risk and Beyond*, Hrsg. M. Dempster, Cambridge University Press, Cambridge 2002

Escott Ph., A. E. Kocagil, P. Rapallo & M. Yague, *Moody's RiskCalc For Private Companies: Spain, Rating Methodology*, Moody's Investors Service, New York, July 2001

Giese G., *Einführung von internen Ratingverfahren unter Basel II*, Der Schweizer Treuhänder, September 2002, S. 803 – 810

Hayashi F., *Econometrics*, Princeton University Press, Princeton 2000

Herrity J. V., *Measuring Private Firm Default Risk*, Moody's Investors Service, New York, June 1999

Judge, G. G., W. E. Griffiths, R. C. Hill, H. Lütkepohl & T.-C. Lee, *The Theory and Practice of Econometrics*, 2. Aufl., John Wiley & Sons, New York 1985

King, G. & L. Zeng, *Logistic Regression in Rare Events Data*, mimeo 2001, http://gking.harvard.edu

Kohavi R., *A Study on Cross-Validation and Bootstrap for Accuracy Estimation and Model Selection*, mimeo Stanford Univ. 1995, starry.stanford.edu/pub/ronnyk/accEst-long.ps (Ausschnitt erschienen in Proceedings of the International Joint Conference on Artificial Intelligence)

Ripley B. D. & R. M. Ripley, *Neural Networks as Statistical Methods in Survival Analysis*, mimeo University of Oxford, undatiert (erschienen in Artificial Neural Networks: Prospects for Medicine)

Send, F., *Diagnostika bei Regressionsmodellen mit binominal- und binär-verteilten Daten: herkömmliche Verfahren und die Forward Search*, Diplomarbeit Wirtschaftsmathematik, Universtität Bielefeld, Dezember 2001

Send, F. & Th. Siwik, *Statistische Kreditwürdigkeitsprognosen*, Zeitschrift für das gesamte Kreditwesen, Nr. 17, Dezember 2002, S. 889-894

Sobehart, J. R., S. Keenan & R. Stein, *Benchmarking Quantitative Default Risk Models: A Validation Methodology*, Moody's Investors Service, New York, March 2000

Stein, R. M., *Benchmarking Default Prediction Models: Pitfalls and Remedies in Model Validation*, Moody's KMV, New York 2002

Venables W. N. & B. D. Ripley, *Modern Applied Statistics With S-Plus*, 3. Aufl., Springer-Verlag, 1999

Wernecke K.-D., *Jackknife, Bootstrap und Cross: Eine Einführung in Methoden der wiederholten Stichprobenziehung*, Allgemeines Statistisches Archiv 77, 1993, S. 32-59

Teil C:
Kreditrisikounterlegung

I. Organisatorische Mindestanforderungen im Rahmen der Kreditrisikounterlegung

Michael Cluse, Alexander Dernbach

Inhalt:

	Seite
1 Einleitung	125
2 Anforderungen an die Aufbauorganisation	127
2.1 IRB-Ansatz	127
2.2 Standardansatz	129
3 Anforderungen an die Ablauforganisation	130
3.1 IRB-Ansatz	130
3.2 Standardansatz	131
4 Technische Anforderungen und Qualifikation der Mitarbeiter	132
4.1 IRB-Ansatz	132
4.2 Standardansatz	134
5 Anforderungen an die Risikosteuerung	134
5.1 Rating	134
5.2 Risikoklassifizierung	136
5.3 Sicherheiten	137
5.4 Gesamtbanksteuerung	139
6 Anforderungen an die Dokumentation und das Berichtswesen	140
6.1 Aufzeichnungspflichten für interne Dokumentation	140
6.2 Aufzeichnungspflichten für externes Berichtswesen	141
7 Fazit	141

1. Einleitung

Der Baseler Ausschuss für Bankenaufsicht beabsichtigt mit der Neudefinition von Risiken und deren Unterlegungspflicht ein effizienteres Risikomanagement einzuführen als dies mit dem derzeitigen Standard („Basel I") möglich ist. Dazu werden interne Ratingmodelle als eine Alternative zum externen Rating zugelassen, sofern mit ihnen eine konsistente, glaubwürdige und zutreffende Quantifizierung von Kreditrisiken des individuellen Anlagebuches ermittelt werden kann. Um diesem Ziel gerecht zu werden, bedarf es – je nach gewähltem Ansatz – zum Teil grundlegender Änderungen der derzeitigen Strukturen in Kreditinstituten.

Demgegenüber orientiert sich der Standardansatz als „einfacher Ansatz" an den bisher gültigen Berechnungsmethoden zur Kreditrisikounterlegung, wird jedoch im Hinblick auf die Differenzierung der Kreditnehmer ausgefeilter ausgestaltet.

Darüber hinaus hat die Bundesanstalt für Finanzdienstleistungsaufsicht[1] (BaFin) den Weg von der quantitativen zur qualitativen Bankenaufsicht eingeschlagen und

---

[1] http://www.bafin.de.

mit den Mindestanforderungen an das Kreditgeschäft der Kreditinstitute (MaK) einen wichtigen Schritt in diese Richtung gemacht. Auch wenn sich die MaK dem Namen nach in erster Linie mit dem Kreditrisiko befassen, dienen die Vorschriften insbesondere der Reduzierung der operationellen Risiken, die u. a. als „Verlust aus unzureichenden Prozessen" definiert sind. Die BaFin formulierte deshalb in ihrem Anschreiben zum zweiten Entwurf der MaK wie folgt: „Ausschlaggebend für die Inangriffnahme der MaK waren in erster Linie die zahlreichen Krisenfälle von Kreditinstituten, die vor allem auf die mangelhafte Organisation und Handhabung des Kreditgeschäfts zurückzuführen waren."[2] In den Jahren 2000 und 2001 wurden bei der BaFin weit über zweihundert Problemfälle registriert, die in erster Linie auf solche Organisationsmängel (insbesondere nicht nachvollziehbare Kreditentscheidungen, ungenügende Kreditprozesse und fehlende Berücksichtigung von Risikokonzentrationen in den Kreditportfolien) zurückzuführen waren. Hieraus resultierten bei mehr als einhundert Kreditinstituten Schieflagen oder Insolvenzen.

Die deutsche Aufsicht hat dieses zum Anlass genommen, mit den MaK die Qualität der bankinternen Überwachungssysteme zu optimieren. Dabei sind die MaK keine theoretischen Konstrukte, sondern eher konkrete Vorgaben für ein unter kaufmännischer Sorgfalt geführtes solides Kreditgeschäft. Die Mindestanforderungen stellen ein Rahmenwerk für die Kreditvergabe sowie die Steuerung und Überwachung des Kreditrisikos auf, dem alle Banken zu einem Mindestmaß gerecht werden müssen.

Mit ihrer Veröffentlichung am 20. Dezember 2002 sind die MaK in Kraft getreten, jedoch hat die BaFin den Instituten eine organisatorische Umsetzungsfrist bis zum 30. Juni 2004 und eine technische Umsetzungsfrist bis zum 31. Dezember 2005 eingeräumt. Mittelfristig sollen die MaK in den „Mindestanforderungen für das Risikomanagement" (MaRisk) aufgehen, mit deren Hilfe in Deutschland die zweite Säule des Baselers Akkords umgesetzt werden soll. Voraussichtlich werden in diesem Zusammenhang auch die Erleichterungen für kleine Kreditinstitute, die das BaFin per Schreiben vom 12. August 2004 bekannt gegeben hat, in den Regelungstext übernommen. Die **International Convergence of Capital Measurement and Capital Standards** wird im Rahmen einer EU-Richtlinie in europäisches Recht und parallel in nationales Recht umgesetzt. Sie ist ab 31. Dezember 2006 für die Standardansätze und ab 31. Dezember 2007 für die fortgeschrittenen bzw. AMA-Ansätze bindend.

Im Folgenden werden die neuen organisatorischen Herausforderungen aufgezeigt, die Basel II an die Kreditrisikounterlegung in den einzelnen Ansätzen stellt, damit einhergehende Probleme bei der Umsetzung herausgearbeitet und Vergleiche zu den MaK gezogen.

---

[2] Vgl. BaFin-Schreiben vom 2. Oktober 2002 zum 2. Entwurf eines Rundschreibens über die Mindestanforderungen an das Kreditgeschäft der Kreditinstitute.

2. Anforderungen an die Aufbauorganisation

2.1 IRB-Ansatz

Die auf internen Ratings basierenden Ansätze (IRB) in ihren Ausprägungen (IRB-Basis-, IRB-Retail- und fortgeschrittener IRB-Ansatz) erfordern eine eigenständig ermittelte und individuelle Kreditrisikounterlegung der Aktiva, indem die Kreditinstitute die relevanten Hard- und Softfacts ihrer Kreditnehmer analysieren und **Schlüsse über die Ausfallwahrscheinlichkeit** (*Probability of Default, PD*) ziehen müssen. Vielen Kreditinstituten kann dieses zu Anfang Umsetzungsprobleme bereiten, sofern das nötige Know-how noch nicht vorhanden ist. Sie müssen darüber hinaus in der Lage sein, die Wirksamkeit ihrer internen Schätzungen gegenüber der Aufsichtsbehörde nachzuweisen. Eine nach Finanzierungssegmenten unterschiedliche Nutzung der Ansätze für die Kreditrisikounterlegung (sog. *Partial Use*) wird grundsätzlich nur in einer Übergangsphase möglich sein, d.h. bei Beantragung der Genehmigung für die Anwendung eines IRB-Ansatzes muss das Institut einen Einführungszeitplan beifügen, aus dem die bankweite Umsetzung hervorgehen muss. Einzelne Engagements in unbedeutenden Niederlassungen oder Finanzierungssegmenten können – nach Zustimmung der zuständigen Aufsicht – auch dann nach dem Standardansatz unterlegt werden, wenn die Bank grundsätzlich einen IRB-Ansatz anwendet. Die Diskussion um die Höhe von Schwellenwerten (Mindestanteil der zu Beginn und langfristig nach IRB zu unterlegenden Portfolien) ist derzeit allerdings noch nicht abgeschlossen.[3]

Unterstellt man, dass sich durch die Anwendung des IRB-Ansatzes die Eigenkapitalkosten senken lassen, könnte ein Kreditinstitut diesen Ansatz in den Geschäftsbereichen einsetzen, wo es realisierbar erscheint. Die nach Basel II „erzwungene" Anwendung des Standardansatzes für das gesamte Kreditinstitut könnte demgegenüber zu höheren Eigenkapitalunterlegungskosten und gegebenenfalls sogar zu **Wettbewerbsnachteilen** durch allgemein höhere Kreditkonditionen führen. Deshalb ist die Argumentation der EU ökonomisch sinnvoll, dort Eigenkapital zu sparen, wo es durch die Anwendung des IRB-Ansatzes möglich erscheint.

Da neben Basel II weitere Herausforderungen auf die Kreditwirtschaft einwirken, wie z. B. die zögerliche gesamtwirtschaftliche Entwicklung, die in der Einleitung beschriebene weitgehende Veränderung des regulatorischen Umfelds und ein durch harten Wettbewerb getriebenen stetigen Kostendruck bei engen Margen, sollte eine Neustrukturierung des gesamten Kreditgeschäfts in Erwägung gezogen werden.

Der Aufbau der im Kreditgeschäft involvierten Abteilungen muss zur Erfüllung der Baseler Anforderungen angepasst werden. Zukünftig sind nicht mehr nur die Firmenkundenbetreuer, die Sachbearbeitung, die Kreditrevision und das Team für das Zweitvotum im Backoffice gemäß der MaK-konformen Trennung erforderlich. Darüber hinaus muss ein Kreditinstitut auch eine Einheit zur Ratingentwicklung einsetzen. Sie wird nicht nur mit der erstmaligen Entwicklung, sondern auch mit der laufenden Pflege und Fortentwicklung anhand neuer (wissenschaftlicher) Erkenntnisse der Risikobeurteilung und der – gegebenenfalls erforderlichen – Rekalibrierung

---

[3] Vgl. Protokoll des BaFin-Arbeitskreises „Umsetzung Basel II" vom 24. Mai 2004.

beauftragt. Sie bildet eine Schnittstelle zwischen der Finanzmathematik, der DV und den Marktbereichen. Darüber hinaus hat eine davon unabhängige Stelle den gesamten Prozess des Ratings zu überwachen. Diese unabhängige Kreditrisikoüberwachungseinheit darf nicht mit Ratingtätigkeiten betraut werden.[4] Die Ratingdaten werden im (Kredit-)Risikocontrolling zu Beurteilungs- und Steuerungszwecken verwendet. Sofern dort noch nicht die erforderlichen Kapazitäten eingerichtet sind, bedarf es auch hier der Anpassung.

Der Aufbau der Kreditbearbeitungsabteilungen könnte sich entsprechend der Risikoeigenschaften an der folgenden aufsichtlich vorgegebenen **Risikoklassensegmentierung** orientieren:

– Staaten
– Banken
– Corporates
   – Unternehmen
   – Spezialfinanzierungen (mit fünf weiteren Subkategorien)
– Retailfinanzierung
   – Revolvierende Retailfinanzierungen
   – Private Immobilienfinanzierungen (Retail)
   – Sonstige Retailforderungen
– Anteile an Unternehmen

Ziel der Neustrukturierung könnte eine Trennung von Mengen- und qualifiziertem Kreditgeschäft sein: Einerseits bietet die Bündelung des Retailgeschäfts Automatisierungsmöglichkeiten, während andererseits die übrigen vier Bereiche durch spezialisierte Fachmitarbeiter effizienter geführt werden können.

Die Automation im Mengengeschäft muss auf eine insgesamt geringere Kostenstruktur abzielen, so dass die Risikokosten, die Kreditrisikoanalysekosten und die Bearbeitungskosten niedriger ausfallen. Beispielsweise konnte für den Sparkassensektor ermittelt werden, dass zwischen 60 % und 90 % des Bruttoerlöses in Personal- und Sachkosten für Vertrieb, Analyse und Bearbeitung investiert werden muss.[5]

Ein weiterer Vorteil der Automation ist die Senkung der operationellen Risiken. Gleichzeitig wird der Forderung Rechnung getragen, alle Kreditkunden gleich zu behandeln.

Bei der Entscheidung sollte es in erster Linie nicht um eine kostengünstige Umsetzung der Anforderungen gehen, sondern die langfristig möglichst realitätsgetreue Darstellung der Risiken. Darüber hinaus sind nicht nur einmalig die Voraussetzungen für die Anwendung des IRB-Ansatzes zu erfüllen, sondern die Einhaltung der Mindestkriterien wird bei regelmäßig stattfindenden Prüfungen kontrolliert. Zusätzlich muss bedacht werden, dass die Umsetzung des Standardansatzes als „Rückfalllösung" vorbereitet wird. Die Anwendung des Standardansatzes wird nämlich erforderlich werden, sofern der gewählte IRB-Ansatz von der Aufsicht nicht anerkannt wird.

---

[4] Vgl. Basel II, §§ 441 f.
[5] Vgl. Sparkassenzeitung, Nr. 43, 24. Oktober 2003, S. 14.

2.2 Standardansatz

Im Standardansatz werden die derzeit gültigen Regelungen des Grundsatz I modifiziert weiter geführt, so dass aufbauorganisatorisch grundsätzlich nur wenige Änderungen erforderlich werden. Da das Kreditinstitut beim Standardansatz keine eigenständigen Ratings nach Basel II durchführen muss, fallen die Aufwendungen zur Installation der Ratingteams nicht an. Hauptsächlich handelt es sich bei den Umstellungsmaßnahmen aber um Prozess- und Softwareanpassungen, um die externen Ratings zu erfassen und bei Bedarf zu aktualisieren.

Jedoch bleibt es dem Kreditinstitut natürlich frei gestellt, auch bei Anwendung des Standardansatzes eine **Neuaufteilung der Kreditbearbeitungssystematik** vorzunehmen. Denn auch hier könnten sich durch eine differenzierte Bearbeitung von extern gerateten (Individual-) Krediten und ungerateten bzw. einem automatischen Scoring unterzogenen Mengenkrediten Rationalisierungsvorteile ergeben. Eine vollständige Automatisierung des Erfassungs- und Entscheidungsprozesses ist jedoch nur schwer zu erreichen, da eine Reihe von Daten zur Kreditwürdigkeitsbeurteilung dennoch im Kundengespräch manuell erfasst werden müssen (z. B. für Kfz-Finanzierungen: Monatseinkommen, Mietaufwand, sonstige Darlehensbelastung). Eine vollständige Automatisierung des Retailgeschäfts ist nur über Online-Anträge bei internetpräsenten Banken denkbar, jedoch bei der derzeitigen Marktlage im Filialgeschäft nicht durchsetzbar.

In der Vergangenheit war der Kreditvergabeprozess oft darauf ausgelegt, Kreditausfälle zu vermeiden, ohne dabei die Kosten der Entscheidungsprozesse angemessen zu berücksichtigen. Durch die spezifische Trennung der Vergabemodalitäten könnten die Kosten zukünftig genauer spezifiziert und individuell zugerechnet werden. Insgesamt könnten also Einsparungen durch Effizienzgewinne erzielt werden.

Das Management des Kreditinstituts muss bei der Umsetzung des Standardansatzes die Entscheidung treffen, mit welchen **Ratingagenturen** zusammen gearbeitet werden soll, denn das Institut muss ein System und einen Prozess entwickeln, nach dem es Ratingagenturen zum Zweck der internen Bonitätseinstufung auswählen kann.[6]

Unabhängig von den Baseler Anforderungen haben die MaK zusätzlich die aufbauorganisatorische Trennung von Markt- und Marktfolgebereichen festgelegt,[7] um eine stringente Funktionstrennung hervorzubringen. Der Baseler Ausschuss hat aber im Allgemeinen keine genauen Vorgaben im Hinblick auf den Aufbau von Organisationsstrukturen gemacht. Lediglich Vorgaben zur ablauforganisatorischen Trennung, die der klaren Aufgabenabgrenzung dienen sollen. Auf diese Vorgaben wird im nächsten Abschnitt eingegangen.

---

[6] Weitere Informationen siehe Kapitel B. I. „Externe Ratingverfahren".
[7] Vgl. MaK, Tz. 24 ff.

3. Anforderungen an die Ablauforganisation

3.1 IRB-Ansatz

Da der IRB-Ansatz eine Neuerung im Kreditrisikomanagement darstellt, folgen daraus eine Reihe von Änderungen in der Ablauforganisation:

Wie oben bereits erwähnt, müssen zur Erfüllung der Anforderungen die Prozessabläufe, insbesondere im Mengengeschäft, standardisiert werden. Im Backofficebereich des Aktivgeschäfts werden nach erfolgreicher Kreditverhandlung am Markt das Rating und die Kreditsachbearbeitung ausgelöst. Ferner wird danach das – bereits durch die MaK umgesetzte – Team für das zweite Votum des Kreditratings tätig. Neu ist, dass die Kreditrisiken von einer unabhängigen Einheit überwacht werden.[8] Als revisorisch tätiges Expertenteam soll es die Funktionsfähigkeit sicherstellen, die Risikomanagementüberwachung kontrollieren und durch stetige Weiterentwicklung eine Modelloptimierung zu erreichen. Das Baseler Komitee empfiehlt, der **unabhängigen Kreditrisikoüberwachungseinheit** folgende Verantwortlichkeiten zu übertragen:

- Untersuchung und Überwachung der internen Ratingklassen
- Erstellung und Analyse der aus dem System generierten Risikoreports
- Implementierung von Verfahren, die sicherstellen, dass die Definitionen in allen Bereichen und Niederlassungen einheitlich angewandt werden
- Überwachung und Dokumentation aller Änderungen im Ratingprozess
- Überwachung der Ratingkriterien

Gemäß Säule II fordert der neue Baseler Akkord nicht nur eine einmalige Erstellung und Überprüfung des Risikomanagementprozesses, sondern eine regelmäßige Kontrolle, Anpassung und Optimierung.[9] Demnach besteht die Ratingkultur des Kreditinstituts zukünftig aus ständiger Optimierung und Anpassung an geänderte Rahmendaten. Dieses nicht zuletzt aus dem Grund, dass die Kreditdaten zukünftig aktiv über ein Kreditrisikocontrolling gesteuert werden müssen.

Außerdem muss eine Instanz eingerichtet werden, die die Kredite gemäß den vorgegebenen Risikoaktiva klassifiziert. Diese darf nicht dem Marktbereich angehören.

Prozesserleichterungen sind durch zwei Maßnahmen möglich: Erstens kann ein Verzicht auf ein zweites Votum bei risikoarmen Kreditgeschäften erreicht werden, sofern die Geschäftsleitung die relevanten Geschäftsarten und/oder Größenordnungen festgelegt hat.[10] Zweitens können Banken ein einfacheres, standardisiertes Scoringverfahren im Massengeschäft mit Privatkunden bzw. kleinen Geschäftskunden anwenden.

Bei der Implementierung der neuen Einheiten müssen die Projektteams zur Umsetzung von Basel II die Zuständigkeiten und Stellenbeschreibungen eindeutig definieren und Reportingwege festlegen, damit die leitenden und entscheidenden Stellen regelmäßig und bei Bedarf rechtzeitig über Änderungen in der Portfoliostruktur informiert werden.

---

[8] Vgl. Basel II, §§ 403 f.
[9] Vgl. Basel II, § 745.
[10] Vgl. MaK, Tz. 33.

Grundlegende Verpflichtungen der Geschäftsleitung zur Überwachung ergeben sich aus § 91 Abs. 2 AktG und § 25 a KWG. Letztere Vorschrift schreibt besondere organisatorische Pflichten in Form von Risikokontrollen, ordnungsgemäßer Geschäftsorganisation oder angemessener Datensicherheitsvorkehrungen vor. Die **Mindestanforderungen an die Ausgestaltung der Internen Revision der Kreditinstitute (MaIR)** konkretisieren den Rahmen, den § 25 a KWG vorgibt.

Durch die Überprüfung und Anpassung soll gewährleistet werden, dass die Geschäftsleitung sich aktiv mit den Ratingverfahren und ihrer Qualität auseinandersetzt und schließlich die Kreditrisiken kritisch selbst beurteilen kann.

Die Innenrevision und die externen Prüfer sollen sich des Ratingsystems und den -prozessen mindestens jährlich annehmen und folgende Punkte überprüfen:[11]

– Einbettung der Risikomessung in das tägliche Risikomanagement
– Validierung jeder wesentlichen Änderung im Risikomessverfahren
– Genauigkeit und Vollständigkeit der Positionsdaten
– Prüfung der Konsistenz, Zeitnähe und Zuverlässigkeit der herangezogenen Datenquellen, einschließlich der Unabhängigkeit solcher Datenquellen
– Genauigkeit und Angemessenheit der Volatilitätsannahmen

Hinsichtlich der externen Prüfungen ist mit einer deutlichen Ausweitung der Vor-Ort-Prüfungen der Aufsicht zu rechnen. Es wird davon ausgegangen, dass die BaFin gerade bei Instituten, die fortgeschrittenere Ansätze wählen, „mit dabei statt außen vor" sein will, wenn es um das Qualitätsmanagement geht. Das erfordert einen höheren Vorbereitungsaufwand und auch größere Aufmerksamkeit über die Dauer der Prüfung im Institut.

Ablauforganisatorische Anforderungen sind in den MaK konkreter geregelt: Die Ausgestaltung von Kreditverträgen nach MaK-Vorgaben soll je nach Art, Umfang, Komplexität und Risikogehalt der Geschäfte möglichst einheitlich auf standardisierten Vorlagen erfolgen. Die Regelungen zur Kreditweiterbearbeitung, einer gegebenenfalls erforderlichen Intensiv- und Problemkreditbetreuung bis hin zur Kreditrückzahlung werden begleitet von Vorgaben für Bearbeitungskontrollen, Überwachungen auf Portfolioebene und einem unabhängigen Berichtswesen. Auch die MaK verweisen hier ausdrücklich auf § 25 a Abs. 1 Nr. 3 KWG, wonach sämtliche Unterlagen (auch abgelehnte Kreditanträge) systematisch und nachvollziehbar zu erfassen sowie sicher aufzubewahren sind.[12]

3.2 Standardansatz

Die Anwendung des Standardansatzes ist an keine besonderen **Qualifikationsbedingungen** oder Mindestanforderungen geknüpft. Das Kreditinstitut muss jedoch die ablauforganisatorische Einbindung der externen Ratings sicherstellen und die internen Kontrollverfahren anpassen bzw. erweitern. Auch bei der Anwendung des Standardansatzes wird es zukünftig zu erhöhten Prüfungsvorbereitungen und laufendem

---
[11] Vgl. Basel II, § 165.
[12] Vgl. MaK, Tz. 20 ff., 46.

Aufwand in Form von begleitender Unterstützung während einer Vor-Ort-Prüfung kommen.[13]

Dennoch wird die Anwendung des Standardansatzes zu erhöhten Kosten führen: Zum einen müssen die Kreditinstitute die Ratingresultate bei den Agenturen abrufen, wofür Gebühren veranschlagt werden und zum anderen sollte das externe Berichtswesen effizient in die Abläufe integriert werden.[14]

4. Technische Anforderungen und Qualifikation der Mitarbeiter
4.1 IRB-Ansatz

Die Möglichkeit einer eigenständigen Kreditrisikoermittlung im IRB-Ansatz macht ein **umfassendes Datenmanagement** mit einem **leistungsfähigen Datenbanksystem** erforderlich. Unter den neuen Anforderungen wird es nicht nur erforderlich sein, ein einheitliches Ratingsystem vorzuhalten, um eine vergleichbare Datenbasis zu generieren, sondern es muss auch gewährleistet sein, dass diese Software in allen Geschäftsbereichen des Kreditinstituts angewandt wird. Eine besondere Bedeutung bekommt diese Anforderung bei weltweit tätigen Geschäftsbanken, die angehalten sind, auch bei im Ausland gelegenen Niederlassungen bzw. Tochtergesellschaften diese Vorgaben umzusetzen.

Aus den Vorteilen einer Vereinheitlichung der Betriebsabläufe sind standardisierte Fragebogen/Vordrucke und Eingabemasken für die Datenerfassung und -bearbeitung erwähnenswert. Nicht zuletzt könnte dieses zu einer beschleunigten Kreditentscheidung führen, aus der der Kunde unmittelbar einen Vorteil ziehen kann. Die Realisierung dieses Rationalisierungspotenzials kann zu langfristig günstigeren Kostenstrukturen führen, denn in der Vergangenheit war der Vergabeprozess eher darauf ausgelegt, Kreditausfälle zu vermeiden. Es wurde aber wenig auf die dabei entstehenden Kosten der Entscheidungsprozesse geachtet.

Bei der Implementierung in die bestehende Systemlandschaft müssen die Schnittstellen so angepasst werden, dass die Kreditinstitute die anfallenden Informationen erfassen und auswerten können, um Datenhistorien auf Basis von internen integrierten Datenbanken auf- und auszubauen. Dabei ist auch statistischen Anforderungen gerecht zu werden. Neben der angemessenen Leistungsfähigkeit der Systeme[15] wird auch der Aufbau einer internen Verlustdatenbank für Kreditrisiken und operationelle Risiken gefordert.[16]

Außerdem muss sichergestellt werden, dass die geforderte Funktionstrennung auch in den Systemen der DV umgesetzt wird. Hier ist die oben bereits angesprochene Trennung der Ratingentwicklung, -pflege und -fortentwicklung und deren Überwachung zu berücksichtigen. Im Gegensatz zur Kreditsachbearbeitung im Mengengeschäft muss in der technischen Umsetzung gewährleistet sein, dass die

---

[13] Vgl. § 7 Abs. 2 KWG und http://www.bundesbank.de/bankenaufsicht/bankenaufsicht_bafin.php.
[14] Siehe Abschnitt 6.
[15] Vgl. MaK, Tz. 89.
[16] Vgl. Basel II, §§ 388 f., 662 (b).

Kredite nach Risikoaktivaklassen getrennt werden, um u. a. die jeweiligen Ausfallwahrscheinlichkeiten einzelnen Klassen zuordnen zu können. Eine vollständige elektronische Erfassung und Bearbeitung des Kreditantrags, der Bewilligung, der Kreditdaten, der Beurteilung der Sicherheiten, die daraus folgende Portfolio- und Risikosteuerung und die Abwicklung Not leidender Kredite erscheint daher als die effizienteste Lösung. Eine derzeit in der Fachpresse viel diskutierte Umsetzungsmöglichkeit besteht z. B. im Aufbau einer „Kreditfabrik", die als zentralisierte Sachbearbeitung die Kreditverträge vom Kreditantrag bis zur Rückzahlung und dem Forderungsmanagement abwickelt. Diese kann auch als Gemeinschaftsprojekt von mehreren Kreditinstituten tätig werden.

Wichtig für die Zulassung eines selbst entwickelten Kreditrisikomodells ist die Anwendung eines vergleichbaren Modells über einen Zeitraum von mindestens drei Jahren. Das heißt, dass ein Kreditinstitut bereits ab dem Jahr 2004 ein vergleichbares System anwenden muss, um dann ab dem Jahr 2007 mit einem Ratingsystem, das den Anforderungen von Basel II genügt, seine individuelle Kapitalunterlegung berechnen zu dürfen. Zudem darf der insgesamt zu unterlegende Betrag für das Kreditrisiko, die Marktrisiken und die operationellen Risiken im ersten Jahr der Anwendung von Basel II nicht unter 95 % des nach dem derzeitigen Grundsatz I erforderlichen Betrags sinken. Im zweiten Anwendungsjahr (2008) beträgt die Mindestunterlegung 90 % und in 2009 80 % des heutigen Betrags. Dabei ist zu beachten, dass der fortgeschrittene IRB-Ansatz (und die AMA-Ansätze für operationelle Risiken) frühestens ab dem Jahr 2008 angewandt werden dürfen.

Banken, die sich für die Anwendung eines IRB-Ansatzes entscheiden, müssen allerdings bereits während des gesamten Kalenderjahres 2006 neben den Meldungen nach geltendem Recht ihre Solvabilitätsquote nach neuem Aufsichtsrecht melden. Dies bedeutet, dass die technische Unterstützung des Meldewesens bereits zum 31. Januar 2006 einsatzbereit sein sollte, um den manuellen Rechenaufwand möglichst klein zu halten. Unter Berücksichtigung der einjährigen Parallelrechnungsphase in 2006 ergibt sich für die Kreditinstitute und Finanzdienstleister ein nicht zu unterschätzender Arbeitsaufwand, da bis zu vier Jahre lang sowohl der alte Grundsatz I wie auch die Kapitalunterlegung nach Basel II zu berechnen sind.

Entscheidet sich das Kreditinstitut für den IRB-Ansatz, so müssen grundlegende **Schulungsmaßnahmen** für die Mitarbeiter des Kreditbereiches erfolgen: Die jeweils in den Ratingprozess eingebundenen Mitarbeiter müssen für ihre neuen Aufgabenbereiche und auf das neue Bewertungssystem hin geschult werden. Das Kreditinstitut muss sicherstellen, dass fachkundige Mitarbeiter oder externe Experten das Know-how für die Programmierung und den Datenbankaufbau vorweisen können.

Da es die Absicht der Aufsichtsbehörden ist, dass die internen Ratingsysteme kontinuierlich weiterentwickelt werden, werden auch für die Mitarbeiter im Zeitablauf Weiterbildungsmaßnahmen erforderlich, um über allgemeine Markttrends oder neue Entwicklungen in der Finanzmathematik informiert zu sein. Mitarbeiter, die für die Zuordnung oder Überprüfung von Ratings verantwortlich sind, werden sich ebenfalls auf die neuen Anforderungen vorbereiten müssen, um eine gleich bleibende Qualität und Genauigkeit der Ratings zu gewährleisten, bzw. um die Qualität sogar zu erhöhen. Festgeschrieben werden sollten die neuen organisatorischen Regelungen in angepassten Organisationshandbüchern und Stellenbeschreibungen.

Anforderungen an die Qualifikation der Mitarbeiter sind in den MaK in detaillierter Weise enthalten. Die neue Eigenkapitalvorschrift erwähnt die Mitarbeiterqualifikationen nur pauschal im Hinblick auf die Wirksamkeit von Prozessen und der Übereinstimmung mit allen kritischen Richtlinien.[17]

4.2 Standardansatz

Die Änderungen der DV-Architektur für die Erfüllung des Standardansatzes sind aufgrund der Anlehnung an den Grundsatz I deutlich geringer. Der Standardansatz verlangt die standardisierte Verarbeitung der externen Ratings, eine angepasste Eigenkapitalberechnung gemäß der Risikogewichtung für die unterschiedlichen Forderungsarten (z. B. Unternehmen, Banken, öffentliche Stellen), die Berücksichtigung von Sicherheiten und die festgelegte Behandlung von Krediten in Verzug. Darüber hinaus wird durch den Baseler Ausschuss nur festgeschrieben, dass die Banken „über robuste Prozesse verfügen [sollten], um die Übereinstimmung mit den dokumentierten internen Strategien, Kontrollen und Verfahren bezüglich des Risikomesssystems sicherzustellen."[18] Die MaK gehen hinsichtlich der organisatorischen und DV-Struktur weit über den Standardansatz hinaus. Ziel der MaK ist es, die Prozesse im Kreditgeschäft durch konkrete Rahmenvorgaben zu standardisieren, um die Qualität des Risikomanagements zu erhöhen. Dieses Ziel verfolgt – wenn auch in abgeschwächter Form – Basel II.

Auch für den Standardansatz sind **Schulungsmaßnahmen** notwendig, um die Mitarbeiter mit der neuen Kapitalunterlegung vertraut zu machen. Im Falle der Anwendung des Standardansatzes müssen die verantwortlichen Mitarbeiter die Umsetzung der externen Ratings in das interne Eigenkapitalunterlegungssystem verstehen und in der Lage sein, die Ratingprozesse der Agenturen zu interpretieren. In diesem Zusammenhang sind die Anpassungen im Organisationshandbuch und in den Stellenbeschreibungen zu nennen, die die geänderten Arbeitsabläufe festschreiben.

5. Anforderungen an die Risikosteuerung

5.1 Rating

Für die Gestaltung des Ratingprozesses hat das Baseler Komitee klare Vorgaben ausgearbeitet:[19] Banken, die einen der IRB-Ansätze anwenden wollen, müssen eine objektive und unabhängige Ratingzuordnung vornehmen. Durch den Einsatz der Ratingverfahren, welche die Großbanken und Bankenverbände entwickelt haben, wird auch eine **institutsübergreifende Risikoeinschätzung** möglich. Dieses bildet die Grundlage für eine neue Sichtweise des Aktivgeschäfts von Kreditinstituten. Es werden auf diese Weise Standardisierungen geschaffen, die langfristig die Entstehung

---

[17] Vgl. Basel II, § 499.
[18] Vgl. Basel II, § 163.
[19] Vgl. Basel II, §§ 422 ff.

eines Kreditmarktes möglich erscheinen lassen. Zum anderen fordern die Vorschriften zur Eigenkapitalunterlegung ein verstärktes Risiko-/Ertragsdenken heraus.

Ein anerkennungsfähiges IRB-Ratingsystem muss aus zwei eigenständigen und voneinander getrennten Ratingkomponenten bestehen: Zum einen wird die Ausfallwahrscheinlichkeit des Schuldners (*Probability of Default, PD*) ermittelt, die für alle Kredite an denselben Schuldner gleich sein muss und zum anderen so genannte transaktionsspezifische Faktoren. Das sind alle Besicherungsarten, die durch Anpassungen des Schuldnerratings Berücksichtigung finden.[20] Aus diesen Faktoren werden bei der Anwendung des fortgeschrittenen IRB-Ansatzes die Ausfallquote (*Loss Given Default, LGD*) und die Kredithöhe bei Ausfall (*Exposure at Default, EAD*) individuell ermittelt.

Bei der Erstellung der Ratingsystematik muss darauf geachtet werden, dass Engagements zukünftig nicht nur mehr nach materiellen Kreditwürdigkeitsgesichtspunkten beurteilt werden sollten (z. B. Ertragsfähigkeit, Wettbewerbsfähigkeit, Fremdfinanzierungsfähigkeit), sondern auch viel mehr nach der „persönlichen Kreditwürdigkeit". Das heißt, dass Softfacts wie z. B. die Managementleistungen oder eventuelle Nachfolgeregelungen bei Personengesellschaften im Ratingsystem berücksichtigt werden müssen. Das Erfahrungswissen der Kreditanalysten wird in die zu entwickelnde Software einfließen, die dann ein Gesamtbild des Kunden in Form einer Ratingnote darstellen kann. Die Abwägung der Analysten zwischen „Kopf" und „Bauch" wird also in die elektronische Datenverarbeitung verlagert. Es bleibt weitest gehend dem Institut selbst überlassen, welche Daten zur Bemessung erhoben werden; wesentlich ist nur, dass sich mit den Daten die **Risiken plausibel „erklären"** lassen und die Ergebnisse statistisch signifikant sind. Die einzeln erhobenen Risikodaten dienen als Rechenparameter für die Gewichtungsfunktionen der jeweiligen Risikoaktivaklasse. Die Funktionen wurden vom Baseler Ausschuss entwickelt und sind somit den Instituten fest vorgegeben, so dass die Formeln DV-technisch ohne Änderungen übernommen werden müssen. Durch eine kontinuierliche Zusammenarbeit des Ausschusses mit den Kreditinstituten konnten Überlegungen der modernen statistischen Risikomanagementtechniken in die Berechnung einfließen.

Ausnahmen vom einheitlichen Ratingprozess (z. B. nicht alle Kreditnehmer haben das Ratingverfahren durchlaufen) bzw. **„Overruling-Regelungen"** müssen in Vergaberichtlinien exakt formuliert sein und durch die Mitarbeiter der entsprechenden Kompetenzstufe vorgenommen werden, damit das Ziel eines einheitlichen Ratings für alle Forderungen eines Kreditnehmers nicht verwässert wird.

Das neue Regelwerk Basel II fordert eine aussagekräftigere Risikodifferenzierung als nach den MaK. Das gilt insbesondere für Kreditinstitute, die interne Ratings für die Unterlegung der Kreditrisiken anwenden wollen. Die Deutsche Bundesbank nimmt dazu in ihrem Monatsbericht von Januar 2003 wie folgt Stellung:

„Ein Basel II-konformes internes Rating ist als Spezialfall der in den MaK geforderten Risikoklassifizierungsverfahren zu sehen. Jedes interne Rating nach Basel II wird auch die MaK-Anforderungen an Risikoklassifizierungsverfahren erfüllen. Der

---

[20] Vgl. Basel II, §§ 396 ff.

Umkehrschluss gilt jedoch nicht: Die MaK-Anforderungen sind mit wesentlich einfacheren Verfahren als Basel II-konformen Ratings erfüllbar. Die Anforderungen an bankinterne Ratingsysteme müssen höher sein als die der MaK, da erstere nur für die Institute gelten, die einen der IRB-Ansätze freiwillig wählen, während die MaK allgemeine Anforderungen für alle Institute darstellen."[21]

5.2 Risikoklassifizierung

Bei Anwendung eines internen Ratings im Sinne der IRB-Ansätze ist es möglich, die Ausfallwahrscheinlichkeiten von Kreditnehmern mit Hilfe von entsprechenden Indikatoren zu schätzen.[22] Werden solche Systeme in die Kreditrisikoüberwachung eingebunden, können sie die Risikofrüherkennungsfunktion im Sinne der MaK mit übernehmen.

Die Bestimmung der Ausfallwahrscheinlichkeiten je Klasse muss auf Erfahrungswerten bezüglich der Ausfallinformationen, Verwendung gepoolter Daten und dem Mapping auf externe Daten basieren. Die Validierung durch *Stresstests* zur Überprüfung der ökonomischen Rahmenbedingungen und Backtesting zur Gegenüberstellung von geschätzten zu tatsächlichen Ausfallraten sind ebenfalls vorgegeben.

Zur Validierung ist den Kreditinstituten ein Beurteilungssystem empfohlen worden, das die Genauigkeit und Konsistenz des Modells und seiner Eingaben überprüft.[23] Durch die Validierung soll das Institut in die Lage versetzt werden, die Leistungsfähigkeit ihrer internen Modelle und Prozesse in konsistenter und aussagekräftiger Weise zu analysieren.[24]

Weiter legt der Ausschuss fest, dass eine Verbindung zwischen dem Risikomesssystem und den intern festgelegten Engagementlimiten bestehen muss, denn nur so kann gewährleistet werden, dass die Einzel- und Portfoliolimite bei der Risikomessung Berücksichtigung finden und gegebenenfalls als begrenzende Faktoren im Kreditgeschäft auch greifen können. Daraus lässt sich entnehmen, dass eine Unternehmensstrategie vorliegen muss und Kontrollen und Verfahren zur Risikomessung existieren sollten; die konkrete Ausgestaltung ist hier jedoch nicht geregelt. Die MaK sehen die Banksteuerung als integratives Element für die oben beschriebenen verschiedenen Funktionen der Kredit- und Risikosteuerung eines Instituts. Deshalb sollte das gesamte Risikomanagement in ein solches übergreifendes Verfahren eingegliedert werden können. Ferner soll die Gesamtbanksteuerung eine Verbindung zur Strategie erkennen lassen und somit ein in sich schlüssiges Konzept darstellen.

Um die Anforderungen der MaK zu erfüllen, muss in jedem Fall ein System zur Risikofrüherkennung sowie zum Kreditrisikomanagement und -controlling eingesetzt werden.[25] Die Risikofrüherkennung kann über ein geeignetes Ratingverfahren

---

[21] Vgl. Monatsbericht der Deutschen Bundesbank, Januar 2003, Seite 57.
[22] Die nachweislich zuverlässige Schätzung von Ausfallwahrscheinlichkeiten ist eine Anforderung für die aufsichtsrechtliche Anerkennung des Ratingverfahrens.
[23] Vgl. Basel II, § 530.
[24] Weitere Ausführungen dazu wurden bereits im Abschnitt 4 zu den technischen Anforderungen gemacht.
[25] Vgl. MaK, Tz. 72, 76.

erfolgen, das nach den Vorgaben von Basel II erstellt wurde. Die Risikoeinstufung soll nach Basel II (und MaK) mindestens einmal jährlich überprüft werden, bei problembehafteten Forderungen sind kürzere Abstände vorgesehen.[26]

Nach den MaK ist eine klare Abgrenzung zwischen dem laufenden Kreditgeschäft und Not leidenden Krediten erforderlich. Die Ausfallkriterien aus Basel II stellen hierfür somit Mindestmerkmale dar. Aus ihnen können auch MaK-relevante Kriterien zur Festlegung von Wertberichtigungen, Abschreibungen und Rückstellungen als Risikovorsorge abgeleitet werden.[27]

Da der Standardansatz zur Eigenkapitalunterlegung von Kreditrisiken auf der Auswertung externer Ratings basiert, erfordert er keine zwingende Einstufung der Forderungen mittels eines bankinternen Klassifizierungsverfahrens. Im Standardansatz werden die Positionen nach Abzug der Einzelwertberichtigungen mit festgelegten Faktoren gewichtet. Verschiedene Bonitätsgewichte in Abhängigkeit von Kreditnehmersegment und externem Rating sind vom Baseler Ausschuss fest vorgegeben. Standardsicherheiten werden Risiko mindernd anerkannt. Für Kredite im Verzug sind drei Risikolassen und dementsprechend Risikogewichte in Bezug auf die Höhe der jeweiligen Einzelwertberichtigungen vorgegeben.[28]

5.3 Sicherheiten

Basel II betrachtet Kreditsicherheiten vorwiegend unter dem Gesichtspunkt der Risikominderung für den Fall einer Zahlungsunfähigkeit des Kreditnehmers. Im Rahmen der Konsultationen wurde nicht zuletzt auch die Frage der aufsichtsrechtlichen Anerkennung bestimmter Sicherheiten diskutiert. Während die wirtschaftliche Absicherung einer Forderung bei vielen Sicherheiten unbestritten ist, werden verschiedene Sicherheitentypen in den einfacheren Ansätzen weiterhin nicht anerkannt.[29]

Im IRB-Basisansatz werden nur fest definierte Sicherheiten, wie z. B. Grundpfandrechte oder Sichtguthaben anerkannt und die Parameter *LGD* und *EAD* werden fest vorgegeben. Im fortgeschrittenen IRB-Ansatz werden im Rahmen einer individuellen Schätzung die Parameter *LGD* und *EAD* ermittelt. Durch diese individuelle Ermittlung kann eine „günstigere" Eigenkapitalunterlegung erreicht werden. Abweichend zum IRB-Basisansatz ist es darüber hinaus möglich, alle Sicherheitenarten (wie z. B. Garantien und Kreditderivate) einzubeziehen. Eine Einschränkung hinsichtlich der Garantiegeber besteht nicht, jedoch sind bei bestimmten Sicherheiten zusätzliche Mindestanforderungen und Offenlegungs-

---

[26] Vgl. Basel II, § 425.
[27] Vgl. MaK, Tz. 56, 64.
[28] Vgl. Basel II, §§ 52, 75, 119 ff.; Hoffman, Gerhard (Hg.), Basel II und MaK, 2002, S. 82-83.
[29] Eine ausdrückliche Begründung hierfür wird vom Ausschuss nicht mehr gegeben. Jedoch ist aus den Ausführungen zum IRB-Basisansatz ersichtlich, dass eine hohe durchschnittliche Besicherung der Forderungen implizit unterstellt wird. Nur bei sehr guten Besicherungen ist eine weitere Reduktion der Kapitalanforderungen möglich. Vgl. Basel II, §§ 295 ff.

pflichten vorgesehen.[30] Die Instrumente für Kreditrisikominderungen wie Sicherheiten, Garantien, Kreditderivate und Nettinginstrumente führen bei den IRB-Ansätzen zu einer größeren Flexibilität hinsichtlich der Risikobemessung.

Schließlich sollen die Sicherheiten auch zeitnah berechnet werden. Die LGD-Ermittlung bedingt beim fortgeschrittenen IRB-Ansatz den Aufbau von Sicherheitenmanagementsystemen, sowie für die Ermittlung des *EAD* den Aufbau von Limitkontrollapplikationen. Damit soll nicht nur der Anforderung nach der automatisierten Einbeziehung von Sicherheiten in die Kreditrisikoberechnung Rechnung getragen werden, sondern auch die Veräußerung der Sicherheit bei eingetretenen Risiken zügig erfolgen können. Unter rechtlichen Gesichtspunkten muss das Kreditinstitut sicherstellen, dass die fremdverwahrten Sicherheiten vom jeweiligen Vermögen des Sicherungsgebers abgesondert verwaltet werden, damit im Falle der Insolvenz des Sicherungsgebers das Vermögen nicht mit in die Konkursmasse fällt. Demnach ist die Fachkompetenz im in- und auch ausländischen Rechtssystem für die Mitarbeiter in der Rechtsabteilung ein wichtiger Punkt, um die Sicherheitenverwaltung nach den Baseler Vorgaben zu garantieren.

Durch die MaK werden die Institute nunmehr auch zu einer Werthaltigkeitsprüfung von Sicherheiten vor jeder Kreditvergabe verpflichtet. Hinzu kommt eine regelmäßige Überprüfung der Sicherheiten durch eine außerhalb des Marktbereichs angesiedelte Stelle. Allerdings darf eine Bagatellgrenze für die regelmäßige Werthaltigkeitsprüfung eingeführt werden.[31]

Die Ausführungen des Ausschusses zur zukünftigen Behandlung von Kreditsicherheiten sind in vielen Instituten schon umgesetzt und werden zum Teil auch ohne gesetzliche Regelungen verfolgt, da sie unter Beachtung des Vorsichtsprinzips und der Grundsätze ordnungsmäßiger Buchführung eher die Regel als die Ausnahme im Kreditgewerbe sind. So gibt es sicherlich kaum noch Immobilienfinanzierungen, die ohne den Nachweis einer Feuerversicherung für das zu finanzierende Gebäude abgeschlossen werden.

Die Anerkennung von Sicherheiten erfolgt auf Basis von einem entweder „einfachen" oder „umfassenden" Ansatz.[32] Werden Sicherheiten im umfassenden Ansatz hereingenommen, muss die Bank den angepassten Wert der Forderung gegenüber dem Kontrahenten ermitteln, um dem Effekt der Sicherheit Rechnung zu tragen. Bei Verwendung von **Sicherheitsmargen** (*„Haircuts"*) muss die Bank sowohl den Betrag der Forderung gegenüber dem Kontrahenten als auch den Wert der vom Kontrahenten erhaltenen Sicherheiten anpassen, um den künftigen, durch Marktentwicklungen bedingten Wertveränderungen beider Seiten Rechnung zu tragen.[33] Die Banken haben die Wahl eigene Schätzungen der Marktpreisvolatilität zur Ermittlung der *Haircuts* anzuwenden. Die Bankenaufsicht gestattet den Banken die Verwendung selbst geschätzter *Haircuts* nur, wenn bestimmte qualitative und quantitative

---
[30] Weitere Informationen siehe Kapitel C. VI. „Sicherheiten und Risk Mitigation".
[31] Vgl. MaK, Tz. 28, 47, 52.
[32] Vgl. Basel II, § 121.
[33] Vgl. Basel II, § 130.

Bedingungen erfüllt werden.[34] Eine Bank, die z. B. ein **VaR-Modell** einsetzt, ist dann nämlich verpflichtet, ein Backtesting der Ergebnisse durchzuführen.[35]

Die Sicherheitenbewertung orientiert sich auch im Standardansatz an denselben Überlegungen. Das Kreditinstitut hat u. a. sicher zu stellen, dass

– es sich mit den „Anforderungen des einschlägigen Rechtssystems" auseinander setzt
– es entsprechend rechtskräftige Sicherungsrechte erlangt[36]
– die Sicherheit bei Not leidend gewordenen Krediten in ihren Besitz übergeht
– standardisiert ablaufende Mahnverfahren angewendet werden
– die Kredite über ein standardisiertes Verfahren abgewickelt werden
– zeitnahe Liquidation erreicht werden kann.

Dadurch würden operationelle Risiken aus fehlerhaften Geschäftsabläufen minimiert.[37] In der Praxis sollte die Überleitung des Not leidend gewordenen Kredits in die Rechtsabteilung („Problemkreditbearbeitung") durch die Kreditausfalldefinition nach Basel II erfolgen.

Vorgaben zur Behandlung von Überziehungen und zu Mahnverfahren macht der Baseler Ausschuss nicht, jedoch wird das Kreditinstitut dazu angehalten, sich selbst strenge Richtlinien aufzuerlegen, die die Betreuung von „Überziehungskandidaten" regeln sollen. Eingeräumte Überziehungslinien sollen den Schuldnern mitgeteilt werden. Die Zulässigkeit von Überziehungen ist auf 90 bis maximal 180 Tage zu begrenzen; ansonsten muss der Kredit als ausgefallen behandelt werden.[38]

5.4 Gesamtbanksteuerung

Unter Basel II werden die Anforderungen an die Gesamtbanksteuerung in der zweiten Säule („Aufsichtliches Überprüfungsverfahren") behandelt. Diese Säule steht in Ergänzung zu den Eigenmittelanforderungen und soll Banken darin bestärken, bessere Risikomanagementverfahren für die Überwachung und Steuerung der Risiken anzuwenden. Mit Hilfe von **vier zentralen Grundsätzen** soll sichergestellt werden, dass auch die internen Prozesse auf effizientes Risikomanagement ausgerichtet sind.[39] Damit sollen insbesondere auch die Risiken einbezogen werden, die keiner expliziten Kapitalanforderung unterliegen.

Nutzen Kreditinstitute das interne Ratingverfahren für die Errechnung der Baseler Eigenmittelanforderungen, dann müssen sie diese auch zur internen Kreditrisikosteuerung einsetzen („*Use Test*"). Hieraus ergibt sich also die Forderung nach einer umfassenden Einbindung der Risikomanagementsysteme in die Gesamtbanksteuerung bei Anwendung eines IRB-Ansatzes.

---

[34] Vgl. Basel II, § 133.
[35] Vgl. Basel II, § 179.
[36] Vgl. Basel II, § 123.
[37] Vgl. Basel II, § 125.
[38] Vgl. Basel II, § 459.
[39] Vgl. Basel II, §§ 719 ff.

6. Anforderungen an die Dokumentation und das Berichtswesen
6.1 Aufzeichnungspflichten für interne Dokumentation

Da das Rating in Zukunft ein wesentlicher Bestandteil im Kreditvergabeprozess wird, schlägt der Baseler Ausschuss eine wesentlich stärkere Einbindung des Ratingprozesses in das Berichtswesen vor. Die wichtigsten Aspekte des internen Ratingsystems sollen Inhalt der **Managementberichte** werden und in die Gesamtmanagementinformationssysteme integriert werden.[40] Zu den Angaben gehören mindestens die Risikoprofile je Klasse, die Wanderungsbewegungen zwischen den Klassen, die Verlustschätzungen je Ratingklasse und ein Vergleich zu den tatsächlichen Verlustraten mit den geschätzten Werten.[41] Wesentliche Veränderungen des Ratingprozesses seit der letzten aufsichtsrechtlichen Prüfung sind ebenfalls in den Bericht aufzunehmen. Diese umfangreichen Informationsempfehlungen, die je nach Wichtigkeit und Art zeitlich durchaus differenziert erfolgen können, sollen sicherstellen, dass die Geschäftsleitung aufkommende oder sich vergrößernde Risiken rechzeitig erkennt und gegensteuernde Maßnahmen ergreifen kann.

Der Baseler Ausschuss empfiehlt eine umfassende schriftliche Dokumentation von geschäftspolitischen Entscheidungen bei Anwendung eines IRB-Ansatzes im Kreditgeschäft. Darunter fallen unter anderem folgende Anforderungen:
– Gründe für die Wahl der internen Ratingkriterien und Darlegung der Relevanz der Ratingkriterien und -verfahren durch Analysen
– Kriterien für Portfolioabgrenzung, insbesondere die Definition von Ausfall, Verlust und Ratingklasse
– Risikoquantifizierung und Schätzung der Parameter
– Kriterien für die Einstufung in eine der mindestens acht Ratingklassen
– Verantwortlichkeiten der Stellen, die Kreditnehmer und Geschäfte beurteilen
– Intervalle für die Ratingprüfung der Revisionen
– Aufgaben des Backoffice

Mögliche Szenarien, die laut dem Baseler Ausschuss angewendet werden können, sind: gesamtwirtschaftliche oder branchenbezogene wirtschaftliche Abschwungphasen, erhebliche Marktpreisveränderungen oder Liquiditätsengpässe. Sämtliche bankinternen Analysen zur Kapitaladäquanz müssen entsprechend aufgezeichnet werden.[42] Entwickelt ein Kreditinstitut einen Test selbstständig, muss dieser von der Bankenaufsicht überprüft werden. Demnach ist auch bei selbst entwickelten Tests eine genaue Dokumentation gegenüber der Geschäftsleitung und den Aufsichtsbehörden erforderlich.

Durch eine regelmäßige Durchführung der Stresstests wird eine frühzeitige Erkennung von Risiken ermöglicht und stellt so ein geeignetes Mittel für eine Steuerung dar. Damit wird auch gleichzeitig der **erste Grundsatz der Säule II** erfüllt: „Banken sollten über ein Verfahren zur Beurteilung ihrer angemessenen Eigenkapi-

---
[40] Vgl. Basel II, § 528 (a).
[41] Vgl. Basel II, § 440.
[42] Vgl. Basel II, §§ 434 f.

talausstattung im Verhältnis zu ihrem Risikoprofil sowie über eine Strategie für den Erhalt ihres Eigenkapitalniveaus verfügen."[43]

Die Einbindung von Limiten in die Risikomesssysteme ermöglicht eine genauere Risikosteuerung. Derzeit ist es noch gängige Praxis zwar Limite pro Gesamtengagement vorzusehen, diese allerdings nicht in die Risikomessung der Gesamtbank einfließen lassen. Somit ist es sinnvoll, auch die Limite im Berichtswesen aufzuführen und in das Managementinformationssystem zu integrieren.

Diese effiziente Nutzung des Berichtswesens kann im Standardansatz genauso umgesetzt werden. Die fixe Vorgabe der Ratingnoten durch externe Dienstleister steht der internen Handhabung jedenfalls nicht im Wege. Da der Standardansatz jedoch nicht verpflichtend Stresstests vorsieht, ersparen sich die Institute bei Wahl des Standardansatzes auch die damit einhergehenden Dokumentationspflichten. Andererseits müssen sie aber auch den o. g. Grundsatz der Säule II erfüllen, der sie zum Nachweis der angemessenen Kapitalausstattung anhält.

6.2 Aufzeichnungspflichten für externes Berichtswesen

Die Offenlegungspflichten für externe Adressaten werden ausführlich in der Säule III dargestellt.[44] Darüber hinaus gehen mit der Wahl des IRB-Ansatzes erweiterte **Offenlegungsanforderungen aus Säule III** einher. Demnach sind die strategischen Auswirkungen auch in Anbetracht des Wettbewerbs in der Kreditwirtschaft zu bedenken. Eine Nichterfüllung der Offenlegungsanforderungen macht eine Anwendung des jeweiligen IRB-Ansatzes unmöglich.[45] Ein Teil der zu publizierenden Daten muss auf der Grundlage von Rechnungslegungsvorschriften und nationalen Gesetzen bereits nach der derzeitigen Rechtslage veröffentlicht werden.

7. Fazit

Die Umsetzung der neuen aufsichtsrechtlichen Forderungen an die Organisation sollte als Chance und Selbstverpflichtung gesehen werden, um die Qualität des Risikomanagements zu erhöhen und durch eine Neuordnung der Prozesse zu langfristig verbesserten Strukturen zu gelangen. Auch wenn die Umsetzungsphase personelle Kapazitäten bindet und z. T. langjähriges Know-how erfordert, kann ein solides und koordiniertes Risikomanagement, das durch aufsichtliche Zulassung die Kriterien von fortgeschritteneren Messsystemen erfüllt, zu einer signifikanten Reduzierung der gesetzlich vorgeschriebenen Eigenkapitalunterlegung führen und zu einem entscheidenden Wettbewerbsfaktor werden.

Betrachtet man die beiden Alternativen Standardansatz und IRB-Ansatz, fällt das Entscheidungsvotum unter organisatorischen Beurteilungsmaßstäben zu Gunsten des Standardansatzes aus, da ein Kreditinstitut weniger Vorgaben zu erfüllen hat und in der Organisationsstruktur im Vergleich zum Status quo deutlich weniger Änderungen vorgenommen werden müssen. Da allerdings die MaK als weitere „Nebenbedingung"

---

[43] Vgl. Basel II, § 725.
[44] Weitere Informationen siehe Kapitel G. II. „Ausgewählte Rechnungslegungsnormen zur Risikopublizität".
[45] Vgl. Basel II, § 537.

bzw. deutsche Besonderheit erfüllt werden müssen, sind sie in die Überlegungen einzubeziehen. Die Institute werden durch die MaK gezwungen, auf jeden Fall ein Ratingsystem zu installieren und umfangreiche Dokumentationsanforderungen zu erfüllen. Dadurch wird die Wahl des IRB-Ansatzes die effizientere Gesamtlösung sein, da sich aus der Umsetzung der MaK in Verbindung mit den IRB-Ansätzen Synergieeffekte ergeben. Insgesamt mögen sich vielleicht höhere Umsetzungskosten ergeben, aber das jeweilige Kreditinstitut kann diese Herausforderungen auch zum Anlass nehmen, die gesamte (Kredit-)Organisationsstruktur neu zu überdenken, so dass sich mittel- oder langfristig Kostendegressionseffekte aus der neu gestalteten Struktur ergeben können.

II. Der Standardansatz für die Kreditrisikounterlegung
Michael Cluse

Inhalt:

		Seite
1	Einleitung	143
2	Bestimmung der Risikogewichte	144
	2.1 Kreditnehmerbezogene Risikogewichte	144
	2.1.1 Methodik der Risikogewichte	144
	2.1.2 Forderungen an Staaten und staatsnahe Organisationen	146
	2.1.3 Forderungen an Banken und Wertpapierhäuser	148
	2.1.4 Forderungen an Unternehmen	149
	2.1.5 Behandlung des Retailportfolios	150
	2.2 Besondere Risikogewichte	152
	2.2.1 Durch Immobilien besicherte Forderungen	152
	2.2.2 Verbriefte Forderungen	154
	2.2.3 Pfandbriefe und andere Covered Bonds	155
	2.2.4 Höher gewichtete Positionen	156
	2.2.5 Sonstige Aktiva	157
	2.3 Bankindividuelle Festlegung der relevanten Ratingagenturen	157
	2.4 Bestimmung des zu Grunde zu legenden Ratings	158
	2.4.1 Mehrfachratings	158
	2.4.2 Zuordnung von Ratings zu Forderungen	159
	2.4.3 Unbeauftragte Ratings	161
3	Ermittlung des unterlegungspflichtigen Kapitalbetrags	161
	3.1 Bestimmung des Exposures	161
	3.1.1 Bilanzielle Forderungen	161
	3.1.2 Außerbilanzielle Forderungen	162
	3.2 Berechnung des Mindesteigenkapitals	163
	3.2.1 Kreditrisikounterlegung	163
	3.2.2 Gesamtkapitalanforderungen	164
4	Fazit	165

1. Einleitung

Als das Baseler Komitee für Bankenaufsicht im Sommer 1999 den ersten Entwurf zur Überarbeitung der Eigenmittelvorschriften präsentierte, war die Zielrichtung klar: Die Risikoeinschätzungen von anerkannten Ratingagenturen sollen zukünftig den Maßstab für die Ermittlung des aufsichtsrechtlich notwendigen Eigenkapitals darstellen.

Es zeigte sich aber schnell, dass in Deutschland und in vielen anderen Ländern nur ein kleiner Teil der Kreditkunden über ein solches Rating verfügt. Aus diesem Grund wurden mit dem zweiten Konsultationspapier Anfang 2001 Kriterien aufgestellt, wann Kreditinstitute statt der durch Dritte vergebenen Ratingnoten eigene, intern ermittelte Bonitätskriterien für die Eigenmittelunterlegung heranziehen dürfen.

Während diese zusätzliche Methodik als „IRB-Ansatz" (= auf internen Ratings basierend) in das Konsultationspapier aufgenommen wurde, fand sich die zunächst vorgesehene Vorgehensweise nunmehr als „Standardansatz" in den überarbeiteten Vorschlägen wieder. Diese Bezeichnung deutet bereits darauf hin, dass die Nutzung externer Ratings ursprünglich als Regelfall geplant war, während die internen Ratings nur fortschrittlichen Banken offen stehen sollten.[1]

Durch die Bemühungen und Gemeinschaftsprojekte verschiedener Bankenverbände wurden in Deutschland Voraussetzungen geschaffen, damit möglichst viele Institute einen der fortschrittlicheren IRB-Ansätze nutzen können. Dadurch kamen zwischenzeitlich Gerüchte auf, dass die Nutzung des Standardansatzes in Deutschland von den nationalen Aufsichtsbehörden nicht gestattet werden würde. Da der Standardansatz sowohl im Akkord als auch in der neuen europäischen Kapitaladäquanzrichtlinie enthalten ist, ist aber auch die Wahl dieses Ansatzes zulässig.

Im Übrigen muss darauf hingewiesen werden, dass die Anwendung eines IRB-Ansatzes genehmigungspflichtig ist. Jedes Institut, dem die Anwendung der fortgeschrittenen Ansätze untersagt wird, muss somit zwangsläufig die Kreditrisikounterlegung mit Hilfe des Standardansatzes vornehmen.

Auch für Institute, die vom so genannten „Partial Use" Gebrauch machen (dürfen), also nur Teile ihres Kreditportfolios mit dem IRB-Ansatz messen, ist der Standardansatz relevant. Insofern steht der Standardansatz gleichberechtigt neben den IRB-Ansätzen. Ob er wirklich den „Standard" darstellen oder nur übergangsweise genutzt werden wird, muss jedoch die zukünftige Entwicklung zeigen.[2]

2. Bestimmung der Risikogewichte

2.1 Kreditnehmerbezogene Risikogewichte

2.1.1 Methodik der Risikogewichte

Um eine angemessene Kapitalausstattung von Kreditinstituten sicherstellen, hat der Baseler Ausschuss für Bankenaufsicht im Jahr 1988 definiert, dass 8 % eines jeden Krediets durch Eigenmittel zu unterlegen sind. Allerdings galten für bestimmte Forderungen Erleichterungen.

Bisher gilt (vereinfacht) im Grundsatz I die folgende Regel:
- Forderungen an OECD-Staaten: 0 %
- Forderungen an Banken: 20 %
- Grundpfandrechtlich besicherte Forderungen: 50 %
- Sonstige Forderungen: 100 %

Ein Risikogewicht von 100 % entspricht dabei einer Eigenmittelunterlegung von 8 %. Dementsprechend sind grundpfandrechtlich besicherte Forderungen mit 4 %

---

[1] Mitunter wird auch der Name „Modifizierter Standardansatz" gewählt, da das bisherige Aufsichtsrecht die Grundlage für den Standardansatz darstellt.
[2] Zu den Genehmigungsvoraussetzungen für einen Partial Use vgl. Basel II, § 259 und CAD 3, Artikel 85.

Eigenmitteln (50 % Risikogewicht x 8 % Eigenmittel) zu unterlegen und Forderungen an Banken mit 1,6 %. Maßgeblich für die Bestimmung des Risikogewichts war daher ausschließlich die Zugehörigkeit des Schuldners zu einer bestimmten Kreditnehmerklasse bzw. ausnahmsweise die Besicherung.

Die wesentliche Neuerung des zweiten Baseler Akkords ist in der Differenzierung der Risikogewichte zu sehen, denn zukünftig entscheidet das Rating über die Höhe des Risikogewichts. Allerdings sind auch bei gleicher Ratingnote unterschiedliche Risikogewichte möglich, denn weiterhin müssen die Forderungen bzw. Schuldner unterschiedlichen Segmenten zugeordnet werden.[3]

Von wesentlicher Bedeutung ist, dass sich die Risikogewichtsbestimmung nur für die Kreditarten ändern soll, die ausdrücklich im neuen Akkord erwähnt werden. Für nicht behandelte Forderungsarten gelten die Bestimmungen der Eigenkapitalvereinbarung von 1988 (Basel I) fort.[4]

Im Standardansatz sind die Bonitätsbeurteilungen von hierzu zugelassenen bzw. anerkannten Ratingagenturen (External Credit Assessment Institution, ECAI) maßgeblich für die Ermittlung des anzusetzenden Risikogewichts. Die Ansätze der EU und des Baseler Komitees gehen auf den ersten Blick auseinander, führen methodisch jedoch zum gleichen Ergebnis.

Methodik des Baseler Komitees

Im Baseler Akkord wird exemplarisch die Ratingskala der Agentur Standard & Poor's (S&P) genutzt, um eine Verknüpfung von Ratingklasse und Risikogewicht herzustellen. Für andere, im Akkord nicht namentlich genannte Agenturen, muss die Ratingskala entsprechend mit den Risikogewichten verknüpft werden. Diese Aufgabe obliegt der nationalen Bankenaufsicht.[5]

Darüber hinaus werden für Forderungen an Staaten explizit auch die Ratings bzw. Länderklassifizierungen von Exportversicherungsagenturen (Export Credit Agencies, ECA) genannt. Auch hier wird eine Verknüpfung zwischen Bonitätsurteil und Risikogewicht hergestellt.

Methodik der Europäischen Union

Die neue Eigenmittelrichtlinie der Europäischen Union vermeidet es, explizite Ratingklassen zu nennen. Vielmehr werden die Risikogewichte stattdessen an Qualitätsstufen geknüpft. Für Ratingagenturen umfasst die Skala sechs Stufen, bei Exportversicherungen sieben Stufen.[6]

Für jede Agentur muss im Rahmen der Anerkennung durch die nationale Bankenaufsicht eine Mappingtabelle erstellt werden, welche die Ratingklassen den Qualitätsstufen zuordnet. Aus methodischer Sicht ist dieser Ansatz – der letztlich zum

---

[3] Zur Segmentierung des Kreditgeschäfts vgl. Kapitel C. IV. „Abgrenzung der Segmente/Risikoaktivaklassen".
[4] Vgl. Basel II, § 52.
[5] Vgl. Basel II, § 92.
[6] Vgl. CAD 3, Annex VI, Part 1, Punkt 1, Nr. 2 und 8.

gleichen Ergebnis führt – vorzuziehen, da so keine Präjudizierung hinsichtlich bestimmter Ratingagenturen erfolgt.

Nachteilig ist allerdings, dass ohne eine Muster-Mappingtabelle keine Verknüpfung zu den bekannten Ratingskalen und damit Risikogewichten möglich ist. Im Folgenden werden daher sowohl die S & P-Ratingklassen aus dem Baseler Akkord als auch die Qualitätsstufen der CAD 3 dargestellt.

2.1.2 Forderungen an Staaten und staatsnahe Organisationen

2.1.2.1 Forderungen an Staaten und Zentralbanken

Zur Kreditnehmerklasse der *Staaten und staatsnahen Organisationen* zählen vor allem Forderungen gegen einen Staat oder seine Zentralbank. Forderungen gegen solche Kreditnehmer erfahren weiterhin eine bevorzugte Behandlung, allerdings kommt ein Risikogewicht von 0 % zukünftig nur noch für Schuldner mit einem erstklassigen Rating zur Anwendung.

Wie bereits beschrieben, dürfen für die Gewichtung von Forderungen an Staaten und staatsnahe Organisationen neben den zugelassenen Ratingagenturen auch die Bonitätsurteile von bestimmten Exportversicherungen herangezogen werden. Eine Anerkennungsanforderung ist, dass die ECA die siebenstufige OECD-Skala nutzt.

Risikogewicht	0 %	20 %	50 %	100%	150 %	100%
Ratingklasse Basel II	AAA bis AA-	A+ bis A-	BBB+ bis BBB-	BB+ bis B-	unter B-	Ohne Rating
Qualitätsstufe CAD 3	1	2	3	4, 5	6	Ohne Rating
ECA-Klassifizierung	1	2	3	4, 5, 6	7	

Tabelle 1: Risikogewichte für Forderungen an Staaten

Forderungen, die Banken gegen ihren Heimatstaat oder ihre Zentralbank haben, können niedriger gewichtet werden, wenn die Forderung in Heimatwährung begeben und refinanziert wurde. Hierbei handelt es sich um ein nationales Wahlrecht, das für Deutschland derzeit insofern irrelevant ist, da Forderungen gegen die Bundesrepublik Deutschland und die Deutsche Bundesbank ohnehin in die meistbegünstigte Risikogewichtsklasse fallen. Allerdings dürfen – wenn die Aufsicht des Sitzlandes dem zugestimmt hat – die niedrigeren Risikogewichte für in Heimatwährung begebene und refinanzierte Forderungen auch von ausländischen Banken genutzt werden.[7]

---

[7] Vgl. Basel II, § 54.

2.1.2.2 Forderungen an andere öffentliche Stellen

Forderungen an *andere öffentliche Stellen* (so genannte *Public Sector Entities, PSE*) erfahren ebenfalls eine bevorzugte Behandlung, jedoch ist das Risikogewicht höher als bei einer Forderung gegen den Staat selbst. Zur Anwendung kommen die Risikogewichte, die für Banken mit gleichem Rating gelten. Die für Banken vorgesehene Erleichterung bei kurzfristigen Gesamtlaufzeiten (unter Option 2) gilt jedoch nicht für PSEs.[8]

Risikogewicht	0 %	20 %	50 %	100 %	150 %	100 %
Option 1 (Rating Staat)						
Ratingklasse Basel II	n/a	AAA bis AA-	A+ bis BBB-	BB+ bis B-	Unter B-	Ohne Rating
Qualitätsstufe CAD 3	n/a	1	2	3, 4, 5	6	Ohne Rating
Option 2 (Rating PSE)						
Ratingklasse Basel II	n/a	AAA bis AA-	A+ bis A-	BBB+ bis B-	Unter B-	Ohne Rating
Qualitätsstufe CAD 3	n/a	1	2, 3	4, 5	6	Ohne Rating

Tabelle 2: Risikogewichte für Forderungen an sonstige öffentliche Stellen

Die Entscheidung für Option 1 oder 2 wird auf nationaler Ebene getroffen. Aufgrund der in Deutschland nur gering verbreiteten (externen) Ratings ist davon auszugehen, dass Option 1 maßgeblich sein wird.

Darüber hinaus können Forderungen an bestimmte PSEs nach nationalem Ermessen behandelt werden wie Forderungen gegen den Staat selbst. Wesentliches Kriterium ist die Vergleichbarkeit des Risikos. Diese kann gegeben sein, wenn das eigenständige Recht zur Erhebung von Steuern besteht und besondere institutionelle Vorkehrungen zur Reduzierung des Ausfallrisikos getroffen wurden. Dies kann beispielsweise für die Bundesländer und Kommunen angenommen werden.[9]

Nicht unter diese Ermessensklausel fallen Forderungen an Behörden und staatseigene Betriebe, wenn diese nicht über ein Steuererhebungsrecht verfügen und auch sonst keine besonderen Vorkehrungen zur Risikoreduzierung getroffen wurden.

Forderungen an Kirchen und vergleichbare Glaubensgemeinschaften sollen wie Forderungen an PSEs behandelt werden, wenn sie ein Recht auf Erhebung von Kirchensteuer besitzen.[10]

---

[8] Vgl. Basel II, § 57.
[9] Vgl. CAD 3, Annex VI, Part 1, Punkt 3.2.
[10] Vgl. CAD 3, Annex VI, Part 1, Punkt 3.3.

2.1.2.3 Forderungen an Multilaterale Entwicklungsbanken

Ebenfalls zur Kreditnehmerklasse der Staaten und staatsnahen Organisationen zählen die *multilateralen Entwicklungsbanken (Multilateral Development Banks, MDB)*. Wie bei den PSEs ist jedoch nicht das Risikogewicht für Staaten anzuwenden, sondern das Risikogewicht von Banken. Da Entwicklungsbanken i. d. R. von mehreren Staaten oder staatlichen Organisationen getragen werden, ist es nicht sinnvoll, für die Zuordnung des Risikogewichts auf das Sitzland der MDB abzustellen. Insofern ist grundsätzlich das individuelle Rating der MDB auszuwerten.

Risikogewicht	0 %	20 %	50 %	100 %	150 %	100 %
Ratingklasse Basel II	n/a	AAA bis AA-	A+ bis A-	BBB+ bis B-	Unter B-	Ohne Rating
Qualitätsstufe CAD 3	n/a	1	2, 3	4, 5	6	Ohne Rating

Tabelle 3: Risikogewichte für Forderungen an Multilaterale Entwicklungsbanken

2.1.3 Forderungen an Banken und Wertpapierhäuser

Wie bisher erfahren Banken gegenüber gewöhnlichen Kreditnehmern auch unter Basel II eine bevorzugte Behandlung. Aufgrund des spezifischen Bankenaufsichtsrechts, das das Ausfallrisiko von Kreditinstituten mindern soll, erscheint diese Regelung auch gerechtfertigt. Allerdings kann sich das Risikogewicht, das im derzeitigen Grundsatz I bei 20 % liegt, zukünftig bei schlechten Ratings erhöhen.

Ausschließlich auf Forderungen an Kreditinstitute beschränkt ist die Möglichkeit, bei kurzfristigen Forderungen ggf. ein niedrigeres Risikogewicht einzusetzen. *Kurzfristige Forderungen* im Sinne dieser Definition sind Forderungen mit einer Ursprungslaufzeit von maximal drei Monaten. Revolvierende Forderungen mit einer effektiven Laufzeit von mehr als drei Monaten sowie Forderungen, bei denen lediglich die Restlaufzeit unter drei Monaten liegt, kommen für die bevorzugte Behandlung nicht in Frage.

Die bevorzugte Berücksichtigung von kurz laufenden Forderungen wird für Deutschland voraussichtlich ohne Bedeutung sein, da sie nur in der so genannten Option 2 angewandt werden darf. In dieser Variante ist das individuelle Rating der Bank maßgeblich, während sich unter Option 1 die Risikogewichte nach dem Rating des Sitzstaates richten. Die Entscheidung zwischen beiden Varianten ist ein nationales Wahlrecht. Aufgrund der in Deutschland nur wenig verbreiteten Ratings (insbesondere Sparkassen und Genossenschaftsbanken sind überwiegend ohne Rating), ist mit einer Entscheidung für Option 1 zu rechnen. Dementsprechend ist weiterhin ein Risikogewicht von 20 % anzusetzen.

Risikogewicht	20 %	50 %	100 %	150 %	100 %
Option 1 (Rating Staat)					
Ratingklasse Basel II	AAA bis AA-	A+ bis A-	BBB+ bis B-	Unter B-	Ohne Rating
Qualitätsstufe CAD 3	1	2	3, 4, 5	6	Ohne Rating
Option 2 (Rating Bank)					
Ratingklasse Basel II	AAA bis AA-	A+ bis BBB-	BB+ bis B-	Unter B-	Ohne Rating
Ratingklasse Basel II (kurzfr. Forderungen)	AAA bis BBB-	BB+ bis B-	n/a	Unter B-	20 % falls ohne Rating
Qualitätsstufe CAD 3	1	2, 3	4, 5	6	Ohne Rating
Qualitätsstufe CAD 3 (kurzfr. Forderungen)	1, 2, 3	4, 5	n/a	6	20 % falls ohne Rating

Tabelle 4: Risikogewichte für Forderungen an Banken

Wertpapierhäuser und andere Finanzinstitute werden unter Basel II wie Banken behandelt, wenn sie einer mit Banken vergleichbaren Aufsicht unterliegen.[11] Im Rahmen von CAD 3 werden Forderungen an Investmenthäuser und Forderungen an Kreditinstitute grundsätzlich gleich behandelt.

Sofern Forderungen an Banken in nationaler Währung begeben und refinanziert wurden, erlaubt CAD 3, das Risikogewicht eine Stufe niedriger als für Forderungen an den Staat des Sitzlandes der Bank anzusetzen. Dies ist jedoch nur dann zulässig, wenn die zuständige Aufsichtsbehörde für Forderungen gegen den Staat selbst die Erleichterungen für Forderungen in Heimatwährungen erlaubt hat. Das Mindestrisikogewicht liegt in diesem Fall jedoch bei 20 %.[12]

2.1.4 Forderungen an Unternehmen

Bisher galt für alle Kreditnehmer, die nicht den zuvor genannten Gruppen „Staaten/staatsnahe Organisationen" oder „Banken/Wertpapierhäuser" zugerechnet werden konnten, ein einheitliches Risikogewicht von 100 %.

Durch Basel II ergeben sich hier größere Veränderungen als bei Forderungen an Staaten oder Banken, da zukünftig auch niedrigere Risikogewichte als bisher denkbar sind, denn Kreditnehmer mit sehr guten Ratings können eine Reduzierung des Risikogewichts um bis zu 80 % erzielen. Zudem werden zukünftig viele Unterneh-

---

[11] Vgl. Basel II, § 65.
[12] Vgl. CAD 3 Annex VI, Part 1, Punkt 6.6 und Abschnitt Forderungen an Staaten und Zentralbanken.

men zum regulatorischen „Retailgeschäft" zählen. Für diese Kreditnehmer sinkt das Risikogewicht auf 75 %.[13]

Risikogewicht	20 %	50 %	100 %	150 %	100 %
Ratingklasse Basel II	AAA bis AA-	A+ bis A-	BBB+ bis BB-	Unter BB-	Ohne Rating
Qualitätsstufe CAD 3	1	2	3, 4	5, 6	Ohne Rating

Tabelle 5: Risikogewichte für Forderungen an Unternehmen

Der Verzicht auf ein externes Rating kann bei schlechten Kreditnehmern dazu führen, dass das Risikogewicht niedriger ausfällt als bei vorhandenem (schlechtem) Rating. Dies ist dem Baseler Komitee bewusst gewesen. Daher sind die nationalen Aufsichtsbehörden berechtigt, ein höheres Risikogewicht für ungeratete Kreditnehmer festzusetzen, wenn sie dies für angemessen halten. Dieses höhere Risikogewicht kann auch nur für einzelne Institute festgesetzt werden, falls die Aufsicht im Rahmen des Überprüfungsprozesses (Säule II) dies für angemessen hält.[14]

Die europäische Richtlinie ist diesbezüglich weniger konkret. Dort heißt es allgemein, dass die Aufsichtsbehörden entsprechend der Ausfallerfahrung in ihrer Jurisdiktion höhere Risikogewichte festsetzen können.

Ein weiteres nationales Wahlrecht dahingehend, dass das Risikogewicht für Unternehmen grundsätzlich auf 100 % festgesetzt wird, ist in CAD 3 gar nicht enthalten. Damit kommt diese Option in der Europäischen Union grundsätzlich nicht zum Tragen. Sie ist vielmehr für Staaten mit einem weniger entwickelten Finanz- und Bankwesen gedacht.[15]

2.1.5 Behandlung des Retailportfolios

Alle Forderungen an Kreditnehmer, die die Anforderungen des so genannten „Retailportfolios" erfüllen, erhalten ein einheitliches Risikogewicht von 75 %. Damit sinkt für viele Kunden die Kapitalanforderung im Vergleich zum Grundsatz I, in dem bislang ein Risikogewicht von 100 % gilt.

Das Standard-Risikogewicht gilt allerdings nicht für Forderungen in Verzug, bei denen also mit einer deutlich höheren Ausfallwahrscheinlichkeit zu rechnen ist.[16]

Im Standardansatz sind vier Kriterien zu erfüllen:

- Beim Kreditnehmer muss es sich um eine oder mehrere natürliche Personen oder ein Kleinunternehmen handeln.
- Der Kredit selbst muss aus einer der vorgegebenen Produktgruppen stammen.

---

[13] Zu den Zuordnungskriterien zum Retailgeschäft vgl. Abschnitt Behandlung des Retailportfolios und Kapitel C. III. „Die IRB-Ansätze".
[14] Vgl. Basel II, § 67.
[15] Vgl. Basel II, §§ 68 ff.
[16] Zur Behandlung von Forderungen in Verzug vgl. Abschnitt Höher gewichtete Positionen.

- Die Forderungshöhe muss im Verhältnis zum gesamten Retailportfoliovolumen von untergeordneter Bedeutung sein.
- Das gesamte Retail-Forderungsvolumen an den Kreditnehmer darf 1 Mio. Euro nicht übersteigen.

Weder das Baseler Komitee noch die Europäische Kommission nennen konkrete Vorgaben für die Definition eines Kleinunternehmens. Da die Gruppe der SME-Unternehmen im IRB-Ansatz bei einem Umsatzvolumen von 50 Mio. Euro jährlich endet, ist davon auszugehen, dass die 50 Mio. Euro-Grenze auch für den Standardansatz anzuwenden ist.[17]

Die Liste der zulässigen Produktgruppen umfasst:
- Kreditlinien und revolvierende Kredite:
  u. a. Überziehungskredite auf Girokonten und Kreditkartenforderungen etc.
- Privatkredite und Leasingforderungen:
  u. a. Anschaffungskredite (einschließlich Autofinanzierungen), Ausbildungsfinanzierungen, persönliche Kredite etc.
- Kredite und Kreditlinien für Kleinunternehmen

Immobilienkredite zählen im Standardansatz i. d. R. nicht zum Retailgeschäft, da sie unter eigenständige Regelungen fallen. Wertpapiere können grundsätzlich nicht wie Retailgeschäft behandelt werden, selbst wenn der Emittent die Anforderungen erfüllt.

Die Angemessenheit der Forderungshöhe wird unter Basel II durch das Granularitätskriterium gemessen. Dieses besagt, dass das Retailportfolio aufgrund einer weitgehenden Diversifizierung ein deutlich reduziertes Risiko aufweist. Es liegt im Ermessen der zuständigen Aufsichtsbehörde festzustellen, dass die ausreichende Diversifizierung nicht vorliegt. In diesem Fall wäre es nicht zulässig, weiterhin ein Risikogewicht von 75 % anzuwenden.

Konkret bedeutet dies, dass solche Forderungen, die die Granularität des Portfolios beeinträchtigen, den Forderungen an Unternehmen zuzurechnen sind. Dies kann ggf. auch Forderungen an Privatpersonen betreffen.[18]

Eine abschließende Definition hinsichtlich einer ausreichenden Diversifizierung legt der Baseler Ausschuss nicht vor, allerdings nennt er eine konkrete **Möglichkeit** für ein Betragslimit: Demnach darf das gesamte Volumen der Retailforderungen eines Kreditnehmers (also ohne durch Immobilien besicherte Forderungen) 0,2 % des aufsichtsrechtlichen Retailportfolios nicht übersteigen.

In der Praxis bedeutet dies, dass im Zweifel iterativ vorgegangen werden muss, da bei Aussteuerung der größten Kreditnehmer sich das gesamte Portfoliovolumen reduziert. Dadurch erfüllen im ungünstigsten Fall weitere Kreditnehmer nicht länger das Retailkriterium.

Das ausdrücklich als „Möglichkeit" benannte Limit ist nicht unumstritten, da insbesondere bei kleineren Instituten die Gefahr besteht, dass bereits bei einer ver-

---

[17] In einer Empfehlung der EU-Kommission vom 6. Mai 2003 wird für mittelgroße Unternehmen ein maximaler jährlicher Umsatz von 50 Mio. Euro genannt. Für „kleine" Unternehmen beträgt die Umsatzgrenze 10 Mio.
[18] Vgl. QIS, Frequently Asked Questions (as of 20 December 2002), No. C 9.

gleichsweise niedrigen Forderungshöhe das Limit überschritten wird, während für größere Institute diesbezüglich eher das Gesamtlimit von 1 Mio. Euro je Kreditnehmer maßgeblich sein wird.

Der Entwurf der EU-Richtlinie sieht keine solche relative Begrenzung vor. Allerdings wird das Betragslimit anders definiert. Die Obergrenze liegt wie unter Basel II bei 1 Mio. Euro, aber diese Grenze gilt nicht für das Einzelinstitut und den Einzelkreditnehmer, sondern muss auf Ebene der Kreditnehmergruppe ebenso eingehalten werden wie auf Ebene der Institutsgruppe.[19]

Dies bedeutet in der Praxis, dass auch im Retailgeschäft die Forderungen zentral zusammengeführt werden müssen, um das Einhalten der Betragsgrenze auf Gruppenebene sicherzustellen. Hierbei ist mit angemessenen Anstrengungen vorzugehen.[20]

2.2 Besondere Risikogewichte

2.2.1 Durch Immobilien besicherte Forderungen

Unabhängig von der Bonität des Kreditnehmers erhalten Forderungen ein festes Risikogewicht, wenn sie durch bestimmte Immobilientypen besichert sind. Wohnimmobilien werden dabei im Vergleich zu Gewerbeimmobilien bevorzugt behandelt.

Bei **Wohnimmobilien**, das sind Immobilien, die – jetzt oder zukünftig – vom Kreditnehmer bewohnt oder vermietet werden, beträgt das Risikogewicht einheitlich 35 %. Der Baseler Ausschuss stellt dieses bevorzugte Risikogewicht allerdings unter Vorbehalt, da durch die nationale Aufsicht sicherzustellen ist, dass diese Gewichtung nur auf Forderungen angewandt wird, die auch tatsächlich ausreichend abgesichert sind. Dies entspricht der bereits geltenden Regelung, dass ein Realkredit nur bis zu 60 % des Beleihungswerts vorliegt.[21]

Auch die EU-Richtlinie stellt Mindestanforderungen an die Qualität der Besicherung.[22] Beispielsweise ist sicherzustellen, dass der Wert der Sicherheit nicht an die Bonität des Kreditnehmers geknüpft ist. Dies bedeutet auch, dass die Ausfallwahrscheinlichkeit nicht von der Entwicklung des finanzierten Objektes abhängig sein darf. Demzufolge muss die Kapitaldienstfähigkeit des Kreditnehmers maßgeblich sein und nicht die Höhe etwaiger Mieteinnahmen.[23]

Das Risikogewicht für **gewerbliche Immobilien** wird vom Ausschuss grundsätzlich auf 100 % festgelegt. In diesem Zusammenhang weist der Ausschuss darauf hin, dass insbesondere Immobilienfinanzierungen in zahlreichen Ländern wiederholt zu Krisen geführt haben, weshalb ein niedrigeres Gewicht nicht gewollt ist.

---

[19] Vgl. CAD 3, Artikel 79, Abs. 2.
[20] Wörtlich heißt es im Entwurf: „The total amount owed [...] must not, to the knowledge of the credit institution, exceed EUR 1 million. The credit institution must take reasonable steps to obtain this knowledge."
[21] Vgl. Grundsatz I, § 13, Abs. 4, Nr. 3.
[22] Vgl. CAD 3, Annex VI, Part 1, Punkt 9.
[23] Vgl. Kapitel C. IV. „Abgrenzung der Segmente/Risikoaktivklassen" zur ausführlichen Unterscheidung von gewerblichen Immobilien und Wohnimmobilien.

In der Fußnote zu § 74 benennt der Ausschuss allerdings ein bevorzugtes Risikogewicht von 50 % für den Anteil der Forderung, der 50 % des Marktwertes und 60 % des Beleihungswerts nicht übersteigt. Diese Ausnahmeregelung darf jedoch nur auf „hoch entwickelten und seit langem etablierten" Märkten angewandt werden.

Auf europäischer Ebene wird die Ausnahmeregelung zum nationalen Wahlrecht. Damit ist es zulässig, mit gewerblichen Immobilien besicherte Forderungen i. d. R. mit 50 % zu gewichten. Dies ist wie bei Wohnimmobilien an die grundsätzliche Anforderung geknüpft, dass der Wert der Immobilie nicht von der Bonität des Kreditnehmers abhängen darf. Die Kreditwürdigkeit selbst darf nicht durch den Erfolg des finanzierten Objektes beeinträchtigt werden.

Maßstab für die 50 %-Gewichtung sind der Markt- bzw. Beleihungswert, die auf Basis klarer Regeln zu ermitteln sind, wobei ggf. auch nationale Bewertungsvorschriften beachtet werden müssen. Die Bank kann zwischen zwei Methoden auswählen, wobei eine einheitliche Anwendung für alle Finanzierungen nicht vorgeschrieben ist:

a) Für die Marktwertschätzung wird die Meinung von zwei unabhängigen Experten eingeholt. Der niedrigere dieser beiden Schätzwerte kann als Marktwert angesetzt werden. Mindestens jährlich muss der Marktwert aktualisiert werden. Bei Finanzierungen unter 1 Mio. Euro (und 5 % der Eigenmittel des Instituts) kann die Neubewertungsfrequenz auf drei Jahre gestreckt werden.

b) Alternativ können auch Markt- **und** Beleihungswert ermittelt werden. Bei der Ermittlung des Beleihungswertes dürfen neben der derzeitigen auch alternative Nutzungsformen berücksichtigt werden, jedoch keine spekulativen Elemente. Ein wesentlicher Unterschied zum Marktwert ist auch darin zu sehen, dass neben der derzeitigen lokalen Marktsituation auch die (wie auch immer definierte) „normale" Marktsituation einfließen darf. Die Ermittlung des Beleihungswertes muss nachvollziehbar dokumentiert werden. Sie ist alle drei Jahre oder bei einem allgemeinen Immobilienpreisrückgang von mehr als 10 % zu wiederholen, wobei auch die zugrunde liegenden Annahmen zu überprüfen sind.

Das mit 50 % Risikogewicht zu unterlegende Finanzierungsvolumen darf **50 % des Marktwerts** und **60 % des Beleihungswerts**[24] der Immobilie nicht übersteigen. Ein verbleibender Restbetrag ist grundsätzlich mit 100 % zu gewichten.

Das nationale Wahlrecht kann nur angewandt werden, wenn die Aufsichtsbehörde zu der Ansicht gelangt, dass ein hoch entwickelter und seit langem etablierter Markt für gewerbliche Immobilien existiert. Dies ist der Fall beim Vorliegen von zwei Bedingungen. Zum einen dürfen Verluste aus gewerblichen Realkrediten bis zum niedrigeren Wert von 50 % des Marktwertes oder 60 % des Beleihungsauslaufes im Verhältnis zum Beleihungswert 0,3 % der ausstehenden Kredite nicht überschreiten. Zum anderen dürfen die Gesamtverluste aus gewerblichen Immobilienkrediten in keinem Jahr größer sein als 0,5 %.

Beide Bedingungen müssen gleichzeitig erfüllt sein und in jedem Jahr erneut bestätigt werden. Sollte eine der Bedingungen in einem Jahr nicht mehr vorliegen, so muss die Aufsicht die Benutzung untersagen. Das Vorliegen der Bedingungen

---

[24] Diese Anforderung ist nur relevant, wenn Methode b) gewählt wurde.

muss von der nationalen Aufsicht öffentlich bekannt gemacht werden. Sollte dieses Urteil von der Aufsicht in einem Markt bekannt gegeben werden, können auch die Aufsichtsbehörden in den anderen Mitgliedsstaaten ihren Banken gestatten, das niedrige Risikogewicht für Kredite in diesem Markt anzuwenden.

2.2.2 Verbriefte Forderungen

Die Behandlung verbriefter Transaktionen war im Rahmen der Beratungen über Basel II eines der umstrittensten Themen. Die intensive Diskussion hinsichtlich der Behandlung der verbrieften Transaktionen im neuen Akkord hat zu einem komplexen Regelwerk mit verschiedenen Ausnahmen geführt.[25]

Aufgrund des besonderen Charakters von verbrieften Transaktionen, bei denen der Schuldner i. d. R. eine Zweckgesellschaft (*Special Purpose Vehicle, SPV*) ohne operative Geschäftstätigkeit ist, kann nicht auf die Kreditwürdigkeit des Schuldners abgestellt werden.

Vielmehr muss die Transaktion insgesamt und die Qualität der zugrunde liegenden Sicherheiten (i. d. R. Zahlungsansprüche gegen Dritte) analysiert werden. In der Praxis bedeutet dies, dass verschiedene Tranchen einer Transaktion unterschiedlich geratet sein können. Dementsprechend können unterschiedliche Risikogewichte zur Anwendung kommen:[26]

Risikogewicht	20 %	50 %	100 %	350 %	Abzug vom Kapital
Ratingklasse Basel II	AAA bis AA-	A+ bis A-	BBB+ bis BBB-	BB+ bis BB-	Unter BB- oder ohne Rating
Qualitätsstufe CAD 3	1	2	3	4	Unter 4 oder ohne Rating

Tabelle 6: Risikogewichte für verbriefte Forderungen (langfristige Ratings)

Sofern für eine verbriefte Forderung ein Kurzfristrating verfügbar ist, kommt dieses zur Anwendung:

Risikogewicht	20 %	50 %	100%	Abzug vom Kapital
Ratingklasse Basel II	A-1 / P-1	A-2 / P-2	A-3 / P-3	Alle anderen oder ohne Rating
Qualitätsstufe CAD 3	1	2	3	Alle anderen oder ohne Rating

Tabelle 7: Risikogewichte für verbriefte Forderungen (kurzfristige Ratings)

---

[25] Verbriefte Transaktionen werden in C. IX. „Securitisation und Behandlung von ABS-Transaktionen" detailliert beschrieben, weshalb an dieser Stelle nur der Normalfall behandelt werden soll.
[26] Vgl. Basel II, § 567 bzw. CAD 3, Annex IX, Part 4, Punkt 2.

Da es kaum möglich ist, eine ABS-Transaktion ohne Rating auf dem Markt zu platzieren, wird unterstellt, dass ungeratete Tranchen ein erhöhtes Risiko darstellen. Aus diesem Grund führt ein fehlendes Rating i. d. R. zu einem Abzug des Forderungsvolumens vom Eigenkapital. Dieser Abzug wird jeweils hälftig vom Kernkapital und dem Ergänzungskapital vorgenommen.

Falls eine die Verbriefung durchführende Bank (*Originating Bank*) Tranchen einbehält oder zurück erwirbt, muss sie diese vom Kapital abziehen, sofern das Rating nicht mindestens BBB- bzw. Qualitätsstufe 3 beträgt.

Sonderregeln bestehen darüber hinaus für Liquiditätsfazilitäten und andere Credit Enhancements, die der Zweckgesellschaft gewährt werden.

2.2.3 Pfandbriefe und andere Covered Bonds

Pfandbriefe und andere besicherte Anleihen (*Covered Bonds*) stellen aufgrund ihrer Ausgestaltung für den Anleihekäufer ein niedrigeres Risiko dar. Die Europäische Kommission berücksichtigt dies durch besondere Risikogewichte; eine Entsprechung im Baseler Akkord gibt es nicht.

Das Risikogewicht der Covered Bonds orientiert sich am Risikogewicht für vorrangige Forderungen *(Senior Claims)* des Emittenten:[27]

Risikogewicht Emittent	Risikogewicht Covered Bond
20 %	10 %
50 %	20 %
100 %	50 %
150 %	100 %

Tabelle 8: Risikogewichte für Covered Bonds

Wie aus der Tabelle ersichtlich, ist das Risikogewicht für Covered Bonds i. d. R. eine Kategorie günstiger als für „gewöhnliche" Forderungen an den Emittenten, allerdings wurde für die beste Risikokategorie ein Risikogewicht von 10 % vorgesehen. Eine Nullgewichtung wie bei Forderungen gegen Staaten lässt sich somit nicht erreichen.

Covered Bonds werden dabei definiert als Anleihen, die mit folgenden Aktiva besichert sind:
- Forderungen gegenüber Staaten, Zentralbanken, Multilateralen Entwicklungsbanken, internationalen Organisationen, Behörden, nichtkommerziellen Unternehmen, sowie regionalen und lokalen Regierungen, falls diese die Bedingungen der Nullgewichtung erfüllen.
- Forderungen gegenüber Banken, die die günstigste Gewichtung innerhalb des Standardansatzes erhalten, vorausgesetzt, der Anleihebetrag überschreitet nicht 5 % des gesamten Forderungsbetrags der Bank.

---

[27] Vgl. CAD 3, Annex VI, Part 1, Punkt 12, Nr. 68.

Teil C: Kreditrisikounterlegung

– Wohnimmobilien, wobei der Anleihebetrag höchstens 80 % des Wertes der Sicherheit beträgt.
– Gewerbeimmobilien, wobei der Anleihebetrag höchstens 60 % der Besicherung betragen darf, mit Genehmigung der Aufsicht 70 %.

2.2.4 Höher gewichtete Positionen

Gegenüber den geltenden Eigenkapitalanforderungen werden durch Basel II an verschiedenen Stellen Erleichterungen für gute Kreditnehmer geschaffen. Unterdurchschnittlichen Kreditqualitäten werden in Zukunft jedoch höhere Bonitätsgewichte zugeordnet.

Dies gilt allerdings nicht nur für Kreditnehmer mit einem schlechten Rating, sondern auch für andere Forderungen, die ein besonderes Risiko darstellen.

Das Risikogewicht von 150 % gilt wie bereits beschrieben für die nachstehenden Forderungsarten:[28]

– Forderungen an Staaten und vergleichbare öffentliche Schuldner mit einem Rating schlechter als B-
– Forderungen an Banken und Wertpapierfirmen mit einem Rating schlechter als B-
– Forderungen an Unternehmen mit einem Rating schlechter als BB-

Für ABS-Tranchen mit einem Rating von BB+ bis BB- beträgt das Risikogewicht 350 %, noch schlechter geratete Tranchen sind direkt vom Eigenkapital abzuziehen.

Unabhängig vom Rating gelten erhöhte Risikogewichte für Forderungen in Verzug. Dies sind Forderungen, die seit mehr als 90 Tagen fällig sind. Der unbesicherte Teil dieser Forderungen ist nach Abzug von etwaigen Einzelwertberichtigungen wie folgt zu gewichten:

Risikogewicht	Forderungsarten
150 %	– Wenn die Einzelwertberichtigungen weniger als 20 % der ausstehenden Forderung betragen
100 %	– Wenn die Einzelwertberichtigungen 20 % und mehr (aber weniger als 50 %) der ausstehenden Forderung betragen – Wenn die Einzelwertberichtigungen 15 % und mehr betragen und die Forderungen vollständig durch Sicherheiten unterlegt sind, die ansonsten nicht anerkannt werden[29] – Gewerbeimmobilienfinanzierungen in Verzug – Wohnungsbaufinanzierungen in Verzug[30]

---

[28] Vgl. Basel II, § 79.
[29] Diese Regelung bezieht sich auf solche Sicherheiten, die nicht zu den anerkannten Sicherheiten im Sinne der §§ 145 und 146 zählen. Zu den anerkennungsfähigen Sicherheiten vgl. Kapitel C. VI. „Sicherheiten und Risk Mitigation".
[30] Vgl. Basel II, Fußnote 25 zu § 74.

Risikogewicht	Forderungsarten
50 %	– Wenn die Einzelwertberichtigungen 50 % und mehr der ausstehenden Forderung betragen

Tabelle 9: Risikogewichte für Forderungen in Verzug

Das 50 %-ige Risikogewicht ist grundsätzlich ein nationales Wahlrecht, alternativ wäre ansonsten ein Risikogewicht von 100 % anzusetzen. Im Rahmen der CAD 3 wurde dieses Wahlrecht einheitlich ausgeübt.

Es liegt darüber hinaus im Ermessen der nationalen Aufsichtsbehörden, für Aktiva, denen üblicherweise ein höheres Risiko zugrunde liegt, ein Risikogewicht von 150 % festzusetzen. Als Beispiele werden Wagniskapitalfinanzierungen (Venture Capital) und Private Equity genannt.[31]

2.2.5 Sonstige Aktiva

Eine Generalklausel im Baseler Akkord besagt, dass alle Aktiva, die nicht gesondert aufgeführt werden, wie im Akkord von 1988 (Basel I) behandelt werden. Dementsprechend gilt i. d. R. ein Standardrisikogewicht von 100 %.

Aktien und andere als Eigenkapital anerkannte Wertpapiere müssen weiterhin vom Eigenkapital abgezogen werden, wenn sie die im Grundsatz I § 4 i. V. m. § 10 Abs. 2 und 6 genannten Kriterien erfüllen.[32]

2.3 Bankindividuelle Festlegung der relevanten Ratingagenturen

Um die Vergleichbarkeit der Kapitalanforderungen zu gewährleisten, dürfen nur Ratings von anerkannten Ratingagenturen angewandt werden. Die Anerkennung muss durch die nationale Aufsichtsbehörde vorgenommen werden und kann auf bestimmte Forderungsarten oder Rechtsgebiete beschränkt werden. Die Anerkennungskriterien sollen von den Aufsichtsbehörden bekannt gegeben werden.

Um anerkannt werden zu können, muss eine Ratingagentur mindestens die nachfolgenden sechs Kriterien erfüllen:[33]

– Objektivität
– Unabhängigkeit
– Internationaler Zugang/Transparenz
– Veröffentlichung
– Ressourcen
– Glaubwürdigkeit

---

[31] Vgl. CAD 3, Annex VI, Part 1, Punkt 11. Der Ansatz des Baseler Komitees, sogar Risikogewichte von mehr als 150 % zu ermöglichen, wurde von der Europäischen Kommission nicht übernommen.
[32] Vgl. Basel II, § 52 und Kapitel C. V. „Berücksichtigung von Beteiligungen".
[33] Vgl. Basel II, §§ 90 f.

Auch Exportversicherungsagenturen kommen für die Anerkennung als Ratingagentur in Frage, wenn sie ihre Länderklassifizierungen veröffentlichen und die so genannte OECD-Systematik anwenden.[34]

Ob eine Ratingagentur die vorgeschriebenen Anforderungen erfüllt, müssen die Institute nicht einzeln überprüfen. Vielmehr werden die Aufsichtsbehörden „Positivlisten" veröffentlichen, aus denen ersichtlich ist, welche Ratingagenturen für die Kreditrisikounterlegung herangezogen werden dürfen.

Es wird den Instituten nicht zugemutet, jedes von einer anerkannten Ratingagentur veröffentlichte Ratingurteil zur Kapitalunterlegung heranzuziehen. Vielmehr müssen die Institute aus der Liste der möglichen Agenturen diejenigen auswählen, deren Ratings sie nutzen wollen („nominieren"). Während der Baseler Akkord keine Aussage zur Mindestanzahl an Ratingagenturen trifft, legt die neue europäische Kapitaladäquanzrichtlinie fest, dass eine oder mehrere Agenturen ausgewählt werden müssen. Dabei können für unterschiedliche Forderungsklassen ggf. unterschiedliche Agenturen bestimmt werden. Eine einzige nominierte Agentur wäre demnach ausreichend.[35]

2.4 Bestimmung des zu Grunde zu legenden Ratings

2.4.1 Mehrfachratings

Wie zuvor beschrieben, erfolgt die Zuordnung des Risikogewichts auf Basis des Ratings des Kreditnehmers. Dabei wurde davon ausgegangen, dass das Rating eine bekannte Größe ist. In der Praxis kommt es jedoch vor, dass ein Kreditnehmer von verschiedenen Agenturen mit unterschiedlichen Ergebnissen geratet wurde oder dass unterschiedliche Ratings für verschiedene Forderungskategorien vergeben wurden.

In diesen Fällen muss aus den in Frage kommenden Ratings dasjenige ausgewählt werden, das für die betreffende Forderung anzuwenden ist. Allerdings kann dies nicht zwingend dem Rating selbst angesehen werden, sondern es muss auf das mit dem Rating verbundene Risikogewicht Bezug genommen werden.

Die Zuordnung von Risikogewichten zu den Ratingklassen ist Bestandteil des Genehmigungsprozesses. Auch wenn viele Ratingagenturen gleich lautende Skalen nutzen (z. B. AAA bis C) ist keineswegs sicher, dass auch die Risikogewichte identisch ausfallen werden. An dieser Stelle zeigt sich der methodische Vorteil von CAD 3, da die Risikogewichte nicht an Ratingurteile sondern an Risikoklassen geknüpft sind.

Im Rahmen des Zulassungsprozesses der Ratingagenturen muss zukünftig durch die Aufsicht eine Zuordnungstabelle erstellt werden, aus der die für die jeweilige Ratingklasse geltende Qualitätsstufe ersichtlich wird. Welchem Risikogewicht die einzelnen Qualitätsstufen entsprechen ergibt sich aus dem relevanten Kreditnehmersegment.

---

[34] Vgl. Basel II, § 55.
[35] Vgl. CAD 3, Annex VI, Part 3, Punkt 1.

Qualitätsstufe	1	2	3	4	5	6
Ratingskala Agentur X	AAA bis AA-	A+ bis A-	BBB+ bis BBB-	BB+ bis BB-	B+ bis B-	Unter B-
Ratingskala Agentur Y	AAA bis AA	AA- bis A	A- bis BBB-	BB+ und BB	BB- bis B-	Unter B-
Ratingskala Agentur Z	1 und 2	3 bis 5	6 bis 9	10 und 11	12 und 13	Unter 13

Tabelle 10: Beispiel für die Zuordnung von Qualitätsstufen zu Ratingklassen

Sofern ein Kreditnehmer von mehreren nominierten Agenturen geratet wurde, ergibt sich ein Problem, wenn diesen Ratings unterschiedliche Qualitätsstufen zugeordnet sind. Daher wurde festgelegt, dass bei zwei Ratings, die zu unterschiedlichen Qualitätsstufen führen, das Rating mit dem höheren Risikogewicht zu berücksichtigen ist.

Bei mehr als zwei Ratings sind die beiden Ratings zu berücksichtigen, die zu den niedrigsten Risikogewichten führen. Sofern sich bei diesen Ratings unterschiedliche Risikogewichte ergeben, ist das höhere der beiden für die Bemessung der Kapitalanforderungen anzuwenden.

Vereinfachend gilt also, dass immer das zweitbeste Rating bzw. Risikogewicht anzuwenden ist, wenn mehr als ein Rating vergeben wurde.

2.4.2 Zuordnung von Ratings zu Forderungen

Grundsätzlich kann sich ein Rating auf ein bestimmtes Wertpapier (Emissionsrating) oder auf den Schuldner im Allgemeinen beziehen (Emittentenrating). Existiert für eine bestimmte Forderung ein Emissionsrating, so ist für diese Emission dieses Rating auch heranzuziehen. Entspricht die Forderung einer Bank nicht genau dieser Emission, so kann ein die Unterlegung verringerndes Rating nur herangezogen werden, wenn diese Forderung in jeder Hinsicht gleich- *(pari passu)* oder höherwertig ist. Dies bedeutet, dass der Erwerber der Forderung in keiner Hinsicht schlechter gestellt sein darf als der Erwerber der gerateten Forderung. Sofern das bessere Rating der Emission auf der Besicherung der Forderung beruht, dürfen diese Sicherheiten nicht zusätzlich herangezogen werden.[36]

Verfügt der Schuldner über ein Emittentenrating, so wird angenommen, dass dieses Rating typischerweise für die vorrangigen, unbesicherten Forderungen an diesen Emittenten gilt. Somit können auch nur solche Forderungen von einem guten Rating profitieren. Andere – also nicht vorrangige – Forderungen des Emittenten müssen deshalb wie ungeratete Forderungen behandelt werden, sofern nicht auch ein Emittentenrating für nachrangige Forderungen vorliegt. Falls das Rating des Emittenten oder einer seiner Emissionen zu einem Risikogewicht führt, das höher als das Risi-

---

[36] Vgl. Basel II, §§ 99 ff. und Kapitel C. VI. „Sicherheiten und Risk Mitigation".

kogewicht für ungeratete Forderungen ist, muss dieses schlechtere Risikogewicht auch für die ungerateten Forderungen angewandt werden.

Unabhängig davon ob eine Bank beabsichtigt, auf das Emittenten- oder Emissionsrating abzustellen, ist sicherzustellen, dass das gesamte Obligo eines Kunden sachgerecht abgedeckt wird.

Falls sich das Rating auf ein Unternehmen innerhalb einer **Unternehmensgruppe** bezieht, darf dieses Rating nicht auf andere Unternehmen der Gruppe übertragen werden. Es gilt ausschließlich für das geratete Unternehmen.

Auf den Finanzmärkten wird zudem zwischen **kurz- und langfristigen Ratings** unterschieden, die üblicherweise nur für Banken und andere Unternehmen, nicht aber für Staaten vergeben werden. Kurzfristige Ratings werden dabei für Forderungen angewandt, die eine Ursprungslaufzeit von weniger als einem Jahr besitzen. Unter Basel II werden diese kurzfristigen Ratings als emissionsspezifisch angesehen. Sie können deshalb i. d. R. nicht auf andere kurzfristige Kredite und in keinem Fall auf nicht geratete langfristige Forderungen übertragen werden. Für die Ratingskalen von Standard & Poor's (A-1 etc.) bzw. Moody's Investors Service (P-1 etc.) ergibt sich folgende Eigenkapitalunterlegung:[37]

Rating	A-1/P-1	A-2/P-2	A-3/P-3	Andere
Qualitätsstufe CAD 3	1	2	3	4, 5, 6
Risikogewicht	20%	50%	100%	150%

Tabelle 11: Risikogewichte für Kurzfristratings

Sollte aber einer **gerateten** kurzfristigen Forderung ein Risikogewicht von 50 % zugeordnet werden, beträgt das Risikogewicht für **ungeratete** kurzfristige Forderungen des gleichen Kreditnehmers mindestens 100 %. Falls sich für kurzfristige Forderungen ein Risikogewicht von 150 % ergibt, muss dieses höhere Risikogewicht unabhängig von der Laufzeit auf alle ungerateten Forderungen des Kreditnehmers angewandt werden, sofern nicht aufgrund der Besicherung ein besseres Risikogewicht möglich ist.

Der Baseler Akkord nennt eine weitere Vereinfachung für kurzfristige Forderungen gegenüber Banken. Sollte die nationale Aufsichtsinstanz sich für die zweite Option (Risikogewicht entsprechend dem Rating der Bank) entscheiden, wird die bevorzugte Behandlung auf alle Forderungen an Banken mit einer Laufzeit unter drei Monaten angewandt. Existiert ein Kurzfristrating, das zu einem niedrigerem Risikogewicht führt, kann dieses Risikogewicht für diese spezifische Forderung angewandt werden. Die übrigen Forderungen werden entsprechend Option 2 behandelt.

Existiert hingegen ein Kurzfristrating, das zu höheren Risikogewichten führt, so muss dieses höhere Risikogewicht auf **alle** nicht gerateten kurzfristigen Forderungen

---

[37] Vgl. CAD 3 Annex VI, Part 1, Punkt 14.

angewandt werden, die bevorzugte Behandlung ist somit nicht möglich.[38] In der EU-Richtlinie fehlt diese Vorschrift, weshalb davon auszugehen ist, dass diese Bestimmung nicht in nationales Recht übernommen werden wird.

Sofern sich das Ratingurteil ausdrücklich auf die **Heimatwährung** des Schuldners bezieht, kann es nicht zur Risikogewichtung von **Fremdwährungsforderungen** genutzt werden. In diesem Fall müssen separate Fremdwährungsratings – sofern vorhanden – herangezogen werden.[39]

Die Unterscheidung zwischen Heimat- und Fremdwährungsrating kann entfallen, wenn die Forderung ursprünglich von einer anerkannten multilateralen Entwicklungsbank begeben wurde und das Konvertierungs- und Transferrisiko dadurch vollständig reduziert wird. Das Heimatwährungsrating des Kreditnehmers kann für die Risikogewichtung genutzt werden, wenn sich ein Kreditinstitut an einem solchen Kredit beteiligt.

2.4.3 Unbeauftragte Ratings

Grundsätzlich sollten Ratings nur dann verwendet werden, wenn die Agentur mit der Durchführung des Ratings beauftragt wurde (*Solicited Ratings*). Durch die Beauftragung erhält die Ratingagentur Einblick in interne Geschäftsunterlagen, so dass das Ratingergebnis auf einem besseren Informationsstand beruht als dies bei unbeauftragten Ratings der Fall wäre. Allerdings kann die nationale Aufsicht den Banken gestatten, unbeauftragte Ratings (*Unsolicited Ratings*) von anerkannten Ratingagenturen in gleicher Weise wie beauftragte zu benutzen.

Sofern aber eine Ratingagentur unbeauftragte Ratings verwendet, um Druck auf Unternehmen auszuüben, sich raten zu lassen, dürfen die hieraus resultierenden Ratings nicht für die Kapitalunterlegung genutzt werden. Vielmehr ist die Bankenaufsicht in diesem Fall aufgefordert, die grundsätzliche Eignung der Agentur für die Zwecke der Kapitalunterlegung zu überprüfen.[40]

Ziel dieser Regelung ist, den Ratingagenturen den Anreiz zu nehmen, durch ggf. zu schlecht gehaltene Ratings eine Beauftragung durch das beurteilte Unternehmen herbeizuführen.

3. Ermittlung des unterlegungspflichtigen Kapitalbetrags

3.1 Bestimmung des Exposures

3.1.1 Bilanzielle Forderungen

Die Überarbeitung der Eigenmittelanforderungen betrifft in erster Linie die Festlegung der relevanten Risikogewichte. Die Berechnung des unterlegungspflichtigen

---

[38] Vgl. Basel II, § 105.
[39] Vgl. Basel II, § 102 und CAD 3 Annex VI, Part 3, Punkt 4. Das nationale Wahlrecht wurde von der EU einheitlich ausgeübt. Die Kriterien für anerkannte multilaterale Entwicklungsbanken sind in Abschnitt Forderungen an Multilaterale Entwicklungsbanken genannt.
[40] Vgl. Basel II, § 108 und CAD 3, Artikel 83 i. V. m. Annex VI, Part 1, Punkt 1.3.

Kreditbetrags ändert sich nur in wenigen Fällen. In der CAD 3 wird ausdrücklich auf die bisherige Regelung verwiesen, die diesbezüglich weiter Bestand hat.

Grundsätzlich ist somit bei Risikoaktiva des Bankbuchs weiterhin der Buchwert der Forderung unterlegungspflichtig.[41] Gebildete Einzelwertberichtigungen dürfen von der Bemessungsgrundlage abgezogen werden.[42]

Wenn sich eine Bank für den umfassenden Ansatz zur Berücksichtigung von Sicherheiten entscheidet, kann bei vorhandener Besicherung der Forderung der unterlegungspflichtige Forderungsbetrag reduziert werden. Im einfachen Ansatz wird hingegen das Risikogewicht entsprechend der Besicherung angepasst.

3.1.2 Außerbilanzielle Forderungen

Bei außerbilanziellen Forderungen muss der unterlegungspflichtige Betrag i. d. R. errechnet werden. Wie bisher werden hierzu Kreditumrechnungsfaktoren (*„Credit Conversion Factor"*, *CCF*) herangezogen. Der errechnete Betrag ist dann entsprechend dem Risikogewicht des Kreditnehmers bzw. Kontrahenten zu gewichten. Die Kappung des Risikogewichts für *Over-The-Counter-Derivate* entfällt (bisherige Obergrenze: 50 %).[43]

Für nicht in Anspruch genommene Kreditzusagen richtet sich der *CCF* nach der Ursprungslaufzeit und den Kündigungsklauseln:

Ursprungslauf-zeit	Kreditumrechnungsfaktor		
	mit Kündigungsrecht	ohne Kündigungsrecht	Zusicherung zur Bereitstellung
≤ 1 Jahr	0 %	20 %	20 %
> 1 Jahr	0 %	50 %	20 %

Tabelle 12: Kreditumrechnungsfaktoren für Kreditzusagen

Die Nullgewichtung ist nur dann zulässig, wenn die Kündigung der Kreditzusage jederzeit, d. h. ohne vorherige Ankündigung und unbedingt ausgesprochen werden kann. Kreditzusagen, die im Falle einer Bonitätsverschlechterung automatisch erlöschen, werden wie Kreditzusagen mit Kündigungsrecht behandelt, so dass der *CCF* ebenfalls 0 % beträgt.

Hier ergibt sich eine bedeutende Änderung zum geltenden Recht, da Kreditzusagen mit einer Laufzeit von bis zu einem Jahr bislang nicht unterlegungspflichtig waren. Da sich die gleiche Regelung auch im Entwurf der EU-Kommission findet, ist davon auszugehen, dass sie auch in nationales Recht übernommen wird.

---

[41] Vgl. Grundsatz I, § 6. Auf die entsprechend § 6 vorzunehmende Verrechnung von Vorsorgereserven und Rechnungsabgrenzungsposten wird an dieser Stelle nicht weiter eingegangen.
[42] Vgl. Basel II, § 52.
[43] Vgl. Basel II, § 82.

Auf eine feste Zusicherung einer Kreditzusage ist ein *CCF* von 20 % anzuwenden. Die Kreditinstitute müssen somit sicherstellen, dass die Zusagebereitschaft ordnungsgemäß in Nebenbüchern erfasst und in der Berechnung der Kapitalunterlegung berücksichtigt wird.[44]

Für verliehene bzw. als Sicherheit hinterlegte Wertpapiere der Bank gilt ein *CCF* von 100 %. Diese Regelung ist zunächst auch bei Wertpapierpensions- und -leihgeschäften anzuwenden. Durch die bei diesen Geschäften üblicherweise eingesetzten Sicherheiten bzw. Nachschusspflichten wird der unterlegungspflichtige Betrag in der Praxis allerdings meist wieder reduziert.

Für das Kontrahentenrisiko aus noch nicht abgewickelten Transaktionen des Anlagebuchs trifft das Baseler Komitee keine verbindlichen Regelungen. Es weist allerdings darauf hin, dass aus solchen Geschäften ein Kreditrisiko resultiert, das von den Banken in geeigneter Weise beobachtet werden muss. Es ist davon auszugehen, dass das Regelwerk mittelfristig noch um die Unterlegung dieses Kontrahentenrisikos erweitert wird.[45]

Transaktionen, deren Abwicklung fehlgeschlagen ist, müssen allerdings verpflichtend mit Eigenmitteln unterlegt werden. Es obliegt allerdings der nationalen Aufsicht, diesbezüglich Vorschriften zu erlassen.

Ein ermäßigter *CCF* von 20 % ist für kurzfristige, selbst liquidierende Handelsakkreditive aus dem Warenverkehr (wie beispielsweise Dokumentenakkreditive) vorgesehen. Der Kreditumrechnungsfaktor gilt sowohl für die ausstellende wie auch für die bestätigende Bank.

3.2 Berechnung des Mindesteigenkapitals

3.2.1 Kreditrisikounterlegung

Der erforderliche Kapitalbetrag für Kreditrisiken wird durch die Multiplikation des zugrunde zu legenden Exposures mit den Risikogewichten ermittelt.

Beispiel 1

Ein ungerateter Kreditnehmer, der nicht dem Retailsegment zugerechnet werden kann bzw. darf, hat einen Kredit i. H. v. 250 TEUR erhalten. Da kein Rating vorliegt, beträgt das Risikogewicht 100 %. Die anzusetzende Bemessungsgrundlage („gewichtete Risikoaktiva") beträgt somit 250 TEUR (= 250 TEUR × 100 % RW).

Beispiel 2

Auf dem Girokonto eines Privatkunden wurde ein Dispositionskredit von 10 TEUR eingeräumt. Dieser Kreditrahmen wurde unbefristet vergeben, allerdings hat die Bank sich vorbehalten, den Rahmen jederzeit kündigen zu können. Das Girokonto

---

[44] Vgl. Basel II, § 86. Beim angesprochenen niedrigeren CCF handelt es sich um den Wert 20 %, da eine nicht fest zugesagte Bereitschaft die Kriterien der Kündbarkeit erfüllt. Für diese bedingten Zusagen gilt somit ein CCF von 0 %.

[45] Vgl. Basel II, §§ 88 f.

weist zum Stichtag ein Guthaben auf. Dadurch betragen die gewichteten Risikoaktiva 0 (= 10 TEUR × 0 % CCF × 75 % RW).

Beispiel 3

Der Dispositionskredit aus Beispiel 2 wurde ursprünglich für ein Jahr fest zugesagt und ist in diesem Zeitraum unkündbar. Dadurch ergibt sich ein *CCF* von 20 %. Somit betragen die gewichteten Risikoaktiva 1,5 TEUR (= 10 TEUR × 20 % CCF × 75 % RW).

Beispiel 4

Ein Unternehmenskredit über 300 TEUR wurde durch verpfändete Wertpapiere mit einem aktuellen Wert von 100 TEUR (nach Haircuts) besichert. Der Kreditnehmer wurde von einer anerkannten Ratingagentur mit einem Rating der Qualitätsstufe 2 beurteilt, das Risikogewicht beträgt somit 50 %. Damit geht ein Betrag von 100 TEUR in die Berechnung der Kapitalunterlegung ein ((300 TEUR – 100 TEUR) × 50 % RW).

Für jede bilanzielle und außerbilanzielle Forderung sowie die weiteren unterlegungspflichtigen Risikoaktiva (Beteiligungen etc.) muss die Berechnung individuell durchgeführt werden. Die Summe der gewichteten Risikoaktiva fließt dann in die Berechnung der Gesamtkapitalanforderung ein.

3.2.2 Gesamtkapitalanforderungen

Kernaussage des Baseler Akkords ist, dass das Risiko eines Instituts die vorhandenen Eigenmittel maximal um den Faktor 12,5 übersteigen dürfen. Dies ist gleichbedeutend mit einer Eigenmittelquote von 8 %.

Im Gegensatz zu den IRB-Ansätzen, wo sich die Höhe der Eigenmittel durch die Einrechnung von Wertberichtigungen verändern kann, bleibt die Definition der Eigenmittel im Standardansatz unverändert. Auch die Faktoren 12,5 bzw. 8 % wurden aus dem ersten Baseler Akkord übernommen.[46]

Dennoch ändert sich die Berechnungssystematik geringfügig, da die Kapitalanforderungen für operationelle Risiken einbezogen werden müssen. Sofern ein Kreditinstitut die aufsichtliche Genehmigung zur Anwendung des *Partial Use* hat, also für unterschiedliche Kreditsegmente sowohl Standardansatz als auch IRB-Ansatz verwendet, wird die unter den IRB-Ansätzen erforderliche Verrechnung der Wertberichtigungen auch für den Standardansatz relevant. Die Wertberichtigungen müssen den Portfolien unter Standard- bzw. IRB-Ansatz zugeordnet werden.[47]

Im einfachsten Fall werden die gewichteten Risikoaktiva für Kredit-, Marktpreis- und operationelle Risiken addiert, nachdem sie entsprechend den Rechenregeln ermittelt wurden. Wenn nun die vorhandenen anerkannten Eigenmittel durch die

---

[46] Vgl. Basel II, § 41.
[47] In Kapitel C. III. „Die IRB-Ansätze" wird die weitere Vorgehensweise im Detail beschrieben, weshalb an dieser Stelle nur der gewöhnliche Standardansatz (ohne Partial Use) behandelt wird.

Summe der Risikoaktiva dividiert werden, darf das Ergebnis nicht kleiner als 8 % sein.

$$\frac{\text{Kernkapital} + \text{Ergänzungskapital}}{\sum \text{Risikoaktiva Kredit} + \sum \text{Bemessungsgrundlage Markt} + \sum \text{Bemessungsgrundlage OpRisk}} \geq 8\%$$

bzw.

$$\frac{\sum \text{Risikoaktiva Kredit} + \sum \text{Bemessungsgrundlage Markt} + \sum \text{Bemessungsgrundlage OpRisk}}{\text{Kernkapital} + \text{Ergänzungskapital}} \leq 12{,}5$$

Die Mindesteigenkapitalquote von 8 % ist als strenge Untergrenze zu verstehen, die in jedem Fall einzuhalten ist. Die Bankenaufsicht erwartet, dass das tatsächliche Eigenkapital über dieser Mindestnorm liegt. Dies wird auch in Säule II explizit formuliert: „...die Geschäftsleitung [ist] dafür verantwortlich sicherzustellen, dass die Bank über die aufsichtlichen Mindestanforderungen hinaus über angemessene Eigenmittel für die Deckung ihrer Risiken verfügt."[48]

Dies entspricht der in Deutschland bereits praktizierten Vorgehensweise, wonach die Eigenkapitalquote (bzw. Eigenmittelquote) in der Regel über 8,4 % liegen soll. In diesem Fall ist eine monatliche Berechnung und Meldung der Kapitalausstattung ausreichend. Banken, die diesen Wert nicht erreichen, müssen nachweisen können, dass sie die 8 %-Grenze an keinem Tag unterschritten haben.[49]

Es darf jedoch nicht außer Acht gelassen werden, dass der Standardansatz – seinem Namen entsprechend – nur eine standardisierte Betrachtungsweise zur Ermittlung des erforderlichen Eigenkapitals darstellt. Daher wird im Rahmen der Zweiten Säule ergänzend gefordert, dass Banken über Methoden verfügen sollen, das ökonomische Kreditrisiko sowohl individuell als auch auf Portfolioebene abzuschätzen. Insbesondere interne Ratingverfahren werden als Instrument zur Identifikation und Messung der Kreditrisiken empfohlen, da sie im Standardansatz ohne Einfluss auf die Kapitalanforderungen sind.

4. Fazit

Beim Standardansatz zur Unterlegung der Kreditrisiken handelt es sich um eine grundsätzlich risikosensitive Weiterentwicklung des ersten Baseler Akkords. Viele der bisherigen Regelungen gelten unverändert weiter oder werden nur geringfügig modifiziert. Schwerpunkte der Änderungen sind die Festlegung der Risikogewichte für die Kreditnehmer sowie die separat betrachtete Neuregelung der Anerkennung von Sicherheiten.

Die angestrebte Risikosensitivität fällt jedoch gering aus, wenn – wie in Deutschland als Regelfall anzunehmen ist – nur ein geringer Teil der Kreditnehmer über ein externes Rating verfügt. Dementsprechend werden Unternehmenskunden i. d. R. mit 100 % risikogewichtet werden.

---

[48] Basel II, § 721.
[49] Vgl. „Erläuterungen zur Bekanntmachung über die Änderung und Ergänzung der Grundsätze über das Eigenkapital und die Liquidität der Kreditinstitute" vom 29. Oktober 1997, Erläuterung zu § 2, Absatz 2.

Über die Einführung des verminderten Risikogewichts von 75 % für das aufsichtsrechtliche Retailsegment wird ein Ausgleich für die zusätzlichen Kapitalanforderungen für Operationelle Risiken geschaffen. Für Kreditinstitute, deren Geschäftsschwerpunkt auf diesem Kundenkreis liegt, ergibt sich daher vielfach eine deutliche Entlastung der Kapitalanforderungen. Unter der Annahme, dass das Retailgeschäft aufgrund seiner jeweils geringen Einzelbeträge zu einer verbesserten Risikodiversifikation führt, ist die reduzierte Kapitalunterlegung durchaus sachgerecht.

Bei üblicher Besicherung bzw. guten Verwertungsquoten kommt es auch unter den IRB-Ansätzen zu einer Reduzierung des aufsichtsrechtlichen Kapitalbedarfs. Aufgrund der bis einschließlich 2009 geltenden Floor-Regelungen ist die Kapitalerleichterung in diesen Ansätzen allerdings explizit begrenzt. Im Standardansatz existiert hingegen keine solche Einschränkung. Dies führt in den ersten Jahren zu einer gesteigerten Attraktivität des Standardansatzes.

Auch unter Kostenaspekten hat der Standardansatz Vorteile, da die Berechnung in vielen Fällen auf den vorhandenen Meldewesen-Verfahren aufsetzen kann. Dies reduziert den dv-technischen Entwicklungs- und Pflegeaufwand spürbar. Dennoch können Institute, welche den Standardansatz anwenden, nicht auf Ratingverfahren verzichten. Nicht nur aus den MaK resultiert die Verpflichtung, die Bonität der Kreditnehmer detailliert zu beurteilen. Auch der Markt wird eine Fehleinschätzung der Bonität bestrafen.

Schätzt ein Institut die Kreditnehmerqualität zu gut ein, werden die veranschlagten Konditionen die Risikokosten meist nicht decken können. Im umgekehrten Fall wird der Kunde jedoch im Zweifel auf für ihn günstigere Angebote der Mitbewerber zurückgreifen.

Auch die Anforderungen der Säulen II und III bewirken, dass ein Kreditinstitut die Umsetzung von Basel II nicht auf die Einführung des Standardansatzes beschränken kann. Die Aufsicht erwartet ein risikogerechtes internes Steuerungssystem. Zudem sollen sich über die Marktmechanismen die Refinanzierungskonditionen verteuern, wenn eine Bank ihren Geschäftspartnern die eigene Risikolage nicht zufrieden stellend erläutern kann.

Insofern sollten Institute, die in einem ersten Schritt die Kreditrisikounterlegung nach dem Standardansatz vornehmen wollen, frühzeitig Vorkehrungen treffen, um zumindest im internen Steuerungsansatz den Ansprüchen an ein IRB-Institut gerecht zu werden.

III. Die IRB-Ansätze

Michael Cluse, Tobias Stellmacher

Inhalt:

	Seite
1 Einleitung	168
2 Methodik der IRB-Ansätze	169
2.1 Übersicht	169
2.2 Risikoaktivaklassen	170
3 Bestimmung der Risikoparameter	172
3.1 Ermittlung der Ausfallwahrscheinlichkeit	172
3.1.1 Definition des Ausfalls	172
3.1.2 Wegfall des Referenzkriteriums	175
3.1.3 Ableitung der erwarteten Ausfallwahrscheinlichkeit	176
3.1.4 Ausgestaltung des internen Ratingsystems	177
3.2 Berücksichtigung von Sicherheiten	180
3.2.1 Bedeutung der Schadenschwere (LGD)	180
3.2.2 Vorgaben im IRB-Basisansatz	180
3.2.3 Vorgaben im fortgeschrittenen IRB-Ansatz	184
3.2.4 Berücksichtigung von Garantien und Kreditderivaten	185
3.3 Bestimmung des relevanten Forderungsbetrags (EAD)	186
3.3.1 Traditionelle bilanzielle und außerbilanzielle Geschäfte	186
3.3.2 Derivative Geschäfte	188
3.4 Einbeziehung der Restlaufzeit	188
3.5 Besondere Regeln für Spezialfinanzierungen	190
3.6 Spezifische Regelungen für Retailkredite	193
3.6.1 Die Besonderheiten der Retailaktiva	193
3.6.2 Retailsubsegmente	194
3.6.3 Risikokomponenten	195
3.7 Angekaufte Forderungen	197
3.7.1 Kapitalunterlegung für Ausfallrisiken	197
3.7.2 Berücksichtigung des Verwässerungsrisikos	198
3.7.3 Kaufpreisnachlässe und Sicherheiten bei angekauften Forderungen	199
3.8 Leasingforderungen	200
3.9 Beteiligungspositionen und verbriefte Transaktionen	200
4 Überführung der Risikoparameter in das Risikogewicht	201
4.1 Forderungen an Staaten, Banken und Unternehmen	201
4.2 Retailforderungen	202
4.3 Forderungen in Default	203
4.4 Berücksichtigung von erwarteten Verlusten und Wertberichtigungen	204
4.4.1 Ermittlung des erwarteten Verlusts	204
4.4.2 Kapitalanforderungen für den erwarteten Verlust	205
4.5 Kapitalanforderungen bei Anwendung des Partial Use	206
5 Bewertung und Ausblick	207

Teil C: Kreditrisikounterlegung

1. Einleitung

In den ursprünglichen Vorschlägen zur Überarbeitung der Eigenmittelanforderungen aus Juni 1999 waren die Bonitätsbeurteilungen von Ratingagenturen als ausschließliches Kriterium zur Bestimmung der Risikogewichte in den einzelnen Risikoaktivaklassen vorgesehen.[1]

Diese Vorgehensweise stieß insbesondere in Kontinentaleuropa auf massive Kritik, da hier – von wenigen Ausnahmen abgesehen – zu diesem Zeitpunkt kaum ein Unternehmen außerhalb der Finanzdienstleistungsbranche über ein Rating verfügte. Die Banken wiesen jedoch darauf hin, dass sie über interne Verfahren verfügen, mit deren Hilfe sie bereits seit Jahren die Bonität ihrer Kreditnehmer beurteilen würden.

Das Baseler Komitee ließ sich davon überzeugen, dass diese Verfahren grundsätzlich geeignet sind, die gewünschte risikosensitivere Kapitalunterlegung des Kreditportfolios umzusetzen, und führte im Rahmen des überarbeiteten zweiten Konsultationspapiers die auf internen Ratings basierenden Ansätze (IRB-Ansätze) als Alternative zum Standardansatz ein. Dabei ist zu beachten, dass die Anwendung eines IRB-Ansatzes der ausdrücklichen vorherigen Genehmigung der Aufsicht bedarf.[2] Die IRB-Ansätze stehen damit nur den Instituten offen, die sich einer speziellen Prüfung durch die nationale Bankenaufsicht unterzogen haben.

Während im Standardansatz ausschließlich das Rating und die Aktivaklasse (Kreditnehmersegment) über das anzuwendende Risikogewicht entscheiden, sind im IRB-Ansatz weitere Größen wie die erwartete Schadenschwere, das erwartete Kreditvolumen zum Ausfallzeitpunkt und die Restlaufzeit der Forderung zu bestimmen, die unter bestimmten Voraussetzungen ebenfalls auf internen Schätzungen der Bank beruhen können.

Dieser Fortschritt führte insbesondere in Deutschland zu einer intensiven Diskussion in der Wirtschaftspresse, da der Mittelstand befürchtete, nunmehr auf Gedeih und Verderb den Ratingeinschätzungen der Kreditwirtschaft ausgesetzt zu sein. Vor allem wurde befürchtet, dass automatisierte Computerverfahren die individuellen Besonderheiten der einzelnen Unternehmen nicht angemessen würdigen und stattdessen klassischen Auswertungen wie beispielsweise der Bilanzanalyse zu hohes Gewicht beimessen würden.

Die so genannte Prozyklikalität der IRB-Ansätze wurde als weiterer Kritikpunkt angeführt. Durch die mit zunehmender Ausfallwahrscheinlichkeit ansteigenden Risikogewichte nimmt bei einer Verschlechterung des Ratings die Kapitalanforderung für eine Forderung zu. Da das Eigenkapital der Institute in der Regel begrenzt ist, nimmt in Phasen wirtschaftlichen Abschwungs der Kapitalbedarf zu, wodurch der Spielraum für Neukreditvergaben eingeschränkt wird. Diese werden in einer Rezession jedoch für die konjunkturelle Wende benötigt, so dass durch Basel II eine Verstärkung von Abschwungphasen befürchtet wurde.

---

[1] Vgl. Basel Committee, „A new capital adequacy framework", BCBS Publications No. 50, 1999.
[2] Vgl. Kapitel C. I. „Organisatorische Mindestanforderungen im Rahmen der Kreditrisikounterlegung".

In der Folge wurden insbesondere die IRB-Ansätze mehrfach überarbeitet. Neben allgemeinen Erleichterungen für kleine und mittlere Unternehmen wurden die Banken in Auswirkungsstudien *(Quantitative Impact Studies, QIS)* aufgefordert, den erwarteten Kapitalbedarf unter den IRB-Ansätzen zu schätzen, um auch den Gesamtkapitalbedarf der Kreditwirtschaft zu erheben. Die Ergebnisse der Studien führten zu Modifikationen der Risikogewichtungsfunktionen, also der „Umrechnung" von Ausfallwahrscheinlichkeiten in Kapitalanforderungen, die gegenüber den ursprünglichen Entwürfen nunmehr deutlich flacher ausfallen, um die prozyklischen Effekte zu dämpfen.

Ob die im Akkord nunmehr verabschiedeten Risikogewichte auch zum Zeitpunkt des Inkrafttretens von Basel II gültig sein werden, ist momentan unsicher. In verschiedenen Ländern (u. a. auch in Deutschland) sollen ab Ende 2004 noch weitere Auswirkungsstudien durchgeführt werden, um letzte Gewissheit über den zukünftigen Kapitalbedarf zu erhalten.

Aber auch die Kreditwirtschaft hat auf die Kritik an ihren Ratingverfahren reagiert. In Projekten aller großen deutschen Banken und Bankenverbände beispielsweise wurden auf Basis einer umfassenden Datengrundlage neue Ratingverfahren entwickelt. Dabei wurden für unterschiedliche Kreditnehmersegmente bzw. Branchen bei Bedarf eigenständige Ratingkriterien und Parametergewichte entwickelt, um so die Qualität der Bonitätsprüfung zu verbessern. In vielen Fällen arbeitete eine Vielzahl von Banken und Sparkassen in Gemeinschaftsprojekten der jeweiligen Verbände eng zusammen, um durch die Zusammenführung der vorhandenen Informationen eine verbesserte Datenbasis zu schaffen.

Da die Weiterentwicklung der Ratingverfahren für die Institute und Verbände mit hohen Kosten verbunden war, ist davon auszugehen, dass auf mittlere Sicht die IRB-Ansätze von nahezu allen großen Instituten angewendet werden. Insofern wird die Umsetzung von Basel II eng mit den Anforderungen der internen Ratings verbunden sein.

Die folgenden Ausführungen beziehen sich i. d. R. auf das Baseler Regelwerk. Der Entwurf der neuen EU-Richtlinie, die für die deutschen Institute maßgeblich sein wird, unterscheidet sich meist kaum vom Baseler Akkord. Da zum Zeitpunkt der Drucklegung noch keine überarbeitete offizielle Fassung des Entwurfs vorlag, wurde i.d.R. darauf verzichtet, gesondert auf die Abweichungen in der EU-Richtlinie einzugehen.

2. Methodik der IRB-Ansätze

2.1 Übersicht

Wie bereits beschrieben wurden die **IRB-Ansätze** als Alternative zum Standardansatz geschaffen, wobei die Kapitalunterlegung auf der intern **geschätzten Ausfallwahrscheinlichkeit** basiert. Allerdings fließen in die vorgegebenen Formeln mehrere Größen ein:
– Ausfallwahrscheinlichkeit *(Probability of Default, PD)*
– Schadenschwere *(Loss Given Default, LGD)*
– Forderungsvolumen bei Ausfall *(Exposure at Default, EAD)*

- Restlaufzeit (*Maturity*, *M*)
- Kreditnehmergröße (*Size*, *S*)

Je nach Kreditnehmersegment kommen eigenständige Formeln zur Anwendung, die sich insbesondere in den festen Multiplikatoren unterscheiden, die auf Basis der Ergebnisse der Auswirkungsstudien festgelegt wurden. Nicht jede der genannten Größen fließt in alle Formeln ein und nicht immer sind die Werte individuell zu messen. Anders als im Standardansatz, der den Instituten eine einheitliche Vorgehensweise zur Ermittlung der Risikogewichte vorgibt, bestehen innerhalb der IRB-Ansätze nämlich drei unterschiedliche Varianten, die in Grenzen mit einander kombiniert werden können bzw. müssen.

Grundsätzlich muss zwischen dem **IRB-Basisansatz** (IRBB) und dem **fortgeschrittenen IRB-Ansatz** (FIRB) unterschieden werden. Der IRB-Basisansatz ist an niedrigere Mindestanforderungen geknüpft und daher von den Banken leichter zu erreichen.

Im Basisansatz ist vor allem die Ausfallwahrscheinlichkeit von der Bank zu schätzen. Für die Werte *LGD* und *EAD* werden im Basisansatz Standards vorgegeben, die bei Vorliegen bestimmter Sicherheiten modifiziert werden dürfen. Im FIRB sind hingegen alle wesentlichen Risikoparameter von der Bank selbst zu schätzen, weshalb Banken mit einem unterdurchschnittlichen Kreditrisiko im fortgeschrittenen IRB-Ansatz mit einem niedrigeren Kapitalbedarf rechnen können. Die Zugangsvoraussetzungen zum fortgeschrittenen IRB-Ansatz sind wesentlich strikter als beim Basisansatz, beispielsweise auch bei den geforderten Datenhistorien. Da die Anwendung des FIRB erst im Kalenderjahr 2008 gestattet ist, müssen alle Banken in 2007 zunächst den Basisansatz anwenden.[3]

Der **Retailansatz** stellt eine **Mischform** zwischen IRBB und FIRB dar. Wie der Name bereits aussagt, ist die Anwendung des Retailansatzes auf die Portfolien des Retailsegments beschränkt. Ähnlich wie im FIRB sind die Parameter *EAD* und *LGD* intern zu schätzen, allerdings gelten deutlich erleichterte Mindestanforderungen. Das Baseler Komitee hat klar festgelegt, dass der Retailansatz – obwohl auf internen Schätzungen von *EAD* und *LGD* beruhend – kein fortgeschrittener Ansatz ist und folglich bereits in 2007 angewendet werden darf.

2.2 Risikoaktivaklassen

Wie im Standardansatz sind auch in den IRB-Ansätzen die Art der Forderung und die Klassifizierung des Kreditnehmers wesentliche Merkmale bei der Bestimmung des erforderlichen Kapitalbedarfs. In den IRB-Ansätzen werden verschiedene **Risikoaktivaklassen** unterschieden:
- Staaten
- Banken
- Unternehmen
- Retail

---

[3] Alternativ kann in 2007 nach dem Entwurf der EU auch nach altem Recht (Grundsatz I) verfahren werden.

- Beteiligungen
- Verbriefte Forderungen
- Sonstige Risikoaktiva.

Innerhalb der Forderungsklasse „Unternehmen" werden dabei fünf Unterklassen für Spezialfinanzierungen *(Specialised Lending, SL)* erfasst. Das Retailgeschäft beinhaltet drei Unterklassen.

Der Baseler Ausschuss geht davon aus, dass diese Einteilung in etwa der gängigen Bankpraxis entspricht.[4] Die Kreditnehmer der einzelnen Segmente unterscheiden sich relativ stark voneinander. Daher erscheint ein eigener Ansatz für jedes Segment sachgerecht. Die Verbriefung von Krediten wurde vom Baseler Ausschuss in einem eigenen Kapitel geregelt, in dem die teilweise komplexe Struktur derartiger Transaktionen berücksichtigt wird.[5]

Kredite an Banken gelten als Kredite an alle Unternehmen mit Banklizenz. Als Beteiligungen gelten grundsätzlich alle Instrumente mit Beteiligungscharakter, die also dauerhaft angelegt sind und nicht vom Unternehmen zu einem bestimmten Zeitpunkt zurück zu zahlen sind (dazu zählen auch Wandelanleihen).[6]

Eine Forderung an ein Unternehmen ist grundsätzlich definiert als eine Schuldverpflichtung einer Kapital- oder Personengesellschaft oder eines Einzelunternehmens. Die Klasse „Forderungen an Unternehmen" ist dabei ein Sammelbecken für alle Risikoaktiva, die nicht einer bestimmten Kategorie zugerechnet werden können bzw. müssen (z. B. Forderungen an Banken, Retailforderungen oder Beteiligungen). Innerhalb dieses Segments kann zwischen Forderungen an große und Forderungen an kleine und mittelgroße Unternehmen (KMU) unterschieden werden. Daneben bestehen die bereits angesprochenen fünf Unterklassen für **Spezialfinanzierungen**:

- Projektfinanzierung *(Project Finance, PF)*
- Objektfinanzierung *(Object Finance, OF)*
- Rohstoffhandelsfinanzierung *(Commodities Finance, CF)*
- Einkommen generierende gewerbliche Immobilien *(Income-Producing Real Estate, IPRE)*
- Hoch-volatile gewerbliche Immobilien *(High-Volatility Commercial Real Estate, HVCRE)*.

Das Baseler Komitee hat verschiedene Kriterien aufgestellt, wann eine Forderung als Spezialfinanzierung zu betrachten ist und welcher Kategorie sie in diesem Fall zuzurechnen ist.[7]

Für die Behandlung als **Retailkredit** kommen alle Forderungen in Frage, die an natürliche Personen oder an kleine Unternehmen vergeben wurden und eine Höhe von 1 Mio. Euro nicht übersteigen. Wesentlich ist dabei, dass die Forderungen als Teil eines Portfolios mit gleichen Risikocharakteristika behandelt werden. Die Kapitalunterlegung erfolgt differenziert nach den drei vorgegebenen Unterklassen:

---

[4] Vgl. Basel II, § 215 f.
[5] Vgl. Kapitel C. IX. „Securitisation und Behandlung von ABS-Transaktionen".
[6] Eine genaue Abgrenzung des Begriffs sowie eine ausführlichere Darstellung der Segmente finden sich in Kapitel C. IV. „Abgrenzung der Segmente/Risikoaktivaklassen".
[7] Vgl. Kapitel C. IV. „Abgrenzung der Segmente/Risikoaktivaklassen".

- Wohnwirtschaftliche Realkredite für private Baufinanzierungen
- Qualifizierte revolvierende Retailforderungen (z. B. Kreditkartenforderungen und Dispositionskredite)
- Übriges Retailgeschäft (einschließlich Forderungen an kleine Unternehmen).

Die Kriterien für das Retailgeschäft orientieren sich an der Retaildefinition im Standardansatz, fallen jedoch im Detail unterschiedlich aus.

3. Bestimmung der Risikoparameter
3.1 Ermittlung der Ausfallwahrscheinlichkeit
3.1.1 Definition des Ausfalls

Die Ausfallwahrscheinlichkeit ist die wichtigste Einflussgröße bei der Berechnung des Risikogewichts, da sie grundsätzlich für jedes Engagement individuell zu bestimmen ist. Ein Problem hierbei ist, dass die Ausfallwahrscheinlichkeit eines Kunden im Voraus nicht exakt bekannt und im Nachhinein nicht mehr festzustellen ist.

Aus diesem Grund wird der Umweg über Ratingklassen bzw. Portfolien gewählt. Statt die individuelle Ausfallwahrscheinlichkeit zu bestimmen, wird die typische *PD* für eine vergleichbare Forderung bzw. einen vergleichbaren Kreditnehmer herangezogen. Allerdings verbleibt auch hier ein Problem: Was ist ein „Ausfall" bzw. wann tritt er ein? Damit die Kapitalanforderungen für die Banken vergleichbar bleiben, muss eine einheitliche Ausfalldefinition gewählt werden. Diese ist als Mindestdefinition zu verstehen, d. h. eine strengere Auslegung ist zulässig, da sie zu höheren Kapitalanforderungen führt.

Die verbindliche Mindestdefinition wird im Akkord vorgegeben. Demnach gilt ein Kredit als ausgefallen, wenn die Bank davon ausgeht, dass der Schuldner seinen Verpflichtungen mit **hoher Wahrscheinlichkeit nicht in voller Höhe** nachkommen wird, ohne dass die Bank auf Maßnahmen wie die Verwertung von Sicherheiten zurückgreift oder wenn eine **wesentliche Verbindlichkeit** des Schuldners gegenüber der Bankengruppe mehr als 90 Tage überfällig ist.

Die Frage der Wesentlichkeit einer Forderung muss noch durch die Aufsicht präzisiert werden. Es kann jedoch davon ausgegangen werden, dass Forderungen, die absolut oder in Bezug auf das Gesamtkreditvolumen des Schuldners von untergeordneter Bedeutung sind, kein Defaultereignis auslösen. Hierbei ist beispielsweise an umsatzlose Girokonten zu denken, die durch die Belastung von Kontoführungsgebühren einen Sollsaldo aufweisen, oder an Darlehensverträge, die irrtümlich nicht bedient werden, obwohl die Liquidität des Kreditnehmers grundsätzlich eine vertragsgemäße Rückführung zulassen würde.

Überziehungskredite gelten als überfällig, wenn der Kreditnehmer ein zugesagtes Limit überschritten hat oder ihm ein geringeres Limit als die aktuelle Inanspruchnahme mitgeteilt wurde.[8] Das 90-Tage-Limit kann von der Aufsicht für Privatkundenkredite und Forderungen an öffentliche Stellen für bestimmte Produkte auf 180 Tage erhöht werden, wenn dies den nationalen Gepflogenheiten entspricht.

---

[8] Vgl. Basel II, § 452.

Fraglich ist auch, wie bei Auslaufen einer Kreditlinie verfahren werden muss. In der Praxis ist häufig zu beobachten, dass erst bei Fälligkeit einer Linie oder nach Ende der Darlehenslaufzeit über die Anschlussfinanzierung verhandelt wird. Bei ausreichender Bonität des Kreditnehmers erfolgt eine stillschweigende Duldung der Überziehung. Wenn jedoch keine ausdrückliche Verlängerung der Befristung erfolgt, wäre nach Erreichen der 90-Tage-Frist die Forderung als *Default* zu betrachten. Durch die in den MaK präzisierten Anforderungen an die Behandlung von Überziehungen dürften diese Fälle in der Praxis jedoch an Bedeutung abnehmen.[9]

Während die Fälligkeit von Forderungen vergleichsweise objektiv ist, ist die „hohe Wahrscheinlichkeit" eines Ausfalls nur subjektiv zu messen. Daher wurden im Baseler Akkord verschiedene Umstände benannt, die als Hinweis gelten, dass die Bank nicht mehr von einer Rückzahlung in voller Höhe ausgeht:[10]

– Die Forderung bzw. Teile der Forderung wurden **wertberichtigt** oder **abgeschrieben**, weil sich die Kreditnehmerqualität seit dem Zeitpunkt der Kreditvergabe (bzw. dem Ankauf einer Forderung) deutlich verschlechtert hat. In diesem Fall macht die Bank deutlich, dass sie von einer Rückzahlung in voller Höhe nicht mehr ausgeht.

– Aus Bonitätsgründen wurde die Forderung **zinslos** gestellt.

– Die Bank **verkauft** die Kreditverpflichtung mit einem bedeutenden, bonitätsbedingten wirtschaftlichen Verlust. Preisabschläge, die auf Änderungen des Zinsniveaus zurückzuführen sind, sind dagegen nicht als *Default* zu werten. Eine „alltägliche" Verschlechterung der Bonität führt ebenfalls zu Abschlägen, allerdings bewegen sich diese Preisabschläge üblicherweise in Größenordnungen, die nicht als bedeutend einzustufen sind.

– Die Bank stimmt einer unausweichlichen **Restrukturierung** des Kredits zu, die voraussichtlich zu einer Reduzierung der Schuld durch einen bedeutenden Forderungsverzicht oder eine Stundung bezogen auf den Nominalbetrag, die Zinsen oder ggf. auf Gebühren führt. Eine freiwillige Restrukturierung auf partnerschaftlicher Basis, bei der eventuelle Erfolgsnachteile durch angemessene Ausgleichszahlungen egalisiert werden, ist somit nicht als *Default* zu werten.

– Die Bank hat **Antrag auf Insolvenz** des Schuldners gestellt oder eine vergleichbare Maßnahme in Bezug auf die Kreditverpflichtungen des Schuldners gegenüber der jeweiligen Bankengruppe ergriffen.

– Der Kreditnehmer hat **Insolvenz** beantragt oder er wurde unter Gläubiger- oder vergleichbaren Schutz gestellt, so dass Rückzahlungen der Kreditverpflichtung gegenüber der Bankengruppe ausgesetzt werden oder verzögert erfolgen.

Die Liste ist nicht abschließend, d. h. die Kriterien sind als Mindestanforderungen zu verstehen. Die Kriterien sind auch bei Krediten anzuwenden, die zu 100 % besichert sind, bei denen also der Bank kein Verlust droht. Diese Kredite sind bei Auftreten des Referenzereignisses dennoch als ausgefallen zu klassifizieren.

---

[9] Vgl. MaK, Rn. 77 ff.
[10] Vgl. Basel II, §§ 453 ff.

Wichtig ist, dass bei den vorgenannten Kriterien immer die verschlechterte Bonität des Kreditnehmers der Maßstab ist. Wertberichtigungen und Abschreibungen, die nicht aufgrund einer veränderten Kreditwürdigkeit vorgenommen werden (z. B. weil die Forderungshöhe juristisch zweifelhaft ist), führen somit nicht zu einem Ausfallereignis.

Wenn eine **pauschalisierte Einzelwertberichtung (pEWB)** gebildet wird, ist dies voraussichtlich nicht als *Default* zu werten, so lange nicht ein anderes Kriterium erfüllt ist.

Beispiel: Im Ratenkreditgeschäft wird für Verträge mit einem Rückstand von mehr als einer Rate eine standardisierte pEWB in Höhe eines bestimmten Anteils des Forderungsvolumens gebildet, weil erfahrungsgemäß ein Teil der Verträge ausfallen wird. In diesem Fall ist es hinsichtlich des spezifischen Schuldners noch nicht hoch wahrscheinlich, dass die Forderung nicht ordnungsgemäß zurückgezahlt wird, weil sich die Erfahrung lediglich auf die Gesamtheit aller Verträge mit Ratenrückständen bezieht, wobei aber noch nicht erkennbar ist, welcher Kreditnehmer konkret ausfallen wird.

Wenn eine Forderung jedoch eines der genannten Kriterien erfüllt, ist sie als ausgefallen *(„Default")* zu werten. Dies bedeutet, dass in den weiteren Berechnungen die Ausfallwahrscheinlichkeit für diese Forderung mit 100 % anzusetzen ist. Die Forderung muss gleichzeitig aus dem regulären Forderungsbestand in eine separate Ratingklasse eingeordnet werden. Dies gilt nicht nur für die Forderung, bei der der *Default* aufgetreten ist, sondern auch für alle anderen Forderungen des Schuldners.

Im Mengengeschäft ist es im Unterschied zum übrigen Kreditgeschäft nicht erforderlich, beim *Default* einer Forderung auch alle anderen Forderungen des Kreditnehmers ebenfalls als *Default* zu betrachten. Dies bedeutet einerseits, dass es den Instituten erspart bleibt, den Datenbestand nach weiteren Forderungen des Kreditnehmers zu durchforsten. Andererseits wird so dem Umstand Rechnung getragen, dass bestimmte Finanzierungen für den Kreditnehmer wichtiger sind als andere, so dass er einen Vertrag noch ordnungsgemäß bedient, während er bei einem anderen Rückstände aufweist.

Alle Verträge, die im Sinne der Referenzdefinition einen Ausfall darstellen, müssen gekennzeichnet und analysiert werden. In erster Linie dient dies dem Abgleich der tatsächlichen Ausfälle mit den ursprünglich erwarteten Ausfällen für die Ratingklasse bzw. den Retailpool.[11] Soweit die Bank interne Schätzungen von *EAD* und *LGD* für die Eigenkapitalberechnungen nutzt, müssen auch für diese Parameter die tatsächlichen Werte mit den ursprünglichen Schätzgrößen abgeglichen werden.

Wenn eine Bank auf gepoolte Daten zurückgreift, um zu einer Schätzung der Ausfallwahrscheinlichkeit zu gelangen, muss gewährleistet sein, dass die im Datenpool enthaltenen Kreditausfälle weitgehend mit der Referenzdefinition übereinstimmen; eine Identität der Ausfalldefinition ist nicht erforderlich. Allerdings muss den Aufsichtsinstanzen dargelegt werden, dass die Daten bei einer abweichenden Definition angepasst wurden.[12]

---

[11] Vgl. Kapitel B. III. „Validierung von Ratingmodellen im IRB-Ansatz".
[12] Vgl. Basel II, § 456.

3.1.2 Wegfall des Referenzkriteriums

Grundsätzlich muss eine Bank einen Kreditnehmer wieder als „nicht ausgefallen" klassifizieren, sobald die **Referenzdefinition** nicht mehr zutrifft. Der Kreditnehmer muss dann auch bei der Neuberechnung der *LGD* wieder genauso behandelt werden, als ob er niemals ausgefallen wäre. Ein „Default-Abschlag" ist also nicht möglich. Das wäre auch nicht sachgerecht, da die *LGD* nur die Verwertungsquote in der Zukunft messen soll, und daher nicht von einem vorher gehenden Ausfall abhängt. Bei der Berechnung der *PD* sind Unterschiede aber weiterhin möglich, sofern sich durch den Ausfall neue Tatsachen ergeben haben, die eine neue Beurteilung rechtfertigen.[13]

Bei einigen Kriterien (z. B. Vorliegen einer Wertberichtigung, Insolvenzverfahren usw.) ist der Wegfall der Referenzdefinition relativ einfach zu beobachten. Schwieriger wird es aber beispielsweise bei Überziehungen:

Überziehungen müssen sich innerhalb eines von der Bank gesetzten und dem Kunden mitgeteilten **Limits** bewegen. Wird das Limit überschritten, so gilt das Konto als überzogen. Dauert eine Überziehung länger als 90-180 Tage (je nach Vorschrift der nationalen Aufsicht), gilt der Kredit als ausgefallen. Bei Null-Limiten beginnt der Verzug mit der Inanspruchnahme des Kredits. Eine Anpassung des Limits ist grundsätzlich zulässig, so dass das Ausfallereignis verzögert oder, falls der Kunde wieder liquide wird, sogar verhindert werden kann, indem das Limit bei Überschreitung hoch gesetzt wird.

Um derartige Praktiken zu begrenzen verlangt der Baseler Akkord von den Instituten klare schriftliche Vorgaben zur Berechnung der Verzugstage, zur Behandlung des **Zurücksetzens** der Kredite sowie zu Prolongationen, Stundungen, Novationen und der Umschreibung bestehender Konten. Durch diese Vorgaben muss sichergestellt werden, dass die Ausfalldefinition nicht umgangen wird.

Die Dokumentation der internen Regelungen muss mindestens die nachstehenden Punkte beinhalten:

– Bezeichnung der zum Zurücksetzten berechtigten Personen
– Berichtspflichten
– Mindestalter eines Kredits, um ihn zurücksetzten zu können
– Verzugsstatus von Krediten, die für das Zurücksetzten in Betracht kommen
– Höchstzahl von Zurücksetzungen pro Geschäft
– erneute Kreditwürdigkeitsprüfung des Kreditnehmers.

Die Regelungen sollen über einen längeren Zeitraum konstant sein und in der Praxis tatsächlich angewandt werden *(„ Use Test")*. Die nationalen Aufsichtsinstanzen sind gefordert, hierzu konkrete Ausführungsbestimmungen vorzugeben. In Deutschland wurden durch die Regelungen der MaK bereits erste Vorschriften zur Behandlung von Überziehungen erlassen.[14]

---

[13] Vgl. Basel II, §§ 457 ff.
[14] Vgl. MaK, Rn. 76 ff.

3.1.3 Ableitung der erwarteten Ausfallwahrscheinlichkeit

Zentrale Aufgabe innerhalb der IRB-Ansätze ist die **bankeigene Schätzung** der Ausfallwahrscheinlichkeit. Diese ist als die durchschnittliche Wahrscheinlichkeit zu verstehen, mit der ein Kreditnehmer, der einer bestimmten Ratingklasse zugeordnet ist, im Laufe eines Zeitraums von 12 Monaten das Ausfallkriterium erfüllen wird.[15] Auch bei Verträgen mit kürzerer Restlaufzeit ist per Definition die standardisierte Ausfallwahrscheinlichkeit anzusetzen.

Der standardisierte Zeithorizont von 12 Monaten dient dabei der Vergleichbarkeit der Kapitalanforderungen. Aus betriebswirtschaftlicher Sicht ist selbstverständlich die Frage zu stellen, mit welcher Wahrscheinlichkeit der Kunde innerhalb der Vertragslaufzeit seinen Verpflichtungen nicht nachkommen wird.

In der Theorie wird die Ausfallwahrscheinlichkeit aus der langjährigen Beobachtung der Häufigkeit von Ausfällen gewonnen. Dabei ist es wichtig, einen ausreichend langen Beobachtungszeitraum zu wählen, da konjunkturelle Bewegungen zu Schwankungen in der beobachteten Ausfallhäufigkeit führen. Aus diesem Grund müssen mindestens fünf Jahre umfassende Zeitreihen bei der Ableitung der Ausfallwahrscheinlichkeiten zugrunde gelegt werden.[16] Die Anforderungen des Baseler Akkords besagen, dass die Schätzung der PD in angemessener Weise auf den langfristigen Erfahrungen basieren muss. Dies bedeutet allerdings nicht, dass die Datenhistorie alle Kreditnehmer vollumfänglich abdecken muss. Ein repräsentativer Querschnitt über alle Ratingklassen kann somit ausreichend sein.[17]

Für den **Übergangszeitraum** gelten zudem im IRB-Basisansatz **Erleichterungen**, so dass zunächst eine zweijährige Zeitreihe ausreichend ist. Die Mindestlänge der Zeitreihe steigt jährlich um ein weiteres Jahr, so dass zum Ende der dreijährigen Übergangsfrist die volle Länge erreicht sein muss.[18] Da der Akkord erst Ende 2006 in Kraft tritt, kann das Jahr 2006 noch zur Datensammlung genutzt werden, so dass die Zeitreihe mindestens die Jahre 2005 und 2006 abdecken muss. Unter Berücksichtigung des einjährigen Zeithorizonts bedeutet dies allerdings, dass die relevanten Ratings bereits im Jahr 2004 durchgeführt sein müssen.

Im fortgeschrittenen IRB-Ansatz sind die Erleichterungen für Forderungen an Unternehmen, Staaten und Banken nicht anwendbar. Bereits bei erstmaliger Anwendung des FIRB muss eine fünfjährige Datenhistorie vorhanden sein, wenn von Beginn an der fortgeschrittene IRB-Ansatz für diese Risikoaktiva genutzt werden soll. Da der FIRB erst ab dem 31. Dezember 2007 verfügbar ist, muss somit mindestens der Zeitraum 2003 bis 2007 abgedeckt werden.

Da dieser Zeitraum mehrere Jahre in die Vergangenheit reicht, ergibt sich ein Problem für alle Institute, die nicht rechtzeitig mit der Sammlung der relevanten Daten

---

[15] Vgl. Basel II, § 447.
[16] Vgl. Basel II, § 463 und § 466.
[17] Aus mathematisch-stochastischen Gründen ist darauf zu achten, dass die Grundgesamtheit je Ratingklasse ausreichend groß ist, um die Ausfallwahrscheinlichkeit mit ausreichender Signifikanz zu schätzen.
[18] Vgl. Basel II, § 264.

begonnen haben bzw. deren Ratingverfahren sich in wesentlichen Teilen verändert hat, so dass die Historien nur noch geringen Wert haben.

Der Akkord erlaubt daher ausdrücklich, auch externe, also nicht im eigenen Haus gesammelte, oder gepoolte Daten zu nutzen, um die **Datenbasis** für die Entwicklung von Ratingverfahren zu verbreitern.[19]

Unabhängig davon, ob interne oder externe Daten genutzt werden, muss die Bank belegen, dass die Schätzungen mit den langfristigen Erfahrungswerten korrespondieren. Dazu sollen historische Erfahrungen und empirische Erhebungen herangezogen und ausgewertet werden. Subjektive oder wertende Annahmen sind dabei erlaubt, dürfen aber nicht das alleinige Kriterium sein. Diese Anforderungen betreffen lediglich die Schätzung der Ausfallwahrscheinlichkeit, nicht aber das Ratingverfahren selbst.

3.1.4 Ausgestaltung des internen Ratingsystems

Grundsätzlich soll die *PD* über ein Ratingsystem geschätzt werden. Als Ratingsystem gelten dabei alle Methoden, Prozesse, Kontrollen, Datenerhebungen und DV-Systeme, die zur Bestimmung von Kreditrisiken, zur **Zuweisung interner Ratings** und zur **Quantifizierung von Ausfall- und Verlustschätzungen** dienen.[20] Während das DV-gestützte Rating in der Praxis den Normalfall darstellt, wird es unter Basel II als eine denkbare Variante eingestuft. Dementsprechend sind auch manuelle Einstufungsprozesse zulässig, solange sie den an die Ratingverfahren gestellten Mindestanforderungen genügen.[21]

Die mit Hilfe von statistischen Modellen oder anderen automatischen Verfahren erzielten Ratings dürfen sich nicht nur auf rein mechanistische Auswertungen beschränken. Automatische Ratingverfahren haben zwar den Vorteil, nicht von menschlichen Fehleinschätzungen und Schwächen betroffen zu sein, aber das automatische Verarbeiten von begrenzten Informationen birgt ebenfalls Gefahren. **Kreditscoring-Modelle** und andere automatische Verfahren sind daher nur als anfängliche oder teilweise Grundlage für die Zuordnung von Ratings anerkennungsfähig. Hinreichende menschliche Urteile und Überwachung sind erforderlich um sicherzustellen, dass alle wesentlichen Informationen – insbesondere auch solche, die vom Modell nicht abgebildet werden können – im Ratingergebnis berücksichtig werden.[22]

Ebenso wird verlangt, dass die Banken **alle relevanten verfügbaren Informationen** verwenden. Diese Informationen müssen aktuell sein. Auch hier gilt das Vorsichtsprinzip: Je weniger Informationen zur Verfügung stehen, desto vorsichtiger muss die Zuordnung von Kreditnehmern zu Ratingklassen erfolgen. Bei Nichtvorliegen einer Information ist daher i.d.R. vom schlechtesten Fall auszugehen. Ein

---

[19] Vgl. Basel II, §§ 448 f.
[20] Vgl. Basel II, § 394.
[21] Vgl. Kapitel C. I „Organisatorische Mindestanforderungen im Rahmen der Kreditrisikounterlegung".
[22] Vgl. Basel II, § 417.

externes Rating kann ein Indiz für die Zuordnung zu einer Ratingklasse sein, ersetzt aber in keinem Fall die Verpflichtung zu einem eigenen Rating gemäß IRB-Ansatz.[23]

Grundsätzlich muss jedem Schuldner und allen anerkannten Garanten ein Rating zugewiesen werden. Genauso muss jedem Kredit ein geschäftsspezifisches Rating zugewiesen werden. Jede einzelne Rechtsperson muss dabei für sich allein geratet werden. Ausnahmen hiervon sind einzelne einer Kreditnehmereinheit zugehörige Schuldner. Hier muss die nationale Aufsicht entscheiden, unter welchen Bedingungen dasselbe Rating auf einige oder alle Kreditnehmer der Kreditnehmereinheit angewendet werden kann.[24]

Die von den Ratingsystemen erstellten Ratings sind nicht in jedem Fall bindend. Es kann ein manuelles Verändern der Ratingergebnisse gestattet werden. Es muss aber in den Organisationsrichtlinien exakt festgelegt werden, in welchen Fällen eine manuelle Veränderung des Ergebnisses möglich ist. Das schließt Vorgaben ein, unter welchen Umständen, durch wen und in welchem Umfang Änderungen vorgenommen werden dürfen. Bei Ratings, die auf Modellen basieren, sind Richtlinien und Prozesse festzulegen, um die Fälle zu überwachen, in denen menschliche Urteile das Ergebnis abändern, Modellvariablen unberücksichtigt bleiben oder Eingaben verändert werden. Dabei muss genau festgelegt werden, welche Mitarbeiter für die Genehmigung der Änderungen zuständig sind. Diese Änderungen müssen von den Banken aufgezeichnet und die Prognosegüte der Änderungen separat bewertet werden.[25]

Eine **Ratingklasse** ist definiert als eine Einstufung des Schuldnerrisikos auf der Grundlage mehrerer unterschiedlicher Ratingkriterien, aus denen die Schätzung der Ausfallwahrscheinlichkeit abgeleitet werden kann. Eine Ratingklasse ist also nicht nur definiert über ihre Ausfallwahrscheinlichkeit, sondern auch über die Kriterien, die zur Ableitung der Einstufung herangezogen werden.[26]

Der Baseler Akkord stellt konkrete Anforderungen hinsichtlich der Ratingstruktur: So muss eine sinnvolle Verteilung der Kredite über die Risikoklassen und keine übermäßige Konzentration in einzelnen Klassen erreicht werden. Dadurch soll sichergestellt werden, dass eine risikoorientierte Unterteilung vorgenommen wird, und nicht nur eine proforma Unterteilung der Kredite in verschiedene Klassen. Es wäre also nicht konform, wenn ein Großteil der Kreditnehmer in die gleiche Ratingklasse eingestuft und einheitlich unterlegt wird.

Eine hohe Konzentration in einer oder mehreren Klassen ist nur gestattet, wenn durch überzeugende empirische Nachweise belegt ist, dass diese Klassen ein ausreichend enges PD-Band umfassen und das Ausfallrisiko aller Kreditnehmer einer Klasse innerhalb dieser Bandbreite liegt. Um dieses Ziel zu erreichen, muss jede Bank für das Schuldnerrisiko mindestens sieben Kreditnehmer bezogene Ratingklassen für nicht ausgefallene Schuldner und eine Klasse für ausgefallene Kreditnehmer bilden. Hierbei handelt es sich um eine Mindestanzahl, die von den nationalen Auf-

---

[23] Vgl. Basel II, §§ 410 f.
[24] Vgl. Basel II, §§ 422 f.
[25] Vgl. Basel II, § 428.
[26] Vgl. Basel II, § 403 ff.

sichtsbehörden für eine bestimmte Bank auch erhöht werden kann. Auch ist in bestimmten abgegrenzten Forderungsklassen mit wenigen Kreditnehmern eine geringere Anzahl von Klassen möglich, wenn dies sachgerecht ist und von der nationalen Aufsicht erlaubt wird.

Die im Rahmen der Kapitalunterlegung anzuwendende Ausfallwahrscheinlichkeit ist, wie beschrieben, die erwartete 1-Jahres-Ausfallwahrscheinlichkeit der Ratingklasse, in die der Kredit eingeordnet wurde. Der **Ratinghorizont** beträgt also nur ein Jahr, nach spätestens diesem Zeitraum muss zwingend eine Neubewertung des Kredits vorgenommen werden. Bestimmte Kredite, insbesondere an Schuldner mit höherem Risiko oder problembehaftete Forderungen, müssen in kürzeren Abständen überprüft werden, wenn wesentliche neue Informationen dies anzeigen.

Grundsätzlich sollen die Institute bei Einschätzung der *PD* nicht nur das anstehende Jahr betrachten, sondern einen längeren **Beobachtungshorizont** zu Grunde legen, und damit ein Urteil über die Fähigkeit und die Bereitschaft eines Kreditnehmers widerspiegeln, seinen Verpflichtungen auch unter widrigen Bedingungen (wie etwa einer Rezession) oder bei Eintritt unerwarteter Ereignisse nachzukommen. Ein derartiges Vorgehen, das darauf abzielt insbesondere auch die Konjunkturzyklen abzubilden, wird als „Rating-Through-the-Cycle" bezeichnet. Die auf diese Weise erlangten Schätzungen sind **konservativ** zu bewerten. Unabhängig von der beobachteten bzw. geschätzten Ausfallwahrscheinlichkeit einer Ratingklasse beträgt die Mindest-PD, die einem Kredit zugewiesen werden muss, 0,03 %. Bei Forderungen an Staaten kann allerdings ggf. eine niedrigere *PD* der Berechnung zugrunde gelegt werden. Einem Kredit, der als ausgefallen gilt (s. o.), wird eine *PD* von 100 % zugewiesen.[27]

Die Einteilung in die Ratingklassen erfolgt anhand von genau zu bezeichnenden Ratingdefinitionen, Prozessen und Kriterien. Diese müssen sowohl plausibel als auch unmittelbar einleuchtend (*intuitiv*) sein und zu einer aussagekräftigen Differenzierung der Risiken führen. Damit soll sichergestellt werden, dass nur relevante Kriterien aufgenommen werden. Merkmale, die statistisch signifikant erscheinen, aber betriebswirtschaftlich keinen Sinn ergeben (etwa Automarke des Geschäftsführers), sollten zur Ermittlung des Risikogewichts somit nicht herangezogen werden.[28]

Die Beschreibung der Ratingklassen und der Kriterien muss ausreichend detailliert sein. Alle sachverständigen Dritten (u. a. Bankenaufsicht und Revisoren) sollten, wenn sie über die gleichen Informationen verfügen, durch die Beschreibung der Kriterien in der Lage sein, in einer konsistenten Weise den Kreditnehmern oder Geschäften mit vergleichbaren Risiken auch dieselben Ratings zuzuweisen. Nur unter dieser Voraussetzung kann die Angemessenheit der Zuordnung zu Ratingklassen – und damit die geschätzte Ausfallwahrscheinlichkeit – überprüft werden.

Die geforderte **Konsistenz** gilt für alle Produktlinien, Abteilungen und geographischen Regionen. Sofern die Kriterien und Verfahren für unterschiedliche Kreditnehmer oder Geschäfte verschieden sind, so muss die Bank besondere Sorgfalt darauf verwenden, die mögliche Inkonsistenz zu überwachen und die Ratingkriterien

---

[27] Vgl. Basel II, §§ 285, 414 ff. und 425.
[28] Vgl. Basel II, §§ 410 f.

gegebenenfalls zu überarbeiten, um einen hohen Grad an Konsistenz zu erreichen. Die Kriterien müssen außerdem unbedingt mit den bankinternen Kreditvergaberichtlinien und den internen Verfahren über den Umgang mit Problem behafteten Kreditnehmern oder Geschäften übereinstimmen. Eine Trennung von aufsichtlichen und ökonomischen Kriterien ist also nicht gewollt, die Kapitalunterlegung soll sich am ökonomisch notwendigen Kapital orientieren.[29]

3.2 Berücksichtigung von Sicherheiten

3.2.1 Bedeutung der Schadenschwere (LGD)

Die erwartete Schadenschwere beschreibt, welcher Teil einer Forderung im Falle des Kreditausfalls voraussichtlich uneinbringlich ist. In der betriebswirtschaftlichen Literatur finden sich in diesem Zusammenhang häufig Begriffe wie Recovery Rate, Verwertungs- oder Insolvenzquote, die den prozentualen Anteil des geschuldeten Betrags beschreiben, der bei Ausfall des Kreditnehmers durch die Verwertung von Sicherheiten etc. an den Kreditgeber zurückfließt.

Die *LGD* beschreibt den gleichen Sachverhalt, jedoch mit Blick auf den uneinbringlichen Anteil. Es gilt:

$$LGD = (1 - Recovery\ Rate)$$

Ein wesentlicher Unterschied zwischen dem IRB-Basisansatz und dem fortgeschrittenen IRB-Ansatz liegt in der Bestimmung des LGD-Wertes. Für den Basisansatz gibt die Aufsicht Standards vor, während Banken, die den FIRB anwenden, den Wert auf der Basis eigener Erfahrungen schätzen müssen. Ist eine Bank nicht in der Lage, diese Schätzungen durchzuführen, kann sie den fortgeschrittenen IRB-Ansatz nicht anwenden.[30]

Die im Standardansatz explizit ausformulierte Generalklausel, wonach eine besicherte Forderung kein höheres Risikogewicht haben darf als ein vergleichbares unbesichertes Geschäft,[31] findet sich in den IRB-Ansätzen nicht. Aufgrund der Rechenmethodik in diesen Ansätzen führt das Vorhandensein von Sicherheiten i. d. R. ohnehin zu einem niedrigeren Risikogewicht.

Sollte sich im Ausnahmefall durch die Besicherung doch ein höheres Risikogewicht ergeben, so kann die Regelung aus dem Standardansatz sinngemäß auch für die IRB-Ansätze angewandt werden. Durch einen Verzicht auf die zusätzlichen Sicherheiten würde sich das wirtschaftliche Risiko vergrößern, während gleichzeitig die Kapitalanforderung sinkt. Da dieser Effekt nicht gewollt sein kann, muss die Nichtanrechnung von Sicherheiten zulässig sein.

3.2.2 Vorgaben im IRB-Basisansatz

Im einfacheren IRB-Ansatz wird eine standardisierte Vorgehensweise zur Einbeziehung der Besicherung vorgegeben. Sofern keine anerkennungsfähigen Sicherheiten

---

[29] Vgl. Basel II, §§ 438 ff.
[30] Vgl. Basel II, § 297.
[31] Vgl. Basel II, § 113.

vorliegen, erhalten alle vorrangigen Forderungen an Unternehmen, Staaten und Banken ohne Besicherung einen *LGD* von 45 % zugewiesen.[32]

Forderungen an Unternehmen, Staaten und Banken, die ausdrücklich **nachrangig** gegenüber anderen Forderungen sind, erhalten demgegenüber einen *LGD* von 75 %, um die Schlechterstellung gegenüber anderen Gläubigern zu berücksichtigen. Es obliegt den nationalen Aufsichtsinstanzen eine umfassendere Definition von Nachrangigkeit vorzuschreiben, falls nationale Gepflogenheiten dies erfordern.[33]

Im IRB-Basisansatz ist der Kreis der **anerkennungsfähigen Sicherheiten** beschränkt. Neben den finanziellen Sicherheiten, die wie im umfassenden Standardansatz definiert sind,[34] werden Forderungsabtretungen und Grundsicherheiten anerkannt. Zusätzlich können auch sonstige physische Sicherheiten anerkannt werden, sofern dafür liquide Märkte mit öffentlich zugänglichen Marktpreisen bestehen. Hierunter fallen beispielsweise Kraftfahrzeuge.

Eine weitere Vorgabe besteht hinsichtlich des Wertes der Sicherheit. Da dem Standard-LGD von 45 % die Annahme zugrunde liegt, dass vorrangige Forderungen meist über eine Basis-Absicherung verfügen, muss für die Anerkennung der besonderen Besicherungswirkung der **Mindestbesicherungsgrad** C^* erfüllt sein. Dieser gibt an, welchen Marktwert *(C)* die Sicherheit in Relation zum Forderungsbetrag *(E)* haben muss, um eine Eigenkapitalminderung zu bewirken.

Nur wenn $C > C^*$ ist, kommt die Sicherheit für eine LGD-Minderung in Frage. Übersteigt *C* auch die zweite Schwelle C^{**}, kann für die gesamte Forderung der geringere Mindest-LGD angesetzt werden. Liegt der Marktwert der Sicherheit zwischen C^* und C^{**}, so gilt für den Anteil C/C^{**} der Mindest-LGD, während für die restliche Forderung der Standardwert angesetzt werden muss:

Sicherheitenart	Mindest-LGD	Minimum Besicherungsgrad C^*	Besicherungsgrad für maximale LGD-Minderung C^{**}
Finanzielle Sicherheiten	0 %	0 %	n. a.
Forderungsabtretungen	35 %	0 %	125 %
Grundpfandrechte	35 %	30 %	140 %
Sonstige physische Sicherheiten	40 %	30 %	140 %

Tabelle 1: Mindest-LGD für besicherte Forderungen

Bei finanziellen Sicherheiten und Forderungsabtretungen beträgt der Mindestbesicherungsgrad C^* 0 %. Dies bedeutet, dass jede Sicherheit der genannten Art zu einer Reduzierung der Kapitalunterlegung führt. Bei Grundpfandrechten und sonstigen Sicherheiten tritt diese Wirkung erst ein, wenn der Wert der Sicherheit mindestens 30 % des Forderungsvolumens beträgt.

---

[32] Vgl. Basel II, §§ 287 ff.
[33] Dies kann der Fall sein, wenn beispielsweise die wirtschaftliche Nachrangigkeit berücksichtigt werden muss, wie in Fällen, bei denen der Kredit unbesichert ist und ein Großteil der Aktiva des Kreditnehmers der Besicherung anderer Forderungen dient.
[34] Vgl. Kapitel C. IV. „Sicherheiten und Risk Mitigation".

Diese Regelung lässt sich am einfachsten mit einem Beispiel beschreiben:

Forderungsbetrag (E): 200.000 EUR
Marktwert der Sicherheit (C):[35] 105.000 EUR
Besicherungsgrad (C/E): 52,5 %

Mit einem Besicherungsgrad von 52,5 % ist der Mindestbesicherungsgrad C^* für alle Sicherheitenarten erreicht, so dass der im Rahmen der Kapitalanforderungen zu berücksichtigende Wert der LGD^* angepasst werden kann. Die Art der Berechnung ist jedoch für die verschiedenen Sicherheitenarten unterschiedlich.

1. **Finanzielle Sicherheiten** (Wertpapiere etc.)

   Bei finanziellen Sicherheiten wird zunächst rechnerisch der Forderungsbetrag angepasst. Dabei sind die Vorschriften des Standardansatzes analog anzuwenden, d. h. mögliche Wertschwankungen des Wertpapiers sind über *Haircuts* abzubilden.[36]

   Bei einer Bank-Schuldverschreibung mit einem Rating von AA und einer Restlaufzeit von drei Jahren beträgt der Standard-Haircut 4 %, wenn kein Fremdwährungsrisiko zu berücksichtigen ist und der Marktwert der Sicherheit täglich neu bewertet wird.[37]

   Daraus errechnet sich ein angepasstes Forderungsvolumen E^* von 99.200 EUR. (E^* = max {0; E – C × (1 – *Haircut*)} = 200.000 – 105.000 × 0,96 = 99.200)

   Das angepasste Forderungsvolumen E^* dient ausschließlich der Bestimmung des anzusetzenden LGD-Wertes. Das Forderungsvolumen (EAD) wird nicht durch die Besicherung angepasst. Eine Ausnahme liegt bei Wertpapierleihgeschäften vor, die einer Nettingvereinbarung unterliegen. In diesem Fall wird EAD durch E^* ersetzt, während die Besicherung keinen Einfluss auf den LGD hat.

   Der zu berücksichtigende Wert für LGD^* ergibt sich dann aus der nachstehenden Formel, wobei für LGD der Standardwert von 45 % eingesetzt wird:

   LGD^* = LGD × (E^* / E)
   = 45 % × (99.200 / 200.000) = 22,32 %

   Entsprechend den Regelungen zur Berücksichtigung von Sicherheiten im Standardansatz ist die Bank berechtigt, unter bestimmten Voraussetzungen die *Haircuts* selbst zu schätzen.

2. **Forderungsabtretungen**

   Bei Forderungsabtretungen beträgt der Mindestabsicherungsgrad ebenfalls 0 %, der Mindest-LGD wurde aber auf 35 % festgesetzt. Dadurch kann der anzusetzende Wert LGD^* auch bei vollständiger Besicherung nicht unter 35 % sinken. Durch die 125 %-Schwelle für C^{**} wird diese Untergrenze sogar erst dann erreicht, wenn der Marktwert der Sicherheit um 25 % über dem Forderungsbetrag liegt.

---

[35] In diesem Beispiel wird unterstellt, dass die übrigen Anforderungen an die Sicherheit erfüllt sind.
[36] Vgl. Basel II, §§ 147 ff. Eine ausführliche Beschreibung der Vorgehensweise findet sich in Kapitel C. IV. „Sicherheiten und Risk Mitigation".
[37] Vgl. Basel II, § 151.

Im Beispiel beträgt der Besicherungsbetrag wie beschrieben 52,5 %, so dass sich LGD^* aus einer Kombination von Standard-LGD und Mindest-LGD ergibt. Hierzu ist der Teil der Forderung zu bestimmen, der als vollständig abgesichert gilt. Nach den Rechenregeln des Akkords ist dies der Wert C/C^{**} (= 105.000 / 125 % = 84.000).

Einem Forderungsanteil von 84.000 EUR wird somit der Mindest-LGD von 35 % zugewiesen, während der verbleibende Anteil von 116.000 EUR den Standard-LGD erhält. Im Mittel errechnet sich eine regulatorische Schadenschwere von 40,8 %.

3. **Grundpfandrechte**
Bei Grundpfandrechten ist die Vorgehensweise mit den Forderungsabtretungen identisch, jedoch wurde der Mindestbesicherungsgrad C^{**} auf 140 % festgelegt. Dadurch ergibt sich, dass rechnerisch nur ein Forderungsanteil von 75.000 EUR als vollständig besichert gilt (C/C^{**} = 105.000 / 140 % = 75.000) und den Mindest-LGD von 35 % erhält. Dementsprechend muss der Standard-LGD dem verbleibenden Forderungsbetrag, der gegenüber dem vorhergehenden Beispiel auf 125.000 EUR gestiegen ist, zugewiesen werden. Die rechnerische mittlere Schadenschwere liegt bei 41,25 %.

4. **Sonstige physische Sicherheiten** (z. B. Übereignung von Kraftfahrzeugen)
Unter bestimmten Voraussetzungen können auch weitere Sicherheiten anerkannt werden. Zwei wesentliche Voraussetzungen hierfür sind liquide Märkte für die schnelle Verwertung der Sicherheit und anerkannte und bewährte Marktpreise für die Bewertung der Sicherheit.[38]

Diese Bedingungen sind grundsätzlich im Einzelfall zu prüfen, wobei die Prüfkriterien Eingang in die Kreditgrundsätze der Bank finden müssen. Unbeachtet der Einzelfallprüfung ist davon auszugehen, dass gängige Kraftfahrzeuge (PKW, LKW) oder Baumaschinen etc. die Anforderungen erfüllen, während bei exotischen Automobilen oder Spezialmaschinen die schnelle Verwertbarkeit und der objektive Marktpreis besonders zu prüfen wären.

Falls die Sicherheit Anerkennung findet, entspricht der Rechenweg den Grundpfandrechten, allerdings beträgt der Mindest-LGD 40 %. Die mögliche Kapitalerleichterung ist damit eingeschränkt. Im Beispielfall ist für den voll besicherten Betrag von 75.000 EUR der Mindest-LGD anzusetzen, während für das Restvolumen der Standard-LGD Anwendung findet. Es ergibt sich somit eine mittlere rechnerische Schadenschwere von 43,125 %.

Obwohl die Forderung mit einem Sicherheitenmarktwert von über 50 % vergleichsweise gut besichert ist, sinkt der anzusetzende durchschnittliche LGD^* im Beispiel nur gering. Eine Ausnahme bildet der Fall, in dem unterstellt wurde, dass es sich bei der Sicherheit um ein Wertpapier handelt.

Eine Begründung ist u. a. darin zu sehen, dass auch unbesicherte vorrangige Forderungen den Standard-LGD zugewiesen bekommen. Dieser Betrag ist somit als Durchschnittswert zu interpretieren. Ein Verbesserung der kalkulatorischen erwar-

---

[38] Vgl. Basel II, §§ 521 ff.

teten Schadenschwere ist somit nur möglich, wenn die Forderung überdurchschnittlich besichert ist.

3.2.3 Vorgaben im fortgeschrittenen IRB-Ansatz

Hinsichtlich der Anerkennung von Sicherheiten unterscheidet sich der fortgeschrittene IRB-Ansatz entscheidend vom Basisansatz. Banken, die diesen Ansatz anwenden, sind berechtigt (und verpflichtet), die erwartete Schadenschwere individuell selbst zu schätzen. Dadurch ist der Kreis der **anerkennungsfähigen Sicherheiten** grundsätzlich unbegrenzt, allerdings wäre auch bei unbesicherten Forderungen eine auf der eigenen Ausfallhistorie basierende Schadenschwere zu ermitteln, die vielfach schlechter als der im Basisansatz angesetzte Durchschnittswert von 45 % ausfallen dürfte. Aus der stärkeren Berücksichtigung der individuellen Vertragsgestaltung resultiert somit die gewünschte höhere Risikosensitivität.

Die Höhe des selbst geschätzten *LGD* ist definiert als prozentuales Verhältnis der Höhe des Verlustes in Relation zum Forderungsvolumen zum Ausfallzeitpunkt. Diese Höhe muss für jeden Kredit einzeln geschätzt werden, wobei der Schätzwert die Effekte einer etwaigen Rezessionsphase bzw. die damit verbundenen wirtschaftlichen Risiken widerspiegeln soll.[39]

Der *LGD* muss dabei mindestens der langfristigen, ausfallgewichteten Verlustrate entsprechen. Dies bedeutet, dass Jahre, in denen die tatsächlichen Ausfälle über dem Durchschnitt lagen, entsprechend höher gewichtet werden müssen. Dadurch werden etwaige Verwertungsabschläge aufgrund eines Überangebots entsprechend berücksichtigt. Der zu beobachtende und auszuwertende Zeitraum soll mindestens sieben Jahre – und damit einen Wirtschaftszyklus – umfassen.[40] Für diese Zeitreihenanforderung gilt in der Übergangsfrist **keine** Erleichterung, so dass bei erstmaliger Anwendung des FIRB bereits der siebenjährige Zeitraum abgedeckt sein muss.

Da der FIRB erst zum 31. Dezember 2007 in Kraft tritt, muss die Datenreihe somit den Zeitraum ab Anfang 2001 umfassen. Banken, die nicht über entsprechende Daten verfügen, müssen diese Daten entweder aus Kreditakten oder durch Abgleich mit gepoolten Daten beschaffen. Ist dies nicht möglich, kann der FIRB nicht angewandt werden.

Eine Unterscheidung zwischen regulatorischem und ökonomischem Verlust ist im FIRB nicht beabsichtigt. Insofern macht der Akkord keine Vorgabe zur konkreten Messung des Verlustbetrags. Es sollten jedoch **alle relevanten Faktoren** berücksichtigt werden. Dies beinhaltet signifikante Diskontierungseffekte sowie wesentliche direkte und indirekte Kosten der Beitreibung. Hierzu zählen z. B. die Maklerkosten bei der Veräußerung eines als Sicherheit überlassenen Grundstücks oder Zinsen, die sich aus dem Auseinanderfallen von Kreditzahlungen und Zahlungen nach der Sicherheitenverwertung ergeben. Allerdings dürfen die Banken bei der Feststellung des Verlusts nicht ausschließlich auf gebuchte Beträge abstellen, obwohl

---
[39] Vgl. Basel II, §§ 297 und 468.
[40] Vgl. Basel II, § 471.

sie in der Lage sein müssen, die Buchwerte mit den ökonomischen Werten vergleichen zu können.[41]

Der Zeitraum, über den der Verlust bzw. der verbleibende Rückfluss gemessen werden soll, wird nicht gesondert definiert. Hier ist auf die Relevanz abzustellen. In der Praxis werden Forderungen i. d. R. endgültig ausgebucht, wenn keine weiteren Rückflüsse erwartet werden oder die Kosten der Beitreibung den noch zu erwartenden Betrag übersteigen. Wenn zu diesem Zeitpunkt auch die Beobachtung des tatsächlichen Verlusts eingestellt wird, sollte dies hinsichtlich der Anforderungen des Aufsichtsrechts unbedenklich sein, da i. d. R. keine weiteren Kosten mehr zu erwarten sind. Etwaige unerwartete Rückzahlungen würden den realisierten LGD allenfalls zu Gunsten der Bank reduzieren, so dass eine Vernachlässigung dieses Effekts zu höheren Kapitalanforderungen führt.

Grundsätzlich sollen die LGD-Schätzungen auf den **tatsächlich realisierten Erlösquoten** und nicht nur auf dem geschätzten Marktwert einer Sicherheit beruhen.[42] Sofern die LGD-Schätzung auf dem Vorhandensein einer Sicherheit beruht, sind an das Sicherheitenmanagement und die Bewertung der Sicherheiten besondere Anforderungen zu stellen, die in den Organisationsrichtlinien dokumentiert sein müssen.

Bei **bereits ausgefallenen Kreditnehmern** ist die Schätzung des LGD von besonderer Bedeutung, da sich das wirtschaftliche Risiko für die Bank auf vorhandene Sicherheiten verlagert hat. Die Gefahr besteht nunmehr darin, dass die Verwertung nicht den erwarteten Betrag bringt. Daher muss die Bank für diese Exposures die unter aktuellen Bedingungen (wirtschaftliches Umfeld, Verwertbarkeit etc.) bestmögliche Schätzung des erwarteten Verlustes durchführen.[43] Wenn dieser erwartete Verlust den geschätzten LGD übersteigt, ist der Differenzbetrag mit Kapital zu unterlegen.

Fälle, in denen bei bereits ausgefallenen Kreditnehmern die vorgenommenen Wertberichtigungen niedriger sind als der erwartete Verlust, müssen begründet sein und sollen von der Bankaufsicht beobachtet werden.

3.2.4 Berücksichtigung von Garantien und Kreditderivaten

Die Berücksichtigung von Garantien und Kreditderivaten ist davon abhängig, ob ein Institut den IRB-Basisansatz oder den fortgeschrittenen IRB-Ansatz nutzt. Um aufsichtsrechtlich anerkannt zu werden, müssen die Absicherungen zudem bestimmten Mindestanforderungen genügen.[44]

Im Basisansatz folgt das Vorgehen weitgehend dem **Substitutionsprinzip**, das auch im Standardansatz Anwendung findet. Für den abgesicherten Forderungsteil kommt die intern ermittelte Ausfallwahrscheinlichkeit des Garanten zur Anwen-

---

[41] Vgl. Basel II, § 460.
[42] Vgl. Basel II, § 470.
[43] Vgl. Basel II, § 471.
[44] Eine umfassende Beschreibung über „Einsatz von Kreditderivaten und Garantien" findet sich im Beitrag C. VIII.

dung.⁴⁵ Es kommt dann zu einer reduzierten Kapitalanforderung, wenn die Ausfallwahrscheinlichkeit des Garanten niedriger ist als die des ursprünglichen Kreditnehmers. Allerdings muss die *PD* des Garanten mindestens einem Rating von A- entsprechen. Falls nur ein Teil des Forderungsbetrags abgesichert ist, muss das Exposure entsprechend aufgeteilt werden.

Der Baseler Ausschuss hat wiederholt betont, dass die Effekte eines **doppelten** Defaults, also des gleichzeitigen Ausfalls von Kreditnehmer und Garant, gesondert betrachtet werden müssen. Bis auf weiteres ist es allerdings unzulässig, die Wahrscheinlichkeit dieser doppelten Zahlungsunfähigkeit zu berechnen.⁴⁶ Sofern die Ausfallwahrscheinlichkeit des Garanten höher ist als die des Kreditnehmers, gilt die Generalklausel, wonach das Risikogewicht einer besicherten Forderung nicht höher sein soll als bei einem vergleichbaren unbesicherten Exposure.

Banken, die den fortgeschrittenen IRB-Ansatz anwenden, können wählen, ob sie entweder wie im Basisansatz verfahren und die Ausfallwahrscheinlichkeit substituieren, oder ob sie stattdessen die LGD-Schätzung korrigieren. Dieses Wahlrecht muss jedoch für jede Art von Garantien und Kreditderivaten einheitlich ausgeübt werden.⁴⁷

Es ist darauf zu achten, dass nicht beide Größen (*LGD* und *PD*) adjustiert werden. Insbesondere darf das Risikogewicht nicht niedriger ausfallen, als es bei einer direkten Forderung an den Garanten der Fall gewesen wäre.

3.3 Bestimmung des relevanten Forderungsbetrags (EAD)

3.3.1 Traditionelle bilanzielle und außerbilanzielle Geschäfte

Nach Ausfallwahrscheinlichkeit und Schadensschwere ist das erwartete Forderungsvolumen zum Ausfallzeitpunkt *(Exposure at Default, EAD)* die dritte entscheidende Größe innerhalb der Berechnung der Kapitalanforderungen.

Basis für die Berechnung des relevanten Forderungsbetrags ist die **aktuelle Forderungshöhe** vor Abzug etwaiger Wertberichtigungen und Teilabschreibungen.⁴⁸ Die Mindesthöhe des *EAD* wird vorgegeben durch den möglichen wirtschaftlichen Verlust. Als Vergleichsmaßstab wird die Kapitalreduktion, die sich bei vollständiger Abschreibung der Forderung ergeben würde, zuzüglich bereits vorgenommener Einzelwertberichtigungen und Teilabschreibungen herangezogen. Das *EAD* muss mindestens dem Vergleichsmaßstab entsprechen.

Falls die Differenz zwischen *EAD* und dem Vergleichsmaßstab positiv ist, liegt ein so genannter „Nachlass" vor, der unter bestimmten Voraussetzungen mit dem erwarteten Verlust verrechnet werden kann.⁴⁹

---

[45] Vgl. Basel II, §§ 302 ff.
[46] Die Behandlung des „Double Default" ist eines der Themen, die noch überarbeitet werden müssen. Das Baseler Komitee hat bereits angekündigt, sich dieser Problematik in näherer Zukunft widmen zu wollen. Vgl. Basel II, § 16.
[47] Vgl. Basel II, §§ 306 f.
[48] Vgl. Basel II, §§ 308 ff.
[49] Vgl. Abschnitt Spezifische Regelungen für Retailkredite dieses Kapitels.

Unabhängig vom gewählten Ansatz ist es zulässig, ein Netting von gegenseitigen Forderungen durchzuführen. Die Bedingungen hierfür sind identisch mit denen des Standardansatzes.[50]

Bei **außerbilanziellen Geschäften** (Ausnahme: Derivategeschäfte) muss das erwartete Exposure berechnet werden, da das Nominalvolumen nur eingeschränkt als Risikogröße geeignet ist. Aus dem geltenden Aufsichtsrecht wurde dabei das Prinzip der Kreditumrechnungsfaktoren *(Credit Conversion Factors, CCFs)* übernommen.

Im **IRB-Basisansatz** werden die *CCFs* vorgegeben. Sie entsprechen grundsätzlich den Regelungen im Standardansatz:[51] Für Kreditzusagen, *Note Issuance Facilities (NIFs)* und *Revolving Underwriting Facilities (RUFs)* gilt allerdings abweichend ein *CCF* von 75 %. Ein *CCF* von 0 % ist nur noch dann zulässig, wenn die Zusagen jederzeit und unbedingt kündbar sind oder automatisch erlöschen, falls die Bonität des Kreditnehmers sich verschlechtert. Dies setzt allerdings voraus, dass das Institut die finanziellen Verhältnisse des Kreditnehmers aktiv überwacht und über geeignete Kontrollsysteme verfügt.

Der *CCF* ist auf den nicht genutzten Betrag einer Kreditlinie anzuwenden. Die bereits in Anspruch genommene Linie fließt zu 100 % in den *EAD* ein.

Institute, die einen fortgeschrittenen IRB-Ansatz anwenden, dürfen für bestimmte Forderungen den *CCF* selbst schätzen, sofern nicht im Basisansatz ein *CCF* von 100 % verpflichtend ist.[52] Hierzu müssen jedoch Mindestanforderungen eingehalten werden:[53]

- Grundsätzlich gilt, dass das *EAD* bei bilanziellen Forderungen nicht niedriger sein darf als die aktuelle Forderungshöhe, wobei ein Netting von Forderungen zulässig ist. Die Schätzung des *EAD* muss auf Basis bewährter Prozesse erfolgen. Sofern diese Prozesse für unterschiedliche Kreditarten verschieden sind, muss die Beschreibung und Differenzierung der Kreditarten sauber dokumentiert sein.
- Für jede Kreditart muss das *EAD* als langjähriger, ausfallgewichteter Durchschnitt für gleichartige Kredite und Schuldner geschätzt werden. Es wird ausdrücklich ein konservativer Zuschlag für etwaige Schätzfehler gefordert, wobei eine etwaige Korrelation zwischen Ausfallwahrscheinlichkeit und Höhe des *EAD* zu berücksichtigen ist. Sofern auch konjunkturelle Effekte Einfluss auf das *EAD* haben, sind die Auswirkungen von Abschwungphasen ebenfalls in die Schätzungen einzubeziehen.[54]

Hieraus resultiert die Anforderung, dass der Zeitraum, auf den die Schätzung gestützt wird, einen vollen Konjunkturzyklus, auf keinen Fall aber weniger als sie-

---

50 Vgl. Kapitel E. VII. „Netting unter Basel II und IAS/IFRS".
51 Vgl. Basel II, §§ 82 ff. und Kapitel C. II. „Der Standardansatz für die Kreditrisikounterlegung".
52 Vgl. Basel II, § 316. Anmerkung: In der deutschen Übersetzung heißt es fälschlicherweise, dass im Basisansatz die interne Schätzung möglich sei. Dies ist jedoch ausschließlich im fortgeschrittenen IRB-Ansatz der Fall.
53 Vgl. Basel II, §§ 474 ff.
54 Vgl. Basel II, § 476.

ben Jahre umfassen muss.⁵⁵ Wie bei der Schätzung der *LGD* gibt es für den Übergangszeitraum **keine** Erleichterungen bei den Zeitreihenanforderungen. Die abgeleiteten Schätzungen bzw. die zugrunde liegenden Kriterien müssen plausibel und einleuchtend sein. Die Kriterien, die zur Schätzung des *EAD* herangezogen werden, müssen nachweislich durch die internen Erfahrungen gestützt werden. Darauf aufbauend müssen die Banken auch über Systeme verfügen, welche die **tägliche** Überwachung der Kreditinanspruchnahmen und offenen Limite ermöglichen bzw. unterstützen.

3.3.2 Derivative Geschäfte

Bei Geschäften in Devisen-, Zins-, Aktien-, Kredit- und Rohstoff-bezogenen Derivaten ist eine von der Aufsicht vorgegebene Methodik zur Ermittlung des relevanten Forderungsbetrags anzuwenden.⁵⁶

Die bereits bislang geltende Methode zur Ermittlung des Kreditäquivalenzbetrags gilt auch für die IRB-Ansätze. Somit sind zunächst die aktuellen Wiederbeschaffungskosten zu ermitteln. Hierzu kommt ein Aufschlag für mögliche Veränderungen, die separat nach Produktarten und Laufzeitbändern ermittelt werden.

Die Auf- bzw. Zuschläge bleiben unverändert, d. h. der geltende Grundsatz I kommt sinngemäß zur Anwendung.⁵⁷

3.4 Einbeziehung der Restlaufzeit

Aus nachvollziehbaren Gründen ist die Restlaufzeit *(Maturity, M)* ein wesentlicher Risikotreiber im Kreditgeschäft. Da unmittelbar bevorstehende Zeiträume wesentlich leichter einzuschätzen sind als die weitere Zukunft, ist die Ausfallwahrscheinlichkeit eines Kreditnehmers über einen längeren Zeitraum nur schwer zu beurteilen.

Diesem Problem ist das Baseler Komitee einerseits begegnet, indem der **Ausfallhorizont** wie beschrieben auf ein Jahr fixiert wurde. Dadurch ist es nicht notwendig, die „Überlebenswahrscheinlichkeit" der Kreditnehmer über die gesamte Kreditlaufzeit zu beurteilen.

Da andererseits die **Laufzeitkomponente** nicht völlig unberücksichtigt bleiben sollte, wurde die Restlaufzeit als ein Faktor in die Formel zur Ermittlung des Risikogewichts übernommen. Vorgesehen war, die individuelle Restlaufzeit einfließen zu lassen, wobei als Untergrenze ein Jahr und als Obergrenze sieben Jahre vorgesehen waren.⁵⁸

Obwohl diese Vorgehensweise methodisch auf wenig Widerspruch stieß, wurde die Ausgestaltung insbesondere von den deutschen Verbänden massiv kritisiert.⁵⁹ Ein wesentlicher Grund für diesen Widerstand ist in den deutschen Finanzierungs-

---

⁵⁵ Vgl. Basel II, § 478.
⁵⁶ Vgl. Basel II, §§ 310 und 317.
⁵⁷ Vgl. Grundsatz I, §§ 9 ff. Auf die konkrete Ausgestaltung dieser Regelungen soll an dieser Stelle nicht weiter eingegangen werden.
⁵⁸ Vgl. 2. Konsultationspapier, §§ 225 ff.
⁵⁹ Vgl. beispielsweise Rundschreiben 11/01 des Bankenfachverbands.

strukturen zu sehen, die häufig langfristig ausgelegt sind, während in anderen Staaten üblicherweise revolvierende Finanzierungen mit kurzer Laufzeit Anwendung finden. Dadurch hätten ausländische Banken z. T. deutliche Erleichterungen bei der Kapitalunterlegung erfahren.

Als Kompromiss wurde vereinbart, dass im IRB-Basisansatz die Restlaufzeit standardisiert wird. In der Regel beträgt der Rechenparameter *(M)* für die Restlaufzeit 2,5 Jahre.[60] Ausgenommen hiervon sind Wertpapierpensionsgeschäfte (und vergleichbare Transaktionen). Für diese Geschäfte wurde *M* auf 0,5 Jahre festgesetzt. Nach nationalem Wahlrecht können die Institute allerdings auch im IRB-Basisansatz verpflichtet werden, die tatsächliche Restlaufzeit für jede einzelne Forderung zu messen.[61]

Dies müssen Banken, die den FIRB anwenden, grundsätzlich in jedem Fall tun. Im Akkord wurde ausdrücklich festgehalten, dass die Verpflichtung zur individuellen Messung der Restlaufzeit einsetzt, sobald auch nur ein Teil des Portfolios nach dem fortgeschrittenen IRB-Ansatz unterlegt wird.

Allerdings besteht ein nationales Wahlrecht, wonach bei Forderungen an kleinere **inländische** Unternehmen der Standardwert von 2,5 Jahren für *M* eingesetzt werden darf, wenn diese Unternehmen bzw. die Unternehmensgruppen einen (konsolidierten) Jahresumsatz sowie eine (konsolidierte) Bilanzsumme von weniger als 500 Mio. Euro aufweisen. Dieses Wahlrecht wird durch die Aufsicht für alle Banken des Staates ausgeübt.[62]

Wenn die Restlaufzeit individuell gemessen wird, erfolgt dies auf Basis der **effektiven Restlaufzeit (Duration)**. Für Verträge mit einem vertraglich vereinbarten Cashflow gilt:

$$M = \sum_t \frac{t \times CF_t}{CF_t}$$

Hierbei bezeichnet CF_t den Cashflow, den der Kreditnehmer in Periode t zu leisten hat. *M* kann nicht kleiner sein als ein Jahr und darf fünf Jahre nicht überschreiten.[63]

Wenn die effektive Restlaufzeit nicht bestimmt werden kann, ist von der maximalen Zeitspanne zur Rückführung der Verbindlichkeit (i. d. R. nominale Restlaufzeit) auszugehen.

Wenn Derivate Bestandteil eines Netting-Rahmenvertrages sind, soll die gewichtete durchschnittliche Restlaufzeit der Transaktion ermittelt werden, wobei die Gewichtung auf Basis des Nominalbetrags erfolgt.

---

[60] Vgl. Basel II, §§ 318 und 324.
[61] Dieses nationale Wahlrecht wurde in den Entwurf der EU-Richtlinie übernommen. Angesichts des Drucks der deutschen Verbände auf die Standardisierung der Restlaufzeit ist allerdings davon auszugehen, dass in Deutschland von diesem Wahlrecht kein Gebrauch gemacht wird. Vgl. CAD 3, Annex VII, Part 2, Punkt 1.3., Nr. 11.
[62] Vgl. Basel II, § 319.
[63] Vgl. Basel II, §§ 320-323.

Die Untergrenze von einem Jahr als (Mindest-)Restlaufzeit kann für bestimmte kurzfristige Kredite durch die nationale Aufsicht aufgehoben werden, wenn die Ursprungslaufzeit dieser Forderungen unter einem Jahr liegt. In diesem Fall entspricht M dem Maximum aus einem Tag und der wie oben beschrieben ermittelten effektiven Restlaufzeit. Geschäfte, die Bestandteil einer laufenden revolvierenden Finanzierungstransaktion sind, werden ausdrücklich von dieser Regelung ausgenommen.

Die Präzisierung der kurzfristigen Forderungen, für welche die individuelle Ermittlung der kurzen Restlaufzeit zulässig ist, muss durch die nationale Aufsicht erfolgen. Als Beispiele werden allerdings folgende Transaktionen genannt:
- Wertpapierpensionsgeschäfte und ähnliche Geschäfte
- Kurzfristige Darlehen und Einlagen
- Forderungen aus Wertpapierleihegeschäften
- Kurzfristige Handelsfinanzierungen, bei denen die Rückzahlung aus Verkaufserlösen erfolgt
- Forderungen aus der Abwicklung von Wertpapiertransaktionen und der Zahlungsverkehrsabwicklung (inkl. Forderungen, die aus fehlgeschlagenen Abwicklungen resultieren), sofern sie eine festzulegende Höchstlaufzeit nicht überschreiten
- Forderungen aus der Fremdwährungsverrechnung gegenüber Banken.

Wie bei Derivaten gilt auch für Wertpapierpensions- und vergleichbare Geschäfte, dass die auf Basis des Nominalbetrags gewichtete durchschnittliche Restlaufzeit ermittelt werden sollte, wenn sie Bestandteil einer Nettingvereinbarung sind. Die Untergrenze für den Durchschnittswert wurde auf fünf Tage festgesetzt.

3.5 Besondere Regeln für Spezialfinanzierungen

Innerhalb der Forderungsklasse Unternehmen müssen nach Basel II fünf Unterklassen für so genannte Spezialfinanzierungen (*Specialised Lending, SL*) gebildet werden.[64] In diese Klassen fallen Unternehmen, die speziell zur Finanzierung und/oder zum Betrieb eines Objekts gegründet wurden. Die primäre Quelle zur Rückführung der Verbindlichkeit sind die Einkünfte aus dem finanzierten Objekt. Aufgrund der Tatsache der hohen positiven Korrelation zwischen der Begleichung der Forderung und dem Verwertungserlös im Falle des Ausfalls sind diese Finanzierungen riskanter als gewöhnliche Kredite und werden daher bei der Ermittlung des unterlegungspflichtigen Eigenkapitals gesondert behandelt.[65]

Nach Möglichkeit sollen die Institute im IRB-Ansatz auch bei Spezialfinanzierungen die Ausfallwahrscheinlichkeit selbst schätzen. Allerdings stellen Spezialfinanzierungen im aufsichtlichen Sinn für viele Institute ein Randgeschäft dar. Insofern ist es problematisch, eine ausreichende Datenbasis für interne Schätzungen der *PD* aufzubauen. Basel II trägt diesem Umstand Rechnung, indem für Spezialfinan-

---

[64] Der Entwurf der EU-Richtlinie sieht das Segment der Spezialfinanzierungen grundsätzlich auch vor, jedoch wird innerhalb dieses Segments keine weitere Untergliederung vorgenommen.
[65] Vgl. Basel II, § 219 und Kapitel C. IV. „Abgrenzung der Segmente/Risikoaktivaklassen".

zierungen Standardwerte für die Risikogewichte vorgegeben werden. Diese Vorgehensweise, die auch als „**Elementaransatz**" oder als „**auf aufsichtlichen Zuordnungskriterien basierender Ansatz**" bezeichnet wird, erlaubt es allen Instituten, eine differenzierte Kapitalunterlegung im IRB-Ansatz zu bestimmen.[66]

Da durch diese Vereinfachungsregelung keine Notwendigkeit besteht, Ratingmodelle für Spezialfinanzierungen zu entwickeln, ist dieses Forderungssegment vom *Partial Use* ausgenommen. Dies bedeutet, dass ein Institut Spezialfinanzierungen mindestens nach dem Elementaransatz zu unterlegen hat, sobald für einen Teil der Forderungen an Unternehmen ein IRB-Ansatz zur Anwendung kommt.[67]

Die Risikogewichte im Elementaransatz differenzieren zwischen vier bzw. fünf Ratingklassen:

– Ausgezeichnet
– Gut
– Ausreichend
– Schwach

Ein zusätzliches Risikogewicht wird für die Kreditnehmer bzw. Forderungen festgelegt, die bereits ausgefallen sind.

In Anhang 4 des Baseler Akkords werden detaillierte Kriterien aufgelistet, die der Zuordnung der Finanzierungen zu den aufsichtsrechtlichen Ratingklassen dienen. Diese Kriterien beinhalten u. a. Einschätzungen zur finanziellen Stärke, dem politischen und regulatorischen Umfeld, den Transaktionsmerkmalen und den Sicherheiten, wobei für die einzelnen Unterkategorien des Segments Spezialfinanzierungen z. T. eigenständige Kriterien zur Anwendung kommen.

Für die **aufsichtsrechtlichen Ratingklassen** kommen die nachstehenden Risikogewichte zur Anwendung, wobei für hochvolatile gewerbliche Realkredite *(High-Volatility Commercial Real Estate, HVCRE)* besondere Risikogewichte gelten:[68]

Kategorie	Stark / Sehr gut[69]	Gut	Mittel	Schwach	Ausgefallen
Risikogewicht	70 %	90 %	115 %	250 %	0 %
Vergleichsrating	BBB- oder besser	BB+ oder BB	BB- oder B+	B bis C-	n/a

Tabelle 2: Risikogewichte für Spezialfinanzierungen

Für die Unterklasse der HVCRE lauten die Risikogewichte:

Kategorie	Stark / Sehr gut	Gut	Mittel	Schwach	Ausgefallen
Risikogewicht	95 %	120 %	140 %	250 %	0 %

Tabelle 3: Risikogewichte für HVCRE

---

[66] Vgl. Basel II, §§ 249 ff. und 275 ff.
[67] Vgl. Basel II, § 260.
[68] Vgl. Basel II, §§ 275 ff.
[69] Im englischen Originaltext wird die beste Kategorie als „strong" bezeichnet. Die deutsche Übersetzung der Bundesbank erfolgte uneinheitlich mit „sehr gut" und „stark".

Auf den ersten Blick ist es überraschend, dass für bereits ausgefallene Forderungen das Risikogewicht 0 % beträgt. Hierbei sei aber daran erinnert, dass in den IRB-Ansätzen zwischen erwartetem und unerwartetem Verlust unterschieden wird. Die vorgenannten Risikogewichte dienen lediglich der Unterlegung des unerwarteten Verlusts. Für die Bestimmung des erwarteten Verlusts ist mit einer Ausfallwahrscheinlichkeit von 100 % zu rechnen, so dass eine ausreichende Wertberichtigung vorausgesetzt wird.

Das Vergleichsrating, das sinngemäß auch für die HVCRE-Forderungen gilt, dient der besseren Einordnung der aufsichtlichen Ratingklassen. Dessen ungeachtet sollen aber die Kriterien des Anhangs 4 angewandt werden.

Die nationale Aufsicht kann den Banken gestatten, bei den Spezialfinanzierungen ein bevorzugtes Risikogewicht von 50 % für „sehr gute" und von 70 % für „gute" Forderungen zu verwenden. Im Bereich der *HVCRE* betragen die bevorzugten Risikogewichte 70 % für „sehr gute" und 95 % für „gute" Forderungen. Um in den Genuss der günstigeren Risikogewichte zu kommen, muss die **Restlaufzeit** weniger als 2,5 Jahre betragen. Alternativ muss die nationale Aufsicht festlegen, dass die Risikomerkmale der Finanzierungen deutlich besser zu beurteilen sind als in den Einordnungskriterien vorgesehen, so dass ein niedrigeres Risikogewicht angemessen ist.[70]

Im Entwurf der EU-Richtlinie wird von diesem Wahlrecht Gebrauch gemacht. Da die eigenständige Kategorie der HVCRE-Forderungen in diesem Entwurf nicht vorgesehen ist, unterscheiden sich die Risikogewichte nur nach der Restlaufzeit der jeweiligen Forderung:[71]

Restlaufzeit	Kategorie 1	Kategorie 2	Kategorie 3	Kategorie 4	Kategorie 5
Unter 2,5 Jahren	50 %	70 %	115 %	250 %	0 %
2,5 Jahre und darüber	70 %	90 %	115 %	250 %	0 %

Tabelle 4: Restlaufzeitgewichte für Spezialfinanzierungen lt. EU-Richtlinienentwurf

Sofern die Institute hierzu in der Lage sind, können sie auch interne Schätzungen für *PD* und im fortgeschrittenen IRB-Ansatz für *LGD* und *EAD* in der Risikogewichtungsfunktion nutzen. In diesen Fällen werden die Spezialfinanzierungen wie „gewöhnliche" Unternehmensfinanzierungen behandelt.[72] Als Parameter für *LGD* und *EAD* sind im IRB-Ansatz die aufsichtlichen Vorgaben zu berücksichtigen.[73]

Lediglich die Behandlung der *HVCRE* unterscheidet sich geringfügig von den „gewöhnlichen" Unternehmensfinanzierungen, da die Ausfallkorrelation mit abweichenden Parametern bestimmt wird. Diese Parameter sind aufsichtlich vorgegeben und müssen daher vom Institut nicht ermittelt werden.[74]

---

[70] Vgl. Basel II, §§ 277, 282.
[71] Vgl. CAD 3, Annex VII, Part 1, Nr. 1.1.
[72] Vgl. Basel II, §§ 278 f. und 283 f.
[73] Vgl. Abschnitte Vorgaben im IRB-Basisansatz und Bestimmung des relevanten Forderungsbetrags (EAD).
[74] Vgl. Basel II, § 283.

3.6 Spezifische Regelungen für Retailkredite

3.6.1 Die Besonderheiten der Retailaktiva

Das Retailgeschäft charakterisiert sich durch eine große Anzahl kleiner Forderungen. Ein einzelner Ausfall ist daher nicht so schwerwiegend wie bei einem großen Unternehmenskredit. Auch treten Diversifikationseffekte auf, da bei einer großen Masse von Kreditnehmern zu erwarten ist, dass die Ausfälle nicht alle zur gleichen Zeit auftreten, es einem Teil der Kreditnehmer also wirtschaftlich besser geht als anderen. Auch sind die Produkte meist standardisiert, so dass die daraus resultierenden Risiken leichter überschau- und planbar sind.

Da es sich beim Retailgeschäft regelmäßig um **Massengeschäft** handelt, ist es praktisch unmöglich, jede einzelne Forderung mit der gleichen Detailgenauigkeit zu behandeln, wie dies beispielsweise bei Unternehmensforderungen erwartet wird. Im Bereich der Retailkredite wird die Kapitalanforderung deshalb nicht für den einzelnen Kredit sondern in Bezug auf einen so genannten Forderungspool berechnet.

An Forderungen, die zum Retailgeschäft gezählt werden sollen, werden besondere Anforderungen gestellt:[75]

- Forderungen an natürliche Personen oder Personengemeinschaften können unabhängig von ihrer Höhe als Retailforderung behandelt werden. Die nationale Aufsicht kann allerdings einen Grenzwert bestimmen.
- Private Wohnungsbaukredite können ebenfalls unabhängig von ihrer Höhe als Retailforderung behandelt werden, wenn der Kreditnehmer die Immobilie als Eigentümer selbst nutzt. Bei Immobilien mit mehreren Wohneinheiten sollen die Aufsichtsbehörden „angemessene Flexibilität" walten lassen. Sofern die Immobilienfinanzierung aufgrund ihres Umfangs nicht mehr als Retailgeschäft in Frage kommt, muss sie als Forderung an Unternehmen behandelt werden.
- Wenn der Kreditnehmer ein Kleinunternehmen ist und bei der Kreditvergabe wie im Retailgeschäft üblich verfahren wird („use test"), kann der Kredit als Retailforderung behandelt werden, falls das Engagement der Bankengruppe gegen das Kleinunternehmen unter 1 Mio. Euro liegt. Sofern der Kreditnehmer einer Unternehmensgruppe angehört, ist die Kredithöhe auf konsolidierter Basis maßgeblich.
- Die Forderung muss Teil einer großen Menge gleichartiger Forderungen sein, die gleichartig gesteuert werden, um als Retailforderung in Frage zu kommen.

Der Akkord definiert weder den Begriff des Kleinunternehmens noch wird die große Menge näher beschrieben. Beim Kleinunternehmen kann allerdings eine Obergrenze von 50 Mio. Euro jährlichem Umsatz abgeleitet werden, da größere Unternehmen selbst für die bevorzugte Behandlung als KMU nicht mehr in Frage kommen.[76]

---

[75] Vgl. Basel II, §§ 231 ff.
[76] Vgl. Basel II, § 273 und Abschnitt Forderungen an Staaten, Banken und Unternehmen. In einer Empfehlung der EU-Kommission vom 6. Mai 2003 werden kleine und mittelgroße Unternehmen folgendermaßen abgegrenzt: Zahl der Mitarbeiter < 250, Umsatz < 50 Mio. Euro und Bilanzsumme < 43 Mio. Euro.

Hinsichtlich der Mindestanzahl von Forderungen im Retailsegment oder in einem einzelnen Pool kann die nationale Aufsicht Vorgaben treffen.

Insgesamt soll die praktische Umsetzung der Retaildefinition flexibel gehandhabt werden. Die Banken sollen möglichst die bestehende DV-Infrastruktur weiter nutzen können. Allerdings soll diese Flexibilität nicht zu Missbräuchen hinsichtlich der Schwellenwerte führen.[77]

Jeder Retailkredit muss dabei zwingend einem **Pool** zugewiesen werden. Die Zuordnung zu den Forderungspools erfolgt anhand von verschiedenen Risikotreibern. Als verpflichtend zu bestimmende Faktoren gelten dabei Risikomerkmale der Schuldner (z. B. Art, Alter, Beruf), des Geschäfts (v. a. das Verhältnis zwischen Kredithöhe und Sicherheitenwert und der Effekt der Bereitstellung von Sicherheiten für mehrere Einzelkredite) und des Verzugsstatus von Krediten.[78]

Die Banken sollen ein einheitliches Analysesystem für Retailkredite entwickeln, bei denen sie selbst Faktoren bestimmen, die es zu bewerten gilt, und auch Vorgaben machen, wie die Einteilung innerhalb der jeweiligen Pools zu erfolgen hat. Diese Zuteilung der Kredite auf den einzelnen Pool erfolgt i. d. R. mit Hilfe von bankinternen Scoringmodellen, wie sie bereits heute bei vielen Banken üblich sind. Dabei wird ein Kreditnehmer in allen relevanten Kategorien untersucht. Aus diesen Einzelbewertungen wird ein Gesamturteil gebildet, anhand dessen die Zuteilung auf die verschiedenen Pools erfolgt. Die Zahl der Kredite in einem Pool muss ausreichend groß sein, um auf Poolebene eine aussagekräftige Bestimmung der Verlustmerkmale zu ermöglichen. Zudem muss eine ausgewogene Verteilung der Kreditnehmer und Kreditarten über die Pools hinweg bestehen. Auf keinen Fall darf ein Pool einen unangemessen hohen Teil der Forderungen aufweisen, da durch die Gleichbehandlung die Unterteilung in Pools, denen jeweils ein spezifisches Risiko zugrunde liegen soll, ad absurdum geführt würde.[79]

3.6.2 Retailsubsegmente

Eine grundsätzliche Unterscheidung des Retailgeschäfts hat der Baseler Ausschuss vorweggenommen, indem drei Retailuntergruppen gebildet wurden:[80]

1. Private wohnwirtschaftliche Retailkredite
2. Qualifizierte revolvierende Retailkredite
3. Sonstiges Retailgeschäft

Private Wohnungsbaufinanzierungen *(Private Mortgage, PM)* kommen unabhängig von der Forderungshöhe als Retailgeschäft in Frage, wenn der Kreditnehmer

---

[77] Der Entwurf der EU-Richtlinie (CAD 3) sieht eine vergleichbare Regelung vor. Dort heißt es in Artikel 86 Abs. 4, dass das Forderungsvolumen nach Kenntnis der Bank den Schwellenwert von 1 Mio. Euro nicht übersteigen darf, wobei die Bank angemessene Schritte unternehmen muss, um das Einhalten des Schwellenwertes zu bestätigen.
[78] Vgl. Basel II, §§ 401 f.
[79] Vgl. Basel II, § 409.
[80] Zu den Sub-Segmenten des Kreditgeschäfts vgl. auch Kapitel C. IV. „Abgrenzung der Segmente/Risikoaktivaklassen".

die Immobilie selbst nutzt. Sofern die Wohnanlage nur wenige Einheiten umfasst, ist die Behandlung als Retailgeschäft ebenfalls möglich.[81] Gleiches gilt für Darlehen, die mit einer einzigen Eigentumswohnung oder Wohneinheit – ggf. auch in genossenschaftlichen Wohnanlagen – besichert sind. Die Aufsicht ist aufgefordert, diese Definition flexibel zu handhaben. Sie kann allerdings eine Höchstgrenze für die Anzahl an Wohneinheiten je Engagement festlegen.

Bei **qualifizierten revolvierenden Retailkrediten** *(Qualifying Revolving Retail Exposures, QRRE)* gelten einige zusätzliche Anforderungen, damit sie für die bevorzugte Behandlung qualifiziert sind. Als Kreditnehmer kommen ausschließlich natürliche Personen in Frage, wobei die Forderungshöhe auf 100.000 EUR begrenzt ist. Das Engagement muss unbesichert und jederzeit widerrufbar sein, wobei die Forderungshöhe innerhalb eines von der Bank festgesetzten Limits schwanken darf und der Kreditnehmer über Inanspruchnahme und Rückführung entscheidet.[82]

Alle Forderungen, die ansonsten die Retailkriterien erfüllen, können wie **sonstiges Retailgeschäft** behandelt werden.[83] Wenn die Kriterien nicht eingehalten werden, muss das Exposure als Forderung an Unternehmen behandelt werden.

3.6.3 Risikokomponenten

Die Berechnung der Risikoparameter Ausfallwahrscheinlichkeit, Verlustquote bei Ausfall und Forderungsbetrag bei Ausfall erfolgt im Retailansatz auf Poolebene. Alle drei Parameter müssen dabei von den Banken selbst geschätzt werden. Aufsichtliche Parameter für *LGD* und *EAD* – wie im IRB-Basisansatz für Unternehmen – werden im Retailansatz nicht vorgegeben.[84]

Im Retailsegment wird nicht zwischen Basisansatz und fortgeschrittenem Ansatz unterschieden. Obwohl wie im FIRB *EAD* und *LGD* vom Institut selbst zu schätzen sind, kann der Retailansatz bereits ab dem 31. Dezember 2006 angewandt werden.

Die Schätzung der Ausfallwahrscheinlichkeit soll auf internen Daten des Instituts beruhen. Für die Quantifizierung der *PD* ist es jedoch zulässig, auf externe Informationen und statistische Modelle zurückzugreifen, wenn bestimmte Voraussetzungen erfüllt sind:[85]

– Es bestehen „große Gemeinsamkeiten" zwischen den internen Verfahren zur Poolbildung und der Vorgehensweise bei den externen Daten.
– Das bankinterne Risikoprofil und die Zusammensetzung der externen Daten sind hinreichend vergleichbar.

Alle wesentlichen und relevanten Datenquellen sollen auf jeden Fall ausgewertet werden, um eine Vergleichsbasis für die internen Daten zu schaffen.

---

[81] Vgl. Basel II, § 231.
[82] Vgl. Basel II, § 234.
[83] Vgl. Basel II, § 330.
[84] Vgl. Basel II, § 252.
[85] Vgl. Basel II, §§ 464 ff.

Grundsätzlich kann die *PD* wie bei Unternehmensforderungen aus der Ratingklasse bzw. dem Pool abgeleitet werden. Für Retailforderungen besteht jedoch zusätzlich die Möglichkeit, aus dem erwarteten Verlust die PD-Schätzung zu errechnen.

Nach der Formel

$$EL = PD \times LGD$$

ergibt sich, dass auf *LGD* oder *PD* geschlossen werden kann, wenn die beiden anderen Größen bekannt sind. Gerade im Mengengeschäft sind den Banken häufig die **durchschnittlichen Verlustraten** (als Prozentsatz des Kreditvolumens) bekannt. Wenn diese Zahlen auf Poolebene herunter gebrochen werden und zusätzlich die durchschnittliche Verwertungsquote oder die Ausfallhäufigkeit bekannt sind, kann entsprechend eine Schätzung für *PD* bzw. *LGD* durchgeführt werden.

Die **Datenanforderungen** für die Schätzung der Ausfallwahrscheinlichkeit bzw. des erwarteten Verlusts liegen bei mindestens fünf Jahren. Sofern eine längere Datenhistorie verfügbar ist, soll diese ausgewertet werden. Diese längere Periode kann jedoch zu Verzerrungen führen, wenn sich die Zusammensetzung der Pools nicht mehr mit der heutigen Poolstruktur vergleichen lässt. Um dieses Problem zu umgehen, können aktuellere Daten mit einem höheren Gewicht in die Analysen einfließen. In der Übergangsphase ist eine zweijährige Datenhistorie ausreichend, wobei mit jedem Jahr auch hier die Datenanforderungen um ein Jahr steigen.[86]

Wenn das Forderungsvolumen durch eine Steigerung der Geschäftsaktivität schnell ausgeweitet wird, muss die Schätzung der *PD* konservativ adjustiert werden. Die Aufsicht ist berechtigt, diese Anpassung verbindlich vorzuschreiben.[87]

Die Schätzung der *LGD* unterliegt grundsätzlich den gleichen Anforderungen wie bei Forderungen an Unternehmenskunden. Wenn die Verlustrate aus dem *EL* abgeleitet wird, muss das Institut daher u. a. sicherstellen, dass der abgeleitete *LGD* nicht geringer ausfällt als die langfristige ausfallgewichtete Verlustrate. Wie bei der Schätzung der *PD* gilt für das Retailsegment jedoch die Erleichterung, dass die Datenhistorie nur fünf Jahre umfassen muss und in der Übergangsphase ein Zeitraum von zunächst zwei Jahren ausreichend ist.[88]

Als weiterer Parameter im Retailsegment ist, wie beschrieben, das erwartete Forderungsvolumen zu schätzen. Die Schätzung des *EAD* erfolgt grundsätzlich wie bei Unternehmensforderungen. Allerdings greift auch für diese Schätzung die Erleichterung für das Retailsegment, wonach übergangsweise eine zweijährige Datenhistorie, die sich nach Ende der Übergangsfrist auf fünf Jahre erhöht, ausreichend ist. Falls aktuellere Daten eine bessere Aussagekraft haben, können diese höher gewichtet werden.[89]

---

[86] Vgl. Basel II, §§ 264 f.
[87] Vgl. Basel II, § 467.
[88] Vgl. Basel II, §§ 473 und 264 f. Vgl. hierzu auch den Abschnitt Vorgaben im fortgeschrittenen IRB-Ansatz.
[89] Vgl. Basel II, § 478.

3.7 Angekaufte Forderungen

3.7.1 Kapitalunterlegung für Ausfallrisiken

Angekaufte Forderungen stellen in den IRB-Ansätzen einen **Sonderfall** dar, da die ursprüngliche Kreditvergabe nicht durch das Institut selbst erfolgt ist. Insofern sind beispielsweise Probleme bei der Schätzung der Ausfallwahrscheinlichkeit denkbar. Die neuen Eigenkapitalanforderungen enthalten daher für angekaufte Forderungen eigenständige Regelungen.[90]

Zunächst einmal ist zu prüfen, welchem **Segment** die angekauften Forderungen zuzurechnen sind. Wenn sich die Forderungen eindeutig einem Segment zurechnen lassen, kommt die Risikogewichtungsfunktion des betreffenden Segments zur Anwendung. Dies setzt natürlich voraus, dass das Institut die **Zulassungskriterien** für dieses Segment oder Sub-Segment erfüllt. Für gemischte Forderungspools muss die Risikogewichtungsfunktion, die zur höchsten Kapitalanforderung führt, herangezogen werden. Dies gilt jedoch nicht, wenn das ankaufende Institut die einzelnen Forderungen den „richtigen" Segmenten differenziert zuweisen kann.

Bei Retailforderungen werden keine besonderen Anforderungen an die Schätzung von PD und LGD gestellt. Allerdings darf die Schätzung dieser Werte nicht über die bloße Forderung hinaus eigene Regressansprüche oder Garantien des Verkäufers oder Dritter berücksichtigen.[91]

Bei angekauften Unternehmensforderungen sollen die Institute möglichst einen Bottom-Up-Ansatz wählen. Dieser Begriff ist im Baseler Akkord nicht näher definiert. Gemeint ist hiermit die individuelle Risikogewichtung jeder einzelnen Forderung.[92] Der Top-Down-Ansatz bezeichnet dementsprechend die gesamtheitliche Betrachtung des Forderungspools.

Mit ausdrücklicher Zustimmung der zuständigen Bankenaufsicht darf der Top-Down-Ansatz genutzt werden. Dieser basiert auf der Schätzung des *Expected Loss*, wobei dieser wie beschrieben ohne etwaige Regressansprüche etc. zu bestimmen ist. Der EL ist wiederum in die Größen PD und LGD aufzuspalten. Hierbei ist zu unterscheiden, ob das Institut für Unternehmensforderungen den IRB-Basisansatz oder den fortgeschrittenen IRB-Ansatz anwendet:

1. **Behandlung im IRB-Basisansatz**

   Wenn die Bank in der Lage ist, die PD verlässlich zu schätzen, kann der geschätzte Wert in die Risikogewichtungsfunktion eingesetzt werden. Andernfalls erfolgt die Ermittlung der PD, indem der EL durch die anzusetzende Verlustrate dividiert wird.

   Als LGD kann nur dann ein Wert von 45 % angesetzt werden, wenn die Bank nachweisen kann, dass ausschließlich vorrangige Forderungen angekauft wurden. Andernfalls ist der LGD mit 100 % anzusetzen, so dass $PD = EL$ ist.[93]

---

[90] Vgl. Basel II, §§ 362 ff.
[91] Vgl. Basel II, § 364.
[92] Vgl. „Proposed Rules", Federal Register Vol. 68 No. 149, S. 5.
[93] Vgl. Basel II, § 366.

Die Kapitalanforderung ergibt sich nach der Risikogewichtungsfunktion für Unternehmensforderungen. Sofern KMU-Forderungen angekauft wurden, kann die Bank ggf. eine gewichtete Größenklassenanpassung vornehmen.[94]

2. **Behandlung im fortgeschrittenen IRB-Ansatz**

Banken, die für Unternehmensforderungen den fortgeschrittenen IRB-Ansatz anwenden, dürfen ggf. auch den LGD für angekaufte Forderungen selbst schätzen. Sofern die Schätzung der Verlustrate „direkt" möglich ist, gelten die Anforderungen an eine interne Schätzung des LGD.[95]

Falls lediglich die Ausfallwahrscheinlichkeit bekannt ist, darf die Verlustrate auch aus dem erwarteten Verlust abgeleitet werden. Die Methodik entspricht der Vorgehensweise der LGD-Schätzung für Retailforderungen. Dementsprechend ist darauf zu achten, dass die Schätzung des LGD dem langjährigen, ausfallgewichteten Durchschnitt entspricht.

Als EAD für die Bestimmung der Kapitalunterlegung des Forderungsvolumens ist das Forderungsvolumen abzüglich der Kapitalanforderung für Verwässerung ($K_{Dilution}$) anzusetzen.[96] Falls revolvierende Fazilitäten angekauft wurden, sind dem gegenwärtigen Forderungsbetrag 75 % der offenen Zusage zuzurechnen (abzüglich $K_{Dilution}$). Institute, die im FIRB den Parameter EAD selbst schätzen, müssen für angekaufte Forderungen den Faktor 75 % nutzen, d. h. eine interne Schätzung ist in diesem Fall nicht erlaubt.

Als Restlaufzeit M müssen Banken im FIRB die gewichtete Durchschnitts-Restlaufzeit des Pools ansetzen. Dieser Wert ist auch für die nicht genutzten Teile einer Ankaufszusage anzusetzen, falls die **Ankaufsfazilität** wirksam gegen Qualitätsverschlechterungen geschützt ist (z. B. vertragliche Kündigungsrechte oder vorzeitige Tilgungsmöglichkeiten).

Wenn solche Klauseln nicht bestehen, errechnet sich M aus der Summe der langfristigsten Forderung, die noch unter die Ankaufsfazilität fällt, und der Restlaufzeit der Ankaufsvereinbarung.

Beispiel: Wenn die Ankaufsvereinbarung auf Forderungen mit einer Laufzeit von einem Jahr beschränkt ist und die Restlaufzeit der Fazilität 2,5 Jahre beträgt, ist für M ein Wert von 3,5 Jahren anzusetzen.

3.7.2 Berücksichtigung des Verwässerungsrisikos

Für die Schätzung des EAD ist eine Besonderheit zu berücksichtigen: Bei angekauften Forderungen besteht das so genannte „**Verwässerungsrisiko**", welches die Möglichkeit beschreibt, dass die Forderung aus dem Grundgeschäft sich z. B. durch Aufrechnungen, Skonti etc. reduziert.

---

[94] Sofern der Bank keine geeigneten Daten vorliegen, darf keine Größenklassenanpassung vorgenommen werden.
[95] Vgl. Abschnitt Vorgaben im fortgeschrittenen IRB-Ansatz.
[96] Die Berechnung der Kapitalanforderung für das Verwässerungsrisiko wird im folgenden Abschnitt beschrieben.

Wenn die Bank nicht nachweisen kann, dass dieses Risiko unerheblich ist, muss sie eine **separate Kapitalanforderung** ($K_{Dillution}$) für das Verwässerungsrisiko berechnen. Hierzu ist der erwartete Verlust aus diesem besonderen Risiko für einen Zeithorizont von einem Jahr zu schätzen. Die Datenbasis kann wahlweise intern oder extern sein. Etwaige Regressansprüche gegen Dritte oder andere Unterstützungsleistungen des Forderungsverkäufers dürfen bei der Schätzung des EL nicht einbezogen werden.[97]

Unabhängig vom gewählten Ansatz (Bottom-Up oder Top-Down) und dem Segment, dem die Forderungen zuzurechnen sind, wird $K_{Dillution}$ ermittelt, indem die Risikogewichtungsfunktion für Unternehmenskredite herangezogen wird. Die PD entspricht dem geschätzten EL, während für die LGD 100 % anzusetzen sind. Als Restlaufzeit ist ein „angemessener" Wert anzusetzen. Der Akkord sieht eine Untergrenze von einem Jahr vor, die auch nur dann angewandt werden darf, wenn die Bank das Verwässerungsrisiko adäquat überwacht und innerhalb eines Jahres in der Lage ist, geeignete Maßnahmen einzuleiten. In solch einem Fall muss die Zustimmung der Aufsicht eingeholt werden.

3.7.3 Kaufpreisnachlässe und Sicherheiten bei angekauften Forderungen

Der Forderungsankauf erfolgt häufig mit einem Abschlag, der eine Absicherung gegen Ausfall- und/oder Verwässerungsrisiken darstellt. Dieser Abschlag kann als **First-Loss-Absicherung** im Sinne der verbrieften Transaktionen aufgefasst werden, wenn der Betrag dem Verkäufer zurückerstattet wird. Nicht erstattungsfähige Abschläge haben keine Auswirkung auf die Kapitalanforderungen.[98] Sofern eine First-Loss-Absicherung aus Sicherheiten oder Garantien resultiert, und diese Ausfall- und/oder Verwässerungsrisiken abdecken, können diese ebenfalls im Rahmen der Verbriefungen berücksichtigt werden.

Andere Sicherheiten werden nach den Regeln für Kreditrisikominderungen anerkannt. Wenn Garantien vom Forderungsverkäufer oder einem Dritten abgegeben wurden, werden diese im Rahmen der entsprechenden Regelungen berücksichtigt.[99]

Falls diese Garantie Ausfall- und Verwässerungsrisiken abdeckt, ist das Risikogewicht des gesamten Pools für beide Risikoarten durch das Risikogewicht des Garanten zu ersetzen. Falls nur eines der beiden Risiken abgedeckt ist, wird das Risikogewicht in der korrespondieren Kapitalanforderung ersetzt. Gleichermaßen wird, wenn nur ein Teil des Risikos abgedeckt wird, eine anteilsmäßige Aufteilung entsprechend den Regeln für Garantien und Kreditderivate vorgenommen.[100]

---

[97] Vgl. Basel II, § 369 f.
[98] Vgl. Basel II, §§ 371 f. Zur First-Loss-Absicherung vgl. Kapitel C. IX. „Securitisation und Behandlung von ABS-Transaktionen".
[99] Vgl. Abschnitt Berücksichtigung von Sicherheiten sowie Kapitel C. VIII. „Einsatz von Kreditderivaten und Garantien".
[100] Vgl. Basel II, § 373.

3.8 Leasingforderungen

Die Behandlung von Leasingforderungen gliedert sich in zwei Fälle: Wenn die Bank **keinem Restwertrisiko** ausgesetzt ist (es besteht keine Rücknahmeverpflichtung für das finanzierte Objekt zu einem vorab festgelegten Preis), wird die Leasingforderung wie jede andere Forderung behandelt, die mit einer vergleichbaren Besicherung begeben wurde. Die Anforderungen an die Sicherheiten gelten entsprechend.[101]

Zusätzlich sind weitere Anforderungen zu erfüllen:

- Der Leasinggeber muss über ein Risikomanagement verfügen, das auch den Standort des Leasingobjektes, dessen Alter und Nutzung sowie die geplante Nutzungsdauer berücksichtigt.
- Die rechtlichen Rahmenbedingungen müssen so ausgestaltet sein, dass das Eigentum am Leasingobjekt und die Möglichkeit, die Eigentumsrechte in angemessener Zeit auszuüben, gewährleistet sind.
- Der Risikominderungseffekt darf die Differenz zwischen Abschreibungsrate und Amortisation der Leasingzahlungen nicht übersteigen.

Wenn ein **Restwertrisiko** vorliegt, also die Gefahr besteht, dass der Marktwert des Objektes zum Rücknahmezeitpunkt unter dem vereinbarten Restwert liegt, werden Forderungen und Restwert separat unterlegt.

Die Leasingzahlungen müssen abgezinst werden, wobei der Barwert dem *EAD* entspricht und mit dem Risikogewicht des Kreditnehmers unterlegt wird. Der *LGD* wird entsprechend dem verwendeten Ansatz selbst geschätzt oder durch das Regelwerk vorgegeben. Der Restwert wird grundsätzlich mit einem Risikogewicht von 100 % unterlegt.

3.9 Beteiligungspositionen und verbriefte Transaktionen

Die Behandlung von Beteiligungspositionen und verbrieften Transaktionen unter Basel II unterscheidet sich z. T. deutlich von den bisherigen Vorgehensweisen. Für Beteiligungspositionen besteht jedoch eine zehnjährige *Grandfathering*-Regel, wonach Beteiligungsbesitz, der bei Publikation des Akkords bereits bestand, nach den Regeln des Standardansatzes unterlegt werden kann, wenn die Beteiligungsquote am Unternehmen nicht erhöht wurde.[102]

Die Behandlung von Beteiligungspositionen, die nicht unter die Übergangsbestimmungen fallen, sowie die aufsichtsrechtlichen Vorgaben für verbriefte Transaktionen sollen an dieser Stelle nicht vertieft werden. Sie werden in den Kapiteln C. V. „Berücksichtigung von Beteiligungen" bzw. C. IX. „Securitisation und Behandlung von ABS-Transaktionen" detailliert behandelt.

---

[101] Vgl. Basel II, §§ 523 f.
[102] Vgl. Basel II, §§ 267 ff.

4. Überführung der Risikoparameter in das Risikogewicht
4.1 Forderungen an Staaten, Banken und Unternehmen

Ziel der Risikogewichtungsregeln ist es, eine differenzierte, risikoorientierte Eigenmittelunterlegung zu schaffen. Über die Parameter *PD, LGD, EAD* und *M* sowie ggf. *S* wird eine Einschätzung des mit der Finanzierung verbundenen Risikos getroffen. Über aufsichtlich vorgegebene Formeln werden die einzelnen Parameter zum Risikogewicht bzw. den Eigenkapitalanforderungen zusammengefasst.

Grundsätzlich wäre es möglich, die Eigenkapitalanforderung in einer Formel darzustellen. Das Baseler Komitee hat die Formel jedoch aus Gründen der Übersichtlichkeit in einzelne Blöcke bzw. Faktoren aufgeteilt. Für diese Faktoren werden neue Variablen eingeführt, die sich jedoch aus den vorgenannten Einflussgrößen ableiten lassen. Konkret handelt es sich um die folgenden Terme/Faktoren:

- Korrelation *(R)*
- Restlaufzeitanpassung *(b)*[103]
- Eigenkapitalanforderung *(K)*

Für Forderungen an Unternehmen, Staaten und Banken errechnet sich *R* nach der Formel:[104]

$$R = 0{,}12 \times \left(\frac{1 - e^{-50 \times PD}}{1 - e^{-50}} \right) + 0{,}24 \times \left(1 - \frac{1 - e^{-50 \times PD}}{1 - e^{-50}} \right)$$

Abweichende Formeln gelten für Forderungen an kleine und mittelgroße Unternehmen (KMU) sowie für HVCRE-Forderungen. Bei KMU-Forderungen reduziert sich die Korrelation durch die modifizierte Rechenformel. Somit ist die Nutzung der Formel ein Wahlrecht. Bei HVCRE-Forderungen errechnet sich ceteris paribus eine höhere Korrelation und somit ein höheres Risikogewicht. Daher muss die Rechenformel für diese Forderungskategorie zwingend angewandt werden.

Die Berechnung der **Korrelation für KMU-Forderungen** berücksichtigt den jährlichen Umsatz des Kreditnehmers. Fall das Unternehmen einer Gruppe angehört, ist der konsolidierte Umsatz maßgeblich. Als Untergrenze ist ein Umsatz von 5 Mio. Euro jährlich anzusetzen. Bei der Obergrenze von 50 Mio. Euro kürzt sich der Term heraus, so dass sich rechnerisch das gleiche Risikogewicht wie bei gewöhnlichen Unternehmensforderungen ergibt. Der Umsatzparameter *S* wird in Mio. Euro gemessen.[105]

$$R_{KMU} = 0{,}12 \times \left(\frac{1 - e^{-50 \times PD}}{1 - e^{-50}} \right) + 0{,}24 \times \left(1 - \frac{1 - e^{-50 \times PD}}{1 - e^{-50}} \right) - 0{,}04 \times \left(1 - \frac{S-5}{45} \right)$$

Die nationale Aufsicht kann den Instituten erlauben, statt des jährlichen Umsatzes die Bilanzsumme anzusetzen, wenn die Bilanzsumme ein besserer Indikator für

---

[103] Bei der Restlaufzeitanpassung *b* handelt es sich um eine Rechengröße, die strikt von der Restlaufzeit *M* zu unterscheiden ist.
[104] Vgl. Basel II, § 272. Bei der Funktion e^x handelt es sich um die Exponentialfunktion der Eulerschen Zahl.
[105] Vgl. Basel II, § 273.

die Unternehmensgröße ist als der jährliche Umsatz. Es ist davon auszugehen, dass die Schwellenwerte von 5 und 50 Mio. Euro im Zeitablauf angepasst werden, um Inflationseffekten Rechnung zu tragen.

Bei **HVCRE-Forderungen** lautet die Formel zur Bestimmung der Korrelation mit Ausnahme der zweiten Konstanten wie bei den übrigen Forderungen an Unternehmen:[106]

$$R_{HVCRE} = 0{,}12 \times \left(\frac{1-e^{-50 \times PD}}{1-e^{-50}}\right) + 0{,}30 \times \left(1 - \frac{1-e^{-50 \times PD}}{1-e^{-50}}\right)$$

Einheitlich für alle Forderungen der Segmente Staaten, Banken und Unternehmen wird die Restlaufzeitanpassung b wie folgt errechnet:[107]

$$b = (0{,}11852 - 0{,}05478 \times \ln(PD))^2$$

Die Eigenkapitalanforderungen berechnen sich über eine komplexe Formel, die sowohl die Normalverteilungsfunktion N(x) als auch deren Inverse G(x) beinhaltet:

$$K = \left(LGD \times N\left(\frac{1}{\sqrt{(1-R)}} \times G(PD) + \sqrt{\frac{R}{1-R}} \times G(0{,}999) - PD \times LGD\right)\right) \times \frac{1 \times (1 + (M - 2{,}5) \times b)}{(1 - 1{,}5 \times b)}$$

Die Größe K bezeichnet die erforderlichen Eigenmittel für eine Forderung von einer Geldeinheit. Sollte sich für K ein negativer Wert ergeben, so ist in den weiteren Berechnungen eine Kapitalanforderung von Null anzuwenden.[108] Die risikogewichteten Aktiva (RWA) ergeben sich, indem K mit dem EAD sowie der Konstante 12,5 (Kehrwert der Kapitalanforderung von 8 %) multipliziert wird:

$$RWA = K \times 12{,}5 \times EAD$$

Die Summe aller RWA ist die Bemessungsgrundlage für die Kreditrisikounterlegung. Auf diesen Wert wird allerdings noch ein Skalierungsfaktor angewandt, der der Feinjustierung der Gesamtkapitalanforderungen des Bankgewerbes dient. Derzeit geht die Bankenaufsicht von einem Faktor i. H. v. 1,06 aus.[109] Dieser Wert soll allerdings laufend überprüft und ggf. angepasst werden. Die **Parallelrechnungsphase** im Jahr 2006 dient insbesondere der **Feinjustierung** dieses Faktors. Auch die QIS 4, die in Deutschland ab Dezember 2004 durchgeführt wird, hat die Überprüfung der Gesamtkapitalanforderungen zum Ziel.

4.2 Retailforderungen

Die Risikogewichtungsfunktion für das Retailsegment ist für die drei Unterklassen (Private Wohnungsbaufinanzierungen, qualifizierte revolvierende Retailforderungen und sonstige Retailforderungen) unterschiedlich. Die Berechnung der Kapitalanforderungen erfolgt jedoch prinzipiell wie bei den vorgenannten Forderungen an Staaten, Banken und Unternehmen, allerdings spielt die Restlaufzeit keine Rolle.

---

[106] Vgl. Basel II, § 283.
[107] Der Term *ln(x)* bezeichnet in diesem Zusammenhang den natürlichen Logarithmus.
[108] Vgl. Basel II, Fußnote 68 zu § 272.
[109] Vgl. Basel II, § 44 und Fußnote 11 zu § 44.

Bei wohnwirtschaftlichen Realkrediten wurde die **Korrelation** R mit 0,15 festgeschrieben, während sie bei revolvierenden Retailforderungen sogar nur 0,04 beträgt. Im übrigen Retailgeschäft wird die Korrelation über eine Formel ermittelt:[110]

$$R_{\text{Wohnwirtschaftliche Realkredite}} = 0{,}15$$
$$R_{\text{Revolvierende Retailforderungen}} = 0{,}04$$
$$R_{\text{sonstiges Retail}} = 0{,}03 \times \left(\frac{1 - e^{-35 \times PD}}{1 - e^{-35}} \right) + 0{,}16 \times \left(1 - \frac{1 - e^{-35 \times PD}}{1 - e^{-35}} \right)$$

Die Kapitalanforderungen errechnen sich für alle Retailsubsegmente einheitlich über die Formel:

$$K_{\text{Retail}} = \left(LGD \times N\left(\frac{1}{\sqrt{(1-R)}} \times G(PD) + \sqrt{\frac{R}{1-R}} \times G(0{,}999) - PD \times LGD \right) \right)$$

Wie auch bei den Forderungen an Unternehmen kommt die Formel jedoch nur dann zur Anwendung, wenn der Kreditnehmer noch nicht ausgefallen ist.

4.3 Forderungen in Default

Eine abweichende Berechnung der Eigenmittel ist für leistungsgestörte Forderungen vorzunehmen, da die vorgenannten Formeln nur für Exposures gelten, bei denen der Default noch nicht eingetreten ist.[111] Zwar gilt es auch hier; die risikogewichteten Aktiva zu berechnen, jedoch ergeben sich aufgrund der Unterscheidung von erwartetem Verlust *(Expected Loss, EL)* und unerwartetem Verlust *(Unexpected Loss, UL)* ein paar Besonderheiten.

Grundsätzlich gilt bei Forderungen in *Default*:

$$K = \max(0; LGD - EL) \text{ bzw. } RWA = K \times 12{,}5 \times EAD$$

Dies bedeutet, dass die Kapitalanforderungen für eine ausgefallene Forderung dem Maximum aus Null und der Differenz zwischen dem *LGD* und der bestmöglichen Schätzung des erwarteten Verlusts entsprechen. Für *LGD* ist dabei – entsprechend dem gewählten Ansatz – die aufsichtliche Vorgabe oder die interne Schätzung heranzuziehen. Als erwarteter Verlust ist in der Regel der Betrag anzusetzen, den das Institut zu verlieren glaubt. In dieser Höhe sollte auch eine Wertberichtigung gebildet werden.

Bei der Schätzung des *LGD* ist zu berücksichtigen, dass der tatsächliche Verlust den erwarteten Betrag übersteigen kann, weil beispielsweise die Sicherheitenverwertung niedrigere Rückflüsse erbringt. Wie im Abschnitt „Vorgaben im fortgeschrittenen IRB-Ansatz" dieses Beitrags beschrieben, erwartet die Aufsicht eine vorsichtige Schätzung des *LGD*. Der Differenzbetrag zwischen dem erwarteten Verlust und dem geschätzten *LGD* ist daher die Kapitalanforderung für die ausgefallene Forderung.

Sollte die für diese Forderung gebildete Wertberichtigung geringer sein als der erwartete Verlust, muss diese Vorgehensweise gesondert begründet sein.[112]

---
[110] Vgl. Basel II, §§ 327 ff.
[111] Vgl. Basel II, §§ 272, 328 ff.
[112] Vgl. Basel II, § 471.

4.4 Berücksichtigung von erwarteten Verlusten und Wertberichtigungen

4.4.1 Ermittlung des erwarteten Verlusts

Im Herbst 2003 entschied das Baseler Komitee, dass die Eigenmittelanforderungen im IRB-Ansatz ausdrücklich der Deckung des unerwarteten Verlustes dienen sollen.[113]

Wie bereits dargestellt erwartet die Aufsicht, dass der erwartete Verlust durch eine entsprechende Risikovorsorge abgedeckt wird. Für Forderungen, deren Ausfall bereits feststeht oder hochwahrscheinlich erscheint, sollte die Risikovorsorge in Form von Einzelwertberichtigungen (EWB) erfolgen. Für das verbleibende, (noch) nicht bestimmten Forderungen zuordnenbare Risiko sollte eine zusätzliche Risikovorsorge, z. B. in Form von pauschalierten EWB oder Pauschalwertberichtigungen (PWB) gebildet werden.

In den IRB-Ansätzen wird davon ausgegangen, dass der erwartete Verlust des Kreditgeschäfts in der gebildeten Risikovorsorge berücksichtigt wurde und deshalb nicht mit Eigenkapital zu unterlegen ist. Somit müssen nur die Schwankungen um den Durchschnitt, also die unerwarteten Verluste, mit Eigenkapital unterlegt werden.

Nach den neuen Regeln können die gebildeten Wertberichtigungen genutzt werden, um die Eigenkapitalunterlegung zu reduzieren. Dazu muss zunächst die Höhe des erwarteten Verlusts berechnet werden. Dieser ist definiert als das Produkt von Ausfallwahrscheinlichkeit und Schadenschwere.[114]

$$EL = PD \times LGD$$

Wenn die Risikogewichte für Beteiligungen nach dem PD/LGD-Ansatz ermittelt werden, ist die vorgenannte Formel ebenfalls zu Ermittlung des EL anzuwenden. Bei bereits ausgefallenen Forderungen ($PD = 100\%$) muss der erwartete Verlust wie beschrieben individuell geschätzt werden.

Wenn bei Spezialfinanzierungen der Elementaransatz gewählt wird, muss – um die Systematik – konsistent fortzuführen, ein Risikogewicht für den erwarteten Verlust vorgegeben werden. Dieser Anteil wird anhand nachstehender Tabellen ermittelt.

Kategorie	Sehr Gut/Stark	Gut	Mittel	Schwach	Ausgefallen
EL	5 % (0 %)	10 % (5 %)	35 %	100 %	625 %
EL_{HVCRE}	5 %	5 %	35 %	100 %	625 %

Tabelle 5: EL-Risikogewichte für Spezialfinanzierungen

Wie im Abschnitt „Besondere Regeln für Spezialfinanzierungen" beschrieben, kann die Aufsicht unter bestimmten Voraussetzungen niedrigere Kapitalanforderungen für Spezialfinanzierungen in den Klassen „sehr gut" und „gut" vorsehen. In die-

---
[113] Vgl. BIS, „Significant Progress on Major Issues", Pressemitteilung vom 11. Oktober 2003.
[114] Vgl. Basel II, § 376 ff.

sem Fall kommen die reduzierten Risikogewichte von 0 % („sehr gut") bzw. 5 % („gut") für den EL-Anteil zur Anwendung. Für HVCRE-Spezialfinanzierungen gilt diese Erleichterung nicht, d. h. es sind grundsätzlich die Werte der unteren Tabellenzeile anzuwenden.

4.4.2 Kapitalanforderungen für den erwarteten Verlust

Im IRB-Ansatz muss jede Bank einen regelmäßigen Abgleich zwischen ihrer **Risikovorsorge** und dem erwarteten Verlust vornehmen. Aus diesem Grund müssen in einer separaten Rechnung die zu berücksichtigenden Wertberichtigungen ermittelt werden.

Die anerkennungsfähigen **Wertberichtigungen** setzen sich zusammen aus

– Einzelwertberichtigungen,
– Teilwertabschreibungen und
– Portofoliospezifischen Wertberichtigungen (z. B. Risikovorsorge für Länderrisiken und Pauschalwertberichtigungen sowie pauschalierte EWB).[115]

Einzelwertberichtigungen auf Beteiligungen und verbriefte Forderungen dürfen der Summe der Wertberichtigungen ausdrücklich **nicht** zugerechnet werden.

Ist der Wert des erwarteten Verlusts höher als die Summe der anerkennungsfähigen Risikovorsorge, muss der Differenzbetrag vom vorhandenen Eigenkapital abgezogen werden. Ein etwaiger Überschuss bei der Risikovorsorge kann unter bestimmten Voraussetzungen den Eigenmitteln zugerechnet werden. Da Pauschalwertberichtigungen nunmehr zur Unterlegung des *Expected Loss* herangezogen werden können, ist die Zurechnung zum Ergänzungskapital nicht mehr möglich.[116]

Sofern der *EL* die Summe der anrechenbaren Wertberichtigungen übersteigt, erfolgt der Abzug zu gleichen Teilen von Kern- und Ergänzungskapital. Für Beteiligungspositionen, die nach dem PD/LGD-Ansatz unterlegt werden, und Verbriefungspositionen wird der *Expected Loss* direkt vom Kapital abgezogen.

Falls der Gesamtbetrag der Wertberichtigungen größer als der *EL* ist, kann die Differenz bis zu einer Obergrenze von 0,6 % der risikogewichteten Aktiva dem Ergänzungskapital zugerechnet werden.[117] Die Begrenzung des Ergänzungskapitals auf 100 % des Kernkapitals bleibt weiterhin bestehen.

In diesem Zusammenhang sei noch auf ein Problem im Rahmen der ausreichenden Bildung der Risikovorsorge hingewiesen: Gemäß den internationalen Rechnungslegungsvorschriften (IAS/IFRS), die ab dem Jahr 2005 für börsennotierte Aktiengesellschaften in der Europäischen Union verpflichtend sind, dürfen Wertberichtigungen ausschließlich für angefallene Verluste *(Incurred Losses)* und nicht für erwartete Verluste gebildet werden.[118] Die Verwendung eines statistischen Modells, das nur auf Vergangenheitsdaten beruht, ist zur Bildung von Wertberichtigungen

---
[115] Vgl. Basel II, § 380.
[116] Vgl. Basel II, § 43.
[117] Nach nationalem Ermessen kann auch eine niedrigere Obergrenze als 0,6 % bestimmt werden.
[118] Vgl. IAS 39.59.

unter den IAS/IFRS nicht zulässig. Es müssen konkrete Wertberichtigungen auf die einzelne Forderung vorgenommen werden, die bei Eintritt eines Referenzereignisses (*Trigger*) gebildet werden.

4.5 Kapitalanforderungen bei Anwendung des Partial Use

Wenn Institute sowohl den Standardansatz als auch den IRB-Ansatz für unterschiedliche Segmente des Kreditgeschäfts anwenden, sind bei der Ermittlung des Mindesteigenkapitals ein paar Besonderheiten zu beachten:[119]

Da die Unterscheidung von *EL* und *UL* nur in den IRB-Ansätzen besteht, müssen Institute, die einen *Partial Use* anwenden, die vorhandenen Wertberichtigungen auf solche Portfolien aufteilen, die nach dem Standardansatz mit Eigenmitteln unterlegt werden und jene, die nach den IRB-Ansätzen unterlegt werden. Wertberichtigungen für Exposures, die nach dem Standardansatz mit Eigenkapital unterlegt werden, dürfen nicht in der Summe der Wertberichtigungen enthalten sein, die mit dem EL abgeglichen wird, und müssen herausgerechnet werden. Wenn eine entsprechende Zuordnung nicht möglich ist, muss die Verteilung auf Basis der risikogewichteten Aktiva erfolgen.

Einzelwertberichtigungen müssen individuell den jeweiligen Forderungen bzw. den entsprechenden Portfolien zugerechnet werden, da sie im Standardansatz die Bemessungsgrundlage und ggf. auch das Risikogewicht beeinflussen. In den IRB-Ansätzen können sie wie beschrieben mit dem *EL* „verrechnet" werden.

Wenn diese Zuordnungen erfolgt sind, kann der Kapitalbedarf getrennt für die jeweiligen Segmente ermittelt werden. Für die Kreditnehmer, die nach dem Standardansatz zu berücksichtigen sind, wird nach den dort geltenden Regeln gerechnet, während für die Kreditnehmer im IRB-Ansatz entsprechend mit dem hierfür vorgesehenen Rechenwerk vorzugehen ist.

Der Gesamtkapitalbedarf ergibt sich somit als:

$$\frac{\text{Kernkapital*} + \text{Ergänzungskapital*}}{\sum \text{Risikoaktiva Kredit} + \sum \text{Bemessungsgrundlage Markt} + \sum \text{Bemessungsgrundlage OpRisk}} \geq 8\%$$

bzw.

$$\frac{\sum \text{Risikoaktiva Kredit} + \sum \text{Bemessungsgrundlage Markt} + \sum \text{Bemessungsgrundlage OpRisk}}{\text{Kernkapital*} + \text{Ergänzungskapital*}} \leq 12{,}5$$

Dabei ist Σ *Risikoaktiva Kredit* die Summe der abhängig vom jeweiligen Ansatz ermittelten risikogewichteten Aktiva.

Kernkapital und Ergänzungskapital müssen entsprechend den Vorschriften zur Behandlung der Erwarteten Verluste angepasst werden (*Kernkapital** bzw. *Ergänzungskapital**), wenn die Risikovorsorge für die Forderungen unter dem IRB-Ansatz geringer ausfällt als der Erwartete Verlust. Gleichermaßen kann überschüssige Risikovorsorge für Forderungen, die nach einem IRB-Ansatz mit Kapital unterlegt werden, in den vorgenannten Grenzen dem Kernkapital zugerechnet werden.

---

[119] Vgl. Basel II, §§ 381 ff.

Insgesamt dürfen die Bemessungsgrundlagen für Kredit-, Marktpreis- und Operationelle Risiken maximal 12,5-mal größer sein als die anrechenbaren Eigenmittel. Daraus errechnet sich eine Mindesteigenmittelquote von 8 %.

Sollte die Quote niedriger sein als 8,4 %, erfordert das deutsche Aufsichtsrecht eine tägliche Überwachung des Mindesteigenkapitals. Darüber hinaus ist eine Berechnung und Meldung zum Monatsende ausreichend.[120]

5. Bewertung und Ausblick

Mit der Möglichkeit, im IRB-Ansatz eigene Schätzungen der Risikoparameter vorzunehmen, kann das individuelle Risikoprofil eines Instituts wesentlich präziser als bisher bei den Kapitalanforderungen berücksichtigt werden.

Allerdings ist die Anwendung des Ansatzes an nicht unerhebliche Rahmenbedingungen geknüpft. Der IRB-Ansatz erfordert einen komplexen Datenhaushalt und die organisatorischen Mindestanforderungen, auf die an dieser Stelle nicht eingegangen wurde, sind ebenfalls nicht zu unterschätzen.

Institute, die die Anwendung eines IRB-Ansatzes in Betracht ziehen, sollten daher prüfen, ob sie langfristig die mit diesem Ansatz verbundenen Anforderungen erfüllen können und wollen. Ein Wechsel in einen einfacheren Ansatz ist nicht ohne weiteres möglich. Sollte die Aufsicht einem solchen Wechsel zustimmen (oder ihn wegen Nichterfüllung der Standards gar verlangen), so hat dies möglicherweise auch Auswirkungen auf das Standing des Instituts, weil nach den Offenlegungsanforderungen ein solcher Wechsel mitzuteilen ist.

Durch die höhere Risikosensitivität ergibt sich auch eine höhere Volatilität in den Kapitalanforderungen. Auch wenn der IRB-Ansatz heute attraktiv erscheint, kann bei einer Verschlechterung der Kreditnehmerqualität in der Zukunft auch der Standardansatz vorteilhaft sein.[121]

Insofern sollte die Entscheidung für einen IRB-Ansatz nicht vorschnell getroffen werden. Vielmehr scheint es häufig empfehlenswert, in einer Art „interner Parallelrechnung" Vorkehrungen für den IRB-Ansatz zu schaffen, während die „offizielle" Meldung auf dem Standardansatz basiert. Dadurch ist der Wechsel zu einem fortschrittlicheren Ansatz jederzeit möglich. Durch die während dieser Parallelrechnung gewonnenen Daten kann die Entscheidung für oder wider IRB-Ansatz auf eine deutlich verbesserte Basis gestellt werden.

Zudem können so auch die sonstigen internen Verfahren (Risikopricing, Kapitalallokation, Szenariobetrachtungen etc.) weiterentwickelt werden. Das langfristige Ziel sollte eine auf einem Credit-Value-at-Risk (CVaR) basierende Kapitalunterlegung im Sinne eines internen Modells sein. Der Baseler Ausschuss hat mehrfach betont, dass die Zeit für diese Modelle noch nicht gekommen ist. Aber unter dem

---

[120] Vgl. BaKred, Erläuterungen zur Bekanntmachung über die Änderung und Ergänzung der Grundsätze über das Eigenkapital und die Liquidität der Kreditinstitute, Oktober 1997. Im Entwurf zur neuen Solvabilitätsverordnung (E-SolvV) wird der Schwellenwert von 8,4 % kodifiziert. Vgl. § 2 Abs. 3 E-SolvV.

[121] Vgl. Kapitel E. II. „Die Steuerung der Eigenmittel unter Basel II".

Schlagwort „Basel III" ist mittelfristig durchaus mit der aufsichtlichen Zulassung dieser Modelle zu rechnen.

Durch die Vorbereitung auf die sich bereits andeutende Fortsetzung von Basel II befinden sich auch die fortschrittlichsten Institute, für die die Anwendung der IRB-Ansätze außer Frage steht, weiterhin in einer Übergangsphase.

IV. Abgrenzung der Segmente/Risikoaktivaklassen

Michael Cluse, Ingo de Harde

Inhalt:

		Seite
1	Überblick	209
2	Forderungen an Staaten und andere öffentliche Stellen	210
3	Forderungen an Banken	212
4	Forderungen an Unternehmen	213
	4.1 Allgemeine Unternehmensfinanzierung	213
	4.2 Spezialfinanzierungen	214
	4.2.1 Immobilienfinanzierungen	214
	4.2.2 Finanzierung von Einkommen generierenden gewerblichen Immobilien	214
	4.2.3 Hochvolatile gewerbliche Realkredite	215
	4.2.4 Projektfinanzierungen	215
	4.2.5 Objektfinanzierungen	216
	4.2.6 Rohstoffhandelsfinanzierungen	216
5	Retailforderungen	217
	5.1 Zielsetzung des Retailsegments	217
	5.2 Mindestanforderungen für das Retailgeschäft	217
	5.2.1 Zulässige Kreditengagements	217
	5.2.2 Portfolioanforderungen	218
	5.3 Retail-Unterklassen im IRB-Ansatz	219
	5.3.1 Qualifizierte revolvierende Retailkredite	219
	5.3.2 Immobilienfinanzierungen im Retailsegment	220
	5.3.3 Sonstiges Retailgeschäft	220
6	Andere Risikoaktiva	221
7	Fazit	222

1. Überblick

Der Baseler Akkord stellt in Teil 2, Kapitel III „Kreditrisiko – auf internen Ratings basierender Ansatz" eine kurz gefasste Abgrenzung der unterschiedlichen Segmente dar. Diese Kategorisierung der Aktiva in Forderungsklassen mit unterschiedlichen Risikocharakteristika gilt für die IRB-Ansätze, im Standardansatz gelten z. T. abweichende Abgrenzungen.

Sämtliche Forderungen des Anlagebuches[1] sind vom Institut konsistent in **fünf Klassen** einzuordnen: Forderungen an Staaten, Banken und Unternehmen, Retailforderungen sowie Beteiligungen. Unter den IRB-Ansätzen sind innerhalb der Klasse Unternehmensforderungen die fünf Unterklassen der Spezialfinanzierungen und innerhalb der Retailgeschäftsklasse drei Unterklassen getrennt zu erfassen.

---

[1] Eine Definition des Handelsbuches und Abgrenzung zum Anlagebuch befindet sich in Kapitel E. III. „Veränderungen bei der Unterlegung von Marktpreisrisiken".

In der öffentlichen Diskussion hat die Frage, ob Kredite kleiner und mittelständischer Unternehmen in die Unternehmensklasse oder in die Retailkreditklasse eingeordnet werden sollen, eine große Rolle gespielt, da für letztere deutlich geringere Eigenkapitalanforderungen gelten, wodurch die Kreditkonditionen grundsätzlich abgesenkt werden könnten. Durch die geringe Höhe (kleiner als 1 Mio. Euro) und die große Anzahl der Kredite ist das Klumpenrisiko bzw. das relative Risiko in der Retailkreditklasse in der Regel geringer als im Unternehmenssegment. Sollte im Retailsegment ein einzelner Kredit ausfallen, so wird sich dies aufgrund des geringeren Einzelbetrags weniger stark auf die finanzielle Situation der Bank auswirken als bei einem vergleichsweise hohen Kredit an ein größeres Unternehmen. Außerdem können im Retailportfolio leichter viele Kreditnehmer aus verschiedenen Branchen eingebunden werden (stärkere Diversifikation). Da die Entwicklung in einzelnen Wirtschaftsbereichen i. d. R. nicht gleichförmig verläuft, ist zu erwarten, dass sich die Ausfälle in den verschiedenen Branchen unterschiedlich entwickeln.

Die Segmentierung der Aktiva entspricht im Wesentlichen der derzeitigen Bankpraxis. Banken mit abweichenden Definitionen der Forderungsklassen müssen ihre Verfahren auf die vorgegebene Kategorisierung von Basel II abstimmen, um die Mindestanforderungen zu erfüllen. Die Zuordnung dieser Geschäfte zu den einzelnen Forderungsklassen muss angemessen und im Zeitablauf stabil sein.[2]

2. Forderungen an Staaten und andere öffentliche Stellen

Das Segment „Forderungen an Staaten" umfasst nicht nur alle Forderungen an Staaten (und ihre Zentralbanken), sondern auch an staatsnahe Organisationen. Darüber hinaus können multilaterale Entwicklungsbanken, die Bank für Internationalen Zahlungsausgleich, der Internationale Währungsfonds, die Europäische Zentralbank und die Europäische Union in derselben Weise behandelt werden wie Zentralstaaten im engeren Sinne.

Öffentliche Stellen (*Public Sector Entities, PSE*) können nach nationalem Ermessen in die gleiche Forderungsklasse wie Staaten eingestuft werden, wenn spezielle Merkmale erfüllt sind, insbesondere das eigenständige Recht zur Erhebung von Steuern. Ein weiteres Abgrenzungskriterium für eine *PSE* wäre zum Beispiel eine vom Zentralstaat bereitgestellte Mindestgarantie.

Beispiele für *PSE* in dieser Segmentierungsklasse sind Regionalregierungen (Länder), lokale Behörden (Kommunen) und Kirchen, wenn diese ein eigenständiges Steuererhebungsrecht haben und besondere institutionelle Vorkehrungen getroffen wurden, um ihr Ausfallrisiko zu reduzieren.[3]

Für die Behörden und andere nichtkommerzielle Unternehmen des Zentralstaates, der regionalen oder lokalen Regierungen, darf diese Einstufung nicht durchgeführt werden, sofern sie nicht über ein Steuererhebungsrecht verfügen.[4] Sollten aber strenge Kreditaufnahmevorschriften für diese Behörden und Unternehmen bestehen

---

[2] Vgl. Basel II, § 216.
[3] Vgl. Basel II, §§ 58 f. und CAD 3, Annex VI Part 1 Punkt 3.
[4] Vgl. Basel II, § 58, Fußnote 19.

und eine Insolvenz wegen ihres besonderen öffentlich-rechtlichen Status ausgeschlossen sein, könnte eine Einordnung in die Forderungsklasse „Forderungen an Banken" angemessen sein.

Wirtschaftsunternehmen im Anteilsbesitz von Zentral-, Regional- oder Lokalregierungen werden wie andere private Unternehmen behandelt. Dies gilt insbesondere dann, wenn sie im Wettbewerb mit anderen Wirtschaftunternehmen stehen.

Die Klasse „Forderungen an Staaten" umfasst auch Forderungen an multilaterale Entwicklungsbanken (*Multilateral Development Banks, MDB*), soweit folgende Kriterien erfüllt sind:

– Die Existenz eines langfristigen Emittentenratings hoher Qualität, d. h. die Mehrzahl der externen Ratings muss auf AAA lauten.
– Die Eigentümer sind zu einem wesentlichen Anteil Staaten mit langfristigen Emittentenratings von mindestens AA-.
– Es muss ein starker Rückhalt durch die Eigentümer bestehen, welcher durch die Höhe des von den Eigentümern eingezahlten Kapitals, durch die Höhe weiteren Kapitals, das die *MDB* abrufen können, um ihre Verbindlichkeiten zu tilgen und durch fortlaufende Kapitaleinzahlungen und neue Unterstützungen der staatlichen Eigentümer gezeigt wird.
– Angemessene Kapitalausstattung und Liquidität
– Die *MDB* muss über strenge satzungsgemäße Kreditvergaberichtlinien und eine konservative Finanzpolitik verfügen, die unter anderem einen strukturierten Kreditgenehmigungsprozess, interne Kreditwürdigkeits- und Risikokonzentrationslimite, eine Zustimmungspflicht durch die Geschäftsleitung bei der Vergabe von Großkrediten, festgelegte Rückzahlungspläne, eine effektive Überwachung der Kreditverwendung, einen Statusüberwachungsprozess und strenge Regeln für die Bewertung der Risiken und der Bildung von Risikovorsorgen erfordern.[5]

Einige Kreditnehmer mit Nullgewichtung werden im Akkord bzw. im Richtlinienentwurf der EU namentlich erwähnt. Dies sind:[6]

- Europäische Zentralbank
- Bank für Internationalen Zahlungsausgleich
- Internationaler Währungsfonds
- Europäische Union
- Weltbankgruppe, bestehend aus:
  - International Bank for Reconstruction and Development und
  - International Finance Corporation
- Inter-American Development Bank
- Islamic Development Bank[7]
- Asian Development Bank
- African Development Bank

---

[5] Vgl. Basel II, § 59 und CAD 3, Annex VI Part 1 Punkt 4.
[6] Vgl. Basel II, §§ 56 und 59.
[7] Die Islamic Development Bank wird im Gegensatz zu den anderen Entwicklungsbanken im Entwurf zur neuen europäischen Kapitaladäquanzrichtlinie nicht ausdrücklich erwähnt.

> - Council of Europe Development Bank
> - Nordic Investment Bank
> - Caribbean Development Bank
> - European Bank for Reconstruction and Development
> - European Investment Bank
> - European Investment Fund
> - Multilateral Investment Guarantee Agency[8]

Tabelle: Kreditnehmer mit Nullgewichtung

Die Aufzählung ist nicht abschließend, da auch andere Entwicklungsbanken unter den genannten Voraussetzungen grundsätzlich für eine Nullgewichtung in Frage kommen können.

3. Forderungen an Banken

Banken bilden innerhalb der Basel II-Regelungen weiterhin eine eigenständige Forderungsklasse. Sie werden dabei als Institutionen definiert, die von den nationalen Aufsichtsinstanzen als Banken reguliert werden. Hierunter sind auch Kreditnehmer zu verstehen, die eine Banklizenz besitzen oder die, wie beispielsweise Finanzinstitute, einer mit Basel II vergleichbaren Regulierung unterliegen.

Unter den IRB-Ansätzen werden Staaten, Banken und Unternehmen hinsichtlich der Kapitalanforderungen gleich behandelt. Man geht davon aus, dass sich das unterschiedliche Risikoprofil auf die Ausfallwahrscheinlichkeit auswirkt. Daher dürfte die Kapitalanforderung für Banken aufgrund des strikten Aufsichtsrechts i. d. R. günstiger ausfallen als bei anderen Unternehmen.

Im Standardansatz besteht für Banken eine eigene Forderungsklasse, die wie beschrieben auch bei regulierten Finanzinstituten zur Anwendung kommt. Zu dieser Klasse zählen aber auch jene öffentlichen Kreditnehmer, die nicht der Klasse „Forderungen an Staaten" zugerechnet werden dürfen. Dies sind die Forderungen an sonstige öffentliche Stellen *(PSE)*, die aufgrund ihres fehlenden Rechts zur Steuererhebung nicht in die Klasse „Staaten" fallen und die Forderungen an multilaterale Entwicklungsbanken, die nicht die vorgenannten Kriterien für eine Nullgewichtung erfüllen.[9]

Hervorzuheben ist ein wichtiger Abgrenzungspunkt: Forderungen an Banken dürfen nicht zum Retailsegment gerechnet werden. Als Beispiele sollen hier Leasinggeschäfte und angekaufte Forderungen (z. B. Autofinanzierungen) genannt werden. Hier ist sicherzustellen, dass Geschäfte, bei denen Banken und Finanzinstitute Kreditnehmer sind, identifiziert werden.

Für die Forderungsklasse „Banken" besitzen die nationalen Aufsichtsinstanzen im Standardansatz die Möglichkeit, allen Banken ein einheitliches Rating zuzuwei-

---

[8] Die Multilateral Investment Guarantee Agency wird im Richtlinienentwurf, aber nicht im Akkord genannt.
[9] Vgl. Basel II, §§ 60-64 und CAD 3, Annex VI Part 1 Punkt 6.

sen, das sich nur am Sitzstaat der Bank orientiert. Dadurch ist eine individuelle Unterteilung nicht mehr notwendig. Da in Deutschland viele Kreditinstitute (v. a aus dem genossenschaftlichen Sektor sowie die meisten Sparkassen) über kein eigenständiges Rating verfügen, wird diese Option voraussichtlich zum Tragen kommen.

4. Forderungen an Unternehmen

4.1 Allgemeine Unternehmensfinanzierung

Grundsätzlich ist eine Forderung an ein Unternehmen als eine Schuldverpflichtung einer Kapital- oder Personengesellschaft oder eines Einzelunternehmens definiert. Zu trennen von den Forderungen sind Beteiligungen an Unternehmen. Sämtliche Unternehmensfinanzierungen zählen unabhängig von ihrer Rechtsform zu diesem Segment, sofern sie nicht wie eine Retailforderung behandelt werden können. Damit sind die Forderungen an Unternehmen ein Sammelbecken für alle Kreditnehmer, die nicht explizit einer anderen Kreditnehmerklasse zugerechnet werden können oder dürfen.

Forderungen an **kleine und mittelständische Unternehmen (KMU)** erfahren im Vergleich zu großen Unternehmen eine bevorzugte Behandlung in den IRB-Ansätzen. Die Unterscheidung orientiert sich dabei am Jahresumsatz. Als KMU gelten Klein- und Mittelbetriebe, die einer Gruppe mit einem konsolidierten Jahresumsatz von weniger als 50 Mio. Euro angehören.[10] Statt des jährlichen Umsatzes kann nach nationalem Wahlrecht auch die Bilanzsumme als Kriterium herangezogen werden, wenn diese ein besserer Indikator für die Größe eines bestimmten Unternehmens ist.

Umgekehrt werden in den IRB-Ansätzen die tendenziell mit höheren Risiken behafteten Spezialfinanzierungen ebenfalls gesondert behandelt. Dazu werden unter Basel II innerhalb der Forderungsklasse „Unternehmen" fünf Unterklassen für **Spezialfinanzierungen** (*Specialised Lending, SL*) gebildet. Der Entwurf der EU-Richtlinie sieht diese weitergehende Untergliederung nicht vor.[11]

Maßstab für die Zuordnung zu den Spezialfinanzierungen sind u. a. der Zweck der Kreditvergabe bzw. die Finanzierung bestimmter Gruppen von Vermögensgegenständen. Häufig wird der Kredit aus Gründen der bilanziellen Separation an eine Zweckgesellschaft (*Special Purpose Vehicle*) vergeben, die über wenige bzw. keine weiteren Aktiva außerhalb des Projektzusammenhangs verfügt und dementsprechend ihren Ertragsstrom (und damit auch die für Zins und Tilgung erforderlichen Cashflows) aus den finanzierten Assets generieren muss. Eine Unterstützung durch andere Unternehmensteile findet nicht statt. Außerdem ist der Verwertungserlös von Sicherheiten im Falle des Ausfalls stark positiv mit der Begleichung der Forderung korreliert, weil beide primär von laufenden Einnahmen aus dem Projekt abhängen.

In den nachstehenden Abschnitten sollen verschiedene Kriterien betrachtet werden, die eine Zuordnung zu den Spezialfinanzierungen erforderlich machen. Nur wenn die Kriterien nicht erfüllt sind, ist eine Berücksichtigung des Kreditengagements als „gewöhnliche" Unternehmensforderung möglich.

---

[10] Vgl. Basel II, §§ 273 f.
[11] Vgl. CAD 3, Art. 86 Punkt 6.

4.2 Spezialfinanzierungen

4.2.1 Immobilienfinanzierungen

Immobilienfinanzierungen sind keine eigene Unterart der Spezialfinanzierungen. Allerdings ist grundsätzlich zu prüfen, ob bei Immobilienfinanzierungen die Kriterien des *Specialised Lending* erfüllt sind oder nicht. Der Hauptunterschied zwischen einer gewöhnlichen Immobilienfinanzierung und einer Spezialfinanzierung liegt darin, dass die Rückzahlung und der Verwertungserlös im Falle eines Ausfalls bei der Spezialfinanzierung primär auf den aus dem Objekt erzielten Einnahmen beruhen.

Bei der klassischen Immobilienfinanzierung wird zusätzlich die Fähigkeit des Kreditnehmers berücksichtigt, den Kredit zurückzahlen zu können; die Rückzahlung erfolgt in diesem Fall nicht nur durch den **Cashflow** des finanzierten Objekts, sondern auch durch andere Finanzquellen des Kreditnehmers. Als Beispiel wäre hier die Finanzierung eines neuen, erweiterten Werksgeländes zu nennen, bei der die Rückzahlung von den Gewinnen des gesamten Unternehmens und nicht nur von den Cashflows des Geländes abhängt. Das Kriterium der Korrelation von Begleichung der Forderung und Verwertungserlös wäre hier nicht gegeben, da der Verwertungserlös auch vom Inventar des Unternehmens und nicht nur vom erwarteten Gewinn abhängt.

Immobilienfinanzierungen, die nicht als Spezialfinanzierung berücksichtigt werden müssen, gehen in den IRB-Ansätzen als Forderung an Unternehmen in die Berechnung der Kapitalanforderungen ein.

4.2.2 Finanzierung von Einkommen generierenden gewerblichen Immobilien

Als eine Unterklasse aus dem Bereich Spezialfinanzierungen definiert Basel II die Finanzierung der „Einkommen generierenden gewerblichen Immobilien" (*Income-Producing Real Estate, IPRE*).

Kreditnehmer können Zweckgesellschaften, Bauträger- bzw. Vermietungsgesellschaften oder Unternehmen mit weiteren immobilienunabhängigen Einnahmequellen sein.

Eine IPRE-Finanzierung liegt dann vor, wenn ausschließlich die **laufenden Miet- und Leasingeinnahmen** aus den Immobilienobjekten als Mittel zur Begleichung des Kapitaldienstes an den Kreditgeber dienen.

Der Unterschied zwischen einer solchen IPRE-Finanzierung und einer Unternehmensfinanzierung, deren Forderungen durch Grundpfandrechte abgesichert sind, besteht im Falle eines Ausfalls in der starken Abhängigkeit zwischen Einnahmen durch den Verkauf von Objekten und die dadurch mögliche Begleichung der Forderung. Ansonsten hängen beide Finanzierungen von den laufenden Einnahmen aus den Immobilien ab. Beispiele für diese besondere Art der Finanzierung sind für Vermietungszwecke erstellte Bürogebäude, Mehrfamilienhäuser, Hotels, Ladenlokale sowie Industrie- und Lagerflächen.[12]

---

[12] Vgl. Basel II, § 226.

4.2.3 Hochvolatile gewerbliche Realkredite

Gewerbliche Immobilien mit einer **höheren Volatilität der Verlustrate** im Vergleich zu anderen Arten von Spezialfinanzierungen müssen gemäß dem Baseler Akkord in das Segment „Hochvolatile gewerbliche Realkredite" (*High-volatility Commercial Real Estate, HVCRE*) eingeordnet werden. Gegenüber anderen Spezialfinanzierungen ergibt sich bei HVCRE-Finanzierungen eine höhere Kapitalanforderung.

Eine HVCRE-Finanzierung liegt vor, wenn
- die nationale Aufsichtsbehörde bei gewerblichen Immobilienfinanzierungen eine höhere Volatilität in den besicherten Immobilien erkennt,
- Kredite zur Finanzierung der Grunderwerbs-, Erschließungs- und Bebauungsphase (*Acquisition, Development and Construction; ADC*) für Grundbesitz vergeben werden, der von der nationalen Aufsicht in den entsprechenden Zuständigkeitsbereichen als hochvolatil eingestuft wurde, oder
- Kredite, die für den Erwerb (umfasst auch die Erschließungs- und Bebauungsmaßnahmen von Grundbesitz) von Immobilien vergeben werden, bei denen die Rückzahlung entweder durch einen möglichen unsicheren Verkauf des Objektes oder von Zahlungen aus unsicheren Quellen stammt. Als unsichere Quelle bezeichnet der Akkord z. B. eine Immobilie, die in einem regionalen Markt noch nicht zu dem Preis vermietet wurde, der für diesen Immobilientyp eigentlich üblich wäre.[13]

4.2.4 Projektfinanzierungen

Im Gegensatz zur traditionellen Kreditvergabe, bei der die Bonität des Kreditnehmers und die Qualität der vorhandenen Sicherheiten die wesentlichen Entscheidungskriterien bilden, stellt die Projektfinanzierung (*Project Finance*) hauptsächlich auf die **wirtschaftliche Tragfähigkeit** des Einzelvorhabens ab. Die erzielbaren Einkünfte werden sowohl als Quelle für die Begleichung der Forderung als auch als Sicherheit für die Forderung betrachtet, z. B. der von einem Kraftwerk verkaufte Strom.

Sehr oft wird von den Initiatoren des Projektes, den so genannten Sponsoren, eine rechtlich und wirtschaftlich selbstständige Zweckgesellschaft gegründet, die nicht berechtigt ist, andere Geschäfte als die Entwicklung, den Besitz und den Betrieb des Projektes zu bestreiten. Somit muss allein der Cashflow des Projektes den erforderlichen Kapitaldienst abdecken. Die dingliche Besicherung bleibt auf die Projektaktiva beschränkt. Im Gegensatz dazu wird eine Forderung, deren Rückzahlung im Wesentlichen von einem bekannten, diversifizierten, kreditwürdigen und vertraglich verpflichteten Kreditnehmer abhängt, als gesicherter Kredit an diesen Kreditnehmer eingestuft.

Die Anwendungsbereiche der Projektfinanzierung umfassen gewöhnlich große, komplexe und teure Projekte (z. B. Kraftwerksbau, Auf- und Ausbau neuer Telekommunikationsnetze, Bau von Industrieanlagen etc.), deren beträchtlicher Kapi-

---
[13] Vgl. Basel II, §§ 227 f.

talbedarf häufig die Finanzierungskraft selbst großer multinationaler Unternehmen übersteigt.[14]

4.2.5 Objektfinanzierungen

Die Objektfinanzierung (*Object Finance*) ist eine meist langfristige, durch **Sicherheitenbestellung** an einem bestimmten werthaltigen Gegenstand gesicherte Finanzierung. Eine Objektfinanzierung kann nur bei den Mobilien vorliegen, aus denen bzw. mit deren Hilfe ein eigenständiger Cashflow generiert werden kann.

Als Beleihungsobjekte treten im Allgemeinen Investitionsgüter, z. B. Schiffe, Flugzeuge, Satelliten, Triebwagen und Fahrzeugflotten auf. Die Begleichung der Forderung hängt von den Cashflows aus den finanzierten und an den Kreditgeber verpfändeten/abgetretenen Objekten ab. Beispiele für diese Cashflow-Quellen wären Miet- oder Leasingverträge mit einem oder mehreren Vertragspartnern.

Sollte es dem Schuldner finanziell möglich sein, den Kredit ohne wesentlichen Rückgriff auf das verpfändete Objekt zu tilgen, so geht man von einer durch Sicherheiten gedeckten Unternehmensfinanzierung aus. Im Vordergrund steht dabei der Objektcharakter der Finanzierung, also die Beschränkung des finanziellen Rückgriffs auf den Cashflow des Gegenstandes und nicht auf Vermögensgegenstände des Kreditnehmers.[15]

4.2.6 Rohstoffhandelsfinanzierungen

Rohstoffhandelsfinanzierungen (*Commodities Finance, CF*) im Sinne des Baseler Akkords sind strukturierte kurzfristige Kredite zur Finanzierung von Vorräten, Lagerbeständen oder Forderungen aus Börsen gehandelten Rohstoffen (z. B. Rohöl, Metalle oder Getreide), die aus dem **Verkaufserlös der finanzierten Waren** zurückgezahlt werden und deren Kreditnehmer ansonsten nicht in der Lage sind, die Forderung zu begleichen. Dieser besondere Fall liegt genau dann vor, wenn ansonsten keine weiteren Geschäfte abgewickelt werden und dadurch keine anderen nennenswerten Aktiva beim Kreditnehmer bilanziert werden.

Die Rohstoffhandelsfinanzierung dient vor allem dazu, schwache Bonitäten von Kreditnehmern auszugleichen, weil allein die Kostendeckung und die Fähigkeit des Kreditgebers zur Strukturierung der Transaktion ausschlaggebend sind.

Keine Berücksichtigung unter dieser besonderen Form der strukturierten Handelsfinanzierung finden dagegen Kreditnehmer mit stärker diversifizierten Lagerbeständen, Vorräten etc., da die Banken hier die Bonität besser beurteilen können. Die Vorräte und Waren als Sachsicherheiten bieten dem Kreditgeber eine Absicherung der Kreditforderungen, solange der erzielbare Verwertungserlös eine den noch ausstehenden Rückflüssen entsprechende Höhe erreicht. Der Wert der Waren ist somit nicht die primäre Quelle zur Tilgung des Kredits.[16]

---

[14] Vgl. Basel II, §§ 221 f. und CAD 3, Art. 86 Punkt 6.
[15] Vgl. Basel II, § 223 und CAD 3, Art. 86 Punkt 6.
[16] Vgl. Basel II, §§ 224 f. und CAD 3, Art. 86 Punkt 6.

5. Retailforderungen

5.1 Zielsetzung des Retailsegments

Die Abgrenzung des Mengengeschäfts stellt unter Basel II eine wesentliche Neuerung dar. Aufgrund der hohen Diversifizierung und der damit verbundenen Risikostreuung sind die Kapitalanforderungen bei gleichem Ausfallrisiko niedriger als für vergleichbare Forderungen an Unternehmenskunden, die als Mengengeschäft behandelt werden dürfen.

Der Kreis der für das Retailgeschäft in Frage kommenden Forderungen ist strikt abgegrenzt. Kreditnehmer bzw. Engagements, welche die Kriterien nicht erfüllen, dürfen nicht als Retailforderung behandelt werden. Angesichts der niedrigeren Risikogewichtung ist die Zuordnung eines Kunden bzw. einer Forderung zum Retailsegment allerdings ein Wahlrecht. Forderungen, die freiwillig nicht dem Retailsegment zugerechnet werden, sind als Forderung an Unternehmen zu behandeln.[17]

Im Standardansatz besteht keine weitergehende Unterteilung der Kreditnehmer, während das Retailsegment im IRB-Ansatz in drei aufsichtliche Portfolien mit unterschiedlichen Gewichtungsfunktionen unterteilt wird. Der Einsatz schon bisher im Bankenbereich verwendeter Scoringverfahren und Portfoliobewertungen sollte bei der praktischen Umsetzung möglich sein.

Im Standardansatz dürfen Retailforderungen, die durch ein Grundpfandrecht besichert sind, der Kategorie „wohnwirtschaftliche Realkredite" (*Residential Mortgage, RM*) zugeordnet werden, wodurch sich eine weitere Verbesserung des Risikogewichts ergibt.

5.2 Mindestanforderungen für das Retailgeschäft

5.2.1 Zulässige Kreditengagements

Der Kreis der zulässigen Kreditnehmer für das Retailsegment ist eng abgegrenzt. Lediglich **natürliche Personen** und **Personengemeinschaften** sowie **kleine Unternehmen** kommen für das Retailsegment in Frage. Der Begriff des „Kleinen Unternehmens" wird im Baseler Akkord allerdings nicht näher definiert. Als Obergrenze kann jedoch ein (konsolidierter) Jahresumsatz von 50 Mio. Euro angesetzt werden, da größere Unternehmen nicht mehr für die bevorzugte Behandlung als KMU in den IRB-Ansätzen in Frage kommen. Dies deckt sich mit der Empfehlung der EU-Kommission vom 6. Mai 2003, in der ein Umsatzvolumen 50 Millionen Euro und eine Bilanzsumme von 43 Millionen Euro als Obergrenze für die Kategorie „mittelgroße Unternehmen" genannt wurden.

Im **Standardansatz** darf das Gesamtvolumen der Retailkredite eines Kreditinstituts für einen einzelnen Kreditnehmer 1 Mio. Euro nicht überschreiten. Hierbei ist zu beachten, dass wohnwirtschaftliche Finanzierungen nicht zum Retailsegment

---

[17] Vgl. Basel II, §§ 231 ff. Im Wortlaut heißt es „*können* wie Retailkredite behandelt werden". Eine verpflichtende Zuordnung zum Retailsegment ist in der deutschen Übersetzung nur bei privaten Wohnungsbaufinanzierungen vorgesehen. Im verbindlichen englischen Wortlaut heißt es hingegen „are eligible for retail treatment", woraus sich ein Wahlrecht ergibt.

zählen und somit bei der Bestimmung des Gesamtengagements außer Acht gelassen werden können.[18]

Die Obergrenze im **IRB-Ansatz** bezieht sich auf das Engagement der gesamten Bankengruppe gegenüber dem Kreditnehmer. Im Entwurf der EU-Kapitaladäquanzrichtlinie wird für beide Ansätze einheitlich eine Obergrenze von 1 Mio. Euro genannt, wobei ggf. das konsolidierte Forderungsvolumen an die Kreditnehmergruppe zu berücksichtigen ist.[19]

Im IRB-Ansatz findet eine weitere Differenzierung der Retailfinanzierungen statt. Insgesamt wurden drei Unterklassen definiert, die im Abschnitt Retail-Unterklassen im IRB-Ansatz näher beschrieben werden[20]:
– Qualifizierte revolvierende Retailkredite,
– Private wohnwirtschaftliche Realkredite sowie
– Sonstiges Retailgeschäft.

Bestimmte Forderungen können grundsätzlich nicht dem Retailportfolio zugeordnet werden. Hier sind beispielsweise Wertpapiere zu nennen. Auch Forderungen an Staaten bzw. staatsnahe Organisationen sowie Forderungen an Banken, bei denen die geforderte Kreditnehmereigenschaft („kleines Unternehmen") per Definition nicht erfüllt sein kann, kommen für das Retailsegment nicht in Frage.

Da im Standardansatz für Forderungen an die Bundesrepublik Deutschland bzw. an deutsche Banken mit 0 % bzw. 20 % voraussichtlich niedrigere Risikogewichte als für das Retailsegment zur Anwendung kommen werden, wäre eine Fehlzuordnung unschädlich. Im IRB-Ansatz sind hingegen die Risikogewichtungsformeln für Forderungen an Unternehmen anzuwenden. Hier ist beispielsweise bei angekauften Forderungen auf eine angemessene Identifizierung der Kreditnehmereigenschaft zu achten, damit eine korrekte Eigenmittelunterlegung möglich wird.

5.2.2 Portfolioanforderungen

Ergänzend zum Einzelkredit muss auch das Retailportfolio insgesamt bei der Zuordnung von Forderungen zum Retailsegment betrachtet werden.

Im **Standardansatz** gilt das so genannte **Granularitätskriterium**. Danach muss das für aufsichtliche Zwecke gebildete Retailportfolio angemessen **diversifiziert** sein, damit die Risiken so weit reduziert sind, dass das niedrigere Risikogewicht des Retailbereichs gerechtfertigt ist.

Der Baseler Ausschuss hat vorgeschlagen, dass die zusammengefassten Kredite an einen Schuldner 0,2 % des gesamten Retailportfolios nicht überschreiten dürfen.[21] Dieses Limit wird im Akkord ausdrücklich als **Möglichkeit** bezeichnet, um die geforderte Granularität sicherzustellen. Bei Anwendung des Limits errechnet sich eine Mindestgröße von 500 Mio. Euro, damit die Einzelbetragsobergrenze von

---

[18] Vgl. Basel II, § 70.
[19] Für private Wohnungsbaufinanzierungen und revolvierende Retailforderungen gelten abweichende Betragsgrenzen. Vgl. Abschnitt Retail-Unterklassen im IRB-Ansatz.
[20] Vgl. Basel II, § 231 und CAD 3, Art. 86 Punkt 4.
[21] Vgl. Basel II, § 70.

1 Mio. Euro greift. Bei kleineren Retailportfolien wäre entsprechend bei einem niedrigeren Gesamtforderungsbetrag die zulässige Grenze für die Zuordnung zum Retailportfolio erreicht.

Da die EU-Richtlinie im Gegensatz zu Basel II für alle Institute gelten soll, und nicht nur für große, international tätige Banken, ist diese Größenklassenproblematik von großer Bedeutung. Dementsprechend wird das prozentuale Limit im Entwurf der CAD 3 nicht aufgegriffen. Stattdessen heißt es dort für den Standardansatz ganz allgemein, dass das Exposure Teil einer signifikanten Zahl von Forderungen sein muss, die über ähnliche Charakteristika verfügen, so dass das mit diesen Ausleihungen verbundene Risiko substanziell reduziert wird.[22] Eine weitergehende Präzisierung wird nicht vorgenommen.

Eine ähnliche Vorgabe findet sich im Baseler Akkord für den **IRB-Ansatz**. Im Retailportfolio muss dementsprechend eine große Menge von Forderungen, die von der Bank gleichartig gesteuert werden, vorhanden sein.[23] Die nationale Aufsicht kann eine Mindestanzahl von Forderungen je Pool vorgeben, damit die Zuordnung zum Retailgeschäft zulässig ist. Bei Engagements gegenüber kleinen Unternehmen ist zusätzlich vorgeschrieben, dass diese im bankinternen Risikomanagementsystem über einen längeren Zeitraum einheitlich und in gleicher Weise wie andere Retailkredite behandelt werden *(„Use Test")*. Darüber hinaus dürfen diese Kredite an Unternehmen für Zwecke der Risikobeurteilung und Quantifizierung nicht auf individueller Basis, sondern wie Teile eines Portfolios oder Forderungspools mit gleichen Risikocharakteristika behandelt werden.

Der Entwurf der EU-Richtlinie ist hinsichtlich der Anforderungen an die Retailpools vergleichbar.[24] Dennoch wird es letztlich den nationalen Aufsichtsbehörden obliegen, eine verbindliche Definition für die Zuordnung zum Retailgeschäft zu treffen, da die Vorgaben Interpretationsspielraum lassen.

5.3 Retail-Unterklassen im IRB-Ansatz

5.3.1 Qualifizierte revolvierende Retailkredite

Innerhalb des IRB-Ansatzes wird das Retailsegment in drei Unterklassen aufgegliedert. Die erste Unterklasse umfasst die revolvierenden **Forderungen an Privatpersonen**, die folgende Voraussetzungen erfüllen *(Qualifying Revolving Retail Exposure, QRRE)*:[25]

- Sie müssen revolvierend, unbesichert und jederzeit sowohl vertragsseitig als auch in der Praxis widerrufbar sein.
- Sie sind definiert als Kredite, bei denen die Kreditlinie bis zu einem von der Bank gesetzten Limit durch Inanspruchnahme und Rückzahlungen nach dem freien Ermessen des Kunden schwanken dürfen. Typische Beispiele hierfür sind Forderungen aus Kreditkarten oder aus Überziehungskrediten.

---

[22] Vgl. CAD 3, Art. 79, Abs. 2.
[23] Vgl. Basel II, § 232.
[24] Vgl. CAD 3, Art. 86, Abs. 4.
[25] Vgl. Basel II, § 234.

– Weitere Kriterien sind die maximale Kredithöhe von 100.000 Euro pro Kreditnehmer und die Beschränkung auf natürliche Personen als Kreditnehmer.

Ferner muss die Bank den Nachweis erbringen, dass das QRRE-Unterportfolio eine niedrigere Volatilität der Verlustraten aufweist als das durchschnittliche Niveau der Ausfälle. Dies gilt insbesondere für Ratingklassen mit niedrigeren Ausfallwahrscheinlichkeiten. Sollte dieser Nachweis nicht gelingen, ist die Behandlung als QRRE nicht möglich, so dass die Forderungen wie „sonstiges Retailgeschäft" zu behandeln sind.

5.3.2 Immobilienfinanzierungen im Retailsegment

Im IRB-Ansatz können private Wohnungsbaukredite *(Residential Mortgage, RM)* an natürliche Personen in **unbegrenzter Höhe** als Retailkredit behandelt werden, sofern das Objekt vom Kreditnehmer als Eigentümer **selbst bewohnt** wird. Unter den Retailbereich können auch – nach Ermessen der Aufsichtsbehörde – kleine Mehrfamilienhäuser subsumiert werden. Weiterhin zählen Darlehen, die mit einer einzigen bzw. einer geringen Anzahl von Eigentumswohnungen oder durch Wohneinheiten in einer Wohnanlage eines genossenschaftlichen Verbundes besichert sind, zur Kategorie der privaten Wohnungsbaukredite.[26]

Forderungen, die mit einer größeren Wohnanlage besichert sind, müssen wie ein Kredit an ein Unternehmen behandelt werden, wenn die Zuordnung zum Retailgeschäft aufgrund der Größe der Wohnanlagen nicht mehr zulässig ist.[27] Die Finanzierung einer (einzelnen) Eigentumswohnung innerhalb einer solchen Wohnanlage ist hingegen eine private Wohnungsbaufinanzierung. Grundsätzlich sind die Aufsichtsbehörden aufgefordert, die Definition der privaten Wohnungsbaufinanzierungen mit angemessener Flexibilität zu handhaben.

Die Risikogewichte für private Wohnungsbaufinanzierungen gelten ausdrücklich auch für den nicht besicherten Teil einer Forderung, so dass durch die nationale Aufsicht voraussichtlich eine Mindestbesicherung festgelegt werden wird, damit eine Zuordnung zum Retailsegment möglich wird.

5.3.3 Sonstiges Retailgeschäft

Der Unterklasse für die sonstigen Retailforderungen können alle Forderungen zugeordnet werden, die grundsätzlich die Anforderungen an das Retailsegment erfüllen, aber nicht den vorgenannten Unterklassen zugerechnet werden dürfen.

Die Risikogewichtungsfunktionen für die drei Retail-Unterklassen sind unterschiedlich, so dass sich bei gleichen Ausfallwahrscheinlichkeiten und Besicherungsgraden abweichende Risikogewichte ergeben. Bei niedrigen Ausfallwahrscheinlichkeiten sind die Risikogewichte im sonstigen Retailgeschäft am höchsten. Ab einer *PD* von ca. 0,20 % ergeben sich allerdings bei den privaten Wohnungsbaufinanzierungen bei einem *LGD* von 45 % höhere Risikogewichte. Für QRRE-Forderungen

---

[26] Vgl. Basel II, § 231.
[27] Hierbei ist im Einzelfall zu prüfen, ob ggf. sogar die Berücksichtigung als Spezialfinanzierung erforderlich ist.

liegt das Risikogewicht bei ca. 7 % Ausfallwahrscheinlichkeit über dem entsprechenden Gewicht für sonstige Retailforderungen.[28]

Da die Zuordnung eines Pools zum sonstigen Retailgeschäft nicht zwingend zur höchsten Risikogewichtung führt, ist auf eine saubere Identifizierung insbesondere der privaten Wohnungsbaufinanzierungen zu achten. Nicht eindeutig klassifizierbare Forderungen sollten daher im Zweifelsfalle nicht wie sonstiges Retailgeschäft behandelt werden, sondern wie eine Unternehmensfinanzierung.

6. Andere Risikoaktiva

Angekaufte Forderungen

Angekaufte Forderungen sollen in der Regel so behandelt werden, als ob die aufkaufende Bank die Forderungen selbst eingegangen wäre. Es wird dabei zwischen Forderungen unterschieden, die dem Retail- oder dem Unternehmenskreditgeschäft zugeordnet werden. Die Kriterien für die Zuordnung zu den Segmenten gelten entsprechend.[29]

Beteiligungen

Anteile an Unternehmen werden unter Basel II besonders behandelt. Aus diesem Grund ist es auch wichtig, bei hybriden Instrumenten zu entscheiden, ob der Forderungs- oder der Beteiligungscharakter überwiegt.[30]

Verbriefte Forderungen

Die Berücksichtigung von verbrieften Forderungen sowohl beim Käufer als auch beim Verkäufer wird durch Basel II grundlegend neu geregelt.[31]

Kredite in Verzug und andere Kategorien höheren Risikos

Bei Krediten in Verzug und anderen Kategorien höheren Risikos handelt es sich nicht um Kreditnehmersegmente im eigentlichen Sinne. Vielmehr werden Regeln festgelegt, in welchen Fällen aufgrund des höheren Risikos auch entsprechend höhere Risikogewichte anzuwenden sind. Daher wird in den Kapiteln zu Standard- und IRB-Ansatz auf diese speziellen Vorschriften eingegangen.

Nicht explizit behandelte Kredite

Basel II ist kein vollständiges Regelwerk. Vielmehr werden nur Änderungen zum geltenden Standard beschrieben. Insofern gelten die Mindestkapitalanforderungen für nicht neu geregelte Sachverhalte unverändert weiter. In einer Generalklausel wird

---

[28] Vgl. Basel II, Annex 3. Zu den Risikogewichtungsformeln vgl. Kapitel C. III „Die IRB-Ansätze".
[29] Vgl. Basel II, § 239.
[30] In Kapitel C. V. „Berücksichtigung von Beteiligungen" wird dieses Forderungssegment detailliert behandelt.
[31] Das Kapitel C. IX. „Securitisation und Behandlung von ABS-Transaktionen" enthält eine Beschreibung des neuen Regelwerks.

daher festgehalten, dass nicht ausdrücklich erwähnte Kredite des Anlagebuchs nach den bereits geltenden Regeln zu unterlegen sind.[32] Die Behandlung des Handelsbuchs wird durch Basel II nur am Rande tangiert, da die Marktpreisrisiken nicht im Fokus des Akkords stehen.[33]

7. Fazit

Durch Basel II ergeben sich deutliche Veränderungen bei der Abgrenzung von Forderungen in Segmente. Im Vergleich zur Eigenkapitalvereinbarung von 1988, die nur eine grobe Kategorisierung der Aktiva in Staaten, Banken und eine Restgröße vorgibt, verlangt der Baseler Akkord nun eine wesentlich stärkere Differenzierung der Forderungen, insbesondere bei Anwendung des IRB-Ansatzes.

Im Standardansatz, wo fest vorgegebene bzw. vom Rating des Kunden abhängige Risikogewichte angewandt werden, ist die korrekte Klassifizierung weniger bedeutsam, da die Zuordnung zu Unternehmensforderungen i. d. R. zum höchsten Risikogewicht führt. Daher ist hier eine konservative Vorgehensweise möglich.

Im IRB-Ansatz ist hingegen nicht immer eindeutig, welches Kreditnehmersegment zum höchsten Risikogewicht führt. Dadurch ist eine konservative Worst-Case-Einstufung schwierig. Insofern ist die korrekte Klassifizierung der Kreditnehmer eine wesentliche Voraussetzung, um die Zulassung zu den IRB-Ansätzen erhalten zu können.

Die Banken müssen ihre IT-Verfahren auf diese Neukategorisierung des Forderungsbestandes anpassen. So ist für die Aufnahme eines Neugeschäftes eine frühzeitige Kennzeichnung notwendig, um die korrekte Einordnung in die jeweilige Risikoklasse zu gewährleisten. Für den bereits bestehenden Forderungsbestand muss eine umfassende Prüfung durchgeführt werden, um beispielsweise etwaige Spezialfinanzierungen oder andere atypische Forderungen im Bestand zu identifizieren.

---

[32] Vgl. Basel II, § 52.
[33] Die Veränderungen im Handelsbuch werden in Kapitel E. III. „Veränderungen bei der Unterlegung von Marktpreisrisiken" behandelt.

V. Berücksichtigung von Beteiligungen

Michael Cluse, Wilhelm Wolfgarten

Inhalt:

	Seite
1 Beteiligungsfinanzierung in Deutschland	223
2 Beteiligungen in der bisherigen aufsichtsrechtlichen Praxis	224
2.1 Beteiligungen bei der Ermittlung der Eigenmittel	224
2.2 Beteiligungen im Grundsatz I	226
3 Neue Kriterien für die Abgrenzung von Beteiligungspositionen	226
3.1 Formen der Beteiligungsfinanzierung	227
3.2 Grundsatz der „Substance over Form"	228
3.3 Direkte und indirekte Beteiligungen	228
3.4 Kriterien für die Qualifikation als Beteiligung	229
3.4.1 Allgemeine Kriterien	229
3.4.2 Kernkapitalähnliche Beteiligungspositionen	231
3.4.3 Verbindlichkeitsbeteiligungen	232
3.4.4 Auffangregelung – nationale Wahlrechte	234
4 Eigenkapitalanforderungen für Beteiligungspositionen	234
4.1 Standardansatz	234
4.2 IRB-Ansatz	235
4.2.1 Rahmenbedingungen des IRB-Ansatzes für Beteiligungen	235
4.2.2 Marktansatz	236
4.2.3 PD/LGD-Ansatz	234
4.2.4 Ausnahmen von den Regeln des IRB-Ansatzes	241
5 Übergangsregelungen und Fazit	242

1. Beteiligungsfinanzierung in Deutschland

Vor dem Hintergrund der klassischen Kreditfinanzierung deutscher Unternehmen und der dementsprechend im internationalen Vergleich geringen Eigenkapitalausstattung des Mittelstands spielte die **Beteiligungsfinanzierung** in Deutschland lange Zeit eine eher untergeordnete Rolle. Die aktuelle Entwicklung zeigt jedoch eine zunehmende Bedeutung dieser Form der Finanzierung insbesondere bei mittelständischen Unternehmen. Die Anlässe hierfür sind vielfältig, z. B. Expansion, Börsenvorbereitung, Gesellschafterwechsel, Bilanzstrukturmanagement und Restrukturierung. Dabei stehen in dem sich entwickelnden Private Equity-Markt zunehmend hybride Formen der Eigenkapitalfinanzierung im Vordergrund. Marktteilnehmer sind hier auch Kreditinstitute, die, abgesehen von größeren Beteiligungspaketen an Großunternehmen, im Rahmen der Mittelstandsfinanzierung zunehmend über Private Equity-Gesellschaften tätig werden.

Da Beteiligungen und Kreditfinanzierungen an Industrie- und Dienstleistungsunternehmen im Hinblick auf die bisherige Unterlegung mit haftendem Eigenkapital nach Grundsatz I und der Berechnung der **Großkreditrelationen**[1] gleich behandelt wurden, kam dieser Finanzierungsform aus aufsichtsrechtlicher Sicht bislang keine besondere Bedeutung zu. Allenfalls die Regelungen für **qualifizierte Minderheitsbeteiligungen**[2] konnten hier für Beteiligungen eine gewisse Beschränkungswirkung entfalten. Im aufsichtsrechtlichen Kontext standen Beteiligungen deshalb primär nur bei Fragen der gesellschaftsrechtlichen Strukturierung von Instituts- oder Finanzholdinggruppen im Fokus.

Mit Basel II werden zukünftig auch Beteiligungen eigenständigen, differenzierten Regelungen unterworfen. Damit ist nicht nur der Frage der grundsätzlichen Behandlung, sondern ebenfalls ihrer Abgrenzung zur Kreditfinanzierung, insbesondere bei hybriden Eigenkapitalformen, eine zunehmende Bedeutung beizumessen. Hierbei sind auch die Entwicklungen hinsichtlich der Beaufsichtigung von Finanzkonglomeraten, die auf europäischer bzw. deutscher Ebene schon in konkrete aufsichtsrechtliche Regelungen eingeflossen sind, zu berücksichtigen.

Vor dem Hintergrund der vorgesehenen langen Übergangsfrist, nach der die nationale Bankenaufsicht bestimmte Beteilungspositionen bis zu maximal zehn Jahre von der Behandlung nach dem IRB-Ansatz ausnehmen kann, sollen gleichwohl im Vorfeld die derzeit geltenden Regelungen kurz beleuchtet werden.

2. Beteiligungen in der bisherigen aufsichtsrechtlichen Praxis

Im Rahmen der bisherigen aufsichtsrechtlichen Regelungen finden Beteiligungen an Unternehmen grundsätzlich auf zwei verschiedenen Ebenen Berücksichtigung. Zum einen stellen sich Fragen der Abgrenzung und Einordnung von Beteiligungen bei der Ermittlung der Eigenmittelanforderungen von Instituts- und Finanzholdinggruppen nach dem KWG, zum anderen sind sie in die Berechnung der Solvabilitätsanforderungen nach Grundsatz I einzubeziehen. In Ermangelung einer gesetzlichen Legaldefinition weicht dabei der hier interessierende Beteiligungsbegriff des KWG von der Abgrenzung im Grundsatz I ab.

2.1 Beteiligungen bei der Ermittlung der Eigenmittel

Für die Berechnung der **Eigenmittelanforderungen** von Instituts- und Finanzholdinggruppen unterscheidet das KWG bislang zwischen Beteiligungen an Unternehmen der Banken- und Wertpapierbranche einerseits und an sonstigen Unternehmen andererseits.

Im Sinne eines umfassenden Beteiligungsbegriffes, für den über § 271 Abs. 1 HGB hinaus der Bilanzausweis nicht maßgeblich ist,[3] sind Anteile von mehr als 10 % des Kapitals an Kredit- und Finanzdienstleistungsinstituten sowie Finanz-

---

[1] Vgl. §§ 13 ff. KWG.
[2] Vgl. § 12 KWG.
[3] Vgl. Boos/Fischer/Schulte-Mattler, KWG-Kommentar, § 10 KWG, Rdn. 126; Reischauer/Kleinhans, KWG-Kommentar, § 10 KWG, Rdn. 223 ff.

unternehmen grundsätzlich vom haftenden Eigenkapital des Instituts abzuziehen. Dies gilt jedoch dann nicht, wenn diese Unternehmen pflichtweise oder freiwillig vom übergeordneten Unternehmen einer Gruppe in die **Konsolidierung** einbezogen werden.[4] Beteiligungen von 10 % oder weniger sind dann vom haftenden Eigenkapital des Instituts abzuziehen, wenn der Gesamtbetrag solcher Beteiligungen sowie Forderungen aus Nachrangverbindlichkeiten, Genussrechten und Vermögenseinlagen stiller Gesellschafter an solche Unternehmen mit einer entsprechenden Beteiligung 10 % des haftenden Eigenkapitals des Instituts überschreitet.

Von der grundsätzlichen Abzugsverpflichtung sieht die Bankenaufsicht bislang zwei Ausnahmen vor. So brauchen Anteile, die dem Handelsbuch zugeordnet werden, aufgrund der damit verbunden Wiederverkaufsabsicht nicht in Abzug gebracht werden.[5] Ebenso sind Beteiligungen an reinen Industrieholdings, die als Finanzunternehmen originär in den Abzug fallen würden, ausgenommen.[6]

Beteiligungen an anderen Unternehmen unterliegen auf Einzelinstitutsebene bislang nur einer Begrenzung hinsichtlich ihrer Höhe. Zur Vermeidung von Klumpenrisiken dürfen **qualifizierte Beteiligungen**[7] einzeln 15 % und die qualifizierten Beteiligungen eines Einlagenkreditinstituts insgesamt nur 60 % des haftenden Eigenkapitals nicht überschreiten. Erst der darüber hinausgehende Betrag (ggf. der höhere Betrag) ist unbeschadet der Zustimmung der BaFin vom haftenden Eigenkapital abzuziehen. Eine qualifizierte Beteiligung liegt dann vor, wenn unmittelbar oder mittelbar über ein Tochterunternehmen mindestens 10 % der Kapital- oder Stimmrechte gehalten werden oder in anderer Weise auf die Geschäftsführung maßgeblicher Einfluss ausgeübt werden kann.

Explizit ausgenommen von dieser Vorschrift sind dabei jedoch nicht nur die Kredit- und Finanzdienstleistungsinstitute sowie Finanzunternehmen, die einem grundsätzlichen Abzug[8] unterliegen, sondern auch Versicherungsunternehmen und Unternehmen mit bankbezogenen Hilfsdiensten.

Insoweit bestanden bislang insbesondere für Beteiligungen an Versicherungen, mit Ausnahme der Großkreditvorschriften, keine KWG-rechtlichen Beschränkungen. Mit der Umsetzung der **Finanzkonglomeraterichtlinie**[9] werden auch Unternehmen der Versicherungsbranche in die Abzugsregelungen aufgenommen.[10] Demnach führen Beteiligungen i. S. d. § 271 Abs. 1 S. 1 HGB sowie das unmittelbare oder mittelbare Halten von mindestens 20 % der Kapital- oder Stimmrechte an Erstversicherungsunternehmen, Rückversicherungsunternehmen oder Versicherungs-Holdinggesellschaften zu einer Abzugsposition. Auf diesen Abzug kann mit Zustimmung der BaFin nur dann verzichtet werden, wenn die **Konsolidierungsregelungen für Finanzkonglomerate** angewendet werden.

---

[4] Vgl. § 10 Abs. 6 S. 2 und 3 KWG, § 10a KWG und § 13 b Abs. 3 KWG.
[5] Vgl. Rundschreiben 14/1999 des BAKred vom 4. November 1999.
[6] Vgl. Rundschreiben 19/1999 des BAKred vom 23. Dezember 1999
[7] Vgl. § 12 KWG.
[8] Vgl. § 10 Abs. 6 S. 1 KWG.
[9] Vgl. FKRLUmsG zur konkreten Ausgestaltung.
[10] Vgl. § 10 Abs. 6 KWG.

Auf Ebene der Instituts- bzw. Finanzholdinggruppe sind die Kapitalanteile an Instituten, Finanzunternehmen und Unternehmen mit bankbezogenen Hilfsdiensten vom haftenden Eigenkapital der Gruppe abzuziehen.[11] Entsteht bei der aufsichtsrechtlichen Konsolidierung ein **aktivischer Unterschiedsbetrag**, so kann die Beteiligung gemäß der Übergangsregelung[12] mit einem jährlich um mindestens ein Zehntel abnehmenden Betrag wie eine Beteiligung an einem gruppenfremden Unternehmen behandelt, d. h. nach Maßgabe des Grundsatzes I mit Eigenkapital unterlegt werden. Der entsprechende Betrag führt insoweit nicht zu einem Abzug vom haftenden Eigenkapital.

2.2 Beteiligungen im Grundsatz I

Im Gegensatz zum KWG stellt der Grundsatz I für die Bemessung der Risikoaktiva im **Anlagebuch** aufgrund seiner Anknüpfung an die Bilanzaktiva[13] unmittelbar auf den handelsrechtlichen Begriff der Beteiligung ab. Gleichwohl werden mit Blick auf die differenziertere handelsrechtliche Terminologie auch Aktien und Anteile an verbundenen Unternehmen in die Berechnung der Risikoaktiva einbezogen.[14]

Bei der Ermittlung der Anrechnungsbeträge sind jedoch Bilanzaktiva, die vom haftenden Eigenkapital abgezogen oder in vollem Umfang mit haftendem Eigenkapital unterlegt wurden (z. B. nicht konsolidierte Anteile an Kreditinstituten oder Überschreitungsbeträge nach § 12 KWG), nicht zu berücksichtigen.[15]

Sofern die Aktien, Beteiligungen oder Anteile an verbundenen Untenehmen nicht als Eigenmittel eines Kredit- oder Finanzdienstleistungsinstitutes anzusehen sind, unterliegen sie einem Bonitätsgewicht von 100 %. Insgesamt sind sie damit mit einem haftenden Eigenkapital von 8 % zu unterlegen. Sie stehen insoweit Forderungen an nicht nach § 13 Grundsatz I privilegierte Industrie- und Dienstleistungsunternehmen gleich.

Im **Handelsbuch** sind die für jeden nationalen Aktienmarkt getrennt ermittelten Aktiennettopositionen im Rahmen des allgemeinen Kursrisikos pauschal mit 8 % zu unterlegen. Zudem ist für das besondere Kursrisiko ein Teilanrechnungsbetrag zu ermitteln. Dabei sind die Aktiennettopositionen unabhängig von ihrer bestandsvermehrenden oder -vermindernden Ausrichtung zusammenzufassen und mit 4 % zu unterlegen. Bei hochliquiden Aktien mit hoher Anlagequalität brauchen im Rahmen der Zusammenfassung nur 50 % des maßgeblichen Betrages berücksichtigt werden.

3. Neue Kriterien für die Abgrenzung von Beteiligungspositionen

Im Gegensatz zu den aufsichtsrechtlichen Regelungen des KWG bzw. des Grundsatzes I nehmen Basel II und entsprechend die EU-Eigenkapitalanforderun-

---

[11] Vgl. § 10a Abs. 6 KWG.
[12] Vgl. § 10a Abs. 6 S. 7 KWG.
[13] Vgl. Grundsatz I, § 7 Nr. 7.
[14] Vgl. Grundsatz I, § 7 Nr. 6 und 8 i. V. m. § 4 S. 2 Nr. 1.
[15] Vgl. § 10 Abs. 2 und 6 KWG.

gen eine terminologische Abgrenzung des Beteiligungsbegriffs vor. Ziel ist es dabei, die bestehenden Finanzinstrumente einer möglichst eindeutigen Zuordnung – Eigenkapital- oder Fremdkapitalfinanzierung – zuzuführen. Aufgrund der Vielzahl innovativer Finanzinstrumente, die aus gesellschafts-, handels-, steuer- oder aufsichtsrechtlichen Motiven heraus in unterschiedlicher Weise sowohl Eigenkapital- als auch Fremdkapitalelemente aufweisen, ergeben sich hierbei gleichwohl eine Reihe von Abgrenzungsfragen. Hinzu tritt, dass solche hybriden Finanzinstrumente bzw. die daraus resultierenden wirtschaftlichen Ansprüche durch die Kombination von Kassageschäften mit derivativen Finanzinstrumenten synthetisch oder sogar ausschließlich auf derivativer Basis dargestellt werden können.

3.1 Formen der Beteiligungsfinanzierung

Die wesentlichen Strukturelemente der Eigenkapital- bzw. Beteiligungsfinanzierung ergeben sich aus der Überlegung, dass das überlassene Kapital eine ausreichende Haftungsqualität zur Absicherung bestehender Risiken aufweisen muss. Während bei originären Eigenkapitalformen, z. B. Aktien oder GmbH-Anteilen, eine solche Haftungsqualität aufgrund der gesellschaftsrechtlichen Normen gegeben ist, wird bei schuldrechtlich begründeten Kapitalüberlassungen der Haftungsumfang für handels- und aufsichtsrechtliche Zwecke in der Regel an folgenden Kriterien festgemacht:

– Nachrangigkeit des Finanzinstruments im Insolvenz- oder Liquidationsfall
– Erfolgsabhängigkeit der Vergütung
– Teilnahme am Verlust bis zur vollen Höhe
– Längerfristigkeit der Kapitalüberlassung.

Die nachfolgende Darstellung versucht – vor dem Hintergrund der Vielzahl von Gestaltungselementen ohne Anspruch auf Vollständigkeit – den fließenden Übergang von der Beteiligungs- zur Fremdfinanzierung deutlich zu machen.

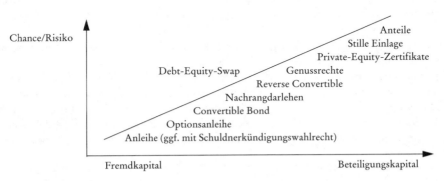

Abbildung 1: Chancen-Risikoprofil in Abhängigkeit der Kapitalherkunft

Mit dem Haftungsumfang korrespondiert in der Regel das Risiko des Anteilseigners bzw. Nachranggläubigers. Dabei können sich mit Blick auf die jeweilige Ausgestaltung der Verträge Unterschiede in den einzelnen Risikopositionen ergeben. So können trotz der Erfolgsabhängigkeit der laufenden Vergütung ein Nachzahlungsanspruch, eine Nachrangigkeit nur für den Insolvenzfall oder bestimmte Kündigungsfristen vereinbart werden.

Für die aufsichtsrechtliche Behandlung gilt es, die unterschiedlichen Finanzinstrumente einer Beurteilung im Hinblick auf Eigen- oder Fremdkapital zuzuführen.

3.2 Grundsatz der „Substance over Form"

Grundlage der Beurteilung von Beteiligungspositionen ist nach Basel II der ökonomische Hintergrund der jeweiligen Beteiligung (*Substance over Form*).[16] Für die Abgrenzung wird deshalb primär nicht auf die zivilrechtliche Ausgestaltung der Beteiligungsposition, sondern vielmehr auf ihren **wirtschaftlichen Gehalt** abgestellt.[17] Explizit werden deshalb Fremdkapitalpositionen, die mit der Absicht strukturiert werden, den Besitz einer Eigenkapitalposition nachzubilden, als Beteiligungsposition angesehen. Demgegenüber sind Beteiligungspositionen, die ökonomisch betrachtet Schuldinstrumente oder verbriefte Forderungsstrukturen darstellen, als solche und nicht als Beteiligungen zu berücksichtigen.

Verständlich ist insoweit, dass der neue Beteiligungsbegriff neben klassischen, unmittelbaren Formen der Beteiligungsfinanzierung auch indirekte, ggf. derivative Beteiligungsformen erfasst.

3.3 Direkte und indirekte Beteiligungen

Zu den direkten Formen der Beteiligungsfinanzierung zählen primär die unmittelbar von Instituten gehaltenen Anteile an Personen- oder Kapitalgesellschaften, wie Aktien, GmbH-Anteile, Einlagen als persönlich haftender Gesellschafter, Kommanditeinlagen und Genossenschaftsanteile. Ebenso sind hierzu auch Einlagen als stiller Gesellschafter und je nach Ausgestaltung Mitgliedschaften in Joint Ventures zu rechnen. Gleiches gilt für Beteiligungen an ausländischen Gesellschaften, wie Limited Partnerships oder Corporations bzw. entsprechende Anteile an Personen- und Kapitalgesellschaften.

Unter die Beteiligungen sind gemäß dem Baseler Akkord nicht nur direkte sondern auch indirekte Beteiligungsinteressen zu subsumieren. Hierzu gehören zum einen mit Beteiligungen verbundene derivative Instrumente sowie zum anderen über Anteile anderer Gesellschaften vermittelte Beteiligungspositionen. Zwar dürfte es insbesondere für letztere Form bereits auf der ersten Stufe zu einer entsprechenden Qualifikation kommen, gleichwohl bedarf es hier einer genaueren Prüfung. Nach einer Art **Transparenzprinzip** ist zu analysieren, inwieweit der Geschäftszweck der

---

[16] Kriterium der wirtschaftlichen Betrachtungsweise. In Anlehnung an kapitalmarktorientierte Rechnungslegungsnormen ist nicht die formalrechtliche Zuordnung einer Rechtsposition entscheidend, sondern die vielmehr daraus resultierende Zuordnung von (ökonomischen) Chancen, Risiken und der Verfügungsmacht zur Vermittlung einer verlässlichen und entscheidungsnützlichen Information.

[17] Basel II, §§ 235 und 237.

unmittelbar gehaltenen Gesellschaft wieder im Eingehen von Beteiligungspositionen liegt bzw. diese ökonomisch abgebildet werden sollen. Dabei führt jedoch nicht jedes Halten von Beteiligungen zu einer indirekten Beteiligungsposition, vielmehr wird gefordert, dass es sich um den hauptsächlichen Geschäftsbetrieb der Gesellschaft handeln muss. Dementsprechend muss die Gesellschaft neben anderen Tätigkeiten mehrheitlich Beteiligungen halten. Wann eine Gesellschaft mehrheitlich Beteiligungen hält, kann an unterschiedlichen Kriterien festgemacht werden; einen Anhaltspunkt hierfür bietet beispielsweise der Anteil an der Bilanzsumme. In enger Auslegung dürfte dabei bereits das Halten einer einzigen Beteiligung zu einer entsprechenden Qualifikation führen. Wird im Gegensatz dazu von der unmittelbaren Beteiligungsgesellschaft mehrheitlich der ökonomische Gehalt von Schuldinstrumenten abgebildet, ist nicht von einer Beteiligungsposition auszugehen.

3.4 Kriterien für die Qualifikation als Beteiligung

Allgemeine Voraussetzung für die Qualifikation als direkte oder indirekte Beteiligungsposition ist, dass die Beteiligung grundsätzlich am Vermögen und den Erträgen eines gewerblichen Unternehmens bzw. eines Finanzunternehmens partizipiert. Dies bedeutet im Sinne der oben aufgezeigten Haftungskriterien, dass eine Beteiligungsposition eine an den Erfolg des Unternehmens gebundene (laufende) Vergütung sowie einen Residualanspruch auf das Unternehmensvermögen vermitteln muss. Nicht ausschlaggebend ist demgegenüber, ob mit der Beteiligung Stimmrechte verbunden sind, d. h. inwieweit Einfluss auf das Unternehmen ausgeübt werden kann.

Klar ist, dass Beteiligungen, die bereits vom haftenden Eigenkapital abgezogen bzw. aufsichtsrechtlich konsolidiert werden, nicht in die Beteiligungspositionen einzubeziehen sind. Andernfalls käme es zu einer zweifachen Berücksichtigung des damit verbundenen Adressenausfallrisikos. Diese Ausnahme gilt nicht nur für die Beteiligungen an Instituten oder Finanzunternehmen, sondern darüber hinaus auch für gewerbliche Beteiligungen, die nach den jeweiligen Vorschriften (ganz oder teilweise) vom haftenden Eigenkapital abgezogen werden.

Ob es sich letztlich um eine Beteiligungsposition handelt, ist zunächst anhand von allgemein formulierten Kriterien zu prüfen, die die Abgrenzung zwischen einer Beteiligungs- und einer Forderungsposition bzw. aus Sicht des Emittenten einer Verbindlichkeit vornehmen. Diese allgemeinen Kriterien werden ergänzt durch eine enumerative Aufzählung bestimmter Instrumente bzw. Verbindlichkeiten, die in der Regel ohne weitere Wertungsmöglichkeit in jedem Fall zu einer Beteiligungsposition führen.

3.4.1 Allgemeine Kriterien

Nach den allgemeinen Anforderungen ist ein Instrument dann als Beteiligungsposition zu qualifizieren, wenn es die nachfolgenden drei Kriterien kumulativ erfüllt. Das Instrument
– darf nicht rückzahlbar sein, so dass ein Rückerhalt der investierten Gelder nur durch den Verkauf des Instruments, den Verkauf der daraus resultierenden Rechte oder durch die Liquidation des Emittenten erreicht werden kann,

– verkörpert keine Verbindlichkeit seitens des Emittenten und
– beinhaltet einen Restanspruch auf das Vermögen bzw. die Einkünfte des Emittenten.[18]

Das erste Kriterium greift die klassischen Eigenschaften eines Schuldinstruments auf, das in der Regel nach Ablauf einer bestimmten Frist zum originär bereitgestellten Kapital vom Schuldner zurückgezahlt wird. Entsprechendes gilt, wenn zwar keine konkrete Laufzeit vorgesehen ist, der Halter des Instruments jedoch durch Ausübung vorgesehener Kündigungsmöglichkeiten den eingezahlten Betrag fällig stellen kann.

Demgegenüber dürften jedoch die Instrumente als Beteiligungspositionen anzusehen sein, in denen kein bzw. nur ein Kündigungsrecht des Emittenten vorgesehen ist. Entsprechend ist nach den enumerativen Einzelfällen ein Instrument in jedem Fall dann als Beteiligungsposition anzusehen, wenn der Emittent die Erfüllung seiner Verbindlichkeiten auf unbestimmte Zeit hinausschieben kann. Ein Grenzfall liegt sicherlich vor, wenn zwar lediglich der Emittent ein Kündigungsrecht hat, sich die Konditionen des Instruments für den Emittent im Zeitablauf deutlich verschlechtern (z. B. durch einen Step-up), so dass wirtschaftlich von einer Kündigung auszugehen ist. Hier wird nach dem Grundsatz *Substance over Form* im Einzelfall zu prüfen sein, inwieweit eine Kündigung durch den Emittenten wahrscheinlich ist. Hilfreich für die Abgrenzung dürften dabei die Parameter sein, die für die aufsichtsrechtliche Qualifikation im Rahmen des Kernkapitals zugrunde gelegt werden.

Zweifelhaft könnte zudem eine Ausgestaltung sein, nach der das Instrument zwar unmittelbar an die Performance beispielsweise eines Beteiligungsportfolios anknüpft, die Rückzahlung des eingesetzten Kapitalbetrages jedoch vom Emittenten garantiert wird. Da solche Instrumente synthetisch aus der Kombination eines Zerobonds und einem originären Investment in ein Beteiligungsportfolio hergestellt werden können, käme grundsätzlich sowohl eine Einordnung als Schuldinstrument als auch als Beteiligung in Frage. Auch wenn nach dem Wortlaut eine Rückzahlung erfolgt und insoweit das erste Kriterium nicht erfüllt zu sein scheint, werden Verbindlichkeiten explizit in den Beteiligungsbegriff eingeschlossen, deren Ertrag an denjenigen von Beteiligungspositionen gekoppelt ist. Insoweit wäre trotz vorgesehener Rückzahlung eine Beteiligungsposition anzunehmen, wenn eine entsprechende Ertragsanbindung besteht. Ausnahmen hiervon können nach nationalem Wahlrecht von den Aufsichtsbehören für den Fall vorgesehen werden, in dem die Verbindlichkeit direkt durch eine Beteiligungsposition so gehedgt ist, dass die Nettoposition kein wesentliches Risiko mehr darstellt.

Das zunächst tautologisch erscheinende zweite Kriterium verdeutlicht nochmals, dass es sich letztlich nicht um eine Verbindlichkeit des Emittenten handeln darf. Insoweit darf – auch mit Blick auf das erste Kriterium – keine vertragliche Verpflichtung bestehen, einen entsprechenden Ausgleich, sei es durch Barzahlung oder durch Übertragung sonstiger finanzieller Vermögenswerte herbeiführen zu müssen. Eine

---
[18] Vgl. Basel II, § 235.

Desinvestition kann letztlich nur durch Verkauf des Instruments bzw. der daraus resultierenden Rechte oder durch Liquidation der Gesellschaft selbst erfolgen.

Mit dem dritten Kriterium wird nochmals eine unmittelbare Anknüpfung an den Unternehmenserfolg des Emittenten gefordert. Hintergrund hierfür ist, dass dem Inhaber einer Beteiligung in der Regel eigentümertypische Chancen zustehen und er dementsprechend auch Eigentümerrisiken trägt. Die Anknüpfung kann sich sowohl auf die laufenden Erträge des Emittenten als auch auf das Residualvermögen beziehen. Eine Beteiligung an beiden Komponenten erscheint jedoch nicht erforderlich. Ebenso dürfte eine Beteiligung an den laufenden Erträgen dann gegeben sein, wenn die Zahlung einer festen bzw. einer in Prozent vom Kapital vereinbarten Vergütung nur für den Fall eines positiven Ergebnisses (Jahresüberschuss oder Bilanzgewinn) vorgesehen ist.

Das Kriterium einer auf den Emittenten bezogenen Erfolgsabhängigkeit schließt in der ersten Überlegung solche Instrumente als Beteiligungen aus, die seitens des Emittenten keine oder eine geringe feste Verzinsung vorsehen, darüber hinaus jedoch hinsichtlich ihrer Performance an die Entwicklung von Unternehmensanteilen bzw. eines Beteiligungsportfolios anknüpfen. Gleichwohl dürfte auch bei dieser Verbindlichkeit aufgrund der Anknüpfung an eine Beteiligungsposition eine Qualifikation als Beteiligung vorzunehmen sein.

3.4.2 Kernkapitalähnliche Beteiligungspositionen

Unbeschadet der Einordnung nach den allgemeinen Kriterien sind Instrumente mit einer Struktur, die der eines als Kernkapital von Banken anerkannten Instruments entspricht, als Beteiligungsposition zu kategorisieren. Ausgehend von der Eigenmitteldefinition der Bankenrichtlinie[19] können folgende Positionen als Kernkapital angerechnet werden:

- Eingezahltes Kapital und offene Rücklagen (Eingezahltes Geschäftskapital von Einzelkaufleuten und Personenhandelsgesellschaften, Grund- und Stammkapital von Kapitalgesellschaften, Geschäftsguthaben eingetragener Genossenschaften und das Dotationskapital zzgl. der entsprechenden Rücklagen)
- Sonderposten für allgemeine Bankrisiken (§ 340g HGB)
- Vermögenseinlagen stiller Gesellschafter
- Bilanzgewinn, soweit die Zuweisung zum Geschäftskapital, den Rücklagen oder den Geschäftsguthaben beschlossen ist.

Die obige Aufzählung zeigt, dass kernkapitalähnliche Beteiligungspositionen letztlich nur eine entsprechende Beteiligung am Geschäftskapital bzw. Grund- und Stammkapital umfassen können. In enger Abgrenzung gehören hierzu jedoch nicht Vorzugsaktien, die nach § 10 Abs. 2b S. 1 Nr. 2 KWG Ergänzungskapital erster Klasse darstellen.

---

[19] Vgl. §§ 34 ff. der Richtlinie des Europäischen Parlaments und des Rates über die Aufnahme und Ausübung der Tätigkeit der Kreditinstitute vom 20. März 2000 (2000/12/EG) und § 10 Abs. 2a KWG.

Daneben zählen zu den Kernkapitalelementen die insbesondere in Deutschland weit verbreiteten Vermögenseinlagen stiller Gesellschafter. Unbeschadet der Frage, in welchem Umfang diese Form von Eigenkapital als hybrides Finanzinstrument zukünftig noch als Kernkapital anerkannt wird, werden an stille Einlagen die nachfolgenden Bedingungen geknüpft:[20]
- Verlustteilnahme bis zur vollen Höhe
- Berechtigung, Zinszahlungen im Falle des Verlustes aufzuschieben
- Mindestursprungslaufzeit von fünf Jahren und Restlaufzeit mindestens zwei Jahre
- Keine Besserungsabreden, nach denen der durch Verluste reduzierte Rückzahlungsanspruch durch Gewinne wieder aufgefüllt wird, die nach mehr als vier Jahren ab Fälligkeit entstehen
- Keine nachträgliche Änderung der Teilnahme am Verlust und des Nachrangs sowie Verkürzung der Laufzeit bzw. Kündigungsfrist
- Ausdrücklicher und schriftlicher Hinweis auf die Rechtsfolgen.

Weisen Instrumente unbeschadet ihrer konkreten Bezeichnung insbesondere die fünf erstgenannten Gestaltungsmerkmale auf, so ist entsprechend von einer Beteiligungsposition auszugehen. Dabei legt die Formulierung des Akkords an dieser Stelle nahe, dass es für die Einordnung letztlich nicht nur auf die rein formalen Anforderungen (z. B. Mindestursprungslaufzeit von fünf Jahren), sondern primär auf die grundsätzliche strukturelle Ausgestaltung ankommt. Überdies wird eine Untergrenze festgelegt, nach der zumindest für diese Instrumente eine Zuordnung zu den Beteiligungen vorzunehmen ist. Im richtigen Verständnis einer *Substance over Form* dürfte demnach eine entsprechende Qualifikation auch dann vorzunehmen sein, wenn die Merkmale – ohne die formalen Anforderungen zu erfüllen – wirtschaftlich gegeben sind.

3.4.3 Verbindlichkeitsbeteiligungen

Auch wenn Instrumente nach Maßgabe der allgemeinen Kriterien als Verbindlichkeiten qualifiziert werden, sind sie in bestimmten Fällen gleichwohl als Beteiligungspositionen anzusehen. Konkret werden vom Baseler Akkord vier Fälle unterschieden:
1. Die Erfüllung der Verbindlichkeit kann vom Emittenten auf unbestimmte Zeit hinausgeschoben werden
   Wie bereits oben aufgezeigt, fehlt es in diesem Fall an dem für Schuldinstrumente typischen Laufzeitkriterium. Jedoch dürfte auch hier keine starre Betrachtung vorzunehmen sein. Fehlt es an einer bestimmten oder durch Kündigungsfristen bestimmbaren Laufzeit, so kann gleichwohl eine implizite Rückzahlung der Verbindlichkeit z. B. über die Zinszahlung (ewige Anleihe) gegeben sein.
2. Die Verbindlichkeit muss oder kann nach Ermessen des Emittenten durch die Ausgabe einer festgelegten Anzahl von Kapitalanteilen des Emittenten getilgt werden

---

[20] Vgl. § 10 Abs. 4 KWG.

Unabhängig davon, ob der Emittent pflichtweise oder nach seinem Ermessen (Reverse Convertible) eine Rückzahlung in Kapitalanteilen vornimmt, trägt der Investor das Beteiligungsrisiko. Eine entsprechende Chance besteht nur dann, wenn der Emittent zur Rückzahlung in Unternehmensanteilen verpflichtet ist. Soweit ein Wahlrecht besteht, wird der Emittent dieses dann zugunsten der Tilgung durch Kapitalanteile ausüben, wenn deren Wert unter dem entsprechenden Nennwert des Schuldinstruments liegt. Eventuelle Vorteile aus einer gewährten Überverzinsung können hierdurch überkompensiert werden. Insoweit erscheint es sachgerecht, die Verbindlichkeit als Beteiligung einzuordnen.[21]

3. Die Verbindlichkeit muss oder kann nach Ermessen des Emittenten durch die Ausgabe einer variablen Anzahl von Kapitalanteilen des Emittenten getilgt werden und jede Wertänderung der Verbindlichkeit folgt der Wertänderung einer bestimmten Anzahl von Aktien des Emittenten

Auch wenn hier die Tilgung durch eine variable und damit zum Emissionszeitpunkt noch nicht fest stehende Anzahl von Kapitalanteilen erfolgt, so kann doch die Anzahl aufgrund der Anknüpfung an die Wertveränderungen einer bestimmten Anzahl von Aktien eindeutig bestimmt werden. Insoweit ist der Inhaber des Instruments auch hier dem Beteiligungsrisiko ausgesetzt.

4. Der Inhaber kann die Rückzahlung der Verbindlichkeit in Kapitalanteilen verlangen

Bei dieser klassischen Form einer Wandelanleihe behält der Inhaber die Chance auf einen steigenden Kurs und ist mit Blick auf die jederzeit mögliche Rückzahlung zum Nominalwert gegen Risiken geschützt. Er wird sein Wahlrecht zugunsten der Tilgung durch Kapitalanteile dann ausüben, wenn der Wert der Kapitalanteile unter dem Nennwert des Schuldinstruments liegt.

Trotz der asymmetrischen Risikoverteilung, die durch das Optionsrecht des Inhabers zum Ausdruck kommt, sind solche Verbindlichkeiten den Beteiligungen zuzuordnen. Gleichwohl kann von einer einheitlichen Behandlung als Beteiligung abgesehen werden, wenn der Bankenaufsicht nachgewiesen wird, dass das Instrument eher als Schuldtitel denn als Aktie behandelt wird (börsengehandelt) bzw. dass das Instrument als Schuldtitel behandelt werden sollte (nicht börsengehandelt). Soweit der Nachweis geführt wurde, können die Risiken nach Zustimmung der Bankenaufsicht für aufsichtliche Zwecke zerlegt werden. Insoweit wären die einzelnen Komponenten (variabel verzinsliche Anleihe, Receiver Swap und Kauf einer Kaufoption) entsprechend zu unterlegen.

Aus einer geordneten Realisierung oder Restrukturierung von Schuldpositionen stammende Debt-/Equity-Swaps gelten grundsätzlich als Beteiligungsposition. Sie können jedoch auch als Kreditposition geführt werden.

---

[21] Fraglich erscheint jedoch, ob bei einer handelsrechtlichen Zerlegung der Verbindlichkeit als strukturiertes Produkt in eine variabel verzinsliche Anleihe, einen Receiver-Swap und den Verkauf einer Verkaufsoption alle Bestandteile der aufsichtsrechtlichen Einordnung folgen und damit wie Beteiligungen zu unterlegen sind. Für eine gemeinschaftliche Betrachtung spricht, dass eine Zerlegung der Risiken für aufsichtliche Zwecke explizit nur für die Convertible Bonds und dort nur für bestimmte Fälle angesprochen wird.

Teil C: Kreditrisikounterlegung

3.4.4 Auffangregelung – nationale Wahlrechte

Vor dem Hintergrund des Prinzips der *Substance over Form* sind alle Beteiligungspositionen, aber auch alle Wertpapiere, Teilhaberschaften, Derivate oder andere Rechtsgebilde dahingehend zu analysieren, ob sie ökonomisch als Beteiligungsposition oder Verbindlichkeit anzusehen sind. Insoweit sind die oben getroffenen Zuordnungen immer vor dem wirtschaftlichen Hintergrund des Instruments zu beleuchten.

Um jedoch missbräuchlichen Gestaltungen vorbeugen zu können, erhalten die nationalen Aufsichtsbehörden das Wahlrecht, Schuldpositionen für aufsichtliche Zwecke den Beteiligungen zuzuordnen.

4. Eigenkapitalanforderungen für Beteiligungspositionen

Alle Risikoaktiva sind unter Basel II – wie auch heute schon im Grundsatz I – mit Eigenmitteln zu unterlegen, sofern sie nicht entsprechend den bisherigen Vorschriften direkt vom Eigenkapital abzuziehen sind. Während der bisherige Grundsatz I mit Ausnahme der Handelsbuchbestände aber ein einheitliches Risikogewicht von 100 % für Beteiligungen vorsieht, stehen unter Basel II mehrere Rechenvarianten zur Auswahl. Welche dieser Varianten genutzt werden kann oder muss, hängt unter anderem davon ab, welchen Ansatz ein Institut zur Unterlegung von Kreditforderungen gewählt hat.

Die Unterlegung von Beteiligungspositionen des Handelsbuchs erfolgt nach den Eigenkapitalregelungen für Marktrisiken. Durch Basel II ergeben sich diesbezüglich keine nennenswerten Änderungen.[22]

4.1 Standardansatz

Im Standardansatz werden Beteiligungen nicht besonders erwähnt. In einer Generalklausel wird aber ausdrücklich geregelt, dass nicht explizit behandelte Aktiva ein Risikogewicht entsprechend den bisherigen Regelungen erhalten. Damit ist auf Beteiligungen i. d. R. ein Risikogewicht von 100 % anzuwenden.[23]

Eine Ausnahme von dieser Regelung existiert insofern, als die nationalen Aufsichtsinstanzen ein spezielles Risikogewicht für bestimmte andere Finanzierungen festlegen können, die mit besonderen Risiken verbunden sind. Beispielhaft werden hier Wagniskapital- und Private Equity-Finanzierungen genannt. Dadurch soll dem besonderen Risiko dieser Investitionen Rechnung getragen werden. Diese Aktiva erhalten ein erhöhtes Risikogewicht von 150 %. Es obliegt der nationalen Aufsicht, Kriterien für die Höhergewichtung festzulegen.[24]

---

[22] Vgl. Basel II, § 340.
[23] Vgl. Basel II, § 81.
[24] Vgl. Basel II, §§ 79 f. und CAD 3, Annex VI, Part 1, Punkt 11, Nr. 63.

4.2 IRB-Ansatz

4.2.1 Rahmenbedingungen des IRB-Ansatzes für Beteiligungen

Das den IRB-Ansätzen zugrunde liegenden Prinzip der erhöhten Risikosensitivität wurde auch bei der Behandlung der Beteilungen beibehalten. Dementsprechend ergeben sich entsprechend dem Risikogehalt der Beteiligungspositionen unterschiedliche Risikogewichte.

Um der unterschiedlichen Komplexität der Portfolien und den internen Möglichkeiten der Institute entgegenzukommen, sieht der Baseler Akkord im IRB-Ansatz drei verschiedene Varianten zur Ermittlung des anzusetzenden Risikogewichts vor. Dies sind:[25]

- Marktansatz, differenziert in
  - die einfache Risikogewichtsmethode und
  - die auf bankinternen Risikomodellen basierende Methode, sowie der
- PD/LGD-Ansatz.

Die nationale Bankaufsicht kann festlegen, welcher Ansatz unter welchen Bedingungen bzw. Umständen anzuwenden ist. Darüber hinaus können bestimmte Beteiligungen von der Berücksichtigung nach dem IRB-Ansatz ausgenommen werden, so dass die Kapitalunterlegung nach dem Standardansatz erfolgt.

Wenn die nationale Aufsicht es den Banken überlässt, zwischen Marktansatz und PD/LGD-Ansatz auszuwählen, muss die Bank den gewählten Ansatz konsistent über alle Beteiligungspositionen anwenden. Im Marktansatz steht es den Instituten dabei frei, eine oder beide Methoden zu nutzen.

Bemessungsgrundlage für die Kapitalunterlegung ist grundsätzlich der Buchwert einer Beteiligung. Es ist zu unterscheiden, ob die Bilanzierung nach dem Fair Value oder dem Anschaffungskosten- bzw.- Niederstwertprinzip erfolgt.

Wenn die Bilanzierung zum Fair Value erfolgt und etwaige Wertänderungen entweder unmittelbar erfolgswirksam sind (und sich so auf das regulatorische Eigenkapital auswirken) oder direkt in den steuerbereinigten Eigenkapitalbestandteil (Neubewertungsrücklage) einfließen, ist als ausstehender Betrag der Bilanzwert anzusetzen. Da die Fair Value-Bilanzierung nach IAS/IFRS nur diese beiden Varianten zulässt, gehen zum Fair Value bilanzierte Beteiligungen immer mit ihrem beizulegenden Zeitwert (Fair Value) als Bemessungsgrundlage in die Eigenmittelberechnung nach Basel II ein.[26]

Erfolgt der Bilanzansatz zu Anschaffungskosten bzw. zum Niederstwertprinzip, entspricht der ausstehende Betrag dem ausgewiesenen Bilanzansatz. Unrealisierte Neubewertungsgewinne können weiterhin mit einem Anteil von 45 % dem Ergänzungskapital zugerechnet werden.[27]

---

[25] Vgl. Basel II, §§ 339 ff.
[26] In einer Pressemitteilung vom 8. Juni 2004 hat sich der Baseler Ausschuss zur Berücksichtigung der Neubewertungsrücklage als Eigenkapital geäußert und empfiehlt, diesen Posten weder als Kern- noch als Ergänzungskapital anzuerkennen. Entsprechend Basel II, § 17, soll die Eigenkapitaldefinition bis auf weiteres unverändert bleiben.
[27] Vgl. Basel II, §§ 359 ff.

Teil C: Kreditrisikounterlegung

Bei Investmentfonds, die neben Beteiligungen auch andere Anlagen enthalten, kann ein Institut wählen, ob der Fonds insgesamt als einzelne Beteiligung betrachtet werden soll, oder ob die Teilkomponenten – entsprechend der Transparenzmethode – einzeln entsprechend ihren Charakteristika behandelt werden sollen. Die Wahl muss allerdings für alle Fonds einheitlich vorgenommen werden.

4.2.2 Marktansatz

Innerhalb des Marktansatzes nach Basel II bestehen wie beschrieben zwei unterschiedliche Varianten zur Bestimmung der erforderlichen Kapitalunterlegung. Bei der Auswahl der Variante sollen die Komplexität des Beteiligungsportfolios und das in der Bank vorhandene Know-how berücksichtigt werden.[28]

4.2.2.1 Einfache Risikogewichtsmethode

In der einfachen Risikogewichtsmethode unterscheidet sich die Risikogewichtung danach, ob die Beteiligungstitel an einer anerkannten Wertpapierbörse frei handelbar sind oder nicht.[29]

Frei handelbare Beteiligungen (Publicly Traded Equities) erhalten in der einfachen Risikogewichtsmethode ein Risikogewicht von 300 % zugewiesen, alle anderen Beteiligungen gehen mit einem Gewicht von 400 % in die Berechnungen ein.

Der Entwurf der EU-Richtlinie sieht diesbezüglich abweichende (niedrigere) Risikogewichte vor. Für börsengehandelte Beteiligungspapiere ist ein Risikogewicht von 290 % vorgesehen, während die übrigen Beteiligungen mit 370 % in die Berechnungen eingehen sollen. Zudem enthält der Richtlinienentwurf eine weitere Risikogewichtungsklasse für Beteiligungen in ausreichend diversifizierten Portfolien. So soll ein Risikogewicht von 190 % zur Anwendung kommen, wenn das Beteiligungsportfolio mindestens zehn verschiedene Titel enthält.[30]

	Ausreichend diversifiziertes Beteiligungsportfolio	Börsengehandelte Beteiligung	Übrige Beteiligungen
Basel II	n/a	300 %	400 %
CAD 3	190 %	290 %	370 %

Tabelle: Vergleich Risikogewichte Basel II/CAD 3

Bei der Bestimmung der Bemessungsgrundlage können Short-Positionen und derivative Instrumente des Anlagebuchs unter bestimmten Voraussetzungen gegengerechnet werden. Diese Instrumente müssen ausdrücklich als Hedgeposition dekla-

---

[28] Vgl. Basel II, § 343.
[29] Der Baseler Akkord trifft keine Vorgaben hinsichtlich der Anforderungen an „anerkannte Wertpapierbörsen". Es ist jedoch davon auszugehen, dass Börsen, die den Anforderungen der §§ 23 bzw. 25 Grundsatz I genügen, als anerkannt gelten.
[30] Vgl. CAD 3, Artikel 89 und Annex VII, Part 1, Punkt 1.3.1.

riert sein und eine Restlaufzeit von mindestens einem Jahr haben. Bei einer Laufzeitinkongruenz ist wie bei Unternehmenskrediten vorzugehen.[31]

Andere Short-Positionen des Anlagebuchs, die nicht der Absicherung von Long-Positionen dienen, sind mit ihrem Absolutbetrag wie Long-Positionen zu behandeln.[32]

4.2.2.2 Methode bankinterner Marktrisikomodelle

Banken, die den IRB-Ansatz zur Unterlegung der Kreditrisiken anwenden, können bankinterne Bewertungsmodelle (Value-at-Risk-Modelle) zur Ermittlung des Eigenmittelbedarfs für Beteiligungen benutzen. Die nationale Aufsicht kann die Anwendung eines solchen Modells sogar verpflichtend vorschreiben.[33]

Die Kapitalanforderung entspricht dem potenziellen Verlust aus Beteiligungspositionen, der mittels eines Value-at-Risk-Modells ermittelt wird. Hierzu wird die vierteljährliche Ertragsrate der Beteiligungsposition mit einem angemessenen risikolosen Zins verglichen. Zu bestimmen ist also die relative Wertänderung der Beteiligungsposition einschließlich realisierter und unrealisierter Gewinne und Verluste sowie etwaiger Ausschüttungen im dreimonatigen Betrachtungszeitraum. Basis der Berechnungen muss eine langfristige Zeitreihe sein. Bei der Berechnung des Verlustpotenzials ist ein einseitiges Konfidenzniveau von 99 % anzusetzen. Gemessen wird also der mögliche Minderertrag der Beteiligungsposition zum risikolosen Zins, der mit einer Wahrscheinlichkeit von 99 % nicht überschritten wird.

Der errechnete Differenzbetrag entspricht der Eigenkapitalanforderung der Position. Der zugehörige Kreditäquivalenzbetrag errechnet sich, in dem die Kapitalanforderung mit dem Faktor 12,5 multipliziert wird. Dieser Wert geht in die Summe der gesamten risikogewichteten Aktiva ein. Wenn ein Institut im Rahmen ihrer internen Steuerung verschiedene Modelle für unterschiedliche Beteiligungsportfolien nutzt, kann es dies auch für aufsichtliche Zwecke tun.

Der Vorteil der bankinternen Marktrisikomodelle wird durch zwei Untergrenzen beschränkt. Bei frei handelbaren Beteiligungen ist ein Mindestrisikogewicht von 200 % anzusetzen. Für alle anderen Beteiligungen beträgt das Mindestrisikogewicht 300 %. Der EU-Richtlinienentwurf sieht ebenfalls eine Untergrenze vor, da der Kapitalbedarf nicht niedriger sein darf als bei Anwendung des PD/LGD-Ansatzes.[34]

Die Anwendung eines internen Modells ist an umfangreiche Mindestanforderungen und Detailbestimmungen geknüpft. Eine Bank, die nicht in der Lage ist, die laufende Einhaltung der Mindestanforderungen zu gewährleisten, muss einen Plan

---

[31] Vgl. Kapitel C. VI. „Sicherheiten und Risk Mitigation". An dieser Stelle liegt eine Inkonsistenz im Baseler Akkord vor, da die Anerkennung von Sicherheiten bei Laufzeitinkongruenzen auf eine Mindestrestlaufzeit von drei Monaten reduziert wurde. Bei Absicherungen von Beteiligungspositionen wird hingegen weiterhin eine Mindestrestlaufzeit von einem Jahr gefordert.

[32] Vgl. Basel II, § 345.

[33] Vgl. Basel II, § 346. Der Entwurf der EU-Richtlinie enthält keinen Hinweis auf eine Anwendungspflicht.

[34] Vgl. CAD 3, Annex VII, Part 1, Punkt 1.3.3.

erstellen, von der Aufsicht genehmigen lassen und zeitnah umsetzen, aus dem die zukünftige rasche Wiedereinhaltung der Anforderungen hervorgeht. In der Zwischenzeit muss der einfache Risikogewichtungsansatz angewendet werden.[35]

Die qualitativen Mindestanforderungen sollten nicht zu eng ausgelegt werden, um den Instituten und der Aufsicht Freiräume für notwendige Anpassungen der operativen Einzelheiten zu lassen. Dennoch ist eine vergleichbare Risikomessung Voraussetzung für eine einheitliche Kapitalunterlegung. Die quantitativen Mindestanforderungen sind demgegenüber deutlich präziser ausformuliert:

Die Eigenkapitalanforderungen errechnen sich wie beschrieben aus dem möglichen Verlust der Position. Bei der Wahl des Value-at-Risk-Modells sind die Institute frei, jedoch muss das gewählte Modell die Risiken und Renditen aus den Beteiligungen adäquat abbilden. Ausdrücklich muss sowohl das allgemeine als auch das besondere Kursrisiko einbezogen werden.

Das Verlustpotenzial soll so geschätzt werden, dass es auch gegenüber ungünstigen Marktbewegungen stabil ist. Insofern wird eine konservative Verlustschätzung gefordert, die das langfristige Risikoprofil der gehaltenen Beteiligungen berücksichtigt. Die dem Modell zugrunde liegende Datenreihe soll grundsätzlich möglichst weit in die Vergangenheit zurückreichen, wobei in der Praxis die Übertragbarkeit alter Datensätze auf aktuelle Umweltzustände zu prüfen ist.[36]

Korrelationen zwischen den Beteiligungspositionen dürfen risikomindernd berücksichtigt werden, wenn die Annahmen dokumentiert und durch empirische Analysen gestützt werden. Diese Schätzungen unterliegen allerdings einer Vorbehaltsprüfung der Aufsicht. Selbstverständlich sind andere Annahmen und Festlegungen (z. B. Zuordnung von Positionen zu Marktindizes oder Risikofaktoren) ebenfalls nachvollziehbar und plausibel zu dokumentieren.

Die Einbeziehung externer Daten ist ausdrücklich zulässig. Sämtliche internen, externen und gepoolten Daten sollen durch eine unabhängige Stelle überprüft werden. Dabei soll auch betrachtet werden, ob die Datenstichprobe ausreichend groß und für die Abbildung des Beteiligungsrisikos geeignet ist (Ausschluss von Verzerrungen durch falsche Datenbasis).

Die Anwendung der internen Modelle für die Kapitalunterlegung ist – ungeachtet ihrer fachlichen Eignung – nur dann zulässig, wenn sie auch für die interne Steuerung der Überwachungspositionen eingesetzt werden („use test"). Diese Einbeziehung in die Gesamtbanksteuerung wird vom Baseler Komitee wie folgt umrissen:[37]

– Volle Einbindung des internen Modells in die Managementinformationssysteme des Instituts und insbesondere in das Management des Beteiligungsportfolios des Anlagebuchs

---

[35] Vgl. Basel II, §§ 525 ff.
[36] Im Baseler Akkord wird ausdrücklich betont, dass ohne Einbeziehung von Perioden schwerwiegender Verluste den Modellen unterstellt wird, zu optimistisch zu rechen. Allerdings kann diese Schwäche durch die Modifikation von Rechenparametern geheilt werden. Vgl. Basel II, § 527.
[37] Vgl. Basel II, § 528. Die für Ende 2004 als Entwurf erwarteten Mindestanforderungen an das Risikomanagement (MaRisk) werden voraussichtlich einen inhaltlichen Rahmen für die konkrete Ausgestaltung beinhalten.

- Einführung erprobter Managementsysteme, -prozesse und -kontrollfunktionen unter Berücksichtigung regelmäßiger und unabhängiger Bestandsaufnahmen der Bestandteile des Modellentwicklungsprozesses
- Einsatz angemessener Systeme zur Überwachung von Anlage- und Risikolimiten für Beteiligungen
- Funktionstrennung von Modellentwicklung, -anwendung und Anlagemanagement
- Ausreichende Qualifikation der mit der Modellentwicklung befassten Mitarbeiter.

Die laufende **Validierung** des Modells ist ebenfalls eine wesentliche Voraussetzung für die Genehmigungsfähigkeit. Gefordert wird ein robustes System zur Validierung der Genauigkeit und Konsistenz des Modells und seiner Eingaben. Die Validierung muss das Institut in die Lage versetzen, die Leistungsfähigkeit seiner internen Modelle zu beurteilen und der Aufsicht nachzuweisen. Hierzu muss die tatsächliche Renditeentwicklung mit der Prognose verglichen werden, wobei die Einhaltung der erwarteten Bandbreite das zu überprüfende Kriterium ist.[38]

Von den Instituten wird erwartet, dass sie die Ergebnisse des Validierungsprozesses nutzen, um das verwendete Modell den Bedürfnissen entsprechend weiter zu entwickeln. Für die Validierung und Weiterentwicklung ist ein organisatorisches Rahmenwerk zu schaffen, das insbesondere die Fälle berücksichtigt, in denen die aktuellen Ergebnisse signifikant von den Prognosen abweichen. Modelländerungen, die infolge der Validierungsergebnisse vorgenommen werden, müssen ebenso nachvollziehbar dokumentiert werden wie die bereits beschriebenen anderen modellrelevanten Annahmen und Festlegungen.

Darüber hinaus sind nachstehende Punkte in der Modelldokumentation zu behandeln:[39]

- Grundprinzipien für die Auswahl der internen Modellmethoden
- Nachweis der erwarteten Eignung zur aussagekräftigen Prognose der Risiken
- Überblick über die Theorie, die Annahmen, die mathematische und empirische Basis der Rechenparameter, Variablen und/oder Datenquellen
- Ergebnisse der statistischen Prozesse und Leistungsfähigkeitstests zur Validierung der erklärenden Variablen (einschließlich Out-of-Time- und Out-of-Sample-Tests zur Überprüfung der Modellannahmen bei abweichenden Zeiträumen und Stichproben)
- Einflussfaktoren und Bedingungen, die die Aussagekraft des Modells beeinträchtigen
- Faktoren für die Zuordnung von Risikoparametern und deren Eignung für die Darstellung des individuellen Risikos.

Insgesamt erfordert die Anwendung der auf bankinternen Marktrisikomodellen basierenden Methode somit die Einhaltung umfassender Standards, die mit internen Modellen zur Unterlegung des Marktpreisrisikos durchaus vergleichbar sind. Die genannten Vorschriften ergeben sich sinngemäß allerdings weitgehend bereits aus

---

[38] Vgl. Basel II, §§ 530 ff.
[39] Vgl. Basel II, § 536.

den geltenden Regelungen zu MaH und der Anwendung der internen Ratings. Insofern stellt eher die Fülle der Detailregelungen ein Problem dar als das Anspruchsniveau einzelner Vorgaben.

4.2.3 PD/LGD-Ansatz

Der PD/LGD-Ansatz überträgt das Prinzip der individuellen Risikogewichte, die für Unternehmensforderungen angewendet werden, auf Beteiligungspositionen. Daher entsprechen die Mindestanforderungen an den PD/LGD-Ansatz denen des IRB-Basisansatzes für Unternehmenskredite.[40]

Hinsichtlich der Rechenmethodik werden jedoch ein paar Änderungen vorgenommen:

- Als *LGD* ist ein Wert von 90 % anzusetzen, die Restlaufzeit M wird mit einheitlich fünf Jahren unterstellt.[41] Auch Institute, die den Fortgeschrittenen IRB-Ansatz zur Unterlegung der Kreditrisiken anwenden, müssen diese Einheitswerte nutzen. Eine Unterscheidung zwischen IRB-Basisansatz und Fortgeschrittenem IRB-Ansatz findet daher nicht statt.

- Wenn keine ausreichenden Informationen verfügbar sind, um zu überprüfen, ob das Unternehmen, an dem die Beteiligung gehalten wird, das Default-Kriterium erfüllt, ist ein Skalierungsfaktor von 1,5 auf das errechnete Risikogewicht anzuwenden. Dies könnte beispielsweise dann der Fall sein, wenn zum Unternehmen keine Kreditbeziehung besteht.

- Wenn eine Kreditforderung an ein Unternehmen besteht, die das Defaultkriterium erfüllt, ist auch für die Beteiligungsposition der Ausfall zu unterstellen. Die rechnerische Ausfallwahrscheinlichkeit beträgt somit 100 %.

- Die Erwarteten Verluste *(Expected Loss, EL)* werden in jedem Fall im Verhältnis 50:50 von Kern- und Ergänzungskapital abgezogen. Ein Gegenrechnen von Wertberichtigungen für Beteiligungspositionen ist nicht zulässig.

Für die Beteiligungspositionen bestehen auch im PD/LGD-Ansatz Mindestrisikogewichte. Dabei werden die Kapitalanforderungen unter Berücksichtigung des Mindestrisikogewichts mit den Kapitalanforderungen, die sich für die Erwarteten Verluste und die Unerwarteten Verluste *(Unexpected Loss, UL)* ergeben, verglichen. Wenn die Summe der Kapitalanforderungen für EL und UL den niedrigeren Betrag ergibt, kommt das Mindestrisikogewicht zur Anwendung.[42]

---

[40] Vgl. Basel II, §§ 350 ff. Zu den grundsätzlichen Anforderungen vgl. Kapitel C. I. „Organisatorische Mindestanforderungen im Rahmen der Kreditrisikounterlegung" und C. III. „Die IRB-Ansätze".

[41] Der Entwurf der EU-Richtlinie sieht einen verminderten LGD von 65 % vor, wenn das Portfolio ausreichend diversifiziert ist. Vgl. CAD 3, Annex VII, Part 1, Punkt 1.3.2.

[42] Zur Unterscheidung der Kapitalunterlegung für Erwartete und Unerwartete Verluste vgl. Kapitel C. III. „Die IRB-Ansätze".

Das Mindestrisikogewicht beträgt 100 %, wenn eine Beteiligung bestimmte Bedingungen erfüllt:
- Die Beteiligung ist frei handelbar und wurde im Rahmen einer langjährigen Kundenbeziehung eingegangen. Es darf keine kurzfristige Gewinnerzielungsabsicht bestehen und auch langfristig werden keine überdurchschnittlichen Kursgewinne erwartet.
- Über das Beteiligungsverhältnis hinaus besteht eine Geschäftsbeziehung, aus der heraus die Ausfallwahrscheinlichkeit ohne erhöhten Aufwand geschätzt werden kann.
- Die übliche Haltedauer vergleichbarer Beteiligungen beträgt mindestens fünf Jahre, in der Regel werden die Positionen dieses Portfolios aber noch länger gehalten.
- Bei nicht frei handelbaren Beteiligungen müssen die Erträge aus normalen und periodischen Cashflows im Vordergrund stehen. Es darf keine Gewinnerzielungsabsicht aus überdurchschnittlichen Kursgewinnen oder aus der Realisierung vorhandener Kursgewinne bestehen.

Für alle anderen frei handelbaren Beteiligungspositionen beträgt das Mindestrisikogewicht 200 % sowie 300 % für nicht frei handelbare Beteiligungen. Netto-Short-Positionen des Anlagebuchs gehen dabei mit ihrem Absolutbetrag in die Berechnungen ein.

Die Obergrenze für die Kapitalunterlegung wird bei einem Risikogewicht von 1250 % erreicht (für EL und UL). Bei einer geforderten Kapitalunterlegung von 8 % entspricht dies der vollständigen Unterlegung der Beteiligungsposition mit Eigenmitteln. Alternativ kann daher der Buchwert der Beteiligung jeweils hälftig vom Kern- und Ergänzungskapital abgezogen werden. In der Folge muss diese Position bei der Ermittlung der risikogewichteten Aktiva nicht weiter berücksichtigt werden.

4.2.4 Ausnahmen von den Regeln des IRB-Ansatzes

Die vergleichsweise komplexen Regeln nach Markt- oder PD/LGD-Ansatz für die Unterlegung von Beteiligungen können unter bestimmten Voraussetzungen erleichtert werden:[43]

- Beteiligungen an Unternehmen, deren Schuldverschreibungen ein Risikogewicht von 0 % erhalten, können nach nationalem Ermessen ebenfalls eine Nullgewichtung erhalten. In solch einem Fall gilt die Ausnahme für alle Institute.
- Beteiligungen, die im Rahmen staatlicher Förderprogramme und auf Basis einer bedeutenden Subvention eingegangen wurden, können von den IRB-Ansätzen ausgenommen werden, wenn die Beteiligungsposition einer staatlichen Überwachung und Beschränkung unterliegt (z. B. hinsichtlich des zulässigen Beteiligungsumfangs oder der geografischen Lagen). Die Höchstgrenze für derartige Beteiligungen liegt bei 10 % der Gesamtsumme des Kern- und Ergänzungskapitals, wenn die Ausnahme vom IRB-Ansatz genutzt werden soll. In diesem Fall gelten dann die Regelungen des Standardansatzes.

---
[43] Vgl. Basel II, §§ 356-358 und CAD 3, Art. 89.

- Unwesentliche Beteiligungsportfolien können ebenfalls nach dem Standardansatz unterlegt werden. Die Unwesentlichkeit kann dann gegeben sein, wenn der Wert der Beteiligungen (ohne Beteiligungsbesitz aus den vorgenannten staatlichen Förderprogrammen) im Durchschnitt des vorangegangenen Jahres bei weniger als 10 % der Summe aus Kern- und Ergänzungskapital lag. Für unzureichend diversifizierte Portfolien sinkt der Schwellenwert auf 5 %. Ein unzureichend diversifiziertes Beteiligungsportfolio liegt vor, wenn weniger als zehn verschiedene Unternehmen darin enthalten sind. Die nationale Aufsicht kann nach eigenem Ermessen niedrigere Wesentlichkeitsschwellen festsetzen.

5. Übergangsregelungen und Fazit

Für Institute, die sich bei der Unterlegung der Kreditrisiken für den Standardansatz entscheiden, ergeben sich hinsichtlich der Beteiligungspositionen keine nennenswerten Veränderungen. Für IRB-Banken hingegen bedeuten insbesondere die internen Modelle und der PD/LGD-Ansatz eine grundlegende Neuerung, während die einfache Risikogewichtsmethode zwar leicht beherrschbar ist, aber zu deutlich erhöhten Risikogewichten führt.

Unter dem Aspekt der geforderten Risikosensitivität der IRB-Ansätze sind die beschlossenen Änderungen sinnvoll. Je nach Bedeutung des Beteiligungsgeschäfts stellen sie aber für die betroffenen Institute eine große Herausforderung dar. Für Beteiligungen, die bei Publikation des Akkords gehalten wurden, besteht nach nationalem Ermessen allerdings eine zehnjährige Übergangsregelung (*Grandfathering*), so dass für diese Positionen der Standardansatz angewandt werden darf.[44]

Die Ausnahmeregelung gilt für alle Positionen, die zum Stichtag gehalten wurden und deren Beteiligungsquote nicht erhöht wurde. Wenn der Bestand erhöht oder nach einer zwischenzeitlichen Reduzierung wieder aufgestockt wird, gilt die Ausnahme nicht für den zu- oder zurückgekauften Anteil. Sofern an Kapitalerhöhungen teilgenommen wird, greift die Ausnahmeregelung solange, wie dies nicht mit einer Erhöhung der Beteiligungsquote verbunden ist.

Die offizielle Veröffentlichung des Akkords erfolgte am 26. Juni 2004, so dass an diesem Tag gehaltenen Beteiligungen unter die Übergangsregelungen fallen. Als Referenzdatum benennt der Entwurf zur CAD 3 den 31. Dezember 2007, so dass sogar zwischenzeitlich noch neue Beteiligungen eingegangen werden könnten.

Insgesamt ist die Aufsicht den Instituten mit dieser Übergangsregelung weit entgegengekommen. Da die Regelung explizit nicht für nach dem Stichtag eingegangene Beteiligungen gilt, kann das Überschreiten der Wesentlichkeitsschwelle jedoch unmittelbar die Anwendung der komplexeren Methoden erfordern (Marktmodell oder PD/LGD-Ansatz), wenn die Aufsicht die Anwendung der einfachen Risikogewichtsmethode untersagen sollte.

Es bleibt daher abzuwarten, ob und unter welchen Umständen die Aufsicht den Instituten die Anwendung fortgeschrittener Methoden vorschreiben wird.

---

[44] Vgl. Basel II, §§ 267 ff.

VI. Sicherheiten und Risk Mitigation

Dr. Ulrich Braun

Inhalt:

		Seite
1	Einleitung	243
2	Überblick der Verfahren	244
	2.1 Risikoabsicherungsverfahren	244
	2.1.1 Sicherheiten im engeren Sinne	244
	2.1.2 Grundpfandrechte	245
	2.1.3 Garantien und Kreditderivate	246
	2.1.4 Nettingvereinbarungen	246
	2.1.5 Verbriefung von Kreditforderungen	246
	2.2 Berücksichtigung der Sicherheiten	247
	2.2.1 Standardansatz	247
	2.2.2 IRB-Ansätze	248
3	Voraussetzung für die Anerkennung von Risikominderungen	249
	3.1 Allgemeine Mindestanforderungen	249
	3.2 Rechtliche und wirtschaftliche Mindestanforderungen	250
	3.3 Laufzeitkongruenz	251
4	Sicherheiten im Standardansatz	253
	4.1 Einfacher Ansatz	253
	4.1.1 Methodik des einfachen Ansatzes	253
	4.1.2 Anerkannte Sicherheiten	253
	4.1.3 Niedrigere Risikogewichte	254
	4.2 Umfassender Ansatz	256
	4.2.1 Methodik des umfassenden Ansatzes	256
	4.2.2 Standardhaircuts	257
	4.2.3 Eigene Haircuts	258
	4.2.4 Verwendung von Value-at-Risk-Modellen	259
5	Sicherheiten in den IRB-Ansätzen	260
	5.1 Überblick der Methodik	260
	5.2 Forderungen an Staaten, Banken und Unternehmen	261
	5.2.1 Basisansatz	261
	5.2.2 Fortgeschrittener IRB-Ansatz	263
	5.3 Retailforderungen	264
6	Fazit	264

1. Einleitung

Ein wesentliches Ziel von Basel II ist es, die Eigenkapitalanforderungen risikosensitiver auszugestalten. Einen entscheidenden Einfluss auf die Risikosituation bei Kreditrisiken können Sicherheiten und andere Absicherungstechniken der Banken haben. In den letzten 15 Jahren sind verschiedene Absicherungstechniken und Absicherungsinstrumente neu entwickelt oder wesentlich weiterentwickelt worden und haben umfassend Einzug in die Risikosteuerung der Banken gehalten. Hier sei nur auf den verstärkten Einsatz von Kreditderivaten, die wachsende Anzahl von Verbriefungstransaktionen für Kreditforderungen oder den heute üblichen Abschluss von Nettingvereinbarungen unter Banken, wie auch mit institutionellen Kapitalmarktteilnehmern verwiesen.

Diese Marktveränderungen haben in den nationalen Eigenkapitalanforderungen vielfach bereits ihren Niederschlag gefunden. Es fehlt aber an einer systematischen Berücksichtigung der neuen Instrumente in einem einheitlichen Ansatz. Im Rahmen des neuen Akkords werden nunmehr die neuen Absicherungstechniken und Sicherheiten in die Ermittlung der Eigenkapitalanforderungen eingebunden und im Standardansatz wie auch in den IRB-Ansätzen berücksichtigt. Dies führt zu einer wesentlich stärkeren Differenzierung bei der Berücksichtigung der Sicherheiten bzw. der Absicherungsinstrumente für die Ermittlung der Eigenkapitalanforderungen für das Kreditrisiko. Basel II eröffnet den nationalen Aufsichtsbehörden bzw. den beaufsichtigten Banken vielfältige Wahlrechte zur Berücksichtigung dieser Instrumente und Verfahren, legt aber gleichzeitig einheitliche Mindestanforderungen an die Ausgestaltung der Instrumente sowie die Schaffung der organisatorischen und rechtlichen Voraussetzungen fest.

2. Überblick der Verfahren

2.1 Risikoabsicherungsverfahren

Banken verwenden zur Minderung des Kreditrisikos eine Vielzahl von Absicherungstechniken. Im Rahmen von Basel II werden die verschiedenen Verfahren in die folgenden fünf Kategorien eingeteilt, für die jeweils gesonderte Vorschriften hinsichtlich der Behandlung bei der Ermittlung der Eigenkapitalanforderungen definiert sind:

1. Sicherheiten im engeren Sinne
2. Grundpfandrechte
3. Garantien und Kreditderivate
4. Nettingvereinbarungen
5. Verbriefung von Kreditforderungen

2.1.1 Sicherheiten im engeren Sinne

Sicherheiten geben der Bank erstrangige Ansprüche auf bestimme Vermögenswerte zur Befriedigung der eigenen Ansprüche bei einem drohenden Kreditausfall. Die Sicherheiten können durch den Kreditnehmer oder auch durch einen Dritten in Form von Bareinlagen, Wertpapieren, Immobilien oder auch anderen anerkennungsfähigen Sicherheiten gestellt werden. Die anerkennungsfähigen Sicherheiten sowie die Verfahren zu deren Berücksichtigung bei der Bestimmung der Eigenkapitalanforderungen hängen vom gewählten Ansatz (Standardansatz oder IRB-Ansatz) ab.

Bereits im Standardansatz sind die zulässigen finanziellen Sicherheiten gegenüber den bisher im Grundsatz I anerkannten Sicherheiten wesentlich erweitert. Im Standardansatz können finanzielle Sicherheiten in Form von **Barunterlegungen, Wertpapieren und Gold** anerkannt werden.

In den IRB-Ansätzen sind zusätzlich weitere finanzielle Sicherheiten,[1] Gewerbe- und Wohnimmobilien, Forderungsabtretungen und sonstige physische Sicherheiten anerkennungsfähig. Darüber hinaus sind die zulässigen bzw. anzuwendenden Verfahren zur Berücksichtigung der Sicherheiten bei der Eigenkapitalermittlung im Standardansatz wie auch im IRB-Ansatz wesentlich erweitert und verfeinert worden. Im fortgeschrittenen IRB-Ansatz sowie für das Retailsegment können grundsätzlich alle Sicherheiten zu einer reduzierten Kapitalunterlegung führen, sofern die Institute nachweisen können, dass die Verwertung der Sicherheiten in der Vergangenheit zu einer Verringerung des Verlustes geführt hat.

Im Standardansatz zur Kreditrisikounterlegung erfolgt die Berücksichtigung der Sicherheiten im einfachen Ansatz bei der **Risikogewichtung des Kontrahenten**. Im umfassenden Ansatz reduziert sich bei Vorliegen von Sicherheiten der unterlegungspflichtige Kreditbetrag (Exposure), während in den IRB-Ansätzen die Berücksichtigung der Sicherheiten i. d. R. bei der Ermittlung des Verlustes bei Ausfall (*Loss Given Default, LGD*) vorgenommen wird.

2.1.2 Grundpfandrechte

Für Forderungen, die durch Immobilien besichert sind, bestehen in den verschiedenen Ansätzen Sondervorschriften zur Berücksichtigung bei der Eigenkapitalermittlung.

Vollständig durch Grundpfandrechte auf Wohnimmobilien abgesicherte Forderungen, die vom Kreditnehmer bewohnt werden oder in Zukunft bewohnt werden sollen oder vermietet sind, erhalten im Standardansatz ein **Risikogewicht in Höhe von 35 %**.[2] Dies ist eine Besserstellung gegenüber dem bisherigen Grundsatz I. Vorraussetzung hierfür ist, dass die Aufsichtsbehörde überzeugt ist, dass das verminderte Risikogewicht ausschließlich auf Wohnimmobilien angewendet wird und die Wohnungsbaukredite bestimmten strengen Kriterien entsprechen.[3]

Durch Grundpfandrechte bzw. Hypotheken auf gewerbliche Immobilien besicherte Kredite erhalten dagegen im Standardansatz grundsätzlich ein Risikogewicht von 100 %. Hier wird allerdings in sehr engem Rahmen den nationalen Aufsichtsbehörden die Möglichkeit eingeräumt, bei besonders qualifizierten gewerblichen Immobilienkrediten ein niedrigeres Risikogewicht anzuwenden. Der Baseler Ausschuss akzeptiert, dass solche Immobilienfinanzierungen unter besonderen Umständen in hoch entwickelten und seit langem etablierten Märkten ein begünstigtes Risikogewicht von 50 % erhalten. Dies eröffnet den deutschen Aufsichtsbehörden die

---

[1] Eine detaillierte Auflistung der einzelnen Sicherheitenarten erfolgt im Abschnitt Sicherheiten im Standardansatz.
[2] Die Aufsichtsbehörden können die Banken verpflichten, das Risikogewicht zu erhöhen, wenn dieses angemessen erscheint.
[3] Beispielsweise muss der nach vorgegebenen Regeln ermittelte Wert der Sicherheit den Kreditbetrag nennenswert übersteigen.

Möglichkeit, die bisherige Privilegierung der mit gewerblichen Immobilien besicherten Kredite unter eingeschränkten Bedingungen auch weiterhin beizubehalten.

Im Rahmen der IRB-Ansätze werden grundpfandrechtlich besicherte Forderungen den verschiedenen Kreditsegmenten zugeordnet.[4] Die Kapitalunterlegung erfolgt dann entsprechend den für die einzelnen Segmente bestehenden Regelungen.

2.1.3 Garantien und Kreditderivate

Zur Minderung des Verlustrisikos kann ein Kredit auch durch einen Dritten garantiert werden. Alternativ kann eine Bank ein Kreditderivat kaufen, um verschiedene Arten des Kreditrisikos auszuschließen. Garantien oder gekaufte Kreditderivate können bei der Ermittlung der Eigenkapitalanforderungen Risiko mindernd berücksichtigt werden, soweit sie **unmittelbar, unwiderruflich und unbedingt** sind und bestimmte operationelle **Mindestbedingungen** bezüglich des Risikomanagementprozesses erfüllen. Es werden allerdings nur bestimmte Garanten und Sicherungsgeber anerkannt. Der Kreis der anerkennungsfähigen Sicherungsgeber ist gegenüber den bisherigen Regeln des Grundsatz I ausgeweitet worden.

Die Berücksichtigung dieser Absicherungstechnik erfolgt in den einzelnen Ansätzen unterschiedlich.[5]

2.1.4 Nettingvereinbarungen

Als weitere Risikominderungstechnik kommen in vielen Instituten Nettingvereinbarungen zum Einsatz. Hierbei werden Forderungen und Einlagen eines Kontrahenten saldiert.[6] Wenn Banken rechtlich durchsetzbare Nettingvereinbarungen für Kredite und Einlagen verwenden, dürfen sie die Eigenkapitalanforderungen unter bestimmten Voraussetzungen auf der Basis der **Nettoforderung** ermitteln.[7]

Im Standardansatz bewirken Nettingvereinbarungen eine Reduzierung des unterlegungspflichtigen Forderungsbetrags. Hierbei kommen die Rechenregeln des umfassenden Ansatzes zur Anwendung. In den IRB-Ansätzen ist das Netting im Rahmen der Ermittlung des erwarteten Forderungsvolumens zum Ausfallzeitpunkt (*Exposure at Default, EAD*) zu berücksichtigen.[8]

2.1.5 Verbriefung von Kreditforderungen

Eine besondere Form der Absicherung ist die Verbriefung von Kreditforderungen. Für die Berücksichtigung bei der Ermittlung des Mindesteigenkapitals wurden

---

[4] Vgl. Kapitel C. IV. „Abgrenzung der Segmente/Risikoaktivaklassen".
[5] Vgl. Kapitel C. VIII. „Einsatz von Kreditderivaten und Garantien" für eine detaillierte Beschreibung.
[6] Vgl. Basel II, § 109.
[7] Vgl. Basel II, §§ 139 ff.
[8] Die betreffenden Voraussetzungen für die Anerkennung der Nettingvereinbarungen sowie die Berücksichtigung bei der Ermittlung der Eigenkapitalanforderungen in den verschiedenen Ansätzen sind eingehend in Kapitel E. VII. „Netting unter Basel II und IAS/IFRS" beschrieben.

durch den neuen Akkord erstmals umfassende Regelungen hinsichtlich der Behandlung der Transaktionen beim initiierenden Institut (Originator) wie auch beim Erwerber von Verbriefungspositionen geschaffen. Für die Anerkennung des Risikotransfers durch Verbriefungen werden operationelle Anforderungen gestellt, die sowohl im Standardansatz wie auch im IRB-Ansatz gelten.[9]

2.2 Berücksichtigung der Sicherheiten

Erfüllen die Kreditrisikominderungstechniken die jeweiligen Voraussetzungen, so erlaubt der überarbeitete Ansatz zur Kreditrisikominderung *(Credit Risk Mitigation, CRM)* einen im Vergleich zu den derzeitigen Regelungen erweiterten Verfahrensrahmen zur Reduzierung der Kapitalanforderungen.[10]

Im derzeit gelten Grundsatz I werden **Kreditrisikominderungstechniken** nur in beschränktem Umfang und mit sehr vereinfachenden Ansätzen berücksichtigt. Beispielsweise führen grundpfandrechtlich besicherte Forderungen zu einem auf 50 % verminderten Risikogewicht.[11] Garantien – unter analoger Anwendung aufgrund gesonderter BaFin-Rundschreiben auch Kreditderivate – werden derzeit berücksichtigt, indem das Risikogewicht des Kreditnehmers durch das Risikogewicht des Sicherungsgebers ersetzt wird. Bilanzielles Netting wird nach Grundsatz I nur bei innovativen außerbilanziellen Geschäften anerkannt.

Die Zurechnung von Kreditrisikominderungstechniken zum Anlage- oder Handelsbuch ist entscheidend für ihre Berücksichtigung. Bei der Behandlung der Risikoabsicherungsverfahren im Anlagebuch ist zu berücksichtigen, ob der Standardansatz oder einer der IRB-Ansätze zur Anwendung kommen. Die Risikoabsicherungen im Handelsbuch werden gesondert behandelt und ändern sich durch Basel II grundsätzlich nicht.[12]

2.2.1 Standardansatz

Die Banken können im Standardansatz zwischen einem **einfachen und einem umfassenden Ansatz** zur Berücksichtigung von Sicherheiten wählen. Im einfachen Ansatz hat die Sicherheit eine Änderung des Risikogewichts zur Folge. Das auf dem Rating des Kreditnehmers basierende ursprüngliche Risikogewicht wird dabei durch das mit der Sicherheit verbundene Risikogewicht ersetzt. Bei Garantien und Kreditderivaten wird das Risikogewicht des Schuldners durch das Risikogewicht des Garantiegebers substituiert. Auch bei durch Wohnimmobilien bzw. besonders qualifizierte gewerbliche Immobilien besicherten Forderungen können die Risikogewichte angepasst werden.

---

[9] In Kapitel C. IX. „Securitisation und Behandlung von ABS-Transaktionen" werden die Voraussetzungen für die Anerkennung von Verbriefungen sowie deren unterschiedliche Berücksichtigung bei der Eigenkapitalunterlegung ausführlich dargestellt.
[10] Vgl. Basel II, § 110.
[11] Vgl. Grundsatz I, § 13 Abs. 4 S. 2.
[12] Vgl. Kapitel E. III. „Veränderungen bei der Unterlegung von Marktpreisrisiken".

Im umfassenden Ansatz für Sicherheiten sowie bei Nettingvereinbarungen führt das Vorhandensein einer anerkennungsfähigen Sicherheit zu einer Reduzierung des unterlegungspflichtigen Kreditbetrags (Exposure). Die Höhe der zugrunde gelegten Kreditforderungen vermindert sich um den Wert der anrechnungsfähigen Sicherheit bzw. des Aufrechnungsanspruchs. Einen Überblick über die Behandlung der verschiedenen Kreditrisikominderungstechniken im Standardansatz gibt Abbildung 1.

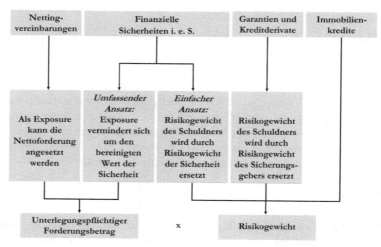

Abbildung 1: Kreditrisikominderungstechniken im Standardansatz[13]

2.2.2 IRB-Ansätze

In den IRB-Ansätzen erfolgt die Bestimmung der erforderlichen Eigenmittelunterlegung anhand von aufsichtlich **vorgegebenen Rechenformeln**. Wichtigste Parameter in dieser Formel sind die Ausfallwahrscheinlichkeit des Kreditnehmers (*Probablity of Default, PD*), sowie die bereits angesprochenen Größen LGD und EAD.

Die Berücksichtigung der Sicherheiten erfolgt, indem diese Parameter modifiziert werden. Je nach Sicherheitenart werden alternativ PD, LGD oder EAD angepasst. Ein Risikominderungsinstrument kann sich jedoch immer nur auf einen Parameter auswirken.

Finanzielle Sicherheiten, Forderungsabtretungen, Grundpfandrechte und bestimmte physische Sicherheiten führen im IRB-Basisansatz dazu, dass sich der anzusetzende LGD vermindert. Der neue Akkord gibt hierfür detaillierte Rechenregeln vor.

Bei Vorliegen von Nettingvereinbarungen kann als EAD der Saldo der genetteten Forderungen angesetzt werden, während Garantien und Kreditderivate zu einer Anpassung der Ausfallwahrscheinlichkeit führen. Alternativ kann im fortgeschrittenen IRB-Ansatz auch der LGD auf Basis der erwarteten Besicherungswirkung individuell geschätzt werden, wenn eine Garantie vorliegt.

---

[13] In Anlehnung an Hartmann-Wendels/Pfingsten/Weber, „Bankbetriebslehre", 2004, S. 633.

Einen ersten Überblick über die Behandlung der Risikoabsicherungsinstrumente in den IRB-Ansätzen gibt Abbildung 2.

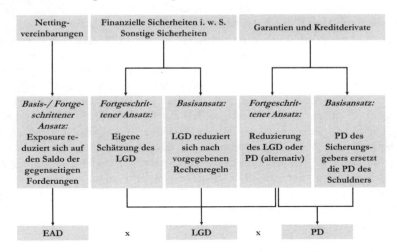

Abbildung 2: Kreditrisikominderungstechniken in den IRB-Ansätzen[14]

3. Voraussetzung für die Anerkennung von Risikominderungen

3.1 Allgemeine Mindestanforderungen

Allen Kreditrisikominderungstechniken gemeinsam ist, dass ihr Einsatz nicht zu einer höheren Kapitalanforderung führen darf, als ein sonst identisches Geschäft ohne Kreditrisikominderung. Auf der anderen Seite dürfen die Auswirkungen der Risikoabsicherung nicht doppelt erfasst werden. Aus diesem Grund erfolgt beispielsweise keine weitere aufsichtliche Berücksichtigung von Kreditrisikominderungstechniken bei der Bestimmung der Kapitalanforderungen, wenn das Emissionsrating einer Forderung bereits Kreditrisikominderungseffekte berücksichtigt.

Durch den Einsatz von Kreditrisikominderungstechniken können gleichzeitig andere Risiken, wie z. B. rechtliche, operationelle, Liquiditäts- und Marktpreisrisiken entstehen. Diese anderen Risiken müssen durch Anwendung von **„robusten" Verfahren und Prozessen** überwacht werden. Dies umfasst die Risikostrategie, die Betrachtung des zugrunde liegenden Kredits, die Bewertung der Forderungen, Regeln und Verfahren, Systeme, die Überwachung der Roll-Off-Risiken und die Steuerung von Konzentrationsrisiken, die der Bank beim Gebrauch von Kreditrisikominderungstechniken im Zusammenspiel mit dem gesamten bankeigenen Kreditrisikoprofil entstehen.

Sofern die Risiken aus der Nutzung der Kreditrisikominderungstechniken nicht hinreichend überwacht werden, können die Aufsichtsbehörden zusätzliche Kapitalanforderungen verlangen oder andere aufsichtliche Maßnahmen vornehmen. Die

---

[14] In Anlehnung an Hartmann-Wendels/Pfingsten/Weber, „Bankbetriebslehre", 2004, S. 635.

betreffenden Maßnahmen der Aufsichtsbehörden sind in Säule II des neuen Akkords definiert. In diesem Rahmen wird ausdrücklich gefordert, dass die betreffenden Kreditrisikominderungstechniken und die Einhaltung der hierzu festgelegten Mindeststandards durch die Aufsichtsbehörden überprüft werden.

Die Aufsichtsbehörden haben insbesondere sicherzustellen, dass die Verwendung der verschiedenen Instrumente, welche die Kapitalanforderungen verringern, als Teil eines soliden, erprobten und angemessen **dokumentierten Risikomanagementverfahrens** verwendet und verstanden werden. Die generellen Anforderungen an die Verfahren und Prozesse im Kreditprozess sind in Deutschland allgemein in den Mindestanforderungen an das Kreditgeschäft der Kreditinstitute (MaK) definiert.

Darüber hinaus ist zu berücksichtigen, dass über die allgemeinen Mindeststandards hinaus zusätzliche Anforderungen an die Anerkennung der Risikominderungsverfahren (z. B. bei Kreditderivaten und Garantien oder bei Verbriefungen) oder auch hinsichtlich der gewählten Ansätze gestellt werden.

Um Kapitalerleichterungen durch die Kreditrisikominderungsinstrumente zu erhalten müssen neben den Mindestanforderungen der Säule I auch die entsprechenden Offenlegungsvorschriften der Säule III beachtet werden.

3.2 Rechtliche und wirtschaftliche Mindestanforderungen

Banken können Kapitalerleichterungen bei der Anwendung von Risikominderungstechniken nur erhalten, wenn sie bestimmte Mindestanforderungen zur rechtlichen Dokumentation erfüllen. Alle Vereinbarungen, die beim Einsatz von Sicherheiten, Garantien oder Kreditderivaten, dem bilanziellen Netting oder auch bei Verbriefungen genutzt werden, müssen in allen relevanten Rechtsordnungen für alle Beteiligten bindend und rechtlich durchsetzbar sein. Die Banken müssen hinreichende rechtliche **Überprüfungen** vornehmen, um die notwendige Rechtssicherheit zu verifizieren. Die entsprechenden Überprüfungen sind insoweit erforderlich regelmäßig oder ad hoc (z. B. bei Änderung der rechtlichen Grundlagen) zu wiederholen, um die jederzeitige Durchsetzbarkeit sicherzustellen.

Des Weiteren muss auch der rechtliche Mechanismus, durch den eine Sicherheit übertragen oder verpfändet wurde, gewährleisten, dass die Bank das Recht hat, die Sicherheit zu liquidieren oder sich den Besitz über sie zu verschaffen, und zwar zeitnah im Falle des Ausfalles, der Zahlungsunfähigkeit oder der Insolvenz des Kontrahenten.

Die Rechtssicherheit muss auch gewährleistet sein für den Fall der Insolvenz eines eingeschalteten Verwahrers der Sicherheit. Wenn die Sicherheit bei einem Verwahrer gehalten wird, muss die Bank angemessene Schritte unternehmen, um sicherzustellen, dass der Verwahrer die Sicherheit von seinem eigenen Vermögen abgesondert hat.

Zusätzlich wird nach Basel II verlangt, dass die Banken alle nötigen Schritte unternehmen, um die Anforderungen des jeweils geltenden Rechtssystems zu erfüllen, unter dessen Anwendung die Bank die Sicherheit verwerten will. Dies gilt insbesondere,
– um ein durchsetzbares Sicherungsrecht zu erlangen bzw. zu erhalten

- um dieses Recht ausüben zu können
- um mit einem Übertragungsanspruch von Sicherheiten saldieren bzw. aufrechnen zu können.

Hierzu kann es z. B. erforderlich sein, die Sicherheit bei einem Registrator erfassen zu lassen.[15]

Weiterhin müssen die Banken klare und robuste Verfahren zur zeitnahen Veräußerung der Sicherheiten anwenden. Es sind alle rechtlichen Anforderungen zu beachten, um den Kreditausfall (Default) des Kreditnehmers festzustellen und die Sicherheit innerhalb der rechtlichen Voraussetzungen verwerten zu können. Es ist sicherzustellen, dass die Sicherheiten zügig verwertet werden können.

Eine Sicherheit kann ferner nur dann Risiko mindernd anerkannt werden, wenn die Kreditqualität des Kontrahenten und der Wert der Sicherheit **keine wesentliche positive Korrelation** aufweisen. Wertpapiere bewirken z. B. nur eine geringe Absicherung, wenn sie durch den Kontrahenten selbst oder einem mit ihm verbundenen Unternehmen emittiert wurden. Sie scheiden insoweit grundsätzlich als anerkennungsfähige Sicherheit aus.[16]

Für Öffentliche Pfandbriefe, die von einer Hypothekenbank emittiert werden und zusätzlich als Sicherheit hinterlegt werden, muss dieser Zusammenhang nicht gelten. Hier ist das Kreditrisiko des Pfandbriefs aufgrund dessen besonderer Sicherungskonstruktion grundsätzlich unabhängig von der Bonität und Zahlungsfähigkeit der emittierenden Hypothekenbank.

Bei den Sicherungsverfahren ist zu beachten, dass Kapitalanforderungen an jede der an einer besicherten Transaktion beteiligten Banken gestellt werden. Zunächst muss die Bank, welche die Sicherheit erhält, für den besicherten Kredit die Kapitalanforderung unter Berücksichtigung der Besicherungswirkung erfüllen. Gleichermaßen führt aber u. U. auch die Stellung der Sicherheit bei der besichernden Bank zu einem unterlegungspflichtigen Kreditrisiko. Dies gilt z. B. bei Wertpapierleih- und Repogeschäften wie auch bei der Hinterlegung von Sicherheiten in Verbindung mit Forderungen aus Derivaten oder anderen Krediten.

3.3 Laufzeitkongruenz

Grundsätzlich setzt eine Anerkennung der Risikominderung voraus, dass die Restlaufzeit der Sicherheit mindestens die Restlaufzeit der zugrunde liegenden Forderung abdeckt (Laufzeitkongruenz).

Eine Laufzeitinkongruenz (*Maturity Mismatch*) liegt vor, wenn die Restlaufzeit der Absicherung kürzer ist als die Restlaufzeit des zugrunde liegenden Kredits. Die Restlaufzeit der zugrunde liegenden Forderung wie auch der der Absicherung sind **konservativ** zu bestimmen. Die effektive Restlaufzeit der Forderung ist der Zeitraum, nach dem der Kreditnehmer spätestens seine Verpflichtungen erfüllen muss, wobei entsprechende Nachfristen wie z. B. Verlängerungsoptionen zu berücksichtigen sind.

---

[15] Vgl. Basel II, § 123.
[16] Vgl. Basel II, § 124.

Die Restlaufzeit der Absicherung kann durch eingebaute Optionsrechte wie z. B. vorzeitige Kündigungsrechte der Absicherung verringert werden. Bei der Absicherung ist auf die kürzest mögliche Restlaufzeit abzustellen. Dies ist beispielsweise dann der Fall, wenn eine Forderung durch ein Wertpapier besichert wird, das mit einer vorzeitigen Kündigungsoption ausgestattet ist. Falls der **Sicherungsgeber** eine Kündigungsmöglichkeit hat, entspricht die Restlaufzeit dem Zeitraum bis zum erstmöglichen Kündigungstermin.

Hat der **Sicherungsnehmer** ein Kündigungsrecht, das so ausgestaltet ist, dass die Transaktion von diesem vor Ablauf der Vertragslaufzeit aus wirtschaftlichen Gründen gekündigt wird, so wird die verbleibende Zeit bis zum ersten Kündigungstermin als effektive Laufzeit angenommen. Wenn z. B. die Absicherungskosten im Zusammenhang mit der Kündigungsmöglichkeit ansteigen, obwohl die Kreditqualität gleich bleibt oder sich sogar verbessert, ist als Restlaufzeit der Zeitraum bis zur ersten Kündigungsmöglichkeit anzunehmen.

Im einfachen Standardansatz sind Laufzeitinkongruenzen nicht zulässig. Sie führen zwingend zu einer Nichtanerkennung der Absicherung. Ein niedrigeres Bonitätsgewicht des Sicherungsgebers kann in diesen Fällen nicht genutzt werden. Im einfachen Ansatz des Standardansatzes müssen Sicherheiten daher mindestens für die Forderungslaufzeit in voller Höhe bestehen, um anerkannt zu werden. Die durch den Marktwert der Sicherheiten gedeckten Forderungsanteile werden mit dem Risikogewicht des Sicherungsinstruments anerkannt. Der verbleibende Forderungsteil wird mit dem Risikogewicht des entsprechenden Kontrahenten angesetzt.[17]

Beim umfassenden Standardansatz dagegen kann es auch bei Laufzeitinkongruenzen zu einer Anerkennung der Besicherungswirkung kommen. Eine Berücksichtigung scheidet aber auch im umfassenden Ansatz aus, wenn die Ursprungslaufzeit der Absicherung weniger als ein Jahr oder die Restlaufzeit weniger als drei Monate beträgt. Nur wenn diese **Mindestlaufzeit**- bzw. Mindestrestlaufzeitgrenzen eingehalten werden, können die Absicherungen trotz Laufzeitinkongruenz die Kapitalanforderungen mindern. Die Kreditabsicherung wird in diesem Fall aber entsprechend dem Verhältnis zwischen Restlaufzeit (ausgedrückt in Jahren) zur Restlaufzeit der Forderungen (ausgedrückt in Jahren, maximal aber fünf Jahre) anerkannt.[18]

Die Formel zur Ermittlung des Anpassungsbetrages lautet:

$$P_a = P \times (t - 0{,}25) / (T - 0{,}25)$$

mit:

P_a = Wert der wegen Laufzeitinkongruenz adjustierten Kreditabsicherung

P = Wert der durch andere Haircuts adjustierten Kreditabsicherung[19]

T = min (5; Restlaufzeit der Forderung), ausgedrückt in Jahren.

t = min (T; Restlaufzeit der Kreditabsicherung), ausgedrückt in Jahren

---

[17] Vgl. Basel II, § 182. Eine Mittelunterlegungspflicht ergibt sich für Banken auf beiden Seiten des gesicherten Geschäfts.
[18] Vgl. Basel II, §§ 202 ff.
[19] Zur Bedeutung und Berechnung der Haircuts vgl. Abschnitt Umfassender Ansatz.

Beispiel: Eine Forderung mit einer Restlaufzeit von vier Jahren wird durch ein Wertpapier besichert, das eine Restlaufzeit von dreieinhalb Jahren hat. Nach Berücksichtigung der Haircuts beträgt der Wert der Sicherheit 100.000 Euro.

$$P_a = 100.000 \times (3{,}5 - 0{,}25) / (4 - 0{,}25) = 86.666{,}67 \text{ Euro.}$$

Da die Restlaufzeit der Sicherheit kürzer ist als die Restlaufzeit der Forderung, darf in diesem Beispiel nicht der volle Wert der Sicherheit angesetzt werden. Vielmehr beschränkt sich die rechnerische Absicherungswirkung auf den Betrag von rd. 86.667 Euro.

In den IRB-Ansätzen ist bei Vorliegen von Laufzeitinkongruenzen die Absicherungswirkung entsprechend den Regeln des umfassenden Standardansatzes zu reduzieren.

4. Sicherheiten im Standardansatz

Eine besicherte Transaktion im Sinne von Basel II ist ein Geschäft, bei dem
– eine Bank eine Kreditforderung oder eine potenzielle Kreditforderung besitzt und
– diese ganz oder teilweise durch gestellte Sicherheiten eines Kontrahenten oder eines Dritten zu Gunsten des Kontrahenten gedeckt ist.[20]

Bei der Anrechnung von Sicherheiten können die Banken im Standardansatz zwischen einem einfachen Ansatz und einem umfassenden Ansatz wählen. Im Anlagebuch können die Banken zwischen beiden Ansätzen wählen, aber nicht beide gleichzeitig verwenden. Für Positionen des Handelsbuchs dagegen dürfen Banken hingegen nur den umfassenden Ansatz anwenden. Dies gilt auch für die Bestimmung der Kapitalunterlegung für das Kontrahentenrisiko bei OTC-Geschäften und bei Wertpapierpensions- oder ähnlichen Geschäften des Handelsbuchs.

4.1 Einfacher Ansatz

4.1.1 Methodik des einfachen Ansatzes

Im einfachen Ansatz wird das **Risikogewicht** des Kontrahenten für den besicherten Teil der Forderung durch das Risikogewicht der Sicherheit **ersetzt**, soweit die Sicherheit mindestens für die Forderungslaufzeit verpfändet ist und der Marktwert der Sicherheit mindestens alle sechs Monate ermittelt wird. Der verbleibende Teil der Forderung ist weiterhin mit dem Risikogewicht des Kreditnehmers zu unterlegen. Das Risikogewicht des besicherten Forderungsteils kann grundsätzlich nicht unter ein Mindestrisikogewicht von 20 % absinken. Dieser Sicherheitsabschlag soll die operationellen und rechtlichen Risiken der Absicherung abdecken.

4.1.2 Anerkannte Sicherheiten

Im einfachen Ansatz des Standardansatzes ist es den Banken gestattet, die folgenden finanziellen Sicherheiten zu berücksichtigen:[21]

---

[20] Vgl. Basel II, § 119.
[21] Vgl. Basel II, § 145.

- Bareinlagen bei der Kredit gebenden Bank (einschließlich Einlagenzertifikaten und vergleichbaren Instrumenten, die von der Kredit gebenden Bank emittiert wurden)[22]
- Gold
- Schuldverschreibungen, die von einer anerkannten externen Ratingagentur beurteilt wurden, mit einem Rating von
  - mindestens BB-, wenn sie von Staaten, sonstigen öffentlichen Stellen (PSEs) oder von anderen Emittenten emittiert wurden, die von der Aufsicht wie Staaten behandelt werden; oder
  - mindestens BBB-, wenn sie von anderen Stellen emittiert wurden (einschließlich Banken und Wertpapierfirmen); oder
  - mindestens A-3/P-3, bei Schuldverschreibungen mit einem Kurzfrist-Rating,
- Schuldverschreibungen ohne Rating einer anerkannten Ratingagentur, sofern diese
  - von einer Bank emittiert wurden, an einer anerkannten Börse gehandelt werden; und vorrangig zu bedienen sind und **gleichzeitig**
  - alle anderen gerateten Emissionen der Bank desselben Ranges mindestens mit BBB- oder A3/P3 durch eine anerkannte Ratingagentur geratet wurden; und
  - die Bank, die die Schuldverschreibung als Sicherheit hält, keine Informationen hat, dass für die Emission ein geringeres Rating als BBB- bzw. A3/P3 zu rechtfertigen ist; und
  - die Aufsicht hinreichend von der Marktliquidität des Wertpapiers überzeugt ist,
- Aktien (einschließlich Wandelschuldverschreibungen), die einem Hauptindex angehören oder
- Investmentfonds und UCITS,[23] wenn:
  - der Anteilspreis täglich veröffentlicht wird; und
  - der UCITS/Investmentfonds beschränkt ist auf Anlagen in Instrumente, die in diesem Absatz genannt sind.

4.1.3 Niedrigere Risikogewichte

Für Wertpapierpensions- und ähnliche Geschäfte kann ein privilegiertes Mindestrisikogewicht von 10 % angesetzt werden, wenn folgende Bedingungen erfüllt sind:[24]
- Sowohl der Kredit als auch die Sicherheit sind entweder Bargeld oder ein Wertpapier eines Staates oder einer sonstigen öffentlichen Stelle (PSE), die im Standardansatz ein Risikogewicht von 0 % erhält
- Sowohl der Kredit als auch die Sicherheit lauten auf die gleiche Währung

---

[22] Die schließt ggf. auch Credit Linked Notes ein, deren Rückzahlung vom Nichteintreten des Ausfallereignisses bei der besicherten Forderung abhängig ist.
[23] UCITS: Unternehmungen für die gemeinsame Investition in übertragbare Wertpapiere (Undertakings for Collective Investments in Transferable Securities).
[24] Vgl. Basel II, §§ 183 ff. i. V. m. §§ 170 f.

- Die Transaktion hat entweder eine Laufzeit von nur einem Tag oder sowohl der Kredit wie auch die Sicherheit werden täglich zu Marktpreisen bewertet, wobei eine tägliche Nachschusspflicht bestehen muss
- Wenn ein Kontrahent versäumt hat Sicherheiten nachzuliefern, sollten nicht mehr als vier Handelstage zwischen der letzten Neubewertung vor Nichterfüllung der Nachschusspflicht und der Veräußerung der Sicherheit vergehen
- Das Geschäft wird über ein Settlement-System abgewickelt, das für diese Art von Geschäften anerkannt ist
- Die für die Vereinbarung maßgebliche Dokumentation ist die im Markt für die Art von Wertpapierpensions- oder ähnlichen Geschäften in den betroffenen Wertpapieren übliche Standarddokumentation
- Die für die Vereinbarung maßgebliche Dokumentation bestimmt, dass das Geschäft fristlos kündbar ist, wenn der Kontrahent seiner Verpflichtung zur Einlieferung von Bar- oder Wertpapiersicherheiten oder Nachschussverpflichtungen nicht nachkommt oder in anderer Weise ausfällt
- Für den Fall des Ausfalls – gleichgültig ob der Kontrahent insolvent wird oder in Konkurs geht – muss die Bank das uneingeschränkte, rechtlich durchsetzbare Recht zur sofortigen Inbesitznahme und Verwertung der Sicherheiten zu ihren Gunsten haben.

Ein Bonitätsgewicht von 0 % ist unter den obigen Voraussetzungen anzuwenden, wenn der Kontrahent wesentlicher Marktteilnehmer ist. Die wesentlichen Marktteilnehmer werden nach Ermessen der nationalen Aufsichtsbehörden bestellt und können folgende juristische Personen sein:

- Staaten, Zentralbanken oder sonstige staatliche Institutionen
- Banken und Wertpapierunternehmen
- Andere Finanzunternehmen (einschließlich Versicherungsunternehmen), die im Standardansatz ein Risikogewicht von 20 % erhalten können
- Beaufsichtigte Investmentfonds, die Eigenkapitalanforderungen oder Verschuldungsbegrenzungen unterliegen
- Beaufsichtigte Pensionskassen
- Anerkannte Abwicklungsorganisationen.

Over the Counter-Derivate (OTC-Derivate) mit einer täglichen Marktbewertung, die durch Barmittel abgesichert sind und keine Währungsinkongruenzen aufweisen, erhalten ebenfalls ein Risikogewicht von 0 %, wenn es sich um einen wesentlichen Marktteilnehmer im Sinne der obigen Definition handelt. Bei nicht wesentlichen Marktteilnehmern erfolgt eine Bonitätsgewichtung mit 10 %.

Ein Risikogewichtsuntergrenze von 0 % wird auch bei besicherten Geschäften angewendet, wenn das Geschäft und die Sicherheiten auf die gleiche Währung lauten und

- die Sicherheit aus einer Bareinlage besteht, oder
- die Sicherheit aus Staats-/PSE-Wertpapieren mit einer 0 %-Gewichtung im Standardansatz besteht, und bei der Sicherheitenwertermittlung ein Abschlag auf deren Marktwert von 20 % vorgenommen wurde.

4.2 Umfassender Ansatz

4.2.1 Methodik des umfassenden Ansatzes

Beim umfassenden Ansatz, der eine weiter gehende Berücksichtigung von Sicherheiten erlaubt, wird der Forderungsbetrag um den der Sicherheit beigemessenen Wert verringert.

Zur Risikominderung können alle im einfachen Standardansatz zugelassenen Sicherheiten genutzt werden. Zusätzlich werden auch nicht in einem Hauptindex enthaltene Aktien (einschließlich Wandelschuldverschreibungen) anerkannt, sofern sie an anerkannten Börse gelistet sind. Anerkennungsfähig als Risikominderungsinstrument sind ferner auch Investmentfonds oder UCITS, die in solche Aktien investieren.

Banken müssen beim umfassenden Ansatz sowohl den Betrag der Forderung gegenüber dem Kontrahenten als auch den Wert der vom Kontrahenten erhaltenen Sicherheiten durch die Verwendung von **Sicherheitsabschlägen oder -zuschlägen** (*Haircuts*) anpassen, um möglichen künftigen, durch Marktentwicklungen bedingte Wertveränderungen beider Seiten Rechnung zu tragen. Die Sicherheitsabschläge dienen der Absicherung gegen mögliche Wertsteigerungen der abzusichernden Forderungen wie auch gegen Wertverluste der vorhandenen Sicherheiten.

Banken können entweder aufsichtlich vorgegebene Standardhaircuts verwenden, oder aber die Volatilität des Exposures und der Sicherheit durch Anwendung interner Modelle selbst schätzen.[25]

Um die Eigenkapitalforderung zu ermitteln, wird der Forderungsbetrag nach Kreditrisikominderung mit dem Risikogewicht des Kontrahenten multipliziert, um die gewichteten Risikoaktiva für die besicherte Transaktion zu erhalten.

Der Forderungsbetrag für eine besicherte Transaktion wird wie folgt ermittelt:[26]

$$E^* = \max\{0, [E \times (1 + H_E) - C \times (1 - H_C - H_{FX})]\}$$

mit:

E^* = Forderungsbetrag nach Kreditrisikominderung

E = gegenwärtiger Forderungsbetrag

H_E = Haircut für die Forderung

C = gegenwärtiger Wert der erhaltenen Sicherheit

H_C = Haircut für die Sicherheit

H_{FX} = Haircut für eine Währungsinkongruenz

Bei Vorliegen von anerkennungsfähigen Sicherheiten stellt E^* somit den unterlegungspflichtigen Forderungsbetrag dar.

---

[25] Die Aufsicht erlaubt die Verwendung selbst geschätzter Haircuts nur, wenn bestimmte quantitative und qualitative Kriterien erfüllt sind (siehe Gliederungspunkt 4.2.3).
[26] Vgl. Basel II, § 176.

4.2.2 Standardhaircuts

Die Standardhaircuts sind wie folgt vorgegeben:[27]

Emissionsrating	Restlaufzeit	Staat	Andere Emittenten
AAA bis AA- bzw. A1	≤ 1 Jahr > 1 Jahr, ≤ 5 Jahre > 5 Jahre	0,5 % 2 % 4 %	1 % 4 % 8 %
A+ bis BBB- bzw. A2/A3/P3 und ungeratete Bankschuldverschreibungen	≤ 1 Jahr > 1 Jahr, ≤ 5 Jahre > 5 Jahre	1 % 3 % 6 %	2 % 6 % 12 %
BB+ bis BB-	Alle	15 %	
Hauptindexaktien und Gold		15 %	
Andere börsennotierte Aktien		25 %	
UCITS/Investmentfonds		Höchster Haircut, der auf ein Wertpapier anzuwenden ist, in das der Fonds investieren darf	
Bargeld-Sicherheit in der gleichen Währung		0 %	

Tabelle 1: Aufsichtliche Standardhaircuts

Die aufsichtlichen Standardhaircuts sind somit abhängig von der Art der Forderung bzw. der Sicherheit, dem Emittenten und der jeweiligen Restlaufzeit. Sie beruhen auf der Annahme täglicher Marktbewertung und Nachschusspflicht sowie einer 10-tägigen Haltedauer.

Sind Forderungen und Sicherheiten in verschiedenen Währungen denominiert, so ist für das Wechselkursrisiko zusätzlich ein Standardhaircut in Höhe von 8 % zu berücksichtigen.

Folgendes **Beispiel** soll die Vorgehensweise verdeutlichen: Ein Festdarlehen über 100.000 Euro wird durch eine Bankschuldverschreibung über nominal 120.000 US-Dollar besichert. Das Rating der Schuldverschreibung liegt bei A-, die Restlaufzeit der Sicherheit beträgt zwei Jahre und entspricht der Restlaufzeit der Forderung. Der aktuelle Kurs der Anleihe liegt bei 94,96 %, der Euro-Dollar-Wechselkurs bei 1,2250 Dollar je Euro.

Ein Haircut H_E für die Forderung muss in diesem Beispiel nicht berücksichtigt werden, da das Forderungsvolumen nicht von Marktentwicklungen abhängig ist.

---

[27] Vgl. Basel II, §§ 151 ff.

Für das Wertpapier ergibt sich ein Standardhaircut H_C von 6 %, der Währungshaircut H_{FX} ist wie beschrieben mit 8 % anzusetzen.

Der in Euro umgerechnete aktuelle Marktwert der Anleihe beträgt:
$$C = 120.000 \times 94,96\ \% / 1,225 = 93.022,04 \text{ Euro}$$
Der Marktwert der Anleihe ist um die Haircuts zu kürzen. Insgesamt errechnet sich folgendes unterlegungspflichtes Kreditvolumen E^*:

$E^* = \max \{0, [100.000 \times (1 + 0) - 93.022,04 \times (1 - 0,06 - 0,08)]\}$
$E^* = \max \{0, [100.000 - 93.022,04 \times 0,86]\}$
$E^* = 100.000 - 79.998,96 = 20.001,04$

Anstelle des Kreditbetrags von 100.000 Euro müssen im Beispiel somit nur rd. 20.000 Euro mit Eigenmitteln unterlegt werden. Die Höhe des erforderlichen Eigenkapitals errechnet sich dabei unter Berücksichtigung des Risikogewichts des Schuldners. Wenn dieser ein Risikogewicht von 50 % hat, betragen die Risiko gewichteten Aktiva 10.000,52 Euro (= $E^* \times$ 50 %). Da der Unterlegungssatz 8 % beträgt, erfordert das betrachtete Beispieldarlehen somit 800,04 Euro an regulatorischem Eigenkapital.

4.2.3 Eigene Haircuts

Bei Erfüllung bestimmter **qualitativer und quantitativer Mindeststandards** kann die Aufsicht den Banken erlauben, Haircuts mittels eigener Schätzungen der Marktpreisvolatilität und der Wechselkursvolatilität zu ermitteln. Für Schuldverschreibungen, die schlechter als BBB-/A3 geratet wurden, oder für als Sicherheiten geeignete Aktien müssen die Haircuts für jedes Wertpapier einzeln berechnet werden. Für besser geratete Schuldverschreibungen kann den Banken gestattet werden, eine Volatilitätsschätzung für jede Kategorie von Wertpapieren abzugeben.[28] Des Weiteren müssen die Volatilität der Sicherheiten oder der Währungsinkongruenz einzeln geschätzt werden, d. h. die ermittelten Volatilitäten dürfen Korrelationen zwischen Sicherheiten, Wechselkursen und unbesicherten Forderungen nicht berücksichtigen.[29]

Bei der internen Schätzung der Haircuts sind die folgenden quantitativen Kriterien zu berücksichtigen:

- Verwendung eines einseitigen 99 %-igen Konfidenzniveaus
- Mindesthaltedauer muss von der Art der Transaktion und der Häufigkeit der Nachschüsse abhängen
- Der Illiquidität von Aktiva niedriger Qualität muss Rechnung getragen werden
- Der historische Beobachtungszeitraum muss mindestens ein Jahr umfassen
- Die geschätzten Haircuts müssen mindestens alle drei Monaten aktualisiert werden. Bei wesentlichen Marktpreisänderungen muss die Aktualisierung häufiger erfolgen.

---

[28] Es müssen die Art des Emittenten der Wertpapiere, dessen Rating, die Restlaufzeit und die modifizierte Duration berücksichtigt werden.
[29] Vgl. Basel II, §§ 154 ff.

Als qualitative Kriterien werden unter Basel II die folgenden Anforderungen formuliert:
- Die geschätzte Volatilitätsdaten müssen im täglichen Risikomanagementprozess verwendet werden
- Es müssen robuste Prozesse bestehen, um die Übereinstimmung mit den dokumentierten internen Strategien, Kontrollen und Verfahren bezüglich des Risikomesssystems sicherzustellen
- Das Risikomesssystem sollte in Verbindung mit internen Engagementlimiten verwendet werden
- Es muss eine regelmäßige unabhängige Überprüfung des Risikomesssystems im bankinternen Revisionsprozess erfolgen (einschließlich des gesamten Risikomanagementprozesses)

Ist der Kontrahent ein wesentlicher Marktteilnehmer im Sinne der Definition aus Abschnitt 4.1.3, kann die Aufsicht den Banken unter bestimmten Voraussetzungen gestatten, für Wertpapierpensions- und ähnliche Geschäfte einen Haircut von Null zu verwenden. Diese Ausnahme ist für Banken, die den VaR-Modellansatz verwenden, nicht zulässig.[30]

4.2.4 Verwendung von Value-at-Risk-Modellen

Zur Abbildung der Preisvolatilität der Forderungen sowie der Sicherheiten bei Wertpapierpensions- und ähnlichen Geschäften können Banken alternativ auch Value-at-Risk-Modelle (VaR-Modelle) verwenden. Diese Variante bedarf allerdings der **besonderen aufsichtlichen Genehmigung**, sofern das Institut kein anerkanntes internes Modell zur Unterlegung der Marktpreisrisiken nutzt.[31]

Kann ein Institut die Qualität seines Modells durch Backtesting der Ergebnisse mit den historischen Jahresdaten nachweisen, ist die Anwendung des internen Modells grundsätzlich möglich. Hierbei sind Korrelationseffekte zwischen den verschiedenen Wertpapieren zu berücksichtigen. Die quantitativen und qualitativen Kriterien zur Anerkennung interner VaR-Modelle für Wertpapierpensionsgeschäfte entsprechen grundsätzlich den Modell-Mindestanforderung des Baseler Marktrisikopapiers.

Im Unterschied zu den Marktpreisrisikomodellen ist bei den VaR-Modellen für Wertpapierpensionsgeschäfte von einer Haltedauer von nur fünf Tagen auszugehen. Wenn diese kurze Haltedauer in Anbetracht der Liquidität des zugrunde liegenden Wertpapiers zu kurz erscheint, ist sie entsprechend zu erhöhen. Für andere Transaktionen als Wertpapierpensionsgeschäfte (oder vergleichbare Geschäfte) beträgt die Mindesthaltedauer zehn Tage.

Die **Backtestingergebnisse** entscheiden über die Höhe eines Multiplikators, der das errechnete Risiko hoch skaliert. Basis des Backtestings sind die zehn größten Kontrahenten sowie zehn weitere, zufällig ausgewählte Kontrahenten. Für jeden dieser 20 Kontrahenten müssen täglich die tatsächlichen Wertveränderungen mit den

---
[30] Vgl. Basel II, §§ 170 ff.
[31] Vgl. Basel II, §§ 178 ff.

erwarteten Werten abgeglichen werden. Für den Zeitraum der letzten 250 Handelstage (bei 20 Kontrahenten entspricht dies 5000 Beobachtungen) ist die Anzahl der Ausreißer zu ermitteln. Jeder Beobachtung, bei der die tatsächliche Wertveränderung den geschätzten VaR überstiegen hat, gilt als Ausreißer.

In Abhängigkeit von der Anzahl der Ausreißer werden eine grüne, gelbe und rote Zone unterschieden. Führt das Backtesting zu einem Ergebnis von weniger als 100 Ausreißern, befindet sich das Institut in der grünen Zone, so dass der Multiplikator 1 beträgt. Die gelbe Zone umfasst 100 bis einschließlich 199 Ausreißer. In diesem Bereich ist die Höhe des Multiplikators gestaffelt. In der roten Zone, die bei 200 beobachteten Ausreißern beginnt, beträgt der Multiplikator 1,33.

Zone	Anzahl der Ausreißer	Multiplikator
Grüne Zone	0 – 99	1
Gelbe Zone	100 – 119	1,13
	120 – 139	1,17
	140 – 159	1,22
	150 – 179	1,25
	180 – 199	1,28
Rote Zone	200 oder mehr	1,33

Tabelle 2: Multiplikatoren bei VaR-Modellen

Sofern die Backtestingergebnisse insgesamt oder bei einem bedeutenden Kontrahenten zu einer großen Anzahl von Ausreißern führt, wird erwartet, dass das betroffene Institut die Modellannahmen in angemessener Weise anpasst.

Der unterlegungspflichtige Kapitalbetrag errechnet sich dann wie folgt:

$$E^* = \max\left\{0, \left[\left(\sum E - \sum C\right) + (VaR \times M_{VaR})\right]\right\}$$

mit:
E^* = unterlegungspflichtiger Kapitalbetrag
E = Summe der Forderungen gegen den Kontrahenten
C = Summe der vom Kontrahenten gestellten Sicherheiten
VaR = durch das VaR-Modell am Vortag errechneter potenzieller Verlust
M_{VaR} = Multiplikator (auf Basis der Backtesting-Ergebnisse).

5. Sicherheiten in den IRB-Ansätzen
5.1 Überblick der Methodik

In den IRB-Ansätzen sind wie bereits beschrieben die Parameter EAD, LGD und PD zu ermitteln, da diese in die Formel zur Bestimmung der erforderlichen Eigenmittelunterlegung eingehen. Durch Vorhandensein von anerkennungsfähigen Sicherheiten kann jeder dieser Parameter theoretisch beeinflusst werden. Innerhalb der

IRB-Ansätze wird unterschieden zwischen dem Basisansatz und dem fortgeschrittenen Ansatz, der eine umfassendere interne Schätzung der Parameter LGD und EAD erlaubt.[32]

Als Sicherheit kommen alle Instrumente in Frage, die auch im umfassenden Standardansatz anerkannt werden. Zusätzlich werden **Forderungsabtretungen** und bestimmte **physische Sicherheiten** anerkannt. Bei Wohn- und Gewerbeimmobilien gelten im Vergleich zum Standardansatz abweichende Anerkennungskriterien.[33]

Hinsichtlich der Berücksichtigung der jeweiligen Kreditrisikominderungstechniken ist zwischen Nettingvereinbarungen, Sicherheiten (finanzielle und sonstige Sicherheiten) und Kreditderivaten/Garantien zu unterscheiden.[34]

Nettingvereinbarungen sind sowohl im Basisansatz als auch im fortgeschrittenen Ansatz in der Form zu berücksichtigen, dass sich das Exposure auf den Saldo der gegenseitigen Forderungen reduziert.

Bei Kreditderivaten und Garantien wird im IRB-Basisansatz die Ausfallwahrscheinlichkeit des Schuldners durch die PD des Sicherungsgebers ersetzt. Im fortgeschrittenen IRB-Ansatz besteht alternativ die Möglichkeit, den LGD zu adjustieren.

Das Kreditgeschäft selbst ist in verschiedene Klassen bzw. Portfolien zu unterteilen. Während die Segmente Forderungen an Staaten, Forderungen an Banken und Forderungen an Unternehmen (incl. der diversen Spezialfinanzierungskategorien) weitgehend gleich behandelt werden, ist für das Mengengeschäft („Retailforderungen") eine eigenständige Vorgehensweise vorgesehen.

5.2 Forderungen an Staaten, Banken und Unternehmen

Für Forderungen an Staaten, Banken und Unternehmen können die Institute in den IRB-Ansätzen zwischen dem Basisansatz und dem fortgeschrittenen Ansatz wählen, wobei der fortgeschrittene Ansatz an umfangreiche Mindestanforderungen geknüpft ist. Beide Ansatzvarianten benötigen eine vorherige aufsichtliche Genehmigung.

5.2.1 Basisansatz

Das Verfahren zur Anerkennung von finanziellen Sicherheiten im Basisansatz lehnt sich eng an die Methodik des umfassenden Ansatzes für Sicherheiten im Standardansatz an.[35] Zusätzlich zu den im Standardansatz anerkennungsfähigen finanziellen Sicherheiten sind im IRB-Basisansatz einige **andere Formen der Besicherung**, sog. IRB-Sicherheiten, zugelassen. Diese schließen Forderungsabtretungen, gewerbliche und Wohnimmobilien (*Commercial Real Estate, CRE/Residential Real Estate, RRE*) sowie sonstige physische Sicherheiten ein, sofern sie bestimmte Mindestanforderungen erfüllen.

---

[32] Vgl. Kapitel C. III „Die IRB-Ansätze" für eine Beschreibung der relevanten Formeln.
[33] Vgl. Basel II, § 289.
[34] Vgl. auch Abschnitt IRB-Ansätze, Abb. 2.
[35] Der einfache Ansatz der Sicherheitenanrechnung steht Banken, die den IRB-Ansatz verwenden, nicht zur Verfügung.

Gewerbliche Immobilien und Wohnimmobilien können unter Basel II im IRB-Basisansatz als Sicherheit anerkannt werden, wenn sie folgende Bedingungen erfüllen:[36]
- Das Kreditnehmerrisiko ist nicht wesentlich von der Leistungsfähigkeit der zugrunde liegenden Immobilie oder des Projekts abhängig, sondern vielmehr von der Fähigkeit des Kreditnehmers, den Kapitaldienst aus anderen Quellen zu bestreiten
- Der Wert der verpfändeten Sicherheit sollte nicht wesentlich von der Leistungsfähigkeit des Kreditnehmers abhängig sein. Makroökonomische Faktoren, die sowohl den Wert der Sicherheit als auch die Leistungsfähigkeit des Schuldners beeinflussen, können hierbei unberücksichtigt bleiben.

Zusätzlich zu den obigen Bedingungen müssen auch die nachstehenden operationellen Anforderungen erfüllt werden:[37]
- Rechtliche Durchsetzbarkeit der Ansprüche
- Objektiver Bewertung der Sicherheit zum Marktwert. Der Marktwert wird definiert als der Betrag, zu dem die Immobilie am Tag der Bewertung auf dem privaten Markt an einen außen stehenden Dritten veräußert werden könnte
- Regelmäßige Neubewertung (mindestens einmal pro Jahr)[38]

Zweit- oder nachrangige Grundpfandrechte können nur einbezogen werden, wenn es keinen Zweifel an der rechtlichen Durchsetzbarkeit gibt und eine Kreditrisikominderung effektiv gegeben ist.

Verpfändete finanzielle Forderungen sind anerkennungsfähig, wenn: [39]
- Die Ursprungslaufzeit nicht mehr als ein Jahr beträgt und
- Die Rückzahlung aus dem Umsatz oder anderen finanziellen Zahlungen erfolgt, die auf dem Vermögen des Kreditnehmers basieren.

Für eine Anerkennung müssen wie bei allen anderen Sicherheiten die rechtlichen Vereinbarungen für die Bereitstellung von Sicherheiten durchsetzbar und die Dokumentation bei Abwicklung eines Sicherungsgeschäfts für alle Geschäftspartner verpflichtend und in allen betroffenen Rechtsordnungen rechtlich durchsetzbar sein.

Bei Vorliegen der folgenden Bedingungen kann die Aufsicht auch bestimmte **physische Sicherheiten** im IRB-Basisansatz anerkennen:[40]
- Es müssen liquiden Märkten für die schnelle und ökonomisch effiziente Verwertung der Sicherheiten bestehen

---

[36] Vgl. Basel II, § 507. Bei Immobilienfinanzierungen, die diese Kriterien nicht erfüllen, handelt es sich ggf. um Projektfinanzierungen.
[37] Weitere Mindestanforderungen werden an das Management der Sicherheiten gestellt. Beispielsweise sollte die Bank Maßnahmen ergreifen um sicherzustellen, dass eine Immobilie, die als Sicherheit dient, angemessen gegen Schäden versichert ist. Vgl. Basel II, § 510.
[38] Der englische Wortlaut besagt „once very year". Hieraus ist zu schließen, dass eine Neubewertung einmal je Kalenderjahr ausreichend ist. Eine exakte Neubewertungsfrequenz von 12 Monaten ist somit nicht erforderlich.
[39] Vgl. Basel II, § 511.
[40] Vgl. Basel II, §§ 521 ff. Zusätzlich zu diesen Anforderungen müssen auch die oben genannten Grundsätze erfüllt werden.

– Marktpreise für die Sicherheiten müssen über bewährte, allgemein anerkannte und öffentlich verfügbare Quellen zugänglich sein. Die Aufsicht ist aufgefordert sich davon zu überzeugen, dass der realisierte Erlös aus den Sicherheiten nicht signifikant von den Marktpreisen abweicht.

Anerkennungsfähige Sicherheiten werden im IRB-Basisansatz berücksichtigt, in dem der ggf. um Haircuts adjustierte Wert der Sicherheit ins Verhältnis zum Forderungsvolumen gestellt wird. Je nach Sicherheitenart und Besicherungsquote kann der LGD nach vorgegebenen Regeln reduziert werden.[41]

Werden von Banken sowohl finanzielle als auch sonstige anerkennungsfähige IRB-Sicherheiten entgegengenommen, so orientiert sich die Bestimmung des effektiven LGD zunächst an der in Abschnitt Sicherheiten im Standardansatz beschriebenen Methodik des umfassenden Ansatzes. Zusätzlich sind nachstehende Regeln zu beachten:[42]

Die Forderung muss in verschiedene Tranchen aufgeteilt werden, die jeweils nur durch eine Art der Kreditrisikominderung besichert werden. Zunächst sind die Sicherheiten zu berücksichtigen, die zu einer Reduzierung des unterlegungspflichtigen Kreditvolumens führen (finanzielle Forderungen, Forderungsabtretungen).

Bei den übrigen Sicherheiten ist individuell zu prüfen, ob die Mindest-Besicherungsquote erreicht wird. Wenn dies nicht der Fall ist, gilt für die jeweilige Tranche der Standard-LGD von 45 %.

Für jede voll besicherte Tranche müssen die risikogewichteten Aktiva separat berechnet werden. In der Praxis stellt die Berücksichtigung von Sicherheitenpools ein Optimierungsproblem dar, da ungünstig gewählte Tranchengrößen zu einer erhöhten Kapitalanforderung führen können. Der Baseler Akkord trifft über die beschriebenen Regelungen hinaus keine Vorgaben für die Auswertung der Sicherheitenpools, so dass jedes Institut einen eigenständigen Optimierungsalgorithmus anwenden kann.

Aus den allgemeinen Regelungen ergibt sich jedoch, dass die gewählte Methodik nachvollziehbar dokumentiert werden muss, da andernfalls keine Überprüfung der Berechnungsergebnisse möglich wäre.

5.2.2 Fortgeschrittener IRB-Ansatz

Im fortgeschrittenen IRB-Ansatz sind die Institute berechtigt bzw. verpflichtet, ihre eigenen **internen LGD-Schätzungen** anzuwenden, die auf historischen Erfahrungen beruhen müssen. Die Anwendung des fortgeschrittenen IRB-Ansatzes ist an umfangreiche zusätzliche Mindestanforderungen geknüpft, die in Kapitel C. III. „Die IRB-Ansätze" beschrieben werden. Banken, die den IRB-Ansatz verwenden, jedoch die zusätzlichen Mindestanforderungen nicht erfüllen, müssen den zuvor beschriebenen IRB-Basisansatzes anwenden.

---

[41] In Kapitel C. III. „Die IRB-Ansätze" sind die Berechnungsverfahren zur Anpassung des LGD detailliert dargelegt.
[42] Vgl. Basel II, § 296.

Da im fortgeschrittenen IRB-Ansatz der LGD durch die Institute zu schätzen ist, können grundsätzlich alle vorhandenen Sicherheitenarten Risiko mindernd berücksichtigt werden.[43] Es ist jedoch zu beachten, dass Sicherheiten im IRB-Basisansatz den Standardwert für den LGD (i. d. R. 45 %) reduzieren. Im fortgeschrittenen IRB-Ansatz findet dieser Standardwert keine Anwendung. Bei unbesicherten Forderungen können sich für den Parameter LGD somit Werte ergeben, die deutlich über 45 % liegen.

5.3 Retailforderungen

Für Forderungen des Mengengeschäfts besteht kein Wahlrecht zwischen Basis- und fortgeschrittenem Ansatz. Vielmehr wurde ein **eigenständiger Ansatz** geschaffen, der methodisch eng an den fortgeschrittenen Ansatz angelehnt ist, aber weniger strengen Mindestanforderungen unterliegt.[44]

Wie im fortgeschrittenen Ansatz ist der LGD im Retailgeschäft daher individuell von den Banken zu schätzen. Um der hohen Forderungsanzahl und der standardisierten Abwicklung im Mengengeschäft Rechnung zu tragen, ist allerdings keine Schätzung auf Einzelkundenebene erforderlich. Vielmehr müssen im Retailgeschäft die Forderungen Pools zugeordnet werden. Für jeden dieser Pools ist dann auf Basis historischer Datenreihen der erwartete LGD zu schätzen.[45]

6. Fazit

Gegenüber dem geltenden Grundsatz I treten durch den verabschiedeten Akkord umfassende Änderungen ein. Während im umfassenden Standardansatz die Änderungen im Wesentlichen auf finanzielle Sicherheiten beschränkt bleiben, erfordern die IRB-Ansätze eine grundlegende neue Vorgehensweise bei der Risiko mindernden Berücksichtigung der vorhandenen Sicherheiten. Lediglich im einfachen Standardansatz, der einfachsten der zur Auswahl stehenden Varianten, entspricht die Methodik annähernd der bereits praktizierten Vorgehensweise.

Um gerade in den anspruchsvolleren Ansätzen eine aufsichtsrechtskonforme Berechnung der Eigenmittelanforderungen durchführen zu können, werden in den meisten Instituten daher umfassende Investitionen in die DV-Systeme erforderlich. Dies betrifft sowohl die Verfahren zur Erstellung der relevanten Meldungen wie auch die Programme zur Verwaltung und Bewertung der Sicherheiten.

„Belohnt" werden diese Investitionen durch die Anerkennung zusätzlicher Sicherheiten, die bislang keine Berücksichtigung fanden. Im Mengengeschäft und dem fortgeschrittenen IRB-Ansatz ist der Kreis der anrechenbaren Sicherheiten theoretisch unbegrenzt. Dadurch wird ein zusätzlicher Anreiz geschaffen, eine ausfall-

---

[43] Vgl. Basel II, §§ 297 ff.
[44] Zur Definition des Retailgeschäfts vgl. Kapitel C. IV. „Abgrenzung der Segmente/Risikoaktivaklassen".
[45] Vgl. Basel II, §§ 326 ff. und Kapitel C. III. „Die IRB-Ansätze". Dort sind die Mindestanforderungen für die Anwendung des IRB-Retailansatzes sowie die Berücksichtigung der Sicherheiten detailliert beschrieben.

gefährdete Transaktion angemessen zu besichern. Neben dem Institut, welches das ökonomische Risiko senken kann, profitiert auch der Kreditnehmer, wenn sich die reduzierte Kapitalunterlegung in für ihn günstigeren Kreditkonditionen widerspiegelt.

Durch die Neuregelung hinsichtlich verbriefter Transaktionen sowie der überarbeiteten Berücksichtigung von Nettingvereinbarungen und Garantien bzw. Kreditderivaten wird darüber hinaus ein international einheitlicher Standard für diese Instrumente geschaffen.

Angesichts der eingangs angesprochenen Marktdynamik stellt das neue Regelwerk indes nur eine Zeitpunktbetrachtung dar. Die Weiterentwicklungen am Markt werden auch in Zukunft Anpassungen des Akkords erforderlich machen.

VII. Technische Umsetzung der Risk Mitigation
Philip Schwersensky

Inhalt:

	Seite
1 Einleitung	267
2 Verwaltung von verteilten Datenbankinformationen	268
3 Gesamtengagementberechnung	269
4 Bewertung der Sicherheiten	272
4.1 Finanzielle Sicherheiten	272
4.2 Garantien, selbstschuldnerische Bürgschaften und Kreditderivate	272
4.3 Physische Sicherheiten	273
4.4 Backtesting – Berücksichtigung von Verwertungen von Sicherheiten	274
5 Nutzen der automatisierten Sicherheitenverwaltung	275

1. Einleitung

Aktuelle aufsichtsrechtliche Anforderungen an das Kreditgeschäft stellen die Kreditbranche vor neue Herausforderungen. Im Rahmen der neuen Baseler Eigenkapitalvereinbarung müssen vor allem die Themen Engagement- und Sicherheitenbewertung überprüft und erweitert werden.

Speziell im Bereich der Sicherheitenverwaltung muss viel getan werden, denn die Anforderungen des Aufbaus einer Auswertungshistorie und die Integration der verschiedenen Bewertungsansätze sind für die meisten Marktteilnehmer momentan nicht erfüllbar.

In vielen Fällen werden die Sicherheiten immer noch hauptsächlich in Form von Akten geführt, während in der Regel nur rudimentäre Informationen in elektronischer Form zur Verfügung stehen. Für Außenstehende ist oft nicht nachvollziehbar, wie der Beleihungswert einer Sicherheit zustande gekommen ist. Welcher Ansatz wurde verwendet? Ist der Wert noch aktuell? Wie anfällig ist die Sicherheit gegenüber Wertschwankungen? Werden die vorhandenen Sicherheiten optimal zur Risikominimierung genutzt?

Diese und andere Informationen müssen im Rahmen der Umsetzung von Basel II den Kreditbetreuern und Sachbearbeitern jederzeit zur Verfügung stehen. Berechnungen müssen für Außenstehende nachvollziehbar sein. Sicherheiten müssen je nach Art in regelmäßigen Abständen objektiv neu bewertet werden.

Es existieren bereits seit längerer Zeit vereinzelte Softwarelösungen für Basel II und verwandte Themen auf dem Markt. Die SUBITO AG ist bestrebt, ihren Kunden einen ganzheitlichen Ansatz zu bieten, der sich in die vorhandene Systemlandschaft integriert und die aufsichtsrechtlichen Anforderungen komplett abdeckt.

Das Ziel von KREBIS ist es, eine **integrierte Lösung** darzustellen, die alle für die Eigenkapitalberechnung nach Basel II notwendigen Informationen sammelt, komplettiert, und externen Berechnungssystemen zur Einhaltung der Basel II-Richtlinien auf Konzernebene zur Verfügung stellt.

2. Verwaltung von verteilten Datenbankinformationen

Die erste technische Herausforderung im Rahmen der Umsetzung der Baseler Eigenkapitalvereinbarung ist der für die Eigenkapitalberechnung notwendige **Abgleich der Kontodaten**. Alle für die Berechnung erforderlichen Daten müssen an einer Stelle zusammenlaufen. Oft liegen diese Daten aber auf verschiedenen Systemen.

Eine Software-Lösung im Sinne von Basel II muss mittels Massendatenimport ihre Daten von den verschiedenen relevanten Systemen beziehen und ggf. auch wieder dorthin zurückschreiben können. Die von der SUBITO AG entwickelte Software KREBIS, eine Anwendung zur kompletten Kreditsachbearbeitung, erfüllt diese Anforderung. Die daraus resultierende Systemlandschaft könnte beispielsweise so aussehen:

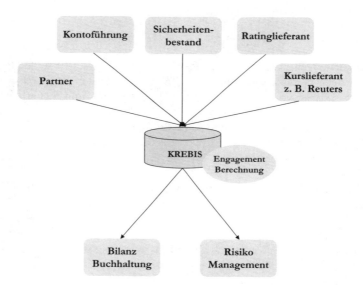

Abbildung 1: Beispiel für Systemlandschaft

In diesem Beispiel werden die für die Eigenkapitalberechnung relevanten Daten von mehreren Systemen bezogen, u. a. von einer schon vorhandenen Sicherheitenverwaltung (z. B. Stammdaten der relevanten Sicherheiten), der Kontoführung (z. B. für verpfändete Kontoguthaben), von Partnern (z. B. für Bürgen und Garanten) und einem Kurslieferanten (zur Bewertung von verpfändeten Wertpapieren).

Hierbei muss beachtet werden, welchen Hauptzweck die entsprechende Software erfüllen soll. KREBIS, als Beispiel für eine Software zum Einsatz im Kreditgeschäft, kann zwar für einzelne Engagements oder Verbünde die Eigenkapitalberechnung durchführen, die konzernweite Eigenkapitalberechnung kann sie jedoch nicht abbilden. KREBIS funktioniert für diesen Prozess als „Datenveredler". Andere Software-Lösungen können beispielsweise das Hauptaugenmerk auf den Controlling- und Bilanzierungsbereich legen und mit Hilfe der veredelten Daten ihre Aufgaben erfüllen.

Speziell im Bereich Sicherheitenverwaltung existieren in den bestandsführenden Systemen vieler Kreditinstitute (zumeist Host-Systeme) nicht ausreichend Detailinformationen, um den Anforderungen von Basel II gerecht zu werden. Diese Informationen müssen im Rahmen der angesprochenen „Datenveredelung" in einer Sicherheitenverwaltung wie KREBIS ergänzt werden und stehen danach für eine externe Eigenkapitalberechnung zur Verfügung.

Welche Detailinformationen notwendig sind und wie eine Software gestützte Eigenkapitalberechnung erfolgt, wird im folgenden Abschnitt kurz beschrieben.

3. Gesamtengagementberechnung

Im Grundsatz besagt Basel II, dass das Gesamtkreditengagement des Kreditinstituts mit einer bestimmten Menge an Eigenkapital unterlegt sein muss. Um festzustellen, inwieweit diese Anforderung erfüllt, ist müssen mehrere Rechenschritte durchgeführt werden.

Eine Software muss hierfür in der Lage sein, für einzelne Kreditnehmer, Kreditnehmerverbünde und ggf. auch über den gesamten Kreditbestand eines Instituts oder Konzerns hinweg das Gesamtengagement zu berechnen, und hierbei sowohl den nominalen Forderungsbetrag als auch den gemäß den Vorschriften von Basel II risikogewichteten Betrag berücksichtigen.

Für die Berechnung von letzterem greift die Software auf die Ratings der Kreditnehmer zurück. Hierbei ist es für das System nicht relevant, ob diese Ratings nach dem Standardansatz oder dem IRB-Ansatz vom Institut selbst vergeben würden. Die Ratings müssen dem System entweder im Rahmen eines Datenimports zur Verfügung gestellt werden, wie dies beispielsweise bei KREBIS geschieht (siehe Abbildung 1), oder vom System selbst kalkuliert werden.

Für die Berechnung relevant ist nur noch, ob der einfache oder der umfassende Ansatz gewählt ist, was in der **Administrationsfunktion** von KREBIS hinterlegt wird und damit Einfluss auf die Art der Berechnung nimmt. Umfassend auf alle Unterschiede zwischen den Berechnungsansätzen einzugehen würde an dieser Stelle zu weit führen, deshalb hier nur ein kurzer Überblick über die wesentlichen Merkmale:[1]

---

[1] Vgl. Kapitel C. VI. „Sicherheiten und Risk Mitigation".

	Einfach	Umfassend
Standardansatz	Das Risikogewicht anerkannter Sicherheiten ersetzt für den besicherten Teil der Forderung das Risikogewicht des Kreditnehmers.	Vom risikogewichteten Forderungsbetrag wird die Summe der risikogewichteten Sicherheiten abgezogen. Die Gewichtung erfolgt mittels vorgegebener Ratings und Haircuts (Sicherheitsmargensätze).
IRB-Ansatz	Nicht anwendbar.	Die Risikogewichtung von Forderungen und Sicherheiten erfolgt mittels institutseigener Ratings und Haircuts.

Abbildung 2: Wahl des Ansatzes

Es soll an dieser Stelle nicht weiter auf die möglichen Variationen und Spezifika der Berechnungslogik eingegangen werden, da diese im Konsultationspapier von Basel II ausführlich beschrieben sind. Um den Rahmen nicht zu sprengen, soll im Folgenden hauptsächlich auf den umfassenden Ansatz eingegangen werden:

Nach Berechnung des risikogewichteten Forderungsbetrags (Nominalbetrag × (1 + Forderungs-Haircut)) muss im Gegenzug die Summe der relevanten Sicherheiten berechnet und ebenfalls risikogewichtet werden. Wesentliche Anforderungen an die Sicherheitendaten für diese Berechnung sind:

- Unterscheidungsattribute für in der Risikominderung anerkannte/nicht anerkannte Sicherheiten (je nach Ansatz sind unterschiedliche Sicherheiten anerkannt)
- Anerkennung von Laufzeitinkongruenzen zwischen Forderung und Sicherheit
- Laufende Bewertung aller Sicherheitenarten (siehe Abschnitt Bewertung der Sicherheiten)
  - Einhaltung des Neubewertungszyklus
  - Berechnung der Sicherheitsmargensätze (*„Haircuts"*)
- Zuordnungsoptimierungen[2]/Sicherungszweck
- Historisierung und Dokumentierung der Sicherheiten- und Erlösdaten

Je nachdem, welcher Bewertungsansatz im System hinterlegt ist, müssen die Berechnungen unterschiedlich durchgeführt und verschiedene Attribute genutzt werden. So führt zum Beispiel eine **Laufzeitinkongruenz** (d. h. die Sicherheit hat bspw. eine kürzere Laufzeit als die Forderung) im einfachen Ansatz dazu, dass die entsprechende Sicherheit gar nicht zur Risikominderung herangezogen werden darf. Im umfassenden Ansatz hingegen wird der Wert der Sicherheit durch einen *Haircut* reduziert und dann vom risikogewichteten Forderungsbetrag abgezogen.

Über den Sicherungszweck muss sichergestellt sein, dass die vorhandenen Sicherheiten optimal zu den vorhandenen Forderungen zugeordnet werden können. So

---

[2] Dazu zählen Priorisierung und Zuordnung.

kann verhindert werden, dass es auf der einen Seite ungedeckte Forderungen und auf der anderen Seite ungenutzte Sicherheitenteile gibt. In KREBIS erfolgt diese Zuordnung in der Reihenfolge Konto, Konto/Person, Person, Wirtschaftsverbund. Bei der Zuordnung „Konto" z. B. wird die so zugeordnete Sicherheit ausschließlich einem bestimmten Kreditkonto zugeordnet. Sollte der Wert der Sicherheit den des Kredites übersteigen, ist der Rest der Sicherheit nutzlos, da ihre Zuordnung eng ist.

Weiterhin muss eine **Priorisierung** erfolgen, damit bei einer Sicherheit mit weiter Zuordnung (z. B. Wirtschaftsverbund) klar ist, welche Forderung vorrangig abgedeckt ist.

Die folgende Abbildung zeigt die Sicherheitenmaske in KREBIS, wo u. a. der Sicherungszweck angegeben werden kann und abgebildet wird, für welche Personen/Konten die Sicherheit gilt und welche Objekte (bei Grundsicherheiten) zur Sicherheit gehören. Eine Übersicht über die Rangfolge der zugeordneten Forderungen ist über Detailmasken möglich.

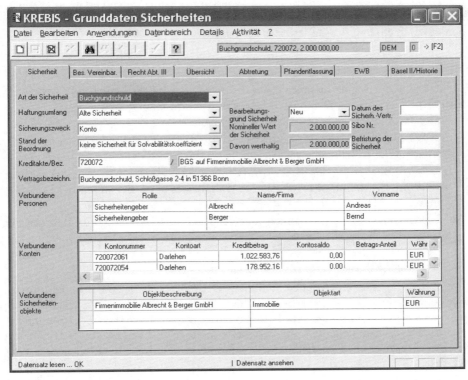

Abbildung 3: Sicherheitenzuordnung in KREBIS

Im folgenden Abschnitt wird die Berechnung des Sicherheitenwertes genauer erläutert, speziell im Hinblick auf laufende Neubewertung und Risikominderung.

4. Bewertung der Sicherheiten

Um eine **laufende Prüfung** des Kreditrisikos zu gewährleisten, müssen die zur Kreditrisikominderung herangezogenen Sicherheiten nicht nur einmalig sondern laufend bewertet werden. Die Frequenz der Neubewertungen ist abhängig von der Art der Sicherheit (s. u.).

Aufgabe bei jeder Bewertung ist die Ermittlung sowohl der Anrechenbarkeit als auch des Basiswertes für alle relevanten Sicherheiten. Unter **Basiswert** ist hierbei der aktuelle Wert der Sicherheit nach Abzug von Risikoabschlägen (Ausfallrisiko, Währungsrisiko etc.) zu verstehen. Die folgende Beschreibung stellt einen kurzen Abriss dieser Funktionalität dar, wie sie in KREBIS umgesetzt ist. Der Ablauf erfolgt in drei parallel verlaufenden Funktionen mit dem Ziel, den Basiswert der Sicherheit zu ermitteln. Dabei wird die Berechnung in finanzielle Sicherheiten, die Gruppe der Garantien, selbstschuldnerischen Bürgschaften und Kreditderivate (GSBK) sowie physische Sicherheiten unterschieden.

Mit Hilfe der eindeutigen Identifikation der **Sicherheitenart** ist es möglich, auf Grund der Vertragsgestaltung prinzipiell anerkannte Sicherheiten von nicht anerkennungsfähigen zu unterscheiden. Anschließend werden die entsprechenden Funktionen zur Berechnung des Basiswertes ausgeführt.

4.1 Finanzielle Sicherheiten

Im Rahmen der regulatorischen Kalkulation erfolgt die Filterung auf anerkannte finanzielle Sicherheiten. Sie müssen folgende Merkmale aufweisen:
- Bareinlagen, Gold, oder anerkannte Wertpapiere
- Bei Wertpapieren muss der Emittent die vorgegebenen Ratingkriterien erfüllen.
- Es darf keine Abhängigkeit zwischen Sicherheit und Kreditnehmer bestehen.
- Die letzte Bewertung der Sicherheit darf nicht älter als sechs Monate sein und der Bewertungszeitraum muss mindestens ein Jahr betragen. Bei wesentlichen Änderungen der Marktpreise muss sofort eine Neubewertung erfolgen.

Aufsichtsrechtlich nicht anerkannte finanzielle Sicherheiten werden im Rahmen der regulatorischen Methodik nicht weiter verarbeitet.

Berechnung des Basiswertes für finanzielle Sicherheiten

Der Basiswert einer finanziellen Sicherheit errechnet sich im umfassenden Ansatz aus dem Marktwert der Sicherheit am Bewertungstag, der Volatilität (*Haircuts* für die Sicherheitenart und eine evtl. Laufzeitinkongruenz) sowie den Währungsinkongruenzen zwischen Sicherheit und besichertem Geschäft. Die *Haircuts* für finanzielle Sicherheiten müssen im IRB-Ansatz mindestens alle drei Monate neu berechnet werden.

4.2 Garantien, selbstschuldnerische Bürgschaften und Kreditderivate

Es erfolgt im Rahmen der regulatorischen Kalkulation die Filterung auf anerkannte GSBK. Für anrechnungsfähige GSBK gilt:

- Die Anforderungen an den Sicherungsgeber hinsichtlich dessen Kundengruppe und Rating müssen erfüllt sein.
- Die Ausfallwahrscheinlichkeit des besicherten Teils des Geschäfts muss geringer sein als die des unbesicherten Teils.

Aufsichtsrechtlich nicht anerkannte GSBK werden im Rahmen der regulatorischen Methodik nicht weiter verarbeitet.

Berechnung des Basiswertes für GSBK

Der Basiswert einer GSBK entspricht im umfassenden Ansatz dem Nominalwert der GSBK am Bewertungstag. Ferner ist zur Wertermittlung eine etwaige Währungsinkongruenz *(Haircut)* zu berücksichtigen.

4.3 Physische Sicherheiten

Die Funktion ermittelt den Basiswert einer physischen Sicherheit.

Es wird von dem Kreditinstitut erwartet, dass es den Wert der Sicherheit(en) regelmäßig überwacht, mindestens aber einmal pro Jahr. Eine häufigere Überwachung wird empfohlen, wenn die Marktverhältnisse starken Schwankungen ausgesetzt sind. Die Bewertung sollte die nationalen Rechtsordnungen und/oder die Insolvenzvorschriften berücksichtigen und spätestens drei Jahre nach der letzten, durch einen Fachmann durchgeführten Bewertung oder bei Eintritt eines Kreditereignisses (Prolongation, Ausfall oder Umschuldung des Kredits) erfolgen.

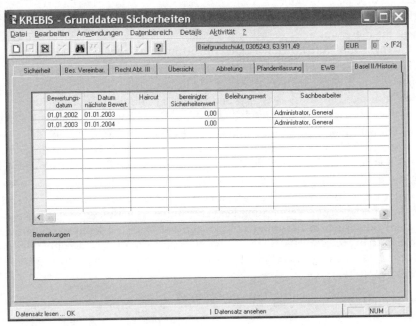

Abbildung 4: Bewertungshistorie in KREBIS

Hierzu wird die Differenz zwischen den Eingabeparametern „Stichtag" (Datum der aktuellen Sicherheitenbewertung) und „Stichtag der letzten Sicherheitenbewertung" ermittelt. Ist der Zeitraum kleiner als drei Jahre, so ist der regulatorische Basiswert der physischen Sicherheit gleich dem Basiswert der Sicherheit. Ist er größer als drei Jahre, so ist der regulatorische Basiswert gleich Null.

Die bei den unterschiedlichen Berechnungen erwähnten *Haircuts* für Marktvolatilität, Währungsrisiken und andere beeinflussende Faktoren können genau wie die Ratings für Kreditnehmer entweder extern bezogen oder vom Institut selbst berechnet werden. Wichtig ist nur, dass sie dem System zur Verfügung gestellt werden.

Im Rahmen der laufenden Bewertung müssen die **Ergebnisse der Sicherheitenbewertung historisiert** und für Außenstehende nachvollziehbar gespeichert werden. Dies geschieht in KREBIS automatisch über die in Abbildung 4 dargestellte Maske.

4.4 Backtesting – Berücksichtigung von Verwertungen von Sicherheiten

Institute, die eigene *Haircuts* für die Bewertung von Sicherheiten und Forderungen verwenden, sind aufsichtsrechtlich verpflichtet, ein regelmäßiges, mindestens jährliches **Backtesting** durchzuführen (Zeiträume variieren je nach Art des *Haircuts*), um die Genauigkeit Ihrer Berechnungsmethode(n) zu prüfen und sicherzustellen. Zu diesem Zweck, und auch um grundsätzlich die Werthaltigkeit von Sicherheiten zu beobachten und die Risiken im Sicherheitenbestand realistisch zu benennen, bietet es sich an, für im System geführte Sicherheiten die Einbringungs- und Verwertungsquoten (EVQ) zu ermitteln.

Die **Einbringungsquote** bezieht sich hierbei auf den Kreditnehmer und die Zahlungen, die dieser aus anderen Mitteln als der Verwertung von Sicherheiten erbracht hat. Hierbei sollen Kreditnehmertypen historisch bewertbar gemacht werden.

Für die Bewertung von Sicherheiten ist die **Verwertungsquote** relevant. Ziel ist es hierbei, einem Sicherheitentyp jeweils die historischen Verwertungsquoten zuzuordnen, also das Verhältnis zwischen ursprünglich ermitteltem Sicherheitenwert und dem tatsächlichen Verwertungserlös bei Ausfall der zugrundeliegenden Forderung.

Um diese Quote zu ermitteln, müssen eingehende Umsätze, die aus der Verwertung der entsprechenden Sicherheit stammen, diesen zugeordnet und zusammengerechnet werden. Die Verrechnung gegen den ursprünglich ermittelten Sicherheitenwert zur Bildung der Verwertungsquote ergibt dann die entsprechende Quote.

Durch die Historisierung der errechneten Quoten kann ermittelt werden, wie hoch die zu erwartende Verwertung bei bestimmten Sicherheitenarten (z. B. Grundschulden) oder auch in bestimmten Regionen ist. Dadurch kann das Institut zum einen ermitteln, wie realistisch seine Bewertungsansätze sind, und zum anderen eine genauere Einschätzung des Restrisikos eines besicherten Kredites bzw. Kreditportfolios erhalten.[3]

---

[3] Die SUBITO AG bietet ihren Kunden im Rahmen der Mahnsachbearbeitungssoftware SFDK (Sonderfälle des Kreditgeschäfts) eine Erweiterung zur Ermittlung der Einbringungs- und Verwertungsquoten.

5. Nutzen der automatisierten Sicherheitenverwaltung

Die Erweiterungen der EDV-Systeme im Rahmen der Baseler Eigenkapitalvereinbarung bringen den Kreditinstituten mehr als nur die Erfüllung der gesetzlichen Vorschriften. In einer Zeit globalen Wettbewerbs und sinkender Ertragsspannen ist die Minimierung der Kreditrisiken einer der essentiellen Faktoren, um sich am Markt zu behaupten.

Die von einer Software wie KREBIS durchgeführten Berechnungen und Auswertungen helfen dem Kreditinstitut dabei, sein Kreditportfolio so gut wie möglich abzusichern und das verbleibende Restrisiko einzuschätzen. So kann zum Beispiel ein Kreditentscheider bei Kreditbeschluss bereits einsehen, wie hoch die Eigenkapitalkosten für diesen Kredit sein werden oder ein Sachbearbeiter aus dem Datenbestand absehen, wie die einzustellende Sicherheit unter gesetzlichen Gesichtspunkten zu bewerten ist.

VIII. Einsatz von Kreditderivaten und Garantien

Dr. Sabine Henke, Dr. Thomas Siwik

Inhalt:

	Seite
1 Garantien und Kreditderivate als Risikominderungsinstrumente	277
2 Garantien und Kreditderivate im Anlagebuch	278
2.1 Mindestanforderungen für die Anerkennung einer Besicherungswirkung	278
2.1.1 Mindestanforderungen im Standardansatz und im IRB-Basisansatz	278
2.1.2 Mindestanforderungen im fortgeschrittenen IRB-Ansatz	281
2.2 Eigenkapitalunterlegung im Anlagebuch	283
2.2.1 Eigenkapitalunterlegung im Standardansatz	283
2.2.2 Eigenkapitalunterlegung im IRB-Ansatz	285
3 Kreditderivate im Handelsbuch	286
3.1 Grundsätzliche Fragestellungen	286
3.2 Eigenkapitalanforderungen für das besondere Kursrisiko	288
3.3 Eigenkapitalanforderungen für Kontrahentenrisiken	290
4 Kritische Würdigung	290

1. Garantien und Kreditderivate als Risikominderungsinstrumente

Die neue Baseler Eigenkapitalvereinbarung (kurz „Basel II") gestattet, durch Garantien und Kreditderivate die Kapitalunterlegung für das Adressenausfallrisiko beziehungsweise das besondere Kursrisiko gesicherter Risikoaktiva zu vermindern. Der für Garantien schon bisher im Akkord von 1988 geltende **Substitutionsansatz** wird ausgeweitet und ausgestaltet. Dieser Substitutionsansatz besagt, dass dem gesicherten Anteil des zugrunde liegenden Instruments das niedrigere Risikogewicht des Garanten bzw. Sicherungsgebers zuzuordnen ist. Die Behandlung von Kreditderivaten war im Akkord von 1988 und auch im Grundsatz I, mit dem der Akkord in Deutschland umgesetzt wurde, nicht explizit thematisiert worden. Erst im Juni 1999 veröffentlichte die Bundesanstalt für Finanzdienstleistungsaufsicht (BaFin) das verbindliche **„Rundschreiben zur Behandlung von Kreditderivaten im Rahmen des Grundsatzes I sowie der Groß- und Millionenkreditvorschriften"**. Hier wurde – der Behandlung von Garantien entsprechend – der Substitutionsansatz auf Kreditderivate des Anlagebuches übertragen. Für Garantien und Kreditderivate, die dem Handelsbuch zuzuordnen sind, wird eine anerkannte Sicherungswirkung hingegen durch Aufrechnung von einzelnen Komponenten der Kapitalanforderungen für die abzusichernde Position und das Sicherungsinstrument berücksichtigt.

In Einklang mit der stark zunehmenden Bedeutung von Kreditrisikominderungsinstrumenten ist deren regulatorische Anerkennung in der neuen Baseler Eigenkapitalvereinbarung deutlich umfangreicher ausgestaltet worden als nach dem bisher gültigen Grundsatz I. Erweiterungen ergeben sich insbesondere bezüglich der Regelungen zur Behandlung von „First- und Second-to-Default"-Kreditderivaten sowie von Kombinationen der verschiedenen **bankaufsichtlich anerkannten Kreditrisikominderungsinstrumente**, d. h. Sicherheiten, Netting, Garantien und Kreditderivate. Kreditderivate werden zudem im Rahmen des Regelwerks zur Behandlung von Verbriefungen thematisiert, da sie bei synthetischen Verbriefungen als Risikotransferinstrument zum Einsatz kommen.[1]

Die Zurechnung von Garantien und Kreditderivaten zum Handels- oder Anlagebuch entscheidet über ihre Berücksichtigung. In Abschnitt 2 wird zunächst die Behandlung von Garantien und Kreditderivaten im Anlagebuch dargestellt. Im Anlagebuch ist ihre Anerkennung und Anrechnung abhängig davon, ob der Standardansatz bzw. der IRB-Basisansatz[2] oder der fortgeschrittene IRB-Ansatz zur Anwendung kommt. Abschnitt 3 widmet sich anschließend der Berücksichtigung von Garantien und Kreditderivaten im Handelsbuch. Der Beitrag schließt mit einer kritischen Würdigung in Abschnitt 4.

2. Garantien und Kreditderivate im Anlagebuch

Dieser Abschnitt behandelt in erster Linie die Kreditrisikominderungswirkung von Garantien und Kreditderivaten im Anlagebuch für den Sicherungsnehmer. Im fortgeschrittenen IRB-Ansatz dürfen beim Sicherungsgeber außerbilanzielle Geschäfte gemäß eigener Schätzungen der Kreditumrechnungsfaktoren unterlegt werden, sofern nicht ein Faktor von 100 % für den IRB-Basisansatz vorgegeben ist. Das ist jedoch der Fall. Wie unter dem Akkord von 1988 bestehen somit für Sicherungsgeber keine Unterschiede zur Behandlung von Forderungen in allen Ansätzen. Des Weiteren ergeben sich für Kreditderivate, die aus Spekulationsgründen vom Optionskäufer gehalten werden, keine Unterschiede zu den übrigen Derivaten des Anlagebuchs.[3] Jedoch dürfen nicht-anerkennungsfähige Kreditrisikominderungstechniken zumindest unberücksichtigt bleiben.[4]

2.1 Mindestanforderungen für die Anerkennung einer Besicherungswirkung

2.1.1 Mindestanforderungen im Standardansatz und im IRB-Basisansatz

Die im Folgenden dargestellten Mindestanforderungen gelten sowohl für den Standardansatz als auch für den IRB-Basisansatz.

---

[1] Vgl. Kapitel C. IX. „Securitisation und Behandlung von ABS-Transaktionen".
[2] Vgl. Kapitel C. II. „Der Standardansatz für die Kreditrisikounterlegung" und C. III. „Die IRB-Ansätze".
[3] Vgl. Kapitel C. III. „Die IRB-Ansätze" und Basel II §§ 87, 311, 316, respektive, i. V. m. Basel I § 42 (a). Unter Basel I, diesbezüglich vom BCBS zuletzt ergänzt im April 1995, sind weder die Kreditumrechnungsfaktoren für Kreditderivate noch die Zuschläge für die Marktbewertungsmethode definiert. Mit Rundschreiben 10/99 schloss das BaFin die Regelungslücke, in welchem die Zuschläge für Kredit- den für Aktien- bzw. Zinsderivaten gleichgestellt werden.
[4] Vgl. Basel II §§ 113, 301, 333.

Anerkennungsfähig sind neben der **Garantie**[5] wie bisher lediglich **zwei Kreditderivatetypen**, und zwar der *Credit Default Swap (CDS)* und der *Total Rate of Return Swap (TRS)*. Darüber hinaus ist auch die *Credit Linked Note (CLN)* als refinanziertes Äquivalent des *Credit Default Swap* anerkennungsfähig, sofern sie die Mindestanforderungen sinngemäß erfüllt.[6]

Die Anerkennung einer Besicherungswirkung von Garantien und Kreditderivaten bei der Ermittlung der Eigenkapitalanforderungen ist von Anforderungen an die Rechtssicherheit, von operationellen Anforderungen sowie der Anerkennung des Sicherungsgebers abhängig. Diese Anforderungen betreffen sowohl Ausgestaltung der Transaktionen als auch Mindestbedingungen bezüglich des Risikomanagementprozesses, die größtenteils spezifisch für Garantien bzw. Kreditderivate formuliert werden.[7] Garantien und Kreditderivate sind daher mit Sorgfalt vertraglich auszugestalten. Für die Anerkennung einer Sicherungswirkung ist es darüber hinaus auch erforderlich, dass die Anforderungen aus der dritten Säule (Marktdisziplin durch Veröffentlichung) beachtet werden.[8]

Anforderungen an die Rechtssicherheit

Garantien und Kreditderivate müssen für alle Beteiligten in allen relevanten Rechtsordnungen bindend und rechtlich durchsetzbar sein. Um die Rechtssicherheit sicherzustellen, müssen die Banken vor Abschluss des Sicherungsgeschäftes und falls nötig auch während dessen Laufzeit hinreichende rechtliche Überprüfungen durchführen, um die jederzeitige Durchsetzbarkeit zu verifizieren.[9]

Gemeinsame operationelle Anforderungen an Garantien und Kreditderivate

Sowohl bei Garantien als auch bei Kreditderivaten ist zu beachten, dass diese als unmittelbare, unwiderrufliche und unbedingte (Eventual-)Forderungen gegen den Sicherungsgeber zu gestalten sind. Darüber hinaus muss eine ausdrückliche Bindung an eine oder mehrere gesicherte Forderungen mit klar definiertem Sicherungsumfang gegeben sein. Soweit der Sicherungsnehmer seine Verpflichtungen erfüllt, darf die Leistung des Sicherungsgebers nicht von mehr als den gesicherten Risiken abhängen. Die Absicherungskosten dürfen nicht mit der Degression der Qualität des Basisinstruments steigen.[10]

---

[5] Im angelsächsischen Geschäftsverkehr ist die Unterscheidung zwischen einer abstrakten Garantie und einer akzessorischen Bürgschaft weniger ausgeprägt. Diese Begriffsvermengung hat sich auch in Basel II niedergeschlagen. So sind beide Arten von Sicherungszusagen unter dem Begriff „Garantie" zu verstehen.
[6] Vgl. Basel II, § 193 bzw. § 490 (2) i. V. m. § 302 mit Verweis auf § 193. CLNs gelten als Barunterlegung, vgl. Fußnoten zu §§ 145, 194 sowie Kapitel C. V. „Berücksichtigung von Beteiligungen".
[7] Vgl. Basel II, §§ 140, 189-193.
[8] Vgl. Basel II, § 116.
[9] Vgl. Basel II, § 118.
[10] Vgl. Basel II, §§ 140, 189. Die Anwendung auf sog. rating-triggered step-up bonds und perfekt sichernde Asset Swaps o. ä. ist damit offensichtlich nicht gemeint.

Zusätzliche operationelle Anforderungen an Garantien

Für Garantien ist darüber hinaus sicherzustellen, dass der Garant gegenüber dem Sicherungsnehmer nach festgestelltem Ausfall des Kreditnehmers zeitnah für alle Leistungen aus dem ausgefallenen Kontrakt entsprechend der abgesicherten Anteile haftet.[11]

Zusätzliche operationelle Anforderungen an Kreditderivate

Für Kreditderivate werden zusätzliche operationelle Anforderungen insbesondere hinsichtlich der Festlegung der Kreditereignisse, einer eventuell vorliegenden Aktivainkongruenz sowie der Erfüllung bei Eintritt eines Kreditereignisses formuliert.[12]

Kreditderivate haben folgende Kreditereignisse zu umfassen: Zahlungsverzug mit einer für das Referenzinstrument vergleichbaren Nachfrist, festgestellte oder durch den Schuldner angekündigte Insolvenz und Restrukturierung. Ist das Kreditereignis der Restrukturierung nicht abgedeckt und sind dennoch alle übrigen operationellen Anforderungen erfüllt, erfolgt eine aufsichtliche Anerkennung der Absicherung in Höhe von 60 % vom jeweils kleineren Betrag der Absicherungssumme des Kreditderivats bzw. der Summe der zugrunde liegenden Verpflichtung.[13] Die Entscheidung darüber, ob ein Kreditereignis stattgefunden hat, ist eindeutig zu regeln. Der Sicherungsgeber darf dies nicht alleine bestimmen, der Sicherungsnehmer muss zumindest Kreditereignisse ankündigen können.

Eine **Aktivainkongruenz**, d. h. eine Abweichung zwischen Referenzinstrument und gesichertem Geschäft, ist gestattet, wenn ersteres nicht im Rang vorsteht sowie beide den gleichen Verpflichteten ausweisen und gleiche Ausfall- oder Vorfälligkeitsklauseln beinhalten.[14]

Kreditderivate können entweder durch **Barausgleich** (Erstattung des Differenzbetrags zwischen Forderung und Derivat) oder durch **physische Lieferung** des zugrunde liegenden Aktivums erfüllt werden. Ein Barausgleich ist auf Basis eines stabilen Bewertungsverfahrens, das eine zuverlässige Verlustschätzung erlaubt, innerhalb eines festgelegten Zeitraums nach dem Kreditereignis vorzunehmen. Ist stattdessen die Übertragung der Referenzforderung auf den Sicherungsnehmer vorgesehen, dürfen dem keine rechtlichen Hindernisse entgegenstehen.

---

[11] Vgl. Basel II, § 190. Für Ausfallbürgschaften, unter denen der Bürge im Extremfall erst nach fruchtloser Zwangsvollstreckung und Offenbarungseid des Schuldners leistet, ist die Erfüllung der Anforderung zu bezweifeln.
[12] Vgl. Basel II, § 191.
[13] Vgl. Basel II, § 192 i. V. m. Fußnote 51. Der Faktor von 60 % gilt übergangsweise und soll vor Inkrafttreten von Basel II überprüft werden. Ungeachtet dessen ist die Einbeziehung des Ereignisses der Restrukturierung kritisch zu sehen hinsichtlich einer präzisen Definition und des möglichen „Moral Hazard" durch den Sicherungsnehmer.
[14] Vgl. Basel II, § 191 (g).

Total Return Swaps sind nur dann anerkennungsfähig, wenn die Sicherungsbeziehung auch bilanziell abgebildet wird, d. h. Wertverluste des gesicherten Instruments dürfen nicht zu Nettoerträgen aus dem *Total Return Swap* führen.[15]

Anerkennungsfähige Garanten bzw. Sicherungsgeber

Der Kreis der anerkennungsfähigen Garanten bzw. Sicherungsgeber umfasst Staaten, staatliche Stellen, Kreditinstitute und Wertpapierfirmen unabhängig von ihrem Rating sowie andere juristische Personen – auch Konzernunternehmen – mit einem Mindestrating von A-. Das Risikogewicht des Garanten bzw. Sicherungsgebers muss besser als dasjenige des Kontrahenten sein, um eine Sicherungswirkung zu erzielen.[16]

Zusätzliche Mindestanforderungen im IRB-Basisansatz

Die Mindestanforderungen an die Anerkennung von Garantien und Kreditderivaten im IRB-Basisansatz folgen dem Standardansatz.[17] Zusätzlich gelten in Bezug auf Retailkredite die nachfolgend dargestellten Mindestanforderungen an den fortgeschrittenen IRB-Ansatz entsprechend auch für den Basisansatz.[18] Jedoch kann im Basisansatz die Berücksichtigung einer Garantie nicht über eine Anpassung des *LGD* erfolgen, und der Umfang anerkennungsfähiger Garantien und Garanten ist auf Unternehmen begrenzt, die entweder ein externes Rating von mindestens A- besitzen, oder aber denen nach einem internen Rating eine **Ausfallwahrscheinlichkeit** *(Probability of Default, PD)* zugewiesen wurde, die mindestens einem Rating von A- entspricht.[19]

2.1.2 Mindestanforderungen im fortgeschrittenen IRB-Ansatz

Die für den fortgeschrittenen IRB-Ansatz geltenden Mindestanforderungen der §§ 480-489 werden durch die an den IRB-Basisansatz ersetzt, wenn im fortgeschrittenen IRB-Ansatz die LGD-Vorgaben des Basisansatzes genutzt werden, weil eine Anpassung der eigenen LGD-Messung aufgrund des Vorliegens einer Garantie oder eines Kreditderivats nicht vorgenommen werden kann.[20]

Rating von Garanten und Schuldnern

Garanten sind, ebenso wie dies für Schuldner gilt, in den regulären Ratingprozess einzubeziehen. Garantien befreien desgleichen nicht von den Anforderungen an ein

---

[15] Vgl. Basel II, § 193. Dies ist beispielsweise unter IFRS nur mittels der Bilanzierung der Sicherungsbeziehung bzw. der ergebniswirksamen Bewertung des gesicherten Aktivums zum Zeitwert sicherzustellen, vgl. IAS 39.
[16] Vgl. Basel II, § 195.
[17] Vgl. Basel II, §§ 302, i. V. m. §§ 189-201.
[18] Vgl. Basel II, § 332 i. V. m. §§ 480-489.
[19] Vgl. Basel II, § 302.
[20] Vgl. Basel II, § 490 i. V. m. § 307 und mit Verweis auf § 302.

Schuldnerrating, an die Zuordnung von Retailforderungen zu einem Pool und an die PD-Schätzung.[21]

Umfang anerkennungsfähiger Garantien

Die Banken haben selbst festzulegen, welche Arten von Garantien sie aufsichtlich berücksichtigen möchten. Die Bank muss allerdings über klar niedergelegte Kriterien verfügen, welche Arten von Garantien sie bei der Ermittlung der aufsichtlichen Eigenkapitalanforderungen berücksichtigen will. Garantien müssen in Schriftform vorliegen, bis zur Höhe und Laufzeit der Garantie unwiderruflich gelten und in der Rechtsordnung durchsetzbar sein, unter der der Garant gegebenenfalls verpfändbares Vermögen besitzt. Im Gegensatz zum Basisansatz dürfen auch bedingte Garantien herangezogen werden, sofern die Zuordnungskriterien mögliche Verschlechterungen der Absicherung nachweislich angemessen berücksichtigen.[22]

Anpassung des Ratings bzw. des LGD

Die Anpassungen der Schuldnerratings bzw. der LGD-Schätzungen sowie der Poolzuordnung der Retailkredite müssen klar definierten Kriterien folgen, um die Auswirkungen der Garantien darstellen zu können. Die Detailtiefe der Kriterien hat der Klassifizierung von Krediten zu entsprechen.[23] Die Mindestanforderungen für Ratings gelten entsprechend.[24] Die Kriterien sollen plausibel und unmittelbar einleuchtend sein sowie die Leistungsfähigkeit und -bereitschaft des Garanten einbeziehen. Dabei spielen sowohl der erwartete Zeitpunkt einer Regressnahme als auch die Korrelation zwischen Schuldner- und Garantiegeberrisiken eine Rolle. Zusätzlich sind beim Schuldner verbleibende Restrisiken zu berücksichtigen.[25] Alle verfügbaren, wesentlichen Informationen sind dabei zugrunde zu legen.[26]

Anforderungen an Kreditderivate

Auf Kreditderivate sind die Mindestanforderungen für Garantien entsprechend anzuwenden. Wenn sich besichertes Aktivum und Referenzaktivum bei Kreditderivaten unterscheiden, sind für eine aufsichtliche Anerkennung die Voraussetzungen des Basisansatzes zu erfüllen. Des Weiteren sind für Kreditderivate die Spezifika der Zahlungsstruktur und der verbleibenden Restrisiken bei den Kriterien zu berücksichtigen.[27]

---

[21] Vgl. Basel II, § 481.
[22] Vgl. Basel II, §§ 483 f.
[23] Vgl. Basel II, §§ 410 f.
[24] Vgl. Basel II, § 485 mit Verweis auf §§ 410 f.
[25] Vgl. Basel II, § 486.
[26] Vgl. Basel II, § 487.
[27] Vgl. Basel II, §§ 488 f.

2.2 Eigenkapitalunterlegung im Anlagebuch

2.2.1 Eigenkapitalunterlegung im Standardansatz

Im Folgenden wird lediglich die Umsetzung des Substitutionsansatzes auf die Eigenkapitalunterlegung von Garantien, *Credit Default Swaps* und *Total Return Swaps* dargestellt. *Credit Linked Notes* als refinanzierte Instrumente werden wie eine Barunterlegung behandelt.[28]

Anteilige versus vor- und nachrangige Absicherung

Die Ermittlung der Eigenkapitalunterlegung ist davon abhängig, ob die Bank durch den Abschluss eines Sicherungsgeschäfts einen proportionalen, d. h. gleichrangigen Anteil des Risikos eines Kredites, oder einen vor- bzw. nachrangigen Anteil des Risikos an den Sicherungsgeber transferiert. Bei einer proportionalen Absicherung erhält der besicherte Teil das Risikogewicht des Sicherungsgebers, der unbesicherte Anteil behält das Risikogewicht des Kreditnehmers. Gilt die Absicherung lediglich für Verluste, die eine vorab festgelegte Wesentlichkeitsgrenze übersteigen, kann eine Anrechnung nur dann erfolgen, wenn der vorrangige, zurückbehaltene Anteil *(First-Loss-Position)* vom Eigenkapital abgezogen wird. Bezüglich einer weitergehenden Gestaltung von vor- und nachrangigen Absicherungstransaktionen wird auf das Regelwerk zur Behandlung von Verbriefungstransaktionen verwiesen.[29]

Währungs- und Laufzeitinkongruenzen

Während die Behandlung einer Währungsinkongruenz für Garantien und Kreditderivate explizit formuliert wird, wird die Behandlung von Laufzeitinkongruenzen allgemein für alle Kreditrisikominderungsinstrumente, also auch für Sicherheiten und Netting, geregelt.

Unterscheiden sich das Sicherungsgeschäft und das gesicherte Geschäft in der Währung, ist der Nominalbetrag des Sicherungsgeschäftes um einen *„Haircut"* genannten Abschlag zu kürzen.[30] Soweit dieser nicht entsprechend den Methoden für die Berechnung von Haircuts bestimmt wird, ist der Standardabschlag von 8 % anzuwenden.[31]

Endet die Absicherung vor der gesicherten Transaktion, so liegt eine Laufzeitinkongruenz vor und die Periode zwischen den Abläufen bildet einen ungesicherten Zeitraum.[32] Zur Abgrenzung des gesicherten und des ungesicherten Zeitraums ist die effektive Restlaufzeit von Sicherungsgeschäft und gesicherter Transaktion konservativ zu definieren. Die Restlaufzeit für das abgesicherte Geschäft ist die Zeitspanne bis zu der alle Verpflichtungen des Kontrahenten erfüllt sein müssen.

---

[28] Vgl. Basel II, Fußnote 52 zu § 194, Kapitel C. V. „Berücksichtigung von Beteiligungen" sowie Abschnitt Mindestanforderungen für die Anerkennung einer Besicherungswirkung.
[29] Vgl. Basel II, §§ 196-199, Kapitel C. IX „Securitsation und Behandlungen von ABS-Transaktionen".
[30] Vgl. Basel II, § 200.
[31] Vgl. Basel II, § 168.
[32] Vgl. Basel II, § 202.

Bei dem Sicherungsgeschäft sind etwaige Kündigungsoptionen des Sicherungsgebers Restlaufzeit verkürzend zu berücksichtigen. Kündigungsoptionen des Sicherungsnehmers verkürzen die Restlaufzeit genau dann, wenn die sonstige Ausgestaltung des Sicherungskontraktes einen Anreiz zur Ausübung der Kündigungsoption beinhaltet.[33] Bei Kreditderivaten ist dann von einer Laufzeitkongruenz auszugehen, wenn die Sicherungswirkung auch den Toleranzzeitraum bis zur Feststellung des Ausfalls umfasst.[34]

Absicherungen unter einem Jahr Ursprungslaufzeit sind nur bei Laufzeitkongruenz anerkennungsfähig. Absicherungen mit einer Restlaufzeit von drei Monaten oder weniger werden bei Inkongruenz nicht anerkannt.

Bei anerkennungsfähigen Laufzeitinkongruenzen ist der abgesicherte Betrag nach der Anwendung anderer *Haircuts* proportional um das Verhältnis der Restlaufzeiten der Sicherung und der gesicherten Transaktion zu kürzen. Für letztere sind höchstens fünf Jahre anzunehmen und erstere kann nicht über letztere hinausgehen.[35]

Staatsgarantien

Es kann gemäß nationalem Wahlrecht für Staatsgarantien des Sitzlandes der Bank ein Risikogewicht von Null gewährt werden, wenn Kredit, Garantie und Refinanzierung auf die Landeswährung lauten.[36] Garantien mit Rückbürgschaften staatlicher Stellen können von der Aufsicht wie Staatsgarantien gewertet werden. Die Rückbürgschaft muss sich auf sämtliche Kreditrisiken der Forderung erstrecken, bis auf „Unmittelbarkeit" und „Ausdrücklichkeit" alle Anforderungen an Garantien erfüllen und gemäß den Erfahrungen der Aufsicht so werthaltig wie eine unmittelbare Staatsgarantie sein.[37]

First- und Second-to-Default-Kreditderivate

Den First- und Second-to-Default-Kreditderivaten liegt ein **Korb von Referenzaktiva** zugrunde. Während die Auszahlung des First-to-Default-Kreditderivats an den ersten Ausfall einer der im Korb enthaltenen Kreditpositionen geknüpft ist, kommt es beim Second-to-Default-Kreditderivat genau dann zur Auszahlung, wenn der zweite Ausfall im Korb eintritt. Die Absicherungsbeziehung wird nach Eintritt des jeweils für die Auszahlung relevanten Ausfallereignisses terminiert. Bei First-to-Default-Kreditderivaten darf der Sicherungsnehmer lediglich für das Referenzaktivum mit dem geringsten risikogewichteten Betrag innerhalb des Korbes eine anteilige bzw. vollständige Absicherungswirkung geltend machen. Bei Second-to-Default-Kreditderivaten darf der Sicherungsnehmer das Sicherungsgeschäft nur dann anrechnen, wenn entweder durch ein entsprechendes First-to-Default-Kredit-

---

[33] Vgl. Basel II, § 203.
[34] Vgl. Basel II, § 191 (c) mit Verweis auf § 203.
[35] Vgl. Basel II, §§ 204 f. i. V. m. § 143.
[36] Vgl. Basel II, § 54 und Fußnote 16.
[37] Vgl. Basel II, § 201. Bemerkenswert ist, dass gegen deutsche Kommunen bereits Titel erwirkt wurden, deren Vollstreckung regelmäßig am Schutz des notwendigen Gemeineigentums scheitert.

derivat auch der erste Ausfall im Korb abgesichert ist oder der erste Ausfall im Korb bereits stattgefunden hat.[38]

Die Behandlung von First- und Second-to-Default-Kreditderivaten beim Sicherungsgeber ist davon abhängig, ob der Kontrakt über ein externes Rating einer anerkannten Agentur verfügt. Falls ein externes Rating vorliegt, ist für den Sicherungsgeber das entsprechende Risikogewicht für Verbriefungstranchen maßgeblich. Falls kein externes Rating vorliegt, errechnet sich das für ein First-to-Default-Kreditderivat anzuwendende Gesamtrisikogewicht als Summe der einzelnen Risikogewichte, jedoch begrenzt auf den Kapitalabzug, d. h. ein Risikogewicht von 1.250 %. Für ein nicht extern geratetes Second-to-Default-Kreditderivat ist grundsätzlich analog vorzugehen mit dem einzigen Unterschied, dass dasjenige Risikoaktivum mit dem niedrigsten risikogewichteten Betrag bei der Aggregation der Risikogewichte unberücksichtigt bleibt.[39]

Einsatz unterschiedlicher Kreditrisikominderungsinstrumente

Falls der Sicherungsnehmer für ein zu sicherndes Geschäft unterschiedliche Kreditrisikominderungsinstrumente (Garantien, Kreditderivate, Sicherheiten und bilanzielles Netting) oder Absicherungen mit unterschiedlichen Restlaufzeiten kombiniert anwendet, muss er das zugrunde liegende Geschäft in entsprechende einzelne Anteile aufspalten. Die Risikogewichte werden dann für jeden Anteil einzeln entsprechend der zugeordneten Technik bestimmt.[40]

2.2.2 Eigenkapitalunterlegung im IRB-Ansatz

Die Berücksichtigung von Garantien unterscheidet sich im IRB-Ansatz nach fortgeschrittenem Ansatz und Basisansatz.[41] In beiden Ansätzen darf nicht der gemeinsame Ausfall von Sicherungsgeber und Schuldner herangezogen werden, d. h. es wird nicht das Risiko betrachtet, dass beide Parteien gleichzeitig ausfallen. Das Risikogewicht der besicherten Forderung darf nicht geringer sein als für eine Forderung an den Sicherungsgeber selbst.[42] Gleichwohl darf ein Kreditinstitut Garantien unberücksichtigt lassen, wenn die Eigenkapitalanforderung bei Berücksichtigung der Garantie zunehmen würde.[43]

Eigenkapitalunterlegung im IRB-Basisansatz

Die Berücksichtigung von Garantien im Basisansatz folgt im Wesentlichen dem Standardansatz, auch in Bezug auf anteilige Absicherung, zeitliche Teilabsicherung und Währungsinkongruenz.[44]

---

[38] Vgl. Basel II, §§ 207, 209.
[39] Vgl. Basel II, §§ 208, 210, 567.
[40] Vgl. Basel II, § 206.
[41] Vgl. Basel II, § 300.
[42] Vgl. Basel II, § 301 i. V. m. § 482.
[43] Vgl. Basel II, § 301 i. V. m. § 482 und § 333 für Retailkredite; gemäß § 113 für den Standardansatz entsprechend.
[44] Vgl. Basel II, §§ 302 ff. i. V.m. §§ 189-201.

Teil C: Kreditrisikounterlegung

Das Risikogewicht des besicherten Teils wird aus der Risikogewichtsfunktion für den Garanten und der *PD* der Ratingklasse des Garanten ermittelt. Liegt hingegen keine vollständige Substitution vor, ist eine entsprechende *PD* für ein Rating zu wählen, das zwischen dem des Garanten und dem des Kreditnehmers liegt. Wahlweise kann die Bank den auf die Garantie anwendbaren *LGD* heranziehen, wobei Rang und Besicherung der Forderung zu berücksichtigen sind.[45]

Eigenkapitalunterlegung im fortgeschrittenen IRB-Ansatz
Im fortgeschrittenen IRB-Ansatz hat die Anpassung des Risikogewichts entweder auf Basis der *PD* oder des *LGD* zu erfolgen. Die Vorgehensweise ist einheitlich für jede Art von Garantie und Kreditderivat und konsistent im Zeitablauf auszuüben.[46] Diese Anforderung ist ebenfalls für Retailkredite und Retailportfolien zu erfüllen, sofern die bereits oben dargestellten Mindestanforderungen beachtet werden.

Für die LGD-Schätzung kann alternativ entweder die Vorgehensweise für den Basisansatz (s. o.) gewählt werden oder der *LGD* des Obligos gemäß dem Vorliegen einer Garantie oder eines Kreditderivats angepasst werden. Im zweiten Fall ist der Kreis der Garanten unbeschränkt, jedoch sind die Mindestanforderungen für Garantien gemäß den §§ 483 f. sowie für Kreditderivate gemäß §§ 488 f. zu befolgen.[47] Nicht zulässig ist es allerdings, sowohl die *PD* als auch den *LGD* zu adjustieren, falls eine Garantie vorliegt.[48]

3. Kreditderivate im Handelsbuch
3.1 Grundsätzliche Fragestellungen
Angesichts der stark wachsenden Bedeutung von Handelsgeschäften wurde der Baseler Akkord von 1988 im Jahr 1996 durch die **„Ergänzung der Baseler Eigenkapitalvereinbarung zur Einbeziehung von Marktpreisrisiken"** hinsichtlich einer Eigenmittelunterlegung von Marktpreisrisiken (Baseler Marktrisikoregelungen) erweitert, die im Grundsatz I in den Regelungen zur Behandlung von Handelsbuchpositionen verarbeitet wurde. Da die Behandlung von Handelsbuchpositionen – insbesondere mit der Anerkennung interner Risikomodelle – bereits heute deutlich stärker an den modernen Risikomanagementpraktiken ausgerichtet ist, wird diese durch die neue Baseler Eigenkapitalvereinbarung nur geringfügig konkretisiert, und zwar insbesondere hinsichtlich der Definition des Handelsbuches sowie der Richtlinien einer vorsichtigen Bewertung von Handelsbuchpositionen.[49] Darüber hinaus finden sich spezifische Erläuterungen für Kreditderivate, die in den bisher gültigen Baseler Marktrisikoregelungen noch keinen Eingang gefunden hatten. Für die Behandlung von Garantien im Handelsbuch hingegen ergeben sich gegenüber der aktuellen Baseler Eigenkapitalvereinbarung bzw. dem derzeit gültigen Grundsatz I

---
[45] Vgl. Basel II, § 303.
[46] Vgl. Basel II, §§ 306 und 480.
[47] Vgl. Basel II, § 307.
[48] Vgl. Basel II, § 480.
[49] Vgl. Kapitel E. III. „Veränderungen bei der Unterlegung von Marktpreisrisiken".

keine Veränderungen, so dass im Folgenden nur die Behandlung von Kreditderivaten im Handelsbuch thematisiert wird.

Mindestanforderungen für die Zuordnung von Kreditderivaten zum Handelsbuch
Für die Zuordnung von Finanzinstrumenten und Waren zum Handelsbuch gelten allgemeingültige Mindestanforderungen, die auch auf Kreditderivate Anwendung finden. So müssen Handelsbuchpositionen entweder zu Handelszwecken oder zur Absicherung anderer Handelsbuchpositionen gehalten werden. Des Weiteren müssen sie einen Anforderungskatalog erfüllen, damit sie dem Handelsbuch zugeordnet werden dürfen. So wird beispielsweise gefordert, dass die Positionen an einem Handelstisch gesteuert werden und mindestens täglich zu Marktpreisen bewertet werden.[50]

Grundlagen der Behandlung von Kreditderivaten des Handelsbuchs
Obwohl Kreditderivate in den Baseler Marktrisikoregelungen nicht explizit thematisiert wurden, richten sich die Eigenkapitalanforderungen für das allgemeine Marktrisiko und besondere Kursrisiko von Kreditderivaten des Handelsbuches grundsätzlich nach den dort festgesetzten Regelungen unter Berücksichtigung der allgemeingültigen Anpassungsmaßnahmen gemäß der neuen Baseler Eigenkapitalvereinbarung.[51] Darüber hinaus wird spezifisch für Kreditderivate geregelt,
– unter welchen Voraussetzungen und in welcher Höhe eine Besicherungswirkung dieser Instrumente im Handelsbuch anerkannt wird[52] und
– wie die Kontrahentenrisiken von Kreditderivaten mit Eigenkapital zu unterlegen sind.[53]

Kreditderivate als bankinterne Sicherungsgeschäfte
Um bankinterne Verschiebungen von Risiken zwischen Anlagebuch und Handelsbuch zur Ausnutzung von unterschiedlichen Risikoanrechnungen zu verhindern, wird eine Absicherungswirkung mittels Kreditderivaten auf Positionen des Anlagebuches nur bei einem Transfer der Risiken an einen außen stehenden Dritten anerkannt. Falls ein Kreditderivat in der Weise bankintern abgeschlossen wird, dass dem Anlagebuch die Position des Sicherungsnehmers und dem Handelsbuch die Position des Sicherungsgebers zuzurechnen ist, kommt eine Absicherungswirkung bezüglich der abzusichernden Position des Anlagebuches erst dann zum Tragen, wenn das Kreditrisiko aus dem Handelsbuch an einen außen stehenden Dritten transferiert wird.[54] Die Eigenkapitalanforderung für die abgesicherte Position des Anlagebuchs wird in diesem Fall nach den oben dargestellten Regelungen für die Behandlung von

---
[50] Vgl. Basel II, §§ 684-689.
[51] Vgl. Basel II, §§ 706 und Kapitel E. III. „Veränderungen bei der Unterlegung von Marktpreisrisiken".
[52] Vgl. Basel II, §§ 713-718.
[53] Vgl. Basel II, §§ 707-708.
[54] Vgl. Basel II, § 706.

Kreditderivaten im Anlagebuch ermittelt (siehe Abschnitt Garantien und Kreditderivate im Anlagebuch).

3.2 Eigenkapitalanforderungen für das besondere Kursrisiko

Die Eigenkapitalanforderungen für das besondere Kursrisiko sind abhängig davon, in welcher Höhe eine Besicherungswirkung von Kreditderivaten im Handelsbuch anerkannt wird. In Abhängigkeit der Qualität des Absicherungszusammenhangs wird entweder eine vollständige Aufrechnung, eine Aufrechnung in Höhe von 80 %, eine teilweise Aufrechnung oder keine Aufrechnung des besonderen Kursrisikos aus der Absicherungsposition und der zu besichernden Position gestattet.

Vollständige Aufrechnung des besonderen Kursrisikos

Eine vollständige Aufrechnung ist nur im Falle eines perfekten *Mikro-Hedge* erlaubt, d. h. für die Absicherungsposition und die zu besichernde Position muss eine vollständig negative Korrelation potentieller Marktwertänderungen gegeben sein. Dies ist zum einen bei Kombination einer Long- und einer Short-Position eines identischen Instrumentes (z. B. einer Long- und einer Short-Position in einem identischen *Credit Default Swap*) oder bei Kombination eines Kassainstrumentes mit einem gegenläufigen *Total Return Swap*, dessen Referenzposition mit dem Kassainstrument identisch ist, erfüllt.[55]

80 %-ige Aufrechnung des Kursrisikos

Wird anstelle eines *Total Return Swap* ein *Credit Default Swap* oder eine *Credit Linked Note* als Absicherungsinstrument für eine Kassaposition eingesetzt, liegt aufgrund der Tatsache, dass bei diesen im Gegensatz zum *Total Return Swap* nur das **Ausfall-** und **nicht** das **Bonitätsänderungsrisiko** abgesichert wird, keine vollständig negative Korrelation potenzieller Marktwertänderungen vor.

Selbst wenn der *Credit Default Swap* bzw. die *Credit Default Note* und die Kassaposition hinsichtlich Referenzposition, Laufzeit der Referenzposition und Laufzeit des Kreditderivates sowie der dem Exposure zugrunde liegenden Währung exakt übereinstimmen, ist deshalb lediglich eine Aufrechnung in Höhe von 80 % erlaubt. Für die Seite des *Hedges* mit der höheren Kapitalanforderung verbleiben also lediglich 20 % der Kapitalanforderung für das besondere Kursrisiko bei isolierter Betrachtung, während für die Gegenseite des *Hedges* keine zusätzlichen Kapitalanforderungen gestellt werden.[56] Für die Anerkennung der Absicherungswirkung ist allerdings zusätzlich sicherzustellen, dass die erforderliche weitgehende negative Korrelation der Marktpreisänderungen der beiden Seiten des *Hedges* nicht durch die vertragliche Gestaltung des Kreditderivats beeinträchtigt wird. Es wird aber nicht konkretisiert, wann von einer ausreichenden negativen Korrelation auszugehen ist.

---

[55] Vgl. Basel II, § 713.
[56] Vgl. Basel II, § 714.

Teilweise Aufrechnung des Kursrisikos

Eine so genannte teilweise Aufrechnung des besonderen Kursrisikos ist für den Fall von Aktiva-, Laufzeit- oder Währungsinkongruenzen zwischen Referenzinstrument der Absicherungsposition und der abzusichernden Position erlaubt.[57] Es werden drei Absicherungszusammenhänge unterschieden, bei denen eine teilweise Aufrechnung in Frage kommt:

- Qualifiziert sich eine Kombination aus Kassaposition und einem gegenläufigen Total Return Swap aufgrund einer Aktivainkongruenz nicht für die vollständige Aufrechnung, so ist eine zumindest teilweise Aufrechnung des Kursrisikos genau dann erlaubt, wenn das Referenzinstrument der Kassaposition nicht im Rang vorsteht sowie beide den gleichen Verpflichteten ausweisen und gleiche Ausfall- oder Vorfälligkeitsklauseln beinhalten.
- Bei Vorliegen einer Währungs- oder Laufzeitinkongruenz ist eine teilweise Aufrechnung möglich, falls ansonsten identische gegenläufige Instrumente miteinander kombiniert werden. Auch wenn bei einer Kombination aus Kassaposition und *Credit Default Swap* bzw. *Credit Linked Note* ausschließlich eine Inkongruenz hinsichtlich Währung oder Laufzeit gegeben ist, darf teilweise aufgerechnet werden.
- Eine teilweise Absicherung ist weiterhin erlaubt, wenn zwischen einer Kassaposition und einem *Credit Default Swap* bzw. einer *Credit Linked Note* lediglich eine Aktivainkongruenz dahingehend besteht, dass die Kreditderivatedokumentation neben der abzusichernden Kassaposition noch alternative lieferbare Wertpapiere vorsieht.

Die teilweise Aufrechnung besteht darin, dass lediglich für die Seite mit den höheren Kapitalanforderungen für das besondere Kursrisiko eine Anrechnung erfolgt, während die Gegenseite ohne Anrechnung bleibt.[58]

Keine Aufrechnung des besonderen Kursrisikos

Sind weder die Anforderungen für eine vollständige noch für eine 80 %-ige oder teilweise Aufrechnung erfüllt, so ist das besondere Kursrisiko beider Seiten des *Hedges* mit Eigenkapital zu unterlegen, als ob kein Zusammenhang zwischen den Positionen bestehen würde.

Behandlung von First- und Second-to-Default Instrumenten

Die Behandlung von First- und Second-to-Default-Instrumenten im Handelsbuch erfolgt analog zu deren Behandlung im Anlagebuch.[59] Kauft eine Bank bspw. eine First-to-Default-CLN, so wird sie wie ein Sicherungsgeber behandelt. Liegt ein externes Rating für das Instrument vor, so richtet sich die Kapitalanforderung für das besondere Kursrisiko nach dem externen Rating. Ohne externes Rating ergibt

---

[57] Vgl. Basel II, § 715 mit Verweis auf § 191 (g) sowie Abschnitt Mindestanforderungen im Standardansatz und im IRB-Basisansatz.
[58] Vgl. Basel II, §§ 716 f.
[59] Vgl. Basel II, § 715 und Abschnitt Eigenkapitalunterlegung im IRB-Ansatz.

sich die Gesamtkapitalanforderung aus der Summe der Kapitalanforderungen für das besondere Kursrisiko der einzelnen Referenzaktiva. Emittiert die Bank eine First-to-Default-CLN, so wird sie wie ein Sicherungsnehmer behandelt und darf das besondere Kursrisiko für dasjenige Referenzaktivum innerhalb des Korbes mit der geringsten Kapitalanforderung für das besondere Kursrisiko aufrechnen.

3.3 Eigenkapitalanforderungen für Kontrahentenrisiken

Für dem Handelsbuch zugeordnete Positionen sind neben dem allgemeinen Marktrisiko und dem besonderen Kursrisiko auch Kontrahentenrisiken separat mit Eigenkapital zu unterlegen. Zur Berechnung der Eigenkapitalanforderungen für Kontrahentenrisiken aus Kreditderivaten werden spezifische Add-on-Faktoren als Puffer gegen potentielle Erhöhungen des Eindeckungsaufwands vorgegeben.[60]

Sowohl der Sicherungsnehmer als auch der Sicherungsgeber eines *Single Name Total Return Swaps* bzw. eines *Single Name Credit Default Swaps* haben für die Ermittlung der Eigenkapitalanforderungen für Kontrahentenrisiken einen Add-on-Faktor von 5 %, falls dem Produkt ein „qualifiziertes" Referenzaktivum zu Grunde liegt, bzw. einen Add-on-Faktor von 10 %, falls dem Produkt ein „nicht qualifiziertes" Referenzaktivum zu Grunde liegt, anzuwenden.[61] Die Restlaufzeit des betrachteten Instruments ist für die Höhe des Add-on-Faktors nicht relevant. Der Sicherungsgeber eines *Credit Default Swaps* darf auf die Anrechnung des Zuschlagsfaktors verzichten, falls der *Credit Default Swap* im Falle der Insolvenz des Sicherungsnehmers kein *Close-out-Netting* vorsieht.

Für die Ermittlung des Add-on-Faktors bei First-Default Produkten ist aus dem Referenzkorb des Kreditderivats die Position auszuwählen, die den höchsten Add-on-Faktor verursacht. Enthält der Korb ein „nicht qualifiziertes" Referenzaktivum, so ist dementsprechend der Add-on-Faktor für dieses zu verwenden. Bei Second-to-Default-Kreditderivaten ist analog vorzugehen, wobei das Referenzaktivum mit der schlechtesten Kreditqualität unberücksichtigt bleibt. Maßgeblich ist also der Add-on-Faktor für die Position mit der zweitschlechtesten Kreditqualität.[62]

4. Kritische Würdigung

Sowohl aus einer gesamtwirtschaftlichen Perspektive als auch aus der Perspektive des einzelnen betroffenen Instituts ist unbestritten, dass die Regelungen nach Basel II den Bedürfnissen eines modernen Kreditrisikomanagements besser Rechnung tragen werden als die bisher gültigen Richtlinien. Eher ist zu bezweifeln, ob die Verbesserungen weit genug gehen; durchaus hätte sich die Profession vom BCBS mehr Beherztheit gewünscht.

---

[60] Vgl. Basel II, § 707.
[61] Zur Definition der Charakterisierung als „qualifiziertes" Wertpapier vgl. Kapitel E. III. „Veränderungen bei der Unterlegung von Marktpreisrisiken".
[62] Vgl. Basel II, § 708.

Die Anerkennung der Risikominderung durch den Einsatz von Kreditderivaten im Anlage- und im Handelsbuch wird im Vergleich zur derzeit gültigen Regelung gemäß Grundsatz I in Verbindung mit dem BaFin-Rundschreiben 10/99 nur geringfügig erweitert. Die bankaufsichtliche Anerkennung von Absicherungstransaktionen beschränkt sich weiterhin nahezu ausschließlich auf fast perfekte *Mikro-Hedges*. Es ist zwar grundsätzlich zu begrüßen, dass auch die Risikominderung durch First- und Second-to-Default-Produkte in der neuen Eigenkapitalvereinbarung berücksichtigt wird. Die Umsetzung ihrer Anrechnung folgt jedoch der auch schon bisher verfolgten Beschränkung von Sicherungszusammenhängen auf die Mikro-Hedge-Ebene. Diversifikationseffekte auf Portfolioebene werden nicht erfasst.

Insgesamt bleibt die Fundierung des eingeschränkten Substitutionsansatzes im Anlagebuch fragwürdig. So werden Unternehmen nicht nur bei den Risikogewichten gegenüber Banken benachteiligt, auch als Garantiegeber kommen sie bloß mit einem Rating besser oder gleich A- in Frage, obwohl das Rating für Banken und Unternehmen gleichermaßen objektiver Maßstab des Ausfallrisikos sein soll. Auch das Verbot der Berücksichtigung des Doppelausfalls von Schuldner und Garanten kann nicht überzeugen, da es offensichtlich ökonomischen Tatsachen widerspricht. Nicht zu letzt ist zu kritisieren, dass Erstverlustanteile vollständig vom Eigenkapital abzuziehen sind, bevor entsprechende Kreditsicherungsinstrumente angerechnet werden dürfen. Erstverlustanteile sind aber notwendige Vorsichtsmaßnahmen, um einem möglichen Moral Hazard der Sicherungsnehmer zu begegnen.

Im Gegensatz zum Anlagebuch wird die Anerkennung der Besicherungswirkung von Kreditderivaten im Handelsbuch nicht von vornherein explizit auf die Kreditderivatetypen *Credit Default Swap* und *Total Return Swap* sowie die *Credit Linked Note* eingeschränkt. Zwar werden ausschließlich diese Produkte sowohl bei der Aufrechnung des besonderen Kursrisikos als auch bei den Add-on-Faktoren für die Kontrahentenrisiken thematisiert. Bezüglich der Aufrechnung bei identischen gegenläufigen Produkten ist aber davon auszugehen, dass die Richtlinien analog auch für andere Produkte (z. B. *Credit Spread Options*) anzuwenden sind.

Auch die bisherige Negierung der Risiko mindernden Wirkung von *Credit Default Swaps* und *Credit Linked Notes* im Handelsbuch wird aufgehoben. Durch die Möglichkeit der 80 %-igen Aufrechnung des besonderen Kursrisikos bei *Hedges* ohne Inkongruenzen wird der vorhandenen, wenn auch nicht perfekten Absicherungswirkung von Credit-Default-Produkten nun endlich auch im Handelsbuch Rechnung getragen. Die Anerkennung ausschließlich perfekter *Mikro-Hedges* wird des Weiteren auch durch die so genannte „teilweise" Aufrechnung des besonderen Kursrisikos bei Aktiva-, Währungs- oder Laufzeitinkongruenzen aufgeweicht. Diese stellt den Sicherungsnehmer zumindest so, als ob er keine Absicherungsmaßnahme durchführen würde. Der Sicherungsnehmer wird also nicht mehr für seine Absicherungsbemühungen bestraft. Trotz der erzielten Risikominderung kommt es aber nicht zu einer Erleichterung der Kapitalforderung für das besondere Kursrisiko.

Insgesamt ist davon auszugehen, dass die restriktive bankaufsichtliche Anerkennung von Risikominderungstechniken mittels Garantien und Kreditderivaten den Markt für Kreditrisikotransfers behindert und somit die Diversifikation und die

Risikotragfähigkeit des gesamten Bankensektors eher schwächt. Im Mindesten müsste das Prinzip gelten, dass die Gesamtkapitalunterlegung der am Kreditrisikoübergang beteiligten Banken nicht zunimmt, zumal operationelle Risiken gesondert zu unterlegen sind. Angesichts der Notwendigkeit einer risikoadäquaten Berücksichtigung, insbesondere von Kreditderivaten, ist darüber hinaus eine Weiterentwicklung der bankaufsichtlichen Eigenkapitalregulierung in Richtung einer Anerkennung interner Kreditrisikomodelle wünschenswert.

IX. Securitisation und Behandlung von ABS-Transaktionen

Alexander Kottmann, Ulrich Lotz, Birgit Müller

Inhalt:

		Seite
1	Asset-Backed-Securities-Transaktionen im Baseler Akkord	293
1.1	Asset-Backed-Strukturen im Baseler Akkord	293
1.2	Mögliche Risikopositionen und Risikoträger für Verbriefungen	299
2	Behandlung von ABS-Transaktionen nach Basel II	300
2.1	Säule I	300
2.1.1	Operationelle Anforderungen für die Anerkennung des Risikotransfers	300
2.1.2	Behandlung von Verbriefungspositionen im Standardansatz	302
2.1.3	Behandlung von Verbriefungspositionen im IRB-Ansatz	308
2.2	Säule II	315
2.3	Säule III	317
3	Fallbeispiele	319
3.1	Vorgehensweise und Annahmen	319
3.2	Analyse	321
3.2.1	Vergleich der Eigenkapitalunterlegung nach Basel I vs. Basel II	321
3.2.2	Vergleichende Betrachtungen innerhalb der Ansätze von Basel II	323
3.2.3	Vergleichende Betrachtungen zwischen Standard- und IRB-Ansatz	324
3.3	Implikationen aus dem Fallbeispiel	325
4	Fazit	325
	Literaturverzeichnis	327

1. Asset-Backed-Securities-Transaktionen im Baseler Akkord

1.1 Asset-Backed-Strukturen im Baseler Akkord

Asset-Backed-Securities (ABS) haben sich zu einem etablierten Finanzinstrument auf dem globalen Finanzmarkt entwickelt. Seit das Produkt auch von den deutschen Aufsichtsbehörden anerkannt wird,[1] erfreuen sich ABS auch in Deutschland zunehmender Beliebtheit.[2]

ABS sind ein sehr vielseitiges Instrument, mit dem sich je nach Ausgestaltung unterschiedliche Motive verfolgen lassen. Die wesentlichen Motive für die Durchführung von Securitisation-Transaktionen aus Sicht des Originators sind vor allem die Erzielung eines Finanzierungseffekts, die Verbesserung des Risikomanagements und die aufsichtsrechtliche Eigenkapitalentlastung.

---
[1] Vgl. BaFin (1997), S. 1 ff.; BaFin (1999), S. 1 ff.
[2] Das Verbriefungsvolumen von Transaktionen mit deutschen Aktiva betrug im Jahr 2003 26,3 Mrd. EUR.

Basel I sieht keine spezifischen Regelungen für die Behandlung von Verbriefungstransaktionen vor. Aktiva, die aus Securitisation-Transaktionen resultieren, werden wie Forderungen gegenüber Unternehmen risikogewichtet und daher pauschal mit 8 % Eigenkapital unterlegt. In Europa, insbesondere in Deutschland, hat diese Tatsache zur Geburt der **regulatorischen Eigenkapitalarbitrage** geführt, die aus Bankensicht in Deutschland bislang das primäre Motiv zur Durchführung von ABS-Transaktionen ist.

Der neue Baseler Akkord stellt ein **umfangreiches Regularium** zur Behandlung von Verbriefungstransaktionen zur Verfügung, das sich auf alle drei Säulen des Akkords erstreckt. Der Baseler Ausschuss reagiert damit auf den anhaltenden Securitisation- (insbesondere ABS-) Trend auf den internationalen Finanzmärkten. Die Regeln gehen detailliert auf verschiedene Gestaltungsvarianten und strukturelle Elemente von Verbriefungstransaktionen ein. Dieser höhere Detaillierungsgrad bewirkt jedoch auch eine zunehmende Komplexität der Regelungen und ihrer Umsetzung, insbesondere in Bezug auf die Bewertung einzelner Sachverhalte und ihrer laufenden Überwachung.

Der folgende Beitrag gibt einen Überblick über den Ansatz des Baseler Ausschusses zur Behandlung von Verbriefungstransaktionen. Zunächst werden einige zentrale Strukturen und Strukturelemente von Securitisation-Transaktionen erläutert, die der Baseler Akkord behandelt. Anschließend werden die quantitativen Regelungen der Säule I für Banken, die den Standardansatz anwenden, sowie für IRB-Banken dargestellt. Nach einer Übersicht über die qualitativen Vorschriften in den Säulen II und III werden abschließend, anhand eines Beispiels, mögliche Wirkungen ausgewählter Regelungen des Baseler Akkords auf Verbriefungen beleuchtet.

Folgende Strukturen werden im Baseler Akkord behandelt:
- Traditionelle (Term Sheet) Verbriefungen
- Asset-Backed Commercial Paper Programme
- Synthetische Verbriefungen.

Die grundlegende (traditionelle) Struktur einer ABS-Transaktion lässt sich anhand der Beziehungsachse Originator – Zweckgesellschaft (SPV) – Investor darstellen.[3]

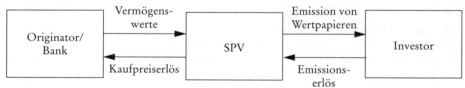

Abbildung 1: Traditionelle Verbriefungsstruktur

Der Originator verkauft Vermögenswerte (*Underlying*) an eine eigens für die Transaktion gegründete Zweckgesellschaft (*Special Purpose Vehicle, SPV*) und erhält im Gegenzug die Zahlung des Kaufpreises. Das SPV refinanziert den Ankauf durch die Emission von Wertpapieren am Kapitalmarkt. In der Regel werden diese Wert-

---

[3] Zur grundlegenden Struktur von ABS vgl. Bär, Hans-Peter (2000); Paul, Stephan (1994).

papiere von Ratingagenturen geratet und von einem Bankenkonsortium bei den Investoren platziert. Die Wertpapiere sind normalerweise mit zusätzlichen Sicherungen (*Enhancements*) durch den Originator oder Drittparteien ausgestattet. Das SPV wird üblicherweise von einem so genannten Sponsor gegründet. Als Sponsor kann der Originator selbst oder eine Drittpartei auftreten. Der Sponsor stellt im Rahmen der Transaktion gegebenenfalls weitere Sicherungsinstrumente, z. B. Liquiditätsfazilitäten, bereit. Das SPV dient lediglich dazu, die Vermögenswerte aus insolvenz- und handelsrechtlichen Gründen vom Originator zu separieren. Daher verbleibt das Servicing der Forderungen meist beim Originator.

Neben Strukturen, bei denen alle vom SPV emittierten Wertpapiere hinsichtlich Risiko und Rendite identisch strukturiert sind, haben sich auf dem internationalen Verbriefungsmarkt vor allem Strukturen etabliert, bei denen die Wertpapiere in Risikoklassen nach dem Prinzip abnehmender Seniorität gestaffelt sind (*Subordination*). Der Baseler Akkord sieht letztere Struktur, bei der die Zahlungen aus dem zugrunde liegenden Portfolio genutzt werden, um mindestens zwei – hinsichtlich ihres Kreditrisikos – untereinander abgestufte Risikopositionen oder Tranchen zu bedienen, als wesentliches Merkmal von Verbriefungstransaktionen und damit als eine Voraussetzung für die Anwendung der Grundregeln für Verbriefungen an.

Der Akkord enthält zum Teil spezifische Regelungen für Asset-Backed-Commercial Paper- (ABCP-)Programme. ABCP-Programme unterscheiden sich von Term-Sheet-Transaktionen dadurch, dass die Ankäufe der Assets durch das *SPV* durch die Emission von kurzfristigen Wertpapieren, i. d. R. von Geldmarktpapieren (*Commercial Paper, CP*), refinanziert werden. Die Ankäufe finden häufig auf revolvierender Basis statt; außerdem investieren ABCP-Conduits[4] typischerweise in verschiedene Assetklassen und halten dadurch ein breit diversifiziertes Portfolio. Der Akkord verwendet statt des üblichen Begriffs der revolvierenden Struktur den Begriff **Wiederauffüllungsstruktur** (*Replenishment Structure*). Der Begriff „revolvierend" wird im Baseler Papier im Zusammenhang mit Forderungen verwendet, die es dem Schuldner gestatten, den in Anspruch genommenen Betrag und die Rückzahlungen innerhalb eines vereinbarten Limits zu variieren (wie beispielsweise bei Kreditkartenforderungen oder Kreditlinien für Unternehmen).[5]

Des Weiteren unterscheidet der Baseler Akkord traditionelle und synthetische Verbriefungen. Bei der synthetischen Verbriefung erfolgt im Gegensatz zu der oben dargestellten traditionellen Verbriefung keine Veräußerung des zugrunde liegenden Portfolios von Vermögenswerten. Übertragen werden lediglich einzelne Risikokomponenten, insbesondere das Ausfallrisiko des Portfolios mittels Kreditderivaten wie beispielsweise *Credit Default Swaps* (CDS) und *Credit Linked Notes* (CLN), ohne den direkten Zufluss von liquiden Mitteln an den Originator (vgl. 2). Diese Strukturvariante hat sich besonders in Deutschland erfolgreich etabliert, da für die Banken hierzulande bis dato eher das Motiv der Eigenkapitalentlastung als das der Refi-

---

[4] Als Conduit wird in der Regel die Gesellschaft im Rahmen eines ABCP-Programms bezeichnet, die die Wertpapiere emittiert.

[5] Die Begriffe „wiederauffüllen" und „revolvierend" werden im Folgenden analog zum Baseler Papier verwendet.

nanzierung für die Durchführung von Verbriefungen im Vordergrund stand. Die synthetische Verbriefung stellt eine kostengünstigere Variante gegenüber der traditionellen Verbriefung dar.[6]

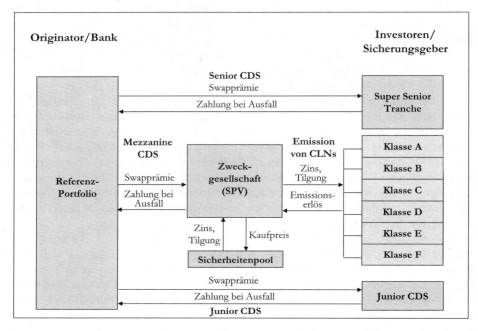

Abbildung 2: Beispiel einer synthetischen Verbriefungsstruktur[7]

Das Regelwerk zur Behandlung von Verbriefungen findet sowohl auf synthetische als auch auf traditionelle Verbriefungen Anwendung. Für Positionen, deren Risiko über Sicherheiten, Garantien oder Kreditderivate (z. B. über einen *Credit Default Swap*) abgesichert wird, sind die allgemeinen Regelungen der Kreditrisikominderungstechniken zu berücksichtigen.

Neben diesen grundlegenden Strukturen werden im Baseler Akkord folgende einzelne Strukturelemente behandelt, die in Verbriefungstransaktionen zur Anwendung kommen:
- Credit Enhancements (Reservekonten)/Liquidity Enhancements
- Clean-up Calls
- Interest Only (IO)-Strips
- Vorzeitige-Rückzahlungs- (Early-Amortisation-) Klauseln.

---

[6] Vgl. BCG (2004), S. 13 f.
[7] Die Größe der Kästen erlaubt keinen Rückschluss auf das Volumen einzelner Tranchen. In der skizzierten Struktur besichert der Senior CDS etwa 90 %-95 % des Gesamtvolumens des Portfolios.

Von besonderer Bedeutung bei ABS-Transaktionen sind zusätzliche Sicherungsmaßnahmen (*Enhancements*), die spezielle Risiken von ABS-Transaktionen abdecken. Im Wesentlichen handelt es sich dabei um Liquiditäts- und Ausfallrisiken, die durch entsprechende Liquidity und Credit Enhancements begrenzt werden. Der Baseler Akkord geht auf beide Sicherungsformen ein. Als Credit Enhancement wird im Akkord eine vertragliche Vereinbarung bezeichnet, bei der die Bank eine Position in einer Subordinationsstruktur zurückbehält oder übernimmt und somit anderen Beteiligten an der Transaktion zusätzlichen Schutz vor Verlusten bietet.[8]

Eine weitere Form des Credit Enhancement ist ein so genanntes Reservekonto. Es wird entweder zu Beginn der Transaktion angelegt oder aus dem Spread zwischen dem Cash In-Flow aus dem Referenzportfolio und dem Cash Out-Flow für die emittierten Wertpapiere während der Transaktionslaufzeit laufend gespeist (*Excess Spread*). Der Akkord versteht unter einem Excess Spread die Differenz zwischen der Brutto-Zinsspanne und anderen Einnahmen des *SPV* bzw. des Treuhänders und den zu zahlenden Zinsen, Gebühren für Dienstleistungen, Abschreibungen und anderer vorrangig zu bedienender Kosten des Treuhänders bzw. der Zweckgesellschaft.[9]

Liquidity Enhancements bzw. Liquiditätsfazilitäten sind Instrumente, um Liquiditätsengpässe im Rahmen einer ABS-Transaktion zu überbrücken. In ABCP-Programmen kann es beispielsweise zu vorübergehenden Nachfragestörungen auf dem Commercial Paper-Markt kommen, die die Refinanzierung des Conduits blockieren. Hier dienen Liquiditätsfazilitäten zur Überbrückung des Finanzierungsengpasses. Liquiditätsfazilitäten sind nach Basel II ebenfalls unterlegungspflichtig. Der Baseler Ausschuss legt hier differenzierte Regelungen je nach Wahl des Ansatzes (Standardansatz oder auf Internen Ratings basierender Ansatz) vor, die unten im Einzelnen behandelt werden.

Ein Clean-up Call erlaubt es dem Originator, die Transaktion zu beenden, bevor alle zugrunde liegenden Aktiva zurückgezahlt sind. Hintergrund dieser Option ist, dass eine Transaktion für den Originator bei abnehmenden Volumina der verbrieften Aktiva zunehmend unwirtschaftlich wird. Bei traditionellen Verbriefungen kann der Originator daher die ausstehenden Wertpapiere zurückkaufen, bei synthetischen Verbriefungen hält er üblicherweise die Option, die Besicherungswirkung aufzuheben.

Mit einem Interest Only-(IO)-Strip erwirbt der Investor das Recht, Zinszahlungen aus dem zugrunde liegenden Referenzportfolio zu erhalten. Die Zinszahlungen werden nur generiert, solange das Underlying nicht zurückgezahlt ist. Wird das Underlying z. B. eine Periode vor Fälligkeit zurückgezahlt (*Prepayment*), verliert der IO-Investor den Zinsertrag, den das Underlying in dieser einen Periode generiert hätte. IO-Strips reagieren daher besonders anfällig auf unerwartete Veränderungen des Tilgungsverhaltens der Schuldner, beispielsweise aufgrund von Änderungen des Zinsniveaus.

Die vorzeitige Rückzahlung ist ein Strukturelement, das häufig bei ABCP-Programmen angewendet wird, in denen laufend neue Forderungen an den Forderungs-

---

[8] Vgl. Basel II, § 546.
[9] Vgl. Basel II, § 550.

käufer veräußert werden. Der Sinn dieses Strukturelementes ist es, das Programm bei Eintritt bestimmter Ereignisse zu beenden. So genannte Early-Amortisation-Klauseln (*EA-Klauseln*) definieren bestimmte Auslöser (*Trigger*), die dazu führen, dass der Cashflow aus den zugrunde liegenden Aktiva nicht mehr für den Ankauf neuer Forderungen verwendet wird, sondern der Rückzahlung der emittierten Wertpapiere dient. Der marktüblichste Trigger, der auch im Baseler Akkord Berücksichtigung findet, ist der Excess Spread Trigger, bei dem eine vorzeitige Rückzahlung einsetzt, sobald der Dreimonatsdurchschnitt des Excess Spreads einer bestimmten Serie negativ ist. Weitere Trigger können beispielsweise sein:
- die Rückzahlungen der Schuldner unterschreiten ein festgelegtes Niveau
- der Excess Spread unterschreitet ein festgelegtes Niveau
- die Ausfälle von Schuldnern übersteigen ein festgelegtes Niveau
- die verfügbaren Credit Enhancements bleiben unter einem festgelegten Niveau zurück
- Insolvenz des Sponsors oder des Servicers
- Änderungen der regulatorischen oder rechtlichen Rahmenbedingungen.

Durch eine EA-Klausel entsteht nach Basel II nur Bedarf für eine Kapitalunterlegung, wenn revolvierende Forderungen verbrieft sind und das Ausfallrisiko der Forderungen nach einem EA-Event auf den Originator zurückfällt. Die Berechnung der Eigenkapitalanforderung nach Basel II ist an die Höhe des Excess Spread der Transaktion gekoppelt.[10]

Der Baseler Akkord geht auch auf die so genannte außervertragliche Unterstützung (*Implicit Support*) durch Banken ein. Dabei gewährt eine Bank einer Verbriefungstransaktion Unterstützung, die über die vertraglich vereinbarte Verpflichtung hinausgeht, um beispielsweise ihre Reputation am Kapitalmarkt zu wahren und auch zukünftige Emissionen platzieren zu können. Als Beispiele werden im Akkord der Erwerb von Kreditrisiko erhöhenden Engagements aus dem zugrunde liegenden Portfolio, der Verkauf von diskontierten Risikoaktiva in das verbriefte Portfolio, der Erwerb der zugrunde liegenden Forderungen über deren Marktpreis oder eine Erhöhung der First-Loss-Position entsprechend der Verschlechterung der zugrunde liegenden Position genannt. Der Baseler Akkord fordert bei derartigen Risikoübernahmen eine Eigenkapitalunterlegung der Risikoaktiva, als wären sie nicht verbrieft worden, bei mehrmaligen Verstößen sogar den Ausschluss von einer Eigenkapitalentlastung der Bank für einen gewissen Zeitraum oder ähnlich strenge Maßnahmen.[11]

Theoretisch sind alle zukünftigen Zahlungsströme als Underlying für eine Verbriefungstransaktion geeignet. In der Praxis haben sich aufgrund rechtlicher und ökonomischer Erwägungen vor allem Hypotheken-, Unternehmens- und Konsumentenkredite als Underlying durchgesetzt. Durch die Verbriefung dieser Assets werden die Chancen und Risiken dieser zuvor illiquiden Vermögenswerte handelbar gemacht. Um mit der Innovationskraft der Marktteilnehmer Schritt zu halten,

---

[10] Sieht die Transaktion keinen Excess Spread Trigger vor, dann wird eine pauschale Regelung für alle anderen Formen von EA-Triggern angewandt. Vgl. Basel II, § 598.
[11] Vgl. Basel II, § 790 ff.

beschränkt sich der Baseler Akkord in der Anwendung der Regeln für Verbriefungen nicht auf bestimmte Assetklassen als Underlying, sondern führt nur einige Beispiele als nicht abschließende Aufzählung an.

Grundsätzlich sind die Grundregeln für Verbriefungen zur Bestimmung der aufsichtlichen Eigenkapitalanforderungen auf alle Positionen anzuwenden, die aus traditionellen oder synthetischen Verbriefungen resultieren. Der Baseler Akkord nimmt ausdrücklich zur Kenntnis, dass ABS-Transaktionen unterschiedlich strukturiert werden können. Daher betont der Baseler Ausschuss, dass es bei der Frage, ob die Grundregeln für Verbriefungen anzuwenden sind, letztlich auf die ökonomische Substanz und weniger auf die rechtliche Konstruktion der Transaktion ankommt (*Substance over Form*). Bei Unsicherheit, ob die Regelungen Anwendung finden, sind die Banken aufgefordert, die Aufsichtsbehörde zu konsultieren.

1.2 Mögliche Risikopositionen und Risikoträger für Verbriefungen

Die Position, die eine Bank innerhalb einer Verbriefungstransaktion einnimmt und auf die das Regelwerk zur Behandlung von Verbriefungen Anwendung findet, bezeichnet der Baseler Ausschuss als „Verbriefungsposition". Die Verbriefungsposition ist Ausgangspunkt für die Ermittlung der Eigenkapitalanforderung im Rahmen einer Verbriefungstransaktion. Der Baseler Akkord nennt eine nicht abschließende Liste von Beispielen für Verbriefungspositionen, darunter Asset-Backed-Securities, Mortgage-Backed-Securities, Credit Enhancements, Liquiditätslinien, Zins- und Währungsswaps, Kreditderivate, teilweise Abdeckungen und Reservekonten.

Als Risikoträger innerhalb einer Verbriefungstransaktion behandelt der Akkord
- den Originator,
- den Sponsor,
- den Investor,
- den Bereitsteller von Credit Enhancements und
- den Bereitsteller von Liquiditätsfazilitäten (Liquidity Banks).

Der Originator ist zunächst definiert – wie auch im herkömmlichen Sprachgebrauch üblich – als ursprünglicher Inhaber von zugrunde liegenden Positionen, die verbrieft werden, beispielsweise die ursprünglich Kredit gebende Bank. Nach dem Baseler Akkord gilt als Originator auch eine Bank, die als Sponsor für ein ABCP-Programm auftritt und in dieser Funktion „tatsächlich oder wirtschaftlich gesehen das Programm leitet oder administriert, Wertpapiere im Markt platziert, oder Liquidität und/oder Credit Enhancement bereitstellt."[12] Als Investor wird im Akkord der Erwerber von Verbriefungspositionen verstanden. Bereitsteller von Credit Enhancements und Liquiditätsfazilitäten werden in speziellen Regelungen berücksichtigt.

Liquidity Banks werden in ABCP-Programmen eingesetzt, um in bestimmten Fällen Liquidität zur Verfügung zu stellen. Dies kann beispielsweise erforderlich sein, um vorübergehende Nachfragestörungen auf dem CP-Markt zu überbrücken.

Damit der Originator eine Kapitalerleichterung berücksichtigen kann, muss der signifikante Teil des Risikos übertragen worden sein. Die Begrifflichkeit der Signifi-

---

[12] Vgl. Basel II, § 543.

kanz ist vom Baseler Ausschuss bewusst offen gehalten. Es liegt im Ermessen der jeweiligen Aufsichtsbehörde, ob der übertragene Teil des Risikos als signifikant erachtet wird oder nicht. Die Übertragung des signifikanten Risikos kann zum Beispiel durch den Einbehalt oder Rückerwerb wesentlicher Tranchen verhindert werden. Ein weiterer Hinweis darauf, dass nur ein nicht signifikanter Risikotransfer stattgefunden hat, liegt vor, wenn Tranchen mit den wesentlichen Kreditrisiken beim Originator verbleiben. In Abschnitt 2.2 (Säule II) wird auf die Übertragung des signifikanten Risikos noch näher eingegangen.

2. Behandlung von ABS-Transaktionen nach Basel II

2.1 Säule I

2.1.1 Operationelle Anforderungen für die Anerkennung des Risikotransfers

2.1.1.1 Operationelle Anforderungen für traditionelle Verbriefungen

Ein Originator kann unter Einhaltung der im Folgenden genannten Kriterien verbriefte Positionen von der Eigenmittelunterlegung ausschließen. Für einbehaltene Tranchen der Verbriefungstransaktion sind weiterhin Eigenmittel zu unterlegen.[13]

a) Die signifikanten Risiken einer Verbriefungstranche wurden an eine dritte Partei übertragen.

b) Der Originator darf keine direkte oder indirekte Kontrolle über die transferierten Assets behalten. Die Assets müssen so vom Transferierenden getrennt werden, dass dieser oder seine Gläubiger im Falle einer Insolvenz nicht auf die Forderungen zugreifen können. Die Kontrolle über die verkauften Forderungen verbleibt beim Originator, wenn dieser die Forderungen vom Käufer zurückkaufen kann oder der Verkäufer die Risiken aus den transferierten Assets zurückbehält. Hierzu zählen nicht die Zurückbehaltung der Servicing Rechte.

c) Die emittierten Wertpapiere begründen keine Verbindlichkeit der übertragenden Bank. Die Investoren haben lediglich Anspruch auf den zugrunde liegenden Forderungspool.

d) Der Käufer der Forderungen muss ein *SPV* sein. Die mit den Forderungen verbundenen Rechte müssen von dem Erwerber ohne Einschränkungen veräußerbar oder verpfändbar sein.

e) Clean-up-Calls müssen bestimmten Bedingungen entsprechen.[14]

f) Die Verbriefungstransaktion darf keine Klauseln enthalten, die den Originator verpflichten, die durchschnittliche Kreditqualität des Underlying durch Austausch von Assets auf einem bestimmten Niveau zu halten, es sei denn, Forderungen werden zu Marktpreisen an unabhängige und unverbundene Drittparteien veräußert. Des Weiteren dürfen keine Klauseln enthalten sein, die eine Erhöhung der First-Loss-Position oder des Credit Enhancements nach Beginn der Transaktion erlauben. Ebenfalls nicht gestattet sind Klauseln, die eine Erhöhung der zu zahlenden Zinsen an Investoren oder an Bereitsteller von Credit En-

---

[13] Vgl. Basel II, § 554.
[14] Vgl. hierzu auch Gliederungspunkt 2.1.1.3.

hancements vorsehen, als Ausgleich für eine Verschlechterung der Kreditqualität des Underlying.

2.1.1.2 Operationelle Anforderungen für synthetische Verbriefungen

Für synthetische Strukturen dürfen Kreditrisikominderungstechniken wie Kreditderivate, Garantien und Sicherheiten, die als *Hedging* für ein Risikoexposure eingesetzt werden, unter folgenden Bedingungen für eine Eigenmittelentlastung anerkannt werden:[15]

a) Die Sicherungsinstrumente müssen Vorgaben des Baseler Akkords für Kreditrisikominderungstechniken entsprechen.[16]

b) Anerkennungsfähige Sicherheiten (Eligible Collateral) sind beschränkt auf Bareinlagen, Gold, bestimmte Schuldverschreibungen, Aktien, sofern sie einem Hauptindex angehören und Investmentfonds, die solche Aktien beinhalten.[17] Verpfändete Sicherheiten der Zweckgesellschaft können unter bestimmten Voraussetzungen berücksichtigt werden.

c) Qualifizierte Garantiegeber sind in § 195 des Regelwerkes definiert. Banken dürfen keine Zweckgesellschaften als qualifizierte Garantiegeber anerkennen.

d) Die signifikanten Kreditrisiken des Underlying Pools müssen an Drittparteien übertragen werden.

e) Die Instrumente zur Kreditrisikoübertragung dürfen keine Bedingungen enthalten, die die Höhe des übertragenen Risikos in irgendeiner Weise einschränken.

f) Die Durchsetzbarkeit der Verträge unter allen relevanten Rechtsordnungen muss durch ein Rechtsgutachten eines entsprechend qualifizierten Rechtsberaters bestätigt werden.

2.1.1.3 Operationelle Anforderungen für die Behandlung von Clean-up-Calls (Rückkaufoptionen)

Unter den folgenden Voraussetzungen ist eine Eigenkapitalunterlegung aufgrund eines Clean-up-Calls in einer Verbriefungstransaktion notwendig:

a) Die Ausübung des Calls ist formell oder materiell verbindlich für den Originator.[18]

b) Der Clean-up-Call ist strukturiert, um eine Zuweisung von Verlusten auf von Investoren gehaltene Positionen zu vermeiden oder um Credit Enhancements bereit zu stellen.

c) Die Ausübung des Calls ist möglich, bevor nur noch 10 % oder weniger des ursprünglichen zugrunde liegenden Forderungspools bzw. bei synthetischen Transaktionen 10 % des ursprünglichen Referenzportfolios oder der begebenen Wertpapiere verblieben sind.

---

[15] Vgl. Basel II, §§ 555 f.
[16] Vgl. Basel II, §§ 109 ff und Kapitel C. VI. „Sicherheiten und Risk Mitigation".
[17] Vgl. Basel II, §§ 145 f.
[18] Vgl. Basel II, §§ 557 f.

Liegt eines der oben genannten Merkmale für einen Clean-up-Call vor, hat das eine Kapitalunterlegung in der Form zur Folge, als ob keine Verbriefung des zugrunde liegenden Portfolios stattgefunden hätte.

2.1.1.4 Operationelle Anforderungen für die Nutzung externer Ratings

Auch für die Nutzung der externen Ratings bestehen operationelle Anforderungen. Diese gelten gleichermaßen für traditionelle wie auch für synthetische Transaktionen. Die Anforderungen sind in § 565 des Regelwerkes aufgeführt. Beispielhaft soll genannt werden, dass die externen Ratings von einer qualifizierten Ratingagentur (*ECAI*), die von einer nationalen Bankenaufsicht anerkannt worden ist, vorgenommen sein müssen. Ein Ratingurteil muss öffentlich und allgemein zugänglich sein. Außerdem soll es in die Übergangsmatrix der Ratingagentur integriert sein. Qualifizierte Ratingagenturen müssen über eine ausgewiesene Expertise für die Beurteilung von Verbriefungstransaktionen verfügen. Diese würde sich zum Beispiel durch eine starke Marktakzeptanz zeigen.[19]

2.1.2 Behandlung von Verbriefungspositionen im Standardansatz

Banken, die für das Kreditrisiko der zugrunde liegenden Forderungen den Standardansatz nutzen, müssen den Standardansatz auch für Verbriefungspositionen wählen.[20]

Die Summe der risikogewichteten Aktiva einer Verbriefungsposition berechnet sich durch Multiplikation der Position mit dem Risikogewicht entsprechend der nachstehenden Tabelle:

Langfristige Ratingkategorien

Externes Ratingurteil	Investment Grade			Non-Investment Grade	
	AAA bis AA-	A+ bis A-	BBB+ bis BBB-	BB+ bis BB-*	BB- und schlechter oder nicht geratet
Risikogewicht	20%	50%	100%	350%	Kapitalabzug

* Nur Investoren dürfen diese Kategorie berücksichtigen; Originatoren müssen Positionen dieser Kategorie vom Kapital abziehen.

Kurzfristige Ratingkategorien

Externes Ratingurteil	A-1/ P-1	A-2/ P-2	A-3/ P-3	Alle anderen Ratingurteile oder nicht geratet
Risikogewicht	20%	50%	100%	Kapitalabzug

Tabelle 1: Bonitätsgewichte für lang- und kurzfristige Ratingkategorien im Standardansatz

---

[19] Vgl. Basel II, §§ 565.
[20] Vgl. Basel II, §§ 566-575.

Für außerbilanzielle Geschäfte müssen Banken einen Kreditumrechnungsfaktor (*Credit Conversion Factor, CCF*) anwenden und den resultierenden Kreditäquivalenzbetrag risikogewichten. Geratete Positionen erhalten einen CCF von 100 %. Für Positionen mit langfristigen Ratingurteilen von B+ und schlechter und anderen kurzfristigen Ratings als A-1/P-1, A-2/P-2, A-3/P-3 ist ein Kapitalabzug je hälftig vom Kern- und Ergänzungskapital notwendig. Für nicht geratete Positionen ist mit Ausnahme der unten dargestellten Fälle ein Kapitalabzug vorzunehmen.

Investoren dürfen – im Gegensatz zu Originatoren – bei Verbriefungspositionen mit einem Rating von BB+ bis BB- das Risikogewicht von 350 % berücksichtigen. Originatoren müssen hingegen alle zurückbehaltenen Verbriefungspositionen mit einem Rating unterhalb „Investment Grade" (d. h. BBB-) vom Kapital abziehen.

Ausnahmen vom Kapitalabzug bei nicht gerateten Verbriefungspositionen bilden
- die höchstrangige Position innerhalb einer Verbriefung,
- Second Loss oder besser gestellte Positionen in ABCP-Programmen und
- anrechenbare Liquiditätsfazilitäten.

In einer traditionellen oder synthetischen Verbriefung kann eine Bank, die eine nicht geratete höchstrangige Verbriefungsposition hält oder für diese garantiert, durch die Anwendung der Transparenzmethode (Look-Through Treatment) die Risikogewichte für diese Tranche bestimmen. Die Voraussetzung hierfür ist, dass die Zusammensetzung des Forderungspools jederzeit bekannt ist.[21] Vorbehaltlich einer aufsichtlichen Prüfung erhält bei dieser Methode die ungeratete höchstrangige Position das durchschnittliche Risikogewicht der im zugrunde liegenden Pool enthaltenen Forderungen.

Für nicht geratete, von Sponsoren den ABCP-Programmen zur Verfügung gestellte Verbriefungspositionen, ist ein Kapitalabzug unter den folgenden Bedingungen nicht erforderlich:
- Die Position ist wirtschaftlich in einer Second Loss- oder besseren Position. Die First-Loss-Position muss eine bedeutende Kreditbesicherung für die Second-Loss-Position darstellen.
- Das Kreditrisiko der Tranche entspricht der Einstufung „Investment Grade".
- Die Bank, die die nicht geratete Position hält, darf die First-Loss-Position nicht zurückbehalten oder übernehmen.

Sind die genannten Bedingungen kumulativ erfüllt, ist das Risikogewicht das höhere von (1) 100 % oder (2) dem höchsten Risikogewicht der einzelnen zugrunde liegenden Forderungen, auf welche sich die Fazilität bezieht.

Für Liquiditätsfazilitäten, bei denen die Bedingungen für die Nutzung einer externen Bonitätseinschätzung nicht erfüllt sind, ist unter Einhaltung nachfolgend erläuterter Kriterien das Risikogewicht des Kreditäquivalenzbetrags gleich dem höchsten Risikogewicht der zugrunde liegenden einzelnen Forderungen, welche durch die anerkannte Liquiditätsfazilität gedeckt werden.[22]

---

[21] Zur Bestimmung, ob eine Position die Höchstrangige innerhalb einer Verbriefung ist, sind die Banken nicht verpflichtet, Zins- und Währungsswaps zu berücksichtigen.
[22] Vgl. Basel II, § 576.

Banken müssen für die Berechnung des Kapitals entscheiden, ob – entsprechend den nachstehend genannten Kriterien – ein außerbilanzielles Geschäft als „anerkannte Liquiditätsfazilität" oder als „anerkannter Barvorschuss des Forderungsverwalters" (Servicer) eingestuft werden kann. Für alle übrigen außerbilanziellen Verbriefungspositionen gilt ein CCF von 100 %.[23]

Die folgenden Mindestanforderungen sind zur Behandlung von außerbilanziellen Verbriefungspositionen als anerkannte Liquiditätsfazilitäten kumulativ zu erfüllen:

- Die Dokumentation der Fazilität muss eindeutig die Bedingungen festlegen, unter denen sie in Anspruch genommen werden kann. Die Inanspruchnahmen aus der Fazilität müssen auf einen Betrag beschränkt sein, der wahrscheinlich aus der Liquidation der Forderungen oder aus Credit Enhancements des Forderungsverkäufers zurückgezahlt werden kann. Es dürfen keine Verluste abgedeckt werden, die im Forderungspool bereits vor Inanspruchnahme aufgetreten sind. Die Ziehung der Fazilität darf nicht gewiss sein; eine regelmäßige oder fortlaufende Ziehung würde darauf hindeuten.
- Der Fazilität muss ein Qualitätscheck der Aktiva voraus gehen. Dadurch soll verhindert werden, dass die Fazilität in Anspruch genommen wird, um als ausgefallen geltende Kredite abzudecken. Extern geratete Schuldverschreibungen, für deren Finanzierung die Liquiditätsfazilität vorgesehen ist, müssen ein Investment Grade Rating aufweisen.
- Sind alle Credit Enhancements, von denen die Liquiditätsfazilität profitiert hätte, aufgebraucht, kann die Fazilität nicht mehr in Anspruch genommen werden.
- Rückzahlungen von Inanspruchnahmen dürfen nicht nachrangig gegenüber Ansprüchen der Anleihegläubiger der Verbriefung sein und des Weiteren nicht Gegenstand einer Stundungsvereinbarung oder eines Verzichts sein.

Sind die oben genannten Kriterien erfüllt und ist zudem die Ursprungslaufzeit der Fazilität kleiner oder gleich einem Jahr, dann darf eine Bank einen CCF von 20 % auf den Betrag der anerkannten Liquiditätsfazilität anwenden. Fazilitäten mit einer Laufzeit von über einem Jahr erhalten einen CCF von 50 %. Wird ein externes Rating zur Risikogewichtung der Fazilität berücksichtigt, ist ein Konversionsfaktor von 100 % anzusetzen.

Für Liquiditätsfazilitäten, die ausschließlich im Falle von allgemeinen Marktstörungen gezogen werden können, darf ein CCF in Höhe von 0 % angesetzt werden. Hierzu müssen die oben genannten Bedingungen für die Anerkennung von Liquiditätsfazilitäten erfüllt sein. Zusätzlich müssen die Mittel aus der Fazilität durch die zugrunde liegenden Forderungen abgesichert werden. Des Weiteren muss die Fazilität mindestens gleichrangig mit den Ansprüchen der Inhaber der Kapitalmarktpapiere sein.

Sollten sich die Fazilitäten, die eine Bank zur Verfügung gestellt hat, überdecken, weil die Inanspruchnahme unter der einen Fazilität die Inanspruchnahme der anderen Fazilität (teilweise) ausschließen kann, braucht die Bank kein zusätzliches Kapital für den sich überdeckenden Teil zu halten. Gelten für die sich überdeckenden

---

[23] Vgl. Basel II, §§ 577-581.

Positionen verschiedene Konversionsfaktoren, muss die Bank den Teil mit dem höchsten CCF anrechnen.[24]

Banken, die eine Kreditrisikominderung für eine Verbriefungsposition erworben haben, können diese unter bestimmten Voraussetzungen bei der Kapitalberechnung für Verbriefungspositionen berücksichtigen.[25] Kreditrisikominderungen umfassen Garantien, Kreditderivate, Sicherheiten und bilanzielles Netting (On-Balance-Sheet-Netting).[26] Wenn eine andere Bank als Originator Kreditabsicherungen bereitstellt, muss sie Kapital für die besicherte Position unterlegen wie ein Investor. Für den Fall, dass eine Bank eine Absicherung für ein nicht geratetes Credit Enhancement übernimmt, muss die gewährte Kreditabsicherung so behandelt werden, als ob das Credit Enhancement direkt übernommen worden wäre. Anerkannte Sicherheiten sind auf die im Standardansatz für Kreditrisikominderung zugelassenen begrenzt. Sicherheiten, die von Zweckgesellschaften verpfändet wurden, können anerkannt werden.

Bei Garantien und Kreditderivaten können nur anerkennungsfähige Garantiegeber oder Sicherungsgeber im Sinne des Regelwerks berücksichtigt werden. Zweckgesellschaften können nicht als Garanten anerkannt werden. Garantien oder Kreditderivate müssen die Mindestanforderungen des Regelwerks erfüllen, damit sie Kapital mindernd berücksichtigt werden können.[27] Kapitalanforderungen für den garantierten bzw. abgesicherten Teil werden entsprechend der Kreditrisikominderungstechniken (*CRM Techniques*) im Standardansatz ermittelt.[28]

Wie bereits im Abschnitt 1.1 erwähnt, können für den Originator Kreditrisiken aus Investorenansprüchen aus einer Verbriefungsstruktur entstehen, die eine Early-Amortisation-Klausel enthält. Die Ansprüche beziehen sich auf gezogene und nicht gezogene Beträge. Für den Originator besteht die Verpflichtung, Eigenkapital für diese Kreditrisiken vorzuhalten, wenn er Forderungen in eine Struktur mit Early-Amortisation-Klausel verkauft und wenn es sich um revolvierende Forderungen (z. B. Kreditkartenforderungen und Kreditlinien für Unternehmen) handelt.[29]

Die Pflicht zur Eigenkapitalunterlegung für die Option der vorzeitigen Beendigung besteht nicht im Falle von:
- Auffüllungsstrukturen (Replenishment-Strukturen), bei denen die vorzeitige Beendigung der Struktur die Möglichkeit der Bank beendet, neue Forderungen nachzufüllen und die zugrunde liegenden Forderungen nicht revolvierend sind.

---

[24] Werden die sich überdeckenden Fazilitäten von verschiedenen Banken zur Verfügung gestellt, muss jede Bank für den Höchstbetrag der Fazilität Eigenkapital vorhalten.
[25] Vgl. Basel II, §§ 583 ff.
[26] In diesem Zusammenhang werden unter Sicherheiten solche verstanden, die das Kreditrisiko einer Verbriefungsposition absichern und nicht die der Verbriefung zugrunde liegenden Forderungen.
[27] Vgl. Basel II, §§ 189 ff. Zur Anerkennung von Garantien und Kreditderivaten vgl. auch Kapitel C. VIII. „Einsatz von Kreditderivaten und Garantien".
[28] Im Falle einer Laufzeitinkongruenz wird die Kapitalanforderung angepasst. Haben die Forderungen unterschiedliche Laufzeiten, ist die jeweils längste zu wählen. Vgl. Kapitel C. II. „Der Standardansatz für die Kreditrisikounterlegung".
[29] Vgl. Basel II, §§ 590 ff.

- Transaktionen mit revolvierenden Forderungen, die Early-Amortisation-Klauseln enthalten, um die Struktur einer befristeten Transaktion abbilden zu können. Die Konsequenz daraus muss sein, dass das Risiko der zugrunde liegenden Fazilität nicht auf den Originator zurückfällt.
- Strukturen, bei denen eine Bank eine oder mehrere Kreditlinien verbrieft und bei denen die Investoren zukünftigen Inanspruchnahmen der Kreditnehmer auch nach Eintritt eines vorzeitigen Kreditereignisses voll ausgesetzt sind.
- Bedingungen einer Early-Amortisation-Klausel, die nur durch Ereignisse ausgelöst werden, die nicht mit der Entwicklung der verbrieften Vermögensgegenstände oder der sie veräußernden Bank zusammenhängen.

Die Gesamtkapitalanforderung ist für eine Bank, welche die Early-Amortisation-Behandlung anwenden muss, nach oben begrenzt (*Cap*). Diese Kapitalobergrenze entspricht dem größeren Betrag von (a) der Kapitalanforderung für zurückbehaltene Verbriefungspositionen, exklusive der Eigenkapitalunterlegung für die Early-Amortisation-Klausel, oder (b) der Kapitalanforderung, die sich ergeben würde, wenn die Forderungen unverbrieft wären.

Die Eigenkapitalunterlegung des Originators für die Investorenansprüche ergibt sich aus dem Produkt von (1) den Investorenansprüchen, (2) einem entsprechenden Kreditumrechnungsfaktor (siehe nachfolgende Tabellen) und (3) dem Risikogewicht für die zugrunde liegende Forderungsart. Bei der Wahl des Risikogewichts wird verfahren, als ob die Kredite nicht verbrieft worden wären.[30] Der Kreditumrechnungsfaktor hängt davon ab, ob eine vorzeitige Rückzahlung an einen Investor kontrolliert oder unkontrolliert abläuft.

Eine Early-Amortisation-Klausel wird als kontrolliert bezeichnet, wenn die folgenden Bedingungen erfüllt sind:

- Die Bank muss einen Kapital- und Liquiditätsplan haben, der eine vorzeitige Rückzahlung ausreichend berücksichtigt. Des Weiteren erfolgt während der gesamten Transaktion, einschließlich des Tilgungszeitraums, dieselbe Aufteilung von Zinsen, Tilgungen, Kosten, Verlusten und Verwertungserlösen auf die Bank und die Investoren.
- Der Rückzahlungszeitraum muss ausreichend lang sein, sodass mindestens 90 % des zu Beginn des Early-Amortisation-Zeitraumes ausstehenden Forderungsvolumens zurückgezahlt werden können.[31] Im Falle von jederzeit kündbaren Krediten (Retailkredite) richtet sich die Berechnung der Eigenkapitalanforderung in Transaktionen mit kontrollierten Early-Amortisation-Klauseln nach dem Excess Spread Trigger.[32]
- Banken müssen den 3-Monats-Durchschnitt des Zinsüberschusses mit dem im Vorfeld der Transaktion festgelegten Mindestzinsüberschuss vergleichen, ab dem

---

[30] Vgl. Basel II, § 595.
[31] Vgl. Basel II, § 596, 548.
[32] In den Fällen ohne Excess Spread Trigger wird ein Referenzniveau von 4,5 % angenommen.

die Bank den Excess Spread in der Transaktion belassen muss (*Rückbehaltungspunkt*).

Durch Division der Höhe des Zinsüberschusses durch den Rückbehaltungspunkt ergibt sich gemäß der Tabelle 2 der anzuwendende Kreditumrechnungsfaktor.[33]

Kontrollierte Early-Amortisation-Klauseln			
	jederzeit kündbar		nicht jederzeit kündbar
Retailkreditlinien	3-Monatsdurchschnitt des Zinsüberschusses	Kreditumrechnungsfaktor (CCF)	90 % CCF
	133,33 % des Rückbehaltungspunkts oder mehr	0 % CCF	
	< 133,33 % bis 100 % des Rückbehaltungspunkts	1 % CCF	
	< 100 % bis 75 % des Rückbehaltungspunkts	2 % CCF	
	< 75 % bis 50 % des Rückbehaltungspunkts	10 % CCF	
	< 50 % bis 25 % des Rückbehaltungspunkts	20 % CCF	
	< 25 % des Rückbehaltungspunkts	40 % CCF	
andere als Retailkreditlinien	90 % CCF		90 % CCF

Tabelle 2: Kreditumrechnungsfaktoren für kontrollierte Early-Amortisation-Klauseln

Nicht kontrollierte Early-Amortisation-Klauseln			
	jederzeit kündbar		nicht jederzeit kündbar
Retailkreditlinien	3-Monatsdurchschnitt des Zinsüberschusses	Kreditumrechnungsfaktor (CCF)	100 % CCF
	133,33 % des Rückbehaltungspunkts oder mehr	0 % CCF	
	< 133,33 % bis 100 % des Rückbehaltungspunkts	5 % CCF	
	< 100 % bis 75 % des Rückbehaltungspunkts	15 % CCF	
	< 75 % bis 50 % des Rückbehaltungspunkts	50 % CCF	
	< 50 % des Rückbehaltungspunkts	100 % CCF	
andere als Retailkreditlinien	100 % CCF		100 % CCF

Tabelle 3: Kreditumrechnungsfaktoren für nicht kontrollierte Early-Amortisation-Klauseln

---

[33] Vgl. Basel II, §§ 597 ff.

Der Baseler Ausschuss geht mit seiner Regelung davon aus, dass die Auslösung einer Early Amortisation von der Höhe des verfügbaren Excess Spreads abhängig ist. Je kleiner dieser wird, desto höher ist die Kapitalanforderung. Für Kredite, die nicht jederzeit kündbar sind, ergibt sich bei einer kontrollierten Early-Amortisation-Klausel ein CCF von 90 %.[34]

Im Falle von nicht kontrollierten Early-Amortisation-Klauseln, dass heißt denjenigen Klauseln, die die oben genannten Bedingungen nicht erfüllen, erfolgt die Bestimmung des CCF analog zu den kontrollierten EA-Klauseln mit den in der Tabelle 3 dargestellten Werten.

2.1.3 Behandlung von Verbriefungspositionen im IRB-Ansatz

2.1.3.1 Die Ansätze im Überblick

Banken, die für die zugrunde liegenden Forderungen den IRB-Ansatz verwenden, müssen diesen auch für Verbriefungspositionen nutzen. Im IRB-Ansatz stehen einer Bank vier Ansätze zur Verfügung, deren Anwendung sich danach richtet, um welche Art Verbriefungsposition es sich handelt (Liquiditätsfazilitäten und Credit Enhancements in ABCP-Transaktionen oder andere) und in welcher Form ein Rating vorliegt (extern/intern/kein Rating).

Der ratingbasierte Ansatz (*Ratings-Based Approach, RBA*) muss für Verbriefungspositionen angewendet werden, für die ein externes oder abgeleitetes Rating zur Verfügung steht.

Liegt kein externes oder abgeleitetes Rating vor und sind bestimmte operationelle Voraussetzungen erfüllt, kann für Verbriefungspositionen, die im Rahmen eines ABCP-Programms eingegangen werden, der interne Bemessungsansatz (*Internal Assessment Approach, IAA*) Anwendung finden. Solche Positionen können beispielsweise Liquiditätsfazilitäten oder Credit Enhancements sein. Der interne Bemessungsansatz basiert auf bankinternen Ratings für diese Verbriefungspositionen, die auf die Ratingkategorien einer qualifizierten Ratingagentur (*ECAI*) übertragen werden. Die Risikogewichtung wird anhand der RBA-Risikogewichte ermittelt.

Die aufsichtsrechtliche Formel (*Supervisory Formula, SF*) ist für alle übrigen Verbriefungspositionen anzuwenden und auch wenn der IAA nicht angewendet wird oder nicht angewendet werden darf. Für die Anwendung der SF ist die Ermittlung der IRB-Eigenkapitalanforderung des zugrunde liegenden Pools (K_{IRB}) erforderlich.

Ist die Bank nicht in der Lage K_{IRB} zu bestimmen, kann sie zur Bestimmung der Kapitalanforderung für Liquiditätsfazilitäten vorübergehend und nach aufsichtlicher Genehmigung auf ein vereinfachtes Verfahren zurückgreifen.

Die maximale Kapitalanforderung für Verbriefungspositionen bei Anwendung des IRB-Ansatzes entspricht der Eigenkapitalanforderung für die zugrunde liegen-

---

[34] Vgl. Basel II, §§ 601 ff..

den unverbrieften Referenzpositionen. Darüber hinaus ist in zwei Fällen zusätzliches Eigenkapital vorzuhalten:

- Generiert der Originator einen Ertrag aus dem Verkauf der Forderungen, der zu einem Zuwachs von Eigenkapital führt, ist dieser vom Kernkapital abzuziehen, wenn er die Verbriefungspositionen zurück erwirbt.
- Kreditverbessernde IO-Strips sind, obwohl es sich um zukünftiges Margeneinkommen handelt, zu 50 % vom Kernkapital und zu 50 % vom Ergänzungskapital abzuziehen. Zukünftiges Zinseinkommen ist bei der Kalkulation der Eigenkapitalanforderung für die zugrunde liegenden unverbrieften Referenzpositionen nicht zu berücksichtigen, da es sich nicht um Risikoaktiva handelt. In dieser Regelung kommt die Betonung der ökonomischen Betrachtungsweise von Verbriefungstransaktionen im Vergleich zur Betrachtung der rechtlichen Ausgestaltung zum Ausdruck.

2.1.3.2 Der ratingbasierte Ansatz

Der ratingbasierte Ansatz erfordert ein externes oder abgeleitetes Rating für die Verbriefungsposition. Ein Rating für eine ungeratete Verbriefungsposition muss abgeleitet werden, wenn bestimmte operationelle Mindestanforderungen eingehalten sind (vgl. Abb. 3). Diese sollen sicherstellen, dass die nicht geratete Position in allen Aspekten vorrangig zur extern gerateten Referenz-Verbriefungsposition ist. Die Berechnung der Kapitalunterlegung erfolgt analog zu der Vorgehensweise bei externen Ratings.

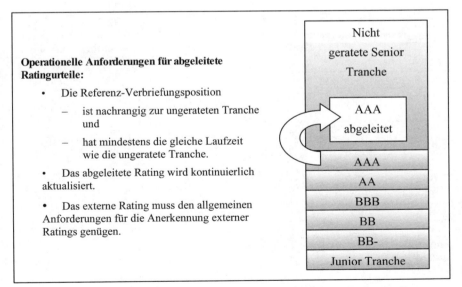

Abbildung 3: Operationelle Anforderungen zur Nutzung abgeleiteter Ratingurteile

Die Risikogewichte, die im RBA auf eine Verbriefungsposition angewendet werden, hängen von den folgenden Parametern ab:
- Externes oder abgeleitetes Rating
  Grundsätzlich sind die Risikogewichte im RBA sensitiver in Bezug auf die (kurzfristige oder langfristige) Ratingkategorie als im Standardansatz. Der Akkord sieht im RBA eine feinere Abstufung der Ratingkategorien vor.
- Granularität des zugrunde liegenden Pools
  Als Maß für die Granularität des Pools wird die effektive Anzahl der Forderungen (N) im Pool herangezogen. Für die Ermittlung der effektiven Anzahl der Forderungen werden zunächst mehrere auf einen Schuldner bezogene Forderungen konsolidiert, da von diesen Forderungen aufgrund ihrer hohen Ausfallkorrelation keine Diversifikationswirkung ausgeht. Zusätzlich finden Klumpenrisiken im Portfolio Berücksichtigung. Als Maßstab für die Konzentration der Höhe der Forderungen im Portfolio wird der so genannte Herfindahl-Index verwendet. Je heterogener die Portfolios in Bezug auf die Höhe der Forderungen sind, desto größer ist aufgrund der vermuteten Konzentrationsrisiken der Abschlag auf die tatsächliche Forderungsanzahl.
- Vorrangigkeit der betreffenden Position
  Der Akkord definiert vorrangige Verbriefungspositionen als Positionen, die faktisch durch einen erstrangigen Anspruch auf den Gesamtbetrag der Vermögenswerte im zugrunde liegenden Pool gedeckt oder besichert sind. Technisch vorrangige Positionen im Wasserfall einer Transaktion, wie z. B. Ansprüche aus einem Zins- oder Währungs-Swap, können bei der Bestimmung der Rangposition vernachlässigt werden. In der oben skizzierten synthetischen Struktur würde bspw. der Super Senior Swap als erstrangige Position behandelt werden.

Externes Rating	RW für erstrangige Tranchen und anerkannte erstrangige IAA-Positionen	Basisrisikogewichte	Risikogewichte für Tranchen, gedeckt durch nichtgranulare Pools
AAA	7 %	12 %	20 %
AA	8 %	15 %	25 %
A+	10 %	18 %	35 %
A	12 %	20 %	35 %
A-	20 %	35 %	35 %
BBB+	35 %	50 %	50 %
BBB	60 %	75 %	75 %
BBB-	100 %	100 %	100 %
BB+	250 %	250 %	250 %
BB	425 %	425 %	425 %
BB-	650 %	650 %	650 %
unter BB- und nicht geratet	1250 %	1250 %	1250 %

Tabelle 4: RBA-Risikogewichte für langfristige externe und/oder abgeleitete Ratingurteile

Die Risikogewichte im RBA gehen aus den Tabellen 4 und 5 hervor. In den Ratingkategorien AAA bis BBB stehen jeweils drei Risikogewichte zur Auswahl. Handelt es sich um eine erstrangige Verbriefungspositionen, der ein granularer Pool zugrunde liegt, sind die Risikogewichte der zweiten Spalte anzuwenden. Die Risikogewichte der dritten Spalte kommen bei nachrangigen Positionen zur Anwendung, denen ein granularer Pool zugrunde liegt. Die Risikogewichte der vierten Spalte kommen bei allen Positionen zur Anwendung, die durch nichtgranulare Portfolien gedeckt sind.

Externes Rating	RW für erstrangige Tranchen und anerkannte erstrangige IAA-Positionen	Basisrisikogewichte	Risikogewichte für Tranchen, gedeckt durch nichtgranulare Pools
A-1/P-1	7 %	12 %	20 %
A-2/P-2	12 %	20 %	35 %
A-3/P-3	60 %	75 %	
Alle anderen/ nicht geratet	1250 %	1250 %	1250 %

Tabelle 5: RBA-Risikogewichte für kurzfristige externe und/oder abgeleitete Ratingurteile

Die Eigenkapitalanforderungen an alle Verbriefungspositionen ohne externes oder abgeleitetes Rating müssen grundsätzlich nach der aufsichtlichen Formel ermittelt werden. Eine Ausnahme bilden Verbriefungspositionen, die im Rahmen von ABCP-Programmen eingegangen werden und für die bankinterne Verfahren zur Bemessung der Kreditqualität zur Verfügung stehen.

Liquiditätsfazilitäten mit externen oder abgeleiteten Ratings werden im RBA wie alle anderen Verbriefungspositionen behandelt. Dementsprechend erhalten die Fazilitäten einen Kreditumrechnungsfaktor von 100 %.

2.1.3.3 Der interne Bemessungsansatz

Dass Liquiditätsfazilitäten unter Basel II unterlegungspflichtig werden, war seit langem absehbar. In welcher Form dies im IRB-Ansatz geschieht, war jedoch lange unklar. Überraschend hat der Baseler Ausschuss einen Ansatz für IRB-Banken präsentiert, der auf interne Ratings der Banken zurückgreift.

In der Praxis haben Banken interne Verfahren zur Bemessung der Kreditqualität von Verbriefungspositionen[35] entwickelt, die sie im Rahmen von ABCP-Programmen anwenden. Daher hat sich der Baseler Ausschuss entschlossen, interne Verfahren zur Messung der Kreditqualität für solche Positionen zuzulassen. Im Rahmen des so genannten internen Bemessungsansatzes (IAA) sollen die anhand interner Modelle ermittelten Ratings auf die Ratings einer ECAI gemappt werden, um die entsprechende Risikogewichtung anhand der RBA-Risikogewichte zu ermitteln.

Der Baseler Ausschuss hat die Erfüllung umfangreicher operationeller Anforderungen an die Verwendung des IAA geknüpft. Im Kern müssen die Banken zeigen,

---

[35] Beispielhaft nennt der Akkord Liquiditätsfazilitäten und Credit Enhancements.

Teil C: Kreditrisikounterlegung

dass ihre internen Bewertungsmodelle mit den öffentlich verfügbaren Ratingmethoden der Ratingagenturen vergleichbar sind, auch bezogen auf spezifische Asset Klassen. Die operationellen Anforderungen sind in folgender Übersicht zusammengefasst.

Phasen/Themen		Operationelle Voraussetzungen für den Einsatz des IAA	Verifikation
Planungs- und Implementierungsphase: Planung des internen Bemessungsmodells bzw. der erforderlichen Anpassungen	Anforderungen an die Fazilität	– Interne Bemessung der Kreditqualität einer Verbriefungsposition muss mindestens Investment Grade Rating besitzen.	interne/ externe Prüfer
	technische Voraussetzungen an das interne Verfahren	– Interne Bemessung muss im internen Risikomanagement der Bank eingesetzt werden und die relevanten Voraussetzungen des IRB-Ansatzes erfüllen. – Interne Bemessung der Kreditqualität einer Verbriefungsposition muss auf Assetklasse-spezifischen ECAI-Bewertungskriterien beruhen.	
		– ECAI erfüllt die Voraussetzungen des Akkords für die Anerkennung als ECAI. – Aufsicht muss mit den Ratingverfahren zufrieden gestellt sein.	Aufsicht
		– Interne Bemessung muss in der Lage sein, Risikoabstufungen zu identifizieren. – Interne Bemessung/Stressfaktoren müssen so konservativ sein wie bei ECAIs; Ratingkriterien der ECAIs in Bezug auf den Vermögenswert müssen öffentlich sein; ansonsten nur Anwendung nach Absprache mit der Aufsicht.	

	Anforderungen an das ABCP-Programm	– ECAI-Rating für das ABCP-Programm (RBA-Behandlung) muss vorliegen.
		 – Kredit- und Anlagerichtlinien für das ABCP-Programm müssen vorliegen.
		 – Kreditanalyse des Risikoprofils des Verkäufers, Prüfung der Forderungsverwaltung und des Inkassoprozesses muss durchgeführt werden.
		 – Mindestanforderungen an die Eignung von anzukaufenden Vermögensgegenständen müssen erfüllt sein:
		  – keine ausgefallenen oder deutlich rückständigen Forderungen,
		  – keine übermäßige Schuldner- oder geografische Konzentration,
		  – begrenzte Laufzeit.
			interne/ externe Prüfer

Phasen/Themen	Operationelle Voraussetzungen für den Einsatz des IAA	Verifikation
	– Es sollten Inkassoprozesse eingerichtet werden, die die Leistungsfähigkeit und Kreditqualität des Servicers berücksichtigen. Forderungsverwalterrisiken sollten durch das Programm gemindert werden. – Alle möglichen Risikoquellen sollten durch den Programmverwalter bei der Schätzung der Verluste berücksichtigt werden; Anforderungen an CE-Level müssen berücksichtigt werden. – Struktur muss Bonitätsverschlechterungen im Portfolio mindern, z. B. Trigger für das Auslösen der Abwicklung.	interne/ externe Prüfer
Anwendungsphase: Anforderungen während der Anwendung des IAA	– Regelmäßige Prüfung des internen Bemessungsverfahrens durch unabhängige interne oder externe Prüfer. – Überwachung der Ergebnisse der internen Bemessung im Zeitablauf; Anpassungen bei Abweichungen.	

Tabelle 6: Operationelle Anforderungen an das interne Bemessungsverfahren im Überblick

Falls der interne Bemessungsansatz nicht mehr anerkannt wird, hat die Bank die *SF* oder, falls diese nicht zur Verfügung steht, ein vereinfachtes Verfahren anzuwenden, das nachfolgend erläutert wird.[36]

2.1.3.4 Der aufsichtliche Formelansatz

Der aufsichtliche Formelansatz kommt zum Einsatz, wenn der RBA nicht auf die Verbriefungsposition angewendet werden kann, weil kein externes oder abgeleitetes Rating verfügbar ist.[37]

Die Inputparameter der *SF* sind
– die IRB-Eigenkapitalunterlegung des zugrunde liegenden Portfolios (K_{IRB}),
– der Credit Enhancement Level der Tranche,
– das Volumen der Tranche,
– die effektive Anzahl der Forderungen im Pool und
– der forderungsgewichtete durchschnittliche Verlust bei Ausfall *(Loss Given Default, LGD)* des Pools.

Zentrales Berechnungselement der *SF* ist die IRB-Eigenkapitalunterlegung des zugrunde liegenden Portfolios. Die Ermittlung von K_{IRB} sollte nach dem Bottom-Up-Ansatz entsprechend der allgemeinen Regelungen[38] erfolgen. Im Bottom-Up-

---

[36] Vgl. Basel II, § 639.
[37] Die SF kann unter bestimmten Voraussetzungen auch für die Ermittlung der Eigenkapitalanforderung von angekauften Forderungen herangezogen werden. Vgl. Basel II, §§ 371 f.
[38] Vgl. Basel II, §§ 270 ff.

Ansatz ermittelt die Bank die Eigenkapitalanforderung für einen Forderungspool durch Aggregation der Kapitalanforderungen für die Einzelkredite. Ist die Bank nicht in der Lage, den Bottom-Up-Ansatz anzuwenden, weil ihr die notwendigen Daten über die zugrunde liegenden Forderungen fehlen, kann sie K_{IRB} – nach aufsichtlicher Genehmigung – auch mit Hilfe des Top-Down-Ansatzes[39] ermitteln. Der Top-Down-Ansatz wurde vor allem für Forderungen entwickelt, die angekauft wurden, um im Rahmen von ABS-Strukturen verbrieft zu werden.[40]

Positionen unterhalb von K_{IRB} sind vom Eigenkapital abzuziehen. Positionen, die genau „auf" K_{IRB} liegen, sind aufzuteilen und die Kapitalunterlegungen der Teiltranchen oberhalb und unterhalb von K_{IRB} sind separat gemäß der SF zu ermitteln. Der Akkord sieht ein minimales Risikogewicht in Höhe von 7 % bei Anwendung der SF vor.

Auch für eine ungeratete Liquiditätsfazilität, für die kein Rating abgeleitet werden kann, wird die Kapitalanforderung nach der SF ermittelt. Handelt es sich bei der Liquiditätsfazilität um eine Fazilität für allgemeine Marktstörungen, dann ist ein Kreditumrechnungsfaktor von 20 %, für alle übrigen Fazilitäten ist ein CCF von 100 % anzuwenden.

Liquidity Banks in ABCP-Programmen haben möglicherweise gar keine Informationen über das zugrunde liegende Forderungsportfolio. Daher sind für sie weder der Bottom-Up- noch der Top-Down-Ansatz praktikabel. In diesen Fällen kann die Bank mit Zustimmung der Aufsicht die Eigenkapitalanforderung für die Fazilität in vereinfachter Form bestimmen.[41] Dabei wird für anerkannte Liquiditätsfazilitäten[42] das höchste Risikogewicht angewandt, das sich nach Maßgabe des Standardansatzes aufgrund einer einzelnen Forderung des zugrunde liegenden Forderungsportfolios ergibt. Alle anderen Fazilitäten sind in Höhe ihres Nominalbetrags vom Eigenkapital abzuziehen. Der anzuwendende Kreditumrechnungsfaktor ergibt sich aus folgender Tabelle.

	Ursprungslaufzeit	Kreditkonversionsfaktor
anerkannte Liquiditätsfazilität gemäß § 578	≤ 1 Jahr	50 %
	> 1 Jahr	100 %
anerkannte Liquiditätsfazilität für Marktstörungen gemäß § 580	Alle	20 %
jede andere Liquiditätsfazilität		100 %

Tabelle 7: Kreditumrechnungsfaktoren für Liquiditätsfazilitäten

---
[39] Vgl. Basel II, § 365.
[40] Für eine Darstellung des Top-Down-Ansatzes vgl. Kapitel C. III. „Die IRB-Ansätze".
[41] Vgl. Basel II, § 639.
[42] Vgl. Basel II, §§ 578, 580.

Kreditrisikominderungen auf Verbriefungspositionen sind – genauso wie im RBA – nach den allgemeinen Anforderungen des IRB-Ansatzes zu behandeln.

Early Amortisation-Klauseln sind nach den Anforderungen im Standardansatz für Verbriefungen zu behandeln. Die Investorenansprüche bei revolvierenden Forderungen sind für Banken, die den IRB-Ansatz nutzen – anders als im Standardansatz – definiert als die in Anspruch genommenen Beträge der der Verbriefungsposition zugrunde liegenden Kreditlinien zuzüglich der Forderungshöhe bei Ausfall (*Exposure at Default, EAD*) der nicht in Anspruch genommenen Kreditzusagen entsprechend ihrem verbrieften Anteil. Die Investorenansprüche sind mit Eigenkapital zu unterlegen.

2.2 Säule II

Die zweite Säule von Basel II, das aufsichtsrechtliche Überprüfungsverfahren, dient der Sicherstellung, dass sich die Höhe der Kapitalunterlegung an der ökonomischen Substanz bzw. dem wirtschaftlichen Gehalt einer Transaktion orientiert. Die Aufsichtsbehörden werden dementsprechend die bankinternen Risikoabschätzungen dahingehend prüfen, inwieweit diese bei der Bestimmung der bankaufsichtsrechtlichen Kapitalanforderungen berücksichtigt wurden. In den Fällen, in denen die jeweilige Aufsichtsbehörde die Berechnung der Kapitalanforderung als nicht angemessen erachtet, wird sie Maßnahmen ergreifen. Diese können ein Aussetzen oder die Reduzierung der kapitalentlastenden Wirkung der Verbriefung von Aktiva oder die Erhöhung des vorzuhaltenden Kapitals für Risiken aus Verbriefungstranchen zum Gegenstand haben.[43]

Das aufsichtsrechtliche Überprüfungsverfahren bezieht sich im Einzelnen auf die folgenden Punkte:

- Signifikanz des Risikotransfers,
- Marktinnovation,
- Bereitstellung von Credit Enhancements,
- Restrisiken,
- Optionsrechte sowie
- Early Amortisation.

In Bezug auf die Signifikanz des Risikotransfers wird von der Aufsichtsbehörde zu prüfen sein, ob in einer Transaktion der signifikante Teil des Risikos übertragen wurde. Der Begriff Signifikanz ist bewusst offen gehalten. Dadurch soll den Aufsichtsbehörden die Möglichkeit gegeben werden, auf erst künftig identifizierte Fehlanreize zur Gestaltung des Umfangs an Risikotransfer entsprechend reagieren zu können.[44]

Die Tatsache, dass der Originator den erwarteten Verlust[45] eines verbrieften Portfolios zurückbehält, steht für sich genommen nicht der Annahme entgegen, dass ein Risikotransfer wesentlich ist. Auch beispielsweise der Umstand, dass die vom Ori-

---
[43] Vgl. Basel II, § 784 f.
[44] Vgl. Deutsche Bundesbank Arbeitskreis „Umsetzung Basel II", Anlage „Wesentlicher Risikotransfer" S. 9.

ginator zurückbehaltenen oder erworbenen Tranchen betragsmäßig absolut oder relativ groß sind, steht für sich genommen nicht einem wesentlichen Risikotransfer entgegen.

Nur wenn der Risikotransfer von der Aufsicht als signifikant angesehen wird, kann der Originator eine Kapitalerleichterung erreichen. Ist dies nicht der Fall, können die Aufsichtsinstanzen höhere Kapitalanforderungen anordnen als in Säule I vorgesehen.[46]

Die Übertragung des signifikanten Risikos ist unter anderem in Zweifel zu ziehen, wenn wesentliche Tranchen vom Originator zurückbehalten oder wieder erworben wurden. Der Erwerb von Tranchen zur Marktpflege (*Market Making*) könnte von den Aufsichtsinstanzen unter der Voraussetzung akzeptiert werden, dass die erworbenen Tranchen innerhalb einer angemessenen Zeitspanne wieder veräußert werden. Ein weiterer Indikator für eine Übertragung des nicht signifikanten Teils des Risikos ist der Verbleib sowohl ungerateter Aktiva schlechterer Bonität als auch der wesentlichen Kreditrisiken, die in den der Verbriefung zugrunde liegenden Aktiva enthalten sind, beim Originator.

Hinsichtlich Marktinnovationen wird von den jeweiligen Aufsichtsbehörden erwartet, dass sie neu aufkommende Arten von Verbriefungstransaktionen dahingehend untersuchen, welche Auswirkungen die neuen Ausstattungsmerkmale auf den Risikotransfer haben. Auf diese Weise sollen neue Problemkreise, die die Mindestkapitalanforderungen nicht erfassen, berücksichtigt werden.[47]

Eine besondere Bedeutung kommt der Behandlung der Bereitstellung impliziter Credit Enhancements zu. Wenn die Gewährung von Credit Enhancements über die vertragliche Vereinbarung hinausgeht, handelt es sich um implizite Unterstützungsmaßnahmen. Indem Banken implizite Unterstützungsmaßnahmen anbieten, signalisieren sie dem Markt, dass noch ein Risikoanteil bei ihnen verbleibt und tatsächlich nicht transferiert wurde. Die Folge ist, dass die Risiken in der Berechnung der Eigenkapitalausstattung unterbewertet sind.

Wird bei einer Bank festgestellt, dass sie eine Verbriefungstransaktion mit impliziten Credit Enhancements ausstattet, muss sie die der Konstruktion zugrunde liegenden Risikoaktiva so mit Eigenkapital unterlegen, als ob sie nicht verbrieft worden wären. Wird bei einer Bank festgestellt, dass sie in mehr als einem Fall implizite Credit Enhancements zur Verfügung gestellt hat, können von der Aufsichtsbehörde Maßnahmen getroffen werden, die im Folgenden beispielhaft aufgeführt sind:

– Die Bank kann von der Erleichterung der Kapitalunterlegung für verbriefte Risikoaktiva für einen bestimmten Zeitraum ausgeschlossen werden.
– Die Bank kann verpflichtet werden, die verbrieften Risikoaktiva so mit Eigenkapital zu unterlegen, als würde sie das Obligo für diese Aktiva tragen. Für die

---

[45] Mit erwartetem Verlust ist hier der vom Originator wirtschaftlich erwartete Verlust der durch die Verbriefungstransaktion abgesicherten Vermögensgegenstände gemeint und nicht das Produkt aus PD, LGD und EAD.
[46] Vgl. Basel II, § 786.
[47] Vgl. Basel II, §§ 789 ff.

zugrunde liegenden Aktiva ist ein Konversionsfaktor auf das Risikogewicht anzuwenden.

– Die Bank kann die Verpflichtung erhalten, die Aktiva in der Kapitalberechnung so zu behandeln, als wären sie in der eigenen Bilanz verblieben.

– Die nationale Aufsichtsbehörde kann die Bank verpflichten, über die Mindestausstattung hinausgehendes regulatorisches Kapital vorzuhalten.

Die jeweilige Aufsichtsbehörde soll des Weiteren die Angemessenheit der Ansätze der Banken zur Anrechnung von Kreditabsicherungen bezüglich des Bestehens von Restrisiken überprüfen. Insbesondere sollen Kreditabsicherungen, die als Bonitätsverbesserungsmaßnahmen für die ersten Verluste dienen, überprüft werden. Wird ein Ansatz zur Anrechnung von Absicherungen als nicht hinreichend erachtet, können Maßnahmen wie die Erhöhung von Kapitalanforderungen für einzelne Transaktionen ergriffen werden.

Des Weiteren erwarten die Aufsichtsbehörden von einer Bank, keinen Gebrauch von vertraglichen Klauseln zu machen, die die Kündigung der gesamten Verbriefungstransaktion oder deren Abdeckung durch Kreditabsicherungen vor Fälligkeit ermöglichen, wenn es dadurch zu einer erhöhten Gefährdung der Bank durch Verluste oder eine Verschlechterung der Kreditqualität des zugrunde liegenden Portfolios kommen kann. Rückkaufoptionen sollten nur aus wirtschaftlichen Gründen vorgesehen sein. Diese Gründe liegen vor, wenn z. B. die Kosten der Transaktion die Erträge aus dem zugrunde liegenden Portfolio übersteigen bzw. wenn eine Verringerung des Excess Spread gegeben ist.

Die Aufsichtsinstanzen haben des Weiteren zu prüfen, wie eine Bank mit der Verbriefung revolvierender Kreditfazilitäten verbundene Risiken intern misst und bewertet. Dazu gehört die Bewertung des Risikos und der Wahrscheinlichkeit der vorzeitigen Rückzahlung der Investorenansprüche (Early Amortisation). Die Banken müssen über ausreichende Methoden für die Kapitalallokation gegenüber den aus den revolvierenden Verbriefungen entstehenden Kreditrisiken verfügen. Zusätzlich müssen die Banken Kapital- und Liquiditätskrisenpläne erstellt haben, die die Wahrscheinlichkeit einer vorzeitigen Rückzahlung abschätzen und Auswirkungen sowohl einer planmäßigen als auch einer unplanmäßigen Rückzahlung berücksichtigen.[48]

2.3 Säule III

In der Säule III des Baseler Akkords werden umfangreiche Offenlegungsanforderungen mit dem Ziel formuliert, die Angemessenheit der Eigenkapitalausstattung der Bank so darzustellen, dass Kapitalgeber durch ihre Investitionsentscheidungen disziplinierend auf das Kreditinstitut einwirken können.

Neben der Information über die Risikoposition der Bank hat der Baseler Ausschuss den Anspruch, mit den Offenlegungsanforderungen ein konsistentes und ver-

---
[48] Vgl. Basel II, § 801.

ständliches Schema bereitzustellen, das die Vergleichbarkeit der Angaben zwischen den Kreditinstituten verbessert.[49]

Die Offenlegungsanforderungen im Zusammenhang mit Verbriefungstransaktionen gliedern sich in qualitative und quantitative Informationen. Die Veröffentlichung der qualitativen Informationen sollte im Allgemeinen jährlich erfolgen. Grundsätzlich gilt für alle übrigen Veröffentlichungen ein halbjährliches Intervall. Für Risikopositionen, die schnellen Veränderungen unterliegen, sollten die Informationen vierteljährlich offen gelegt werden.

Die Offenlegungspflichten sind in nachstehender Tabelle dargestellt:

Qualitative Offenlegung	Informationen über strategische Aspekte der Verbriefungstransaktion	– Ziele der Bank im Zusammenhang mit der Verbriefungstransaktion – Quantifizierung der Kreditrisikoverlagerung zu anderen Instituten – Funktion der Bank im Verbriefungsprozess und Umfang der Beteiligung – Wahl des Ansatzes (IRB-Banken)
	Bilanzierungs- und Bewertungsmethoden	– Klassifizierung als Verkauf oder als Refinanzierung – Vereinnahmung von Verkaufsgewinnen – Annahmen zur Behandlung zurückbehaltener Risiken – Behandlung von synthetischen Verbriefungen, wenn diese nicht von anderen Offenlegungspflichten abgedeckt werden
	Angaben zum Rating	– Eingesetzte Ratingagenturen – Arten der verbrieften Forderungen, für die die Ratingagentur verwendet wird
Quantitative Offenlegung	Angaben über verbriefte Forderungen insgesamt (jeweils segmentiert nach Art der Forderungen)	– Ausstehender Gesamtbetrag – Betrag notleidender/überfälliger Forderungen – Betrag der in der laufenden Periode realisierten Verluste
	Angaben über zurückbehaltene oder zurückgekaufte verbriefte Kreditforderungen (jeweils segmentiert nach Art der Forderungen)	– Gesamtbetrag – Kapitalanforderung für diese Positionen gegliedert in aussagekräftige Anzahl von Risikogewichtsbändern – Gesonderter Ausweis von Verbriefungspositionen, die nur vom Kernkapital und die vom Eigenkapital abgezogen werden und bonitätsverbessernder Zinsüberschüsse

---

[49] Vgl. Basel II, § 810.

Quantitative Offenlegung	Angaben über Verbriefungen von Kreditlinien mit EA-Klausel (jeweils segmentiert nach Art der Forderungen)	– Gesamte Forderungen gegliedert nach Forderungsgeber und –nehmer – Kapitalanforderung der Bank i. V. m. den zurückbehaltenen Teilen von gezogenen und nicht in Anspruch genommenen Kreditlinien – Kapitalanforderung der Bank i. V. m. den Investorenanteilen von gezogenen und nicht in Anspruch genommenen Kreditlinien
	Zusammenfassung der Verbriefungsaktivitäten des laufenden Jahres (jeweils segmentiert nach Art der Forderungen)	– Zusammenfassung – Gesamtbetrag der verbrieften Forderungen – Realisierter Gewinn bzw. Verlust aus dem Verkauf der Forderungsart

Tabelle 8: Offenlegung für Verbriefungen

3. Fallbeispiele

3.1 Vorgehensweise und Annahmen

Die Anwendung und Wirkungsweisen ausgewählter Regelungen werden im Folgenden anhand eines Beispiels dargestellt.

Bei dem Beispiel handelt es sich um eine typische synthetische Verbriefungsstruktur, wie sie derzeit auf dem deutschen Markt vorherrscht.[50] Der Struktur liegt ein Portfolio mit unbesicherten endfälligen Großkrediten (PF G) an Unternehmen zugrunde. PF G hat ein Volumen von 3.000.000 TEUR. Der Moody's Weighted Average Rating Factor der Forderungen entspricht Baa1-Baa2. Das Kreditrisiko des Portfolios sei unter Verwendung von Credit Default Swaps und Credit Linked Notes an Sicherungsgeber bzw. Investoren übertragen und in Klassen unterschiedlicher Seniorität aufgeteilt.

Tranche	Nominalbetrag	Rating (Moody's)
Senior Swap	2.669.750.000,00	Aaa
A+	250.000,00	Aaa
A	126.000.000,00	Aaa
B	42.000.000,00	Aa2
C	30.000.000,00	A2

---

[50] Vgl. Abschnitt Asset-Backed-Strukturen im Baseler Akkord für die Darstellung einer solchen Struktur. Abweichend von der Darstellung seien die Credit-Linked Notes im Beispiel direkt vom Originator emittiert.

Tranche	Nominalbetrag	Rating (Moody's)
D	33.000.000,00	Baa1
E	21.000.000,00	Baa2
Junior Swap	78.000.000,00	nicht geratet

Tabelle 9: Tranchierung des Beispielportfolios

Die First-Loss-Tranche der Transaktion ist mit einer Zinsunterbeteiligung (*Interest Subparticipation*) ausgestattet. Über dieses Strukturelement erhält der Investor bzw. der Sicherungsgeber der First-Loss-Tranche eine Entschädigung durch den Originator in Höhe der Verluste, die dieser Junior Tranche zugewiesen werden. Die Entschädigung wird aus den Zinszahlungen des zugrunde liegenden Portfolios finanziert. Theoretisch besteht für den Originator nach Basel I keine Unterlegungspflicht aus diesem faktischen Selbstbehalt, im Folgenden wird von einer regulatorischen Eigenkapitalunterlegung dieser Junior Tranche mit Zinsunterbeteiligung beim Originator in Höhe von 8 %, d. h. 100 % Risikogewicht nach Basel I ausgegangen, da dies der Vorgehensweise in der Praxis entspricht.

Mit der synthetischen Verbriefungsstruktur kann eine Bank ihr regulatorisch vorzuhaltendes Eigenkapital entlasten. Insbesondere für Banken, die hinsichtlich ihres regulatorisch vorzuhaltenden Eigenkapitals an ihr Limit stoßen, ist die Eigenkapitalentlastung das Hauptmotiv für die Durchführung synthetischer Verbriefungstransaktionen.

Zusätzlich können Banken mit Hilfe der Verbriefungstechnik eine Form von Arbitrage realisieren, da die aufsichtlichen Anforderungen an das vorzuhaltende Eigenkapital nach Basel I in der Regel höher sind als der ökonomisch notwendige Risikopuffer, der von nicht regulierten Kapitalmarktteilnehmern bereitzuhalten ist. Die Zinsunterbeteiligung, die einen Teil des Risikopotenzials des Originators formal den aufsichtlichen Eigenkapitalanforderungen entzieht, hat darüber hinaus eine zusätzliche Eigenkapitalentlastung zur Folge. In beiden Fällen wird mehr regulatorisches Eigenkapital eingespart als in entsprechendem Maße ökonomisches Risiko abgegeben wird. Diese Effekte werden in der Praxis – unscharf – als Regulierungsarbitrage bezeichnet. Aus Sicht des Baseler Ausschusses sind derartige Techniken unerwünscht, da sie das erklärte Ziel der Stärkung der Solidität und Stabilität des internationalen Bankensystems unterlaufen.

Um aufzuzeigen, welche Konsequenzen sich nach Basel II für Banken ergeben, die in der Vergangenheit synthetische Verbriefungstransaktionen zum Zwecke der Eigenkapitalentlastung durchgeführt haben, wird in der folgenden Analyse die erforderliche Eigenkapitalunterlegung nach Basel II für das unverbriefte Beispielportfolio einer Bank mit der erforderlichen Eigenkapitalunterlegung nach Basel I verglichen. Anschließend wird die Eigenkapitalbelastung nach Verbriefung unter Basel I und die Unterlegungspflichten nach Basel II berechnet. Ferner werden einige vergleichende Betrachtungen der Eigenkapitalanforderungen im Standardansatz und im RBA vorgenommen. Neben der Wirkung der Regelungen auf das vorzuhaltende regulatorische Eigenkapital wird in der Analyse skizziert, inwieweit es dem Baseler Ausschuss gelungen ist, die bisher vorhandenen Arbitragepotenziale einzudämmen.

Bezüglich der Schlussfolgerungen, die in der folgenden Analyse gezogen werden, sei darauf hingewiesen, dass es sich ausschließlich um eine Analyse der Eigenkapitalanforderungen handelt und keine weiteren ökonomischen Faktoren in der Analyse berücksichtigt werden, die für eine Beurteilung der ökonomischen Vorteilhaftigkeit von ABS-Transaktionen im Rahmen strategischer Entscheidungen notwendig wären. Außerdem wurde beispielhaft ein Portfolio mit Unternehmenskrediten ausgewählt. Bei einer Betrachtung anderer Assetklassen gelangt man möglicherweise zu deutlich anderen Ergebnissen.

In der folgenden Analyse wird auf eine Darstellung des aufsichtlichen Formelansatzes verzichtet, da dieser nur bei Transaktionen mit ungerateten Tranchen benötigt wird. Die beispielhaften Berechnungen basieren auf einer Transaktion mit hauptsächlich gerateten Tranchen bzw. Tranchen, für die ein Rating abgeleitet werden kann. Generell zeigen sich bei Anwendung des RBA im Vergleich zum SF deutliche Unterschiede hinsichtlich der Eigenkapitalanforderungen.

3.2 Analyse

3.2.1 Vergleich der Eigenkapitalunterlegung nach Basel I vs. Basel II

In Deutschland ist das vorherrschende Motiv für die Durchführung von Verbriefungstransaktionen die Entlastung des regulatorischen Eigenkapitals. Um zu untersuchen, inwieweit dieser Effekt der Eigenkapitaleinsparung sich auch nach Basel II einstellt, wurde für das Beispielportfolio die Eigenkapitalunterlegung nach Basel I und Basel II zunächst ohne Verbriefung berechnet. Für das Beispielportfolio ergibt sich nach den Regelungen von Basel I eine Eigenkapitalunterlegungspflicht in Höhe von 240.000 TEUR.

Nach Basel II sind von Banken, die den Standardansatz verwenden, 168.691 TEUR Eigenkapital zu unterlegen. Im IRB-Basis-Ansatz errechnet sich eine Eigenkapitalunterlegungspflicht in Höhe von 120.970 TEUR.[51] Aus diesen Zahlen ist zunächst ersichtlich, dass die Regelungen von Basel II für das unverbriefte Beispielportfolio eine Eigenkapitalerleichterung gegenüber Basel I zur Folge haben.

Um nun die Veränderungen der Eigenkapitaleinsparung durch Verbriefung nach Basel II gegenüber Basel I zu untersuchen, wird für das Beispiel die Eigenkapitalunterlegung des verbrieften Portfolios nach Basel I und Basel II gegenübergestellt. Nach Basel I beträgt die Eigenkapitalhöhe für das verbriefte Portfolio 48.956 TEUR bei Einbehalt der Risiken aus der First-Loss-Tranche durch die Zinsunterbeteiligungsstruktur und der Ausplatzierung der Super Senior-Tranche über einen *Credit Default Swap* an eine OECD-Bank (Risikogewicht 20 %).

Nach Basel II ergibt sich im Standardansatz bei Einbehalt des First-Loss-Risikos eine Eigenkapitalpflicht in Höhe von 120.716 TEUR. Die höhere Eigenkapitalunterlegung resultiert aus der 1:1-Unterlegungspflicht für die heute übliche Zinsunterbe-

---

[51] Die im Folgenden verwendeten PD basieren auf 1-Jahres-Ausfallwahrscheinlichkeiten von Standard & Poor's aus dem Jahr 2002.

teilung. Würde die Senior-Tranche nicht über einen Senior-Swap abgesichert, müsste dafür zusätzliches Eigenkapital in Höhe von rund 107.000 TEUR unterlegt werden. Der Grund dafür ist, dass diese nicht geratete, höchstrangige Verbriefungsposition im Standardansatz das durchschnittliche Risikogewicht der zugrunde liegenden Forderungen im Referenzportfolio (vorbehaltlich einer aufsichtlichen Prüfung) erhält. Im Beispiel liegt das durchschnittliche Risikogewicht, welches sich im Standardansatz ergibt, bei 70 %.

Im IRB-RBA Ansatz errechnet sich eine Eigenkapitalunterlegung von 92.951 TEUR. Die Ermittlung der Eigenkapitalanforderung der ungerateten höchstrangigen Verbriefungsposition, deren Risiko durch einen *Credit Default Swap* transferiert wird, erfolgt unter Verwendung des abgeleiteten Ratings der darunter liegenden Tranche (AAA). Da es sich um ein granulares Portfolio handelt (N>6), kann das RBA-Risikogewicht für erstrangige Tranchen herangezogen werden (7 %). Der Substitutionsansatz erlaubt, das Risikogewicht der Tranche durch das Risikogewicht des Sicherungsgebers zu ersetzen. Das Risikogewicht des Sicherungsgebers ergibt sich aufgrund der allgemeinen Regelungen der Kreditrisikominderungstechniken.

Im Beispiel beträgt das Risikogewicht des Sicherungsgebers, der annahmegemäß ein Rating von AAA besitzt, 20 %. Der Sicherungsnehmer kann in diesem Fall das Risikogewicht von 7 % berücksichtigen, da die Anwendung von Kreditrisikominderungstechniken im Vergleich zum Risikogewicht der zugrunde liegenden Position ohne Absicherung nicht in einem höheren Risikogewicht für die Position resultieren soll.

Zusammenfassend lässt sich feststellen, dass sich in diesem Beispiel zwar weiterhin Eigenkapitalentlastungspotenziale (i. H. v. 1,60 Prozentpunkten im Standardansatz bzw. 0,93 Prozentpunkten im IRB-RBA) ergeben, gegenüber Basel I, wonach die Entlastung 6,37 Prozentpunkte beträgt, reduziert sich das Entlastungspotenzial jedoch deutlich (Vgl. Tabelle 10).

Auch die Arbitragemöglichkeiten verringern sich gegenüber Basel I im senioren Bereich besonders im IRB-Ansatz durch die reduzierte Risikogewichtung für unverbriefte Forderungen mit guter Bonität bzw. für erstrangige Verbriefungspositionen. Zusätzlich reduziert die unter Basel II notwendige 1:1-Unterlegung der ungerateten Junior-Tranche bisherige Arbitragepotenziale, sofern man eine Struktur betrachtet, wie sie unter dem Regelwerk von Basel I üblich ist.

	EK-Unterlegung nach Basel I (in TEUR)	% vom Portfolio	EK-Unterlegung nach Basel II Standardansatz (in TEUR)	% vom Portfolio	EK-Unterlegung nach Basel II IRB-RBA (in TEUR)	% vom Portfolio
Portfolio vor Verbriefung	240.000	8,00 %	168.691	5,62 %	120.970	4,03 %
Portfolio nach Verbriefung	48.956	1,63 %	120.716	4,02 %	92.951	3,10 %
Einsparung	191.044	6,37 %	47.975	1,60 %	28.019	0,93 %

Tabelle 10: Vergleich der Eigenkapitalunterlegung zwischen Basel I und Basel II

3.2.2 Vergleichende Betrachtungen innerhalb der Ansätze von Basel II

Im Standardansatz unterscheiden sich die Eigenkapitalanforderungen an Verbriefungspositionen bei Originatoren und Investoren im Bereich der Risikokategorien BB+ bis BB-. Während Investoren Positionen dieser Kategorie mit 28 % Eigenkapital unterlegen müssen, haben Originatoren diese Positionen 1:1 zu unterlegen. Diese Inkonsistenz in der aufsichtlichen Risikobewertung je nach Risikoträger kann Anreize für Originatoren bieten, Verbriefungspositionen dieser Kategorien auszuplatzieren. Dies hängt davon ab, wie der Markt das Risikopotenzial von Positionen dieser Ratingkategorien einschätzt.

Auch im IRB-Ansatz zeigt der Vergleich der Eigenkapitalunterlegungspflicht vor und nach Verbriefung für ein fiktives Portfolio von Unternehmensforderungen,[52] dass sich unterschiedliche Eigenkapitalunterlegungspflichten für verbriefte und nicht verbriefte Exposures gleichen Ratings ergeben (vgl. Tabelle 11).

Vergleich IRB vor Verbriefung – RBA nach Verbriefung		
Rating	IRB	RBA
AAA	0,71 %	0,56 %
AA+	0,71 %	0,64 %
AA	0,71 %	0,64 %
AA-	0,71 %	0,80 %
A+	0,71 %	0,80 %
A	0,86 %	0,96 %
BBB+	1,98 %	2,80 %
BBB	2,95 %	4,80 %
BBB-	4,32 %	8,00 %
BB+	6,20 %	20,00 %
BB	8,71 %	34,00 %
BB-	11,90 %	52,00 %
B	19,81 %	100,00 %
CCC	25,53 %	100,00 %

Tabelle 11: Eigenkapitalunterlegung im IRB-Basisansatz und im RBA

Unterstellt man, dass der IRB-Basisansatz das Risiko und somit auch den Risikopuffer ökonomisch „richtig" misst und abbildet, dann zeigt sich im RBA eine übermäßige Bestrafung von bonitätsmäßig schlechten Tranchen und eine Belohnung von bonitätsmäßig guten Tranchen.

Diese Fehlallokation von regulatorischem Eigenkapital über die Tranchen führt möglicherweise zu Fehlanreizen hinsichtlich einer risikogerechten Eigenkapitalun-

---

[52] Für die zugrunde liegenden Forderungen werden eine durchschnittliche Restlaufzeit von 2,5 Jahren und ein LGD in Höhe von 45 % angenommen.

terlegung. Unterstellt man ferner eine ökonomisch „richtige" Risikoeinschätzung durch den Kapitalmarkt, dann könnte die bewusste Ausnutzung dieses Effekts durch Einbehalt bonitätsmäßig guter Tranchen und durch Ausplatzierung bonitätsmäßig schlechterer Tranchen in Zukunft nach Ansicht von Marktteilnehmern neue Techniken der Arbitrage insbesondere zwischen regulierten und nicht regulierten Institutionen hervorrufen.[53]

3.2.3 Vergleichende Betrachtungen zwischen Standard- und IRB-Ansatz

Für das verbriefte Beispielportfolio ist im Standardansatz regulatorisches Eigenkapital in Höhe von 120.716 TEUR gegenüber 92.951 TEUR im RBA vorzuhalten. Der Unterschied resultiert aus der im RBA höheren Entlastung für die höchstrangige Verbriefungstranche (Senior Swap) durch Anwendung des 7 %-Risikogewichts gegenüber des 20 %-Risikogewichts (bei einem Rating des Sicherungsgebers von AAA) im Standardansatz.

Auch zwischen dem RBA und dem Standardansatz lassen sich Unterschiede in der Behandlung von Verbriefungspositionen gleichen Ratings erkennen. Während Tranchen mit Investment Grade-Rating im RBA generell niedrigere Eigenkapitalanforderungen haben, sind von Investoren bestimmte Tranchen im Nicht-Investment Grade-Bereich (BB, BB-) im Standardansatz mit weniger regulatorischem Eigenkapital zu unterlegen als im RBA (siehe Tabelle 12).

Vergleich Standardansatz – RBA			
Rating	Standard-Ansatz Investoren	Standard-Ansatz Originatoren	RBA
AAA	2 %	2 %	0,56 %
AA+	2 %	2 %	0,64 %
AA	2 %	2 %	0,64 %
AA-	2 %	2 %	0,80 %
A+	4 %	4 %	0,80 %
A	4 %	4 %	0,96 %
A-	4 %	4 %	1,60 %
BBB+	8 %	8 %	2,80 %
BBB	8 %	8 %	4,80 %
BBB-	8 %	8 %	8,00 %
BB+	28 %	100 %	20,00 %
BB	28 %	100 %	34,00 %
BB-	28 %	100 %	52,00 %
B+ und darunter	100 %	100 %	100,00 %

Tabelle 12: Eigenkapitalunterlegung im Standardansatz und im RBA

---
[53] Vgl. Fitch (2003), S. 3.

Banken, die den Standardansatz verwenden, könnten durch die bewusste Ausnutzung dieser Fehlallokation von regulatorischem Eigenkapital Tranchen im Investment Grade-Bereich an IRB-Banken ausplatzieren und bestimmte Tranchen im Nicht-Investment Grade Bereich hereinnehmen. Durch dieses Verhalten kann es zu einer systematischen Verschlechterung der Portfolioqualität von Standardansatz-Banken kommen, die der Idee der Stabilisierung des Finanzsystems durch die Eigenkapitalvorschriften zuwider läuft.

3.3 Implikationen aus dem Fallbeispiel

Der Vergleich zwischen Basel I und Basel II macht die folgenden Wirkungen auf die bisherigen Motive der Eigenkapitalentlastung und Arbitrage deutlich. So zeigen sich hinsichtlich der Eigenkapitalentlastung zwei Effekte, die bei der Beurteilung einer im Markt befindlichen Transaktion durch den Originator unter Eigenkapitalentlastungsgesichtspunkten berücksichtigt werden sollten.

Der erste Effekt beruht darauf, dass sich unter dem neuen Akkord gegenüber Basel I hinsichtlich des betrachteten unverbrieften Beispielportfolios eine Eigenkapitalerleichterung ergibt. Damit wird der Nutzen der ABS-Transaktion hinsichtlich der Einsparung von Eigenkapital deutlich reduziert. In dem Beispiel entspricht das durchschnittliche Rating der Forderungen einem Moody's Weighted Average Rating Factor von Baa1-Baa2. Bei einem Portfolio mit Forderungen schlechterer Qualität oder einer anderen Assetklasse könnte sich dieser Effekt aufheben bzw. umkehren.

Der zweite Effekt besteht darin, dass sich die Eigenkapitalunterlegung unter Basel II nach Verbriefung des Beispielportfolios gegenüber Basel I nach Verbriefung erhöht. Die Ursache hierfür liegt unter anderem in der nach Basel II notwendigen 1:1-Unterlegung der First-Loss-Tranche bei Einbehalt durch den Originator.

Im Hinblick auf das Motiv der Arbitrage stellt der Vergleich von Basel I und Basel II die höhere Risikosensitivität des Basel II-Ansatzes heraus. So bewirkt die Anwendung der neuen Richtlinie eine Annäherung des regulatorischen Eigenkapitals an den ökonomisch notwendigen Risikopuffer. Die Annäherung von regulatorisch und ökonomisch notwendigem Eigenkapital reduziert zunächst das Potenzial und den Anreiz für Arbitrage. Die Unterlegungspflicht von Konstruktionen wie der Zinsunterbeteiligung, welche, wie beschrieben, ebenfalls Arbitrageeffekte ermöglichen, werden in Zukunft voraussichtlich nach ihrem wirtschaftlichen Gehalt und weniger nach ihrer rechtlichen Form beurteilt werden.

Doch wird auch deutlich, dass im neuen Baseler Regelwerk Inkonsistenzen in der Bewertung von Risiken existieren. Die Bewertungsunterschiede innerhalb der Ansätze, aber auch zwischen den Ansätzen bieten grundsätzlich Anreize für Marktteilnehmer, neue Arbitragepotenziale durch entsprechende Strukturierung von Transaktionen zu nutzen.

4. Fazit

Mit dem Regelwerk zur Behandlung von Verbriefungen reguliert der Baseler Ausschuss Asset-backed-Securities-Transaktionen erstmals mit Hilfe eines umfangreichen Ansatzes. Die Vorschriften nehmen sich aller gängigen Strukturen der Verbriefung an, bleiben jedoch an vielen Stellen offen genug, um den nationalen Aufsichtsbehörden Reaktionsraum für aus ihrer Sicht unerwünschte Entwicklungen zu geben. Die Regelungen machen deutlich, dass der Baseler Ausschuss an den tatsächlichen – ökonomischen – Risiken ansetzt, die Parteien in Verbriefungstransaktionen eingehen. Konstruktionen, die bewusst formale Lücken im Regelwerk auszunutzen versuchen oder Umgehungstatbestände schaffen, wird durch die deutliche Forderung nach der Bewertung der ökonomischen Substanz der Konstruktion die Grundlage genommen.

Der Baseler Ausschuss reguliert erstmals auch Risiken, die typischerweise von Sponsoren und Drittbanken im Rahmen von ABCP-Programmen übernommen werden und Risiken, die für Originatoren aus der Verbriefung revolvierender Forderungen resultieren. Dazu zählen Liquiditätsfazilitäten und Early-Amortisation-Klauseln.

Die Anwendung des IAA ist eine interessante Herausforderung für Sponsoren von ABCP-Programmen, da hier Wettbewerbsvorteile durch intern entwickelte Verfahren genutzt werden können. Der Ansatz setzt jedoch die Umsetzung umfangreicher operationeller Anforderungen voraus. Hier kommt es darauf an, den Zeit- und Ressourcenbedarf für die Planung, die Implementierung bzw. Anpassung und die Dokumentation vor dem Hintergrund der ohnehin knappen Zeit nicht zu unterschätzen. Auch der Zeitaufwand für die geforderten regelmäßigen (jährlichen) Prüfungen sollte nicht unterschätzt werden.

In den quantitativen Regelungen der ersten Säule lässt sich der risikosensitive Ansatz von Basel II erkennen. Mit Ausnahme des IAA lässt der Baseler Ausschuss in keinem Ansatz bankinterne Risikomodelle als Grundlage für die Ermittlung der Eigenkapitalanforderungen zu, sondern orientiert sich an externen Ratings bzw. legt sich mit der SF auf ein vorgegebenes Risikomodell fest.

Der Vergleich der Eigenkapitalanforderungen an ein Beispielportfolio im Rahmen von Basel I und Basel II zeigt, dass das Entlastungs- und Arbitragepotenzial von synthetischen Transaktionen, wie sie derzeit von deutschen Originatoren durchgeführt werden, durch Basel II stark eingeschränkt werden kann. Die beispielhafte Gegenüberstellung von Eigenkapitalanforderungen an unverbriefte und verbriefte Portfolios, sowie an Verbriefungspositionen im Standardansatz und im RBA macht jedoch deutlich, dass in bestimmten Risikokategorien Inkonsistenzen im Regelwerk hinsichtlich der Beurteilung des Risikopotenzials bestehen. Grundsätzlich werden dadurch neue Arbitragepotenziale geschaffen.

Die qualitativen Regelungen, insbesondere des aufsichtlichen Überprüfungsverfahrens der zweiten Säule, sind zum Teil wenig konkret, beispielsweise in Bezug auf die Definition des wesentlichen Risikotransfers. Hier zeichnet sich bereits die Diskussion einer konkreteren Definition auf nationaler Ebene ab. Eine Formulierung klarer Kriterien für bestimmte Sachverhalte scheint jedoch in einigen Fällen nahezu unmöglich. Inwieweit durch diese Verlagerung der Begriffsdiskussion auf nationale Institutionen und den Mangel an konkretisierungsfähigen Kriterien Verzerrungen im internationalen und Interbanken-Wettbewerb folgen, bleibt abzuwarten.

Literaturverzeichnis

BaFin (1997): Veräußerung von Kundenforderungen im Rahmen von Asset-Backed Securities-Transaktionen durch deutsche Kreditinstitute, Rundschreiben 4/97, Bundesanstalt für Finanzdienstleistungsaufsicht (früher Bundesaufsichtsamt für das Kreditwesen), 1997

BaFin (1999): Behandlung von Kreditderivaten im Grundsatz I gemäß §10, 10a KWG und im Rahmen der Großkredit- und Millionenkreditvorschriften, Rundschreiben 10/99, Bundesanstalt für Finanzdienstleistungsaufsicht (früher Bundesaufsichtsamt für das Kreditwesen), 1999

Bär, Hans-Peter (2000): Asset Securitisation – Die Verbriefung von Finanzaktiven als innovative Finanzierungstechnik und neue Herausforderung für Banken, 3., unveränderte Auflage, Bern u. a., 2000

Basel II: Internationale Konvergenz der Kapitalmessung und Eigenkapitalanforderungen, Überarbeitete Rahmenvereinbarung, Baseler Ausschuss für Bankenaufsicht, Juni 2004

BCG (2004): Optimale staatliche Rahmenbedingungen für einen Kreditrisikomarkt/ Verbriefungsmarkt für Kreditforderungen und -risiken in Deutschland, Gutachten im Auftrag des Bundesministeriums der Finanzen, Projektnummer 16/03, The Boston Consulting Group GmbH, 30. Januar 2004

Deutsche Bundesbank Arbeitskreis „Umsetzung Basel II": Protokoll der 4. Arbeitskreissitzung vom 30. Juni 2004

Fitch (2003): Basel II Securitization Proposals: Primer and Observations, Fitch Ratings, 22. April 2003

Paul, Stephan (1994): Bankenintermediation und Verbriefung – Neue Chancen und Risiken für Kreditinstitute durch Asset Backed Securities?, Wiesbaden, 1994

X. Die Risikounterlegung aus Kreditnehmersicht
A. Die Auswirkungen von Basel II auf die Finanzierung von Großunternehmen

Dr. Stefan Nellshen, Henryk E. B. Wuppermann

Inhalt:

	Seite
1 Einleitung	329
2 Wesentliche für Großunternehmen relevante Regelungen	330
2.1 Überprüfung des Risikomanagementprozesses der Banken	330
2.2 Marktdisziplin	331
2.3 Mindestkapitalvorschriften	331
2.3.1 Der Standardansatz	332
2.3.2 Die IRB-Ansätze (Interne Ratings)	332
3 Konsequenzen für Markt und Großunternehmen im Einzelnen	333
3.1 Fremdfinanzierungsinstrumente von Großunternehmen	333
3.2 Typisierung von Industrieunternehmen	335
3.2.1 Großunternehmen mit Kapitalmarktzugang	335
3.2.2 Unternehmen mit schwachem oder fehlendem Kapitalmarktzugang	335
3.3 Auswirkungen für einzelne Finanzierungsinstrumente	336
3.3.1 Klassische Kreditprodukte	336
3.3.2 Anleiheprodukte	337
3.3.3 Geldmarktpapiere	338
3.3.4 Asset-Backed-Produkte	338
4 Fazit	339

1. Einleitung

Die Verabschiedung von Basel II, der Nachfolgeregelung des so genannten „Baseler Akkords" aus dem Jahre 1988, und die Überführung in nationales Recht haben vor allem direkten Einfluss auf den Wettbewerb von Banken. Basel II legt im Grundsatz fest, wie viel „*Leverage*" eine Bank zum Erreichen ihres Unternehmensziels, nämlich der bestmöglichen Verzinsung ihres Eigenkapitals, einsetzen darf. Zur Erreichung dieses Ziels benötigt sie aber Produkte und Kunden, die diese Produkte abnehmen. Da Basel II eine vorgegebene rechtliche Rahmenbedingung für den Bankenwettbewerb um ihre Kunden ist, folgt daraus, dass auch die **Kunden** indirekt durch Basel II betroffen sind.

Unternehmen sind zum einen durch die von Basel II verlangte Risikoklassifizierung der Kreditnehmer betroffen: Diese Klassifizierung hängt ausschließlich mit der prognostizierten Kreditausfallwahrscheinlichkeit und damit nur indirekt mit der eigentlichen Wettbewerbsfähigkeit des Unternehmens in seinem jeweiligen Marktsegment zusammen. Dies kann die Wettbewerbsfähigkeit der Unternehmen zueinander beeinflussen. Zum anderen sind Unternehmen betroffen durch die vorgegebene Risikogewichtung unterschiedlicher Bankprodukte, die diese Unternehmen als Kunden bei ihrer Bank aktiv (z. B. durch einen Kreditvertrag) oder passiv (wenn z. B. eine Bank als institutioneller Anleger in eine gehandelte Unternehmensanleihe auftritt) in Anspruch nehmen. Auch dies kann, wenn Unternehmen bisher unterschiedliche Finanzierungsprodukte in Anspruch genommen haben, zu einer Verschiebung der **Wettbewerbsfähigkeit** zwischen konkurrierenden Unternehmen bzw. zwischen verschiedenen Produkten im Fremdfinanzierungsmarkt (z. B. Kreditfinanzierung vs. ABS-Finanzierung) führen.

In Folge von Basel II wird daher durch eine veränderte Pricing-, aber auch Kreditvergabepolitik der Banken die Wettbewerbsfähigkeit von Unternehmen indirekt beeinflusst. Die Auswirkungen auf Unternehmen hängen wesentlich davon ab, ob es sich um kleinere Unternehmen handelt, die noch nicht extern geratet wurden oder über eine schwächere Bonität verfügen und im wesentlichen ihre Fremdkapitalfinanzierung auf die Kreditprodukte der Banken fokussiert haben, oder ob es sich um große Unternehmen handelt, die meist ein oder mehrere externe Ratings besitzen und damit einen wesentlichen, wenn nicht sogar Großteil ihrer Fremdkapitalbeschaffung am Kapitalmarkt decken können.

In diesem Beitrag sollen diese Auswirkungen von Basel II auf Großunternehmen näher betrachtet und eine Abschätzung gegeben werden, wie sich Basel II auf die Wettbewerbsfähigkeit von Großunternehmen auswirkt. Hierzu werden kurz die relevanten Bestimmungen von Basel II dargestellt und sodann die **Konsequenzen** für Großunternehmen, differenziert nach Rating und Produktgruppen, beschrieben.

2. Wesentliche für Großunternehmen relevante Regelungen

Die zugrunde liegende Zielrichtung von Basel II, nämlich die systematische Stabilisierung des internationalen Finanzsystems soll im verabschiedeten Regelwerk durch drei unterschiedliche Bausteine (Säulen) erreicht werden: Einem stärker als bisher vorgegebenen und damit auch kontrollierbaren internen Risikomanagementprozess, einer verbesserten Offenlegung und damit Marktdisziplin der Banken und – last but not least – einer überarbeiteten Mindestunterlegung von Kredit- und operationellen Risiken durch haftendes Eigenkapital.

2.1 Überprüfung des Risikomanagementprozesses der Banken

Ergänzend zu der Überarbeitung der Eigenkapitalanforderungen wird mit Basel II die in den vergangenen Jahren durch die Aufsichtsbehörden gemachte Erfahrung in eine konkrete Anforderung umgesetzt: Die **Qualität des Risikomanagements** einer Bank ist der grundlegende Baustein zur Vermeidung von Krisen einzelner Institute und damit des Bankensystems insgesamt. Mit dem neuen Regelwerk erhalten Aufsichtsbehörden die Berechtigung wie die Verpflichtung, die Risikomanagementsysteme der Banken auf ihre Angemessenheit hin zu überprüfen.

Diese Regelung bezieht sich im Wesentlichen auf das Verhältnis der Banken zur Aufsicht und wird keinen spürbaren Einfluss auf Großunternehmen nach sich ziehen. Sollte im Einzelfall eine Kredit gewährende Bank bei einer aufsichtsrechtlichen

Prüfung Probleme bekommen, so sollte dies für Großunternehmen, die anders als kleine und zum Teil auch mittelständische Unternehmen sicherlich nicht von einer einzigen Bankverbindung abhängig sind, ohne größeren Folgeschaden bleiben.

2.2 Marktdisziplin

Verstärkte Offenlegungspflichten der Banken sollen den Marktteilnehmern einen besseren Einblick in das Risikoprofil der entsprechenden Bank geben und damit zu einer stärkeren Marktdisziplin führen. Dieses Instrument setzt auf die Selbstregulierung der Märkte und ist damit per se zu unterstützen. Es versucht, durch eine Veränderung der Rahmenbedingung die **Transparenz** und damit die **Effizienz** der Märkte zu verbessern. Ob diese Effizienzsteigerung durch das verabschiedete Regelwerk gelingen wird, muss die Zukunft zeigen.

Für Großunternehmen mit hohen Kreditlinien bei einzelnen Instituten führt die erhöhte Transparenz der Banken gegenüber der Öffentlichkeit potenziell dazu, dass sich Banken bei einem verschlechterten Kreditrating des Unternehmens zur Vermeidung von negativen Schlagzeilen schneller von Kreditportfolien trennen und damit das Refinanzierungsrisiko und die -kosten des betroffenen Unternehmens im Kredit- und Anleihemarkt vergrößern werden. Dies kann sowohl durch die Syndizierung von Kreditportfolien, durch die Reduzierung von Neugeschäft als auch durch das *Hedging* mittels Kreditderivaten erfolgen. Obwohl die Offenlegung unter Beachtung des Bankgeheimnisses erfolgt und konkrete Kundennamen nicht genannt werden, ist daher gerade bei großvolumigen Engagements damit zu rechnen, dass diese bei einer Verschlechterung der Bonität kritischer betrachtet werden

Auf der Anlageseite wiederum werden Großunternehmen im Rahmen des Treasury die verstärkte Transparenz nutzen, um ihre eigenen Kreditlimite für Banken anzupassen.

2.3 Mindestkapitalvorschriften

Die entscheidenden Auswirkungen von Basel II werden jedoch die neuen Mindestkapitalvorschriften haben, da eine Veränderung der Eigenkapitalunterlegung eines Geschäfts durch die Bank künftige Kreditentscheidungen beeinflussen wird. So ist es einleuchtend, dass eine erhöhte Eigenkapitalunterlegung eine Bank bei der Kreditentscheidung dazu bewegen wird und muss, die Kreditmarge zu erhöhen oder bei mangelnder Umsetzbarkeit sogar zu einer negativen Kreditentscheidung zu kommen.

Bei der neuen Gewichtung der Eigenkapitalunterlegung, die für Unternehmen bisher unabhängig von der Kreditwürdigkeit und Restlaufzeit (mit Ausnahme von Kreditlaufzeiten kürzer als einem Jahr) 8 % des Kreditexposures betrug, haben Banken zukünftig die Möglichkeit, sich neben einem **Standardansatz**, der sich an externen Unternehmensratings orientiert, auf ein **Inhouse-Rating** zu stützen, das dann der anwendenden Bank die Möglichkeit gewährt, weitere wesentliche Risikoparameter (Ausfallwahrscheinlichkeit, Ausfallquote, Restlaufzeit, erwartete Kredithöhe bei Ausfall) bei der Berechnung der Eigenkapitalunterlegung zu berücksichtigen.

2.3.1 Der Standardansatz

Der Standardansatz zur Berechnung der Eigenkapitalunterlegung unterscheidet sich nur in einem – wenn auch wesentlichen – Punkt von der bisherigen Unterlegung in Höhe von 8 % des Kreditvolumens: einer neu eingeführten bonitätsabhängigen Risikogewichtung. Diese Risikogewichtung orientiert sich am Bonitätsurteil einer Ratingagentur. Für Großunternehmen[1] ergeben sich folgende Risikogewichtungen:

Rating:	Eigenkapitalunterlegung in %:
AAA bis AA-	1,6 %
A+ bis A-	4,0 %
BBB+ bis BB-	8,0 %
B+ und schlechter	12,0 %

Tabelle: Risikogewichte für Großunternehmen

Dieser Ansatz führt im Vergleich zur bisherigen Eigenkapitalunterlegungspflicht dazu, dass Unternehmen mit einem bestehenden externen Rating von AA- oder besser von Kreditinstituten günstigere Konditionen angeboten werden können, wogegen Unternehmen mit einem Rating von B+ oder schlechter potenziell verschlechterten Finanzierungskonditionen entgegensehen können.[2]

Es ist davon auszugehen, dass fast alle großen Kreditinstitute den alternativen Weg eines internen Ratingansatzes wählen werden, so dass für Großunternehmen, deren Hauptbankverbindungen aufgrund der notwendigen Volumina eben mit diesen großen Kreditinstituten bestehen, durch diesen Standardansatz kaum betroffen sein werden.

2.3.2 Die IRB-Ansätze (Interne Ratings)

Da die überwiegende Mehrheit der großen Kreditinstitute voraussichtlich wie beschrieben nicht den Standardansatz wählen wird, werden insofern die auf internen Ratings basierenden Ansätze (IRB-Ansätze) die wesentliche Auswirkung auf die Finanzierungsmöglichkeiten der Großunternehmen haben und den Kreditinstituten eine weitere Möglichkeit der **Differenzierung** bieten. Im Wettbewerb der Banken um einen Kunden wird sich diejenige Bank durch ein risikoadäquates Pricing durchsetzen können, deren interner Ansatz zur Eigenkapitalunterlegung und damit zur Preisgestaltung einen angefragten Kredit am differenziertesten abbilden kann.

Unter diesem Ansatz können Banken nicht nur die **Ausfallwahrscheinlichkeit** anhand eines eigenen Ratingverfahrens schätzen, sondern im fortgeschrittenen

---

[1] Für kleinere und mittlere Unternehmen wird eine bevorzugende Risikogewichtung verwendet („Retail-Regelung"). Die Eigenkapitalunterlegung ergibt sich aus der Multiplikation von Risikogewicht und der geforderten Eigenkapitalquote von 8 %.

[2] Bei unterschiedlichen Ratingurteilen verschiedener Agenturen gelten besondere Vorschriften. Vgl. Kapitel C. II. „Der Standardansatz für die Kreditrisikounterlegung".

IRB-Ansatz auch die erwartete Ausfallquote, die effektive Restlaufzeit und die Höhe der ausstehenden Forderungen mit in die Bestimmung der Höhe der Eigenkapitalunterlegung einfließen lassen.[3] Dies wird für Großunternehmen zwei wesentliche Konsequenzen haben.

Zum einen wird sich eine laufzeitbezogene Preisdifferenzierung auf dem Kreditmarkt verstärken und sich insofern dem Kapitalmarkt anpassen. Wenn bisher für die Eigenkapitalunterlegung (und damit implizit auch für das *Pricing*) keine Differenzierung nach Laufzeit stattgefunden hat, so lag dennoch für Großunternehmen auch auf dem Kreditmarkt eine solche Preisdifferenzierung eingeschränkt vor. Dies lässt sich vor allem mit der Möglichkeit der Banken begründen, Kreditexposures durch *Credit Default Swaps* abzusichern, die wiederum laufzeitabhängig bewertet werden.

Zum anderen werden sich Großunternehmen in einem stärkeren Maße als bisher mit dem internen Ratingansatz und der **Bonitätsprüfung** der Banken beschäftigen müssen. War es bisher für Großunternehmen mit einem bestehenden Rating möglich, die Kreditgespräche mit Blick auf die für Banken zugängliche Analysen der Ratingagenturen auf ein Minimum zu beschränken, so gewinnt die Möglichkeit der Unternehmen an Signifikanz, die bankintern ermittelte Ausfallwahrscheinlichkeit und Ausfallquote und damit das *Pricing* der Kredite durch eine verstärkte Informationspolitik positiv zu beeinflussen. Für Großunternehmen ohne externes Rating ist diese Aussage von noch deutlicherem Gewicht.

3. Konsequenzen für Markt und Großunternehmen im Einzelnen

Nachdem die aus der Sicht eines Industrieunternehmens relevantesten Neuregelungen, welche in der neuen Baseler Eigenkapitalvereinbarung getroffen werden, dargestellt wurden, soll im Folgenden untersucht werden, welche Folgen dies konkret für Industrieunternehmen haben wird bzw. haben könnte. Hierzu muss das Augenmerk zunächst auf diejenigen Finanzierungsinstrumente gelenkt werden, deren sich Industrieunternehmen üblicherweise bedienen.

3.1 Fremdfinanzierungsinstrumente von Großunternehmen

Großen Unternehmen stehen verschieden Instrumente zur Fremdfinanzierung zur Verfügung. Nachstehend sind einige der wichtigsten Finanzierungsformen aufgeführt:

„Klassische" Kreditprodukte

Hierunter fallen neben dem **einzelvertraglichen Kredit**, den eine Bank ihrem Industriekunden gewährt, auch große **syndizierte Kredite**. Dabei kann es sich um Kredite zur allgemeinen Unternehmensfinanzierung handeln (*„General Corporate Purposes"*), oder aber um Kredite, die an einen bestimmten Zweck gebunden sind, wie etwa eine Akquisition oder ein bestimmtes Projekt. Auch die klassische **Kreditfazilität**, die gegen Zahlung von Bereitstellungsprovisionen dem Unternehmen die Mög-

---

[3] Zur detaillierten Beschreibung der IRB-Ansätze vgl. Kapitel C. III. „Die IRB-Ansätze".

lichkeit verschafft, während der Laufzeit jederzeit eine Kreditvergabe zu vorab fest definierten Konditionen – in der Regel wird hier eine Marge über einem bestimmten Basis-Zinssatz festgelegt – von der gewährenden Bank verlangen zu können, fällt in diese Kategorie.

Geldmarktpapiere

Zu den Geldmarktpapieren zählen Wertpapiere mit Fremdkapitalcharakter, welche eine Laufzeit von unter einem Jahr haben und sich somit an klassische Geldmarktinvestoren (z. B. andere Industrieunternehmen, die kurzfristig vorhandene Liquidität „parken", oder *Money-Market-Funds*) wenden. Ein typisches Beispiel für ein Geldmarktpapier ist das *Commercial Paper (CP)*. Oft werden solche Papiere zum Zwecke der Ratingverbesserung mit einer Kreditfazilität – einer sogenannten Backup-Linie – unterlegt, welche sicherstellt, dass fällig werdende Papiere auch dann bedient werden können, wenn der Emittent zum Zeitpunkt der Fälligkeit nicht über die hierfür erforderliche Liquidität verfügt und auch eine Refinanzierung aus einer erneuten Emission von solchen Geldmarktpapieren nicht möglich ist. Da Backup-Linien ein Teil des Gesamtkonstruktes sind, können sie ebenfalls zu den Geldmarktpapieren gezählt werden.

Unbesicherte Anleihen

Industrieunternehmen emittieren zu Finanzierungszwecken (meist langfristige) Wertpapiere und lassen sie über Banken vertreiben. Im Gegensatz zur besicherten Anleihe (s. u.) erfolgt die Absicherung der Anleihe nicht durch eine konkrete Zuordnung von Vermögensgegenständen. Statt dessen werden in der Regel so genannte **Negativerklärungen** (*Negative Pledge Clauses*) vom Emittenten abgegeben, in welchen der Emittent sich verpflichtet, die Gläubiger zukünftiger und anderer bereits ausgegebener Anleihen bzw. Finanzierungsinstrumente nicht besser zu stellen als die Gläubiger der betreffenden Anleihe.

Besicherte Anleihen

Zu den besicherten Anleihen zählen beispielsweise die in jüngster Zeit auf Grund vermehrt aufgetretener **Downgrades** auch in Europa relativ populär gewordenen *Asset Backed Securities(ABS)* (z. B. eine Anleihe, die mit einem Pool von Kundenforderungen des Emittenten als Sicherheit versehen wird). Solche Papiere treten sowohl als länger laufende Anleihen (*Asset Backed Bonds*) als auch in Form von Geldmarktpapieren (z. B. *Asset Backed CP*) auf.[4]

---

[4] Aufgrund des besonderen Charakters von ABS-Transaktionen fallen diese unter Basel II nicht unter die Kapitalanforderungen für Unternehmensfinanzierungen. Vielmehr wurde ein eigenständiges Regelwerk für verbriefte Transaktionen entwickelt. Vgl. Kapitel C. IX. „Securitisation und Behandlung von ABS-Transaktionen" und E. IV. „Einsatz von ABS-Transaktionen unter Basel II".

3.2 Typisierung von Industrieunternehmen

Wie stark sich die neue Baseler Eigenkapitalvereinbarung auf einzelne Industrieunternehmen auswirken kann, hängt natürlich erheblich davon ab, welche Finanzierungsinstrumente das jeweilige Unternehmen zur Beschaffung von Fremdkapital im Einzelnen heranzieht. Deshalb ist es erforderlich, auch die Industrieunternehmen zu differenzieren:

3.2.1 Großunternehmen mit Kapitalmarktzugang

Für große Unternehmen, welche über einen Kapitalmarktzugang verfügen, ist das externe Rating (z. B. von Moody's oder Standard & Poors) eine entscheidende Determinante. Unternehmen, die über sehr **hochwertige Ratings** – etwa besser als A/A2 – verfügen, sind bei Fremdfinanzierungsvorhaben klar auf den Kapitalmarkt fokussiert. Denn Kapitalmarktfinanzierungen sind für solche Unternehmen in der Regel deutlich günstiger als Kreditprodukte, da viele Kapitalmarktinvestoren im Gegensatz zu Kredit gebenden Banken keine den Preis der Finanzierung verteuernde Eigenkapitalanrechnung vornehmen müssen. Darüber hinaus sind solche Unternehmen, wenn sie über eine eher konservative Geschäftsstruktur mit relativ stabiler Cashflowgenerierung und geringem marktbedingtem Änderungsdruck (z. B. wenig Konzentrationsbestrebungen im Markt) verfügen, im Umfeld einer normalen Zinsstrukturkurve tendenziell eher auf kürzere Laufzeiten – sprich: auf den Geldmarkt – fokussiert, weil unter solchen Rahmenbedingungen der Nachteil potenzieller Refinanzierungsrisiken durch den Vorteil niedrigerer Fremdkapitalkosten überkompensiert wird.

Für große Unternehmen mit einem **mittelguten Rating** etwa zwischen A/A2 und BBB-/Baa3 gilt tendenziell in Bezug auf die Kapitalmarktfokussierung das Gleiche. Jedoch dürfte man hier, weil auf Grund der etwas schwächeren Kreditqualität der Geldmarktzugang häufig limitiert ist (fehlendes Prime-1 Rating), eine stärkere Fokussierung auf die längerfristigeren Kapitalmarktprodukte beobachten. Auf Grund von potenziellen zukünftigen Refinanzierungsrisiken, z. B. als Folge weiterer Rating-Downgrades, finden sich im Fremdfinanzierungsportfolio häufig auch reine Kreditprodukte als Ergänzung.

3.2.2 Unternehmen mit schwachem oder fehlendem Kapitalmarktzugang

Ganz anders als für die im letzten Abschnitt beschriebene Gruppe von Unternehmen stellen sich die eingesetzten Fremdkapitalfinanzierungsinstrumente für Unternehmen dar, deren Ratings im **Non-Investment-Grade-Bereich** angesiedelt sind, oder die über keine externen Ratings verfügen. Diese Tatsachen stehen häufig einem Auftritt am Kapitalmarkt entgegen. Eine vergleichbare Situation finden wir auch bei Unternehmen, die – beispielsweise auf Grund geringerer Größe oder geringem Bekanntheitsgrad (fehlende „*Name-Recognition*") – generell keinen Zugang zum Kapitalmarkt bei der Beschaffung von Fremdkapital haben. Hier ist natürlich das klassische Kreditprodukt notgedrungen das dominierende Fremdfinanzierungsinstrument.

Allein aus der Unterschiedlichkeit der bislang beschriebenen Gruppen von Unternehmen und den sich daraus ergebenden Unterschieden hinsichtlich der im Fremdkapitalportfolio vorherrschenden Finanzierungsinstrumente folgt notwendigerweise, dass auch die Auswirkungen der neuen Baseler Eigenkapitalvereinbarung auf das jeweilige Unternehmen in höchstem Maße davon abhängig sind, zu welcher der beschriebenen Gruppen das jeweilige Unternehmen zu zählen ist. Wir werden daher in der Folge die potenziellen Auswirkungen der neuen Baseler Eigenkapitalvereinbarung auf die verschiedenen Märkte für die vorab behandelten Finanzierungsprodukte beschreiben. Hieraus ergeben sich dann zwingend die Auswirkungen auf die betroffenen Unternehmen.

3.3 Auswirkungen für einzelne Finanzierungsinstrumente

3.3.1 Klassische Kreditprodukte

Im Bereich der klassischen Kreditprodukte führt der zu Anfang beschriebene Standardansatz dazu, dass für Kreditnehmer mit einem B+-Rating oder schlechter eine im Vergleich zu heute erhöhte Eigenkapitalunterlegung erforderlich werden wird. Daher werden Banken in der Zukunft (noch) weniger bereit sein, solchen Unternehmen Kredite zu gewähren. Falls doch, dann wird die Kreditvergabe zu (deutlich) **höheren Zinskonditionen** geschehen, in denen sich die Kosten, welche bei der Bank für das zu unterlegende Eigenkapital anfallen, entsprechend niederschlagen. Dies wird sich wiederum negativ auf das wirtschaftliche Ergebnis (genauer: das Finanzergebnis) der betroffenen Unternehmen auswirken, so dass die Kreditqualität weiter leiden könnte.

Dahingegen ergibt sich bei Ratings im Bereich von BBB+ bis einschließlich BB- für die Kredit gewährende Bank keine Änderung in Bezug auf die Unterlegung mit Eigenkapital im Vergleich zu heute. Gleiches gilt für Kreditnehmer, die von keiner anerkannten Agentur geratet wurden. Bei einem Rating von A- oder besser verringert sich die erforderliche Eigenkapitalunterlegung sogar.

Damit wird die am Kapitalmarkt ohnehin schon vorhandene „**Scherenentwicklung**" verstärkt, nämlich, dass diejenigen Unternehmen, die auf Grund eines fehlenden Kapitalmarktzugangs oder einer schwächeren Kreditqualität am nötigsten auf das Kreditprodukt angewiesen sind, es am allerwenigsten erhalten werden, wohingegen Kredite an Unternehmen, denen auch andere – aus ihrer Sicht sogar effizientere – Finanzierungsformen im Bereich des Fremdkapitals zur Verfügung stehen, für Banken hinsichtlich einer Kreditvergabe relativ gesehen noch attraktiver werden.

Zum Zweiten ergibt sich die Gefahr einer gewissen **Pro-Zyklik** in Bezug auf das Kreditvergabeverhalten der Banken: Gerade in konjunkturellen Schwächephasen, in denen Ratings und Krediteinschätzungen dazu neigen, sich (trotz einer „*Rating-through-the-Cycle-Praxis*" der Ratingagenturen) nach unten zu bewegen, wird die Kreditvergabe generell erschwert.

Obwohl die oben beschriebenen Auswirkungen auf dem Standardansatz basieren, so gelten sie grundsätzlich auch für Banken, die mit einem internen Ratingansatz arbeiten. Unterscheiden sich doch beide im Hinblick auf die hier zu behandelnde Fragestellung lediglich dadurch, dass – je nachdem ob der Basisansatz oder der fortgeschrittene Ansatz angewendet wird – einige oder alle der für die Bestimmung von Kreditqualität und Eigenkapitalunterlegung **relevanten Input-Daten** (Ausfallwahrscheinlichkeit, Ausfallquote, Kredithöhe zum Zeitpunkt des Ausfalls, Restlaufzeit) nicht mehr pauschal unterstellt, sondern auf individueller Basis von der jeweils Kredit gewährenden Bank ermittelt werden.

Dies verschafft den Banken zwar mehr Flexibilität, führt aber dennoch zur gleichen Scherenentwicklung zwischen guten und weniger guten Kreditqualitäten. Durch den fließenden Übergang bei der Kapitalunterlegung wird der Schereneffekt ggf. sogar verstärkt, weil bereits kleine Veränderungen der Bonität zu einer geänderten Kapitalunterlegung führen. Auch die obige Aussage im Hinblick auf eine potenzielle Pro-Zyklik im Kreditvergabeverhalten behält prinzipiell ihre Gültigkeit. Mehr noch: Da im internen Ratingansatz alle Kreditnehmer zu beurteilen sind, unterliegen auch Kreditnehmer ohne externes Rating den veränderten Kapitalanforderungen.

3.3.2 Anleiheprodukte

Bei Anleihen treten Banken in erster Linie als Partner für Industrieunternehmen auf. Sie beraten die Unternehmen in Bezug auf die Auswahl der Märkte, in welchen die jeweilige Anleihe platziert werden soll, und führen den Vertrieb der Anleihe an institutionelle und – je nach Anleihetyp – auch private Investoren durch. Bei so genannten *„Bought Deals"* ist die Bank verpflichtet, das gesamte emittierte Anleihevolumen vom Emittenten abzunehmen und die Anleihe danach auf eigenes Risiko im Markt weiter zu vertreiben. Dies bedeutet, dass sich die Anleihe, und damit auch das jeweilige Kreditrisiko des Emittenten, für kurze Zeit in den Büchern der Bank befinden. Dagegen verbleibt bei so genannten „Deals auf Best-Effort-Basis" das **Platzierungsrisiko** prinzipiell beim Emittenten: Die Bank ist hier lediglich verpflichtet, die Anleihe „bestmöglich" im Markt unterzubringen. Sollte dies nur zu schlechteren Konditionen oder gar in einem geringeren Emissionsvolumen als ursprünglich geplant möglich sein, so trägt der Emittent die sich hieraus ergebenden negativen Konsequenzen.

Hieraus folgt, dass die Wirkungen der neuen Baseler Eigenkapitalvereinbarung auf die Anleihemärkte weitaus weniger direkt sein dürften als auf die Kreditmärkte. Denn bei „Best-Effort-Deals" reicht die Bank das Papier direkt an die Investoren weiter. Dies können beispielsweise Privatpersonen sein, die natürlich nicht den Vorschriften der Eigenkapitalvereinbarung unterliegen. Weitere typische institutionelle Investoren wie z. B. Versicherer oder Investmentfonds unterliegen diesen Vorschriften derzeit ebenfalls nicht.[5] Lediglich Banken, welche das emittierte Papier ins eigene Handelsbuch aufnehmen, sind hier betroffen und dürften daher schwächere Kreditqualitäten auch bei Anleihen in stärkerem Maße meiden als bislang. Erfahrungsge-

---

[5] Wenngleich für Versicherungen und Kapitalanlagegesellschaften derzeit andere Regelungen gelten, ist eine Harmonisierung der aufsichtsrechtlichen Anforderungen zu erwarten. Für die Versicherungsbranche ist unter dem Schlagwort „Solvency II" eine mit Basel II vergleichbare Regulierung bereits in der Diskussionsphase.

mäß stellen Banken jedoch nicht die Mehrheit unter den Erstinvestoren einer frisch emittierten Anleihe dar.

Allenfalls könnten sich bei schwächeren Kreditqualitäten im Falle eines Bought-Deals die Prämien, die Banken als Manager der Emission gegenüber einem Best-Effort-Deal fordern, ausweiten. Dies impliziert eine ähnliche Scherenentwicklung wie bereits im Abschnitt über Kreditprodukte erwähnt: Denn erfahrungsgemäß bevorzugen Emittenten von starker Kreditqualität bei Anleiheemissionen aus Gründen der **Kosteneffizienz** ohnehin den Best-Effort-Deal. Demnach wären in diesem Produktsegment wiederum die eher schwächeren Kreditqualitäten, die sich aus Gründen der Planungssicherheit bei der Anleiheemission für den Bought-Deal entscheiden, negativ berührt. Vielleicht werden sich daher in der Zukunft auch viele Unternehmen in Grenzfällen noch eher für Best-Effort-Deals entscheiden.

Alles in allem wird die neue Baseler Eigenkapitalvereinbarung also durchaus auch Spuren in den Anleihemärkten hinterlassen, wenngleich auch weitaus weniger stark ausgeprägt und auf eine indirektere Art und Weise als dies im Kreditmarkt der Fall sein wird.

3.3.3 Geldmarktpapiere

In diesem Produktsegment stellen sich die zu erwartenden Auswirkungen der neuen Baseler Eigenkapitalvereinbarung ein klein wenig anders dar als in den bislang beschriebenen *Segmenten: Commercial Paper (CP)* als das unseres Erachtens wichtigste Produkt in diesem Bereich muss – aus Ratinggesichtspunkten – üblicherweise mit einer sog. Backup-Linie hinterlegt werden. Dabei handelt es sich um eine von der Bank fest zugesagte **Kreditlinie**, die der Emittent immer dann in Anspruch nehmen kann, wenn er fällig werdende *CP*s nicht zurückzahlen kann und sich ihm auch keine Möglichkeit bietet, neue *CP*s zu emittieren, aus deren Emissionserlös er dann die fälligen *CP*s bedienen könnte.

Viele qualitativ hochwertige CP-Emittenten haben in der Vergangenheit zur Unterlegung ihrer *CP*s rollierende Kreditfazilitäten mit einer Laufzeit von 364 Tagen verwendet, welche die Banken nicht mit Eigenkapital unterlegen mussten. Sollte hier zukünftig eine Eigenkapitalunterlegung erforderlich werden, so dürfte sich dieses Produkt *(CP)* auch für Emittenten guter Kreditqualität – eben wegen höherer Kosten für die Backup-Linien – verteuern.[6] Unternehmen mit geringerer Bonität steht dieser Markt zur Fremdkapitalbeschaffung bereits heute schon nur in sehr eingeschränkter Weise zur Verfügung.

3.3.4 Asset-Backed-Produkte

Da die Asset-Backed-Produkte lediglich Anleihen oder Geldmarktpapiere sind, welche mit Sicherheiten unterlegt wurden, zum Beispiel einem Portfolio aus Kundenforderungen, die dann letztendlich die **Kreditqualität** des Papiers bestimmen, erge-

---

[6] Zukünftig sind Liquiditätsfazilitäten nur noch unterlegungsfrei, wenn sie kündbar sind. Andernfalls sind 20 % des Fazilitätsvolumens mit dem Risikogewicht des Unternehmens zu unterlegen. Vgl. Basel II, §§ 83-85 bzw. 312.

ben sich die voraussichtlichen Auswirkungen der neuen Baseler Eigenkapitalvereinbarung auf dieses Produktsegment aus den entsprechenden Anmerkungen in den Abschnitten über Anleihen und Geldmarktpapiere, nur eben unter zusätzlicher Einbeziehung der Kreditqualität der unterlegten Sicherheiten.

Auswirkungen, die sich darüber hinaus noch ergeben könnten, sind unseres Erachtens darin zu sehen, dass diesem Produktsegment zukünftig eine stärkere Position zukommen könnte als dies bislang der Fall gewesen ist. So können beispielsweise Unternehmen ohne Rating anstelle des Kreditmarktes den **Kapitalmarkt** nutzen, indem sie Asset-Backed-Anleihen emittieren und die unterlegten Sicherheiten raten lassen, woraus sich dann die Kreditqualität der emittierten Anleihe ergibt. Damit schafft dieses Produktsegment Zugang zum Kapitalmarkt, wo er sonst in dieser Form nicht vorhanden wäre. Daher besteht durchaus die Möglichkeit, dass einige solcher Unternehmen, welche bislang ausschließlich das Kreditprodukt zur Fremdkapitalbeschaffung genutzt haben, in Zukunft aufgrund der sich für sie im Kreditmarkt aus der neuen Baseler Eigenkapitalvereinbarung ergebenden Verschlechterungen verstärkt die Märkte für Asset-Backed-Anleihen oder Asset-Backed-CP in Anspruch nehmen.

4. Fazit

Zusammenfassend ist festzuhalten, dass von der neuen Baseler Eigenkapitalvereinbarung diejenigen Unternehmen am stärksten negativ betroffen sind, die auf das Kreditprodukt am stärksten angewiesen sind.

Während große Unternehmen von starker Kreditqualität, für die sich im Kreditsegment eher Verbesserungen ergeben dürften, das Kreditprodukt ohnehin kaum in Anspruch nehmen, und sich statt dessen in Anleihemärkten und im Geldmarkt fremdfinanzieren, wo sich die Änderungen in der neuen Baseler Eigenkapitalverordnung weitaus weniger ausgeprägt auswirken, haben Unternehmen mit schlechteren Ratings künftig u. U. größere Schwierigkeiten, das benötigte Fremdkapital zu besorgen. Natürlich ist es immer schon so gewesen, dass Banken bevorzugt Kredite an Schuldner mit starker **Bonität** vergeben haben. Doch dieser Gegensatz, der sich bislang schon in den Zinskonditionen entsprechend niedergeschlagen hat, dürfte sich durch die neue Baseler Eigenkapitalvereinbarung noch weiter verstärken. Und gerade in Zeiten eines konjunkturellen Abschwungs dürften diese Auswirkungen verstärkt zum Tragen kommen!

Dies könnte künftig auch dazu beitragen, dass die Steuerungsmöglichkeit der Geldpolitik im Hinblick auf das Wirtschaftswachstum in der Praxis eingeschränkt wird, da Zinssenkungen der Notenbank durch Verschlechterungen bei der Kreditvergabe an die Unternehmen in ihrer Wirkung konterkariert werden könnten, wenngleich aus heutiger Sicht die Folgen auf die Entwicklung der Gesamtvolkswirtschaft nur äußerst schwer einzuschätzen sind.

Für Großunternehmen bedeutet die neue Baseler Eigenkapitalvereinbarung darüber hinaus, dass sie sich verstärkt mit den bankinternen Ratingansätzen auseinandersetzen müssen, und auch als geratete Unternehmen eine verstärkte Informationspolitik zur Erzielung einer verbesserten Finanzierungsmarge einsetzen sollten.

Eine weitere Entwicklung für die Zukunft könnte darin bestehen, dass die erhöhte Transparenz im Bankensektor (auf Grund verstärkter Offenlegungsvorschriften) dazu führen wird, dass sich Unternehmen mit stärkerer Kreditqualität in den Fällen, in denen sie Kreditprodukte – z. B. als *Backup* für *Commercial Paper* – oder Geldanlagen bei Banken nachfragen, in deutlich stärkerer Weise als bisher auch diejenigen Banken aussuchen werden, die ebenfalls über die stärksten Bonitäten verfügen.

Somit wird die neue Baseler Eigenkapitalvereinbarung nicht nur Auswirkungen auf Großunternehmen, die Gegenstand dieses Beitrags waren, auf mittelständische Unternehmen und auf die Bankenlandschaft als solche, sondern auch auf das volkswirtschaftliche Gesamtsystem haben.

B. Externes Rating – Praxisbericht eines mittelständischen Unternehmens

Kurt Peter

Inhalt:

		Seite
1	Einleitung	341
2	Das Unternehmen	341
3	Vorarbeiten	343
4	Ziele der Ratinganalyse	344
5	Das Ergebnis	346
6	Investment Banking	348

1. Einleitung

Wer heute in mittelständischen Unternehmen tätig ist, mag mittlerweile kaum noch den Wirtschaftsteil der Zeitungen lesen. Fast durchgängig wird darauf verwiesen, dass mit dem Baseler Akkord dem Mittelstand die Finanzierungsgrundlage entzogen wird. Außerdem wollten ohnehin viele Großbanken den angeblich verlustträchtigen Bereich Firmenkundengeschäft abstoßen oder zurückfahren. Allheilmittel soll das Rating sein, intern oder extern, d. h. durch die Banken selbst oder von externen Ratingagenturen.

Was ist dran an diesen Berichten? Wie kritisch ist die Finanzierungslage im Mittelstand wirklich? Braucht ein mittelständisches Unternehmen ein Rating? Brauchen es nur die großen oder sind die kleinen Unternehmen genauso betroffen? Sind das nur neue Kosten, die auf die mittelständischen Unternehmen zukommen? Oder kann man von einem Rating auch anderweitig profitieren?

Die Pumpenfabrik Wangen GmbH hat sich einem externen Rating durch eine der neuen Agenturen unterzogen. Anhand dieses Praxisbeispiels und der konkreten Konsequenzen sollen die hier angerissenen Fragen beantwortet werden.

2. Das Unternehmen

Bis vor kurzem war das Wort „Old Economy" noch ein Schimpfwort. Hierunter wurde alles subsumiert, was jahrzehntelang als Aushängeschild für die Republik gegolten hatte, unter anderem der deutsche Maschinenbau. Die vermeintlich dunklen Seiten dieses Wirtschaftszweiges lassen sich folgendermaßen zusammenfassen: Keine Aktienoptionen für den Pförtner, die diesen in sechs Monaten zum Millionär machen, Wachstumsraten von unter 10 % pro Jahr (die Lupe für die Bilanzanalyse wurde gleich mitgeliefert), kein Bedarf an Green-Card-Experten, statt einer Cash-Burn-Rate eine Cashflow- und Ertragsanalyse usw. Auf der anderen Seite war in der New Economy alles, was seit ewigen Zeiten als unseriös und hochriskant galt, plötzlich eine Generaltugend. Die steigenden Aktienkurse, aufgeheizt durch einen relativ engen Markt und eine übergroße Euphorie, ließen praktisch keinen Raum für abweichende Meinungen. Das Bild hat sich gründlich gewandelt. Die vielen bunten Seifenblasen am Neuen Markt sind zerplatzt und selbst so genannte seriöse Unternehmen am inzwischen eingestellten Neuen Markt sorgten für Turbulenzen. Eine große Aufregung und Enttäuschung machte sich breit. Das ist verwunderlich – sind doch die Erfahrungen mit bunten Seifenblasen allen Beteiligten seit Kindertagen an bekannt.

Die neue Marktsituation ist der Grund, warum sich ein kleiner deutscher Maschinenbauer (Umsatz 2002: 8,3 Mio. Euro, 65 Mitarbeiter) wieder aus den angeblich dunklen und verrauchten Werkshallen der Old Economy an das Licht der Öffentlichkeit traut, um über seine Erfahrungen mit dem Unternehmensrating zu berichten. Rating geht alle an, gleich welcher Wirtschaftskategorie ein Unternehmen mittels modischer oder altmodischer Terminologie zugeordnet wird. Der vermeintliche Widerspruch zwischen Rating und Old Economy, der durchaus nicht ganz zufällig unterstellt wird, soll hierbei aus einer bestimmten Sichtweise aufgelöst werden.

Zum genaueren Verständnis des Hintergrunds soll daher zuerst einmal die Firmengeschichte etwas beleuchtet werden. Das Unternehmen wurde 1969 aus einer Konkursmasse gekauft und neu aufgebaut. Damals wurden in kleinem Umfang so genannte Exzenterschneckenpumpen gebaut, die zur Ausbringung von Gülle auf die Felder benötigt wurden. Das landwirtschaftliche Umfeld des Allgäus war der Ursprungsmarkt für diese Unternehmung. Da der Anwendungszweig Landtechnik jedoch keine rasche Expansionsmöglichkeit versprach, wurde bereits 1971 mit der Produktion von Exzenterschneckenpumpen für industrielle Anwendungen begonnen.

Der **Markteinstieg** war nicht leicht, da es dort bereits weitere Anbieter gab, aber er gelang. Der Umsatz konnte über die Jahre mehr oder weniger konstant gesteigert werden, bis er 1991 bei etwa 6 Mio. Euro lag. Mehrere Werkserweiterungen und die Gründung eines Zweigwerkes in Hagen/Westfalen waren die Folge. Im Zuge der weltweiten Rezession, die ihren Tiefpunkt bekanntlich 1993/1994 erreichte, stagnierte der Umsatz. Die drastisch gefallenen Preise machten eine tief greifende Umstrukturierung des gesamten Unternehmens fällig, denn die inneren Strukturen des Unternehmens hatten nicht mit der Umsatzentwicklung Schritt gehalten.

Daher wurden im Sommer 1994 zwei neue Geschäftsführer eingestellt, die in relativ kurzer Zeit den radikalen Umbau in ein kleines, schlagkräftiges, industriell agierendes Unternehmen vornahmen. Bereits 1995 wurde zur Vereinfachung das Zweigwerk in Hagen/Westfalen, das ein bestimmtes Kunststoffteil, den Stator, herstellt, abgetrennt und verselbständigt (**Spin-Off**). Der bisherige Betriebsleiter wurde Geschäftsführer und suchte sich eigene Kapitalgeber. Das ehemalige Zweigwerk wurde so selbständiger Lieferant für die Wangener. Gleichzeitig erhielt das neue Unternehmen das Recht, solche Teile auch für Pumpen anderer Fabrikate herzustellen und zu vertreiben. Eine echte Erfolgsstory: Binnen fünf Jahren konnte dieses neue Unternehmen seinen Umsatz verdreifachen, ohne dass der Umsatz mit dem Stammwerk in gleichem Maße erhöht worden wäre. Zwei Drittel des Umsatzes werden also auf dem freien Markt für Ersatzteile erzielt. Ein schlagkräftiger Zulieferer für die Wangener und zugleich ein ernst zu nehmender Ersatzteilpirat für den freien Ersatzteilmarkt der Mitbewerber waren gegründet.

1996 wurde in Wangen bereits wieder die Rentabilitätsschwelle überschritten. 1997 traten die beiden Geschäftsführer an die bisherigen Gesellschafter heran, um das Unternehmen zu übernehmen, also ein **Management-Buy-Out (MBO)** zu machen. Die Gesellschafter willigten ein, und die beiden Geschäftsführer und noch ein dritter privater Investor kauften das Unternehmen zu je einem Drittel. 1998 erfolgte der nächste Schritt: Die Geschäftsführer installierten ein System der Mitarbeiterbeteiligung an Kapital und Erfolg in Form von stimmrechtslosen Genussrechten. Die Verzinsung der Anteile erfolgt anhand des Betriebsergebnisses. Die Nachfrage war groß: Binnen drei Jahren wurden über 200.000 Euro gezeichnet, die Beteiligungsquote liegt bei 80 %. 1999 erfolgte dann der erste Unternehmenskauf in der Geschichte des Unternehmens: Ein Ersatzteilpirat, der seit 1959 auf dem Markt war und den Markt mit preiswerten, kopierten Ersatzteilen (überwiegend Rotoren) versorgte, wurde übernommen. Damit betrat die Pumpenfabrik Wangen GmbH selbst die Piratenbühne und verschaffte sich auf diese Weise Zugang zu einer großen Zahl von Kunden, die mit Pumpen der Mitbewerber arbeiteten.

Parallel dazu war der **niedrige Kapitalzins** dieses Zeitraumes genutzt worden, um ca. 2 Mio. Euro in neueste CNC-Maschinen zu investieren. Das Resultat: europaweit die kürzesten Lieferzeiten und Produkte auf höchstem Qualitätsniveau. Die 1994 eingeführte modulare Plattformstrategie erlaubt Varianten tausender verschiedener Pumpen und zudem beliebige kundenspezifische Sonderlösungen, ohne dass die Komplexitätskosten explodieren. Die Bemühungen im Bereich Produktion resultierten darin, dass nach fünf Jahren Umstrukturierung das Unternehmen doppelt so viele Pumpen baut wie vor Beginn der Sanierung und dafür nur noch halb so viel Personal benötigt. Das ergibt eine Produktivitätssteigerung von 400 %. Gleichzeitig konnte seit 1998 der Umsatz wieder jährliche Zuwachsraten vorweisen, wie man sie von früher her gewohnt war.

Im Jahr 2000 fiel die Entscheidung, einen weiteren **Kapitalgeber** aufzunehmen, um die Kapitalbasis weiter zu stärken und um für schlechte Zeiten noch besser gerüstet zu sein. Das Stammkapital wurde so auf 300.000 Euro erhöht. Außerdem wurde in diesem Jahr dem Unternehmen das Qualitätszertifikat nach DIN EN ISO 9001 erteilt, im Jahr 2003 folgte das Umweltzertifikat nach DIN EN ISO 14001.

Bis dahin ein kurzer Blick in die doch recht ereignisreiche Unternehmensgeschichte, so weit sie auch relevant für das Rating war.

3. Vorarbeiten

Die Darstellung der Vorgeschichte zeigt, dass das Unternehmen vor allem in den letzten Jahren eine geradezu stürmische Entwicklung durchlaufen hat, wie man sie wahrscheinlich einem Unternehmen der Old Economy gar nicht zutraut. Parallel einher verlief ein weiterer Prozess, der auf den ersten Blick gar nicht so offenkundig war: Die Herstellung der vollen betriebswirtschaftlichen Transparenz.

Nach den Anfangserfahrungen der neuen Gesellschafter, dass kaum verlässliche aktuelle Zahlen über das Geschehen im Unternehmen zu erhalten waren, wurde ein neues EDV-System mit einem einfachen, aber sehr effizienten Reporting installiert, das in Tages-, Wochen-, Monats-, Quartals- und Jahresberichten mündete. Auf diese Weise kann die Geschäftsleitung permanent das Unternehmen auf optimalem Kurs steuern. Auch die Kommunikation in Richtung Öffentlichkeit ist jederzeit in einer angemessenen und informativen Weise möglich. Als Resultat dieser Bemühungen ist das Unternehmen jeden Tag um 09.00 Uhr voll transparent per 17.00 Uhr des Vortages. Die monatliche BWA ist weitgehend bilanzkonform aufgeschlüsselt, so dass auch unterjährig eine aussagekräftige Ertragskontrolle durchgeführt werden kann.

Parallel dazu wurde 1998 eine renommierte, weltweit operierende Wirtschaftprüfungskanzlei engagiert. Mit dieser Entscheidung sollte der Wille der Geschäftsleitung dokumentiert werden, sich eventuell sogar unangenehmen Fragen von außen zu stellen, die bei Gefälligkeitsgutachten unter langjährig bekannten Geschäftspartnern sicher nicht auf den Tisch kommen.

1999 begann dann eine Zusammenarbeit mit der Hochschule St. Gallen im Rahmen einer längeren Seminarreihe. In diesem Zusammenhang wurden verschiedenste Fragen aus den Bereichen Personal-Controlling, Finanzcontrolling, Strategieüberlegungen, Innovationsmanagement etc. aufgeworfen. Es wurde klar, dass die Sanierung eines Unternehmens bestenfalls die halbe Miete auf dem Weg in eine sichere Zukunft ist. Die nächste Frage, die sich nach einer erfolgreichen Sanierung stellt, ist die nach einer abgesicherten Zukunftsfähigkeit. In der Finanzterminologie ausgedrückt stellt sich die Frage nach Umsatz- und Wertsteigerung des Unternehmens.

Daher wurde von der Geschäftsleitung begonnen, die während der Seminarreihe aufgeworfenen Fragen Stück für Stück zu beantworten. So wurde eine umfassende Marktstudie erstellt, ein Unternehmensleitbild entworfen und eine sauber definierte Strategie für die nächsten fünf bis zehn Jahre überlegt und niedergeschrieben. Dabei stellte sich heraus, dass es unbedingt notwendig und hilfreich ist, die Dinge konkret nieder zu schreiben, um echte Klarheit über die notwendigen Informationen und die daraus abzuleitenden Schritte zu erhalten. Allerdings ist weniger die Menge des produzierten Papiers als der konkrete Inhalt gefragt.

Parallel zu dieser Tätigkeit ergab sich ein Kontakt zu einer der neu auf dem Markt befindlichen Ratingagenturen für Mittelstandsrating und es reifte der Entschluss, das so erstellte und dokumentierte Unternehmenskonzept zusammen mit der neueren Unternehmensentwicklung auf den Prüfstand eines kritischen Investorenblickpunkts zu stellen.

4. Ziele der Ratinganalyse

Es ist noch gar nicht so lange her, da wurde das **Privatkundengeschäft** bei den Banken als unbeliebtes Peanutsgeschäft dargestellt. Die neuen und alten Reichen sollten hofiert werden, um dem Margendruck im Massengeschäft auszuweichen. Die Grenzen wurden unterschiedlich gesetzt, der Trend aber war eindeutig. Dann entdeckten die Banken den nicht unerheblichen Wertberichtigungsbedarf bei ihren Geschäftskunden und begannen das große Wehklagen über das unprofitable Firmenkundengeschäft, das dringend reduziert werden solle. Da kam der so genannte Baseler Akkord gerade recht, der den Banken für erhöhte Kreditrisiken eine erhöhte Eigenkapitalunterlegung abverlangt und sie so zu einer Risikoabschätzung bei ihren Kreditengagements zwingt. Ist dies aber wirklich neu? Gab es nicht schon immer von den Banken Worte wie Risk Management, Bonitätsprüfung etc.?

Nimmt man all diese Klagen ernst, muss man sich ernsthaft fragen, mit wem die Banken in Zukunft eigentlich noch Geschäfte machen wollen. Um die doch begrenzte Anzahl der besser verdienenden Reichen dürfte ein harter Wettbewerb einsetzen, der wahrscheinlich ohnehin schon tobte. Das wird auch in diesem Geschäftsbereich auf die Margen drücken. Was bleibt dann noch an Geschäftsfeldern übrig? Sollen alle Banken nur noch Investment Banking betreiben? Oder braucht man bald keine Banken mehr?

Alles dürfte nicht so heiß gegessen werden, wie es gekocht wird. Die Industrie wird auch weiterhin mit den klassischen Finanzierungen bei ihrer Hausbank landen. Wenn eine Werkzeugmaschine oder eine Fertigungsstraße oder eine Gewerbeimmobilie zu finanzieren ist, wird eine simple Kreditfinanzierung mit Sicherungsübereignung die Regel sein. Vielleicht sinkt die Beleihungsgrenze, vielleicht werden ein paar mehr Fragen zu beantworten sein, aber summa summarum dürfte sich hier nicht viel ändern. Und dazu braucht es auch kein Rating.

Anders wird es künftig sicher aussehen, wenn von der Bank große Blankoanteile in unternehmerische Abenteuer gesteckt werden sollen. Dazu zählen z. B. Unternehmenskäufe, neue Niederlassungen im Ausland, Erschließung eines neuen Geschäftsfeldes etc. Hier wird sich ein Rating künftig sicher nicht vermeiden lassen, was andererseits auch nicht unvernünftig ist. Schließlich muss die Bank oder der Investor abschätzen können, welches Risiko er eingeht. Das gilt eigentlich selbstverständlich auch für den Unternehmer.

Ein ganz anderer Aspekt, der die Pumpenfabrik Wangen GmbH zu einem Rating gebracht hat, war die Frage: Wer kritisiert eigentlich die Geschäftsleitung?

Im heutigen **Mittelstand**, wie immer man ihn auch definieren mag, zeigt sich heute grob gezeichnet folgendes Bild: Es gibt viele Unternehmen, die sich mit einem oder mehreren hervorragenden Produkten in einer Nische platziert haben. Nicht wenige dieser erfolgreichen Unternehmen operieren weltweit, einige sogar als (Welt-)Marktführer. Die Unternehmensstruktur und die Professionalität der Unternehmensleitung gehen jedoch längst nicht mehr konform mit dem Wachstum, der Größe und der geografischen Expansion des Unternehmens. Das zeigt sich z. B. in der fast völligen Absorption der Geschäftsleitung durch operative Tätigkeiten. Fragen nach Marktanteils- oder Wertsteigerungsstrategien werden als Zeitverschwendung abgetan.

Profunde Marktkenner sehen hier ein Hauptproblem des deutschen Mittelstands in den nächsten fünf bis zehn Jahren. Die **mangelnde Professionalität der Geschäftsleitung** wird zu einem gewaltigen Shake-Out in dieser Unternehmenskategorie führen, die sich global einheitlichen Transparenz- und Bewertungsschemata stellen werden muss. Nur wer diese Anforderungen erkennt und sich ihnen stellt, wird seine Überlebenschancen deutlich erhöhen.

Genau hier war auch der Ansatzpunkt der Geschäftsleitung der Pumpenfabrik Wangen GmbH beim Thema Rating. Nachdem die Frage „Wo steht die Pumpenfabrik Wangen GmbH in fünf Jahren eigentlich?" mit einer umfassenden Strategieanalyse schriftlich beantwortet war, entschied die Geschäftsleitung, sich mit diesem Geschäftsmodell dem harten und objektiven Urteil von professionellen Analysten zu stellen – quasi als Korrektiv.

Diese Möglichkeit wird zu erschwinglichen Kosten erst seit kurzem für den Mittelstand durch die neuen Ratingagenturen angeboten. Sie stufen jedes beliebige Unternehmen nach dem international anerkannten Raster von AAA bis D ein, wie es ein internationaler Investor auch machen würde, wenn er entscheiden muss, ob er sein Geld in Coca-Cola oder die Pumpenfabrik Wangen GmbH investieren sollte. Durch das außerordentlich intensive Abklopfen des gesamten Geschäftskonzepts, der getroffenen Maßnahmen etc., die weit über all das hinausgehen, was heute Banken oder Wirtschaftsprüfer abfragen, erhält die Geschäftsleitung ein **hervorragendes Feedback** über die Zukunftsfähigkeit ihres Unternehmens und ihres Geschäftsmodells.

Es zeigte sich, dass die im Rahmen der Sanierung durchgeführten Maßnahmen und die durch die Umsetzung der im Rahmen des St. Gallener-Managementseminars aufgeworfenen Fragen und Antworten gewonnene Transparenz exakt die notwendige Vorbereitung für das externe Rating waren. Üblicherweise nennt man diesen Vorgang auch Rating Advisory, d. h. gezielte Vorbereitung auf ein externes Rating. Dadurch war die Datenerhebung der im Rahmen des externen Ratings interessierenden Soft- und Hardfacts völlig unproblematisch, was ohne diese sicherlich umfassende Vorbereitung nicht der Fall gewesen wäre. Interessanterweise fiel dabei auf, dass das Unternehmen so umfassend noch von keiner Seite, geschweige denn von Banken, abgeklopft worden ist.

Hierin liegt der eigentliche Clou eines Ratings, gleich ob Old oder New Economy, gleich ob großes oder kleines Unternehmen. Die Erfahrungen der Pumpenfabrik Wangen GmbH mit einem Münchner Ratingunternehmen haben gezeigt, dass die durch das Rating erzwungene **Beschäftigung mit strategischen Fragen** für kleine und mittelgroße Unternehmen fast wichtiger ist, als die Frage, wie sich künftig Finanzierungsvorhaben realisieren lassen. Ein gesundes Unternehmen hat mit den gängigen Investitionen auch keine Finanzierungsprobleme.

Aber warum sollte ein heute gesundes Unternehmen in fünf Jahren noch existieren? Diese Frage wird im deutschen Mittelstand sicher noch viel zu selten gestellt und noch seltener beantwortet.

5. Das Ergebnis

Das Ratingergebnis lag bei BB- und wurde von den Analysten in einer Abschlusssitzung vorgestellt und detailliert begründet. Es ist im Rahmen dessen, was ein kleines mittelständisches Unternehmen, das sich auf einem schmalen Marktsegment des deutschen Maschinenbaus bewegt, ein **sehr gutes Ergebnis**. Denn unter der Überlegung, dass AAA-Ratings praktisch nur noch für Banken mit Staatsgarantien vergeben und AA- bzw. A-Ratings nur für große, weltweit operierende Unternehmen und Banken mit großer geografischer Streuung ihres Absatzrisikos vergeben werden, dann kommt für ein kleines mittelständisches Unternehmen aufgrund der spezifischen, immanenten Beschränkungen und Risiken ohnehin nur der B-Bereich in Frage. Dabei muss beispielsweise auch berücksichtig werden, dass die Deutsche Telekom AG nach der UMTS-Auktion auch nur noch auf BBB-Rating kam.

Wozu kann solch ein Rating nun genutzt werden? Anfangs bestand die Absicht, dass lediglich die beiden Geschäftsführer je ein Exemplar des **Ratingberichts** erhalten, quasi als Notizbuch für allfällige Hausaufgaben. Eine dieser Aufgaben ergab sich aus der unterschiedlichen Bewertung der Kostenrechnung. Zum nächsten Ratingtermin lag das Ergebnis der Projektgruppe der Hochschule St. Gallen vor, so dass sich für das Rating neue Aspekte ergaben. Ebenso wurde der Nachweis geführt, dass die geplanten Maßnahmen zur Umsatz- und Wertsteigerung bereits greifen.

Gerade die Beschäftigung mit dem Unternehmenswert – neudeutsch „Shareholder Value" – bekam durch das Rating einen deutlichen Schub. Bis zum nächsten Rating lagen Unternehmensbewertung nach sämtlichen klassischen Verfahren (Substanzwert-, Ertragswert-, Mittelwertverfahren etc.) vor. Parallel dazu wurde in Zusammenarbeit mit einer weiteren Hochschule eine Diplomarbeit vergeben. Ziel dieser Arbeit war es, eine Unternehmensbewertung mit dem SV/SVA-Verfahren nach Rappaport am Beispiel der Pumpenfabrik Wangen GmbH zu entwickeln, also speziell adaptiert auf die Umstände und Bedürfnisse eines kleinen, mittelständischen Unternehmens. Diese Vorgehensweise sorgt für einen hohen Grad an Transparenz für potenzielle Investoren, in diesem Fall also das Ratingkomitee, und ergab weiteren interessanten Gesprächsstoff für das Rating.

Bald reifte jedoch die Entscheidung, auch den nicht im Unternehmen tätigen Gesellschaftern jeweils ein Exemplar des Ratingberichts zukommen zu lassen, diesmal als umfassenden Rechenschaftsbericht und Leistungsnachweis der Geschäftsleitung. Die Erfahrung zeigt nämlich, dass sich gut informierte Mitgesellschafter wesentlich leichter mit einem entsprechenden Vertrauensvorschuss für die Geschäftsführer tun als solche, die sich hinsichtlich wesentlicher Geschäftsvorfälle chronisch unterversorgt fühlen.

Deshalb bereitete es der Geschäftsleitung auch keine Probleme, dem latent immer vorhandenen Wunsch der Ratingagenturen nach einer Veröffentlichung des Ergebnisses nachzukommen. Wie sagte einmal ein Zuhörer: „Schließlich sind sie mit diesem Ergebnis zur Zeit das Familienunternehmen mit dem besten Rating in ganz Deutschland!" Warum sollte man diese Botschaft nicht auch in der Öffentlichkeit kommunizieren?!

Eine Frage taucht dabei immer wieder auf: Wie steht es um die Vertraulichkeit der bereitgestellten Informationen? Natürlich unterliegen Ratingagenturen nicht dem Bankgeheimnis. Allerdings leben auch diese Agenturen vom Vertrauen, das Ihnen der Markt entgegenbringt. Sollte eine Agentur wirklich mit den beim Ratingprozess gewonnen Erkenntnissen „hausieren" gehen, wäre das mit ziemlicher Sicherheit bald das Ende der Agentur, denn das ließe sich nicht lange verheimlichen. So gesehen erhalten die Ratingagenturen natürlich einen Vertrauensvorschuss. Andererseits, je transparenter ein Unternehmen ohnehin ist, desto weniger kritisch wäre ein Vertraulichkeitsvergehen einer Ratingagentur. Von daher ist dieser Aspekt eher zweitrangig.

Um den Prozess der Entwicklung und **Zukunftssicherung** des Unternehmens weiter voranzutreiben, hat die Geschäftsleitung beschlossen, sich regelmäßig, d. h. ca. alle 18 Monate, erneut einem Rating zu unterziehen. Dieser Zeitraum erscheint ausreichend, da die Innovations- und Marktzyklen im deutschen Maschinenbau nicht so flüchtig sind wie in anderen High-Tech-Branchen.

Der detaillierte Bericht erlaubt der Geschäftsleitung, bestimmte Aufgaben auszuwählen und offensiv anzugehen, so dass begründete Hoffnungen bestehen, beim nächsten Rating eine insgesamt bessere Bewertung zu erhalten. Dabei steht natürlich nicht primär das Erreichen einer besseren Schulnote im Vordergrund sondern die Erkenntnis, dass durch die Abarbeitung der Hausaufgaben und der eventuell daraus resultierenden besseren Note das Unternehmen auch seine Zukunftschancen verbessert.

Nur wenn man das Rating auch in diesem Sinne begreift, ist das dafür ausgegebene Geld nicht als Kosten, sondern als **Investition** buchbar. Schließlich haben besonders die Gesellschafter, aber auch die Banken als Fremdkapitalgeber, wie man an dem gewaltigen Wertberichtungsbedarf ausnahmslos aller renommierten Banken sieht, ein hohes Interesse an einer Zukunftsfähigkeit des Unternehmens. Das Eigenkapital ist ohnehin bis zum bitteren Ende gebunden, viele Investitionskredite haben meist auch eine mehrjährige Laufzeit. Und über die Werthaltigkeit der ausgewiesenen Sicherheiten geben die Bilanzen der Banken unter dem Bilanzpunkt „ausgefallene Kredite" beredte Auskunft.

6. Investment Banking

Ein weiterer Aspekt ergab sich im Jahre 2001 aus der Situation der IntegraBank eG, München, heraus, die seit über 25 Jahren in guten wie in schlechten Zeiten als bewährte Hausbank der Pumpenfabrik Wangen GmbH agierte. Nachdem sich auch die IntegraBank eG mit einer Bilanzsumme von knapp 40 Mio. Euro der zuvor skizzierten, für die Bankenlandschaft relevanten Situation nicht entziehen kann, reifte beim Vorstand der Bank im Sommer 2001 der Entschluss, sich im Investment Banking zu betätigen. Ziel dieses Engagements sollte es sein, strategische Beteiligungen zur Erzielung weiterer nachhaltiger Ergebnis verbessernder Erträge einzugehen. Welcher Kundenkreis ist dafür bei einer kleinen Genossenschaftsbank besser geeignet als der Kreis der Mitglieder, zumal das sogar dem Genossenschaftsgedanken, nämlich der Förderung der wirtschaftlichen Belange der Mitglieder zu dienen, sehr entgegenkommt?

Das Ziel eines solchen auch für die IntegraBank eG noch sehr exemplarischen Investments war schnell ausgemacht: Die Pumpenfabrik Wangen GmbH. Warum?

Durch das externe Rating und die damit verbundenen Maßnahmen ist dieses Unternehmen außerordentlich transparent und zukunftsorientiert geführt. Die Bank weiß also ziemlich genau, worauf sie sich einlässt. Leider gibt es derzeit noch nicht genug solcher Investmentobjekte.

Ein weiterer Punkt war, dass die Analysten einerseits zwar die Eigentümergeführtheit des Unternehmens begrüßten, andererseits aber diese Struktur auch als künftige Wachstumsbremse interpretierten, denn das Bilanzsummenwachstum, das einer Geschäftsausweitung fast zwangsläufig folgt, benötigt zum **Erhalt der EK-Quote** irgendwann frisches Eigenkapital.

Nach etwa sechs Monaten Diskussion übernahm die IntegraBank schließlich 75 % des Stammkapitals der Pumpenfabrik Wangen GmbH. Damit das Unternehmen weiterhin eigentümergeführt ist, halten der Geschäftsführer 10 %, ein Mitarbeiter 5 % und eine Vermögensverwaltungsgesellschaft, die vorher auch schon Gesellschafter war, weitere 10 %. Auf diese Weise sind allen Interessenslagen Rechnung getragen: Die IntegraBank eG hat eine signifikante Beteiligung, die ihr einen angemessenen Anteil an der positiven Entwicklung der Pumpenfabrik Wangen GmbH sichert, die Pumpenfabrik Wangen GmbH hat einen kapitalkräftigen strategischen Investor gefunden, der auch das künftige Wachstum mit ausreichend Eigenkapital unterlegen kann (bereits vier Monate nach der Übernahme wurde eine hundertprozentige Kapitalerhöhung vorgenommen), und die restlichen Anteilseigner haben eine Anteilsgröße, die es Ihnen erlaubt, auch größeren Kapitalerhöhungen ohne prozentualen Anteilsverlust mitzumachen. Nebenbei haben sie auch noch eine zu starke Bündelung ihres Vermögens aus der Welt geschafft.

Auf diese Weise konnten die Pumpenfabrik Wangen GmbH und alle Beteiligten einen weiteren signifikanten und konkreten Nutzen aus dem Rating ziehen. Weitere werden folgen.

Teil D:

Messung und Steuerung der operationellen Risiken

I. Behandlung der operationellen Risiken unter Basel II
Jörg Engels, Joachim Schauff

Inhalt:

	Seite
1 Einleitung	353
2 Definition des operationellen Risikos – welche Risiken zukünftig behandelt werden müssen	354
3 Methoden zur Messung des operationellen Risikos	356
3.1 Basisindikatoransatz (BIA)	358
3.2 Standardansatz (SA)	359
3.3 Alternativer Standardansatz (ASA)	360
3.4 Ambitionierte Messansätze (AMA)	361
3.5 Aufsichtsrechtliche Aspekte der Messansätze	364
3.5.1 Aufsichtliche Anerkennung der Ansätze	364
3.5.2 Partielle Anwendung (Partial Use)	366
3.5.3 Risiko mindernde Berücksichtigung von Versicherungen	367
3.5.4 Grenzüberschreitende Anwendung von AMA	367
3.5.5 Voraussichtliche Wahl der Messansätze in Deutschland	368
4 Qualitative Anforderungen	369
4.1 Sound Practices for the Management and Supervision of Operational Risk	369
4.2 Supervisory Review Process	371
4.3 Qualitative Mindestanforderungen der Messansätze	372
5 Quantitative Anforderungen	375
6 Implementierung eines Systems zum Management operationeller Risiken	378
6.1 Internes Rahmenwerk	379
6.2 Risikoidentifikation	379
6.3 Bewertung und Verbesserung der Prozessqualität	380
6.4 Risikofrüherkennung	381
6.5 Notfallplanung	382
6.6 Sammlung und Analyse historischer Schadensdaten	382
6.7 Implementierungsherausforderungen im Überblick	383

1. Einleitung

Bereits im Juni 1999 erklärte der Baseler Ausschuss seine Absicht, zukünftig auch Eigenkapitalanforderungen für die so genannten operationellen Risiken als weitere wesentliche Risikokategorie der Bankenwelt einzuführen. Die derzeit gültige Vereinbarung Basel I sah bislang nur die Unterlegung von Marktpreis- und Kreditrisiken mit Eigenmitteln vor. Neben den quantitativen Anforderungen für die unterschiedlich komplexen Verfahren zur Bemessung der Kapitalanforderungen hat der Ausschuss im Laufe des Konsultationsprozesses auch eine Reihe von qualitativen Regelungen an das Management der operationellen Risiken aufgestellt. Diese sind teilweise in den Säulen I und II der Basel II-Vorschriften enthalten, weitere eher allgemein formulierte Prinzipen für das Management und die aufsichtliche Behandlung wurden von den Bankaufsehern in den „Sound Practices for the Management and Supervision of Operational Risk" (SPOR) verankert.[1]

Ziel dieses Beitrags ist es, in den nachfolgenden Abschnitten die mit der Einführung dieser neuen Risikokategorie verbundenen Modalitäten der Messansätze sowie qualitative und quantitative Anforderungen im Sinne von Basel II zu beschreiben. Ein weiterer Beitrag behandelt zukünftige Entwicklungstendenzen für das Management der operationellen Risiken.[2]

2. Definition des operationellen Risikos – welche Risiken zukünftig behandelt werden müssen

Operationelle Risiken werden für **aufsichtsrechtliche Kapitalunterlegungszwecke** vom Baseler Ausschuss als „die Gefahr von Verlusten, die in Folge der Unangemessenheit oder des Versagens von internen Verfahren, Menschen und Systemen oder in Folge externer Ereignissen eintreten" definiert.[3] In dieser Definition ist das Rechtsrisiko enthalten. Nicht erfasst werden dagegen strategische Risiken und Reputationsrisiken sowie steuerliche, politische oder sonstige geschäftliche Risiken.

Diese aus der aufsichtlichen Definition ausgeklammerten Risiken sind zwar im Rahmen der Vorschriften der Säule I nicht mit Eigenmitteln zu unterlegen, sie nehmen jedoch unzweifelhaft Einfluss auf das Risikopotenzial einer Bank. Ungeachtet der Schwierigkeiten bei der Messung und Steuerung ihrer Auswirkungen müssen Institute diese Risiken daher im Rahmen des unter der Säule II geforderten Verfahrens zur Beurteilung einer angemessenen Eigenkapitalausstattung im Verhältnis zu ihrem Risikogesamtprofil berücksichtigen. Außerdem wird die individuelle Definition deutscher Institute für das operationelle Risiko schon aus dem Blickwinkel des gesamtheitlichen Risikobegriffs des § 25a KWG oftmals von der des Baseler Ausschusses hinsichtlich der erfassten Risiken abweichen.

Häufig angeführte Beispiele für operationelle Risiken sind Fehler aufgrund menschlichen Versagens oder unzulänglicher Kontrollmaßnahmen und mangelnder Dokumentationen sowie Betrugsdelikte, DV-Systemausfälle und größere Brände oder andere Katastrophen. Zur Präzisierung hat der Baseler Ausschuss folgende Klassifikation mit möglichen Verlustereignissen aus operationellen Risiken aufgestellt:[4]

---

[1] Vgl. Sound Practices for the Management and Supervision of Operational Risk, BCBS Publications No. 96, Februar 2003.
[2] Vgl. Kapitel D. II. „Development of OR-Management".
[3] Vgl. Basel II, § 644.
[4] Vgl. Basel II, Anhang 7. Operationelle Risiken – Detaillierte Klassifikation von Verlustereignissen.

Interner Betrug	Verluste aufgrund von Handlungen mit betrügerischer Absicht, Veruntreuung von Eigentum, Umgehung von Vorschriften, Gesetzen oder internen Bestimmungen; ausgenommen sind Ereignisse, die auf Diskriminierung oder (sozialer und kultureller) Verschiedenheit beruhen und an denen mindestens eine interne Partei beteiligt ist
Externer Betrug	Verluste aufgrund von Handlungen mit betrügerischer Absicht, Veruntreuung von Eigentum oder der Umgehung des Gesetzes durch einen Dritten
Beschäftigungspraxis und Arbeitsplatzsicherheit	Verluste aufgrund von Handlungen, die gegen Beschäftigungs-, Gesundheits- oder Sicherheitsvorschriften bzw. -abkommen verstoßen; Verluste aufgrund von Zahlungen aus Ansprüchen wegen Körperverletzung; Verluste aufgrund von Diskriminierung bzw. sozialer und kultureller Verschiedenheit
Kundenbezogene Risiken, Praktiken hinsichtlich Produkten und Geschäftsgepflogenheiten bei Dienstleistungen	Verluste aufgrund einer unbeabsichtigten oder fahrlässigen Nichterfüllung geschäftlicher Verpflichtungen gegenüber bestimmten Kunden (einschließlich treuhänderischer und auf Angemessenheit beruhender Verpflichtungen); Verluste aufgrund der Art oder Struktur eines Produktes
Sachschäden	Verluste aufgrund von Beschädigungen oder des Verlustes von Sachvermögen durch Naturkatastrophen oder andere Ereignisse
Geschäftsunterbrechungen und Systemausfälle, vollständige oder Teilausfälle bzw. Unterbrechungen von Systemen oder Prozessen	Verluste aufgrund von Geschäftsunterbrechungen oder Systemausfällen
Abwicklung, Vertrieb und Prozessmanagement bei internen und externen Prozessen	Verluste aufgrund von Fehlern bei der Geschäftsabwicklung oder im Prozessmanagement; Verluste aus Beziehungen mit Geschäftspartnern und Lieferanten/Anbietern

Tabelle 1: Klassifikation möglicher Verlustereignisse aus operationellen Risiken

3. Methoden zur Messung des operationellen Risikos

Ähnlich wie im Kreditrisikobereich bietet Basel II den Instituten im Rahmen der Ermittlung der erforderlichen Kapitalunterlegungsbeträge für operationelle Risiken wahlweise verschiedene Messansätze mit zunehmenden Anforderungen an:

- Basisindikatoransatz (BIA)
- Standardansatz (SA) bzw. Alternativer Standardansatz (ASA)
- Ambitionierte Messansätze (AMA = Advanced Measurement Approaches)

Mit den Anforderungen steigen regelmäßig auch die jeweilige Komplexität, der Umsetzungsaufwand, die Risikosensitivität und die Eigenkapitalersparnis, wobei der Ausschuss generell erwartet, dass insbesondere international tätige Banken und Banken mit einem durch ihre Geschäftstätigkeiten bedingten hohen Anteil an operationellen Risiken einen Ansatz wählen, der anspruchsvoller als der BIA und gleichzeitig ihrem Risikoprofil angemessen ist. Wie schon beim Kreditrisiko zählen die Aufseher darauf, dass die Banken möglichst bald Methoden zur internen Bewertung entwickeln und wollen Anreize schaffen, diese Methoden sowie das Management des operationellen Risikos im Allgemeinen kontinuierlich auszuweiten und zu verbessern.

Die Bankenaufsicht wird die auf der Grundlage der zulässigen Messverfahren von einer Bank berechneten Eigenkapitalanforderungen für operationelle Risiken überprüfen, um ihre grundsätzliche Aussagekraft – insbesondere im Verhältnis zur jeweiligen Vergleichsgruppe der Bank – zu beurteilen und ggf. Maßnahmen im Rahmen der Säule II in Erwägung ziehen.

Die ursprüngliche Planung des Baseler Ausschusses sah vor, etwa 20 % des Mindesteigenkapitals der Institute für die Unterlegung der operationellen Risiken zu reservieren. Da diese Zielgröße nicht ausreichend begründet wurde, stand sie im Mittelpunkt der Kritik. Mit dem im September 2001 veröffentlichten Arbeitspapier zur aufsichtsrechtlichen Behandlung der operationellen Risiken[5] hatte der Ausschuss ausdrücklich auf einige der Kritikpunkte reagiert und zahlreiche Veränderungen vorgeschlagen, die bereits im 3. Konsultationspapier entsprechend berücksichtigt wurden.

So verminderte sich die durch den Ausschuss angestrebte Kapitalunterlegung in den **Basisindikator-** und **Standardansätzen** auf 12 % des Eigenkapitals. Die vormals geplante Untergrenze von 9 % für die Kapitalunterlegung in den **Ambitionierten Messansätzen** entfiel ersatzlos. Zudem wurde mit dem **Alternativen Standardansatz** eine neue Variante zur Vermeidung von Doppelunterlegungen von Risiken eingeführt. Die nachfolgende Tabelle fasst die Charakteristika der verschiedenen Ansätze, wie sie im verabschiedeten Akkord aus Juni 2004 enthalten sind, überblicksartig zusammen.

---

[5] Vgl. Working Paper on the Regulatory Treatment of Operational Risk, BCBS, September 2001.

I. Behandlung der operationellen Risiken unter Basel II

Ansatz	Kapitalunterlegung	Merkmale
Basisindikatoransatz	– Durchschnitt der positiven Bruttoerträge innerhalb der letzten drei Jahre $\times \alpha$ (α = 15 %)	– Nicht risikosensitiv; Bankenaufsicht legt α-Faktor fest – Einfache Umsetzung; neben SPOR keine weiteren qualitativen Anforderungen
Standardansatz	– 3-Jahres-Durchschnitt von Jahressummen der Einzelunterlegungen (Bruttoerträge$_{1-8} \times \beta_{1-8}$); Verrechnung positiver und negativer Kapitalanforderungen der Einzelsegmente innerhalb eines Jahres erlaubt – β-Faktor beträgt je nach Geschäftssegment 12 %, 15 % oder 18 %	– Wenig risikosensitiv; Bankenaufsicht legt β-Faktoren fest – Acht verschiedene Geschäftssegmente mit Bruttoerträgen je Segment als einzige Bezugsgröße – Wenig komplexe Umsetzung; neben SPOR weitere qualitative Anforderungen
Alternativer Standardansatz (Wahlrecht der lokalen Aufsichtsbehörde)	– CB = β_{CB} (15 %) $\times$ m $\times$ Kreditvolumen$_{CB}$ – RB = β_{RB} (12 %) $\times$ m $\times$ Kreditvolumen$_{RB}$ – m = 0,035 – Gesamtkapitalunterlegung errechnet sich als 3-Jahres-Durchschnitt von Jahressummen der Einzelunterlegungen, d.h. für CB und RB sowie die übrigen sechs Geschäftssegmente; für zweite Aggregationserleichterung können negative Bruttoerträge wie beim SA behandelt werden	– Verfahren grundsätzlich identisch mit Standardansatz – Abweichung bei Ermittlung der Kapitalunterlegung für die Geschäftssegmente „Commercial Banking" (CB) und „Retail Banking" (RB); Kreditvolumen anstatt Bruttoerträge als Bezugsgröße – Zusätzliche Aggregationserleichterungen; Banken können CB und RB zusammenfassen und mit β von 15 % multiplizieren; Zusammenfassung des Bruttoertrags für die übrigen sechs Geschäftsfelder ebenfalls möglich (β = 18 %)
Ambitionierte Messansätze	– Ableitung aus praxisrelevanten Messansätzen wie z. B. Szenario-basierte Ansätze, Verlustverteilungsansätze oder Scorecard-Ansätze – Baseler Ausschuss spezifiziert weder Verfahren noch Verteilungsannahmen zur Schaffung eines für aufsichtliche Eigenkapitalzwecke geeigneten Messverfahrens	– Risikosensitiv – Kapitalunterlegung basiert auf bankinternen Risikoschätzungen; keine Vorgabe eines bestimmten Verfahrens durch den Baseler Ausschuss (Soundness Standard) – Komplexe Umsetzung; neben SPOR zusätzlich hohe qualitative und quantitative Anforderungen; aufsichtsrechtliche Anerkennung erforderlich

Tabelle 2: Definition des operationellen Risikos

3.1 Basisindikatoransatz (BIA)

Der Basisindikatoransatz bietet Banken als Einstiegsverfahren die einfachste Möglichkeit, das operationelle Risiko bei der Berechnung der Eigenmittelunterlegung zu berücksichtigen. Die Eigenkapitalunterlegung ergibt sich aus dem Durchschnitt aller **positiven** Bruttoerträge innerhalb der letzten drei Jahre, die jeweils mit dem so genannten α-Faktor von 15 % multipliziert werden, der wiederum seitens des Baseler Ausschuss vorgegeben wird.[6]

Der Bruttoertrag wird dabei durch die lokalen Bankaufsichtsbehörden und/oder die lokalen Rechnungslegungsstandards definiert und besteht aus dem Zinsergebnis zuzüglich zinsunabhängiger Erträge (Ermittlung der entsprechenden Bestandteile vor Wertberichtigungen z. B. für nicht gezahlte Zinsen und vor den allgemeinen Verwaltungsaufwendungen einschließlich Aufwendungen für Outsourcing; keine Berücksichtigung von realisierten Gewinnen bzw. Verlusten aus Wertpapiergeschäften im Anlagebuch, außerordentlichen oder periodenfremden Erträgen oder Einkünften aus dem Versicherungsgeschäft).[7] In Deutschland bilden somit die Vorgaben der EU-Bankbilanzrichtlinie aus 1986 in Verbindung mit dem HGB und der RechKredV die Grundlagen für die Ableitung der Bruttoerträge:

	Zinserträge
./.	Zinsaufwendungen
+	Laufende Erträge
+	Erträge aus Gewinngemeinschaften und (Teil-) Gewinnabführungsverträgen
+	Provisionserträge
./.	Provisionsaufwendungen
+	Ertrag aus Finanzgeschäften
./.	Aufwand aus Finanzgeschäften
+	Sonstige betriebliche Erträge
=	Bruttoerträge

Tabelle 3: Übersicht zur Ermittlung der Bruttoerträge

In Einzelfällen kann diese Berechnungsmethodik zu unbefriedigenden Ergebnissen führen, so bspw. in den Fällen, in denen Geschäfte von Tochtergesellschaften der Bank in Personalunion mit den Mitarbeitern des regulierten Instituts durchgeführt werden. Die anteilige Personalkostenerstattung durch die Tochtergesellschaft fließt

---

[6] Negative Bruttoerträge bzw. Nullausweise sollen bei der Berechnung keine Berücksichtigung finden, vgl. Basel II, § 649.
[7] Vgl. Basel II, § 650. Erträge der Bank im Zusammenhang mit erbrachten Outsourcing-Dienstleistungen sollen dagegen berücksichtigt werden.

in die Berechnungsgrundlage der Bruttoerträge ein, während die korrespondierenden Aufwendungen unberücksichtigt bleiben.

Auf Grund der durch den Ansatz konstruierten, aber nicht unbedingt nachvollziehbaren Kausalität zwischen den Bruttoerträgen und den operationellen Risiken einer Bank erscheint der BIA wenig geeignet, eine sachgerechte Bewertung und insbesondere risikosensitive Eigenkapitalunterlegung zu liefern. Es besteht zudem die Möglichkeit negativer Anreize zur Erweiterung des bankweiten Risikomanagements, da auch steigende Erträge, die auf einem qualitativ verbesserten Risikomanagement basieren, zu einer höheren Eigenkapitalunterlegung führen. Umgekehrt haben sinkende Erträge, die sich auf unterlassene Aktivitäten zur Minderung von operationellen Risiken zurückführen lassen, trotz des offensichtlich angestiegenen Risikos eine geringere Eigenmittelunterlegung zur Folge.

3.2 Standardansatz (SA)

Der Standardansatz baut auf dem BIA auf und unterscheidet sich von diesem durch die Aufteilung der Bruttoerträge einer Bank auf acht vorgegebene Geschäftsfelder (Bezugsgrößen), denen der Ausschuss je nach dem für sie angenommenen Risikogehalt unterschiedliche β-Faktoren mit dem jeweiligen Bruttoertragsanteil zugewiesen hat.[8]

Geschäftsfeld	Beta-Faktor
Unternehmensfinanzierung/-beratung (Corporate Finance)	$\beta_1 = 18\ \%$
Handel (Trading and Sales)	$\beta_2 = 18\ \%$
Privatkundengeschäft (Retail Banking)	$\beta_3 = 12\ \%$
Firmenkundengeschäft (Commercial Banking)	$\beta_4 = 15\ \%$
Zahlungsverkehr und Wertpapierabwicklung	$\beta_5 = 18\ \%$
Depot- und Treuhandgeschäfte (Agency Services)	$\beta_6 = 15\ \%$
Vermögensverwaltung	$\beta_7 = 12\ \%$
Wertpapierprovisionsgeschäft	$\beta_8 = 12\ \%$

Tabelle 4: Beta-Faktoren der Geschäftsfelder im Standardansatz

Die Gesamtkapitalanforderung ergibt sich aus dem Drei-Jahres-Durchschnitt der aufsummierten Kapitalanforderungen für die einzelnen Geschäftsfelder in den betreffenden Jahren. Dabei ist eine unbegrenzte Verrechnung positiver und negativer Kapitalanforderungen für Einzelsegmente innerhalb eines Jahres erlaubt.[9] Aggregierte Kapitalanforderungen, die für ein bestimmtes Jahr einen negativen Wert besit-

---

[8] Vgl. Basel II, § 654 sowie Anhang 6 für eine detailliertere Darstellung der vordefinierten Geschäftsfelder.
[9] Vgl. auch Basel II, Fn. 98. Danach können die nationalen Aufsichtsbehörden eine konservativere Behandlung negativer Bruttoerträge vorsehen.

zen, fließen in die Durchschnittsberechnung lediglich mit dem Wert Null ein. Allerdings werden die Bankaufseher bei einer zu großen Verzerrung der regulatorischen Kapitalunterlegung durch Negativerträge – wie beim BIA – entsprechende Maßnahmen im Rahmen der Säule II in Erwägung ziehen.[10]

Insgesamt differenziert der SA mit der Einführung von unterschiedlichen β-Faktoren zwar stärker zwischen den jeweils aus den einzelnen Geschäftsfeldern stammenden operationellen Risiken, bleibt jedoch aufgrund seiner Fokussierung auf eine Bezugsgröße wenig risikosensitiv. Im 2. Konsultationspapier aus Januar 2001 wurden neben den Bruttoerträgen für einzelne Geschäftsfelder auch noch Bezugsgrößen wie durchschnittliche Bilanzsumme, verwaltetes Gesamtvermögen oder Value-at-Risk in Erwägung gezogen.

Im Arbeitspapier zur aufsichtsrechtlichen Behandlung der operationellen Risiken aus September 2001 erfolgte dann die Reduktion auf die einzige Bezugsgröße Bruttoerträge für alle acht Geschäftsfelder mit der Begründung, somit Einfachheit, Vergleichbarkeit und die Verringerung von Arbitragemöglichkeiten sicherstellen zu können. Außerdem fehlte es dem Ausschuss an Anzeichen für eine größere Risikosensitivität der anderen zuvor genannten Bezugsgrößen.[11]

Für den SA gilt hinsichtlich der negativen Anreize in Bezug auf den unterstellten Kausalzusammenhang zwischen Bruttoerträgen und operationellen Risiken das beim BIA Gesagte ebenso. Zusätzlich kann die Festlegung der Höhe der β-Faktoren durch den Ausschuss bei einzelnen Banken aufgrund ihrer Geschäftsfeldverteilung dazu führen, dass die errechnete Kapitalunterlegung im SA höher als im BIA ausfällt und somit absurderweise den weniger komplexen Ansatz attraktiver erscheinen lässt, d. h. hier ergibt sich gerade nicht die vom Baseler Ausschuss grundsätzlich angestrebte Anreizsituation, durch die Wahl eines fortschrittlicheren Messansatzes eine Reduzierung der Kapitalunterlegung erreichen zu können.

Nicht zuletzt auch unter Berücksichtigung solcher Aspekte hat der Ausschuss ausdrücklich seine Absicht erklärt, die aktuelle Kalibrierung von BIA, SA und ASA zu dem Zeitpunkt zu überprüfen, wenn entsprechend mehr risikosensitive Daten für eine mögliche Rekalibrierung zur Verfügung stehen.[12]

3.3 Alternativer Standardansatz (ASA)

Als weitere Variante wurde erstmalig im 3. Konsultationspapier aus April 2003 der so genannte Alternative Standardansatz mit aufgenommen. Die Anwendung entspricht grundsätzlich dem SA, jedoch wird als Bezugsgröße für die Geschäftsfelder „Commercial Banking" (CB) und „Retail Banking" (RB) ein volumenbezogener Faktor (Kreditvolumen i. S. v. Krediten und sonstigen Aktiva des Anlagebuchs) an Stelle der Bruttoerträge herangezogen.[13] Die Faktoren für die übrigen sechs

---

[10] Vgl. Basel II, Fn. 92 und 99.
[11] Vgl. Working Paper on the Regulatory Treatment of Operational Risk, S. 7.
[12] Vgl. Basel II, Fn. 96.
[13] Vgl. Basel II, Fn. 97.

Geschäftsfelder bleiben grundsätzlich unverändert. Die Gesamtkapitalanforderung ergibt sich analog dem Ermittlungsverfahren für den SA.

Bei Aufteilungsschwierigkeiten können Banken aus Erleichterungs- und Vereinfachungsgründen das Privat- und Firmenkundengeschäft zusammenfassen und mit einem β-Faktor von 15 % multiplizieren sowie alternativ zur Aufteilung des Bruttoertrags auf die verbleibenden sechs Geschäftsfelder einen konservativeren β-Faktor von 18 % auf den entsprechenden Gesamtbetrag des Bruttoertrags anwenden. Bei letzterer Alternative können negative Bruttoerträge wie beim SA behandelt werden. Beide Alternativen führen aufgrund der vorgegebenen Multiplikatoren zu einer vorsichtigeren Bemessung der jeweiligen Eigenkapitalanforderungen einer Bank.

Ursächlich für die Einführung des ASA waren in erster Linie die Ergebnisse der dritten Auswirkungsstudie des Baseler Ausschusses. Diese hatten ergeben, dass die einfacheren Messansätze (BIA und SA) bei den in G-10-Staaten ansässigen Banken zwar weitestgehend zu einer Eigenkapitalunterlegung in Höhe der anvisierten 12 % der aktuellen Mindesteigenkapitalanforderung führen, die Berechnungsergebnisse allerdings je nach Land erhebliche Unterschiede aufweisen. Weitergehende Analysen zeigten, dass diese Schwankungen aus der Verknüpfung zwischen Bruttoertrag und Kreditrisiko, die sich in der jeweiligen Höhe der Kreditmarge ausdrückt, resultieren und eine auf dem Bruttoertrag basierende Kapitalunterlegung bei einigen Banken zu einer Doppelzählung des Kapitalbedarfs für das Kreditrisiko geführt hätte.[14]

3.4 Ambitionierte Messansätze (AMA)

Im Laufe des Konsultationsprozesses hat der Bereich der fortschrittlicheren Messansätze für operationelle Risiken die größten Veränderungen erfahren. Dieser seit fünf Jahren andauernde Evolutionsprozess ist ein deutlicher Beleg für die dynamische Weiterentwicklung von analytischen Ansätzen in der Bankenwelt. Noch im 2. Konsultationspapier aus Januar 2001 hatte der Baseler Ausschuss in logischer Fortsetzung der Reihe von Messansätzen mit zunehmendem Komplexitätsgrad als dritten und anspruchsvollsten den so genannten **Internen Messansatz** vorgeschlagen.

Danach sollten die Tätigkeiten einer Bank wie beim SA einzelnen, fest vorgegebenen Geschäftsfeldern zugeordnet werden. Zusätzlich hatte der Ausschuss eine bestimmte Anzahl von Verlustereignistypen für operationelle Risiken definiert, die in einer Matrix den Geschäftsfeldern zugeordnet wurden. Weiterhin sollte für jede Kombination aus Geschäftsfeld und Risikotyp von der Aufsichtsbehörde ein Gefährdungsindikator als Bemessungsgrundlage festgelegt werden. Aufgabe der Banken wäre es anschließend gewesen, intern Daten für die Gefährdungsindikatoren sowie zur Eintrittswahrscheinlichkeit eines Schadensfalls und zur Höhe des Verlustes im Schadensfall (mittels einer internen Verlustdatenbank) zu sammeln. Der erwartete Verlust *(Expected Loss)* ergab sich dabei als Produkt aus dem Gefährdungsindikator, der Wahrscheinlichkeit des Schadensfalls und dem im Schadensfall entstehenden Verlust. Die regulatorische Eigenkapitalunterlegung hätte die Bank als

---

[14] Vgl. Overview of the New Basel Capital Accord, BCBS, April 2003, § 93.

einen festen Prozentsatz (Gamma-Faktor) der von ihr erhobenen Daten errechnet, wobei dieser Prozentsatz vom Ausschuss anhand von im gesamten Bankgewerbe erhobener Daten festlegt werden sollte.

Doch im September 2001 reagierte der Ausschuss auf die große Bandbreite der tatsächlich von einer Reihe von Banken in der Praxis zu diesem Zeitpunkt in der Entwicklung befindlichen bzw. bereits eingesetzten internen Messansätze und veröffentliche das Konzept der **Ambitionierten Messansätze (AMA)**.[15] Hiernach erlaubt die Aufsicht den Banken, ihre internen Verfahren zur Bemessung der Kapitalunterlegung für operationelle Risiken einzusetzen, wenn diese Verfahren bestimmten qualitativen und quantitativen Kriterien genügen. Unabhängig von der flexiblen Ausgestaltung des AMA-Konzeptes nahm der Ausschuss zu diesem Zeitpunkt drei Hauptgruppen von Ansatztypen wahr, die von der Bankenindustrie eingesetzt bzw. entwickelt wurden. Neben der Gruppe von Internen Messansätzen waren dies die so genannten Verlustverteilungsansätze und die Scorecard-Ansätze.

Der einzige Unterschied zu den bereits oben vorgestellten Eigenschaften der **Internen Messansätze** bestand darin, dass der erwähnte Gamma-Faktor nun nicht mehr von der Bankenaufsicht vorgegeben, sondern von den Banken selbst (möglicherweise über ein Konsortium) festgelegt und von der Aufsicht akzeptiert werden sollte.

Im Gegensatz zu den Internen Messansätzen wird bei den **Verlustverteilungsansätzen** eine Verlustverteilung auf Basis historischer Daten direkt ermittelt. Dies hat den Vorteil, dass auf tatsächliche historische Zusammenhänge zurückgegriffen wird, anstatt starre aufsichtsrechtliche Annahmen über das Verhältnis von erwarteten und unerwarteten Verlusten zu verwenden. Es wird auf Verlustverteilungsfunktionen einzelner oder mehrerer Geschäftsfeld/Risikotyp-Kombinationen zurückgegriffen, die die Banken durch interne Modelle bestimmen. Den internen Modellen liegen in der Regel Verteilungsannahmen über das Ausmaß und die Eintrittswahrscheinlichkeit von Verlusten aus operationellen Risiken zugrunde. Banken können bei Verwendung dieses Ansatzes die eigenen Geschäftsfelder abgrenzen und die Messmethodik an ihren eigenen Bedürfnissen ausrichten.

Ausgangspunkt für die Bestimmung des Eigenkapitalbedarfs durch **Scorecard-Ansätze** ist die Festlegung einer Ausgangskapitalunterlegung (evtl. aus dem Standardansatz) für unerwartete Verluste aus operationellen Risiken für alle Geschäftsfelder einer Bank. Weiterhin basieren diese Ansätze auf qualitativen Indikatoren, die für die Beurteilung möglicher Verluste aus operationellen Risiken in den einzelnen Geschäftsfeldern bedeutend sind. Die Anpassung der anfänglichen Eigenkapitalanforderungen der Geschäftsfelder wird anhand der Veränderungen dieser qualitativen Indikatoren in regelmäßigen Abständen vorgenommen, wodurch die Höhe bzw. die Veränderung des Niveaus operationeller Risiken (im Zeitablauf) quantifizierbar wird. Diesem Verfahren liegt die Idee zu Grunde, anders als bei den übrigen Verfahren einen Zukunftsbezug in die Bemessung des operationellen Risikos einfließen zu lassen. Allerdings muss auch der Scorecard-Ansatz durch historische Daten validiert

---

[15] Vgl. Working Paper on the Regulatory Treatment of Operational Risk, Anhang 4.

werden. Ebenso sollte der subjektive Einfluss von Zukunftsindikatoren durch ein „Backtesting" anhand realer interner und externer Verlustdaten objektiviert werden.

Den bedeutsamsten Entwicklungsschritt erfuhr das AMA-Konzept durch die Vorlage des 3. Konsultationspapiers im April 2003. Die rasante Weiterentwicklung der Risikomanagementpraktiken für das operationelle Risiko seit September 2001, die ohne Zweifel in den nächsten Jahren unvermindert anhalten wird, brachten den Ausschuss dazu, den Banken bei der Entwicklung eines Verfahrens zur Berechnung der Eigenkapitalanforderungen für das operationelle Risiko größtmögliche Flexibilität einzuräumen. Dementsprechend beschränken sich detaillierte Standards und Kriterien für die Anwendung der AMA auf ein Mindestmaß. Insbesondere gibt der Ausschuss keine spezifische Verfahren oder Verteilungsannahmen mehr vor.[16]

Die Verlagerung von Entwicklungsschwerpunkten bei den internen Verfahren lässt sich bspw. daran ablesen, das zwischenzeitlich die so genannten **szenariobasierten Ansätze** die Internen Messansätze als dritte Hauptgruppe bei den fortschrittlicheren Methoden zur Ermittlung der Kapitalunterlegung für operationelle Risiken in der Praxis verdrängt haben. Zudem kombinieren viele Institute verschiedene Messansätze zu einem Gesamtverfahren, um die Charakteristika der verschiedenen Risikotypen sachgerecht abbilden zu können. In der nachfolgenden Übersicht sind die wichtigsten Merkmale der derzeit vorherrschenden drei Strömungen nochmals dargestellt.[17]

Szenario-basierte Ansätze	Verlustverteilungsansätze	Scorecard-Ansätze
– Kombination von historischen (internen und externen) Daten, Experteneinschätzungen (Self Assessments), Key Risk Indicators (KRI) und Zustand bzw. Qualität des internen Kontrollsystems – Szenarien als zentrales Instrument zur Einschätzung von Häufigkeit und Ausmaß für jede Geschäftsfeld/Risikotyp-Kombination – Mehr zukunftsorientiert – Verschiedene Praxisansätze	– Schätzung von Verteilung, Häufigkeit und Ausmaß des Verlustes über zukünftigen Zeitraum für jede Geschäftsfeld/Risikotyp-Kombination – Verwendung interner und externer Daten; Szenarioanalysen zur Ergänzung fehlender Daten – Direkte Einschätzung der unerwarteten Verluste; Kapitalunterlegung wird direkt abgeleitet (OpVaR) – Verschiedene Praxisansätze, z. Zt. Mehrzahl der Banken	– Vorgehaltener Kapitalmindestsatz, der im Zeitablauf auf Basis der Scorecard-Daten angepasst wird – Steuerung der Geschäftsbereiche durch Indikatoren für einzelne Risikoarten – Stärker zukunftsorientiert – Historische Ausfalldaten werden herangezogen, um die Kapitalvorhaltung und die Indikatoren zu überprüfen – Verschiedene Praxisansätze

Tabelle 5: Interne Messansätze für operationelle Risiken

---

[16] Vgl. Basel II, § 667.
[17] Vgl. Leading Edge Issues in Operational Risk Management, Konferenz 29.-30. Mai 2003, BCBS Risk Management Group, www.newyorkfed.org/newsevents/events/banking/2003/con052903.html.

Trotz der vorhandenen Unterschiede haben alle diese internen Ansätze gemeinsam, dass sie anders als der BIA und der SA/ASA die tatsächliche Risikosituation der Bank bei der Ermittlung der regulatorischen Eigenkapitalanforderungen berücksichtigen. Banken mit geringeren operationellen Risiken, z. B. auf Grund sicherer und zuverlässiger IT-Systeme oder systematischen Risikomanagement-Maßnahmen zur Reduzierung von Gefahren aus solchen Risiken, sollten demzufolge – so die erklärte Intention des Baseler Ausschusses – bei Verwendung eines AMA entsprechend weniger regulatorische Eigenmittel zur Unterlegung der operationellen Risiken benötigen.

3.5 Aufsichtsrechtliche Aspekte der Messansätze

3.5.1 Aufsichtliche Anerkennung der Ansätze

Die Verwendung des **Basisindikatoransatzes** zur Berechnung des vorzuhaltenden regulatorischen Eigenkapitals unterliegt keiner aufsichtlichen Genehmigungspflicht.[18]

Die Anwendung des **Standardansatzes** ist gemäß dem Baseler Akkord ebenfalls nicht an eine vorherige Genehmigung der lokalen Bankenaufsicht gekoppelt. Jedoch ist für Deutschland derzeit noch unklar, ob eine vorherige explizite Genehmigung erforderlich werden wird. Generell hat die Aufsicht allerdings das Recht, den SA einer Bank über einen gewissen Zeitraum zu beobachten, bevor dieser zur Ermittlung der regulatorischen Kapitalanforderungen eingesetzt werden kann.[19] Ebenso sind die Bankaufseher berechtigt, die Anwendung des SA nachträglich zu untersagen, wenn die angesprochenen Mindestanforderungen bei einer Prüfung als nicht erfüllt angesehen werden.

Der Baseler Ausschuss stellt die Erteilung der Erlaubnis zur Anwendung des **Alternativen Standardansatzes** in das Ermessen der nationalen Bankaufsichtsbehörde.[20] Als Voraussetzung für die Anwendung muss die Bank vorab für ihr spezifisches Umfeld die Eignung dieses Ansatzes nachweisen, d. h., dieser Ansatz muss eine bessere Basis bilden, um z. B. eine doppelte Anrechnung von Risiken zu vermeiden und so zu einer risikogerechteren Eigenmittelunterlegung als der Standardansatz führen. Dies wird insbesondere dann der Fall sein, wenn die Erträge aus dem Kreditgeschäft der Bank besonders margenstark sind oder aufgrund der ermittelten Ausfallwahrscheinlichkeit hohe Risikoprämien eingepreist wurden (z. B. bei Teilzahlungsbanken). Es ist nicht vorgesehen, dass dieser Ansatz von großen und diversifizierten Banken in bedeutenden Märkten eingesetzt wird.

Der Einsatz von **Ambitionierten Messansätzen** in Form von internen operationellen Risikomessverfahren für die regulatorische Kapitalberechnung setzt die vorherige bankaufsichtliche Anerkennung des Gesamtverfahrens voraus. Im Rahmen dieses Anerkennungsverfahrens wird der AMA einer Bank eine Beobachtungsphase zur Beurteilung von Zuverlässigkeit und Angemessenheit des gewählten Ansatzes durchlaufen, bevor er zur Ermittlung der Kapitalunterlegung angewandt werden

---

[18] Vgl. Basel II, § 651.
[19] Vgl. Basel II, § 661.
[20] Vgl. Basel II, Fn. 97.

darf. Die besonderen Schwierigkeiten bei der Implementierung und der aufsichtlichen Beurteilung werden insbesondere anhand des späteren Inkrafttretens der Regelungen zu den AMA als auch durch die Parallelrechnungsphase und Untergrenzen bei den Mindestkapitalanforderungen deutlich.[21]

Bereits in seiner Pressemitteilung vom 11. Mai 2004 hat der Baseler Ausschuss mitgeteilt, dass die AMA-Vorschriften für operationelle Risiken zusammen mit den AIRB-Vorschriften für das Kreditrisiko ein Jahr später als die übrigen Vorschriften, also erst am 31. Dezember 2007 eingeführt werden.[22] Für Banken, die von Beginn an einen fortgeschrittenen Ansatz (AIRB-Ansatz für das Kreditrisiko oder AMA für operationelle Risiken) anwenden, ist in den ersten zwei Jahren nach Inkrafttreten der entsprechenden Vorschriften eine Parallelberechnung der Kapitalunterlegung nach den alten und neuen Vorschriften vorgeschrieben. Der insgesamt zu unterlegende Betrag für das Kreditrisiko, die Marktrisiken und die operationellen Risiken kann im ersten Jahr (2008) nicht unter 90 % des nach dem alten Baseler Akkord, d. h. für Deutschland des derzeit gültigen Grundsatz I, erforderlichen Betrags sinken. Im zweiten Anwendungsjahr (2009) beträgt die Mindestunterlegung 80 % des heutigen Betrags.[23]

Weiterhin müssen diese Banken möglicherweise zwei Jahre vor Inkrafttreten die Kapitalunterlegung nach den neuen Vorschriften ermitteln und melden, wobei der verabschiedete Akkord offen lässt, ob bereits in 2006 Parallelrechnungen oder weitere sog. Quantitative Impact Studies (QIS) durchgeführt werden.[24] Für 2007 ist eine Parallelrechnungsphase vorgesehen. Dieser im Vergleich zum 3. Konsultationspapier verlängerte Zeitraum wird es der Bankenaufsicht ermöglichen, die Zuverlässigkeit und Angemessenheit des jeweiligen Ansatzes zu beurteilen. Dies bedeutet in der Praxis, dass die entsprechenden Rechenverfahren spätestens zum 31. Dezember 2005 in die EDV-Architektur eingebunden werden müssen. Unter Berücksichtigung der möglicherweise zweijährigen Parallelrechnungsphase in 2006 und 2007 ergibt sich für die Kreditinstitute und Finanzdienstleister ein nicht zu unterschätzender Arbeitsaufwand, da bis zu vier Jahre lang sowohl der alte Grundsatz I wie auch die Kapitalunterlegung nach Basel II zu berechnen sind.[25]

Sollten sich bei der praktischen Anwendung der neuen Vorschriften Probleme ergeben, ist eine Berechnung der Mindestkapitalunterlegung nach den alten Vorschriften als bindende Untergrenze über 2009 hinaus denkbar. Der Baseler Aus-

---

[21] Vgl. Basel II, u. a. §§ 655 und 665 f.
[22] Vgl. Consensus achieved on Basel II Proposals, BCBS, Pressemitteilung vom 11. Mai 2004.
[23] Vgl. Basel II, §§ 45-47.
[24] Vgl. Basel II, § 263. Die BaFin hat in ihrem Schreiben vom 26. Juni 2004 „Basel II: Internationale Konvergenz der Eigenkapitalmessung und Eigenkapitalanforderungen – das überarbeitete Rahmenwerk" erläutert, dass nationale Auswirkungsstudien (QIS 4) bereits vor dem Parallellauf in 2005 durchgeführt werden sollen. Die Deutsche Bundesbank hat in der Informationsveranstaltung zur Quantitative Impact Study 4 vom 28. 10. 2004 erklärt, dass die QIS 4 in Deutschland am 1. 12. 2004 starten wird und bis Ende Februar 2005 abgeschlossen sein soll.
[25] Vgl. Basel II, § 659 i. V. m. §§ 46 und 263. Im CAD 3-Entwurf der EU-Kommission vom 14. Juli 2004 ist keine Parallelrechnungsphase vorgesehen.

schuss behält sich diesbezüglich Eingriffe vor.[26] Daneben wird empfohlen, Untergrenzen für diejenigen Banken einzuführen, die erst nach 2008 die fortgeschrittenen Ansätze einführen oder den Übergang auf diese Ansätze bis dahin noch nicht abgeschlossen haben.

3.5.2 Partielle Anwendung (Partial Use)

Zur Förderung und Unterstützung der Umsetzung von risikosensitiveren Messansätzen für operationelle Risiken erlaubt der Baseler Ausschuss Banken, für einige Geschäftsfelder den AMA und für die übrigen Teile ihrer Aktivitäten zu Beginn den BIA oder den SA/ASA zur Messung des operationellen Risikos zu verwenden.[27] Die Abgrenzung der Aktivitäten, für die der AMA partiell angewendet werden soll, kann mit Zustimmung der Bankenaufsicht auf Basis von Geschäftsfeldern, rechtlichen Strukturen, geografischen Abgrenzungen oder anderen intern bestimmten Kriterien festgelegt werden.[28]

Wesentliche Bedingungen für eine partielle Nutzung sind die Sicherstellung einer globalen und konsolidierten Erfassung aller Risiken innerhalb der Bankengruppe und die Erfüllung aller qualitativen Kriterien, die mit der Anwendung des jeweiligen Ansatzes für die einzelnen Geschäftsfelder verknüpft sind. Zusätzlich muss gewährleistet sein, dass bei erstmaliger Anwendung des AMA ein wesentlicher Teil der operationellen Risiken hiervon abgedeckt wird und die Bank ihren Aufsehern einen Zeitplan vorlegt, aus dem sich der Ablauf für die Ausweitung des AMA auf alle wesentlichen Rechtseinheiten und Geschäftsfelder *("Roll Out")* ergibt. Somit ist klar, dass der Ausschuss die partielle Anwendung grundsätzlich nur dann als temporäre Möglichkeit vorsieht, wenn die Bank von Anfang an den AMA als endgültiges und ausschließliches Messverfahren zur Ermittlung der regulatorischen Kapitalanforderung vorsieht.

Nur in bestimmten Ausnahmefällen und mit Zustimmung der zuständigen Aufsichtsbehörde kann eine Bank den AMA dauerhaft für lediglich einen bestimmten Teil ihrer Aktivitäten einsetzen und für alle übrigen Bereiche als Globalansatz einen anderen Ansatz wählen, also die Umkehrung der im vorangegangenen Abschnitt beschriebenen Situation. Dies gilt z. B. für eine Niederlassung in einem Land, wo der AMA zwingend von der dortigen Bankenaufsicht vorgegeben wird.

In diesem Zusammenhang ist zu beachten, dass es sich bei der Ansatzwahl grundsätzlich um einen **aufsichtsrechtlichen „River of no Return"** handelt, also keine Umkehrmöglichkeit vorgesehen ist, da Banken nicht mehr die einfacheren Ansätze zur regulatorischen Bemessung des operationellen Risikos verwenden dürfen, wenn sie sich einmal für einen anspruchsvolleren Ansatz qualifiziert haben. Ausnahmen sind nur möglich, wenn die zuständige Aufsichtsbehörde ihre Zustimmung erteilt oder eine Bank dazu auffordert, solange einen einfacheren Ansatz für einige oder alle

---

[26] Vgl. Basel II, §§ 48 f.
[27] Vgl. Basel II, § 648.
[28] Vgl. Basel II, §§ 680-683.

Geschäftfelder zu verwenden, bis die festgelegten Voraussetzungen für die Rückkehr zu einem fortgeschritteneren Ansatz wieder erfüllt werden.[29]

3.5.3 Risiko mindernde Berücksichtigung von Versicherungen

Banken, die einen der einfacheren Messansätze für die operationellen Risiken einsetzen wollen (BA, SA und ASA), ist es nicht möglich, die Risiko mindernde Wirkung von Versicherungen zu berücksichtigen.[30] Dagegen dürfen Banken, die einen AMA anwenden werden, unter Einhaltung von bestimmten Mindestkriterien bei der Berechnung der erforderlichen Kapitalunterlegung Versicherungen als Faktor zur Minderung des operationellen Risikos berücksichtigen.[31] Hierbei darf der Minderungsbetrag nicht mehr als 20 % der gesamten Kapitalanforderungen für das operationelle Risiko ausmachen. Der Baseler Ausschuss hat aber auch zum Ausdruck gebracht, dass er zukünftig mit mehr Praxiserfahrung im Austausch mit der Finanzindustrie die Kriterien und Limite zur Anerkennung von Risiko mindernden Versicherungen überprüfen will.[32]

Inwieweit der Risikotransfer innerhalb der verschiedenen Sektoren der Finanzindustrie eine Rolle spielt und welche Besonderheiten hierbei zum Tragen kommen, hat das so genannte „Joint Forum" im August 2003 in seinem Bericht „Operational risk transfer across financial sectors" erläutert.[33] Das Forum wurde 1996 gegründet und besteht aus Mitgliedern dreier internationaler Aufsichtsorganisationen, also dem Baseler Komitee für Bankenaufsicht, der IOSCO (International Organization of Securities Commissioners) und der IAIS (International Association of Insurance Supervisors).

3.5.4 Grenzüberschreitende Anwendung von AMA

Schon bald nach Veröffentlichung des 3. Konsultationspapiers im April 2003 entfachte sich eine intensive Diskussion um einen besonderen Aspekt bei der gruppenweiten Anwendung des AMA-Konzeptes bei Banken mit Aktivitäten in mehreren Ländern: die Berücksichtigung der Auswirkung von Diversifikationseffekten auf die Gesamthöhe der regulatorischen Kapitalanforderung für operationelle Risiken.

Dieses Problem resultiert aus der Tatsache, dass operationelle Risiken z. B. in Form von Betrug, Geschäftsunterbrechungen oder Systemausfällen regelmäßig reduziert werden können, wenn diese Risiken innerhalb einer Bankengruppe diversifiziert sind. Das über die Bankengruppe gemessene gesamte operationelle Risiko fällt danach geringer aus als die Summe aller auf der Einzelebene von Geschäftsfeldern, Niederlassungen oder operativen Einheiten ermittelten operationellen Risiken.

---

[29] Vgl. Basel II, § 648.
[30] Die Vorschläge der EU-Kommission aus November 2002 sahen noch eine Berücksichtigung in den einfacheren Ansätzen vor; seit dem dritten Konsultationspapier der EU-Kommission vom 1. Juli 2003 ist die Berücksichtigung auch nur noch im Rahmen der AMA vorgesehen.
[31] Vgl. Basel II, §§ 677-679.
[32] Vgl. Basel II, §§ 677 ff, Fn. 103.
[33] Vgl. Operational risk transfer across financial sectors, The Joint Forum, August 2003.

Demzufolge wäre auch der von der Bank benötigte Gesamtkapitalbetrag zur Absorption von Verlusten aus operationellen Risiken niedriger als bei Addition aller erforderlichen Einzelbeträge ohne Berücksichtigung von Risikodiversifikationseffekten.

Gerade diese mögliche Kapitalersparnis auf der Gruppenebene soll aber Anreiz für Banken sein, anstelle der weniger fortschrittlichen Methoden das AMA-Konzept anzuwenden. Jedoch steht dies im Konflikt mit der Verpflichtung der so genannten Aufnahmeland-Aufsicht (Host Country Supervisor), lokal dafür Sorge zu tragen, dass jede dort tätige Niederlassung oder sonstige rechtliche Einheit einer internationalen Bank über einen ausreichenden Kapitalpuffer gegen operationelle Risiken verfügt, ungeachtet der tatsächlichen Gesamtrisikoposition der Gruppe.

Der Ausschuss adressierte diese Problematik in allgemeiner Form in einer Stellungnahme im August 2003 und im Speziellen in einer Veröffentlichung aus Januar 2004.[34] Hierin schlug man eine Hybrid-Lösung vor, die zwischen bedeutenden und nicht bedeutenden Tochtergesellschaften trennt und auch in den endgültigen Akkord übernommen wurde.[35] Unter diesem Ansatz ist es einer Bankengruppe erlaubt, eine Kombination von AMA-Einzelberechnungen für bedeutende international aktive Banktöchter und einem zugewiesenen Anteil des von der Bank auf Gruppenebene ermittelten Gesamtkapitalbetrags für die übrigen international aktiven Banktöchter einzusetzen. Zumindest für die nicht bedeutenden Töchter ist so eine Einbeziehung von Diversifikationseffekten als Korrekturfaktor in Form von intern bestimmten Korrelationen zwischen den Schätzungen für die verschiedenen operationellen Risiken bei der Ermittlung der regulatorischen Kapitalanforderung auf Gruppenebene möglich.[36] Für bedeutende Töchter kann dagegen eine Berücksichtigung von Diversifikationseffekten nur bezogen auf deren eigene Aktivitäten erfolgen. Der Einsatz dieses Kombinationsverfahrens ist jeweils an die Zustimmung der Aufnahmeland-Aufsicht sowie die Unterstützung der Herkunftsland-Aufsicht (Home Country Supervisor) gebunden.

3.5.5 Voraussichtliche Wahl der Messansätze in Deutschland

Mitte des Jahres 2003 führte die BaFin mit Unterstützung der Deutschen Bundesbank eine Umfrage zur geplanten Umsetzung der neuen Baseler Eigenmittelübereinkunft bzw. EU-Kapitaladäquanzvorschriften bei Kreditinstituten sowie Finanzdienstleistungsinstituten in Deutschland durch. Insgesamt erreichte die Umfrage bei 2.400 angeschriebenen Instituten eine Rücklaufquote von 1.476 Antworten bzw. 61,5 %.[37] Hinsichtlich des angestrebten Messverfahrens für das operationelle Risiko

---

[34] Vgl. High-level principles for the cross-border implementation of the New Accord, BCBS Publications No. 100, August 2003 und Principles for the home-host recognition of AMA operational risk capital, BCBS Publications No. 106, Januar 2004.
[35] Vgl. Basel II, §§ 656-658.
[36] Vgl. Basel II, § 657 i. V. m. § 669 (d).
[37] Vgl. Ergebnisse der Umfrage zur Umsetzung der neuen Baseler Eigenmittelübereinkunft bzw. EU-Kapitaladäquanzvorschriften in Deutschland, BaFin-Vermerk vom 15. Dezember 2003.

plante die große Mehrheit der Banken (86 %) zu diesem Zeitpunkt für die Ermittlung der regulatorischen Kapitalunterlegung zunächst den BIA zu nutzen. Für die AMA entschieden sich 58 Institute, was 4 % aller Antworten entspricht. 13 dieser Institute (ca. 22 %) beabsichtigen dabei zunächst eine partielle Anwendung.

In Anbetracht der damaligen Umfrageergebnisse und der inzwischen vom Ausschuss zum Ausdruck gebrachten Erwartungshaltung im Hinblick auf die Anwendung des BIA bleibt abzuwarten, ob die deutsche Bankenaufsicht eine entsprechend an der hiesigen Bankenlandschaft ausgerichtete Erwartungshaltung in Bezug auf die erstmalige Wahl des Messansatzes kommunizieren wird.

4. Qualitative Anforderungen

Der nachfolgende Abschnitt beschäftigt sich mit den verschiedenen qualitativen Anforderungen, die die Bankenaufseher zukünftig im Rahmen der operationellen Risiken an die Banken stellen werden. Dabei ist zu beachten, dass vom Baseler Ausschuss zum einen allgemeingültige, vom jeweils einsetzten Messansatz unabhängige qualitative Grundsätze im Zusammenhang mit dem **Management der operationellen Risiken** in Form der „Sound Practices for the Management and Supervision of Operational Risk" (SPOR) und den Regelungen der Säule II (Supervisory Review Process) vorgegeben worden sind. Zum anderen finden sich spezielle qualitative Anforderungen in der Säule I von Basel II, deren Erfüllung Voraussetzung für den Einsatz des von der Bank angestrebten Messansatzes zur Ermittlung der regulatorischen Kapitalanforderung ist.

4.1 Sound Practices for the Management and Supervision of Operational Risk

Bei den SPOR handelt es sich um ein auf zehn Grundprinzipien basierendes Regelwerk, das als eigenständiges Konsultationspapier des Baseler Ausschusses nach einer intensiven 15-monatigen Diskussionsphase im Februar 2003 verabschiedet wurde.[38] Diese grundlegenden Anforderungen an das Risikomanagement haben ihren Ursprung in dem bereits im September 1998 veröffentlichten Arbeitspapier „Rahmenkonzept für interne Kontrollsysteme in Bankinstituten" und gliedern sich in vier Themenschwerpunkte.[39]

Prinzipien 1 – 3:
Entwicklung einer angemessenen Umgebung für das Risikomanagement
(Developing an Appropriate Risk Management Environment)[40]
Die Verantwortung für das operationelle Risikomanagement liegt bei Geschäftsführung und Aufsichtsorgan der Bank. Diese müssen das operationelle Risiko als eigen-

---

[38] Vgl. Sound Practices for the Management and Supervision of Operational Risk, BCBS Publications No. 96, Februar 2003.
[39] Vgl. Framework for Internal Control Systems in Banking Organisations, BCBS Publications No. 40, September 1998.
[40] Da bislang keine offizielle deutsche Übersetzung der SPOR vorliegt, finden sich in Klammern nochmals die englischen Originalformulierungen.

ständige Risikokategorie definieren und die Rahmenbedingungen für das Risikomanagement genehmigen und regelmäßig überprüfen. Es sind Regeln festzulegen, wie operationelle Risiken identifiziert, bewertet, überwacht, vermindert und gesteuert werden sollen. Ferner wird gefordert, dass das operationelle Risikomanagement von den operativen Einheiten unabhängig sein muss. Ebenso wird die Existenz einer vom operationellen Risikomanagement unabhängigen internen Revisionseinheit verlangt. Geschäftsleitung und Senior Management der Bank sind für die bankweite Implementierung der festgelegten Rahmenbedingungen sowie für die Anpassung und Weiterentwicklung des Risikomanagements verantwortlich.

Prinzipien 4 – 7:
Identifikation, Einschätzung, Überwachung und Minderung/Steuerung der operationellen Risiken (Risk Management: Identification, Assessment, Monitoring and Mitigation/Control)

Die Bank soll die operationellen Risiken bei allen wichtigen bestehenden und neuen Produkten, Geschäftsaktivitäten, Prozessen und Systemen identifizieren und bewerten. Es soll sichergestellt sein, dass die operationellen Risiken und die bedeutenden Schadensfälle regelmäßig überwacht werden. Die Bank muss Frühwarnindikatoren entwickeln, damit mögliche zukünftige Verluste rechtzeitig erkannt werden können. Durch das regelmäßige Reporting sollen Geschäftsführung, Aufsichtsorgan und Senior Management beim proaktiven Management von operationellen Risiken unterstützt werden. Die Bank muss die Voraussetzungen für die Minderung und Steuerung von Risiken schaffen bzw. diese den Bedürfnissen entsprechend anpassen. Notfallpläne müssen sicherstellen, dass die Geschäftsaktivitäten auch beim Ausfall von zentralen Funktionen zur Schadensminimierung aufrechterhalten werden können.

Prinzipien 8 – 9:
Rolle der Aufsichtsbehörden (Role of Supervisors)

Die Aufsichtsbehörden sollen von allen Banken – unabhängig von deren Größe – verlangen, dass effektive Rahmenbedingungen für die Identifikation, Einschätzung, Überwachung und Steuerung von operationellen Risiken vorhanden sind. Das Risikomanagement wird durch die Aufsichtsbehörde selbst oder externe Prüfer auf die Angemessenheit des Ausbaugrades und die Wirksamkeit hin überprüft.

Prinzip 10:
Bedeutung der Offenlegung (Role of Disclosure)

Die Bank soll anderen Marktteilnehmern in verbaler und verständlicher Form ausreichende Informationen zu den vorhandenen operationellen Risiken zugänglich machen. Mit Hilfe eines transparenten Berichtswesens sollen andere Marktteilnehmer das operationelle Gefahrenpotenzial und die Qualität des Risikomanagementsystems einschätzen und in ihre Entscheidungen einbeziehen können.

Alle zehn Prinzipien der SPOR kann man zusammenfassend auch als vorweggenommene Ausprägung der zu erwartenden Säule II-Bemessungsvorgaben durch die Bankenaufseher für das aufsichtliche Überprüfungsverfahren ansehen. Für die Umsetzung in Deutschland hatte man anfänglich in Fortsetzung einer Reihe von BaFin-Schreiben mit dem Anfangswort „Mindestanforderungen" im Titel mit einem speziellen Rundschreiben für die operationellen Risiken gerechnet. Statt dessen wird seit April 2004 in einer Arbeitsgruppe aus Bundesbank und BaFin an der Einführung von so genannten **„Mindestanforderungen an das Risikomanagement (MaRisk)"** gearbeitet, die unter anderem auch das bisher aufsichtlich ungeregelte operationelle Risiko berücksichtigen sollen und daneben die bereits existierenden Mindestanforderungen (MaH, MaIR und MaK) im Sinne einer ganzheitlichen Risikobetrachtung in einem Rahmenwerk zusammenfassen werden.[41]

Die MaRisk sollen modular strukturiert werden, d. h. in einem allgemeinen Teil sollen viele grundsätzliche Prinzipien niedergelegt werden, die sich auch in allen bestehenden Mindestanforderungen wieder finden lassen (z. B. Gesamtverantwortung der Geschäftsleitung). Spezifische Anforderungen im Rahmen einzelner Risikokategorien bzw. Geschäftsbereiche werden zukünftig in einem besonderen Teil behandelt. Der erste Entwurf der MaRisk wird im November 2004 erwartet, die Endfassung soll in der 2. Jahreshälfte 2005 veröffentlicht werden.[42]

4.2 Supervisory Review Process

Wie bereits im 1. Abschnitt dieses Beitrags beschrieben, werden bestimmte operationelle Risiken aus der aufsichtlichen Definition ausgeklammert und sind im Rahmen der Vorschriften der Säule I nicht mit Eigenmitteln zu unterlegen. Da sie jedoch ohne Zweifel Einfluss auf das Risikopotenzial einer Bank nehmen, hat der Baseler Ausschuss unter der Säule II die zentralen Grundsätze des so genannten aufsichtlichen Überprüfungsverfahrens verankert. Die Grundsätze beinhalten u. a. Empfehlungen zum Risikomanagement bezüglich der nicht oder nur unvollständig durch die Kapitalanforderungen der Säule I erfassten Risiken. Neben Teilen der operationellen Risiken sind dies bspw. auch die Zinsänderungsrisiken im Anlagebuch.

Diese Risiken müssen Banken daher im Rahmen des im ersten zentralen Grundsatz geforderten Gesamtverfahrens zur Beurteilung einer angemessenen Eigenkapitalausstattung im Verhältnis zu ihrem Risikogesamtprofil berücksichtigen.[43] Die Bankaufseher wiederum werden zukünftig überprüfen, ob die Bank entsprechende geeignete interne Verfahren und Instrumente zum Risikomanagement einsetzt, anhand derer sich die Angemessenheit ihres Eigenkapitals beurteilen lässt. Die Verantwortung für diesen Risikomanagementprozess liegt bei Geschäftsleitung und Aufsichtsorgan und erfordert eine gründliche Beurteilung aller eingegangenen Risiken, die Bewertung der vorhandenen Eigenkapitalausstattung einschließlich einer

---

[41] Vgl. BaFin Arbeitskreis „Umsetzung Basel II", Protokoll der 2. Arbeitskreissitzung.
[42] Vgl. Entwicklung von Mindestanforderungen an das Risikomanagement (MaRisk), BaFin-Schreiben vom 15. April 2004, BA 14 – GS 8000 – 1/2004.
[43] Vgl. Basel II, §§ 721-722 und 726.

Strategie für den Erhalt des Eigenkapitalniveaus, regelmäßige Berichterstattung und Überwachung des Risikoprofils sowie die laufende Überprüfung der internen Kontrollstrukturen.[44]

Hierbei betont der Ausschuss ausdrücklich die Gleichstellung der operationellen Risiken mit allen anderen bankgeschäftlichen Risiken und wiederholt nochmals die bereits in den SPOR ausgeführten Prinzipien zum Management der operationellen Risiken.[45] Weiterhin weist der Ausschuss darauf hin, dass die im BIA und SA/ASA verwendeten Bruttoerträge nur einen Näherungswert für das Verlustpotenzial einer Bank aus operationellen Risiken darstellen und den tatsächlichen Eigenkapitalbedarf bspw. bei Banken mit niedrigen Margen oder geringer Ertragskraft unterschätzen. Daher sollen die lokalen Aufsichtsbehörden auf Basis der SPOR prüfen, in wie weit das individuelle Risikoprofil einer Bank aus operationellen Risiken durch die berechneten Kapitalanforderungen im Vergleich mit Banken ähnlicher Größe oder vergleichbarer Geschäftstätigkeit konsistent abgebildet wird.[46]

Allerdings sollen die Grundsätze insgesamt nicht nur sicherstellen, dass Banken über eine angemessene Eigenkapitalunterlegung für **alle** in ihren Geschäften auftretenden Risiken verfügen, sondern diese zusätzlich darin bestärken, verbesserte Risikomanagementverfahren zur Überwachung und Steuerung ihrer Risiken zu entwickeln und anzuwenden.[47] Dieses deckt sich inhaltlich auch mit den generellen Anforderungen nach § 25a KWG.

4.3 Qualitative Mindestanforderungen der Messansätze

Neben den vom jeweils eingesetzten Messansatz unabhängigen qualitativen Grundsätzen in den SPOR und den Regelungen des Supervisory Review Process gibt die Säule I von Basel II spezielle qualitative Mindestanforderungen vor, deren Erfüllung Voraussetzung für den Einsatz der einzelnen Messansätze zur Ermittlung der regulatorischen Kapitalanforderung ist. Die Komplexität der Anforderungen bei der Behandlung der operationellen Risiken steigt dabei mit dem möglichen Einsparpotenzial der jeweiligen Ansätze.

So ist die Verwendung des Basisindikatoransatzes nicht an die Erfüllung bestimmter Mindestanforderungen gebunden. Banken, die diesen Ansatz nutzen wollen, sind jedoch dazu angehalten, den in den SPOR zusammengefassten Leitlinien und Prinzipien für das Management der operationellen Risiken zu folgen.[48]

Die folgende Tabelle zeigt in einer vergleichenden Übersicht die qualitativen Anforderungen, die für den Standard- bzw. Alternativen Standardansatz sowie die Ambitionierten Messansätze zu erfüllen sind. International tätige Banken müssen diese Anforderungen bei Anwendung des SA oder ASA grundsätzlich erfüllen. Für die übrigen Banken gelten die Kriterien als Empfehlungen, wobei es im Ermessen

---

[44] Vgl. Basel II, §§ 727-745.
[45] Vgl. Basel II, §§ 736-737.
[46] Vgl. Basel II, § 778.
[47] Vgl. Basel II, § 720.
[48] Vgl. Basel II, § 651.

der lokalen Bankaufsicht liegt, diese zwingend für die Anwendung dieser Ansätze vorzuschreiben. Zudem muss die lokale Bankenaufsicht bei einer Zulassung des ASA für das Land entscheiden, ob die für den SA vorgegebenen qualitativen Mindestkriterien auch für den ASA geeignet erscheinen.[49]

Qualitative Anforderungen	SA/ASA	AMA
Aktive Einbindung von Geschäftsleitung und Aufsichtsorgan in die Überwachung des Managementsystems für operationelle Risiken	§ 660	§ 664
Existenz eines vollständig umgesetzten und integrierten Risikomanagementsystems	§ 660	§ 664
Existenz ausreichender Ressourcen zur Umsetzung des Ansatzes in den wichtigsten Geschäftsfeldern und in Kontroll- und Revisionsbereichen	§ 660	§ 664
Grundsätze und dokumentierte Kriterien für das Mapping von Bruttoerträgen und Geschäftsfeldern[50]	§ 662 i. V. m. Anhang 6	
Existenz **eines Managementsystems** für operationelle Risiken mit einer für das **Management zuständigen Stelle** bzw.	§ 663 (a)	
einer **unabhängigen Einheit** für das Management der operationellen Risiken		§ 666 (a)
mit der Verantwortung für die		
– Entwicklung von Strategien zur Identifikation, Bewertung (AMA = Messung), Überwachung und Steuerung/Minderung operationeller Risiken	§ 663 (a)	§ 666 (a)
– Entwicklung und Umsetzung des Grundgerüsts für das Management der operationellen Risiken		§ 666 (a)
– Festschreibung unternehmensweit geltender Grundsätze und Verfahren für Management und Kontrolle der operationellen Risiken	§ 663 (a)	§ 666 (a)
– Entwicklung und Umsetzung einer Bewertungsmethodik (AMA = Messmethodik)	§ 663 (a)	§ 666 (a)
– Entwicklung und Implementierung eines Berichtssystems	§ 663 (a)	§ 666 (a)
Integration des **Risikobewertungssystems** in die Risikomanagementprozesse der Bank	§ 663 (b)	
Integration des **Risikomesssystems** in die **täglichen** Risikomanagementprozesse der Bank		§ 666 (b)
Einbindung der Bewertungs- bzw. Messergebnisse in Risikoprofilüberwachungs- und Kontrollprozesse (z. B. Berücksichtigung in Risiko- und Managementbericht sowie in Risikoanalyse)	§ 663 (b)	§ 666 (b)

---

[49] Vgl. hierzu Basel II, §§ 660 ff, Fn. 100 f.

Qualitative Anforderungen	SA/ASA	AMA
Anreizsystem zur Verbesserung des Managements operationeller Risiken innerhalb der Gesamtbank	§ 663 (b)	§ 666 (b) i. V. m. § 665
Existenz von Methoden zur Allokation von operationellem Risikokapital auf bedeutende Geschäftsfelder; Berücksichtigung der Messergebnisse bei der internen Kapitalallokation		§ 666 (b)
Regelmäßige Berichterstattung an Geschäftsfeldverantwortliche, Geschäftsleitung und Aufsichtsorgan über Gefährdungspotenzial und (SA/ASA = wesentliche) Verluste durch operationelle Risiken	§ 663 (c)	§ 666 (c)
Existenz geeigneter Verfahren zur angemessenen Reaktion auf entsprechende Informationen	§ 663 (c)	§ 666 (c)
Ausreichende Dokumentation des operationellen Risikomanagementsystems	§ 663 (d)	§ 666 (d)
Verfahren zur Einhaltung von dokumentierten internen Grundsätzen (einschließlich der Behandlung von Verstößen), Kontrollen und Verfahren für das Management operationeller Risiken	§ 663 (d)	§ 666 (d)
Regelmäßige unabhängige Überprüfung und Validierung der Risikomanagementprozesse und des Risikobewertungssystems; Aktivitäten der Geschäftseinheiten und der Stelle für das Management der operationellen Risiken sind zwingend einzubeziehen	§ 663 (e)	
Regelmäßige Überprüfung der operationellen Risikomanagementprozesse und Messverfahren durch interne Revision und/oder externe Prüfer, Aktivitäten der Geschäftseinheiten und der unabhängigen operationellen Risikomanagementeinheit sind zwingend einzubeziehen		§ 666 (e)
Regelmäßige Überprüfung des Risikobewertungssystems (einschließlich der internen Validierungsverfahren) durch externe Prüfer und/oder Bankenaufsicht	§ 663 (f)	
Validierung des Risikomesssystems durch externe Prüfer und/oder Bankenaufsicht hinsichtlich: – Verifizierung, dass interne Validierungsprozesse zufrieden stellend funktionieren und – Sicherstellung, dass Datenflüsse und Prozesse des Risikomesssystems transparent und zugänglich sind (insbesondere einfacher Zugriff durch Revision und Bankenaufsicht auf die Spezifikationen und Parameter des Systems)		§ 666 (f)

Tabelle 6: Qualitative Mindestanforderungen der Messansätze

---

[50] Da nicht bei allen Banken davon ausgegangen werden kann, dass ihre Geschäftsfelder mit den vom Baseler Ausschuss definierten Standardfeldern übereinstimmen, ist zusätzlicher Aufwand und ggf. ein nicht unerheblicher Abstimmungsbedarf für das Mapping zu erwarten.

5. Quantitative Anforderungen

Neben den umfangreichen qualitativen Anforderungen bestehen für die Messansätze SA/ASA und AMA auch noch weitere, quantitative Mindestanforderungen. Für den BIA hat der Baseler Ausschuss dagegen keine quantitativen Kriterien definiert.

Bei SA/ASA muss die Bank die relevanten Daten zum operationellen Risiko einschließlich erheblicher Verluste je Geschäftsfeld als Teil des erforderlichen bankinternen Systems zur Bewertung der operationellen Risiken systematisch sammeln. Damit wird der Aufbau einer Verlustdatenbank notwendig, die allerdings nicht in die Berechnung der erforderlichen Kapitalunterlegung mit einfließt.[51]

Der Ausschuss hat – analog der Vorgehensweise im IRB-Ansatz – durch sein AMA-Soliditätskriterium weder konkrete Verfahren spezifiziert noch Verteilungsannahmen zur Schaffung eines für aufsichtliche Eigenkapitalzwecke geeigneten Messverfahrens vorgeschrieben.[52] Jedoch muss der gewählte Ansatz mit dem IRB-Ansatz für das Kreditrisiko hinsichtlich der einjährigen Halteperiode und dem Konfidenzniveau von 99,9 % vergleichbar sein und auch schwerwiegende Verlustereignisse am oberen Rand der angenommenen Verteilung (so genannte „Tail Loss Events") abbilden.[53]

Insgesamt muss das interne Messsystem eine Bank in die Lage versetzen, unerwartete Verluste aus operationellen Risiken basierend auf einer Kombination von internen und aussagekräftigen externen Verlustdaten, Szenarioanalysen, bankspezifischem Geschäftsumfeld und internen Kontrollfaktoren zu schätzen. Die Bank muss dabei nachweislich strenge Verfahren bei der Modellentwicklung und zur unabhängigen Validierung anwenden.[54]

Im Einzelnen stellt der Ausschuss folgende quantitative Anforderungen an AMA-Verfahren:

Detaillierte Anforderungen

– Inhaltliche Übereinstimmung des bankinternen Messsystems für operationelle Risiken mit der Definition der operationellen Risiken bzw. der Klassifikation von Verlustereignissen[55]
– Berechnung der Kapitalanforderungen auf Basis von erwarteten und unerwarteten Verlusten solange erforderlich, bis Nachweis durch Bank erfolgt, dass das Ausmaß der erwarteten Verluste bei der Messung hinreichend bestimmt werden kann und eine angemessene Berücksichtigung bei der Reservenbildung erfolgt
– Ausreichende Granularität des Risikomesssystems zur Erfassung der Risikotreiber an den Rändern der Verlustverteilung

---

[51] Vgl. Basel II, § 663 (b).
[52] Vgl. Basel II, § 667.
[53] Vgl. hierzu auch Operational risk versus credit risk: Similarities and differences, G. J. van den Brink und T. Kaiser, Operational Risk, 5. Jahrgang, Ausgabe 1, Januar 2004.
[54] Vgl. Basel II, §§ 665 und 668.
[55] Vgl. Basel II, § 669 (a) i. V. m. § 644 und Anhang 7.

- Addition von Risikomessungen der unterschiedlichen Schätzer zur Bestimmung der Mindestkapitalanforderung; Berücksichtigung von Korrelationseffekten nur, wenn durch die Bank nachgewiesen wird, dass die Systeme zur Bestimmung von Korrelationen solide und ordentlich umgesetzt sind sowie Unsicherheiten bei der Schätzung berücksichtigt und Korrelationsannahmen validiert werden.

Jedes interne Messverfahren muss grundsätzlich auf den folgenden vier Kernelementen basieren:[56]

Interne Daten[57]
- Zwingender Aufbau einer interner Verlustdatenbank zur Sammlung und Analyse als wesentliche Voraussetzung für die Entwicklung und Umsetzung eines zuverlässigen Messsystems; interne Daten sind dabei entscheidend für die Verknüpfung und Validierung bankeigener Risikoschätzungen mit tatsächlich eingetretenen Verlusten
- Existenz eines dokumentierten Verfahrens zur Beurteilung der Relevanz historischer Verlustdaten (insbesondere bei Umskalierungen und anderen Anpassungen)
- Grundsätzliches Erfordernis einer 5-jährigen Datenhistorie bei Einsatz interner Messverfahren zur Ermittlung der regulatorischen Kapitalanforderungen (unabhängig davon, ob Daten die Grundlage für Verlustmaße bilden oder zur Validierung eingesetzt werden sollen); beim Erstübergang auf AMA verkürzt sich der Zeitraum auf drei Jahre (die während der Parallelrechnungsphase gesammelten Daten können hierfür angerechnet werden)
- Fähigkeit zur Kategorisierung der gesammelten Verlustdaten nach vorgegebenen Geschäftsfeldern und Verlustereignissen entsprechend der Definition des Baseler Ausschusses (allerdings kann die Bank in ihrem internen Messsystem auch andere Kategorien verwenden); Dokumentation der gewählten Zuordnungskriterien
- Abdeckung aller wesentlichen Aktivitäten und operationellen Risiken der Bank in der Verlustdatensammlung oberhalb einer selbst zu wählenden Bagatellgrenze (z. B. 10.000 Euro)
- Sammlung von Zusatzinformationen neben Verlusthöhe wie Datum, Entschädigungen, Treiber und Ursache der jeweiligen Verlustereignisse
- Festlegung von Kriterien für die Datenerfassung von Verlustereignissen in Zentralbereichen bzw. bei bereichsübergreifenden oder zeitlich zusammenhängenden Ereignissen
- Zurechnung von Verlusten zum **Kreditrisiko**, falls diese im Kreditbereich aus einem operationellen Risiko entstanden sind; Erfassung und Kennzeichnung dieser Verluste auch in der Datenbank für operationelle Risiken erforderlich; Wesentlichkeitsgrenze sollte sich bei vergleichbaren Banken ungefähr entsprechen
- Im Gegensatz dazu werden Verluste aus operationellen Risiken im Zusammenhang mit Marktpreisrisiken für die Ermittlung der regulatorischen Kapitalanforderungen als operationelle Risiken behandelt

---

[56] Vgl. Basel II, § 669 (e).
[57] Vgl. Basel II, §§ 670-673.

Externe Daten[58]

- Zwingende Verwendung im Messverfahren zur Vervollständigung der Berechnung der Verlustmaße, um bei der Bank seltene, aber möglicherweise sehr schwerwiegende Verluste zu berücksichtigen
- Einrichtung eines systematischen Prozesses zur Nutzung der externen Daten sowie Festlegung der Weiterverarbeitungsregeln (Skalierung, qualitative Anpassung etc.)[59]

Szenarioanalysen[60]

- Zwingende Durchführung auf Basis von Expertenmeinungen (erfahrene Manager, Risikomanagement-Spezialisten) in Verbindung mit externen Daten, um das Gefährdungspotenzial durch schwerwiegende Verlustereignisse zu beurteilen
- Analyse von Abweichungsauswirkungen bei Korrelationsannahmen
- Verlustschätzungen für mehrere gleichzeitig eintretende Verlustereignisse
- Validierung der Analyse mit tatsächlich eingetretenen bzw. beobachteten Verlusten

Geschäftsumfeld und interne Kontrollfaktoren[61]

- Zwingende Einbeziehung dieser Faktoren in das Risikobewertungssystem der Bank, soweit sie das operationelle Risikoprofil beeinflussen; hierdurch soll die Risikoeinschätzung zukunftsorientierter ausfallen sowie die vorhandene Kontrollqualität besser reflektiert und Verbesserungen bzw. Verschlechterungen im Risikoprofil der Bank schneller erkannt werden (Frühwarnfunktion)
- Faktoren müssen bedeutende Risikotreiber und wenn möglich quantifizierbar sein
- Umfassende Begründung der Sensitivität von Risikoschätzungen in Bezug auf Veränderungen der Faktoren und deren relative Gewichtung
- Dokumentation des Grundgerüsts für die Risikomessung und aller Änderungen der empirischen Schätzungen sowie bankinterne und aufsichtliche Überprüfung
- Validierung des Risikobewertungsprozesses und seiner Ergebnisse durch Vergleich mit den tatsächlich eingetretenen internen Verlusten und relevanten externen Daten sowie Durchführung angemessener Anpassungen

Welches Gewicht diese Kernelemente jeweils innerhalb des Gesamtverfahrens der einzelnen Bank einnehmen, hängt aus der Sicht des Baseler Ausschusses ausschließlich von den tatsächlichen individuellen Gegebenheiten bezüglich Datenverfügbarkeit und -verlässlichkeit, Risikosituation usw. ab. Insgesamt muss das Verfahren zur Zuordnung der relativen Bedeutung eines jeden Kernelements zuverlässig, transpa-

---

[58] Vgl. Basel II, § 674.
[59] Vgl. zu den Auswirkungen von externen Daten auf interne Verlustsammlungen auch Capital and Risk: New Evidence on Implications of Large Operational Losses, P. de Fontnouvelle, V. DeJesus-Rueff u. a., Federal Reserve Bank of Boston, September 2003.
[60] Vgl. Basel II, § 675.
[61] Vgl. Basel II, § 676.

rent, gut dokumentiert, nachprüfbar und in sich konsistent sein sowie Doppelzählungen von qualitativen Bewertungen oder Risikominderungen verhindern.[62]

6. Implementierung eines Systems zum Management operationeller Risiken

Trotz der Meldungen über spektakuläre Verlustfälle wie bei der Barings Bank sind in einigen Banken die Kontrollmechanismen weiterhin unzureichend, um einen wirksamen Schutz gegen dolose Handlungen von Mitarbeitern zu bieten.

Noch in 2003 konnte ein Mitarbeiter einer westaustralischen Bank unbemerkt mit Hilfe von Buchungstricks über 11,5 Mio. Euro an Firmengeldern von verschiedenen Konten abzweigen. Der Diebstahl kam erst ans Licht, nachdem sich der völlig verzweifelte und inzwischen Selbstmord gefährdete Bankangestellte seinem Arbeitgeber in einem Brief offenbart hatte.[63]

Mit Inkrafttreten der neuen Eigenkapitalverordnung fordert der Baseler Bankenausschuss neben der Kapitalunterlegung von Kredit- und Marktrisiken nun erstmals auch die Einbeziehung von operationellen Risiken in die Mindesthöhe des regulatorisch gebundenen Eigenkapitals einer Bank. Auch wenn Basel II erst Ende 2006 bzw. 2007 aufsichtsrechtlich wirksam wird, werden je nach gewähltem Messansatz bereits Daten aus dem Jahr 2005 für die Berechnung der Eigenkapitalunterlegung von operationellen Risiken einfließen. Neben der Eigenkapitalunterlegung für operationelle Risiken müssen sich die Banken auch einer aufsichtsrechtlichen Prüfung unterziehen und ihre jeweiligen Risiken offen legen.

Dadurch ergeben sich zwei grundsätzliche Auswirkungen: die operationellen Risiken müssen nicht nur systematisch gemessen, beurteilt, kontrolliert und gesteuert werden, sondern es müssen auch konkrete Maßnahmen definiert werden, um diese Risiken zu reduzieren.

Weitere Effekte, die sich aus der verstärkten Beobachtung und Kontrolle der operationellen Risiken ergeben, können eine Stärkung des Betriebsertrages, der Eigenkapitalbasis und günstigere Refinanzierungsmöglichkeiten sein. Ratingagenturen wie Moody's oder Fitch haben bereits angekündigt, die Risikosituation der Banken beim operationellen Risiko in ihre Beurteilung zukünftig einfließen zu lassen.[64] Ein aktives Management operationeller Risiken kann unter Umständen dann über ein besseres Rating zu günstigeren Refinanzierungsmöglichkeiten führen.

Ein erster Schritt hin zu einem effizienten System zum Management operationeller Risiken bildet die Analyse der bestehenden Struktur hinsichtlich folgender Punkte:

– Existenz eines Rahmenwerks, das jeden Mitarbeiter zum Thema „Operationelle Risiken" sensibilisiert und ihm die nötige Eigenverantwortung delegiert

---

[62] Vgl. Basel II, § 669 (f).
[63] Nachrichtenagentur AAP, 12. November 2003.
[64] Vgl. Operational Risk Management & Basel II Implementation: Survey Results, FitchRatings, April 2004 und Analytical Framework For Operational Risk Management Of Banks, Moody's, Januar 2003.

- Unternehmensweite Analysemöglichkeit für alle Schadensfälle aus operationellen Risiken
- Kenntnis über das jeweils „schwächste Glied" in allen wichtigen Geschäftsprozessen
- Existenz von (Frühwarn-)Verfahren, die zeitnah auf eine Verschlechterung der Prozessqualität hinweisen
- Prozessrisiken bei der Einführung neuer Produkte bzw. beim Eintritt in neue Märkte
- Existenz von Notfallplänen für alle Bereiche
- Vorbeugemaßnahmen für technologische Risiken

Auf Basis einer solchen Analyse können dann Defizite im Management operationeller Risiken aufgedeckt und mittels eines strukturierten Vorgehensmodells behoben werden. Ein solches Vorgehensmodell sollte idealerweise mindestens folgende Punkte umfassen:

- Ein internes Rahmenwerk für die Etablierung einer klaren Verantwortungs-, Prozess- und Organisationsstruktur
- Risikoidentifikation und Durchführung einer Risikoinventur zur Erfassung und Kategorisierung der operationellen Risiken
- Bewertung und Verbesserung der Prozessqualität
- Einführung eines bankweiten Kontrollsystems zur kontinuierlichen Früherkennung von operationellen Risiken
- Erarbeitung von Notfallplänen zum Schutz vor Schadensereignissen in Krisenzeiten
- Sammlung interner und externer Daten von Schadensereignissen und deren Hintergründen

6.1 Internes Rahmenwerk

Grundvoraussetzung für das Management operationeller Risiken muss ein internes Rahmenwerk mit klaren Zuordnungen von Verantwortlichkeiten sein. Dadurch werden innerhalb der Bank die notwendigen organisatorischen Grundlagen geschaffen und sichergestellt, dass alle Aktivitäten zum Management operationeller Risiken von der Geschäftsführung und dem Aufsichtsorgan getragen werden.

Sämtliche Aufgaben, Funktionen und Stellen im Zusammenhang mit dem Management operationeller Risiken sollten ebenfalls Gegenstand des internen Rahmenwerkes sein. Ein solches Rahmenwerk legt nicht nur die abgegrenzten Zuständigkeiten der internen Bereiche Revision, Controlling und Operational Risk Management fest, sondern es regelt vielmehr auch deren Zusammenarbeit, denn nur mit einem konstruktiven Miteinander lassen sich die Anforderungen beherrschen und unklare Kompetenzen vermeiden.

6.2 Risikoidentifikation

Grundlage der Risikoidentifizierung ist eine Prozessanalyse. Durch eine unternehmensweite Risikoinventur kann ermittelt werden,

- welche betrieblichen Vorgänge mit operationellen Risiken behaftet sind
- wie hoch die Prozessqualität ist
- welche Auswirkungen daraus resultieren.

Mit einer Risikoinventur wird die Bank in die Lage versetzt, einen Gesamtüberblick über die Risikosituation im Unternehmen bzw. in den ausgewählten Bereichen zu erlangen. Als Instrumente zur Risikoidentifizierung können strukturierte Interviews oder Self Assessments in Form von Workshops oder standardisierten Fragebögen zum Einsatz kommen. Ergänzend können Revisions- und Prüfungsberichte Hinweise auf Schwachstellen geben. Zur weiteren Bestimmung des Risikoprofils können Arbeitsanweisungen und Ablaufdiagramme auf mögliche operationelle Risiken hin untersucht und das indirekte Kontrollumfeld durch Mitarbeitergespräche evaluiert werden.

Hieraus ergeben sich ein klares, systematisiertes Risikoprofil sowie eine exakte Prozessdokumentation der analysierten Bereiche, woraus erste Erkenntnisse über Risikoarten und Optimierungsmöglichkeiten gewonnen werden können. Das erstellte Risikoprofil gibt Auskunft darüber, welches Ausmaß die erkannten Risiken haben und mit welcher Wahrscheinlichkeit diese auftreten können. Dadurch ist eine Aussage möglich, ob die Risiken Existenz bedrohenden Charakter haben bzw. durchschnittlich, gering oder vernachlässigbar sind. Zur Erstellung eines Risikoprofils der Bank werden die Risiken und Kontrollen analysiert und kategorisiert. Als Darstellung empfiehlt sich eine Matrixform zur Gegenüberstellung von Eintrittswahrscheinlichkeit und Schadenspotenzial.

Aufbauend auf der Risikoidentifikation erfolgt die Risikoanalyse. Ausgehend von den identifizierten und systematisierten Risiken wird hierbei angestrebt, Ursachen, Einflussfaktoren und Interdependenzen der Risiken abzuleiten. Die bestehenden Kontrollmaßnahmen und das verbleibende Risikopotenzial werden in diesem Zusammenhang bewertet.

Die Risikoinventur kann nur erkennbare Risiken aufdecken. Nach Möglichkeit sollten deshalb auch institutsfremde Schadensereignisse ausgewertet werden. Als Quellen bieten sich institutsübergreifende Verbände und Zusammenschlüsse an, um auch „neue" Risikoquellen aufzudecken, deren potenzielle Eintrittsmöglichkeiten im eigenen Haus anschließend zu prüfen sind.

6.3 Bewertung und Verbesserung der Prozessqualität

Auf Grundlage der durchgeführten Risikoinventur können Maßnahmen zur Prozessoptimierung eingeleitet werden. Unter strengen Kosten-/Nutzen-Überlegungen sind zusätzliche Kontrollen sowie Prozessverbesserungen dahingehend zu untersuchen, inwieweit diese tatsächlich die Risiken senken.

Prozessverbesserung im Sinne von Risikominderung bedeutet dabei nicht immer auch eine Prozessverschlankung und damit Kostensenkung, sondern es werden vielmehr Risiken reduziert. Je nach Gefahrenpotenzial kann dies auch zu einer (vorübergehenden) Kostensteigerung führen. Häufig werden Prozessverbesserungen auch durch die bestehende DV-Landschaft verhindert, die oft nur mit sehr hohem Aufwand oder überhaupt nicht angepasst werden kann.

Ziel ist es aber nicht, alle Risiken möglichst vollständig auszuschließen. Vielmehr bleibt es in der Verantwortung der Bereichsleitung, gewisse Risiken kontrolliert zu akzeptieren und im Fokus zu behalten. Aus diesem Grund muss auch ein Berichtswesen für nicht direkt umgesetzte Maßnahmen festgelegt werden.

Nach einer erfolgreichen Risikoinventur kann die aktuelle Prozessqualität festgestellt werden, die allerdings oft nur ein subjektives Urteil darstellt. Die Auswertung von Fragebögen gibt zwar Anhaltspunkte, aber eine genaue Differenzierung und Abstufung gestaltet sich in manchen Fällen schwierig. Daher ist es unerlässlich, die getroffene Beurteilung der Prozessqualität regelmäßig zu überprüfen und ggf. neu anzupassen. Dies gilt vor allem dann, wenn die Prozessgüte als Faktor in die Eigenkapitalbemessungsgrundlage für operationelle Risiken einbezogen wird.

Die Bewertung soll außerdem zur Aufstellung von Faktoren führen, mit deren Hilfe das Risikoniveau der Bank überwacht werden kann. So kann zum Beispiel bei der Wertpapierabwicklung die Anzahl der Transaktionen einen Risikofaktor darstellen. Je größer die Anzahl der Transaktionen ist, desto größer wird ohne zusätzliche Maßnahmen auch die Zahl der Bearbeitungsfehler und desto schlechter funktionieren die internen Kontrollsysteme. Ein anderer Risikofaktor ist zum Beispiel die Abwesenheitsquote, da sie zu einer Arbeitsüberlastung führen kann, die ähnliche Auswirkungen haben kann wie eine große Anzahl von Transaktionen. Durch die ständige Überwachung solcher Faktoren ist es möglich, das operationelle Risikoniveau der Bank dauerhaft zu kontrollieren.

Aufgrund des in der Risikoinventur ermittelten Risikoprofils können dann die bestehenden Kontrollen genauer bewertet werden:
– Einschätzung des Risikopotenzials auf Basis bestehender Kontrollen
– Einschätzung des erwarteten Risikopotenzials nach Einführung zusätzlicher Kontrollmaßnahmen
– Bewertung der einzelnen Kontrollen anhand der damit einhergehenden Risikoreduktion.

6.4 Risikofrüherkennung

Im Anschluss an die Prozessoptimierung hinsichtlich der inhärenten operationellen Risiken sollte die Sicherung der erreichten Prozessqualität im Vordergrund stehen. Es gilt, Schäden aus neuen Risiken oder durch Schwankungen in der Prozessqualität mit Hilfe der Risikofrüherkennung zu verhindern.

Ungünstige Entwicklungen sollen dadurch bereits zu einem Zeitpunkt erkannt werden, wenn sie noch keinen Niederschlag in der Schadensbilanz des Unternehmens gefunden haben. Gängige Methoden sind hier beispielsweise die Implementierung von Risikoindikatoren oder vollständige Überwachungskonzepte nach dem Balanced-Scorecard-Ansatz.

So wie Marktvolatilität und Bonitätsrating Risikoindikatoren im Markt- und Kreditrisiko darstellen, gibt es auch für die Identifizierung operationeller Risiken Merkmale, die mögliche Gefahrenquellen frühzeitig ankündigen können. Eine Kombination verschiedener Indikatoren, z. B. Fluktuationsrate und Fehlerhäufigkeit, kann die Aussagekraft noch steigern. Der Balanced-Scorecard-Ansatz verknüpft

Indikatoren aus verschiedenen Bereichen (z. B. Markt, Personal, Finanzen, Produkte) zu aussagefähigen Steuerungskennzahlen.

6.5 Notfallplanung

Für den Fall eines Schadensereignisses müssen entsprechende Notfallpläne im Sinne des institutseigenen Business-Continuity-Managements greifen, um Risiko kompensierende Maßnahmen einleiten zu können. Die Notfallplanung definiert, ähnlich dem internen Rahmenwerk für operationelle Risiken, die Berichts- und Eskalationswege sowie die Verantwortungsbereiche. Es muss auf jeden Fall gewährleistet sein, dass alle Prozessbeteiligten im Krisenfall wissen, worauf es ankommt.

Dazu ist nicht nur eine detaillierte und dokumentierte Planung sinnvoll, sondern auch eine regelmäßige Überprüfung durch Tests und Stichproben notwendig, um eventuelle Schwachstellen der Notfallpläne aufdecken und abstellen zu können. Zudem tragen Übungen dazu bei, im wirklichen Notfall Panik und unangemessenes Verhalten durch einzelne Mitarbeiter zu vermeiden, da diese dann aus Erfahrung eher auf die Wirksamkeit der Notfallpläne vertrauen können.

6.6 Sammlung und Analyse historischer Schadensdaten

Sofern eine Bank auf Grund ihrer Größe in der Lage ist, historische Verlustdatenreihen aufzubauen, sollten dazu auch entsprechende systemtechnische Voraussetzungen geschaffen werden. Unabdingbar wäre daher der Aufbau eines Datenpools, der für das Management operationeller Risiken zentral gepflegt werden sollte. Der Datenpool ist kontinuierlich mit internen und ausgewählten externen Schadensdaten zu aktualisieren. Es geht hierbei weniger darum, eine statistisch aussagefähigere Stichprobe zur genaueren Quantifizierung der operationellen Risiken zu bekommen, als vielmehr aus den Erfahrungen bei früheren Ereignissen zu lernen.

Es empfiehlt sich in jedem Fall, externe Datensammlungen zu Schadensfällen zu nutzen, sofern die darin enthaltenen Daten aus vergleichbaren Instituten stammen, da es z. B. wenig Sinn macht, die Schadensfälle einer Bausparkasse mit denen eines Online-Brokers zu vergleichen.

Als problematisch kann sich auch die Erfassung und Auswertung interner Vorfälle erweisen. Nicht alle Abteilungen sind auskunftsbereit und oftmals werden wichtige Vorkommnisse oder so genannte „Beinahverluste" überhaupt nicht gemeldet, da diese aus politischen Gründen gerne verschwiegen werden. Hier gilt es ein Bewusstsein zu schaffen, das die Erfassung von Schadensfällen im Management der operationellen Risiken nicht als Anklage von Schuldigen und entsprechender Bestrafung wahrnimmt. Da Schäden oft nicht nur einen Bereich betreffen und auch mehrere Ursachen haben können, die in ihrem Zusammentreffen den Schaden in seinem Gesamtumfang erst ausmachen, ist es in solchen Fällen dringend erforderlich, die Ursachen herauszufinden.

6.7 Implementierungsherausforderungen im Überblick

Nachfolgende Fragen können dabei helfen, wichtige Aspekte bei der Konzeption und Umsetzung eines Systems zum Management der operationellen Risiken insbesondere mit Blick auf die Datenanforderungen abschließend herauszustellen:

1. Phase: Aufnahme und Dokumentation des Status quo hinsichtlich der operationellen Risiken in der gesamten Organisation

- Existiert unternehmensweit ein einheitliches Verständnis und Akzeptanz der Definition von operationellen Risiken?
- Sind Rollen und Verantwortlichkeiten im Management der operationellen Risiken klar definiert?
- Welche Basel II-relevanten Daten sind bereits vorhanden?
- Welche Daten können und müssen zum täglichen Entscheidungsprozess verwendet werden?
- Welche Daten und Prozesse müssen zur Erfüllung der neuen regulatorischen Offenlegungsvorschriften aus Säule III zur Verfügung stehen bzw. eingerichtet werden?
- Aus welchen Systemen müssen Daten geliefert werden?
- Sind die vorhandenen Systeme fähig, die mit Basel II zusätzlich entstandenen Anforderungen zu erfüllen? (Zu berücksichtigen ist dabei, dass sich die Anforderungen im Verlaufe der kommenden Jahre weiterentwickeln werden)
- Kann die Aufteilung der Bruttoerträge (SA/ASA) und der eingetretenen Verluste (SA/ASA und AMA) für die von Basel II vorgeschriebenen Geschäftsfelder vorgenommen werden?

2. Phase: Gap-Analyse

- Welche Daten sind zwar vorhanden, aber im gegenwärtigen Zustand nicht nutzbar (Qualität, Konsistenz, Granularität, Vollständigkeit)?
- Welche Daten sind erforderlich, aber noch nicht vorhanden?
- Können fehlende Daten intern generiert werden oder müssen diese zusätzlich extern beschafft werden?
- Welche externen Datenquellen sind geeignet/anerkannt?
- Wie hoch beläuft sich eine angemessene Bagatellgrenze für Verlustereignisse?
- In welcher Form sollen qualitative Daten oder Resultate aus Szenarioanalysen abgebildet und erfasst werden?
- Wie werden Daten aus verschiedenen Applikationen konsolidiert?
- Welche Modifikationen müssen systemtechnisch vorgenommen werden, um Compliance mit dem gesamten Basel II-Prozess zu gewährleisten?
- Investition in neue DV-Systeme?
- Investition für neues Personal, Schulung, Ausbildung?

3. Phase: Verwendung der Daten

- Wie müssen interne Daten gemappt werden, um die Aufteilung der Bruttoerträge und eingetretenen Verluste in die von Basel II vorgeschriebenen Geschäftsfelder vorzunehmen?
- Wie wird sichergestellt, dass Daten, die für das regulatorische Kapitalmodell der Säule I verwendet werden, auch in Management-Entscheidungsprozessen Verwendung finden bzw. mit im Einsatz oder in der Entwicklung befindlichen ökonomischen Kapitalmodellen zur Gesamtbankrisikosteuerung abgeglichen werden? (Supervisory Review Process!)
- Wie kann der Nachweis erbracht werden, dass Routineverluste im täglichen Geschäft (erwartete Verluste) bereits in der Margenstruktur angemessen berücksichtigt wurden? Folglich muss – entsprechende Messmöglichkeiten vorausgesetzt – die Margengestaltung regelmäßig auf ihren Deckungsgrad hinsichtlich erwarteter Verluste aus operationellen Risiken überprüft und notfalls angepasst werden.
- Können Verlustdaten sinnvoll als Validierung von qualitativen Daten verwendet werden? Wenn ja, wie programmiert man eine Applikation, um diesen Prozess objektiv und intelligent durchzuführen?
- Integration der Verlustdatenbank in den Risikomanagement- und Entscheidungsprozess?

II. Development of OR-Management
Leon Bloom

Inhalt:

	Seite
1 The Evolution of Operational Risk Management	385
1.1 Learning the hard way	385
1.2 The origins of operational risk management	386
1.3 External influences and pressures create a new paradigm	386
1.4 A healthy control culture: establishing the governance, organization and behaviours for operational risk management	387
1.5 Risk frameworks	388
1.6 The Operational Risk Management Process	389
2 Operational risk's upcoming integration into the bank management capital allocation process	390
2.1 The Top-Down Approach	391
2.2 The Bottom-Up Approach	391
2.3 Complete satisfaction not guaranteed	391

1. The Evolution of Operational Risk Management

1.1 Learning the hard way

A few years ago, amid much fanfare, a North American bank rolled out its electronic banking capability. The rollout was accompanied by a multi-million dollar ad campaign and congratulations all round for all those who had taken part in the birth of the cutting edge product. But those close to the product had reservations; the processes in place to support the initiative were not completely automated and relied on numerous manual interventions. But even these insiders were caught up in the "good-news" culture of the roll out. The chief executive mandated a quick, nationwide rollout and the bank publicly projected large market share for its product.

Inevitably, however, the service could not deliver what it promised. Customers – both new and established – became irate. As the product foundered, a foreign bank with streamlined end-to-end e-banking capabilities entered the market and captured much of the market share that the first bank had been seeking.

A major health insurer, looking to achieve greater economies of scale, subcontracted some of its claims processing to an outside vendor. In theory, this decision is sound and has worked well for many large insurers. In practice, however, the situation was doomed for this particular insurer because the company did not fully understand the vendor's true capabilities. Eventually, claims fell a full 12 months behind and customer complaints soared. The result was that the insurer lost business, its reputation was severely damaged, and it found itself operating without up-to-date claims information.

Like other high profile examples such as Barings, BCCI and Banker's Trust, these examples fall under a class of risk now commonly referred to as operational risk.

While most financial institutions have years of experience and expertise managing **credit and market risk**, few companies have, until relatively recently, attempted to explicitly address the issue of operational risk or successfully integrate operational risk management into their value chain. And this is understandable. Operational risk is far more difficult to quantify than market or credit risk and, therefore, is not well recognized or even openly acknowledged. There is nothing new about operational risks themselves; for years companies have dealt with the problems of procedural errors, fraud, non-compliance with regulations, management mistakes, computer and network failures, service or product quality lapses, to name but a few. What is new is the understanding that these problems can be anticipated and often mitigated or prevented through proactive processes. That's where operational risk management comes in.

1.2 The origins of operational risk management

Where did the idea of operational risk management originate? The late 1980s and the 1990s produced the most radical changes that the business world had seen in three decades. Mergers and acquisitions and industry consolidation were commonplace. Corporations became focused on the challenges of rapid technology assimilation, levering of information and capitalizing on opportunities presented by the globalization of the world economy. But in the face of this almost constant change, businesses were frantically trying to stay in control of the myriad of associated risks. Risks stemming from business strategies and the ways in which they were implemented presented **new challenges** for boards of directors, senior management and staff at all levels.

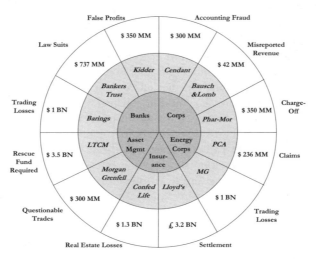

Figure 1: The Wheel of Misfortune

1.3 External influences and pressures create a new paradigm

It is all too clear that the traditional approaches to controlling risk are becoming increasingly ineffective in the newer, fast-paced environment. The new challenges demand a broader focus on risk management, one that includes all types of risk, not just credit and market risk. The reluctance to jump onto the operational risk bandwagon lies partly in the fact that it does not lend itself to quantification and there is an **absence of a uniform and consistent definition** as to what it actually is. Operational risks tends not to be well known often because the contributing factors are often many in number and difficult to identify. We see and hear only about the most sensational examples, while smaller events and near misses usually go unrecorded.

The nature of operational risk, therefore, has left many board members, senior executives, regulators, auditors and investors in a state of apprehension. While there are many definitions, a broad description is that operational risk is related to the ineffective interaction of people, processes and systems, and inadequacies in the operating culture.

Probably one of the key factors in understanding risk management is the shift in the old way of thinking of it as the exclusive responsibility of corporate groups such as risk management, internal audit, the legal department, and corporate compliance. The pace of change in these times now requires that all staff, at all levels, in all jobs, understand that they must play a role in risk management. Simply put, those closest to risk have the best chance of managing it.

This new "bottom up" oriented approach to risk management is not only prudent – it is a necessity. Regulators and stock exchange listing bodies have made it clear that they expect organizations to ensure that all significant risks are systematically identified and managed to acceptable levels. Boards of Directors are increasingly being held collectively and personally accountable for this issue. Line managers, therefore, need to be able to demonstrate and assert that risk is being managed to acceptable levels, i.e. that they are "in control" of the risk profile, not just at a *specific* point in time but at *any* point in time.

"We focus our enterprise wide risk management efforts on the institution's overall corporate governance, risk management and internal control processes," Mark Schmidt, Regional Director, Division of Supervision and Compliance, FDIC (Federal Deposit Insurance Corporation) said in a recent issue of *The RMA Journal*. "While our specific expectations of an institution's enterprise wide risk management process will depend on the size and complexity of the organization, we expect all institutions to have the ability to measure, monitor and control the risks they incur."

The ability to effectively manage and ultimately to measure risk depends on an important key factor: *the "health" of the control culture within which risk is managed.*

1.4 A healthy control culture: establishing the governance, organization and behaviours for operational risk management

How should a financial services institution be organized to address its overall risk profile? The question is so new there are few proven in practice approaches that have stood the test of time, although that is rapidly changing. The ways in which institutions are organized to manage their risk activities differs widely. In the past, risk was often managed in silos. Business units managed the business risks associated with their strategy and profitability related to products and pricing. Credit and lending units managed the credit risks associated with lending, trading and portfolio management. Operations and technology units managed the operational risks associated with systems and transaction processing.

Some institutions merely measure their global market and credit risk and call it **"Enterprise Risk Management" or ERM**. Others consider ERM to simply refer to their insurable risks in all key businesses in all of their locations. Many now aggregate credit risk and market risk information while others attempt to link aggregated operational risk information with similar credit and market risk information under their ERM umbrella.

There are obvious synergistic benefits to establishing a focal point for the oversight of all significant risks – credit, market and operational – under a single corporate management unit. This unit is typically headed by a Chief Risk Officer (CRO) who is responsible for establishing the management and oversight framework for all of the organization's financial and non-financial risks.

Today, the CRO role is becoming more commonplace, particularly within banks and other financial institutions. Typically, the **CRO reports to the Chief Executive Officer (CEO)** and some also have a reporting relationship with a "Risk Review Committee" of the board of directors. In larger institutions, the office of the CRO is responsible for:
- the overall risk management vision and leadership
- the enterprise-wide risk management framework
- the organization's risk management policies, including articulation of the extent to which it is willing to bear risk and its related risk appetite and limits
- a system that systematically documents losses and incidents, risk exposures and early warning indicators
- the calculation and allocation of economic or risk-based capital to the business activities and products based on risk
- risk management communication and training programs
- the development of capabilities to support risk management programs.

The role of the CRO is still evolving. Regardless of what an institution calls the person responsible for this function, the function must be owned. It does not work well when there are a variety of unique and disparate approaches to managing risk.

1.5 Risk frameworks

In the past, many rules, policies and procedures have been seen as obstacles to objectives, rather than enablers. Risk frameworks have provided needed context within which investments in control can be aligned with the risks stemming from business or organizational objectives. Most risk frameworks introduced during the past decade have business or organizational objectives as their key context and focus on both detailed and behavioural criteria for control.

1.6 The Operational Risk Management Process

Establishing an operational risk management process begins with an understanding of what risks need to be assessed and managed in light of the organization's business strategies and objectives. Risk categories might include the following.

- **Organizational:** An organization is unlikely to achieve its objectives if its structure is not clearly or appropriately defined. This lack of structure might include an absence of agreed upon objectives, of defined accountabilities and authorities, and of ethical and behavioural codes.
- **Financial:** Financial loss – including the loss of opportunity to achieve financial gain – most often results from a lack of financial management. An example of financial loss is the lack of policy for the investment and reinvestment of surplus cash.
- **Technology:** One of the greatest technology risks a company faces is its inability to provide a reliable platform to service clients. Technology risks include obsolete technology, the lack of performance standards and a lack of recovery plans or capabilities.
- **Information:** An institution is at risk when decisions are made based on incomplete, inaccurate or obsolete information.
- **Operating:** Processing failure (accuracy, timeliness, security) creates a loss either in the form of compensation or loss of reputation/client satisfaction.
- **Environment:** Although environmental risks have their origins outside the organization their impact is felt by the organization if they are not managed. Examples of environmental risks are changes in regulation and market demands or changes in competition.

The operational risk management process needs to link risk to business objectives. This means that **key objectives** must be clearly identified for the entire enterprise. The significant risks that could stand in the way of achieving each business objective must be identified and defined. Before an organization assesses the adequacy and completeness of its own control environment, there needs to be an understanding of which operational risks will potentially interfere in a material way with the achievement of objectives. Assessments of these risks can be achieved using a number of tools. These include:

- **Risk and Control Self Assessments,** which are undertaken by the business and corporate areas and often consist of risk diagnostic, risk identification, risk assessment, control enhancement and risk reporting usually in the context of a risk framework.
- **Scorecards,** which provide an overall aggregated and integrated view of significant operational risks and their "in control" status. Scorecards generally come with the capability to "drill down" into different business and process areas into underlying supporting detail.
- **Loss Event Databases,** by capturing losses and, where possible, near losses, define loss data criteria in terms of the type and severity of the loss, thereby helping to define the risk experience. They help the user to understand, over time, which historical loss experiences are appropriate for the enterprise and representative of

its current and future business activities. But the compilation of Loss Event Databases is not without challenges for a number of reasons, particularly because loss event data can, depending on an organization's operating culture, be hard to collect due to an inherent reluctance to share "bad news". There can also be complicated privacy, confidentiality, disclosure and legal privilege issues to deal with.
- **Key Risk Indicators** is the name given to measures of risk based on mapping specific risk areas in order to determine, based on criteria such as limits and thresholds, the early warning signs of changes in the risk environment or in the effectiveness of control. Future Key Risk Indicators are crucial because historical risks are not always the risks most likely to challenge organizations in the future.

Ideally, the end result of implementing an operational risk management process should be the enablement of individuals, their departments, and the organization in its entirety, to understand their operational risk profile and to demonstrate management of it, including compliance, to an acceptable level, at any point in time, in the context of business objectives.

2. Operational risk's upcoming integration into the bank management capital allocation process

The need to quantify operational risk capital will become **increasingly important** over the next few years. For banks, the New Basel Capital Accord is a key driver, e. g., "Basel II", which lays down regulatory requirements for capital adequacy, not only for credit and market risk but for operational risk as well. For institutions that have their compliance systems in place, Basel II offers potential business gains in the form of regulatory capital relief.

Banks will be required to set aside capital for their potential unexpected operational risk losses. Simply, operational risk losses can be divided into three types:
- **Expected losses:** losses that occur frequently but which have a relatively low impact and are considered part of the generally budgeted cost of undertaking a particular business.
- **Unexpected losses:** unlikely though foreseeable severe losses that the organization, by taking the appropriate measures, should be able to absorb through the management of adequate capital as a cushion against the effects of exposure.
- **Catastrophic losses:** severe loss occurring as a result of extreme and unlikely events that threaten the organization's survival. Catastrophic losses, because of the absence of historical loss data and unknown contributing factors, are, therefore, impossible to measure in a meaningful way.

The purpose of operational risk capital is to **cover unexpected loss** to a defined level of confidence. Capital for operational risk is based, in part, on available benchmark data. A 12 % benchmark based on analysis performed by the Basel Committee on Banking Supervision is the starting point for this. While this calculation is aimed at certain banks, it is also being referenced by other financial services organizations, such as various asset managers and ventures where capital is being held against significant operational risks. Currently, the Basel Committee on Banking Supervision is advocating different ways of dealing with operational risk, through both top-down and bottom-up approaches.

2.1 The Top-Down Approach

The top-down approach relies on the organization-wide risk strategy to be defined, policies and procedures to be documented and significant risks for the businesses to be identified using policy and procedures as a guide. Proxy measures of risk are then identified based on the key risks identified. This approach is more relevant to stable businesses that share common risk characteristics.

A typical top-down approach **relies on indicators** such as gross income to arrive at an operational risk capital charge. One of the challenges with this approach, and indeed for other proxies, is that it lacks the flexibility to address business-specific needs. It also may create incentives for staff and managers to make sub-optimal investment decisions based on reducing their capital charge versus adding value to the business.

2.2 The Bottom-Up Approach

The bottom-up approach relies on operational risk data being available at the business and process area level, using **business expertise** in each line of business to identify the significant risks and assess their "in control" status. It also involves collecting information based on key risk measures, including related loss event information at a line of business level. A typical bottom up approach relies on historical risk loss and operational data, external loss event data, and in-house business and risk experts to estimate the key risk indicators and events for each line of business. The probability of future loss, given loss event for each risk type, is then estimated. Given the lack of data for catastrophic events, it is expected that standard distributions under-estimate their likelihood. Qualitative and quantitative adjustments could be applied by bank supervisors to adjust for this, based on the adequacy of the risk management and control environment. Capital can then be calculated based on the loss estimate, with a targeted confidence or sensitivity level.

Where the top-down approach provides economically justifiable calculations of overall operational capital at risk, the method lacks risk sensitivity. Conversely, while the bottom-up approach relies on non-subjective calculations at the business unit level, those numbers themselves can be questionable.

The outcome of Basel II's approach to operational risk will no doubt be tested and evolve over time.

2.3 Complete satisfaction not guaranteed

There are a myriad of issues that factor into the approach applied in each organization, particularly cross-border regulatory issues. Basel Committee chairman Jaime Caruana has said that "[the committee] faces even tougher questions if we consider the allocation of capital across not just legal entities but also across national borders..."

Regardless of the organizational approach that emerges and how the industry chooses to deal with the more complicated issues, such as cross-border regulation[1], better operational risk management makes it possible for an institution to meet the needs of its individual stakeholders more effectively. The successful management of operational risk means that an institution can present a stronger, more confident profile in the marketplace, a position that reaps numerous benefits from the viewpoint of regulators, customers, employees and investors.

As Chairman Caruana has stated, "What we learn about the factors driving operational failures and how we can better measure and reduce our exposure to losses, means much more to all of us than simply a more favourable capital requirement. Instead our efforts on operational risk, combined with advances on the credit and market risk fronts, will advance our understanding of the many risks banks face and improve our ability to navigate them successfully. For all of us, that offers the reward of a more stable banking system that is less susceptible to systemic risks and better able to ensure the circulation of credit to businesses and consumers alike."

---

[1] Vgl. hierzu auch Kapitel D. I. „Behandlung der operationellen Risiken unter Basel II".

Teil E:
Banksteuerung unter Basel II

I. Unterlegung der Zinsänderungsrisiken
Frank Send

Inhalt:

		Seite
1	Allgemeines	395
2	Zinsänderungsrisiko im Anlagebuch	396
	2.1 Behandlung des Zinsänderungsrisikos im Anlagebuch unter der Säule II	396
	2.2 Messung und Unterlegung des Zinsänderungsrisikos im Anlagebuch	397
	2.3 Das bankinterne Messsystem	398
	2.3.1 Anforderungen an das bankinterne Messsystem	398
	2.3.2 Barwertansatz vs. Ansatz zur Ergebnissteuerung	399
	2.3.3 Standardisierter Zinsschock	399
	2.3.4 Aufsichtsrechtliche Beurteilung des internen Messsystems	400
3	Vergleich mit geltenden Anforderungen für Hypothekenbanken	401
	3.1 Bestimmung des Zinsänderungsrisikos	401
	3.2 Vergleich der Eigenkapitalanforderungen	402

1. Allgemeines

Unter der Säule I der neuen Baseler Eigenkapitalvereinbarung (im Folgenden Basel II) erfolgt die Regelung hinsichtlich der Unterlegung verschiedener Risikoarten mit Eigenmitteln. Insbesondere wird festgelegt, wie Kreditrisiken, Marktpreisrisiken und operationelle Risiken zu behandeln sind. Die Unterlegung von Marktpreisrisiken (und somit auch die von Zinsänderungsrisiken) gemäß den Anforderungen aus der Säule I ist jedoch auf das Handelsbuch einer Bank beschränkt.

Die Beurteilung von Marktpreisrisiken des Handelsbuchs basiert grundsätzlich auf den Anforderungen der ursprünglichen Baseler Eigenkapitalvereinbarung und differenziert zwischen der Unterlegung des **besonderen** und des **allgemeinen** Marktpreisrisikos. Im Vergleich zum geltenden Regelwerk sind die Eigenmittelanforderungen für das **besondere** Kursrisiko marginal modifiziert worden. Die Unterlegung des **allgemeinen** Marktpreisrisikos und insbesondere des Zinsänderungsrisikos bleiben unverändert und erfolgen entweder anhand des Standardansatzes für Marktpreisrisiken oder anhand der bankeigenen Messung des Value-at-Risk.[1] Die Unterlegung von Marktpreisrisiken im Handelsbuch soll an dieser Stelle nicht weiter vertieft werden.[2]

---

[1] Vgl. Amendments to the Capital Accord to incorporate Market Risks, BCBS 1996 und Basel II, § 738.

[2] Die hierfür relevanten Methoden, die Definition und Abgrenzung zwischen Handels- und Anlagebuch sowie die für diese Risiken weiter gefasste Eigenkapitaldefinition werden in Kapitel E. III. „Veränderungen bei der Unterlegung von Marktpreisrisiken" beschrieben.

2. Zinsänderungsrisiko im Anlagebuch

2.1 Behandlung des Zinsänderungsrisikos im Anlagebuch unter der Säule II

Die Unterlegung von Zinsänderungsrisiken im Anlagebuch ist bisher in den Eigenkapitalanforderungen nicht behandelt worden. Auch unter Basel II besteht keine grundsätzliche Unterlegungspflicht. Jedoch hat der Baseler Ausschuss bekräftigt, „dass das Zinsänderungsrisiko im Anlagebuch ein potenzielles bedeutendes Risiko darstellt, das mit Kapital unterlegt werden sollte".[3] Da derzeit die Art der Zinsänderungsrisiken im Anlagebuch sowie deren Messung und die damit verbundene Steuerung zwischen international tätigen Banken sehr unterschiedlich ist, erfolgt eine Behandlung dieses Risikos im neuen Akkord unter der Säule II.

Die Säule II befasst sich mit der aufsichtlichen Überprüfung und definiert vier zentrale Grundsätze:[4]

- Banken sollten über ein Verfahren zur Beurteilung ihrer angemessenen Eigenkapitalausstattung im Verhältnis zu ihrem Risikoprofil sowie über eine Strategie für den Erhalt des Eigenkapitalniveaus verfügen.
- Die Aufsichtsinstanzen sollten die bankinternen Beurteilungen und Strategien zur angemessenen Eigenkapitalausstattung überprüfen und bewerten; gleiches gilt für die Fähigkeit der Banken, ihre aufsichtsrechtlichen Eigenkapitalanforderungen zu überwachen und deren Einhaltung sicherzustellen. Die Aufsichtsinstanzen sollten angemessene aufsichtsrechtliche Maßnahmen ergreifen, wenn sie mit dem Ergebnis dieses Verfahrens nicht zufrieden sind.
- Die Aufsichtsinstanzen sollten von den Banken erwarten, dass sie über eine höhere Eigenkapitalausstattung als die aufsichtsrechtlich geforderte Mindesteigenkapitalausstattung verfügen, und die Möglichkeit haben, von den Banken eine höhere als die Mindesteigenkapitalausstattung zu verlangen.
- Die Aufsichtsinstanzen sollten frühzeitig eingreifen, um zu verhindern, dass das Eigenkapital unter die geforderte Mindestausstattung fällt, die aufgrund des Risikoprofils einer Bank notwendig ist. Sie sollten schnelle Abhilfe fordern, wenn das Eigenkapital nicht erhalten oder nicht wieder ersetzt wird.

Darüber hinaus enthält die Säule II Empfehlungen zum Risikomanagement sowie zur aufsichtsrechtlichen Transparenz und Verantwortlichkeit.[5] Demzufolge resultieren aus den Anforderungen der Säule II keine expliziten Eigenkapitalanforderungen, auch nicht für die Unterlegung von Zinsänderungsrisiken im Anlagebuch. Nichts desto trotz sind die Aufsichtsinstanzen berechtigt, verbindliche Anforderungen für die von ihnen zu beaufsichtigenden Banken einzuführen. Für Deutschland ist zu erwarten, dass entsprechende Anforderungen in den **Mindestanforderungen an das Risikomanagement (MaRisk)** formuliert werden, die Ende 2004 von der BaFin veröffentlicht werden sollen. Derzeit werden Anforderungen an das Risiko-Controlling- und -Management-System in den Mindestanforderungen an das Betreiben von Handelsgeschäften (MaH) geregelt. Diese finden Anwendung für Handelsgeschäfte

---

[3] Vgl. Basel II, § 720.
[4] Vgl. Basel II, §§ 725 ff.
[5] Vgl. Basel II, § 677.

(handelbare Geschäfte) des Handels- und Anlagebuchs und berücksichtigen Umfang, Komplexität und Risikogehalt.[6]

Die Behandlung der Zinsänderungsrisiken im Anlagebuch unter der Säule II wird im Wesentlichen durch den ersten der vier zentralen Grundsätze geregelt. Dieser fordert, dass Banken sowohl ihre Eigenkapitalausstattung im Verhältnis zu ihrem Risikoprofil zu beurteilen als auch über eine Strategie zu verfügen haben, die den Erhalt des Eigenkapitalniveaus sicherstellt. Insbesondere wird eine umfassende Beurteilung **aller** Risiken einer Bank hinsichtlich der Eigenkapitalunterlegung verlangt. Zu diesen Risiken zählen neben den durch die Säule I abgedeckten Kreditrisiken, operationellen Risiken und Marktpreisrisiken des Handelsbuches auch die nicht direkt unter Säule I aufgeführten Liquiditätsrisiken sowie die Zinsänderungsrisiken im Anlagebuch.[7]

2.2 Messung und Unterlegung des Zinsänderungsrisikos im Anlagebuch

Zur Messung der Zinsänderungsrisiken im Anlagebuch werden die internen Steuerungssysteme der Banken als Hauptinstrument anerkannt. Diese Messsysteme haben laufzeitabhängig alle wesentlichen Bestände in Verbindung mit
– dem vereinbarten Zinssatz und möglichen Kapitalzahlungen sowie
– ggf. Zinsfestsetzungsdaten inkl. möglicher Referenzzinssätze unter Berücksichtigung von Caps und Floors
zu berücksichtigen. Das Ergebnis der internen Messung ist u. a. die Barwertveränderung (**Economic Value Approach**)[8] aller Positionen im Anlagebuch, die aus einem standardisierten Zinsschock[9] resultieren, im Verhältnis zur Summe aus Kern- und Ergänzungskapital. Dieses Ergebnis ist hinsichtlich der Überwachung der Zinsänderungsrisiken im Anlagebuch an die Aufsichtsinstanz zu kommunizieren.[10]

Grundsätzlich fordern die Aufseher von den Banken, dass sie Eigenkapital vorhalten, das ihrem Gesamtrisiko und damit einschließlich dem Zinsänderungsrisiko im Anlagebuch angemessen ist.[11] Falls das nicht der Fall ist, haben sie ihr Risiko zu verringern oder zusätzliches Eigenkapital aufzubringen. Als (unverbindlichen) Referenzwert bzw. Mindestanforderung für ausreichendes Eigenkapital nennt der Baseler Ausschuss ein Ergebnis der internen Messung, also dem Quotienten der Barwertänderung basierend auf dem standardisierten Zinsschock und der Summe aus Kern- und Ergänzungskapital, von höchstens 20 %. Bei einem Quotienten größer 20 % würde sich das Eigenkapital der Banken, so genannter „Ausreißer-Banken", durch einen standardisierten Zinsschock um mehr als 20 % verringern.[12]

---

[6] Vgl. Rundschreiben Nr. 4/98 des Bundesaufsichtsamtes für das Kreditwesen vom 8. April 1998 „Erläuterungen zu einzelnen Regelungen der Mindestanforderungen an das Betreiben von Handelsgeschäften der Kreditinstitute".
[7] Vgl. Basel II, §§ 725 ff.
[8] Vgl. Abschnitt 2.3.2.
[9] Vgl. Abschnitt 2.3.3.
[10] Vgl. Basel II, § 763 i. V. m. § 739.
[11] Vgl. Basel II, § 725.
[12] Vgl. Basel II, § 764.

Durch die Anforderung, Eigenkapital für Zinsänderungsrisiken im Anlagebuch vorzuhalten, erfolgt eine **Doppelbelegung** des Kapitals. Einerseits existieren unter der Säule I explizite Regelungen, wie entsprechende Risiken (z. B. Kreditrisiken) mit Kapital zu unterlegen sind. Andererseits wird das Kapital verwendet, um Zinsänderungsrisiken im Anlagebuch zu kompensieren. Zwar verlangen die Regelungen unter der Säule II nur ein Mindestniveau von 20 %, nichts desto trotz dient das unterlegte Kapital dazu, potenziellen Verlusten entgegenzustehen.

Das Zinsänderungsrisiko – basierend auf dem standardisierten Zinsschock – ist für jede Währung zu ermitteln, in der das Exposure einer Bank mindestens 5 % der Aktiva oder der Passiva des Anlagebuchs entspricht. Um eine vollständige Betrachtung des Anlagebuchs sicherzustellen, sind die Exposures des Anlagebuchs auch in den übrigen Währungen aggregiert anhand eines standardisierten Zinsschocks – bestehend aus einer (parallelen) Verschiebung um +/- 200 BP – zu bewerten.[13] Diesbezüglich ist eine Basiszinskurve in einer bestimmten Währung festzulegen, die die Zinskurven der übrigen Währungen angemessen repräsentiert.

2.3 Das bankinterne Messsystem

2.3.1 Anforderungen an das bankinterne Messsystem

An das interne Messsystem werden durch Basel II verschiedene Anforderungen gestellt. Zum einen sind die dem Verfahren zu Grunde liegenden Annahmen zu dokumentieren, zum anderen ist die Angemessenheit und Vollständigkeit des Systems durch die Geschäftsleitung sicherzustellen.[14] Hinsichtlich der inhaltlichen Ausgestaltung des Verfahrens resultieren weitere Anforderungen aus dem Basel II ergänzenden Dokument **Principles for the Management and Supervision of Interest Rate Risk (PMS)**.

Im Speziellen hat das interne Messsystem folgende Kriterien zu erfüllen:[15]

- Alle Aktiva, Passiva und außerbilanziellen Positionen des Bankbuchs mit wesentlichem Zinsänderungsrisiko sind zu bewerten.
- Allgemein anerkannte Finanzkonzepte und Methoden zur Risikomessung sind anzuwenden, um das Risiko gemäß dem Ansatz zur Ergebnissteuerung (Earnings Approach) und gemäß dem Barwertansatz (Economic Value Approach) zu messen. Die aufsichtsrechtliche Überwachung des Zinsänderungsrisikos des Anlagebuchs basiert jedoch allein auf dem Barwertansatz (Ausnahmen können für außerhalb der G-10-Staaten ansässige Banken eingeräumt werden).
- In die Messung einfließende Daten sind hinsichtlich der Kurse, der Laufzeiten, der Zinsanpassungen, eingebetteter Optionen und weiterer Details zu spezifizieren.
- Annahmen zur Transformation von Beständen in Zahlungsströme müssen angemessen, zeitlich stabil und genau dokumentiert sein.

---

[13] Vgl. Principles for the Management and Supervision of Interest Rate Risk (PMS), BCBS, Juli 2004, § 82.
[14] Vgl. Basel II, § 739 f.
[15] Vgl. PMS, § 79.

- Das interne Messsystem muss in das tägliche Risikomanagement und das daraus resultierende Reporting integriert sein.
- Der standardisierte Zinsschock ist angemessen in das System einzubinden.

2.3.2 Barwertansatz vs. Ansatz zur Ergebnissteuerung

Der Ansatz zur Ergebnissteuerung (**Earnings Approach**) fokussiert auf das gesamte Nettoergebnis einer Bank, bestehend aus dem Netto-Zinsergebnis (Zinsertrag abzüglich Zinsaufwand) sowie dem sonstigen Ergebnis (sonstige Erträge abzüglich sonstige Aufwände), beispielsweise dem Bewertungsergebnis für Zins tragende Finanzinstrumente. Zinsänderungen haben sowohl direkten Einfluss auf das Zinsergebnis (beispielsweise höhere Zinserträge aus aktivischen FRN bei steigenden Zinsen) als auch indirekten Einfluss auf das sonstige Ergebnis (beispielsweise ändert sich der Ergebnisbeitrag, falls bei fallenden Zinsen Kredite vorzeitig gekündigt werden). Folglich hat der Ansatz zur Ergebnissteuerung das Nettoergebnis einer Bank unter verschiedenen Zinsszenarien zu analysieren.[16] Der Zeitraum, für den die Veränderung des Netto-Zinsergebnisses zu bestimmen ist, wird nicht näher spezifiziert. Ein mehrperiodischer Ansatz erscheint sinnvoll, um die Auswirkung von Entscheidungen auf zukünftige Perioden abschätzen zu können.

Demgegenüber steht der Barwertansatz (**Economic Value Approach**). Der **Economic Value** eines Finanzinstruments ist unter Basel II definiert als der Barwert (**Present Value**) der Summe der erwarteten Netto-Zahlungsströme dieses Instruments, diskontiert anhand von Marktkurven.[17] Demzufolge kann die Zinssensitivität des gesamten Portfolios einer Bank durch die Barwertermittlung zu bestimmten Zinsszenarien ermittelt werden. Da der Barwertansatz die potenzielle Auswirkung einer Zinsänderung auf den Barwert **aller** zukünftigen Zahlungsströme betrachtet, liefert er im Vergleich zum Ansatz zur Ergebnissteuerung eine umfassendere Analyse der langfristigen, aus Zinsänderungen resultierenden Effekte.[18]

2.3.3 Standardisierter Zinsschock

Der standardisierte Zinsschock ist für verschiedene Währungen unterschiedlich definiert.[19] Für ein Exposure in Währungen der G-10-Staaten ergibt sich der standardisierte Zinsschock entweder

- aus einer Parallelverschiebung der Zinskurve um 200 BP nach oben und unten, oder
- anhand des 1 %- und 99 %-Quantils der beobachtbaren Zinsänderung über einen Zeitraum von einem Jahr (240 Handelstage) und einer Datenbasis von mindestens fünf Jahren.[20]

---

[16] Vgl. PMS, § 19.
[17] Vgl. PMS, § 20.
[18] Vgl. PMS, § 21.
[19] Vgl. PMS, § 81 i. V. m. § 2, Annex 3.
[20] Die rollierende Bestimmung der einjährigen Zinsänderung führt zu korrelierten Beobachtungen. Folglich wird in der Regel das Zinsänderungsrisiko unterschätzt – im Vergleich zu Zinsänderungen, die bzgl. täglicher Veränderungen bestimmt und auf eine Ein-Jahres-Veränderung skaliert werden.

Für ein Exposure in Währungen von Nicht-G-10-Staaten ist entweder
- ein paralleler Zinsschock festzulegen, der auf dem Quantilansatz beruht oder grundsätzlich konsistent ist mit diesem, oder
- der sich aus dem Quantilansatz ergebende Zinsschock festzulegen.

Zur Bestimmung des 1 %- und 99 %-Quantils der einjährigen Zinsänderungen anhand einer Datenbasis von fünf Jahren sind folglich die historischen Zinsniveaus der vergangenen sechs Jahre vorzuhalten. Das Baseler Komitee geht davon aus, dass diese Periode lang genug ist, um vergangene relevante Zinszyklen abzudecken.[21]

Ein explizites Verfahren zur Bestimmung des 1 %- und 99 %-Quantils wird nicht vorgegeben. Beispielsweise kann der Zinsschock aus den jeweiligen 1 %- und 99 %-Quantilen bestimmter Stützstellen ermittelt werden; also die zwölft-kleinste und die zwölft-größte Wertänderung (dies entspricht 1 % bzw. 99 % von 1200 Beobachtungen) des jeweiligen ein-, zwei-, fünf-, zehn- und 30-Jahres-Referenzzinses. Die entsprechende Zinskurve ergibt sich aus einer angemessenen Interpolation der jeweiligen Quantile pro Stützstelle. Alternativ kann ein Maß für die Veränderung der gesamten Zinskurve definiert werden, anhand dessen die jeweiligen Quantile ermittelt werden, um somit die entsprechende Zinskurve abzuleiten. Hierdurch können Drehungen der Zinskurve besser berücksichtigt werden.

Eine auf der parallelen Zinskurvenverschiebung um +/- 200 BP basierende Analyse hat den Nachteil, dass Risiken unberücksichtigt bleiben, die aus einer nicht parallelen Verschiebung resultieren, beispielsweise eine steiler werdende Zinskurve oder eine Drehung der Zinskurve. Jedoch weist das Baseler Komitee explizit darauf hin, dass entsprechende Szenarien zwingend in dem grundlegenden Management von Zinsänderungsrisiken im Handels- **und** Anlagebuch zu berücksichtigen sind. Insbesondere wird ausgeführt, dass parallele Verschiebungen unzureichend sein können, um alle Ursachen von Zinsänderungsrisiken aufzuzeigen. Ferner wird verlangt, Stresstests durchzuführen, die u. a. Veränderungen der Form und der Steigung der Zinskurve simulieren.[22] Die Aufsichtsbehörden werden von den Instituten erwarten, dass sie verschiedene Szenarien analysieren, die das Zinsänderungsrisiko (im Anlagebuch) angemessen hinsichtlich des Niveaus und der Art des eingegangenen Risikos beurteilen.[23] Nichts desto trotz geht das Baseler Komitee davon aus, dass eine einfache Parallelverschiebung ein adäquates Mittel darstellt, um **die Institutionen** zu **identifizieren**, die ein signifikantes Zinsrisiko im Anlagebuch besitzen.[24]

2.3.4 Aufsichtsrechtliche Beurteilung des internen Messsystems

Die Aufsichtsbehörden haben unter Berücksichtigung der Geschäftstätigkeit einer Bank zu beurteilen, ob das interne Messsystem, mit dem Banken das Zinsrisiko im Anlagebuch bewerten, angemessen ist hinsichtlich eines einwandfreien Risikomanagements und einer aufsichtsrechtlichen Bewertung der Eigenkapitalanforderung.

---

[21] Vgl. PMS, §§ 80 ff. i. V. m. § 4, Annex 3.
[22] Vgl. PMS, §§ 59 f.
[23] Vgl. PMS, § 83.
[24] Vgl. PMS, § 8, Annex 3.

Falls die Aufsichtsbehörden feststellen, dass das interne Messsystem die Zinsänderungsrisiken „nicht angemessen" beurteilt, wird von den betreffenden Banken verlangt, das interne Messsystem umgehend auf den geforderten Standard zu bringen. Zwischenzeitlich hat die betreffende Bank Informationen über das Zinsänderungsrisiko in einer Form bereitzustellen, die von der Aufsicht im Vorfeld spezifiziert worden ist. Anhand dieser Informationen ist die Aufsichtsbehörde in der Lage, eigene Analysen zur Ermittlung des Zinsänderungsrisikos – basierend auf einem einheitlichen Vorgehen im Zusammenhang mit einem standardisierten Zinsschock – durchzuführen.[25]

3. Vergleich mit geltenden Anforderungen für Hypothekenbanken

Eine Konkretisierung des § 25a KWG durch das Rundschreiben der BaFin vom 7. Dezember 2000 („Überwachung der von Hypothekenbanken eingegangenen Zinsänderungsrisiken") verpflichtet deutsche Hypothekenbanken, das Zinsänderungsrisiko aller aktivischen, passivischen und außerbilanziellen Instrumente zu überwachen. Auf Grund der Geschäftstätigkeit von Hypothekenbanken sind im Allgemeinen alle von Hypothekenbanken gehaltenen Instrumente dem Anlagebuch zuzuordnen, auch derivative Hilfsgeschäfte. Demzufolge besteht für Hypothekenbanken bereits vor Inkrafttreten von Basel II eine aufsichtsrechtliche Anforderung, Zinsänderungsrisiken im Anlagebuch zu ermitteln.

3.1 Bestimmung des Zinsänderungsrisikos

Die Ermittlung der Zinsänderungsrisiken muss seit der Veröffentlichung des oben genannten Rundschreibens anhand einer barwertorientierten Darstellung des Zinsänderungsrisikos erfolgen.[26] Das Zinsänderungsrisiko des gesamten Portfolios ist täglich durch eine parallele Verschiebung der Zinskurve um +/-1 bzw. +/-100 BP zu bewerten. Im Vergleich dazu definiert Basel II den standardisierten Zinsschock u. a. als eine parallele Verschiebung der Zinskurve um +/-200 BP. Darüber hinaus sind gemäß BaFin-Rundschreiben für vorgegebene Fristenbänder so genannte Key Rates zu ermitteln, die die Barwertänderung des Portfolios bei einer Verschiebung des Zinses für eine bestimmte Fristigkeit um +1 BP beschreibt. Hierdurch können Auswirkungen nicht-paralleler Verschiebungen der Zinskurve beurteilt werden. Entsprechende Kennzahlen sind unter Basel II nicht zu bestimmen; gleichwohl sind Barwertänderungen auf Grund nicht paralleler Zinskurvenentwicklungen grundsätzlich im Rahmen des Risikomanagements zu berücksichtigen.

Zur Bestimmung des Zinsänderungsrisikos können gemäß BaFin-Rundschreiben interne Messsysteme der Banken herangezogen werden. Die Grundanforderung an diese Systeme ist, dass das gesamte Portfolio anhand anerkannter und in der Praxis

---

[25] Vgl. PMS, §§ 78 und 80 i. V. m. Annex 4.
[26] Die zuvor zur Bestimmung des Zinsänderungsrisikos geforderte Grenzzinsmethode (vgl. das Schreiben des Bundesaufsichtsamtes für das Kreditwesen an die Spitzenverbände der Kreditinstitute vom 24. Februar 1983; I 1-31-2/77) wird zur Quantifizierung der Zinsänderungsrisiken durch eine fortschrittlichere Methode ersetzt.

gebräuchlicher Verfahren auf Basis geeigneter Zinskurven bewertet wird. Ferner sind die angewandten Methoden zu dokumentieren und der BaFin darzulegen. Diese Anforderungen decken sich im Wesentlichen mit den unter Basel II formulierten Bedingungen.

Das Zinsänderungsrisiko ist für jede Währung zu bestimmen, in der Hypothekenbanken ein Exposure besitzen. Eine Beschränkung auf Währungen mit einem Exposure von mindestens 5 % wie unter Basel II, existiert nicht, so dass die bereits geltenden Bestimmungen restriktiver sind als die aus Basel II resultierenden Anforderungen.

3.2 Vergleich der Eigenkapitalanforderungen

Die Unterlegung der Zinsänderungsrisiken basiert auf einem Ampelverfahren. Im Idealfall (grüne Phase) resultiert ein Zinsänderungsrisiko, das bei einer Verschiebung der Zinskurve um +/-100 BP kleiner ist als 10 % des haftenden Eigenkapitals, also der Summe aus Kern- und Ergänzungskapital.[27] Falls der Quotient aus Zinsänderungsrisiko und haftendem Eigenkapital zwischen 10 % und 20 % liegt (gelbe Phase), wird durch die Aufsichtsbehörde geprüft, ob die Risikotragfähigkeit des Instituts im Hinblick auf das zu erwartende Betriebsergebnis noch gegeben ist. Falls das Zinsänderungsrisiko 20 % des haftenden Eigenkapitals übersteigt (rote Phase), erfolgt eine Überprüfung des geschäftlichen Verhaltens durch die BaFin hinsichtlich der Grundsätze einer ordnungsgemäßen Geschäftsführung.

Sowohl den Unterlegungspflichten nach Basel II als auch den bereits geltenden aufsichtsrechtlichen Anforderungen des Rundschreibens liegt die gleiche Eigenkapitaldefinition zu Grunde; haftendes Eigenkapital ist die Summe aus Kern- und Ergänzungskapital. Hingegen basiert die Ermittlung des Zinsänderungsrisikos auf unterschiedlichen Zinsszenarien (Basel II definiert den standardisierten Zinsschock anhand von zwei Alternativen). Unter der Prämisse, dass das Zinsänderungsrisiko unter Basel II wie oben beschrieben anhand einer Parallelverschiebung um +/-200 BP ermittelt wird, ist ein Vergleich der jeweiligen Barwertänderungen nur approximativ möglich. Die Barwertänderung einer Verschiebung um +200 BP ist nur für bestimmte Instrumente annähernd doppelt so groß wie für eine Verschiebung um +100 BP. Dies sind Instrumente, deren Wertentwicklung linear hinsichtlich der Zinsentwicklung verläuft. Ansonsten resultieren zusätzliche Gamma- bzw. Konvexitätseffekte, z. B. bei Optionen.

Unter der Annahme, dass die so genannten Gamma-Effekte zu vernachlässigen sind, entspricht die Mindestanforderung aus Basel II (ein Quotient aus Zinsänderungsrisiko und Eigenkapital von höchstens 20 % bei einem Zinsschock von +/-200 BP) der grünen Phase im Sinne des Rundschreibens (ein Quotient bzgl. des haftenden Eigenkapitals von höchstens 10 % bei einem Zinsschock von +/-100 BP). Eine weitere Alarmstufe analog der – wie im Rundschreiben dargestellten – gelben Phase ist unter Basel II nicht vorgesehen.

---

[27] Vgl. § 10 Abs. 2 KWG.

II. Die Steuerung der Eigenmittel unter Basel II
Michael Cluse, Jörg Engels

Inhalt:
		Seite
1	Die Ausgangssituation	403
2	Veränderung der Rahmenbedingungen durch Basel II	404
3	Ratinghorizont	405
4	Weitere Ursachen für Eigenmittelschwankungen	411
5	Handlungsbedarf	412

1. Die Ausgangssituation

Die Reform der Eigenmittelunterlegung, die im Juni 2004 vom Baseler Ausschuss für Bankenaufsicht verabschiedet wurde, hat weit reichende Folgen für den Eigenkapitalbedarf der Institute.

Wenngleich sich die Diskussion seit der Veröffentlichung der Reformpläne vor allem auf die absolute Höhe der Eigenmittelunterlegung konzentriert, darf nicht übersehen werden, dass auch die Planung und Steuerung des Kapitalbedarfs massiv beeinflusst werden. Während sich das zu unterlegende Eigenkapital bislang an nur wenigen und weitgehend auch planbaren Größen orientiert, sind zukünftig verschiedene Einflussfaktoren zu berücksichtigen, die teilweise außerhalb des steuerbaren Bereichs einer Bank liegen.

Im geltenden Grundsatz I ergibt sich der Kapitalbedarf für Forderungen des Anlagebuchs weitestgehend nur aus der Eigenschaft des Schuldners (Staaten, Banken, Grundpfandrechte und sonstige).

Die Ermittlung des relevanten Anrechnungsfaktors ist in der Regel unproblematisch und bleibt im Zeitablauf konstant. Veränderungen des Kapitalbedarfs resultieren im Wesentlichen aus Veränderungen der Geschäftsstruktur, die verschiedene Ursachen haben können:

- **Veränderungen durch Tilgungen und Fälligkeiten**
  Aufgrund des Tilgungsplans stehen die Veränderungen fest (Ausnahme Sondertilgungen). In jedem Fall führen Tilgungen zu einer Minderung des Eigenmittelbedarfs.
- **Veränderungen durch Vergabe von neuen Darlehen**
  Das Neugeschäftsvolumen einer Bank wird geplant und laufend überwacht. Durch entsprechende Vertriebsmaßnahmen kann das Neugeschäft beeinflusst werden, weshalb es möglich ist, das Kreditvolumen am verfügbaren Eigenkapital auszurichten.
- **Umschichtungen durch Zu- und Verkauf von Forderungen**
  Durch Portfolioumschichtungen ist es kurzfristig möglich, den Kapitalbedarf zu beeinflussen. Typischerweise sind allerdings gerade die Forderungen mit hohen

Anrechnungsfaktoren (Buchkredite an Unternehmen und Privatpersonen) nicht direkt handelbar, so dass nur eingeschränkte Möglichkeiten zur Schaffung freien Eigenkapitals bestehen. Die zunehmende Verbriefung von Forderungen, z. B. in Form von ABS-Transaktionen, resultiert direkt aus dieser eingeschränkten Handelbarkeit.

In der derzeitigen Form ist die Kapitalunterlegung somit wenig risikoorientiert. Zu einem großen Teil ist sie aber plan- und steuerbar. Nachteilig aus aufsichtsrechtlicher Sicht ist der Anreiz zur Eigenmittelarbitrage, das heißt der Verkauf von Forderungen hoher Bonität, um die für diese Forderungen unangemessen hohe Eigenkapitalunterlegung zu umgehen. Dieses ist einer der wesentlichen Gründe für die derzeitige Überarbeitung der Eigenmittelrichtlinien.

2. Veränderung der Rahmenbedingungen durch Basel II

Durch die stärkere Anlehnung der Eigenmittelunterlegung an das tatsächliche Risiko vermindert sich zwar der Anreiz zur Eigenmittelarbitrage, jedoch wird die an internen oder externen Ratings ausgerichtete zukünftige Kapitalunterlegung dazu führen, dass die Planung und Steuerung der Kapitalunterlegung wesentlich komplexer sein wird, insbesondere bei Anwendung des auf internen Ratings basierenden Ansatzes (IRB-Ansatz). Dies resultiert zwangsläufig aus der differenzierteren Ermittlung der notwendigen Eigenmittelunterlegung:

– **Schwankungen des Anrechnungsfaktors durch Ratingveränderungen**
  Unabhängig von der Wahl des Ansatzes (Standardansatz oder IRB-Ansatz) werden die Anrechnungsfaktoren zukünftig von der Einschätzung des Kreditrisikos abhängen. Selbst bei einem gleich bleibenden Portfolio wird es bei Up- oder Downgrades zu einer veränderten Kapitalunterlegung kommen.

– **Schwankungen des Anrechnungsfaktors durch Anpassungen der Ausfallwahrscheinlichkeit**
  Im IRB-Ansatz richtet sich die Berechnung des Anrechnungsfaktors vor allem nach der (historischen) Ausfallwahrscheinlichkeit einer bestimmten Ratingklasse. Sofern das Backtesting ergibt, dass die zuvor genutzten Ausfallwahrscheinlichkeiten das Risiko nicht mehr adäquat widerspiegeln, wird es erforderlich sein, diese Werte anzupassen. Damit ändert sich – ggf. nach einer Übergangsperiode – auch die Eigenmittelunterlegung des gesamten Portfolios. Je nach Art der Anpassung und der Portfoliostruktur kann es zu einer Verminderung oder Erhöhung des Eigenkapitalbedarfs kommen.

– **Schwankungen bei der Einschätzung des *LGD* in den verschiedenen Ansätzen**
  Die Besicherungsquoten können im Laufe der Zeit schwanken, wenn sich die hinterlegten Sicherheiten im Wert verändern (dies könnte etwa bei Aktien der Fall sein).

– **Schwankungen des Anrechnungsfaktors durch Segmentverschiebungen**
  Die Anrechnungsfaktoren für private Immobilienfinanzierungen, sonstige Retailkredite, Unternehmensfinanzierungen oder Spezialfinanzierungen sind in den IRB-Ansätzen unterschiedlich. Folglich kommt es zu Abweichungen in der

Kapitalunterlegung, wenn die tatsächliche Struktur des Neugeschäfts von der Planung abweicht, oder wenn bestehende Kredite einem anderen Segment zugeordnet werden.

- **Schwankungen des Anrechnungsfaktors durch Veränderungen der Restlaufzeit**
  Bei Anwendung des fortgeschrittenen IRB-Ansatzes kann die Restlaufzeit einer Forderung evtl. die Höhe des Anrechnungsfaktors beeinflussen. Während die Verkürzung der Restlaufzeit nur zu einer Verminderung der Eigenmittelunterlegung führen wird, können Plan-/Ist-Abweichungen in der Laufzeitstruktur des Neugeschäfts auch zu einer erhöhten Eigenmittelunterlegung führen.[1]
- **Reduzierung des regulatorischen Eigenkapitals**
  Bei Verwendung eines IRB-Ansatzes muss ein ständiger Abgleich zwischen den erwarteten Verlusten und den gebildeten Wertberichtigungen vorgenommen werden. Falls die erwarteten Verluste[2] die gebildeten Wertberichtigungen überschreiten (der Baseler Ausschuss bezeichnet dies als Capital-Shortfall), so muss dieser Differenzbetrag vom haftenden Eigenkapital abgezogen werden. Im Falle eines ungewöhnlich hohen Forderungsausfalls kann es zu starken Abzügen kommen.

Aus diesen Gründen ist ersichtlich, dass gerade die Eigenkapitalbedarfsplanung von Banken, welche einen IRB-Ansatz nutzen wollen, völlig neu gestaltet werden muss.

Die drei erstgenannten Aspekte können zu einer grundlegenden Veränderung des erforderlichen regulatorischen Eigenkapitals führen, auch wenn das Portfolio selbst unverändert bleibt. Dies muss zwingend bei der Allokation des verfügbaren Kapitals berücksichtigt werden, um sicherzustellen, dass das **regulatorische Mindesteigenkapital** zu jedem Zeitpunkt vorgehalten werden kann. Darüber hinaus sind neue Wege zu suchen, um das Portfolio schneller und gezielter hinsichtlich der Kapitalunterlegung beeinflussen bzw. optimieren zu können.

Durch den Abzug eines etwaigen Capital-Shortfalls vom Eigenkapital verändert sich zudem die Referenzgröße für die Berechnung der Eigenkapitalquoten. Das abgezogene Kapital kann auch nicht mehr zur Deckung eines anderen Risikos benutzt werden. Dadurch sinkt die Eigenkapitalquote in diesem Fall schneller als nur durch die geänderte Unterlegungspflicht.

3. Ratinghorizont

Grundsätzlich gibt es zwei Möglichkeiten, die Bonität eines Kontrahenten zu beschreiben: Das Rating kann sich entweder auf die **aktuelle Kreditwürdigkeit** beziehen *(Point-in-Time)* oder aber auf die langfristige Fähigkeit, **ungünstige Konjunkturzyklen zu überstehen** *(Through-the-Cycle).*[3]

---

[1] Voraussichtlich wird die deutsche Aufsicht beschließen, dass die Laufzeit keine Einflussgröße sein wird.
[2] Die Berechnung wird in Kapitel C. III. „Die IRB-Ansätze" erläutert.
[3] Vgl. Kapitel B. I. „Externe Ratingverfahren".

Typischerweise werden die bankinternen Ratings auf Basis der aktuellen Unternehmenslage durchgeführt und berücksichtigen vielleicht sogar die erwarteten Veränderungen der Branchenkonjunktur. Demgegenüber nehmen die großen Ratingagenturen für sich in Anspruch, mit ihrem Rating die langfristige „Widerstandsfähigkeit" eines Unternehmens zu messen. Somit können die bankinternen Ratings besser als Frühwarnindikator gelten, während die externen Ratings im Zeitablauf vermutlich geringeren Schwankungen unterliegen.

Hier liegt hinsichtlich des vorgeschriebenen Kapitalbedarfs eine wesentliche Herausforderung: Es ist Ziel des Baseler Entwurfs, das aktuelle Portfoliorisiko stärker zu berücksichtigen. Jedoch können und werden Ratingveränderungen dadurch zu einer starken Volatilität der Eigenmittelanforderungen führen. Gerade in Zeiten konjunkturellen Abschwungs können sich hier Probleme ergeben, da in diesem Fall mit einem höheren Forderungsausfall zu rechnen ist. Durch eine höhere Kapitalunterlegung ist eine Kreditverknappung oder eine Verteuerung der Kredite zu erwarten, was wiederum den konjunkturellen Abschwung verschärfen würde. Aus diesem Grund wird von mehreren Seiten die Befürchtung geäußert, Basel II wirke **prozyklisch**.

Bei einem Point-in-Time-Rating ist zu berücksichtigen, dass in einer Phase des wirtschaftlichen Abschwungs vermutlich viele Kreditnehmer gleichzeitig einem *Downgrade* unterliegen. Dadurch kann sich die Kapitalunterlegung eines Kreditportfolios in kurzer Zeit drastisch erhöhen. Das folgende Beispiel soll dies verdeutlichen:

Auswirkungen von Ratingmigrationen

Als Ratingmigrationen bezeichnet man Veränderungen der Kreditnehmerbonität von einer Ratingstufe zu einer anderen. Ratingmigrationen führen unter Basel II in der Regel zu veränderten Risikogewichten, da diese mit den Ausfallwahrscheinlichkeiten der jeweiligen Ratingstufe verknüpft sind. Die Volatilität der Eigenkapitalanforderungen soll hier an einem Beispiel veranschaulicht werden.

Klasse	1	2	3	4	5	6	7	8	Default	EL
PD in %	0,10	0,25	0,50	0,75	1,25	2,00	5,00	10,00	100	
TEUR	900	6.800	14.000	10.800	9.000	4.500	2.200	1.300	500	500

Tabelle 1: Portfolio vor Downgrade

Gegeben sei das in Tabelle 1 beschriebene Portfolio mit 5.000 (unbesicherten)[4] Unternehmensfinanzierungen à 10.000 TEUR. Es wird unterstellt, dass der Großteil der Kreditnehmer ein durchschnittliches Rating (Ratingklassen 3 bis 5) erhalten hat. Forderungen in Höhe von 500 TEUR sind bereits ausgefallen *(Default)*. Es ergibt sich ein erwarteter Verlust in Höhe von 500 TEUR (in der Tabelle Spalte *EL*). Es

---

[4] Aus Vereinfachungsgründen wird angenommen, dass keine die LGD beeinflussenden Sicherheiten vorhanden sind. Es wird daher mit dem standardisierten Wert von 45 % gerechnet.

wurden in der Vergangenheit Pauschal- und Einzelwertberichtigungen in Höhe von 740 TEUR gebildet.

Gemäß dem neuen Baseler Akkord ergibt sich unter Anwendung des fortgeschrittenen IRB-Ansatzes eine Mindesteigenkapitalunterlegung von 3.713 TEUR. Bei einem angenommenen regulatorischen Eigenkapital von 4.000 TEUR errechnet sich nach dem neuem Regelwerk ein Eigenkapitalkoeffizient von 8,62 %.

Nun wird unterstellt, dass aufgrund von konjunkturellen Entwicklungen 10 % der Kreditnehmer jeder Ratingklasse jeweils eine Klasse niedriger eingestuft werden. Diese Annahme schließt ein, dass 10 % der Kreditnehmer aus der schlechtesten Klasse ausfallen *(Default)*. Weiterhin werden auch Szenarien durchgespielt, bei denen ein Teil der Kredite aus jeder Ratingklasse ausfällt.

Im ersten betrachteten Szenario ergeben sich Ausfälle lediglich aus der Migration von Klasse 8 in die Default–Klasse. Aus den anderen Klassen ist noch kein Kredit ausgefallen. In diesem Fall errechnet sich ein erwarteter Verlust von 572 TEUR. Die Eigenkapitalanforderung steigt auf 3.723 TEUR, wodurch die Eigenkapitalquote auf 8,46 % sinkt. Durch die Verschiebung hin zu schlechteren Klassen und den Kreditausfällen, die sich mit 100 % niederschlagen ergibt sich ein neuer erwarteter Verlust von 572 TEUR.

Klasse	1	2	3	4	5	6	7	8	Default	EL
PD in %	0,10	0,25	0,50	0,75	1,25	2,00	5,00	10,00	100	
TEUR	810	6.210	13.280	11.120	9.180	4.950	2.430	1.390	630	572

Tabelle 2: Portfolio nach Ratingmigration

In den nun folgenden Szenarien wird davon ausgegangen, dass zusätzlich zu den Ausfällen durch die Migration aus Klasse 8 in jeder Klasse ein Teil der Kredite ausfällt. Zunächst soll davon ausgegangen werden, dass die entsprechend der Ausfallwahrscheinlichkeit zu erwartenden Ausfälle zu 30 % eingetreten sind. Dies könnte bei einer Berechnung im Laufe des Jahres der Fall sein. Die Eigenkapitalanforderung beträgt nur noch 3.759 TEUR. Die Eigenkapitalquote steigt auf 8,51 % und ist damit höher als im Szenario zuvor. Dies resultiert daraus, dass die Summe der ausgefallenen Kredite höher geworden ist. Ausgefallene Kredite müssen nicht mehr mit Eigenkapital unterlegt werden. Der Baseler Ausschuss geht davon aus, dass die Banken bereits im Rahmen der Bildung der Risikovorsorge Kreditausfälle ausreichend berücksichtigen. Die Kapitalunterlegungspflicht erstreckt sich nur auf unerwartete Verluste. Nach einem Ausfall geht entsprechend den Vorschriften des Baseler Ausschusses keine Gefahr eines unerwarteten Verlustes mehr aus, weshalb der Kredit nicht mehr unterlegt werden muss.

Klasse	1	2	3	4	5	6	7	8	Default	EL
PD in %	0,10	0,25	0,50	0,75	1,25	2,00	5,00	10,00	100	
TEUR	810	6.205	13.259	11.096	9.146	4.923	2.397	1.351	813	651

Tabelle 3: Portfolio nach Downgrade und 30 % ausgefallenen Krediten

Ein ähnliches Bild ergibt sich, wenn 50 % des erwarteten Kreditausfalls eingetreten sind. Die Eigenkapitalanforderung sinkt zunächst weiter auf 3.745 TEUR, was sich wiederum in einer höheren Eigenkapitalquote von 8,55 % bemerkbar macht. Der erwartete Verlust ist durch die Verschiebungen zu den schlechteren Ratingklassen und den Ausfällen bereits auf 704 TEUR gestiegen.

Klasse	1	2	3	4	5	6	7	8	Default	EL
PD in %	0,10	0,25	0,50	0,75	1,25	2,00	5,00	10,00	100	
TEUR	810	6.202	13.245	11.080	9.124	4.905	2.375	1.325	936	704

Tabelle 4: Portfolio nach Downgrade und 50 % ausgefallenen Krediten

Bei 80 % ausgefallenen Krediten ergibt sich aber ein anderes Bild. Zwar sinkt die notwendige Unterlegung auf 3.723 TEUR. Der erwartete Verlust ist aber auf 784 TEUR gestiegen, und übersteigt damit die gebildeten Wertberichtigungen um 44 TEUR, es tritt also ein oben erklärter Capital-Shortfall ein. Gemäß dem neuen Eigenkapitalabkommen muss in diesem Fall dieser Shortfall vom haftenden Eigenkapital abgezogen werden. Der Kapitalkoeffizient sinkt dadurch auf nur noch 8,50 %. Auf diese Weise verschlechtert sich die Eigenkapitalquote stärker, da sich die Kapitalbasis verschlechtert.

Klasse	1	2	3	4	5	6	7	8	Default	EL
PD in %	0,10	0,25	0,50	0,75	1,25	2,00	5,00	10,00	100	
TEUR	809	6.196	13.224	11.055	9.090	4.878	2.342	1.286	1.119	784

Tabelle 5: Portfolio nach Downgrade und 80 % ausgefallenen Krediten

Im letzten betrachteten Szenario wird davon ausgegangen, dass 125 % des ursprünglich durchschnittlich erwarteten Volumens ausfallen (dieses ist z. B. in einer Phase wirtschaftlichen Abschwungs möglich). In diesem Falle sinkt der nominelle Kapitalbedarf zwar auf 3.691 TEUR. Durch die notwendigen Abzüge vom Eigenkapital in Höhe von 163 TEUR verschlechtert sich die Quote allerdings auf 8,32 %.

Klasse	1	2	3	4	5	6	7	8	Default	EL
PD in %	0,10	0,25	0,50	0,75	1,25	2,00	5,00	10,00	100	
TEUR	809	6.189	13.193	11.019	9.039	4.838	2.293	1.228	1.394	903

Tabelle 6: Portfolio nach Downgrade und 125 % ausgefallenen Krediten

Grafik 1 zeigt die Entwicklung der EK-Quote in Abhängigkeit von der durchschnittlichen Ratingmigration und den ausgefallenen Krediten. Sehr auffällig ist dabei der Knick, der eintritt, wenn die erwarteten Verluste die gebildeten Wertberichtigungen überschreiten. In diesem Fall muss der die Wertberichtigung überschreitende Betrag vom haftenden Eigenkapital abgezogen werden, wodurch die Eigenkapitalquote schneller sinkt. In den betrachteten Szenarien tritt dies an unterschiedlichen Punkten auf, da der erwartete Verlust in jedem Szenario bei einer anderen durchschnittlichen Ratingmigration die Wertberichtigungen überschreitet. Es wird

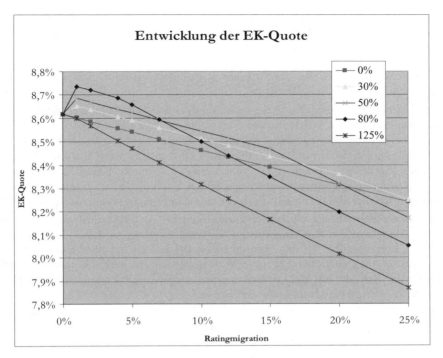

Grafik 1: Eigenkapitalquote und Ratingmigration

deutlich wie sich die ausgefallenen Kredite auf die Eigenkapitalquote niederschlagen. Bei dem Szenario ohne zusätzliche Kreditausfälle tritt kein Capital-Shortfall auf, selbst nicht bei einer Ratingmigration von 25 %. Bei dem Szenario, bei dem von einem Kreditausfall in Höhe von 125 % des ursprünglich erwarteten Volumens ausgegangen wurde, tritt der Capital-Shortfall schon bei einer Ratingmigration von 1 % auf. Der steilere Verlauf des Graphen zeigt die Auswirkung des Abzugs vom Eigenkapital.

Hieraus ergibt sich ein besonderes Problem, da ausgefallene Kredite, falls die Wertberichtigungen überschritten werden, bereits zum Zeitpunkt ihres Ausfalls für die Berechnung der Eigenmittelausstattung vom haftenden Eigenkapital abgezogen werden, während unterjährig angefallene Gewinne erst mit Feststellung des Bilanzgewinns im Rahmen des Jahresabschlusses geltend gemacht werden können. Dies führt im Laufe des Jahres zu einem verzerrten Bild der Eigenkapitalausstattung, da diese durch den Abzug der ausgefallenen Kredite (falls die Wertberichtigungen überschritten werden) stetig sinken würde, während das haftende Eigenkapital nicht mit schon angefallenen Gewinnen gestärkt werden kann.

Im KWG ist in § 10 Abs. 3 grundsätzlich die Möglichkeit enthalten, unterjährig angefallene Gewinne in die Eigenmittelbetrachtung einzubeziehen. Dies ist aber nur über einen Zwischenabschluss möglich, der den Anforderungen des Jahresabschlusses genügen und von einem Abschlussprüfer geprüft werden muss. Darüber hinaus verlangt § 10 Abs. 3 Satz 3, dass eine Bank, die einmal zu diesem Mittel greift, in den nächsten vier Jahren ebenfalls einen Zwischenabschluss zu erstellen hat. Dies macht das Verfahren sehr aufwändig und daher wenig praktikabel. In wie fern dieses Thema im weiteren Verlauf von der Aufsicht noch behandelt wird, und ob sich daraus Änderungen ergeben, ist noch offen.

Im jedem Fall ist aber deutlich geworden, dass den Schwankungen des Eigenkapitals entgegengewirkt werden muss. So sollten im Falle des ersten Auftretens von Kreditausfällen andere (ebenfalls gefährdete) Engagements überdacht werden, ob eine Verlängerung Sinn macht oder überhaupt eingegangen werden sollte. Weiterhin ist dieser Punkt bei der Berechnung der Risikovorsorge zu beachten. Zu niedrige Wertberichtigungen können zu einer schlechten Kapitalisierung führen, da die ausgefallenen Kredite sich dann auf die Eigenmittelunterlegung niederschlagen.

Bei dieser Betrachtung sei auf Folgendes hingewiesen: 1998 wurden von Moody's 18,7 % aller zuvor mit Aaa eingestuften Unternehmen bzw. Anleihen um eine Stufe nach Aa herabgestuft.[5] In den Ratingklassen Aa bis Ba lag die Häufigkeit eines Downgrades um eine Stufe im Jahre 1998 zwischen 9,4 % und 7,6 %, wobei die Mittelwerte der Periode von 1980 – 1998 meist niedriger lagen. Upgrades waren nur in wesentlich geringerem Umfang zu verzeichnen.

Diese Zahlen belegen, dass ein Downgrade von 10 % der Kreditnehmer durchaus realistisch ist, selbst bei Ratings, die *Through-the-Cycle* durchgeführt werden. Umso wahrscheinlicher erscheint es, dass bei Point-in-Time-Ratings in Abschwungphasen ein nennenswerter Teil des Portfolios herabgestuft werden muss.

Dabei können die genannten Zahlen keinesfalls als allgemeingültig angesehen werden. Vielmehr sind die tatsächliche Zusammensetzung des Kreditportfolios sowie die Struktur der internen Ratingskala maßgeblich. Ursache hierfür ist die zunehmende Risikogewichtung für die schlechteren Ratingklassen. Dem könnte zwar durch eine engere Staffelung der Ratingskala, d. h. durch zusätzliche Ratingklassen, entgegengewirkt werden. Jedoch muss davon ausgegangen werden, dass in diesem Fall die Kriterien für einen Downgrade schneller erfüllt werden, weil die Unterschiede zwischen den Klassen geringer ausfallen. Der Kapitalbedarf steigt unter Umständen weniger schnell an, die Wahrscheinlichkeit von Migrationen und damit auch die Volatilität des Eigenmittelbedarfs nehmen allerdings deutlich zu.

Verstärkt im Retailsegment tätige Banken sind von diesem Problem tendenziell weniger betroffen, weil die Zuordnung eines Kreditnehmers zu einem Portfolio über die gesamte Kreditlaufzeit konstant bleiben kann, sofern es nicht zu einem *Default* kommt. Falls jedoch die *PD* eines Portfolios angepasst werden muss, tritt der Effekt nach nur kurzer Vorlaufzeit auf.

Hierbei ist zu beachten, dass letztlich nicht die Anzahl der herabgestuften Kreditnehmer maßgeblich ist, sondern das zugehörige Kreditvolumen. Wenn es erforderlich werden sollte, insbesondere bei großvolumigen Finanzierungen Downgrades

---

[5] Vgl. Moody's Investors Service (1999), Historical Default Rates of Corporate Bond Issuers, 1920 – 1998.

vorzunehmen, können bereits wenige Neuratings zu den beschriebenen Effekten führen.

Sollte allerdings eine Bank in größerem Stil auf Downgrades „verzichten", um eine höhere Kapitalunterlegung zu umgehen, werden sich beim Backtesting des internen Ratings auf längere Sicht höhere Ausfallwahrscheinlichkeiten je Klasse ergeben. Diese führen dann für alle Kreditnehmer zu höheren Gewichtungsfaktoren. Von dieser „Lösung" muss somit dringend abgeraten werden. Außerdem besteht die Gefahr, dass Wertberichtigungen systematisch zu niedrig angesetzt werden. Der daraus resultierende höhere Shortfall wird zu höheren Abzügen vom Eigenkapital führen.

Sicherheiten – die hier aus Vereinfachungsgründen unberücksichtigt blieben – führen ggf. zu niedrigeren Risikogewichten. Allerdings unterliegt der Wert der Sicherheiten auch möglichen Schwankungen, die ebenfalls direkte Auswirkungen auf die Höhe und Volatilität der Eigenmittelanforderungen haben können.

4. Weitere Ursachen für Eigenmittelschwankungen

Weitere Schwankungen des Eigenmittelbedarfs ergeben sich aus den Risiken, die im Baseler Abkommen im Rahmen der Säule II behandelt werden. Explizit genannt werden dabei u. a. das **Zinsänderungsrisiko im Anlagebuch** sowie das **Kreditrisiko auf Portfolioebene im Anlagebuch**. Dabei sind keine expliziten Kapitalunterlegungspflichten vorgegeben, sondern die Banken sind angehalten, interne Risikoüberwachungssysteme zu implementieren und von den dadurch ermittelten Risikopositionen eine angemessene Eigenkapitalausstattung zu ermitteln. Die Aufsichtsinstanzen sollen beurteilen ob die internen Risikoberechnungen ausreichend sind und ob sie auch ausreichend zur Begrenzung der Risiken benutzt werden.

Die Aufsicht wird Mindestanforderungen an das Risikomanagement (MaRisk) festlegen, um den Banken Planungssicherheit zu geben. Kommt nun die Aufsicht zu der Ansicht, eine Bank hätte die Anforderungen nicht vollständig erfüllt und nur ungenügend Eigenkapital hinterlegt, wird sie entsprechende Maßnahmen ergreifen. Dies könnte z. B. die Anordnung einer höheren Eigenmittelausstattung sein, also vielleicht 10 % statt 8 %, um die Risiken entsprechend zu berücksichtigen. Es können sich also erhebliche Mehranforderungen ergeben.

Eine weitere Unsicherheit resultiert aus der Verpflichtung, die internen Verfahren und die Kapitalhinterlegung regelmäßigen Überprüfungen und Stresstests zu unterziehen. Zeigt sich bei diesen Tests, dass die Rechenparameter falsch oder zu optimistisch geschätzt wurden, so sind die Verfahren neu zu kalibrieren und das Eigenkapital gegebenenfalls zu erhöhen. Auch aus diesem Punkt ergibt sich ein Potenzial zur Schwankung des Eigenkapitals, was die Planbarkeit zusätzlich erschwert. Es empfiehlt sich deswegen, einen Kapitalpuffer einzuplanen um unvorhergesehene Schwankungen leichter zu kompensieren.

5. Handlungsbedarf

Kreditinstitute, die einen IRB-Ansatz wählen, sind verpflichtet, ihre Eigenkapitalbedarfsplanung und -allokation mittels unterstützenden **Simulationsrechnungen** durchzuführen, da verschiedene Einflussfaktoren zu berücksichtigen sind.[6] Bei diesen Simulationen sollte es sich zumindest um ein vereinfachtes Kreditrisikomodell handeln, das an Stelle eines **Credit Value-at-Risk** auf die erforderliche Kapitalunterlegung eines Portfolios abstellt. Bei bereits bestehenden Risikomodellen sollte die Berechnung des regulatorischen Eigenkapitals als Zusatzfunktion ergänzt werden, da regulatorischer und ökonomischer Kapitalbedarf auch unter Basel II von einander abweichen werden.

Grundsätzlich sollte auch der Ratinghorizont in Frage gestellt werden. Während kurzfristige Ratings klare Vorteile im Bereich der Frühwarnfunktionen aufweisen, sind bei Through-the-Cycle-Ratings im Zeitablauf stabilere Einstufungen zu erwarten.

Eine Lösung im Rahmen der Eigenmittelplanung könnte beispielsweise darin bestehen, dass die internen Ratings auf Basis einer **Worst-Case-Konjunktur** erstellt werden. Upgrades bzw. Downgrades würden nur noch dann erforderlich werden, wenn ein Kreditnehmer stärker oder schwächer als erwartet auf konjunkturelle Einflüsse reagiert. Parallel dazu sollte ein kurzfristiges Rating als Frühwarnindikator erstellt werden.

Der Baseler Entwurf sieht allerdings zwingend vor, dass für die regulatorische Eigenmittelunterlegung nur solche interne Ratings genutzt werden dürfen, die auch für die Zwecke der Risikosteuerung ergänzend eingesetzt werden. Insofern muss sichergestellt werden, dass diese kurzfristigen Ratings lediglich ergänzende Funktion haben, wohingegen das eigentliche Risikomanagement auf den langfristigen Ratings basieren muss. Die aufsichtsrechtliche Ausfallwahrscheinlichkeit ist in jedem Fall für einen Zeitraum von einem Jahr zu bestimmen.

Viele Bankorganisationen sind dazu übergegangen, Branchenaussichten im Rating nicht mehr explizit zu berücksichtigen. Dadurch sind die Ratings für kurzfristige Schwankungen weniger anfällig. Eine verbesserte (verschlechterte) Lage des Unternehmens spiegelt sich letztlich auch in der Bilanz wider. Im Übrigen gibt es in jeder Branche gute und schlechte Risiken.

Die Ausrichtung der Ratings an einer Worst-Case-Konjunktur würde sicherlich dazu führen, dass eine größere Anzahl von Kreditnehmern in schlechtere Klassen einzustufen wäre. Hiermit wäre zunächst ein höheres Risikogewicht für die betroffenen Kreditnehmer verbunden. Da die Anzahl der tatsächlichen Ausfälle von der schlechteren Einstufung unberührt bleibt, ergeben sich somit für die unteren Ratingklassen niedrigere Risikogewichte, was die Auswirkungen der schlechteren Einstufung teilweise kompensieren kann.

Praktikabel kann dieser Weg jedoch nur dann sein, wenn er zu marktkonformen Risikogewichten und Ausfallwahrscheinlichkeiten führt. Andernfalls besteht die Gefahr, dass Kredite an Kunden mit unterdurchschnittlicher Bonität zu billig ange-

---

[6] Vgl. Basel II, §§ 434-437.

boten werden, und damit die Risikokosten nicht decken, während die Konditionen für gute Adressen zu teuer ausfallen. Dies hätte zur Folge, dass vermehrt schlechte Kunden die Bank aufsuchen würden, um von den für sie günstigen Konditionen zu profitieren. Dieser Effekt wird als **adverse Selektion** bezeichnet. In der Folge ist mit einer permanent verschlechternden Portfoliostruktur zu rechnen.

In jedem Fall sollten ergänzend auch Möglichkeiten geschaffen werden, die eine kurzfristige Anpassung des Kreditportfolios ermöglichen, denn die klassische Buy-and-Hold-Strategie kann dazu führen, dass das Eigenkapital unter bestimmten Umweltbedingungen nicht den Mindestanforderungen genügt. Die Verbände und Zentralbanken sind daher gefordert, die Möglichkeiten zum Handel von klassischen Buchkrediten weiter auszubauen.

Zusätzlich sollten von Seiten der Bankenaufsicht Fristen zur Behebung einer aus Bonitätsveränderungen resultierenden Eigenmittelunterdeckung vorgesehen werden. Andernfalls kann nicht ausgeschlossen werden, dass regional die Kreditversorgung massiv beeinträchtigt wird, wenn es bei einzelnen Kreditinstituten aufgrund von Downgrades zu Engpässen in der Kapitalausstattung kommt.

In dem Fall erscheint es ratsam, vor einer Entscheidung für den IRB-Ansatz sicherzustellen, dass die Auswirkungen auf den Eigenkapitalbedarf abgeschätzt bzw. simuliert werden können. Der Einsatz eines Kreditrisikomodells ist daher dringend zu empfehlen.

Ferner ist es auch erforderlich, die einzelnen Risikoarten nicht nur isoliert zu betrachten, denn die Eigenmittelanforderungen gelten für Kredit-, Marktpreis- und operationelle Risiken gemeinsam. Somit müssen auch Wechselwirkungen zwischen den Risikoarten und Kapitalanforderungen berücksichtigt werden. Kapital, das beispielsweise für eine erhöhte Unterlegung von operationellen Risiken benötigt wird, steht für die Unterlegung der Kreditrisiken nicht mehr zur Verfügung. Insofern muss die Kapitalbedarfsplanung letztlich den Gesamtrisikostatus eines Instituts zur Grundlage haben.

III. Veränderungen bei der Unterlegung von Marktpreisrisiken

Sabine Appel

Inhalt:

		Seite
1	Einleitung	415
2	Kurzübersicht Grundsatz I	416
2.1	Allgemeiner Aufbau	416
2.2	Standardverfahren für Handelsbuch-Risikopositionen	417
3	Kapitalanforderungen an Handelsbuchpositionen	420
3.1	Adressenausfallrisiken im Handelsbuch	420
3.2	Besondere Kursrisiken	421
3.3	Fazit	423
4	Qualitative Anforderungen	423
4.1	Präzisierte Definition des Handelsbuches und der Finanzinstrumente	423
4.1.1	Mindestanforderungen an Positionen des Handelsbuches	424
4.2	Leitlinien zur vorsichtigen Bewertung	425
4.2.1	Systeme und Kontrollen	425
4.2.2	Marking-to-Market und Marking-to-Model	426
4.2.3	Bewertungsanpassungen oder Reserven	428

1. Einleitung

Ausgangspunkt der nachstehenden Betrachtungen sind die Baseler Eigenkapitalvereinbarung von 1988 (Basel I) sowie insbesondere das „Amendment to the Capital Accord to incorporate Market Risks" (kurz: Amendment[1] oder Baseler Marktrisikoregelungen) vom Januar 1996 zur Ermittlung und Unterlegung von Marktpreisrisiken für international tätige Banken, dessen Ausflüsse sich auf europäischer Ebene in der EU-Kapitaladäquanzrichtlinie[2] sowie auf nationaler Ebene in der Ausgestaltung des Grundsatz I widerspiegeln.

Der Fokus dieses Beitrags liegt auf der unter Adressenausfall- und Marktpreisrisikogesichtspunkten veränderten aufsichtsrechtlichen Behandlung von Positionen des Handelsbuches im Rahmen der neuen Baseler Eigenkapitalvereinbarung. Ziel ist es, die durch den Baseler Ausschuss verabschiedeten Veränderungen darzustellen und sie gegen die geplanten Änderungen der EU-Kommission im Rahmen der Kapitaladäquanzrichtlinie abzugrenzen. Auf Basis des geltenden Grundsatz I, wie er unter

---

[1] Vgl. Amendment to the Capital Accord to incorporate Market Risks (January 1996, updated to April 1998), Introduction II; § 10 Abs. 2c Satz 1 KWG; § 2 Abs. 2, 3 Grundsatz I.

[2] Vgl. Directive 93/6/EEC, 15. März 1993 geändert durch Directive 98/31/EC und Directive 98/33/EC vom 22. Juni 1998.

Abschnitt 2 „Kurzübersicht Grundsatz I" zusammengefasst ist, und unter Einbeziehung aktueller Entwicklungen sollen diese Veränderungen reflektiert werden.

Wesentliche Inhalte dieses Kapitels sind die **Kapitalunterlegung** von Positionen des Handelsbuches, wie sie in den Abschnitten 3.1 und 3.2 beschrieben werden, die **Neudefinition** des Handelsbuches inklusive der Finanzinstrumente gemäß Abschnitt 4.1 sowie die Formulierung **qualitativer Anforderungen** an Positionen des Handelsbuches gemäß der Abschnitte 4.1.1 und 4.2.

Neuerungen bei der **Kapitalunterlegung** für das Adressenausfallrisiko im Handelsbuch sind dabei die Übertragung der Risikogewichte gemäß Standard- bzw. IRB-Ansatz vom Anlage- auf das Handelsbuch sowie Besonderheiten bei der Kapitalunterlegung und der Besicherung von OTC-Derivaten sowie Wertpapierpensionsgeschäften und Repos. Die Kapitalunterlegung des besonderen Kursrisikos aus Zinsnettopositionen bleibt grundsätzlich unverändert. Neu ist die zusätzliche Differenzierung der drei bisherigen Wertpapierrisikoklassen (anrechnungsfreie, qualifizierte und sonstige Aktiva) anhand von externen Ratings.

Neben der **Neudefinition** des Handelsbuches durch das Baseler Komitee werden unter **qualitativen Gesichtspunkten** drei Mindestanforderungen an Positionen des Handelsbuches formuliert. Diese beziehen sich auf eine klar definierte Handelsstrategie, adäquate Verhaltensregeln/Verfahrensweisen zur aktiven Steuerung der Positionen und eine stringente Überwachung der Handelsstrategie. Ergänzt werden diese Anforderungen durch ein Regelwerk zur vorsichtigen Bewertung. Dieses besteht aus drei Leitlinien und umfasst grundsätzliche Anforderungen an die einzusetzenden Systeme und Kontrollen, präzisiert die zu verwendenden Bewertungsmethoden (Marking-to-Market, Marking-to-Model) und beschreibt die ggf. vorzunehmenden Bewertungsanpassungen.

2. Kurzübersicht Grundsatz I

2.1 Allgemeiner Aufbau

Im Folgenden wird der Grundsatz I als Grundlage zur Eigenmittelunterlegung von Adressenausfall- und Marktpreisrisiken von Kredit- und Finanzdienstleistungsinstituten in seiner aktuellen Form und soweit es für das Verständnis dieses Kapitels notwendig ist, in groben Zügen skizziert.

Die **Kapitalunterlegung von Adressenausfallrisiken des Anlagebuches** basiert auf einem Standardverfahren zur Begrenzung der Ausfallrisiken der Risikoaktiva, d. h. der Bilanzaktiva, der außerbilanziellen Geschäfte, der Swap- und Termingeschäfte sowie der Optionsrechte. Die Höhe der Adressenausfallrisiken der Risikoaktiva wird dabei gemäß § 13 Grundsatz I nach verschiedenen Bonitätsklassen, verbunden mit einer Privilegierung von Positionen gegenüber den meisten OECD-Ländern (Zone A), ermittelt. Die gemessenen und entsprechend der Bonitätsklasse gewichteten Risiken müssen mit mindestens 8 % Eigenkapital unterlegt werden.

Grundsatz I – Gliederung		
Referenz	Inhalt	Referenzparagrafen
Abschnitt 1	Angemessenheit der Eigenmittel (Übergreifende Regelungen)	§§ 1 – 5
Kapitalunterlegung von Adressenausfallrisiken		
Abschnitt 2	Anrechnung von Risikoaktiva	§§ 6 – 13
Kapitalunterlegung von Marktpreisrisiken/Erfassung von Marktrisikopositionen		
Abschnitt 3	Standardverfahren für Fremdwährungsrisikopositionen	§§ 14 – 15
Abschnitt 4	Standardverfahren für Rohwarenpreisrisiken	§§ 16 – 17
Abschnitt 5	Standardverfahren für Handelsbuch-Risikopositionen	§§ 18 – 27
Abschnitt 6	Optionsrisikopositionen	§§ 28 – 31
Abschnitt 7	Interne Risikosteuerungsmodelle	§§ 32 – 35

Abbildung 1: Inhaltsübersicht Grundsatz I

Im Unterschied zu Bilanzaktiva, deren Buchwerte als Bemessungsgrundlage für das Adressenausfallrisiko herangezogen werden, müssen für derivative Geschäfte (Swap- und Termingeschäfte sowie Optionsrechte) Kreditäquivalenzbeträge als Basis für die Adressenausfallrisiken ermittelt werden.[3] Hierzu stehen mit der Laufzeitmethode und der Marktbewertungsmethode zwei Berechnungsverfahren zur Verfügung, wobei die Laufzeitmethode nur von Nichthandelsbuchinstituten und ausschließlich für Zins- und Fremdwährungs- bzw. Goldkontrakte angewendet werden darf.

Hinsichtlich der **Kapitalunterlegung von Marktpreisrisiken** wird nach den einzelnen Marktpreisrisikokategorien (Fremdwährungs-, Rohwarenpreis-, Zins- und Aktienpreisrisiken) unterschieden. Grundlage der Berechnungen sind die in den dazugehörigen Abschnitten drei bis fünf dargestellten Standardverfahren oder alternativ interne Risikomodelle, wobei im Weiteren lediglich auf den fünften Abschnitt eingegangen werden soll.

2.2 Standardverfahren für Handelsbuch-Risikopositionen

Grundlage für das Verständnis der im weiteren Verlauf des Kapitels noch darzustellenden Änderungen sind die bestehenden Regelungen des fünften Abschnittes des Grundsatz I zur Begrenzung von Handelsbuch-Risikopositionen.

Differenziert wird zwischen

- Positionsrisiken aus Zins bezogenen Finanzinstrumenten
- Positionsrisiken aus Aktienkurs bezogenen Finanzinstrumenten
- Adressenausfallrisikopositionen des Handelsbuchs.

---

[3] Kontrakte, die über anerkannte Börsen bzw. (vorerst befristet bis Ende 2006) anerkannte OTC-Clearinghäuser abgewickelt werden, müssen nicht mit Eigenkapital unterlegt werden.

Hinsichtlich der beiden erstgenannten Punkte unterscheidet man wiederum zwischen dem allgemeinen Kursrisiko (allgemeines Marktpreisrisiko) und dem besonderen Kursrisiko (spezifisches Kursrisiko). Das **allgemeine Kursrisiko** bezeichnet dabei das Risiko der Preisveränderung eines Wertpapiers (Schuldtitels, Derivats) aufgrund von Zinsniveauänderungen oder allgemeinen Aktienmarktbewegungen, die in keinem Zusammenhang mit spezifischen Eigenschaften des einzelnen Wertpapiers stehen. Das **besondere Kursrisiko** hingegen bezeichnet die Gefahr, dass sich der Wert eines Schuldtitels oder einer Aktie (Anteilsrechts) nachteilig verändert, weil sich die Bonität bzw. Erfolgsaussichten des Emittenten (Schuldners) negativ entwickeln. Insgesamt sind für Handelsbuchpositionen folgende Risiken zu betrachten und mit Eigenmitteln zu unterlegen:

Abschnitt 5 Grundsatz I: Risiken aus Positionen des Handelsbuches		
Marktpreisrisiken		Adressenausfallrisiken (§ 27)
Allgemeines Kursrisiko (Zinsänderungsrisiko/ Aktienkursrisiko)	**Besonderes Kursrisiko** (Risiko der Bonitätsveränderung)	1. Abwicklungsrisiko
Zinsnettopositionen (§ 20)	Zinsnettopositionen (§ 23)	2. Vorleistungsrisiko
Aktiennettopositionen (§ 24)	Aktiennettopositionen (§ 25)	3. Ausfallrisiko bei Wertpapierpensions- und ähnlichen Geschäften (Repos)
		4. Ausfallrisiko aus OTC-Derivaten
		5. Forderungen in Form von Gebühren, Provisionen, Zinsen, Dividenden und Einschüssen, die mit den Posten des Handelsbuchs unmittelbar verknüpft sind.

Abbildung 2: Übersicht Handelsbuch-Risikopositionen

Im Weiteren soll auf die Kapitalunterlegung des besonderen Kursrisikos aus Zinsnettopositionen sowie von Adressenausfallrisiken im Handelsbuch eingegangen werden.

Die Anrechnungsbeträge für das **besondere Kursrisiko** ergeben sich aus den risikogewichteten Zinsnettopositionen.[4] Gemäß der nachstehenden Tabelle werden dazu die Wertpapiere unter qualitativen Aspekten der jeweiligen Risikokategorie zugeordnet, für die ein entsprechendes Risikogewicht fest vorgegeben ist.

---

[4] Vgl. Grundsatz I, § 19.

§ 23 Grundsatz I: Gewichtungsschema für das besondere Kursrisiko aus Zinsnettopositionen	
Kategorie	Risikogewicht (Restlaufzeit)
Aktiva von Zentralregierungen der Zone A und anderen gem. § 13 Abs. 1 Nr. 1 a) bis c) und e) Grundsatz I	0,00 %
Aktiva mit hoher Anlagequalität	0,25 % (0 – 6 Monate) 1,00 % (über 6 – 24 Monate) 1,60 % (über 24 Monate)
Sonstige Aktiva	8,00 %

Abbildung 3: Das besondere Kursrisiko aus Zinsnettopositionen

Anrechnungsfrei sind demnach Wertpapier bezogene Nettopositionen (ohne Zone B), die ein Adressen bezogenes Bonitätsgewicht von 0 % aufweisen.

Aktiva mit hoher Anlagequalität (qualifizierte Aktiva) sind mit Ausnahme der Zone B vergleichbar mit Wertpapieren, die ein Adressen bezogenes Bonitätsgewichts von 20 % aufweisen. Gemäß den Erläuterungen zum Grundsatz I handelt es sich um:

1. „Wertpapiere, bei denen der Emittent entweder einem bonitätsmäßig bevorzugten Personenkreis angehört oder bei denen das Risiko der Nichterfüllung der Rückzahlungsverpflichtung aus anderen Gründen als deutlich verringert anzusehen ist"[5], oder um
2. solche Wertpapiere „(...), die auf mindestens einem geregelten Markt (...) der EU oder an einer anerkannten Börse eines anderen Landes der Zone A gehandelt (...) und darüber hinaus von dem Institut nach institutsinternen Kriterien als hinreichend liquide angesehen und im übrigen mit einem Ausfallrisiko eingestuft werden, das nicht höher ist als das Risiko" der unter 1. genannten Aktiva.[6]

Die vorstehenden Bedingungen entsprechen weitgehend den Baseler Marktrisikoregelungen.

Bei der Unterlegung der **Adressenausfallrisiken im Handelsbuch** erfolgt die Ermittlung der Anrechnungsbeträge getrennt für das Abwicklungsrisiko, Vorleistungsrisiko, Ausfallrisiko aus Repos, OTC-Derivaten und Forderungen aus Gebühren, Provisionen etc.

Maßgeblich für die Berechnung der Anrechnungsbeträge sind die Ausführungen zur Bemessungsgrundlage für die Adressenausfallrisikopositionen (§ 27 Abs. 1 Grundsatz I). Mit Ausnahme des Abwicklungsrisikos sind die Bemessungsgrundlagen der übrigen Risikokategorien mit den jeweiligen Adressen bezogenen Bonitätsgewichten aus § 13 Grundsatz I (Bonitätsgewichte) zu versehen und zu 8 % mit Eigenmitteln zu unterlegen. So erfolgt beispielsweise die Berechnung des Adressen-

---
[5] Vgl. Grundsatz I, § 23 Abs. 3 Satz 2.
[6] Vgl. Grundsatz I, § 23 Abs. 3 Satz 2, Nr. 1-2.

ausfallrisikos von OTC-Derivaten in Analogie zur Berechnung der Adressenausfallrisiken im Anlagebuch.

Es sei angemerkt, dass bestimmte Adressenausfallrisiken aus Positionen des Handelsbuches (z. B. aus OTC-Derivaten oder aus Wertpapierpensionsgeschäften und Repos) statt mit qualitativ höherwertigem Kern- und Ergänzungskapital auch mit **Drittrangmitteln** (Nettogewinn und kurzfristige nachrangige Verbindlichkeiten) abgedeckt werden dürfen.

3. Kapitalanforderungen an Handelsbuchpositionen

3.1 Adressenausfallrisiken im Handelsbuch

Wie bereits dargestellt, müssen Banken für ihre Handelsbuchpositionen neben den allgemeinen und besonderen Kursrisiken auch die verschiedenen Komponenten des Adressenausfallrisikos mit Eigenkapital unterlegen. Im Rahmen des Grundsatzes I erfolgt die Berechnung der Anrechnungsbeträge derzeit analog zum Standardverfahren für die Unterlegung der Adressenausfallrisiken im Anlagebuch über die Bonitätsgewichte. Im Zuge der Baseler Neuerungen und der Neufestlegung der Bonitätsgewichte im Standard- bzw. IRB-Ansatz für das Anlagebuch sind diese nun analog auf das Handelsbuch zu übertragen.[7]

Banken, die den Standardansatz wählen, werden zukünftig die Risikogewichte gleichermaßen für das Anlage- wie auch das Handelsbuch nutzen. Von den Banken, die den IRB-Ansatz wählen, wird eine entsprechende Adaption der IRB-Risikogewichte für das Handelsbuch analog zur Umsetzung im Anlagebuch verlangt.

Hinsichtlich der Berechnung der Eigenkapitalanforderungen für **Adressenausfallrisiken aus OTC-Derivaten** ist zukünftig zu beachten, dass die bisherige 50 %-Obergrenze für Risikogewichte für OTC-Derivate durch das Baseler Komitee abgeschafft wurde.[8] Die explizite Berechnung der Kapitalanforderung für **besicherte OTC-Derivate** des Anlage- oder Handelsbuches erfolgt wie im Standardansatz beschrieben.[9]

Bei der Berechnung der Eigenkapitalanforderungen für das **Adressenausfallrisiko aus Wertpapierpensions- und ähnlichen Geschäften (Repos)** sind folgende Aspekte zu beachten: Grundsätzlich erfolgt die Ermittlung der Anrechnungsbeträge für diese Geschäfte analog zu den Bestimmungen des Anlagebuches, wobei die Behandlung von Sicherheiten im Standardansatz auf dem umfassenden Ansatz basiert.[10] Die im IRB-Ansatz erwähnte Größenanpassung zur Berechnung der Risikogewichte für Unternehmenskredite an kleine und mittelständische Unternehmen gilt analog für das Handelsbuch.[11]

Als Sicherheiten für Wertpapierpensionsgeschäfte und Repos des Handelsbuches können grundsätzlich alle Instrumente des Handelsbuches herangezogen werden.

---

[7] Vgl. Basel II, § 702.
[8] Vgl. Basel II, §§ 82, 702.
[9] Vgl. Basel II, §§ 186 f., 706-708.
[10] Vgl. Basel II, §§ 112, 147-181, 705.
[11] Vgl. Basel II, §§ 273, 705.

Sicherheiten, die im Anlagebuch nicht als solche anerkannt werden, sollten um einen *Haircut* reduziert werden.[12]

3.2 Besondere Kursrisiken

In Anlehnung an die Ausführungen in der Kurzübersicht Grundsatz I zum besonderen Kursrisiko aus Zinsnettopositionen soll im Folgenden die Änderung bei der Ermittlung der Eigenkapitalunterlegung nach Vorgabe des Baseler Komitees dargestellt werden.

Die Änderungen stehen im Einklang mit dem im Standardansatz beschriebenen Vorgehen zur Berechnung der Kapitalanforderungen für Anlagebuchpositionen.

Die nachstehende Tabelle zeigt die durch den Baseler Ausschuss neu eingeführte qualitative Kategorisierung der Schuldverschreibungen (Staatstitel) durch die Vergabe externer Ratings.[13]

Gewichtungsschema für das besondere Kursrisiko aus Zinsnettopositionen		
Externes Rating gemäß Baseler Komitee	**Kategorie gemäß EU-Kommission**	**Risikogewicht (Restlaufzeit)**
AAA bis AA- (anrechnungsfreie Wertpapiere)	Schuldverschreibungen von Staaten, Zentralbanken, internationalen Organisationen, multilateralen Entwicklungsbanken oder Regionalregierungen (Länder) und lokalen Behörden (Kommunen) der Mitgliedsstaaten, die im Rahmen des Standard- oder des IRB-Ansatzes ein Risikogewicht von 0 % erhalten.	0,00 %
A+ bis BBB- (qualifizierte Papiere)	Schuldverschreibungen von Staaten, Zentralbanken, internationalen Organisationen, multilaterale Entwicklungsbanken oder Regionalregierungen (Länder) und lokale Behörden (Kommunen) der Mitgliedsstaaten, die im Rahmen des Standardansatzes ein Risikogewicht von 20 % oder 50 % erhalten und andere qualifizierte Papiere	0,25 % (0 – 6 Monate) 1,00 % (über 6 – 24 Monate) 1,60 % (über 24 Monate)
Sonstige Ratings	Sonstige Positionen	8,00 %

Abbildung 4: Besonderes Kursrisiko aus Zinsnettopositionen

Der direkte Vergleich zu den entsprechenden Regelungen im Grundsatz I bzw. den detaillierten Regelungen der EU-Kommission zeigt, dass die anzusetzenden

---

[12] Vgl. Basel II, § 703, Grundsatz I, §§ 3, 27 sowie Kapitel C. VI. „Sicherheiten und Risk Mitigation" und C. VIII. „Einsatz von Kreditderivaten und Garantien".
[13] Vgl. Basel II, §§ 709 f.

Risikogewichte inklusive Restlaufzeiten und somit die Kapitalanforderungen für Schuldverschreibungen als solches unverändert bleiben.[14]

Da nach den Baseler Vorgaben Banken zur Kategorisierung von gerateten Wertpapieren generell auf das externe Rating abstellen werden, ist das Vorgehen unabhängig von der Wahl des Ansatzes in Anlagebuch. Dem gegenüber ermöglicht die neue EU-Richtlinie den Banken den Einsatz von IRB-Ratings zur Klassifizierung anrechnungsfreier Wertpapiere (siehe Tabelle). Der Einsatz von IRB-Risikogewichten zur Unterlegung des besonderen Kursrisikos im Handelsbuch ist grundsätzlich nicht vorgesehen.

Im Rahmen eines nationalen Wahlrechtes ist die Anwendung eines geringeren Risikogewichts für das besondere Kursrisiko vorgesehen, wenn auf Heimatwährung lautende Schuldverschreibungen in ebenfalls dieser Währung refinanziert werden.

Von der Änderung unberührt bleibt die bisherige Definition der Wertpapiere mit hoher Anlagequalität, so dass **ungeratete Wertpapiere** im Standardansatz als solche klassifiziert und analog zu obigem Verfahren behandelt werden können. Von Banken, die den IRB-Ansatz verwenden, wird darüber hinaus verlangt, dass das interne Rating eines ungerateten Wertpapiers einem Investment-Grade-Rating entspricht.[15] Dies bedeutet, dass die einjährige Ausfallwahrscheinlichkeit des Schuldtitels nicht schlechter sein darf als die langfristige durchschnittliche einjährige Ausfallwahrscheinlichkeit eines durch eine anerkannte Ratingagentur mit Investment-Grade beurteilten Papiers.

Klassifizierung von ungerateten Wertpapieren als qualifizierte Wertpapiere	
Baseler Ausschuss	EU-Kommission[16]
	Nachweis hinreichender Liquidität
Nachweisbare vergleichbar hohe Anlagequalität	Nachweisbare vergleichbar hohe Anlagequalität
Andere Wertpapiere desselben Emittenten werden an einer anerkannten Börse gehandelt	Notierung an einem geregelten Markt bzw. an einer anerkannten Börse eines Drittstaates
Behandlung durch die Bankenaufsicht genehmigt	Überprüfung der Methode zur Klassifizierung der Schuldverschreibungen durch die Aufsicht, die der Einschätzung der Bank hinsichtlich der Zuordnung zur Kategorie der qualifizierten Papiere widersprechen kann

Abbildung 5: Übersicht Klassifizierung „qualifizierte Wertpapiere" Basel/EU

---

[14] Vgl. CAD 3 HB, Annex I, Nr. 15.
[15] Vgl. Basel II, §§ 711 f.
[16] Vgl. CAD 3 HB, Annex I, Nr. 33, 34, 35.

Hinsichtlich der Behandlung des besonderen Aktienkursrisikos im Handelsbuch ergeben sich durch Basel II keine neuen Vorgaben. Der Vollständigkeit halber sei auf die ebenfalls unveränderten Ausführungen der EU-Kommission[17] verwiesen, die keine Änderung des bisherigen Grundsatzes I darstellen.

3.3 Fazit

Als wesentliche Neuerung bei der Kapitalunterlegung für das Adressenausfallrisiko im Handelsbuch ist die Einführung des Standard- bzw. IRB-Ansatzes für das Anlagebuch und somit die entsprechende Übertragung der relevanten Risikogewichte vom Anlage- auf das Handelsbuch festzuhalten.

Die Kapitalunterlegung des besonderen Kursrisikos aus Zinsnettopositionen bleibt grundsätzlich unverändert. Aufgrund der Betonung der Bedeutung und des Einsatzes des externen Ratings bzw. der möglichen Anwendung des IRB-Ansatzes erfolgt lediglich eine neue qualitative Kategorisierung der bisherigen Wertpapierklassen.

4. Qualitative Anforderungen

4.1 Präzisierte Definition des Handelsbuches und der Finanzinstrumente

Die bisherige **Definition des Handelsbuches** beruht auf den Baseler Marktrisikoregelungen und wird im Rahmen der neuen Eigenkapitalvereinbarung durch eine ausführlichere und um die Spezifizierung der Finanzinstrumente ergänzte Formulierung wie folgt ersetzt:[18]

„Das **Handelsbuch** umfasst Positionen in Finanzinstrumenten und Waren, die entweder zu **Handelszwecken** oder zur **Absicherung** anderer Handelsbuchpositionen gehalten werden. **Finanzinstrumente** können nur dann dem Handelsbuch zugerechnet werden, wenn sie entweder **keinerlei Handelsbeschränkungen** aufweisen oder **voll abgesichert** werden können. Darüber hinaus sollen die Positionen regelmäßig und exakt bewertet und das Portfolio aktiv gesteuert werden."

Die Regelungen der EU-Kommission sehen ergänzend die Zuordnung von Vermögenswerten, die durch Kapitalanlagegesellschaften verwaltet werden, zum Handelsbuch vor, wenn die vorstehenden Kriterien erfüllen sind.[19]

Ein **Finanzinstrument** ist jeder Vertrag, der einerseits einen finanziellen Vermögenswert als auch andererseits eine finanzielle Verbindlichkeit oder einen Kapitalanteil begründet und sich anhand nachstehender Tabelle charakterisieren lässt:

---

[17] Vgl. CAD 3 HB, Annex I, Nr. 34 f.
[18] Vgl. Basel II, § 684.
[19] Vgl. CAD 3 HB, Annex 1, Nr. 47-56.

Finanzinstrumente[20] (z. B. Kassainstrumente oder Derivate)		
Finanzieller Vermögenswert	Finanzielle Verbindlichkeit	Kapitalanteil
Verbriefter Zahlungsanspruch (Barzahlung)	Zahlungsverpflichtung (Barzahlung)	
Recht zum Austausch von Vermögenswerten	Übertragung von Vermögenswerten	
Anteilsbesitz	Austausch von Verbindlichkeiten	

Abbildung 6: Übersicht Finanzinstrumente

„Positionen, die zu **Handelszwecken** gehalten werden, sind solche, bei denen ein Wiederverkauf binnen kurzer Frist beabsichtigt ist und/oder die Absicht besteht, aus tatsächlichen oder erwarteten Preisschwankungen kurzfristig Nutzen zu ziehen oder Arbitragegewinne zu realisieren. Sie können beispielsweise Positionen des Eigenhandels, aus dem Kundengeschäft entstehende Positionen (z. B. Matched Principal Broking) und Positionen aus dem Market-Making umfassen."[21]

„Ein Sicherungsgeschäft ist eine Position, durch die einzelne Risikokomponenten einer anderen Handelsbuchposition oder eine Gruppe von Positionen im Wesentlichen oder vollständig abgesichert werden."[22]

Die bisherige **Definition des Handelsbuches im Sinne von § 1 Absatz 12 KWG** steht in keinem Widerspruch zu der oben aufgeführten Definition des Handelsbuches gemäß der Baseler Regelung.

4.1.1 Mindestanforderungen an Positionen des Handelsbuches

Die Baseler Eigenkapitalvereinbarung nennt drei **Mindestanforderungen**, denen Positionen entsprechen müssen, wenn sie nach den Vorschriften über das Handelsbuch behandelt werden sollen.[23] Diese Mindestanforderungen sind bereits in den MaH näher spezifiziert. Die wesentlichen Mindestanforderungen seitens des Baseler Komitees sind in der folgenden Tabelle aufgeführt:

---

[20] Vgl. Basel II, § 686.
[21] Vgl. Basel II, § 687.
[22] Vgl. Basel II, § 689.
[23] Vgl. Basel II, § 688.

III. Veränderungen bei der Unterlegung von Marktpreisrisiken

Mindestanforderungen an Positionen des Handelsbuches		
Thema	Mindestanforderungen	MaH-Referenzen
Handelsstrategie	Klar dokumentierte Handelsstrategie für Position/Instrument/Portfolio inklusive Haltedauer mit expliziter Genehmigung durch die Geschäftsleitung	2.2 a) „Festlegung von Rahmenbedingungen durch die Geschäftsleitung"
Verhaltensregeln/ Verfahrensweisen zur aktiven Steuerung der Positionen	Steuerung der Positionen an einem Handelstisch	2.4 „Qualifikation und Verhalten der Mitarbeiter" und 4.1 „Handel"
Limitierung	Festlegung von Positionslimitierungen und Überwachung der Angemessenheit, Festlegung von Händlerlimiten	3.2 „Risikolimitierung"
Bewertungsmethodik: – Marking-to-Market – Marking-to-Model	Tägliche Bewertung zu Marktpreisen, bei Modellen auf Basis täglich neu zu berechnender Bewertungsparameter	3.2.2 „Marktpreisrisiken", 3.1 „Anforderung an das System"
Reporting	Berichterstattung an die Geschäftsleitung	3.1 „Anforderung an das System" bzw. 4.4 „Überwachung"
Liquidität	Beurteilung der Marktliquidität der Positionen, der Hedgingmöglichkeiten (Mikro-/Makrohedging), des Risikoprofils sowie die Bewertung der Qualität und Verfügbarkeit von Marktinformationen	3.2.3 „Liquiditätsrisiken"
Überwachung der Handelsstrategie	Klare Anweisungen zur Überwachung der Positionen auf Übereinstimmung mit der Handelsstrategie, Überwachung des Umsatzes und der Positionen des Handelsbuches	4.4 „Überwachung"

Abbildung 7: Mindestanforderungen Handelsbuchpositionen

4.2 Leitlinien zur vorsichtigen Bewertung

4.2.1 Systeme und Kontrollen

Im Folgenden sollen die durch das Baseler Komitee vorgeschlagenen Leitlinien für eine vorsichtige Bewertung von insbesondere weniger liquiden Handelsbuchpositionen behandelt werden.[24] Es ist festzustellen, dass die dazu zu erfüllenden grundlegenden Anforderungen an die Systeme zur Überwachung und Steuerung von Risiken im Wesentlichen mit den Anforderungen an das Risikocontrolling- und -managementsystem bzw. an die Organisation der Handelstätigkeit und Überwachung gemäß MaH übereinstimmen.

---
[24] Vgl. Basel II, § 690.

Im Rahmen eines Regelwerkes für vorsichtige Bewertungspraktiken fordert die Aufsicht von den Banken zunächst allgemein die Einführung und Beibehaltung angemessener Systeme und Kontrollen, die zusätzlich in die bereits bestehenden Risikosteuerungssysteme integriert werden müssen. Die formulierten Anforderungen zielen dabei auf eine Präzisierung der bereits oben genannten Mindestanforderungen an Positionen des Handelsbuches (Bewertungsmethodik, Reporting) ab.

Konkret müssen die Systeme zur Gewährleistung vorsichtiger und zuverlässiger Schätzwerte Folgendes beinhalten:[25]

Regelwerk zur vorsichtigen Bewertung: Systeme und Kontrollen		
Thema	Anforderungen	MaH-Referenzen
Richtlinien/Vorgehensweise für das Bewertungsverfahren		2.2 „Rahmenbedingungen durch die Geschäftsleitung", 3.1 „Anforderungen an das System"
	Klar definierte Verantwortlichkeiten für die am Bewertungsverfahren beteiligten Bereiche	2.2 h), 4 „Organisation der Handelstätigkeit"
	Quellenangabe für Marktinformationen und deren Überprüfung auf Eignung	3.4 „Betriebsrisiken"
	Häufigkeit der unabhängigen Bewertung	4.4 „Überwachung"
	Nennung der Erhebungszeitpunkte für Tagesabschlusspreise	3.1 „Anforderungen an das System"
	Vorgehen bei Bewertungsanpassungen	
	Abstimmungsverfahren (z. B. Monatsende)	
Berichtslinien	Klare und vom Handelsbereich unabhängige Berichtslinien des Risikocontrollings und -managements bis zur Geschäftsleitung	3. „Risiko-Controlling und -Management", 4.4 „Überwachung"

Abbildung 8: Mindestanforderungen an Systeme und Kontrollen nach MaH

4.2.2 Marking-to-Market und Marking-to-Model

Der zweite Punkt der Leitlinien für eine vorsichtige Bewertung befasst sich mit der Bewertungsmethodik, wobei zwischen der Bewertung zu Marktpreisen (Marking-to-Market) bzw. zu theoretischen Modellpreisen (Marking-to-Model) unterschieden wird.

Unter der Bewertung zu Marktpreisen versteht die Aufsicht eine mindestens tägliche Positionsbewertung zu einfachen Glattstellungspreisen aus neutralen Quellen, wie Börsenkurse, Preise aus Handelssystemen oder entsprechende Broker-Quotierungen.

---
[25] Vgl. Basel II, § 691.

Das neue Regelwerk verlangt von den Banken eine weitestgehende Anwendung der Mark-to-Market-Bewertung, wobei von der Bank bei Bid-/Offer-Spreads die jeweils defensivere Seite zu wählen ist. Falls der Bank eine bedeutende Rolle als Market-Maker zukommt, ist eine Bewertung zu Mid-Market-Preisen zulässig.[26]

Neben der Bewertung zu Marktpreisen erlaubt das Baseler Komitee die Bewertung zu Modellpreisen, worunter allgemein jede Bewertung verstanden wird, die aus bekannten Marktwerten abgeleitet, extrapoliert oder auf andere Weise ermittelt werden kann.

Die Anwendung des Marking-to-Model setzt voraus, dass eine Bewertung zu Marktpreisen nicht möglich ist und die an eine Modellbewertung geknüpften Bedingungen bzgl. einer vorsichtigen Bewertung nachweislich erfüllt sind. Als typische Beispiele für eine Marking-to-Model-Anwendung sind die Bewertungen von Optionen oder OTC-Derivaten zu nennen. Die EU-Kommission verlangt an dieser Stelle von den Instituten explizit die Bewertung ihrer Positionen und Portfolien zu Modellpreisen, bevor die Eigenkapitalanforderungen für Handelsbuchpositionen angewandt werden können.[27]

Zur Beurteilung der **vorsichtigen Bewertung einer Marking-to-Model-Anwendung** sind folgende Kriterien maßgeblich:[28]

– Sensibilisierung und Aufklärung der Geschäftsleitung über die Modellbewertung von Positionen des Handelsbuches und deren Konsequenz in der Berichterstattung
– Wahl einheitlicher Quellen zur Marktdatenversorgung analog zur Mark-to-Market-Bewertung sowie regelmäßige Überprüfung der Eignung der Marktwerte zur Bewertung einer speziellen Position; tägliche Neuermittlung der Bewertungsparameter gemäß Abschnitt 4.1.1 (Bewertungsmethodik)
– Weitestgehende Nutzung allgemein anerkannter Bewertungsmethoden
– Überprüfung und Abnahme von geeigneten Eigenentwicklungen durch qualifizierte unabhängige Dritte zur Bestätigung der mathematischen Formeln, der Annahmen und der Programmierung
– Etablierung von Kontrollverfahren bei Modelländerungen, Vorhalten von Backup-Versionen u. a. zur regelmäßigen Überprüfung der Bewertung
– Modellschwächen sollen erkannt und in der Darstellung der Bewertungsergebnisse durch das Risikomanagement identifiziert werden
– Regelmäßige Modell- bzw. Annahmenprüfung, Durchführung von Backtestings
– Durchführung von angemessenen Bewertungsanpassungen, um Unsicherheiten aus Modellannahmen entgegenzuwirken.

Mit den oben genannten Kriterien hinsichtlich einer vorsichtigen Bewertung zu Modellpreisen präzisiert das Baseler Komitee seine Anforderungen in Analogie zu den in Abschnitt 3.1 MaH formulierten „Anforderungen an das System". Die dort aufgeführten Anforderungen zielen in erster Linie auf eine detaillierte Dokumentation aller Elemente des Risikosystems, seiner Methoden und Rechenverfahren zur

---

[26] Vgl. Basel II, §§ 693 f.
[27] Vgl. CAD 3 HB, Annex VII, Part B, Nr. 5 f.
[28] Vgl. Basel II, § 695.

Risikoquantifizierung sowie die mindestens jährliche Überprüfung und Weiterentwicklung des Systems ab. Konkrete Formulierungen beziehen sich auf die umgehende Anpassung marktabhängiger Parameter an veränderte Marktsituationen sowie den fortlaufenden Vergleich modellseitig errechneter Risikowerte mit der tatsächlichen Entwicklung. Bei größeren Abweichungen zwischen Modellergebnissen und tatsächlichen Entwicklungen ist gemäß den MaH das Modell anzupassen.

Des Weiteren decken sich die Baseler Regelungen zur Anwendung der Mark-to-Market- bzw. Mark-to-Model-Bewertung mit den Bestimmungen zur Fair Value-Bewertung nach IAS 39.[29] Die Bestimmungen nach IAS 39 fordern dabei grundsätzlich die weitest gehende Durchführung der Mark-to-Market-Bewertung unter der „verschärften" Voraussetzung, dass die Bewertung auf Marktdaten eines aktiven Marktes basiert. Ein aktiver Markt ist gegeben, falls für ein Finanzinstrument notierte Preise, die normale Markttransaktionen widerspiegeln, regelmäßig veröffentlicht werden und diese leicht erhältlich sind. Zu den aktiven Märkten zählen beispielsweise Börsen, Händler, Broker, Industrie-Gruppen und Pricing-Services (z. B. Reuters, Bloomberg).[30] Werden Finanzinstrumente nicht an aktiven Märkten gehandelt, sind modellbasierte Bewertungsverfahren zur Bestimmung des Fair Values heranzuziehen.

Über die jeweils gewählte Bewertungsmethodik hinaus fordert der Baseler Ausschuss eine unabhängige Preisüberprüfung, d. h. die regelmäßige Überprüfung der Angemessenheit von Marktpreisen und Modellparametern, was dem in den MaH geforderten Plausibilitätscheck für eingestellte Marktdaten entspricht. Explizit ist die Überprüfung durch einen vom Handel unabhängigen Bereich mindestens monatlich durchzuführen. Für schwer verifizierbare Marktpreise mangels ausreichender Marktquotierungen (einzelner Maklerkurs) empfiehlt die Aufsicht gegebenenfalls vorsichtige Schätzungen in Form von Bewertungsanpassungen zu berücksichtigen.[31]

4.2.3 Bewertungsanpassungen oder Reserven

Nachdem in den beiden voran stehenden Abschnitten die grundlegenden Kriterien für ein vorsichtiges Bewertungsverfahren inklusive zugehöriger Bewertungsmethodik dargelegt worden sind, kommt im letzten Punkt der Leitlinien mit der Einführung von Bewertungsanpassungen ein zusätzlicher Sicherheitsgedanke zum Tragen. Ausgangspunkt der Überlegung ist die Reflektion der bisherigen Bewertungsergebnisse unter Einbeziehung von Unsicherheitsfaktoren. Wann immer ein Bewertungsergebnis unter der Prämisse der vorsichtigen Bewertung mit Unsicherheiten behaftet ist, ist die Notwendigkeit einer Bewertungsanpassung zu überprüfen. Dies wird beispielsweise – wie bereits oben erwähnt – für Modellunsicherheiten aus Mark-to-Model-Anwendungen verlangt oder im Rahmen unabhängiger Preisüberprüfungen eingefordert, wenn mangels ausreichender Marktquotierungen keine eindeutige Verifikation des Marktpreises möglich ist.

---

[29] Vgl. IAS 39 AG 71–AG 79.
[30] Vgl. IAS 39 AG 71.
[31] Vgl. Basel II, §§ 696 f.

Konkret sind die Banken verbindlich zur Einführung und Einhaltung gewisser Regelungen zur Berücksichtigung von Bewertungsanpassungen und -reserven aufgefordert. Grundsätzlich sollen zur Überprüfung von Bewertungsanpassungen Bewertungen von Dritten herangezogen werden. Diese Überlegungen gelten auch für den Einsatz von Mark-to-Model-Ansätzen.

Bei der Durchführung von Bewertungsanpassungen wird von den Banken als Mindestanforderung die Berücksichtigung von noch nicht verdienten Kreditspreads, Glattstellungskosten, operationellen Risiken, vorzeitigen Fälligkeiten, Geldanlage- und Finanzierungskosten sowie zukünftigen Verwaltungskosten und ggf. Modellrisiken verlangt.[32] In der Praxis führt die voran stehende Aufzählung zu einzelnen Veränderungen, wie die neuerdings zu berücksichtigenden operationellen Risiken. Bisher bekannt sind Bewertungsanpassungen im Zusammenhang mit Risiken aus internen Modellen im Grundsatz I, wo eine mangelhafte Prognosegüte eines Modells mittels eines Zusatzfaktors auf das zu unterlegende aufsichtsrechtliche Kapital ausgeglichen wird.[33]

Die Bildung von Bewertungsanpassungen oder Reserven in Sinne einer vorsichtigen Bewertung steht im Einklang mit den „Allgemeinen Bewertungsgrundsätzen" gemäß § 252 HGB. Bei der erstmaligen Berechnung eines Vermögenswertes nach IAS 39 zum Fair Value zzgl. Transaktionskosten[34] und den Folgebewertungen[35] werden oben genannte Komponenten wie Glattstellungs-, Finanzierungs-, Verwaltungs- und Risikokosten explizit ausgeschlossen.[36] Bewertungsanpassungen wären demnach im Rahmen eines IAS-Abschlusses als zusätzliche Komponente nachträglich zu betrachten.

Ein besonderes Augenmerk des Baseler Ausschusses liegt auf der Bildung notwendiger Reserven für wenig liquide Positionen sowie deren kontinuierliche Überprüfung auf Angemessenheit. Liquiditätsengpässe können dabei aus Marktstörungen oder institutsspezifischen Situationen (Glattstellung großer Positionen oder Altbestände) herrühren. Bei der Bildung von Bewertungsreversen für wenig liquide Positionen sind als wesentliche Einflussfaktoren zu beachten:
– die Zeit, die zum Abschluss eines entgegenstehenden Hedgegeschäftes benötigt wird,
– die durchschnittliche Volatilität der Bid-/Offer-Spreads,
– die Verfügbarkeit von Marktquotierungen und die
– durchschnittliche Größe und Volatilität des Handelsvolumens.[37]

Unter IAS 39 werden bei der Fair Value-Betrachtung[38] zwar die drei zuletzt genannten Kriterien in die Bewertung der Vermögenswerte miteinbezogen, eine ausdrückliche Regelung zur Bewertung bei Liquiditätsstörungen wird aber nicht getroffen.

---

[32] Vgl. Basel II, §§ 702 f.
[33] Vgl. Grundsatz I, §§ 2, 37.
[34] Vgl. IAS 39.43 und IGC E.1.1.
[35] Vgl. IAS 39.46.
[36] Vgl. IAS 39 AG 13.
[37] Vgl. Basel II, § 700.
[38] Vgl. IAS 39 AG 71.

Bewertungsanpassungen für wenig liquide Positionen im Sinne des Baseler Komitees sind unter IAS 39 nicht vorgesehen.

Werden Bewertungsanpassungen vorgenommen, müssen sich diese auf das aufsichtsrechtliche Kapital auswirken.[39] Die EU-Kommission präzisiert in diesem Zusammenhang die Behandlung von materiellen Verlusten im laufenden Finanzjahr sowie sonstigen Gewinnen und Verlusten aufgrund von Bewertungsanpassungen und Reserven und verweist auf entsprechende EU-Richtlinien. So sind materielle Verluste im laufenden Finanzjahr direkt vom Eigenkapital der Bank abzuziehen.[40] Für sonstige Gewinne und Verluste aus Bewertungsanpassungen sieht die EU-Kommission deren Berücksichtigung bei der Bildung von Nettogewinnpositionen vor, welche anschließend dem ergänzenden Eigenkapital zugerechnet werden.[41]

---

[39] Vgl. Basel II, § 701 und CAD 3 HB, Annex VII, Part B, Nr. 8 ff.
[40] Vgl. Directive 2000/12/EC, Art. 57.
[41] Vgl. Directive 93/6/EEC, Anhang V (2) § b).

IV. Einsatz von ABS-Transaktionen unter Basel II

Alexander Kottmann, Ulrich Lotz, Birgit Müller

Inhalt:

		Seite
1	Basel II und Asset-Backed-Securities	431
2	ABS als Instrument der Unternehmenssteuerung	433
3	ABS als Steuerungsinstrument bei Banken und Nichtbanken als Folge von Basel II	435
	3.1 Basel II und Kreditvergabe	435
	3.2 ABS als Steuerungsinstrument für Nichtbanken	435
	3.3 Die Zukunft des Kreditgeschäfts	437
	3.4 ABS als Instrument zur Optimierung der Kreditportfoliosteuerung im RORAC-Konzept	440
	3.5 Möglichkeiten der Eigenkapitalentlastung und der Regulierungsarbitrage für Banken unter Basel II	441
4	Fazit	442
	Literaturverzeichnis	444

1. Basel II und Asset-Backed-Securities

„Zumindest für grundpfandrechtlich gesicherte Kredite und solche an den Staat ist der Gedanke der Verbriefung nicht ganz neu, genauer gesagt 234 Jahre alt. Mit der Kabinettsordre vom 29. August 1769 legte Friedrich der Große den Grundstein für die Emission von Pfandbriefen."[1]

Dieser treffende Hinweis macht deutlich, dass die Idee der *Asset Securitisation* kein Novum, sondern der Stand der heutigen **Securitisation** vielmehr das Ergebnis einer langen Entwicklung ist, die in den vergangenen dreißig Jahren durch diverse Faktoren zusätzlich gefördert wurde. Zu diesen Faktoren gehören neben dem betriebswirtschaftlichen und wettbewerblichen Druck zur ständigen Nutzung sich ergebender Effizienz- und Optimierungspotenziale in allen Bereichen der Unternehmensführung und der verbesserten Informations- und Kommunikationstechnologie auch die weiterentwickelten gesetzlichen und regulatorischen Rahmenbedingungen.

Wie auch die Kabinettsordre Friedrich des Großen 1769 als ein Akt der Regulierung, aber ausdrücklich unter Berücksichtigung des Marktbedarfs[2], Ausgangspunkt und Grundstein einer bis heute andauernden Entwicklung im Bank- und Finanzwesen in Deutschland ist, wird eine weit reichende und globale Entwicklung auch durch den neuen Baseler Akkord, bekannt unter dem Stichwort Basel II, erwartet.

---

[1] Vgl. Hagen, Louis (2003), S. 652.
[2] Die damalige Regulierung des Pfandbriefs wurde im Wesentlichen durch den Bedarf der Landwirte getrieben.

Im Baseler Akkord werden **Asset-Backed-Securities** (ABS) mit Hilfe eines – gegenüber Basel I – umfangreichen Regelwerks behandelt.[3] Wie die Behandlung von ABS nach Basel II erfolgt, wird in dem Beitrag „Securitisation und Behandlung von ABS-Transaktionen" erläutert. Welche Auswirkungen diese Regelungen auf die Zukunftsfähigkeit und den Einsatz des Instrumentes ABS im Rahmen der Unternehmenssteuerung haben, soll dagegen Gegenstand dieses Beitrags sein. Die Zukunftsfähigkeit ist gegeben, wenn für die maßgeblichen Treiber von **ABS-Transaktionen** – Markt (Nachfrage), Aufsicht, Marktteilnehmer – auch in Zukunft durch die Durchführung von ABS-Transaktionen eine Win-Win-Situation entsteht.

Bevor der Einsatz von ABS aus Sicht der Unternehmenssteuerung untersucht wird, sollen zunächst die Grundzüge der traditionellen und der synthetischen Verbriefung vorgestellt werden.

Die grundlegende (traditionelle) Struktur einer ABS-Transaktion lässt sich anhand der funktions- und prozessorientierten Arbeitsteilung zwischen Originator, Zweckgesellschaft (SPV) und Investor darstellen (vgl. Abbildung 1).[4]

Abbildung 1: Traditionelle Verbriefungsstruktur

Der Originator verkauft Vermögenswerte (Underlying) an eine eigens für die Transaktion gegründete Zweckgesellschaft (Special Purpose Vehicle, SPV) und erhält im Gegenzug die Zahlung des Kaufpreises. Das SPV refinanziert den Ankauf durch die Emission von Wertpapieren am Kapitalmarkt. In der Regel werden diese Wertpapiere von Ratingagenturen geratet und von einem Bankenkonsortium bei den Investoren platziert. Die Wertpapiere sind normalerweise mit zusätzlichen Sicherungen (Enhancements) durch den Originator oder Drittparteien ausgestattet. Das SPV wird üblicherweise von einem so genannten Sponsor gegründet. Als Sponsor kann der Originator selbst oder eine Drittpartei auftreten. Der Sponsor stellt im Rahmen der Transaktion gegebenenfalls weitere Sicherheitsinstrumente wie z. B. Liquiditätsfazilitäten bereit. Das SPV dient lediglich dazu, die Vermögenswerte aus insolvenz- und handelsrechtlichen Gründen vom Originator zu separieren. Daher verbleibt das Servicing der Forderungen meist beim Originator.

Bei der **synthetischen Verbriefung** erfolgt im Gegensatz zu der oben dargestellten traditionellen Verbriefung keine Veräußerung des zugrunde liegenden Portfolios von Vermögenswerten. Übertragen werden lediglich einzelne Risikokomponenten, insbesondere das Ausfallrisiko des Portfolios mittels Kreditderivaten wie beispielsweise **Credit Default Swaps (CDS)** und **Credit Linked Notes (CLN)**, ohne den

---

[3] Vgl. Basel II, §§ 560 ff.
[4] Zur grundlegenden Struktur von ABS vgl. Bär, Hans-Peter (2000); Paul, Stephan (1994).

direkten Zufluss von liquiden Mitteln an den Originator. Diese Strukturvariante hat sich besonders in Deutschland erfolgreich etabliert, da für die Banken hierzulande bis dato eher das Motiv der Eigenkapitalentlastung als das der Refinanzierung für die Durchführung von Verbriefungen im Vordergrund steht. Die synthetische Verbriefung stellt eine kostengünstigere Variante gegenüber der traditionellen Verbriefung dar.[5]

2. ABS als Instrument der Unternehmenssteuerung

ABS sind ein flexibles Instrument. Mit ABS verfügt ein Unternehmen über ein weiteres Instrumentarium, mit dem die unternehmerische Zielsetzung im Kontext der Geschäftsfeldpositionierung erreicht werden kann. Grundsätzlich lassen sich ABS für folgende Aspekte der Unternehmenssteuerung nutzen:
– Liquiditätssteuerung
– Bilanzstrukturmanagement
– Rendite- und Risikomanagement
– Aufwands- und Ertragssteuerung
– Steuerung des regulatorischen Eigenkapitals (für Banken)

Im Rahmen der **Liquiditätssteuerung** bieten ABS eine alternative Finanzierungsform gegenüber Kredit- bzw. Geld- und Kapitalmarktprodukten. Über eine ABS-Finanzierung lassen sich Liquiditätskennzahlen beeinflussen und steuern, insbesondere wird eine Erhöhung der Barliquidität erreicht. Außerdem lassen sich Liquiditätsrisiken aus einer fristeninkongruenten Refinanzierung verringern. Industrie- und Dienstleistungsunternehmen nutzen den Finanzierungseffekt von ABS durch die Verbriefung von Forderungen aus ihrer laufenden Geschäftstätigkeit. Ähnlich wie beim Factoring werden die Forderungen veräußert, mit dem Unterschied, dass es sich bei dem Forderungskäufer um eine eigens für den Ankauf gegründete Zweckgesellschaft handelt, die neben dem Ankauf der Vermögensgegenstände und der Refinanzierung über die Emission von Wertpapieren am Kapitalmarkt keine Intermediärfunktionen übernimmt. Banken können mit Verbriefungen auch Liquiditätsrisiken aus unerwarteten Entwicklungen bei Assetpositionen und unerwarteten Veränderungen auf der Passivseite (z. B. Ratingveränderungen) steuern.

Je nach Verwendung der liquiden Mittel bieten sich außerdem Möglichkeiten im Rahmen des **Bilanzstrukturmanagements**, vorausgesetzt es kommt zu einer Ausbuchung der veräußerten Aktiva bei dem Originator. Eine Tilgung von Verbindlichkeiten führt zu einer Bilanzverkürzung und einer Erhöhung der Eigenkapitalquote. Alternativ kann die gewonnene Liquidität auch in ertragreichere Aktiva reinvestiert werden (Aktivtausch). In beiden Fällen steigt die Eigen- und Gesamtkapitalrentabilität.

Im Rahmen der **Rendite- und Risikosteuerung** lassen sich ABS einsetzen, um Ausfallrisiken einzugrenzen. In der Regel wird das erwartete (durchschnittliche) Verlustrisiko vom Originator einbehalten, während alle über die durchschnittlichen Risiken hinaus gehenden Ausfallrisiken an Drittparteien übertragen werden. Hin-

---
[5] Vgl. BCG (2004), S. 13 f.

sichtlich des Kreditportfolios von Banken lassen sich mit ABS Klumpenrisiken aus regionalen oder Branchenkonzentrationen abbauen (ein zunehmender Anspruch der Ratingagenturen), aber auch notleidende Kredite ausplatzieren. Investitionen in bestimmte ABS-Produkte dienen der Diversifikation des Kreditportfolios und damit der Optimierung der Rendite-Risiko-Position. Für Banken relevant ist auch die Möglichkeit, Zinsänderungsrisiken aus fristen- oder zinsinkongruenten Finanzierungen über den Verkauf von Risikoaktiva und die Reinvestition der Erlöse zu steuern.

Eine Senkung der Fremdkapitalkosten kann mit Hilfe von ABS erzielt werden, wenn die Bonität der Aktiva besser ist als die Unternehmensbonität. Wird das Unternehmen durch die ABS-Finanzierung von der zusätzlichen Beschaffung von Eigenkapital befreit, tritt damit zusätzlich eine Ersparnis bei den Eigenkapitalkosten ein.

Die **Erträge des Originators** können durch die Reinvestition der liquiden Mittel in ertragreichere Aktiva gesteigert werden. Banken haben die Möglichkeit, ihr ABS- und Kapitalmarkt-Know-How zur Erschließung neuer Ertragsquellen zu nutzen. Neue Ertragsquellen können dabei aus der Übernahme von Strukturierungs-, Service- oder Treuhandleistungen im Rahmen von ABS-Transaktionen resultieren. Häufig treten Banken auch als Sponsoren von Asset-Backed-Commercial-Paper-Programmen auf, in denen sie Kundenforderungen verbriefen und damit ihr Strukturierungs-Know-How als zusätzliche Ertragsquelle nutzen.

Speziell Banken nutzen synthetische Verbriefungstechniken auch zur Entlastung des **regulatorischen Eigenkapitals**. Insbesondere für Banken, die hinsichtlich ihres regulatorisch vorzuhaltenden Eigenkapitals an ihr Limit stoßen, ist die Eigenkapitalentlastung ein Motiv für die Durchführung synthetischer Verbriefungstransaktionen. Zusätzlich wird mit Hilfe der Verbriefungstechnik unter Basel I eine Form von Arbitrage realisiert, da die aufsichtlichen Anforderungen an das vorzuhaltende Eigenkapital nach Basel I in der Regel höher sind als der ökonomisch notwendige Risikopuffer, der von nicht regulierten Kapitalmarktteilnehmern bereitzuhalten ist. Spezielle Strukturen, die einen Teil des Risikopotenzials des Originators formal den aufsichtlichen Eigenkapitalanforderungen entziehen, haben darüber hinaus eine zusätzliche Eigenkapitalentlastung zur Folge. In beiden Fällen wird mehr regulatorisches Eigenkapital eingespart als in entsprechendem Maße ökonomisches Risiko abgegeben wird. Diese Effekte werden in der Praxis als **Regulierungsarbitrage** bezeichnet.

Ein anschauliches Beispiel für die praktische Nutzung dieser Steuerungsmöglichkeiten mit ABS bietet aktuell der weltgrößte Schiffsfinanzierer mit der Verbriefung eines Portfolios von Schiffskrediten in Höhe von 1 Mrd. Euro.[6] Die Bank will mit dem Instrument „mehr Spielraum für das Neugeschäft" gewinnen (Ertragssteuerung/Steuerung des haftenden Eigenkapitals). Die Bank „reicht nur das Risiko weiter" (Risikosteuerung unerwarteter Verluste) und Schiffskreditrisiken werden gezielt reduziert (Abbau von Konzentrationsrisiken). Da es sich um eine synthetische Verbriefung handelt, fließt jedoch keine Liquidität zu.

---

[6] Vgl. FAZ (2004).

3. ABS als Steuerungsinstrument bei Banken und Nichtbanken als Folge von Basel II

3.1 Basel II und Kreditvergabe

Eine wesentliche Neuerung von Basel II ist der Versuch einer risikosensitiven Eigenkapitalunterlegung. Basel II beschäftigt sich daher unter anderem mit der Messung von Risiken. Im Bereich der Kreditrisiken sieht Basel II als Maßstab für das Ausfallrisiko – je nach gewähltem Ansatz – das Rating externer Agenturen bzw. das bankinterne Rating des Schuldners vor. Welche Konsequenzen diese Kopplung der Eigenkapitalunterlegungspflicht an die Bonität des Schuldners auf die Kundenbeziehungen der Banken haben, wird bereits seit geraumer Zeit öffentlich diskutiert. Sowohl die Wirkung auf die Mengen- als auch auf die Preiskomponente der Kreditversorgung der Wirtschaft sind höchst umstritten und derzeit wohl noch nicht endgültig absehbar.

Für eine generelle Verknappung oder Verteuerung der Kredite kann wohl Entwarnung gegeben werden, da es erklärtes Ziel des Baseler Ausschusses ist, die Eigenkapitalanforderungen insgesamt nicht ansteigen zu lassen.[7] Dieses Ziel wurde während des Entstehungsprozesses wiederholt einer empirischen Überprüfung im Rahmen von Auswirkungsstudien unterzogen und verifiziert.

Experten erwarten jedoch strukturelle Veränderungen insofern, als dass Banken für gute Bonitäten weniger und für schlechte Bonitäten mehr Eigenkapital vorhalten müssen. Noch mehr als bisher kommt es daher für Banken auf eine risikogerechte Bepreisung von Kreditrisiken an. Dementsprechend könnte dies bei Instituten, die individuelle Bonitätsunterschiede in ihrem Portfolio bislang nicht in ihren Kreditpreisen berücksichtigen, zu einer Spreizung der Kreditkonditionen führen.[8]

Welche Konsequenzen sich daraus für die Unternehmenssteuerung ergeben und in welcher Hinsicht ABS hier eine Rolle spielen, soll im Folgenden für den Industrie- und Dienstleistungssektor (Unternehmenssektor), sowie für den Bankensektor dargestellt werden.

3.2 ABS als Steuerungsinstrument für Nichtbanken

Aus den dargestellten Gründen wirkt Basel II unterschiedlich auf die Finanzierungsmöglichkeiten von Unternehmen, wobei die Bonitätsklasse, in der sich das jeweilige Unternehmen befindet, von maßgeblicher Bedeutung ist. Eine zentrale Steuerungsgröße für die Kreditfinanzierungsmöglichkeit eines Unternehmens stellt damit das **Rating** als Maßstab für die Bonität des Unternehmens dar. Für den deutschen Unternehmenssektor stellt sich die Frage, für welche Unternehmen die deutlichsten Konsequenzen aus der neuen Eigenkapitalvereinbarung zu erwarten sind.

Großunternehmen haben tendenziell eher geringere Probleme bei der Kapitalbeschaffung, da sie über ein Rating verfügen und in der Regel Zugang zu den Kapitalmärkten haben. Sie sind bereits für Rating- und Bonitätsfragen sensibilisiert bzw. haben durch ihre Größe die Möglichkeit, sich direkt am Kapitalmarkt zu finanzieren.

---

[7] Vgl. Basel II (2002), S 2.
[8] Vgl. Paul, Stephan (2002), S 35.

Aufgrund der traditionell schwachen Eigenkapitalausstattung kleinerer und mittelständischer Unternehmen in Deutschland und der fehlenden Instrumente zur Schaffung der für den Ratingprozess notwendigen Transparenz sind in diesem Sektor eher größere Probleme hinsichtlich der Kapitalbeschaffung festzustellen, was sich in schlechteren Konditionen äußern kann.[9] Die schwache Eigenkapitalsituation wirkt sich negativ auf die Bonitätseinschätzung aus. Zudem bestehen Defizite in der Verfügbarkeit ratingrelevanter Informationen der strategischen Unternehmensführung, insbesondere hinsichtlich der Lieferung so genannter *Soft Facts* (z. B. Nachfolgerproblematik), aber auch der *Hard Facts* (z. B. 5-Jahres-Plan).

Für die Sicherstellung der Finanzierung dieser Unternehmen kristallisieren sich daher zwei strategische Optionen heraus:
- Die Nutzung unternehmensratingunabhängiger Finanzierungsformen
- Die Verbesserung der Bonität.

Als alternative Finanzierungsinstrumente, die nicht direkt an das Unternehmensrating gekoppelt sind, kommen die Gewinnung externer Eigenkapitalgeber, Gewinnthesaurierung, Mezzanine-Finanzierungen und Finanzierungen über die Aktivseite der Bilanz in Betracht. Um eine Verbesserung der Bonität zu erreichen, gelten als wesentliche strategische Herausforderungen die Stärkung der Eigenkapitalquote sowie die Schaffung von Transparenz.

Externe Kapitalgeber werden im Mittelstandssegment häufig skeptisch beurteilt, da der emotional geprägte Wunsch nach unternehmerischer Freiheit oft wirtschaftliche Nutzenabwägungen dominiert.[10] Neben der Gewinnthesaurierung als interne Finanzierungsform kommt als externes Finanzierungsinstrument – unter anderem – die ABS-Finanzierung in Betracht.

Vor dem Hintergrund der skizzierten Veränderung im Kreditvergabeverhalten der Banken scheinen die Verbesserung von Bonitätskennzahlen sowie die möglicherweise günstige Refinanzierungsmöglichkeit besonders nutzbringende Effekte der ABS-Finanzierung zu sein.

Für die Beurteilung der Vorteilhaftigkeit von ABS-Transaktionen für den Originator gegenüber Finanzierungsalternativen sind die Zinsaufwendungen, die die erwerbende Zweckgesellschaft für die Refinanzierung am Kapitalmarkt bezahlt, und die Kosten der Durchführung der ABS-Transaktion zu berücksichtigen. Eine Senkung der Finanzierungskosten (Zinsaufwand) ist unter Umständen zu erreichen, wenn die ABS-fähigen Aktiva eine im Durchschnitt bessere Bonität besitzen als der Originator selbst, oder wenn das Risiko des Forderungspools leichter zu quantifizieren ist als das des Originators. Im Rahmen von ABS-Finanzierungen sind jedoch zum Teil erhebliche weitere Kostenkomponenten zu berücksichtigen, die durch die Vielzahl eingebundener Parteien[11], sowie aus der notwendigen Bereitstellung von *Credit Enhancements* resultieren. Zusätzliche Einspareffekte entstehen dagegen,

---

[9] Vgl. BdB (2003), 13 ff.
[10] Vgl. Financial Gate/Deloitte/3i (2004), S. 5.
[11] Die beteiligten Parteien an einer ABS-Transaktion umfassen neben dem Originator, der Zweckgesellschaft(en) und den Investoren u. a. auch Investmentbanken, Ratingagenturen, zusätzliche Sicherungsgeber, Wirtschaftsprüfer, Rechtsanwälte.

wenn es durch die ABS-Finanzierung zu einer Reduzierung von Eigenkapitalkosten kommt. Dies setzt voraus, dass der Originator an der Grenze seiner Eigenkapitalquote agiert und für jede Einheit zusätzlichen Fremdkapitals auch das Eigenkapital erhöhen muss.

Auch sollten Ausstrahlungseffekte der ABS-Transaktion auf die zukünftigen Forderungen der Fremdkapitalgeber berücksichtigt werden. Verbrieft der Originator bonitätsmäßig überdurchschnittlich gute Forderungen, könnten sich die übrigen Finanzierungskosten erhöhen, da sich die Qualität des Restportfolios reduziert. Demgegenüber steht der Effekt einer verbesserten Eigenkapitalquote und damit positiveren Bonitätseinstufung, durch die eine Senkung der Finanzierungskosten erzielt werden kann, sofern die liquiden Mittel zur Tilgung von Verbindlichkeiten verwendet werden. Andererseits kann auch die Reinvestition der liquiden Mittel in ertragreiche Aktiva positive Effekte auf den Unternehmenswert haben. Die Beurteilung der Vorteilhaftigkeit sollte also im Einzelfall auch vor dem spezifischen Zielsystem des Unternehmens vorgenommen werden.

Nicht zu unterschätzen sind die hohen qualitativen Anforderungen an das Portfolio, sowie organisatorische Anforderungen bei ABS-Finanzierungen an den Originator. Ratingagenturen und Sponsoren verlangen darüber hinaus umfangreiche Informationen über den Originator und das Portfolio, die häufig nicht in entsprechender Form vorhanden sind und zunächst erhoben und aufbereitet werden müssen.

3.3 Die Zukunft des Kreditgeschäfts

Der oben beschriebene Finanzierungseffekt von ABS steht grundsätzlich auch Banken zur Verfügung. An ABS-fähigen Vermögensgegenständen mangelt es in der Bankbilanz nicht. Allerdings stehen Banken auch andere attraktive Refinanzierungsmöglichkeiten zur Verfügung, da sie geratet sind und naturgemäß einen breiten Kapitalmarktzugang haben. Der Bedarf der Finanzierung durch ABS bei Banken ist von ihrem Rating und ihrer Ertragslage abhängig und damit vom Zugang zu Refinanzierungsalternativen. Im April 2003 haben einige deutsche Banken unter Moderation der KfW die „True Sale-Initiative" ins Leben gerufen, um eine Plattform für die Verbriefung von Bankkrediten zu schaffen. Neben anderen Zielen soll die Plattform den Banken die Möglichkeit einer ratingunabhängigen Refinanzierung geben und die Kreditversorgung insgesamt, insbesondere auch für den Mittelstand stärken.[12] Abgesehen von der Bedeutung von ABS als Finanzierungsinstrument können ABS für Banken unter Basel II auch Steuerungsimpulse im Rahmen eines durch Basel II induzierten Geschäftsmodells liefern, das im Folgenden kurz dargestellt werden soll.

Im Kreditgeschäft muss eine Bank die Kostenkomponenten Verwaltungs-, Refinanzierungs-, Risiko- und Eigenkapitalkosten verdienen. Wie bereits oben dargestellt sieht Basel II eine bonitätsabhängige Unterlegung von Krediten mit Eigenkapital vor. Institute, die diese Bonitätsunterschiede bislang nicht ausreichend in ihren

---

[12] Vgl. KfW (2003), S. 1 f.

Kreditpreisen berücksichtigt haben, könnten zu Anpassungen gezwungen sein. In der Folge kommt es möglicherweise zu einer Spreizung der Kreditkonditionen für bonitätsstarke und bonitätsschwache Unternehmen.[13] Die Preisgestaltung zur Deckung der Eigenkapitalkosten unter Berücksichtigung des eingegangenen Risikos gewinnt unter Basel II eine zusätzliche Bedeutung für Steuerungsaufgaben in Banken. Der neue Baseler Akkord bietet Anreize, die Ausnutzung des Eigenkapitals durch eine gezielte Steuerung des Aktivportfolios unter Risiko-Rendite-Gesichtspunkten zu optimieren, da eingegangene Risiken im Aktivgeschäft in Zukunft bonitätsabhängig mit Eigenkapital zu unterlegen sind.

Welches Wertschöpfungspotenzial ABS in diesem Szenario haben, wird im Folgenden dargestellt. Von Bedeutung in diesem Zusammenhang sind die Transfer- und die Transmissionsfunktion von ABS.

Durch *Asset-Backed-Securities* können Vermögensgegenstände und/oder ihre Risiken auf andere Finanzmarktteilnehmer übertragen werden. Daraus resultieren **Finanzierungs- und Risikotransfereffekte** wie sie oben dargestellt werden. ABS dienen damit als Instrument für eine aktive Steuerung des Kreditportfolios unter Risiko-/Renditeaspekten. Der zusätzliche Anreiz durch Basel II für eine aktive Portfoliosteuerung fördert möglicherweise den Einsatz von ABS als Instrument auch für den Transfer erwarteter Risiken. Als Absatzmarkt kommt hier der nicht regulierte Sektor in Betracht, wobei der Blick in die USA zeigt, dass auch in höheren Risikokategorien Nachfrage besteht.

Eine weitere Funktion von ABS könnte im Rahmen einer aktiveren Kreditportfoliosteuerung für Banken durch Basel II zusätzliche Bedeutung gewinnen. Durch die Technik der Bündelung und Strukturierung der Kredite in kapitalmarktfähige Wertpapiere werden zuvor illiquide Kredite handelbar gemacht. ABS fungieren hier gewissermaßen als Transmissionsriemen zwischen einem liquiden Anleihemarkt und dem illiquiden Kreditmarkt. Diese **Transmissionsfunktion** führt zu einer Integration des Kredit- und Kapitalmarkts. Kreditrisiken von Unternehmen werden beispielsweise auf dem Markt für Unternehmensanleihen täglich gehandelt und bewertet. Auf dem Kreditmarkt ist ein Sekundärhandel eher die Ausnahme; Konditionen werden bilateral und fern jeglicher Angebots- und Nachfragemechanismen verhandelt. Zum Teil veranlasst der Wettbewerbsdruck unter den Banken bislang die Kreditvergabe zu Konditionen, die noch unter denen liegen, die der Kapitalmarkt für die Übernahme der Risiken bereitstellt.[14]

Gleiche Risikokategorie, gleicher Preis – so lautet die Konsequenz aus der Baseler Vereinbarung. Dabei drängt sich der Gedanke einer doktrinierten **Preiskartellierung** auf. Durch die bonitätsabhängige Eigenkapitalunterlegung gibt Basel II Anreize für eine risikoadjustierte Preisgestaltung und eine optimierte Nutzung der knappen Ressource Eigenkapital. Für Banken gilt es aber auch, die Bepreisung von Kreditrisiken durch den Kapitalmarkt zu berücksichtigen, um keine Risiken unter Marktpreis einzugehen und Bewertungsdifferenzen zwischen Kredit- und Kapitalmarkt zu nutzen. Hier könnten Banken die Transmissionsfunktion von ABS nutzen,

---

[13] Vgl. Paul, Stephan (2002), S. 35.
[14] Vgl. Kengeter, Carsten (2003), S. 18 f.

um auch im Kreditgeschäft Maßstäbe wie im Treasury anzusetzen. Durch die Integration von Marktmechanismen in die Bewertung des Kreditgeschäfts lassen sich Steuerungsimpulse für das Aktivgeschäft der Banken generieren.[15] Das Eingehen von Risikopositionen im Kreditgeschäft steht in Konkurrenz zu entsprechenden Investitionen in ABS-Produkte am Kapitalmarkt. Die Bewertung der Risikoposition erfolgt dementsprechend zu dem Preis, zu dem sie am Kapitalmarkt in Form von ABS abgesetzt werden könnte. Die Festsetzung der Eigenkapital- und Risikokosten im Aktivgeschäft sollte sich demnach an den Ausplatzierungskosten entsprechender Risikopositionen orientieren.

Ein solches Modell erfordert sowohl Anpassungen im Kreditvergabeprozess als auch der internen Kommunikationsschnittstellen. Die ABS-Fähigkeit von Krediten und die Gewinnung von ausplatzierungsrelevanten Informationen könnten in diesem Zusammenhang ein bedeutender Wettbewerbsfaktor sein, um eine flexible Gestaltung des Aktivportfolios zu ermöglichen. Die Schnittstelle Portfoliosteuerung/Kapitalmarkt – Kreditvertrieb ist im Hinblick auf die Durchleitung entsprechender Steuerungsinformationen auszubauen. Vor dem Hintergrund von Basel II ist eine wesentliche Chance darin zu sehen, durch die Umsetzung der auf der Kapitalmarktseite gewonnenen Informationen über Steuerungsimpulse für das Kreditgeschäft, eine Optimierung des Rendite-/Risikoprofils des Kreditportfolios zu erreichen.

ABS hat bereits in dieser Hinsicht den bestehenden Trend von der Buy-and-Hold-Strategie im Kreditgeschäft hin zu einer **Buy-and-Sell-Strategie** gefördert. Insofern sind ABS sowohl Ursache als auch Folge eines neuen Geschäftsmodells für Banken. Ein zukunftsweisendes Geschäftsmodell, hier als das 3-Säulen-Geschäftsmodell[16] bezeichnet, mit den Trägern

- Vertrieb
- Kreditadministration
- Portfoliomanagement[17]

wird durch die Transfermöglichkeiten von Krediten und Kreditrisiken durch Instrumente wie ABS, Kreditderivate, Syndizierungen und Kreditsekundärmarkthandel erst ermöglicht. Sie fördern marktlich organisierte Kooperationsformen zwischen den drei Säulen und erlauben eine organisatorische Trennung von Risikoakquisition, -verwaltung und -übernahme. Die Arbeitsteilung ermöglicht eine Konzentration auf die Kernkompetenzen innerhalb der jeweiligen Säule und die Nutzung von Spezialisierungsvorteilen zur Realisierung neuer Wertschöpfungspotenziale. Das Portfoliomanagement entwickelt sich von einer reinen Risikobeobachtung und -erfassung zu einem aktiven Management von Risikopositionen durch An- und Verkauf, um das Rendite-/Risikoprofil des Kreditportfolios zu optimieren. Zugleich resultieren aus dieser Rolle auch die oben beschriebenen Möglichkeiten zur Generierung von Steuerungsimpulsen für das Aktivgeschäft.

---

15 Vgl. Grassinger, Robert (2002), S. B 8.
16 Im Unterschied zum 3-Säulen-Modell des deutschen Bankensektors: Öffentliche, Genossenschafts- und Privatbanken.
17 Oder institutionell: Vertriebsbank, Technikbank, Portfoliobank.

3.4 ABS als Instrument zur Optimierung der Kreditportfoliosteuerung im RORAC-Konzept

Der Baseler Ausschuss hat das erklärte Ziel, mit dem neuen Akkord zu wesentlich risikosensitiveren Kapitalanforderungen zu kommen.[18] Dadurch soll das regulatorische Eigenkapital, welches eine Bank für eine bestimmte Forderung gegenüber einem Kunden unterlegen muss, dem ökonomischen Risikogehalt der Forderung angenähert werden. Wie oben bereits dargestellt, ist eine risikoadjustierte Preisgestaltung in Abhängigkeit der Eigenkapitalkosten in Zukunft notwendig, um das Risiko-/Renditeprofil einer Bank zu optimieren. Im Folgenden werden Verbriefungstransaktionen als Instrument zur Risiko-/Renditeoptimierung des Portfolios von Banken am Beispiel des **RORAC**[19]**-Steuerungskonzeptes** dargestellt.

Ein zentraler Bezugspunkt des Rentabilitäts- und Risikocontrollings einer Bank ist das Risiko-Chancen-Kalkül. Darin erfolgt die Untersuchung der Frage, ob und inwieweit Risiken, die von einer Bank übernommen werden, lohnen und in welche Geschäftsbereiche das Risikokapital zu allokieren ist, um eine Optimierung der Risikoperformance vorzunehmen.[20] Den Kern dieser Untersuchungen bilden die **risikoadjustierten Eigenkapitalkosten**, die im Sinne von Ergebnisvorgaben aus den Risikopositionen erwirtschaftet werden müssen. Diese bankspezifisch ermittelten Eigenkapitalkosten werden in eine Mindest-Eigenkapitalrentabilität (Ziel-ROE[21]) transformiert. Der daraus abgeleitete Ziel-RORAC bildet die Grundlage der risikoadjustierten Performancemessung. Der RORAC kann sowohl als Ist- als auch als Ziel-Größe berechnet werden. Zur Berechnung dieser Kennziffer ist das Nettoergebnis aus den Bankgeschäften (vor risikoadjustierten Eigenkapitalkosten) ins Verhältnis zum risikoadjustierten Eigenkapital zu setzen. Das Risikokapital bzw. das **ökonomische Kapital** leitet sich aus dem mit dem Value-at-Risk-Konzept gemessenen Risiko ab.

Die RORAC-Kennziffern stellen durch ihre systematische Bezugsetzung des Nettoergebnisses zum eingesetzten ökonomischen Kapital den Zusammenhang zwischen Risiko und Ertrag dar. Sie dienen sowohl als Planungs- als auch als Kontrollinstrument. Wie oben bereits dargestellt, sind der Ziel-RORAC und der Ist-RORAC für eine ex-post-Kontrolle der Gleichgewichtsbeziehungen heranzuziehen.[22] Mit Hilfe der RORAC-Kennzahlensysteme kann das ökonomische Kapital durch Berechnung von bestimmten Risikolimits auf bestimmte Geschäftsbereiche allokiert werden. Im Zentrum steht dabei das Ziel, die Wertsteigerungserwartung in Risiko- und Ertragskennzahlen umzusetzen und auf diese Weise für die einzelnen Geschäftsbereiche Barwertansprüche zu berechnen. So kann eine Bank zum einen die Risikokapitalallokation und zum anderen die erforderliche Rendite aus dem eingesetzten Risikokapital im Gesamtbankportfolio gezielt steuern. Eine solche Gesamtbank-RORAC optimierende Risikokapitalallokation ist vor allem eine stra-

---
[18] Vgl. Basel II (2004), S. 2.
[19] Return on Risk Adjusted Capital.
[20] Vgl. hierzu und im Folgenden Schierenbeck, Henner (2003), S. 43.
[21] Return on Equity.
[22] Vgl. Schierenbeck, Henner (2003), S. 508.

tegische Aufgabe der Geschäftspolitik.²³ Damit sind die RORAC-Kennziffern ein wichtiges Element der Risiko-/Renditeoptimierung im Rahmen einer ertragsorientierten Banksteuerung.

Über Verbriefungen kann sowohl die Rendite- als auch die Risikokomponente im RORAC-Konzept beeinflusst werden. Renditevorteile können sich in einer traditionellen Verbriefung durch die Investition der frei werdenden liquiden Mittel in Aktiva mit einer höheren Rendite ergeben. Bei unverändertem Eigen- und Gesamtkapital steigen dann die Eigen- und Gesamtkapitalrentabilität.²⁴

Wird über die Betrachtung der RORAC-Kennziffern eine Fehlallokation von Risikokapital festgestellt und möchte eine Bank aufgrund dessen eine Umschichtung zur Optimierung der Portfoliostruktur unter Rendite-/Risikoaspekten durchführen, dann stellt die Verbriefung von Aktiva durch ABS eine Möglichkeit hierzu dar. Durch die Verbriefung von Forderungen kann der Originator das in den Forderungen enthaltene Kreditrisiko steuern. Sowohl bei der synthetischen als auch der traditionellen Verbriefung wird das Risiko teilweise oder vollständig auf einen Investor übertragen. In der Regel behält der Originator einen Teil des Risikos in Höhe des erwarteten (durchschnittlichen) Ausfallrisikos zurück. Für den Originator reduziert sich auf diesem Weg das in seinem Risikomanagement zu berücksichtigende Kreditrisiko auf den durchschnittlich zu erwartenden Verlust. Auf diese Weise wird dem Originator ein effizienteres Risikomanagement ermöglicht.²⁵ Das frei werdende Risikokapital kann nach der Umschichtung auf andere Risikobereiche allokiert werden. Die beschriebene positive Auswirkung stellt sich jedoch nur ein, wenn die verbrieften Forderungen der durchschnittlichen Forderungsqualität des Portfolios entsprechen. Werden dagegen nur Forderungen der besten Qualität veräußert, während hauptsächlich Forderungen schlechterer Qualität im Portfolio verbleiben, ist das verbleibende Kreditrisiko im Restportfolio höher als vor der Verbriefung.

Im Zusammenspiel von risiko- und renditeorientierten Kennziffern wie dem oben dargestellten RORAC stellt eine Bank fest, ob das zukünftig zu erwirtschaftende Ertragspotenzial aus den Aktiva ausreichend ist im Verhältnis zu den Kosten für das vorzuhaltende regulatorische bzw. ökonomische Risikokapital. Die Portfoliosteuerung, hier am Beispiel des RORAC-Konzeptes, in Verbindung mit ABS als Finanzierungs- und Risikotransferinstrument stellt ein Instrumentarium dar, der von Basel II induzierten Anforderung an eine Optimierung der Ressource Eigenkapital nachzukommen.

3.5 Möglichkeiten der Eigenkapitalentlastung und der Regulierungsarbitrage für Banken unter Basel II

Grundsätzlich verfolgt Basel II das Ziel der Annäherung des regulatorisch vorzuhaltenden Eigenkapitals an das ökonomisch notwendige Eigenkapital als Risikoträger. Unter Basel II soll Regulierungsarbitrage nicht mehr Motivation von Verbriefungen

---

[23] Vgl. Schierenbeck, Henner (2003), S. 516.
[24] Vgl. Wolf, Martin (2001), S. 485.
[25] Vgl. hierzu und im Folgenden Wolf, Martin (2001), S 486.

sein.[26] Aus Sicht des Baseler Ausschusses sind derartige Techniken unerwünscht, da sie das erklärte Ziel der Stärkung der Solidität und Stabilität des internationalen Bankensystems unterlaufen.

Im Beitrag „Securitisation und Behandlung von ABS-Transaktionen" werden die Wirkungen des neuen Baseler Akkords im Vergleich zu Basel I anhand eines Beispielportfolios untersucht. Der Vergleich scheint die These zu bestätigen, dass das Eigenkapitalentlastungs- und Arbitragepotenzial von synthetischen Transaktionen, wie sie derzeit von deutschen Originatoren durchgeführt werden, durch Basel II möglicherweise eingeschränkt wird. Das Beispiel bezieht sich allerdings auf ein Portfolio von Unternehmensforderungen. Die Ergebnisse der Untersuchung lassen sich nicht verallgemeinern, da die Unterlegungspflichten für unverbriefte Portfolios stark von der zugrunde liegenden *Risikoaktivaklasse* abhängen. Die beispielhafte Gegenüberstellung von Eigenkapitalanforderungen an unverbriefte und verbriefte Portfolios sowie an Verbriefungspositionen im **Standardansatz (SA)** und im **Ratingbasierten Ansatz (RBA)** macht jedoch deutlich, dass in bestimmten Risikokategorien Inkonsistenzen im neuen Baseler Akkord hinsichtlich der Beurteilung des Risikopotenzials bestehen. Grundsätzlich werden dadurch neue Arbitragepotenziale geschaffen. Um diese auszunutzen, müssen Marktteilnehmer die Strukturen von ABS-Transaktionen jedoch auf diese neue Form der Arbitragemöglichkeiten anpassen. Inwieweit sich der Arbitrageeffekt unter Berücksichtigung aller ökonomisch relevanten Faktoren im Rahmen einer ABS-Transaktion noch rentabel nutzen lässt, ist noch zu untersuchen.

4. Fazit

Als Fazit für
– den ABS-Markt
– die Marktteilnehmer
– die Banken (Geschäftsmodell)
– die Aufsicht

lässt sich festhalten, dass die Zukunftsfähigkeit von ABS auch nach Basel II gesichert ist und sogar gefördert wird, weil das Produkt ABS auf einen entsprechenden Marktbedarf stößt. Der Markt ist weiterhin ein Treiber von Verbriefungen, weil Wertschöpfungspotenziale neu entstehen.

Für zahlreiche Marktteilnehmer, wie (Investment-)banken, Originatoren, Ratingagenturen, Wirtschaftsprüfer und Rechtsanwälte ergibt sich aus den dargestellten Gründen eine Win-Win-Situation im Zusammenhang mit ABS. Die Teilnehmer organisieren sich arbeitsteilig in der Wertschöpfungskette bzw. dem Wertschöpfungsprozess ABS gemäß ihrer Kernkompetenz.

Die Hauptmotive für die Nutzung und die Form der Durchführung von Transaktionen werden sich möglicherweise unter den neuen aufsichtsrechtlichen Vorschriften ändern. Für mittelständische Unternehmen in Deutschland bietet sich durch ABS eine zum Bankkredit alternative Finanzierungsform, die durch die ver-

---

[26] Vgl. Börsen-Zeitung (2002), S. 18.

änderten Rahmenbedingungen an Attraktivität gewinnen dürfte. Die Vorteilhaftigkeit von ABS als Finanzierungsinstrument muss im individuellen Kontext des Zielsystems der Unternehmung analysiert und beurteilt werden.

Für Banken entstehen durch Basel II zusätzliche Anreize, das Instrument ABS zum einen in der Rendite-/Risikosteuerung des Kreditportfolios einzusetzen, aber auch, das skizzierte 3-Säulen-Geschäftsmodell zu fördern und umzusetzen. Insbesondere der Trend von der Buy-and-Hold hin zu einer Buy-and-Sell-Strategie wird mit Hilfe von Instrumenten wie ABS erst ermöglicht. Bei einer konsequenten Umsetzung des Geschäftsmodells lassen sich durch die Ausplatzierung von ABS auch Steuerungsimpulse für das Aktivgeschäft generieren, die eine risikoadjustierte Preisgestaltung im Sinne von Basel II unterstützen.

In diesem Sinne fördert die Aufsicht mit der Vorlage des Baseler Akkords das Instrument ABS aus der Perspektive der Unternehmenssteuerung. Es liegt auch im Interesse der Aufsicht, die Anwendung von Risikotransferinstrumenten zu fördern. Dadurch werden Risikopotenziale unter Nutzung von Marktmechanismen auf Risikoträger verteilt und das Oberziel der Bankenregulierung, die Stabilität des Finanzsystems sicherzustellen, unterstützt.

Literaturverzeichnis

Bär, Hans-Peter (2000): Asset Securitisation – Die Verbriefung von Finanzaktiven als innovative Finanzierungstechnik und neue Herausforderung für Banken, 3., unveränderte Auflage, Bern u. a., 2000

Basel II (2002): Overview Paper for the Impact Study, Basel Committee on Banking Supervisions, October 2002

Basel II (2004): Internationale Konvergenz der Kapitalmessung und Eigenkapitalanforderungen, Überarbeitete Rahmenvereinbarung, Baseler Ausschuss für Bankenaufsicht, Juni 2004

BdB (2003): Mittelstandsfinanzierung vor neuen Herausforderungen, Reihe „Daten, Fakten, Argumente", Bundesverband deutscher Banken, Berlin, 2003

Börsen-Zeitung (2002): „Eigenkapital-Arbitrage durch ABS lohnt nach Basel II nicht mehr", Interview mit Martin Bourbeck, Mitglied der Securitisation Group im Baseler-Ausschuss für Bankenaufsicht, in: Börsen-Zeitung vom 6. Juli 2002, S. 18

FAZ (2004): HSH Nordbank wird Teil ihrer Schiffskredite verbriefen/Der größte Schiffsfinanzierer der Welt will damit mehr Spielraum für das Neugeschäft gewinnen, in: Frankfurter Allgemeine Zeitung vom 2. September 2004, S. 15.

Financial Gate/Deloitte/3i (2004): Eigenkapital stärken – aber wie? Welche Finanzierungsinstrumente Mittelständler bevorzugen, Reihe Finance Studien im F.A.Z.-Institut, Juni 2004

Grassinger, Robert (2002): MBS haben sich bei deutschen Banken und bei Institutionellen etabliert, in: Börsen-Zeitung vom 01. März 2002, S. B8

Hagen, Louis (2003): Der Pfandbrief – Verbriefung Made in Germany, in: Zeitschrift für das gesamte Kreditwesen, 56. Jahrgang, 15. Juni 2003, S. 652-652

Kengeter, Carsten (2003): Die Signifikanz des Credit Default Swap, in: Zeitschrift für das gesamte Kreditwesen, 56. Jahrgang, 15. Juni 2003, S. 627-631

Paul, Stephan (1994): Bankenintermediation und Verbriefung – Neue Chancen und Risiken für Kreditinstitute durch Asset Backed Securities?, Wiesbaden, 1994

Paul, Stephan (2002): Basel II im Überblick, in: Basel II und MaK: Vorgaben, bankinterne Verfahren, Bewertungen, Gerhard Hofmann (Hrsg.), Frankfurt am Main, 2002, S. 5-44

Schierenbeck, Henner (2003): Ertragsorientiertes Bankmanagement, Band 2: Risiko-Controlling und integrierte Rendite-/Risikosteuerung, 8. Auflage, Wiesbaden, 2003

Wolf, Martin (2001): Asset Backed Securities-Transaktionen als Instrument der Gesamtbanksteuerung, in: Gesamtbanksteuerung, Roland Eller u. a. (Hrsg.), Stuttgart, 2001, S. 477-489

V. Erfolgreiche Umsetzung von Basel II

Hans Peter Hochradl, Inge Reuling

Inhalt:

		Seite
1	Einleitung	445
2	Planung eines Basel II-Projekts	446
	2.1 Basel II als Auslöser für Veränderungen	446
	2.2 Abhängigkeit zu anderen Projekten	449
	2.3 Einflussfaktoren auf die Planung	450
3	Operationelle Risiken	453
	3.1 Ausgangssituation	453
	3.2 Ansätze zur Unterlegung operationeller Risiken	454
	3.3 Bestandteile der Ambitionierten Messansätze	454
	3.3.1 Operational Risk Management-Prozess	454
	3.3.2 Aufbau einer Verlustdatenbank	457
	3.3.3 Risikoindikatoren	458
	3.4 IT-Unterstützung für den ORM-Prozess	459
4	Umsetzung der Kreditrisikounterlegung	460
	4.1 Ausgangssituation	460
	4.2 Datenmanagement als verbindende Disziplin	461
5	Konzeption der funktionalen und der IT-Architektur für Basel II	467
	5.1 Ist-Zustand und Parallelprojekte	468
	5.2 IT-Architektur: Herausforderungen und Designentscheidungen	468
	5.3 Basel II-Applikationsarchitektur	473
	5.3.1 Identifikation funktionaler Komponenten und Design der logischen Applikationsarchitektur	473
	5.3.2 Bewertung der Ist-Architekturen und Bewertung des Software-Markts	482
	5.3.3 Entwurf der physischen Applikationsarchitektur	485
6	Zusammenfassung und Ausblick	486

1. Einleitung

Die Umsetzung eines Basel II-Projekts unterscheidet sich im Projektansatz nicht wesentlich von anderen Implementierungsprojekten.

Die Projektvorgehensweise beinhaltet daher auch die grundsätzlichen Schritte:
- Anforderungs- und Auswirkungsanalyse
- Gap-Analyse
- Implementierungsstrategie
- Design und Realisierung
- Langfristige Nutzenerzielung

Zu beachten sind Faktoren wie Komplexität, die Vielfalt an Schnittstellen und nur partiell am Markt erhältliche Standardsoftware. Erschwerend kommen die häufigen Anpassungen des Regelwerks hinzu, die aus Basel II ein *Moving Target* machen.

Bisherige Projekte haben gezeigt, dass das Datenmanagement und der Aufbau der Applikationsarchitektur wesentliche Erfolgsfaktoren eines Basel II-Projekts und Kern der Zusammenarbeit zwischen Fachbereichen und IT sind. Die Grundsätze Vollständigkeit, Richtigkeit und Nachvollziehbarkeit haben durch Basel II eine besondere Bedeutung erhalten. Das *Moving Target* setzt bis zur endgültigen Verabschiedung des Akkords in nationales Recht voraus, dass bereits erarbeitete Projektergebnisse bei Bedarf zeitnah angepasst werden können. Da das Baseler Komitee bereits angekündigt hat, auch in Zukunft Modifikationen am Akkord vorzunehmen, geht diese Aufgabe aber über das Inkrafttreten von Basel II hinaus.

Vergleicht man Basel II-Projekte von Banken unterschiedlicher Ausrichtung und Größe, zeigt sich, dass die Vorgehensweise bis zur Designentscheidung recht ähnlich verläuft. Diese Projektschritte mit dem Fokus auf Gap-Analyse, Implementierungsstrategie und Design werden nachfolgend beschrieben. Die Individualität nimmt zu, je näher an den vorhandenen und geplanten Applikationsarchitekturen und deren Realisierung gearbeitet wird.

Langfristige Ziele und Nutzenerzielung neben den Basel II-Pflichtaufgaben sind Treiber, um Entscheidungen zur Implementierung voranzutreiben. Dies setzt voraus, dass die Bank ihre strategische Ausrichtung klar kennt.

2. Planung eines Basel II-Projekts

2.1 Basel II als Auslöser für Veränderungen

Der so genannte Basel II-Akkord beeinflusst die Arbeitsweise und das Management vieler Banken. Seit der Baseler Ausschuss im Juni 1999 den ersten Entwurf des neuen Akkords publiziert hat, haben wir signifikante Entwicklungen in der Art gesehen, wie Banken ihre Basel II-Projekte angehen. Es scheint, als war insbesondere die *Quantitative Impact Study 3 (QIS 3)* einer der Hauptkatalysatoren für das Herauskristallisieren einer Grundstimmung. Klar wurde, dass die Mehrheit der Banken, unabhängig von deren Größe, das Ziel einer *Internal Ratings Based (IRB)-Akkreditierung* verfolgen bzw. langfristig deren Umsetzung beabsichtigen. Andererseits bestand und besteht noch viel Unsicherheit in der Abschätzung der notwendigen Investitionen und Sorge, ob der fortgeschrittene IRB-Ansatz (*Advanced IRB*) in der gegenwärtigen Ausgestaltung genügend Kapital freigibt, die zusätzlichen Infrastrukturinvestitionen wirtschaftlich zu rechtfertigen.

Um es der IT zu ermöglichen, diese aufsichtsrechtlichen Regularien und die bankinternen Notwendigkeiten in eine technische Lösung umzusetzen, sind klare Anforderungsdefinitionen ebenso unabdingbare Voraussetzung wie eine eindeutige Kommunikation und ein gut koordinierter Projektplan für die gesamte Bank. Ein **Projektlebenszyklus** für die Implementierung von Basel II-Lösungen für Kreditrisiken ist in Abbildung 1 dargestellt. Die meisten Banken haben die Phase „Anforderungsanalyse" in 2003 mit Ausnahme der bis dahin im Akkord noch nicht eindeutig geregelten Punkte beendet, viele auch schon die „Auswirkungsanalyse". Das Jahr 2004 und das erste Halbjahr 2005 sind geprägt von „Design und Realisierung"

V. Erfolgreiche Umsetzung von Basel II

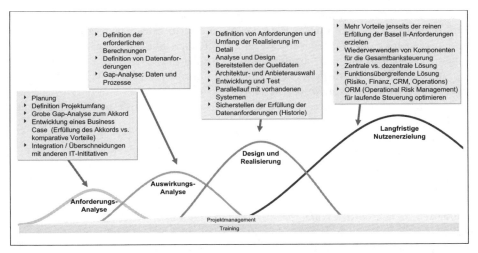

Abbildung 1: Projektlebenszyklus für die Implementierung von Lösungen für Kreditrisiken

einer Basislösung und der Identifikation der künftigen Vorgehensweise *(Target Operating Model)* für das Erreichen der Basel II-Compliance.

Während „Design und Realisierung" eine IT-Basislösung für das Inkrafttreten von Basel II sicherstellen, bedeutet „langfristige Nutzenerzielung", die für die Basel II-Compliance aufgebauten Vorgehensweisen und IT-Lösungen auch für die interne Steuerung zu optimieren sowie die Kapitalanforderungen durch optimierte IRB-Ansätze zu vermindern. Die Verwendung der Basel II-Lösungen für die interne Steuerung gewinnt an Bedeutung und wird dann zur Verpflichtung; Grundvoraussetzung ist eine schnelle Verfügbarkeit der notwendigen Informationen.

Aus IT-Sicht sind im Projekt eine Reihe von architektonischen Komponenten zu prüfen und ggf. zu erweitern: z. B. Front- und Back-Office-Systeme für die Kreditvergabe, Systeme für Sicherheitenverwaltung, Rating, Kalkulation des Exposures, Reporting, Meldewesen etc. Die Mehrzahl dieser Komponenten sind bereits in den Banken vorhanden, bedürfen aber Anpassungen, um die Basel II-Anforderungen zu erfüllen. Sind neue Komponenten erforderlich, zeigt sich, dass die benötigten Softwarelösungen teilweise bereits am Markt existieren, u. U. aber weiterentwickelt werden müssen. Bei der Auswahl des Implementierungsansatzes und der technischen Architektur müssen drei grundsätzliche strategische Betrachtungen berücksichtigt werden:

- Der Akkord wurde und wird weiterentwickelt. Flexibilität in der technischen Architektur kann helfen, die Finalisierung des Akkords und weitere Modifikationen durch das lokale Aufsichtsrecht rasch umzusetzen.
- Die Basel II-Lösung muss effizient in die existierende Systemlandschaft eingebettet werden können und auch parallele Projekte wie IAS/IFRS berücksichtigen.
- Spätestens bei Überlegungen zur langfristigen Nutzenerzielung soll die Basel II-Lösung weitere Nutzen wie Reduzierung der Eigenkapitalanforderungen und Erhöhung des *Shareholder Value* liefern.

Der Baseler Akkord ist nicht nur eine regulatorische Anforderung, sondern soll als Optimierungsprogramm für das Risikomanagement aufgefasst werden, um das Risikomanagement insgesamt zu verbessern. Die Qualität und Nutzbarkeit der technischen Basel II-Lösung wird an der Umsetzung der Anforderungen gemessen. Für die Anforderungsdefinition spielen Aufsichtsbehörden, Business Manager, Risikomanager und Finanzverantwortliche eine entscheidende Rolle. Um deren Anforderungen umzusetzen, ist eine enge Zusammenarbeit zwischen IT und Fachbereichen unabdingbar.

Basel II – Ein Projekt wie jedes andere?

Nach Veröffentlichung des zweiten Konsultationspapiers im Januar 2001 und der damit verbundenen Zulassung interner Ratings für die Kapitalunterlegung wurde Basel II zu einem besonders herausfordernden Projekt. Mittlerweile zeigt sich in laufenden Projekten der Alltag großer Transformationsprojekte. Besonders hervorzuheben ist immer noch das Management der Komplexität, viele Interdependenzen, umfangreiches Datenmanagement sowie die Neuartigkeit der Themen, die die gesamte Bank und nicht nur einzelne Geschäftsbereiche umfassen. Vorgehensweisen für ein Basel II-Projekt hängen grundsätzlich von den spezifischen Gegebenheiten der jeweiligen Bank ab. **Mehrstufige Phasenmodelle** und die frühzeitige Entwicklung von Prototypen haben sich auch für die Transformationen durch Basel II bewährt. Ein wesentlicher Erfolgsfaktor für das derart komplexe Projekt ist ein funktionierendes Projektmanagementbüro, das neben der Projektsteuerung die bankweite Kommunikation und Abstimmung übernimmt und sicherstellt.

Bis zur Fertigstellung des Akkords im Sommer 2004 lag noch eine weitere Herausforderung darin, laufende Aktivitäten und Überarbeitungen des Baseler Ausschusses bankintern zu koordinieren und insbesondere Neuerungen in bereits vorhandene Projektergebnisse einzubringen. Zusätzlich zu einem methodischen Vorgehen haben sich Verweise und Referenzen auf die Paragrafen des Akkords als hilfreich herausgestellt, die einerseits die direkte Rückführung auf die originären Anforderungen aus dem Akkord ermöglichen, andererseits Hilfsmittel sind, um die Updates und Ergänzungen bis zur Finalisierung auch durch lokale Aufsichtsbehörden nachzuziehen.

Prämissen für eine Basel II-Implementierung

Bevor eine Basel II-Implementierung zielsicher im Detail geplant und gestartet werden kann, muss eine Vielzahl von Vorarbeiten abgeschlossen sein:
- Definition und Abstimmung der Fachanforderungen
- Festlegung des Ansatzes für Kreditrisiko, ob Standardansatz, IRB-Ansatz oder *Partial Use* angewandt werden soll. Dies ist durch entsprechende Proberechnungen zu dokumentieren. Ebenso Auswahl des Ansatzes für operationelle Risiken.
- Die Erstabstimmungen mit den Aufsichtsbehörden hinsichtlich der Wahl der Ansätze, der grundsätzlichen Projektvorgehensweisen und der angestrebten Zeitschienen sollten schon zu Beginn der Implementierungsaktivitäten stattgefunden haben. Der gesamte Abstimmprozess mit den Aufsichtsbehörden bis Livebetrieb,

zu beachtende Fristen und Sonderregelungen können schon frühzeitig festgelegt und mit der Gesamtprojektplanung in Einklang gebracht werden. Gerade die Kommunikation von Besonderheiten der jeweiligen Bank ist wichtig, um die in den aufsichtsrechtlichen Regelungen enthaltenen Spielräume und Detailfragen abzustimmen.
– Der Business Case ist berechnet und es ist festgelegt worden, ob das primäre Ziel die Erfüllung der Basel II-Anforderungen ist, oder ob organisatorische und technologische Erweiterungen zur Realisierung von Optimierungspotenzialen direkt in die Projektarbeit einfließen.

2.2 Abhängigkeit zu anderen Projekten

Die Anforderungen aus dem Baseler Akkord sind breit gefächert und bedingen Projektaktivitäten über die gesamte Bank. Neben dem Tagesgeschäft sind Abhängigkeiten und Interdependenzen zu weiteren Aktivitäten zu beachten.

Gerade hinsichtlich der zeitlichen Vorgaben für IAS/IFRS nutzen manche Banken die Möglichkeit, Analysen der Quellsysteme und mögliche Synergieeffekte der technischen Umsetzung gemeinsam für beide Themen durchzuführen und zu nutzen. Die Entscheidung, ob parallele oder völlig getrennte Projekte durchgeführt werden, lässt keinen klaren Trend erkennen. Viele Banken jedoch, die sich beispielsweise bei der Umsetzung von IAS für einen Standardsoftwareanbieter mit einer Gesamtlösung entscheiden, wählen für Basel eine völlig andere Vorgehensweise, z. B. Eigenentwicklung oder Best-of-Breed-Komponentenlösung. Fallen Entscheidungen für eine Komponentenarchitektur, so gibt es einige Banken, die auf bestehende **Data Warehouses** zurückgreifen und diese für Basel und IAS erweitern. Abbildung 2 zeigt die Zusammenhänge bei der Offenlegung mit IAS/IFRS:

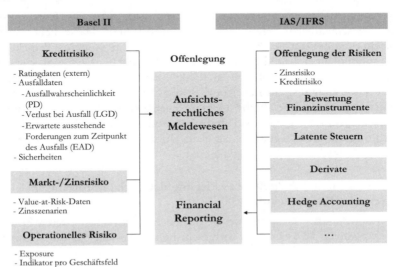

Abbildung 2: Offenlegung bei Basel II und IAS/IFRS

IAS/IFRS beinhaltet zahlreiche Vorgaben an das Financial Reporting von Banken, wobei die Offenlegung der Risiken nur einen Teil einnimmt. Die Anforderungen an das aufsichtsrechtliche Meldewesen hinsichtlich der Risikobehandlung durch Basel II sind noch differenzierter und weitreichender (unterschiedliche Detaillierung je nach Wahl des Ansatzes).

Abhängigkeiten zu **MaK-Projekten** sind mittlerweile kaum noch relevant. Zu Beginn der Konsultationsphase wurde versucht, den Aufbau von Ratingdatenbanken schon möglichst nahe an den Basel II-Anforderungen auszurichten. Diese Datenbanken werden jedoch durch die weitgehenden Anforderungen an Datenhaltung, Simulation und Szenarioanalysen für Basel II grundlegenden Änderungen unterworfen.

2.3 Einflussfaktoren auf die Planung

Das Basel II-Projekt unterscheidet sich wie schon erwähnt im Projektansatz nicht wesentlich von anderen Implementierungsprojekten. Im Folgenden wird dargestellt, wie die Wahlmöglichkeiten aus dem Akkord das Vorgehen beeinflussen, wie iterative Vorgehensweisen (z. B. die erforderliche Flexibilität bei operationellen Risiken) und weitere spezifische Einflussfaktoren den Projektverlauf wesentlich bestimmen.

Wahlmöglichkeiten im Akkord lassen sich oftmals erst nach Proberechnungen entscheiden, was massive zeitliche Auswirkungen haben kann.

Entscheidungen zur Wahl der Ansätze werden auf Konzernebene getroffen. Dazu ist es erforderlich, die Auswirkungen der Ansätze für den Gesamtkonzern zu prüfen. Je nach geschäftlicher Ausrichtung und Kundensegment von Tochtergesellschaften bzw. Geschäftsbereichen kann die Wahl der Ansätze über den Konzern hinweg zu sehr unterschiedlichen Eigenkapitalbelastungen führen. Daher haben nicht nur die *Quantitative Impact Studies* wesentlichen Input zur weiteren Projektplanung geliefert, sondern auch detailliert durchgeführte Auswirkungsanalysen. Gerade Banken mit dem Ziel, die IRB-Ansätze zu wählen, haben auf dieser Basis entschieden, welche Ansätze endgültig für den Konzern verfolgt werden oder für welche Tochtergesellschaften vom *„Partial Use"* Gebrauch gemacht wird. Eine Abstimmung mit den Aufsichtsbehörden und eine Langfristplanung für diese Tochtergesellschaften sind nachfolgende Schritte im Projektablauf, die zur vollständigen Erarbeitung der detaillierten Anforderungen notwendig sind.

Iterative Ansätze und endgültige Festlegung der Fachanforderungen erfolgen erst im Projekt selbst.

Die Wahl der Ansätze hat neben der zeitlichen Abstimmung weiteren Einfluss auf die Projektplanung. IRB- und die fortgeschrittenen Ansätze für die operationellen Risiken können nicht wie normale Fachanforderungen in einem klassischen Implementierungsprojekt behandelt werden. Die hierzu notwendigen Detailanforderungen und Inputparameter werden erst im Projektablauf erarbeitet. Basierend auf den

Vorgaben aus dem Akkord ist es notwendig, Evaluierungen im eigenen Unternehmen vorzunehmen, die vor allem bei operationellen Risiken in Iterationsschritten weiter detailliert und kalibriert werden. Die hierzu notwendigen *Operational Risk Management-Prozesse* sind aufzusetzen und ebenfalls in Folgeschritten anzupassen. Langfristig ist anzustreben, die Prozesse möglichst optimal zu unterstützen bzw. zu automatisieren. Diese sich immer weiter entwickelnden Teiloptimierungen bedeuten für die Planung eine regelmäßige Aktualisierung und sorgfältige Abschätzung für die weitere Entwicklung.

Phasenansatz, „Big Bang" oder Pilot?
Von der grundsätzlichen Vorgehensweise bietet sich sowohl ein klassischer Phasenansatz, ein „Big Bang" als auch ein pilotprojektorientierter Ansatz an. Da Basel II den gesamten Bankkonzern umfasst und die Anforderungen konsistent umgesetzt werden müssen, stellt die übergreifende Koordination einen wesentlichen Einflussfaktor für die Vorgehensweise dar.

Möglich ist eine zentrale fachliche Vorgabe durch den Konzern, um die weiteren Aufgaben von den Tochtergesellschaften bzw. Geschäftsbereichen in eigener Verantwortung durchführen zu lassen. Eine komplette zentrale Projektdurchführung hingegen bedeutet eine besondere Herausforderung an die Steuerung und Durchführung, um hinreichend die Belange des Gesamtkonzerns inkl. der Geschäftsbereiche oder Tochtergesellschaften mit einzubeziehen. Da der Konzernmutter in jedem Fall eine wichtige Bedeutung zukommt, hat es sich als sinnvoll erwiesen, eine Art Pilotprojekt für die Konzernmutter und eine weitere Gesellschaft möglichst frühzeitig durchzuführen und anschließend mehrstufig phasenweise auf weitere Geschäftsbereiche zu übertragen. Eine Fokussierung ausschließlich auf die Konzernmutter genügt unter Umständen nicht, um den Einfluss der Parameterschätzungen und die Datenqualität beurteilen zu können.

Der „Big Bang"-Ansatz bietet sicherlich die Möglichkeit, alle Anforderungen und spezifischen Ausprägungen des Gesamtkonzerns parallel untersuchen zu können. Jedoch ist dies aufgrund der Komplexität mit hohen Risiken verbunden. Risiken bestehen hinsichtlich der generellen Problematik von Implementierungsprojekten. Unter Basel II aber bergen qualitative Einflussfaktoren wie die Wahl der Ansätze, Parameterschätzungen und Datenqualität weitere Risiken, die bei einem „Big Bang"-Ansatz zu erheblichen Verzögerungen führen können, wenn Probleme oder Optimierungspotenziale erst zu einem sehr späten Zeitpunkt hervortreten.

Weitere spezifische Einflussfaktoren auf den Projektverlauf
Bei der Projektplanung sind darüber hinaus folgende spezifische Basel II-Einflussfaktoren bedeutsam:

Einflussfaktor	Auswirkung auf die Implementierungsplanung
Migrationszeitpunkt: Getrieben von der zeitlichen Anforderung an die Parallelrechnung im Jahr 2006 ist ein Parallelbetrieb zwischen Basel I und Basel II vorzusehen (v. a. für IRB-Ansätze relevant)	Die Migrationstrategie erhält einen besonderen Stellenwert. Angedacht werden müssen dabei: – Teilweise doppelte Datenflüsse und redundante Datenhaltung – Besondere Anforderungen an das Releasemanagement, da sowohl Basel I als auch Basel II-Softwarelösungen gepflegt werden müssen – Kein echter „Big Bang"-Übergang möglich (Abschalten der Altsysteme am Migrationszeitpunkt)
Weiterhin ist es notwendig, Flexibilität hinsichtlich künftiger Änderungen/Erweiterungen des Akkords vorzusehen	Aus heutiger Sicht beziehen sich die Änderungen nach 2004 auf die Parametrisierungen, nicht auf grundsätzliche Strukturen. Deshalb muss als Designprinzip möglichst viel parametrisierbar erstellt und nicht fest programmiert werden. Dies erhöht ggf. den Implementierungsaufwand.
Überprüfung/Akkreditierung durch Aufsichtsbehörde	Die Projektplanung muss entsprechende Zeit für die Überprüfung des individuellen Basel II-Modells durch die BaFin sowie mögliche Nacharbeiten vorsehen.
Veränderte Arbeitsabläufe und Training	Wegen der Komplexität und der weiten Bedeutung für die Öffentlichkeit müssen umfangreiche Trainings vorgesehen werden, z. B. für Meldewesen, Risikomanagement und Controlling, Händler, Kreditvertrieb bzw. -sachbearbeiter. Beispielhaft ist es aufgrund des hohen Aufklärungsgrads von Kunden notwendig, allen Bankmitarbeitern einen hinreichend tiefen und das eigene Arbeitsgebiet weit übergreifenden Einblick in die Basel II-Auswirkungen zu verschaffen.
Für die Implementierungsplanung weiterhin zu beachten ist: um die Eigenkapitalunterlegung im Rahmen der aufsichtsrechtlichen Möglichkeiten und bezogen auf das jeweilige individuelle Portfolio zu optimieren, sollten bereits ab 2004 Proberechnungen mit dem gesamten Datenbestand durchgeführt werden können.	Vorhalten der entsprechenden Datenbestände. Implementierung so bald wie möglich fertig stellen.
Komplexe externe Schnittstellen zu Ratinganbietern	Frühzeitige *Proof of Concepts* zu den eigenen Ratingsystemen und Tests einplanen.

Tabelle 1: Einflussfaktoren auf den Projektverlauf

Neben den reinen Projektinhalten müssen das Tagesgeschäft und die Einbeziehung der Mitarbeiter sichergestellt sein. Das Basel II-Projekt ist in den meisten Banken ein Projekt neben vielen anderen, die unterschiedlich priorisiert sind. Meist ist es nicht möglich, alle Projektmitarbeiter in die laufenden Aktivitäten in Vollzeit einzubeziehen. Neben Vollzeit-Projektmitarbeitern werden aus allen Bereichen der Bank Spezialisten zu spezifischen Themen hinzugezogen, die in den Projektalltag integriert werden müssen.

Gerade Schlüsselpersonen und Entscheidungsträger müssen optimal hinsichtlich ihrer Kompetenz und Verfügbarkeit eingesetzt werden. Daher ist es notwendig, diese Komplexität und Interdependenzen bei der Projektplanung zu berücksichtigen. Dies verlangt von den Führungskräften ein integratives Management der verschiedensten internen und externen Aspekte des Einsatzes von Mitarbeitern, der konzeptionellen Arbeiten, Verfahren und Technologie in neuartigen Projektsituationen.

3. Operationelle Risiken

3.1 Ausgangssituation

Der gesamte Bereich der operationellen Risiken wird im Rahmen von Basel II erstmals aufsichtsrechtlich explizit geregelt. Bislang ist dieser Bereich gerade im Umfeld der deutschen Bankenwelt kaum beachtet worden. Insgesamt fehlt es daher noch an Referenzmodellen, die sich in der Praxis bewährt haben. Systeme zur Unterstützung der Evaluierung und des Managements operationeller Risiken sind primär auf den angelsächsischen Raum ausgerichtet, so dass dieses Thema in Deutschland vielfach erst durch die aufsichtsrechtlichen Anforderungen systematisch erarbeitet wird.

An aller erster Stelle steht das Prinzip der Verminderung der operationellen Risiken durch organisatorische und technische Maßnahmen, die als unabhängig von einer Basel II-Implementierung zu sehen sind. Dazu gehören u. a. das Einschränken von Zugriffsrechten, Etablieren von Überwachungsroutinen und die Vervollständigung der Protokollierungen.

Beispiele aus der Vergangenheit haben die Notwendigkeit gezeigt, alle Bankprozesse, unabhängig davon, ob diese systemgestützt oder rein manuell verlaufen, genauer zu beleuchten. Die technisch unterstützten Maßnahmen werden bereits weitgehend genutzt, sind aber nochmals auf die Relevanz im Rahmen von Basel II zu prüfen. Anders hingegen sieht es mit dem Faktor Mensch aus, der bislang nur von wenigen Banken in diesem Umfeld mit dem Zusammenspiel von Prozessen, manuellen Abläufen und Systemen untersucht wurde.

Die wesentlichen Ziele der Vermeidungsstrategie operationeller Risiken und die Maßnahmen zur Zielerreichung lassen sich wie folgt zusammenfassen:

Ziel	Maßnahme
Risk Mitigation	Operational Risk Management einführen bzw. ausbauen
Schaffung von Transparenz über Risikoeintritte	Verlustdatenbank, Loss Reporting, Key Risk-Indikatoren
Schwachstellenanalyse und laufende Verbesserung	Loss Reporting, Operational Risk Management

Tabelle 2: Ziele der Vermeidungsstrategie operationeller Risiken

3.2 Ansätze zur Unterlegung operationeller Risiken

Tabelle 3 zeigt die Ansätze für die Unterlegung operationeller Risiken und deren mögliche Implementierung:

Ansatz	Kurzbeschreibung	Implementierung
Basisindikatoransatz	Kapitalunterlegung: Bruttoertrag × α;[1] keine Abbildung der tatsächlichen bankspezifischen Risiken, keine Risikosensitivität	Einfache Umsetzung über Tabellenkalkulationslösung
Standardansatz	Kapitalunterlegung ist die Summe der Bruttoerträge × β	Einteilung in acht verschiedene Geschäftssegmente, Datenextraktion und Aggregation, einfache Kalkulation
Alternativer Standardansatz	Wie Standardansatz, jedoch wird für die Geschäftssegmente CB (Commercial Banking) und RB (Retail Banking) das Kreditvolumen anstelle der Bruttoerträge zugrunde gelegt	Wie Standardansatz
Ambitionierte Messansätze (AMA)	Messgrößen werden vom internen Risikomess-System abgeleitet, d. h. es werden bankspezifisch die Verlustdaten verwendet	Komplex, sowohl qualitativ als auch quantitativ hohe Anforderungen an erstmalige Evaluierung und Aufsetzen der Messsysteme und Prozeduren in der Bank

Tabelle 3: Operationelle Risiken/Auswirkungen auf Implementierung

Wird ein Ambitionierter Messansatz (AMA) verwendet, ist ein umfassendes Projekt über die gesamte Bank aufzusetzen. Generelle Empfehlungen zur Systemunterstützung sind bei diesen Methoden nur eingeschränkt möglich, da sehr speziell auf die Besonderheiten der jeweiligen Bank und Situationen einzugehen ist. Ggf. können hier Nischenanbieter helfen, jedoch ist aufgrund der im Folgenden dargestellten Vorgehensweise ersichtlich, dass erhebliche Risiken im Bankbetrieb selbst liegen.

3.3 Bestandteile der Ambitionierten Messansätze

Die fortgeschrittenen Ansätze sind bankspezifisch und gehen auf die tatsächliche Situation und individuellen Risiken der jeweiligen Bank ein. Um ein adäquates Steuerungssystem zu entwickeln, steht am Beginn die Evaluierung der Ist-Situation. Hierbei werden Erkenntnisse über potenzielle Schwachstellen und risikobehaftete Prozesse zusammengetragen. Über einen anschließend in den meisten Fällen von Grund auf zu etablierenden Risikomanagementprozess werden die Voraussetzungen zur Risikominderung bzw. -vermeidung geschaffen.

---

[1] Die Faktoren α und β werden von den lokalen Aufsichtsbehörden festgelegt.

3.3.1 Operational Risk Management-Prozess

Operational Risk Management (ORM) ist der Prozess, in dessen Rahmen die Geschäftsabläufe und -aktivitäten aus Risikosicht kategorisiert, dargestellt, quantifiziert, überwacht, neu organisiert und berichtet werden. ORM ist ein fortlaufender iterativer Prozess, der durch kontinuierliche Verbesserungen in jedem Iterationsschritt zu einer umfassenden Reduktion der operationellen Risiken beiträgt:

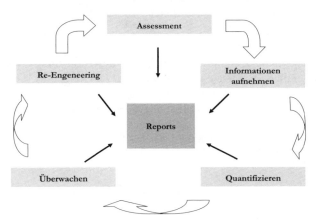

Abbildung 3: Operational Risk Management (ORM)-Prozess

Eine Reihe von Tools und Risikoindikatoren werden genutzt, um eine umfassende Risikomanagementlösung zu erarbeiten. Die Iterationsschritte des ORM-Prozesses sind wie folgt:

- **Erstkategorisierung und Kurz-Assessment:** Hier wird der Geschäftsprozess in seine Bestandteile heruntergebrochen, die vorhandenen operationellen Risiken identifiziert und kurz bewertet. In den meisten Fällen kann der Prozess in eine von drei Risikokategorien eingeteilt werden:
  1. System/Softwaretransaktionen, z. B. Zahlungen über die bankeigenen Zahlungsverkehrsysteme
  2. Manuelle Aktivitäten wie Datenanreicherung, Prüfprozesse und Bestätigungen/Abnahmen
  3. Externe Transaktionen und Aktivitäten, die außerhalb der bankeigenen Geschäftsprozesse ablaufen sowie die Schnittstellen zur Bank selbst
- **Aufnahme der Informationen:** Neben der weiteren Strukturierung wird bei der Informationsaufnahme der Geschäftsprozess dargestellt und modelliert. Methoden und Tools, die dedizierte Ansichten und Schnittstellen bieten, um die risikorelevanten Informationen darzustellen, können hier sehr einfach (Tabellendarstellungen) oder komplexer (Prozessanalysetools) sein. Manche der hochentwickelten Werkzeuge nutzen analytische Funktionen, um die Rohdaten im Risikomodell zu Verteilungen und Vorhersagen weiterzuverarbeiten.
- **Quantifizieren der Risikoereignisse:** Die Quantifizierung erfolgt auf Basis der zum Ereignis gehörenden Attribute, z. B. tatsächliche oder erwartete Verluste

und die Eintrittswahrscheinlichkeit. Jedes dieser Attribute kann aus der internen Historie oder externen Datenquellen extrapoliert werden. Analytische Tools helfen, diesen Prozessschritt weiter zu unterstützen:

- Monte-Carlo-Simulationen: modellieren die Wahrscheinlichkeitsverteilung von erwarteten Ergebnissen bei unterschiedlichen Ereignissen,
- Bayesian Networks: hier werden qualitative und quantitative Informationen genutzt, um ein unternehmensweites Modell der möglichen wunden Punkte und Risiken zu entwickeln.

Somit ist die Nutzung analytischer Werkzeuge ein wichtiger Baustein des Operational Risk Management-Systems, die die Quantifizierung und die Vorhersage von Verlusten über einen definierten Zeitraum mit einem festen Konfidenzintervall unterstützen. Die meisten analytischen Tools bieten Kalkulationsfunktionalitäten und Verteilungskurven für unterschiedliche Geschäftsprozesse. Wichtig ist, unterschiedliche Verteilungsfunktionen zuzulassen, um möglichst akkurat das spezifische Modell der Bank und der spezifischen Risiko-Prozesse zu modellieren, siehe Beispiel in Abbildung 4:

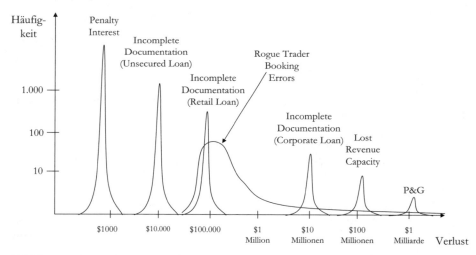

Abbildung 4: Quantifizierung Risikoereignisse

- **Überwachung der Schwachstellen:** Die identifizierten Risikoereignisse werden überwacht, um Verluste zu identifizieren und das quantitative Modell zu kalibrieren. Die Überwachung kann reaktiv über die Überwachung der Verlustereignisse erfolgen, oder auch aktiv. Dazu werden Risikoindikatoren sorgfältig ausgewählt, die Informationen liefern, bevor ein Ereignis eintritt und somit helfen, den Eintritt des Verlustfalls zu verhindern oder den Verlust gering zu halten.
- **Re-engineering der relevanten Prozesse:** Bei dem Re-engineering werden die risikobehafteten Prozesse priorisiert und sukzessive angepasst, um die risikobehafteten Teile zu reduzieren oder vollständig zu eliminieren. Dies kann u. a. über

technologische Änderungen, Innovationen, organisatorische Prozessänderungen oder der Einführung von Ausfallsicherungsmechanismen erfolgen.

Risk Mitigation
Die ORM-Prozessiterationen werden in regelmäßigen Abständen durchgeführt. Zusätzlich müssen die Prozessiterationen bei allen relevanten Modifikationen in den betroffenen Bereichen der gesamten Bank (z. B. Einführung eines neuen Handelssystems, Änderungen bestehender Prozesse/Verantwortlichkeiten) erneut durchgeführt werden. Alle Arten von Projektaktivitäten und Modifikationen der bestehenden Prozess- und Systemlandschaft können neben angestrebten Optimierungen **Folgewirkungen** haben, die sich langfristig negativ auswirken können. Erfahrungen der Vergangenheit haben gezeigt, dass beispielsweise bei Projekten, die nur in Einzelbereichen durchgeführt werden, oftmals der Integrationsgedanke fehlt, so dass anschließend im Zusammenspiel aller Beteiligten Probleme auftreten. Beispielsweise wurden bei Projekten und Modifikationen im Frontbereich die Backend-Prozesse vernachlässigt, so dass es zu Produktionsproblemen kam.

Initiatoren für den Anstoß des ORM-Prozesses sind daher alle Personen, Projekte und Aktivitäten, die aktiv Änderungen in der Bank veranlassen. Die Verantwortlichkeit für den ORM-Prozess selbst muss an der Stelle liegen, die Zugriffsmöglichkeiten auf die gesamte Bank hat, um die erforderlichen Iterationsschritte durchführen zu können.

3.3.2 Aufbau einer Verlustdatenbank

Im Rahmen der im ORM-Prozess durchzuführenden Schritte werden **Schwachstellen identifiziert**, analysiert und über historische Verläufe (interner oder externer Datenhaushalt) **Eintrittswahrscheinlichkeiten ermittelt**. Für eine möglichst risikosensitive Bewertung der bankspezifischen Risiken liefert die auf Bankebene erstellte Verlustdatenbank (*Loss Database*) wertvollen Input, da die Verlustdaten hier zentral zusammengeführt werden.

Die Verlustdatenbank ist ein zentraler Speicher („*Repository*") zum Vorhalten aller Verlustinformationen und damit ein Erfolgsfaktor zur Quantifizierung der Anfälligkeit eines Unternehmens für operationelle Risiken, ebenso zur Kalkulation des regulatorischen und ökonomischen Kapitals. Diese Datenbank soll alle Datenelemente umfassen, die mit Verlusten assoziiert sind, u. a:
- Verlustbetrag und -währung
- Verursachende Geschäftseinheit
- Tag der Entdeckung
- Datum des Eintretens des Verlusts
- Grund für Eintreten des Verlusts
- Organisatorische Einheiten nach Verlusten kategorisiert
- Datum Start der künftigen Risikovermeidung (Aktion)
- Art der Aktion
- Risikoklasse

Die Verlustdatenbank sollte so flexibel gestaltet sein, effektive Analysen, Aggregationen und Reporting der enthaltenen Datenelemente zuzulassen.

3.3.3 Risikoindikatoren

Key Risk Indicators (KRI's) als Kennzahlen werden genutzt, um die Fähigkeit und Angreifbarkeit im operativen Betrieb eines Geschäftsbereichs systematisch beurteilen zu können. Mögliche Problembereiche werden dadurch frühzeitig identifiziert, Trends zu besonders risikobehafteten Einflussfaktoren aufgezeigt und Benchmarks über die Gesamtorganisation aufgestellt.

Eine regelmäßige Überwachung von Indikatoren, Größen und Wahrscheinlichkeiten für das Eintreten von operationellen Risiken kann die **Effizienz** eines Geschäftsbereichs verbessern. Wichtig ist die Identifikation solcher Indikatoren, die zu Vorhersagen geeignet sind, das Risiko des Eintretens eines Schadenfalls zu minimieren bzw. zu eliminieren.

Risikoindikatoren haben eine Verbindung zu Verlustereignissen, um die tatsächlichen Gründe, Korrelationen und entsprechende Abhilfe ableiten zu können. Risikoindikatoren sollten eine obere und untere Grenze für die **Toleranzschwelle** haben. Damit ist ein Zielbereich vorgegeben sowie eine breite Möglichkeit zur Eskalation.

Zusätzlich können **Legacy-Systeme** oder das Enterprise System Management in die Arbeiten einbezogen werden, um das Vorhalten und Zusammenführen der Daten für die Risikoindikatoren, z. B. Systemänderungen, Logs, zu unterstützen.

Nachfolgend werden Beispiele für Risikoindikatoren und deren Gruppierung dargestellt:

Humankapital	Business Management	Ausweitung und Nutzung von Automatisierung	Bearbeitung von Transaktionen
Fluktuation	GuV-Schwankungen	Systemausfallzeiten	Beschwerden von Kunden
Geleistete Überstunden	Ungünstige Prüfungsergebnisse	Laufzeit Monatsend-Routinen	Abstimmungsüberhänge (Nostrokonten, Zwischenkonten, CpD-Konten, Erst- und Filialkonten)
Krankheit		Anzahl genutzter Medien	Betrug und Ausfälle
Angesammelter Urlaub		Schnittstellenprobleme	Zahl der geschlossenen Konten
Offene Stellen		Manuelle Eingriffe in automatisierte Prozessabschnitte	Rückstände abzuarbeitender Transaktionen
			Volumenstatistiken

Tabelle 4: Risikoindikatoren und deren Gruppierungen

3.4 IT-Unterstützung für den ORM-Prozess

Die Implementierung von Basel II-Prozessen und Software-Lösungen für operationelle Risiken ist in starkem Maße von der Wahl der Ansätze abhängig. Wird die Basismethode verwendet, genügt wie in Abschnitt 3.2 erwähnt u. U. ein sehr einfaches Kalkulationsprogramm, das manuell bedient wird und nicht zwangsweise in die IT-Architektur eingebunden ist. Für die fortgeschrittenen Ansätze ist der **Operational Risk Management-Prozess** ein zentrales Element, der von der risikospezifischen Situation der jeweiligen Bank stark beeinflusst wird.

Da die Vorgehensweise des ORM bei jeder Bank – abhängig von deren Geschäftsprozessen – sehr unterschiedlich ausgestaltet sein kann, wird hier hinsichtlich einer Implementierung nur auf die wesentlichen Bestandteile eingegangen. Im Mittelpunkt der funktionalen Architektur steht ein **Risk Warehouse**, in dem die für operationelle Risiken relevanten Informationen zusammengeführt werden:

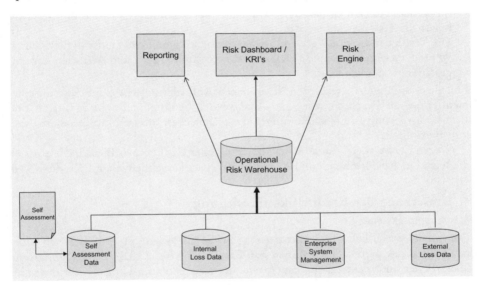

Abbildung 5: Funktionale Architektur für operationelle Risiken

Input sind neben den oben bereits beschriebenen Elementen externe Verlustinformationen und Informationen aus dem Enterprise System Management des IT-Rechenzentrums. Externe Verlustinformationen können zugekauft werden und bieten ein erweitertes Spektrum zur intern aufgebauten Verlustdatenbank (*Loss Database*). Im Enterprise System Management werden Informationen vorgehalten, die automatisiert aus den operativen Systemen der Bank weitergeleitet werden. Hierzu gehören Logs, Systemausfallzeiten, Laufzeiten bestimmter Prozeduren, Datenzugriffe, Exception Reports etc. Die externen Daten müssen zu den intern evaluierten Daten hinzugefügt werden, um in einer Bank unregelmäßige, aber potenziell hohe Verluste frühzeitig zu identifizieren bzw. vermeiden zu können.

Manche Systemanbieter haben ein Modul für das **Self Assessment** bereits in ihre Lösung für operationelles Risiko einbezogen. Grundsätzlich besteht ein Self Assessment aus Fragebögen, die von Systemanbietern flexibel und entsprechend konfigurierbar gestaltet sein müssen. Diese Fragen müssen abgestimmt und entsprechende Eskalationsstufen geschaffen werden. Die Evaluierungsprozesse sollen in periodischen Abständen erneut durchgeführt bzw. überprüft werden. Eine **Self Assessment-Datenbank** enthält die im Rahmen dieser Prozesse erarbeiteten Informationen. Kategorisierung und weitere Auswertung über zugehörige Applikationen liefern Input für das Reporting, woraus weitere Maßnahmen abgeleitet werden können.

Wird ein Risikomanagementwerkzeug eines externen Anbieters ausgewählt, sollten mehrere Faktoren in Betracht gezogen werden, um die richtigen Tools und Risikoindikatoren zu identifizieren, die zur bankspezifischen Risikostrategie passen:

- Die existierende Risikomethodik, -strategie und ggf. vorhandene Tools werden in die Überlegungen einbezogen und auf eine zukünftige Ausrichtung geprüft, bevor die Toolauswahl erfolgt.
- Die Verfügbarkeit und Verwendbarkeit der benötigten Daten muss berücksichtigt werden, da ohne eine solide Datenbasis die Evaluierungen und Analysen nur eingeschränkt möglich sind.

Für die endgültige Auswahl sind die üblichen Anforderungen an eine Systemimplementierung zu beachten, wie Gap-Analyse der benötigten Funktionalitäten und Datenanforderungen, Einschränkungen der technischen Infrastruktur, Skalierbarkeit und Flexibilität.

Wegen der starken Individualität operationeller Risiken pro Bank beziehen sich die weiteren Ausführungen und Konkretisierungen ausschließlich auf Kreditrisiken.

4. Umsetzung der Kreditrisikounterlegung

4.1 Ausgangssituation

Die aufsichtsrechtliche Reglementierung für Kreditrisiken ist grundsätzlich nicht neu. Allerdings wird sie im Rahmen von Basel II durch die IRB-Ansätze umfassend überarbeitet und risikoadäquat angepasst. Im Vergleich zum Umgang mit operationellen Risiken sind hier bereits Systeme und Methoden vorhanden, um die Eigenkapitalunterlegung nach den bisher gültigen Vorgaben zu berechnen. Entsprechend gibt es in den Banken Mitarbeiter, die sich mit der Messung, Bewertung und Kalkulation der Kreditrisiken befassen. Aus Projektsicht sind dennoch all diese vorhandenen Systeme, Daten und Prozesse unter dem Gesichtspunkt der Wiederverwendbarkeit, Anpassungsaufwand und neue Methodik detailliert zu untersuchen.

Um die risikoadjustierte Eigenkapitalunterlegung gewährleisten zu können, wird eine Datenbasis benötigt, die abhängig von der Wahl der Ansätze über die bereits vorhandenen aufsichtlichen Anforderungen hinausgeht. Der Standardansatz beruht auf einer standardisierten Messung des Kreditrisikos mit festen Risikogewichten, die durch externe Kreditrisikobeurteilungen ergänzt werden. Die notwendigen Inputparameter werden aus dem Akkord abgeleitet und fließen ähnlich wie bei Basel I in die Berechnungen der Eigenkapitalunterlegung ein.

Der IRB-Ansatz beruht auf eigenen **internen Schätzungen von Risikokomponenten**, die in die Berechnung der Eigenkapitalunterlegung einfließen. Dies sind Maße für die Ausfallwahrscheinlichkeit *(PD)*, Verlustquote bei Ausfall *(LGD)*, ausstehende Forderungen bei Ausfall *(EAD)* und die effektive Restlaufzeit *(M)*.

Die genannten Größen bzw. die zur Abschätzung dieser Größen notwendigen Daten sind den Banken bei Start eines Basel II-Projekts meist nicht bekannt oder liegen nicht in einer weiterverwendbaren Form vor. Entsprechend sind die Verlustdaten grundsätzlich zu erheben und die vorhandenen Informationen zu prüfen und ggf. zu modifizieren. Dahinter verbirgt sich aus Projektsicht das große Thema Datenmanagement, das den gesamten Prozess von Datenevaluierung, Qualitätsprüfung, Verfügbarkeit, Be- und Verarbeitung und Reporting umfasst.

Die Erhebung von Verlustquoten aus Kredit- und Wertpapiergeschäften ist nicht ganz einfach. Deshalb müssen statistisch valide und zukunftsorientierte Schätzungen von Verlustquoten auf langen historischen Zeitreihen beruhen. Um eigene Schätzungen für die oben genannten Risikokomponenten vornehmen zu können, muss in der funktionalen Architektur eine entsprechende Datenbasis geplant werden. Im Rahmen der Gesamtbanksteuerung haben die Risikokomponenten und zu schätzenden Parameter zentralen Einfluss auf die Limitierung und Bildung der Risikovorsorge. Um die Parameter sinnvoll schätzen zu können, ist die vollständige Erfassung eines gesamten Konjunkturzyklus erforderlich. Abbildung 6 zeigt die Basel II-Meilensteine bis zur erstmaligen vollständigen Erfüllung aller Ansätze:

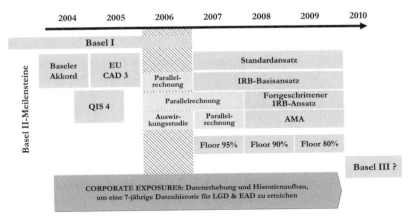

Abbildung 6: Basel II-Meilensteine/erforderliche Risikodaten

Im Folgenden wird auf das Design und die Realisierung der Basel II-Lösung fokussiert.

4.2 Datenmanagement als verbindende Disziplin
Grundsätze für das Vorgehen

Insgesamt zeigt sich, dass Basel II sehr **stark datengetrieben** und **weniger benutzerinteraktionsgetrieben** ist als andere Projekte. Ein klarer Fokus liegt daher auf dem Datenmanagement und den Datenverarbeitungsprozessen. Werden Basel II-Daten erstmalig bank- oder gruppenweit zusammengeführt, ist oftmals ersichtlich, dass Begriffe nicht einheitlich verwendet werden, so dass entsprechend unterschiedliche Informationen geliefert werden. Hier muss sichergestellt werden, dass bei Fachexperten und IT ein gemeinsames Verständnis hinsichtlich der Datenanforderungen besteht und signalisiert wird, aus welchen Bereichen zusätzliche Unterstützung benötigt wird.

Dazu gehört insbesondere die detaillierte Beschreibung und Verwendung aller im Basel II-Prozess benötigten Daten. Die erforderlichen Datenattribute werden mit den (Kalkulations-)Prozessen verbunden, in denen diese Daten verarbeitet werden. Bei jedem dieser Schritte zeigt sich die enge Verzahnung von Fach-, Prozess- und IT-Spezialisten, die wesentlich für den Projekterfolg ist. Im Rahmen der Evaluierung möglicher Quellsysteme haben viele Banken eine **Gap-Analyse** durchgeführt, um festzustellen, ob die für die IRB-Ansätze benötigte Datengrundlage vorhanden ist bzw. in welchen Bereichen Nacharbeiten erforderlich sind.

Liegen benötigte Daten bereits in der Bank vor, bieten sich ggf. mehrere Quellsysteme als Zulieferer zum Basel II-Datenhaushalt an. Bei der Evaluierung der physischen Dateninformationen sind dann Kriterien wie schnelle Zugriffsmöglichkeit, Aktualisierungsfrequenz und schon implementierte Historisierungsfunktionen hilfreich, um das endgültige Quellsystem festzulegen. Ein weiterer wichtiger Faktor ist die Nutzbarkeit der Daten für das Backtesting.

Start der Analyse für das Datenmanagement

Auf die fachliche Analyse des Akkords folgt die Evaluierung, welche (Kalkulations-)Prozesse und Daten zur Erfüllung der Basel II-Anforderungen bereits vorhanden sind. Dazu werden die Anforderungen aus den Paragrafen des Akkords sukzessive abgeprüft und die Kalkulationsprozesse zur Eigenkapitalunterlegung erarbeitet. Aus dem Formelwerk lässt sich ableiten, welche Daten zur Berechnung benötigt werden. Dies können Rohdaten aus den Liefersystemen sein sowie Teilergebnisse, die über Schätzungen oder vorgelagerte Kalkulationstools bereits berechnet werden. Damit ist ein wichtiger Schritt erreicht, um die für die Kalkulationen benötigten Daten zusammenzuführen und die berechneten Ergebnisse für nachgelagerte Auswertungen und das Reporting vorzuhalten.

Hierbei muss klargestellt werden, dass die **gesamte Bank** betroffen ist und Abstimmungen über den gesamten Konzern erfolgen müssen. Für das Projektmanagement liegt damit neben der Verpflichtung, das Projekt tatsächlich erfolgreich umzusetzen, eine besondere Herausforderung in der übergreifenden Kommunikation. Viele Probleme und Schwachstellen werden erst bei Probeläufen erkannt und machen schnelle Reaktion und Behebung notwendig. Dies setzt voraus, dass bei den Verantwortlichen ein klares Verständnis herrscht, was die genauen Anforderungen und Ziele des Basel II-Projekts sind. Nicht nur für eine zentrale, sondern für alle zum Konzern gehörigen Gesellschaften erstrecken sich diese Anforderungen über die **gesamte System- und Prozesslandschaft**. Wichtig ist ebenso, dass hiervon nicht nur Front-Bereiche oder das Risikomanagement betroffen sind, vielmehr beschreibt Basel II ein umfassendes Projekt.

Aufgrund erheblicher Datenmengen, die die Grundlage für die neuen Kalkulationen darstellen, ist darüber hinaus die **zeitliche Verfügbarkeit der Daten** und die **Zugriffsgeschwindigkeit** ein Erfolgsfaktor. Dies gilt zum einen für die grundsätzliche Verfügbarkeit der Daten überhaupt, zum anderen für deren Nutzung innerhalb der Kalkulationsprozesse. Einige Parameterschätzungen sowie bestimmte Auswertungen sind hingegen nicht täglich erforderlich, so dass diese Daten nicht unbedingt zentral und performant verfügbar vorgehalten werden müssen.

Ein weiterer wesentlicher Schritt zum Aufbau des Basel II-Datenhaushalts ist die Prüfung der Datenqualität. Nachdem die benötigten Daten innerhalb des Konzerns identifiziert wurden, birgt die Prüfung der Datenqualität in vielen Fällen Überraschungen. Gerade in Hinblick auf die konzernweit zu nutzenden Informationen zeigt sich in nahezu allen Banken über die Teilgesellschaften hinweg eine unterschiedliche Datenbasis und -qualität. Häufig schließt sich ein Datenbereinigungsprozess an die ersten Konsolidierungsläufe an. Sind die Vorbereitungen für den Aufbau des Basel II-Datenhaushalts geklärt, steht die **Verarbeitbarkeit** im Vordergrund. Meist mussten in der Vergangenheit die Informationen aus den Geschäftsbereichen bzw. Teilgesellschaften nicht unter zeitkritischen Voraussetzungen ausgewertet werden, was unter Basel II in einen dauerhaft performanten Prozess umgewandelt werden muss.

Im Folgenden wird mit dem Attribute Manager ein Werkzeug vorgestellt, das im Rahmen von mehreren Projekten entwickelt und weiterentwickelt wurde, um die vorab beschriebenen Anforderungen nachvollziehbar und für den weiteren Verlauf von Basel II-Projekten in nutzbarer Form darzustellen.

Attribute Manager

Der Attribute Manager ist ein von Deloitte erstelltes und in Projekten erprobtes Werkzeug, das als zentrales **Kommunikationsmedium** zwischen Fachexperten und IT die Datenanforderungen zusammenführt. Entstanden ist der Attribute Manager durch Projekte, in denen die Fachkonzeptionen weitgehend fertig gestellt waren und die Evaluierung der benötigten Daten gestartet werden sollte. Er basiert auf den im Akkord geforderten Kalkulationsprozessen und verbindet diese mit den dazu erforderlichen Datenattributen. Die dabei entstandene Datenbank beschreibt alle Datenanforderungen des Akkords, kategorisiert nach Berechnungsvorschriften, Reportinganforderungen, Modellierung der Finanzinstrumente und zeigt die Verbindung zum jeweiligen Berechnungsprozess.

Abbildung 7 zeigt als Beispiel die Übersichtsmaske für die Beschreibung der aus dem Akkord abgeleiteten Datenattribute mit der Zuordnung bankspezifischer Datendefinitionen aus der aktuellen Systemlandschaft:

Teil E: Banksteuerung und Basel II

Abbildung 7: Attribute Manager – Data Template

In Abbildung 8 wird ein weiteres Beispiel für die Abbildung einer Vielzahl von Attribut-Details im Attribute Manager dargestellt:

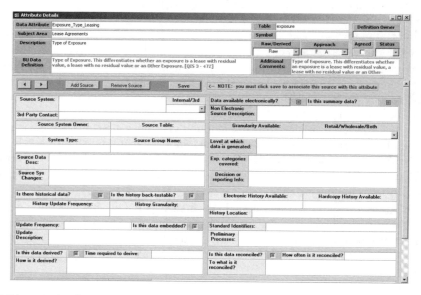

Abbildung 8: Attribute Manager – Attribute Details

Neben der Verbindung der Datenattribute mit den Kalkulationsprozessen enthält der Attribute Manager immer die direkte Verbindung zum Akkord. Während der Konsultationsphasen bezog sich dies auf die jeweils gültige Fassung und nunmehr auf den verabschiedeten Akkord. Weitere Anforderungen der lokalen Aufsichtsbehörden können hinzugefügt werden. Dies erleichtert Anpassungen durch einfache Verbindungswege von Paragrafen zu Kalkulationsprozessen und den zugehörigen Datenattributen. Als wichtige Grundlage zur Implementierung werden neben den fachlichen Zusammenhängen physische Dateninformationen aus der derzeitigen IT-Landschaft (Quellsysteme, Aktualisierungsfrequenzen etc.) gespeichert. Zusätzlich ist dadurch eine gemeinsame Sprachregelung für die Fachbereiche und IT entstanden.

Durch die geleisteten Vorarbeiten liegt mit dem Attribute Manager ein Werkzeug vor, das die Fachanforderungen aufzeigt und die Datenattribute kundenspezifisch zusammenführt. In einem nächsten Schritt erfolgt damit eine Gap-Analyse zwischen vorhandenem Ist-Datenbestand zum Soll-Datenbestand gemäß Akkord, aber auch eine klare Anweisung, welche Prozesse oder Aktivitäten zur Schließung der Lücken aufgesetzt werden müssen.

Zum Attribute Manager gehört ein flexibler **Reportingteil** für Gap-Analysen, welche im nachfolgenden Abschnitt weiter beschrieben werden. Abweichungen werden abhängig vom Abdeckungsgrad berichtet, wobei sich das Reporting auf eine Geschäftseinheit oder die gesamte Organisation erstrecken kann. Weiterhin besteht die Möglichkeit zur Fokussierung auf Rohdaten oder die im Rahmen der Kalkulationsprozesse errechneten Datenattribute. Diese Funktionalitäten wurden mit MS Access abgebildet, was Anpassungen für ein bankspezifisches Reporting vereinfacht.

Ein weiteres Ergebnis ist ein so genanntes „logisches Datenmodell" für Basel II. Abbildung 9 zeigt einen Ausschnitt:

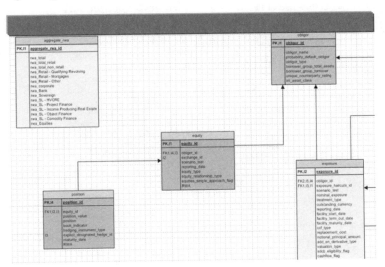

Abbildung 9: Attribute Manager – logisches Datenmodell

Das logische Datenmodell basiert auf den Datenanforderungen, die bereits im Attribute Manager aus den Kalkulationsvorschriften abgeleitet worden sind. Die Struktur ermöglicht eine logische Sichtweise auf die Beziehungen zwischen den Datenattributen. Subject Areas, die ebenfalls noch kundenspezifisch angepasst werden können, ermöglichen weitere logische Gruppierungen der Attribute. Im Rahmen einer Gap-Analyse kann dieses Datenmodell zum Abgleich mit vorhandenen Modellen des Kunden genutzt werden.

Beim späteren Schritt zur Erstellung des physischen Datenmodells können die im Attribute Manager gesammelten Datenquellen für die Konfigurationskonzepte von Datenextraktions- und -transformationsengines verwendet werden.

Gap-Analysen

Gap-Analysen mit dem Attribute Manager werden zu unterschiedlichen Zeitpunkten in Projekten durchgeführt. Entweder wird das Werkzeug zur Unterstützung der Projektaktivitäten um das Datenmanagement (s. o.) verwendet, oder es wird nach Erreichen bestimmter Meilensteine eine Gap-Analyse des Gesamtprojekts durchgeführt – in diesem Fall erfolgt eine Bestandsaufnahme der bislang erarbeiteten jeweiligen Projektergebnisse gegen die Anforderungen des Akkords.

Für umfassende Gap-Analysen sind neben dem Attribute Manager weitere Daten- und Prozessmodellierungstools erforderlich, die bei der Identifikation und Erfassung der verschiedenen für Basel II benötigten Daten und Prozesse unterstützen. Diese allesamt für Kundenprojekte entwickelten Tools werden von einer zentralen Datenbank gesteuert, die sich auf ein umfassendes Verständnis des Akkords und Erfahrungen aus Basel II-Projekten stützt. Die Tools erlauben es, Gap-Analysen und weitergehende konzeptionelle Aktivitäten sowohl auf daten- als auch prozessgetriebenen Kundenbedürfnisse zuzuschneiden, wobei eine vollständige und exakte Abdeckung der Basel II-Anforderungen gewährleistet ist:

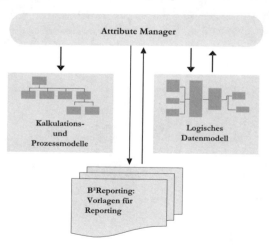

Abbildung 10: Basel II-Daten- und Prozessmodellierungstools

- Attribute Manager (wie oben beschrieben)
  - Eine vollständige Liste aller Datenattribute mit Begründung, warum diese für die Basel II-Akkreditierung benötigt werden
  - Die Kalkulationsprozesse werden mit den benötigten Datenattributen verknüpft
- CalcPacks: Kalkulations- und Prozessmodelle
  - Eine Reihe von Prozessdiagrammen, die die Basel II-Kapitalberechnungen analysieren und Input, Prozessschritte und Output aufzeigen
- Logisches Datenmodell
  - Eine grafische Aufbereitung der Datenelemente, die logische Gruppen, Datenbeziehungen und -abhängigkeiten aufzeigt
- B²Reporting: Vorlagen für die Offenlegungspflichten
  - Definition benötigter Reports und dafür erforderlicher Daten

Die Ergebnisse von Gap-Analysen sind Grundlagen zur Erarbeitung der IT-Applikations-Architektur, aber auch konkrete Handlungsempfehlungen zu

- Vervollständigung der benötigten Datenfelder
- Historisierungsfunktionalität
- Nutzung der Daten für Backtesting und
- Optimierung der Datenqualität.

5. Konzeption der funktionalen und der IT-Architektur für Basel II

In einem komplexen Vorhaben mit einer Vielzahl von betroffenen Systemen und Datenflüssen ist die intensive Erarbeitung und Abstimmung der funktionalen und der IT-Architektur einer der kritischen Erfolgsfaktoren für die Implementierung sowie ein wesentlicher Einflussfaktor für die Gesamtkosten des Basel II-Projekts. Die meisten „Legacy-" und Transaktionssysteme eines Finanzdienstleisters müssen Daten in die Basel II-Kernapplikationen liefern.

Die große Herausforderung bei der Implementierung einer Basel II-Lösung ist die Komplexität, welche aus der hohen Zahl von Schnittstellen resultiert. Dies allein verlangt schon von vornehrein eine methodische Vorgehensweise. Diskussionen über den Einsatz von Integrationslösungen wie **Middleware** als elegante Möglichkeit zur gemeinsamen Nutzung mit anderen Bankprojekten, z. B. Einführung der International Accounting Standards (IAS/IFRS), müssen ebenso geführt werden wie hinsichtlich der Abbildung der Anforderungen über zentrale oder dezentrale Lösungsarchitekturen.

Auch die **richtige Skalierung** verlangt besondere Aufmerksamkeit. Eine zu klein dimensionierte Lösung kann durch die großen täglich zu bearbeitenden Datenmengen und die stetig wachsenden historischen Daten schnell an ihre Grenzen stoßen. Dagegen wird eine zu groß dimensionierte Lösung sowohl bei Investitions- als auch Betriebskosten den vorhergesehenen Rahmen sprengen und den Business Case nicht erfüllen.

5.1 Ist-Zustand und Parallelprojekte

Systeme in den Bereichen Kreditverkauf und -administration, Risikomanagement und Reporting haben oft noch ihren Ursprung in den 80er oder frühen 90er Jahren und sind über Jahre hinweg ständig weiterentwickelt worden. In dieser Zeit hat sich die Bankenlandschaft sehr gewandelt. Reorganisationen, Übernahmen und Fusionen haben auch in der Systemlandschaft ihre Spuren hinterlassen. Die IT-Architekten sind häufig mit folgenden **Ist-Zuständen** konfrontiert:

- Gegenwärtige Systemlandschaften sind aus historischen Gründen oft nach Produkten und/oder Geschäftsbereichen strukturiert und somit muss die Integration jedes einzelnen Systems intensiv analysiert werden.
- Die Risikomanagement-Prozesse haben sich in den unterschiedlichen Bereichen der Bank bzw. der Gruppe/Konzern verschieden entwickelt. Eine einheitliche unternehmens-/gruppenweite Sicht des Kreditrisikos ist häufig noch nicht vorhanden oder für die neuen Anforderungen aus Basel II nicht nutzbar. Die Effektivität von Risikomanagementprozessen in den einzelnen Bereichen bzw. Geschäftseinheiten und Tochterunternehmen ist unterschiedlich.
- Die Risikomodelle sind inkonsistent – verschiedene Methoden existieren, um die Kreditwürdigkeit von Kunden bzw. Kontrahenten zu bewerten und den Wert einer Position oder eines Portfolios zu kalkulieren.
- In Teilbereichen müssen manuelle Reportingprozesse und manuelles Zusammenführen von Informationen berücksichtigt werden, im Besonderen zwischen den einzelnen Geschäftsbereichen und der Gruppe.
- Kundeninformationen sind nur eingeschränkt transparent – trotz der Notwendigkeit einer gemeinsamen Kundenidentifikation und einer konsistenten Kundenhierarchie über die Gruppe hinweg.
- Unternehmensweite Informationssysteme sind fragmentiert.
- Das *Data Warehouse* der Bank ist möglicherweise nicht mit dem Hauptbuch abgestimmt oder abstimmbar bzw. nicht nach Rechnungswesenstandards strukturiert und die Qualität aus Sicht des Rechnungswesens nicht gewährleistet.

Die **Abstimmung mit parallelen Projekten und Initiativen** sollte, wie schon in Abschnitt 2.2 Abhängigkeit zu anderen Projekten erwähnt, Synergien ermöglichen, vorhandene Investitionen schützen bzw. darauf aufbauen, den Ressourcenbedarf und die Kosten vermindern sowie Projektrisiken senken. Parallelprojekte können z. B. sein:

- Andere regulatorische Initiativen wie IAS/IFRS-Projekte
- Optimierung Kreditrisikoprozesse
- Weiterentwicklung eines globalen Kreditrisikosystems und/oder sog. *Risk Dashboards* – hierbei sind in vielen Banken schon Vorbereitungen gestartet worden
- Unternehmensweite Kundenidentifikation und -information mit der Zielsetzung einer gruppeneinheitlichen Identifikation

5.2 IT-Architektur: Herausforderungen und Designentscheidungen

Durch die bankweiten Implikationen von Basel II sind einige architektonische Grundsatzentscheidungen vorzubereiten:

Konsolidierung von Risikodaten für das Reporting und Analyse auf Gruppen- und Geschäftsbereichsebene

Statt auf verdichteter Ebene müssen bei Basel II die Daten im Detail zusammengeführt werden, um bankweite bzw. gruppenweite Kalkulationen durchführen zu können und ein Basel II-konformes Berichtswesen zu ermöglichen. Auch wenn viele Banken für die interne Steuerung bereits Teilbereiche entsprechend konsolidieren, ist die bankweite bzw. gruppenweite Zusammenführung neu im Sinne der Gesamtsteuerung.

Lösungsmöglichkeiten aus architektonischer Sicht sind hier sowohl eine verteilte Datenhaltung mit Aggregationen für jeweils Kalkulationen und Berichtswesen oder eine generelle Zentralisierung in einem Datenhaushalt:

Abbildung 11: Verteilte oder zentralisierte Datenhaltung

Das aus Architektursicht optimale Design ist eine zentralisierte Architektur, die Wiederverwendung von bereits entwickelten Komponenten und einfachere Auswertungen erlaubt. Hierbei werden sämtliche notwendigen Informationen in einem gruppenweiten Informationsbestand zusammengefasst und die für Basel II notwendigen Kalkulationen überwiegend mit diesen Daten durchgeführt.

Jedoch sind einige Kriterien genau zu analysieren, um diese Entscheidung treffen zu können. Die folgende Tabelle zeigt diese Kriterien und erläutert, welche Charakteristika für eine verteilte und welche für eine zentralisierte Lösung zutreffen:

Kriterium/Treiber	Verteilte Lösung (pro Business Unit/Geschäftsbereich)	Zentralisierte Lösung (Gruppe)
Grad der Autonomie der Geschäftsbereiche/Führungsmodell	Geschäftsbereiche haben einen hohen Grad an eigener, dezentraler Verantwortung und können Entscheidungen unabhängig von der Gruppe treffen.	Geschäftsbereiche haben einen geringen Grad an Unabhängigkeit und die Gruppe gibt Rahmenentscheidungen vor.
Komplexität der jeweiligen Geschäftsbereiche	Komplex mit einem breiten Angebotsspektrum, großen Datenvolumen, komplexen Netting- und Sicherheitenvereinbarungen.	Einfache Angebotsstrukturen. Keine wesentlichen Probleme mit Datenvolumen. Geringe Notwendigkeiten für ausgefeilte Risikovermeidungsstrategien.

Kriterium/Treiber	Verteilte Lösung (pro Business Unit/Geschäftsbereich)	Zentralisierte Lösung (Gruppe)
Anzahl der Geschäftsbereiche	Große Anzahl von Geschäftsbereichen (mindestens 5), welche größere und komplexere Datenintegrationsaufwände erfordern würden.	Wenige Geschäftsbereiche (≤5) mit wenig bis mittelmäßig komplexen Datenanforderungen.
Fähigkeiten für unternehmensweites Change Management	Keine oder wenig Erfahrung und Erfolge mit geschäftsbereichsübergreifenden Projekten.	Historie von erfolgreichen geschäftsbereichsübergreifenden Projekten. Vertrauen dass gemeinsame Datenstrukturen und Regeln bereichsübergreifend vereinbart und angewandt werden können.
Einheitlichkeit der Datenquellen	Sehr unterschiedliche Datenquellen (Liefersysteme).	Gemeinsame Datenquellen und Strukturen zumindest in Teilen vorhanden.

Tabelle 5: Kriterien verteilte versus zentralisierte Lösung

Eine verteilte Lösung (oder Elemente daraus) ist darüber hinaus angebracht,
- wenn wegen der Verschiedenheit der Technologie oder des Angebots der einzelnen Geschäftseinheiten signifikante Änderungen in den Systemen und dadurch relative hohe Implementierungsrisiken entstehen würden,
- wenn aus geschäftspolitischen Erwägungen heraus dezentrale Daten, Rollen und Verantwortlichkeiten erwünscht sind sowie
- nicht zuletzt, wenn die Performance des Systems bei einem zentralisierten Datenhaushalt nicht mehr ausreichend wäre und eine kurzfristige Erweiterung nicht durchgeführt werden kann oder soll.

Wird eine verteilte Architektur gewählt, muss die Integration auf dem konsolidierten Level (Gruppenebene) sichergestellt werden, um Compliance zu erreichen.

Integration über verschiedene Topologien (Strukturen) der Geschäftsbereiche und technischen Komponenten hinweg

Die verschiedenen für Basel II notwendigen Applikationen wie Quellsysteme, Kalkulationskerne, Reporting etc., verlangen eine robuste, flexible und skalierbare Integration. Datenverfügbarkeit und -konsistenz müssen über die vorhandenen IT-Strukturen hinweg sichergestellt werden. Die Herausforderung liegt darin, eine Integrationsplattform bereitzustellen, welche die unterschiedlichen Topologien verbindet.

Aus Sicht der IT-Architektur ist die optimale Designannahme, einen Lösungsrahmen (häufig „Solution Framework" genannt) zu definieren und diesen auf alle Geschäftseinheiten anzuwenden. Beispiele aus dem fachlichen Bereich sind Konzernhandbücher, die Prozesse, Vorgehensweisen und Fachentscheidungen dokumentieren. Aus technischer Sicht können dies Architektur-Richtlinien, Vorgaben für das

Design eines Datenmodells, Data Warehouse, ein Middleware-Einsatz, oder Vorgaben aus IT-strategischer Sicht sein.

Effizientes Speichern von aktuellen und historischen Daten, Archivierung und (Rück-)integration der Historienführung in das Risikomanagement

Die Ermittlung des Eigenkapitalbedarfs stellt insbesondere aufgrund der involvierten fest definierten Zeitspannen eine besondere Herausforderung an das Datenmanagement dar. Vor allem bei der Anwendung fortgeschrittener Verfahren sind bei der Konstruktion der Modelle Datenhistorien von sieben oder mehr Jahren einzubeziehen. Diese werden dabei nicht nur einmalig verwendet, sondern müssen laufend durch aktuelle Kunden- und Transaktionsdaten angereichert und überprüft werden.

Die entstehenden Mengengerüste stellen hohe Anforderungen an die Skalierbarkeit der verwendeten Architektur. Um jeweils die Anforderungen an die Verfügbarkeit sowie adäquate Zugriffsgeschwindigkeit zu gewährleisten, müssen die Daten u. U. auf verschiedenartigen Datenträgern gespeichert werden. Die nachfolgende Tabelle verdeutlicht diesen Zusammenhang und stellt die Anforderungen an die laufende Verfügbarkeit sowie die mögliche maximale Zugriffszeit auf die Daten dar:

Beispiele für Kreditdaten	Mögliche Verwendung	Anforderungen an die Verfügbarkeit	Maximale Zugriffszeit
Aktuelle Portfoliodaten	– Ermittlung der Risikostruktur – Kapitalbedarfsermittlung	hoch	schneller Zugriff notwendig
Aggregierte Risikostruktur	– Risikosteuerung – Zeitreihenanalysen	mittel	mittel
Historische Kunden- und Transaktionsdaten	– Validierung der Risikomodelle – Periodische Rekalibrierung	niedrig	keine besonderen Anforderungen

Tabelle 6: Anforderungen an Verfügbarkeit und Zugriffszeit

Die aufsichtsrechtlichen Anforderungen gehen jedoch über die reine Ermittlung des Eigenkapitalverbrauchs hinaus. Für Stresstesting bzw. Backtesting müssen umfangreiche historische Daten gespeichert werden, um möglichst ein automatisiertes Testen durchführen zu können. Neben einem **Data Warehouse** (oder Data Mart) zur Abbildung der aktuellen Risikostruktur und Sicherheitenallokation im derzeitigen Portfolio bietet sich daher die Einrichtung eines weiteren strukturidentischen Data Warehouse für Backtesting und Szenariorechungen wie in Abbildung 11 dargestellt an:

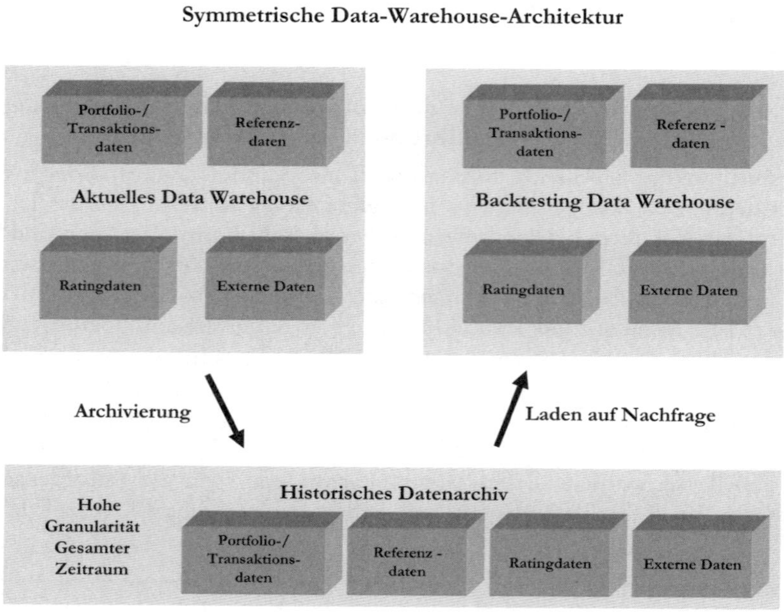

Symmetrische Data-Warehouse-Architektur

Abbildung 12: Symmetrische Data Warehouse-Architektur

Als Grundlage für die Datenzuführung müssen dazu alle zur Ermittlung des jeweils aktuellen Eigenkapitalbedarfs notwendigen Daten (Fakten und Dimensionsausprägungen) laufend in voller Granularität archiviert werden.

Ausgestaltung auditierbarer und flexibler Risikogewichtsberechnungen

Der Akkord definiert eine große Anzahl von Regeln für die Kalkulation der risikogewichteten Aktiva (*Risk Weighted Assets, RWA*). Um diese Kalkulationen Basel II-compliant ausführen zu können müssen entsprechende Systeme implementiert werden. Allerdings verlangt das Regelwerk auch, dass die Kalkulationen – und die Kategorisierungen von denen sie abhängen – leicht nachvollziehbar (auditierbar) und modifizierbar sind. Deshalb muss eine Basel II-Lösung nicht nur alle im Akkord geforderten Kalkulationen bereitstellen, sondern es muss auch Prüfer, Aufsichtsbehörden und bankinternen Anwendern ermöglichen, diese Kalkulationen nach Erfordernissen nachzuvollziehen, zu beurteilen und anzupassen.

Daten aus Rating und Bewertung für risikobasiertes Pricing für die Front-Office-Bereiche verfügbar machen

Erstmalig müssen Informationen in großem Umfang aus einem konsolidierten, für Kalkulationen und Auswertungen erstellten Datenbestand wieder für direkte Kunden- und Angebotsbearbeitung (z. B. Pricing) zur Verfügung stehen. Dies erfordert neue Datenflüsse entgegen der bisher implementierten Datenflussrichtung von den Front- und Back-Office-Systemen zu den Reportingsystemen und Data Marts.

Verbessern, Ersetzen und Neueinführen von Software-Applikationen zur optimalen Erfüllung der Anforderungen im vorhandenen Umfeld

Die optimale Designannahme ist, auf existierenden Banklösungen aufzubauen und diese für Basel II weiterzuentwickeln sowie um Basel II-spezifische Bausteine zu ergänzen. Kriterien, ob die Auswahl und Anschaffung neuer Applikationen in Erwägung gezogen werden soll, sind:
- Wie gut ist die Abdeckung der gegenwärtigen und möglichen künftigen fachlichen Anforderungen und der Integrationsanforderungen
- Sizing-Abschätzungen, ob die Applikation die künftigen Datenmengen verarbeiten kann
- Kosten, die mit der Wartung der maßgeschneiderten Lösung zusammenhängen und Betrachtung der *Total Cost of Ownership*
- Wie gut können die Anwendungen (aufgrund eines möglicherweise veralteten Designs) die benötigte Datenqualität sicherstellen
- Möglichkeit, Applikationen zu rationalisieren oder abzulösen, um eine homogenere IT-Landschaft zu erzielen

Entscheidungen über den Einsatz einer neuen Lösung sollten erst dann fallen, wenn die Anforderungen klar definiert sind und im Rahmen der IT-Architektur eine klare Vorgabe für funktionale und nicht-funktionale Anforderungen erstellt wurde.

5.3 Basel II-Applikationsarchitektur

Eine methodische Vorgehensweise und das sorgfältige Erstellen von Architekturen sind kritische Erfolgsfaktoren für ein erfolgreiches Basel II-Projekt. Die Architekturen zeigen die Gesamtzusammenhänge, die Zuordnung einzelner Funktionen zu Softwarekomponenten und das Zusammenspiel der einzelnen Basel II-Komponenten. Die Architekturerstellung beinhaltet im Wesentlichen fünf Schritte:

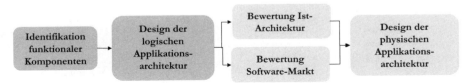

Abbildung 13: Schritte zur Erstellung der Basel II-Applikationsarchitektur

Diese Schritte werden im Folgenden erläutert.

5.3.1 Identifikation funktionaler Komponenten und Design der logischen Applikationsarchitektur

Die **funktionale Architektur** ist die **abstrakteste Darstellung** der technischen Lösung und zeigt in der Übersicht die einzelnen, für Basel II benötigten Komponenten aus fachlicher Sicht. Um valide Ansätze für wichtige Designentscheidungen zu entwickeln und nicht der darunter liegenden technischen oder Applikationslösung unumstößliche Vorgaben zu geben, ist eine auf wichtige funktionale Vorgaben beschränkte Darstellung für die funktionale Architektur zu verwenden. Andererseits muss die funktionale Architektur bereits genügend Details beinhalten, um nachfolgend den Ist-Zustand bewerten zu können, Applikationsarchitekturoptionen zu definieren und eine physische Applikationsarchitektur (mit konkreten Softwarebausteinen) designen zu können. Deshalb ist die hier vorgestellte funktionale Architektur bereits sehr stark an eine sog. logische Applikationsarchitektur angelehnt.

Nachfolgend wird anhand eines Beispiels illustriert, wie eine funktionale Architektur für Basel II aufgebaut werden kann. Bei deren Erstellung gehen wir davon aus, dass die Basel II-Anforderungen der Gruppe und der Geschäftsbereiche bereits vorliegen und daher die funktionalen Komponenten wie RWA-Kalkulation, EAD-, PD- und LGD-Schätzungen, Reporting usw. identifiziert werden können. Dazu wird zunächst die gerade im Kreditbereich vorhandene Vielzahl von Architekturanforderungen aus funktionaler und nicht-funktionaler Sicht gruppiert:

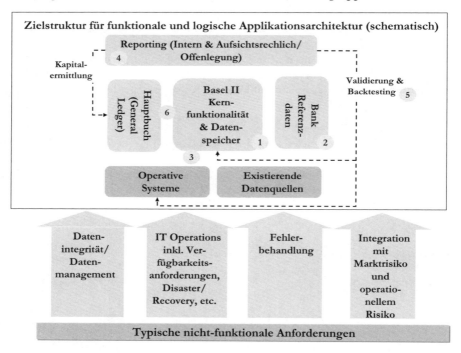

Abbildung 14: Beispielstruktur für funktionale und logische Applikationsarchitektur

Die Elemente der Zielstruktur sind im Einzelnen:

Basel II-Datenkonsolidierung und Risikokalkulation
- Analytische Anforderungen des Akkords wie Datenkonsolidierung, Kalkulationen und Analyse sind abgebildet im Bereich „Kernfunktionalität und Datenspeicher" (siehe in Abbildung 14, Ziffer 1).

– Konsistente Referenzdaten/Metadatamodell über die Bank hinweg, um die Konsolidierung auf Geschäftsbereichs- und Gruppenebene zu ermöglichen, werden in „Bank-Referenzdaten" gezeigt (z. B. gemeinsame Kundenstruktur) (2).

Kreditmanagement (operative Systeme und existierende Datenquellen)
– Der Akkord wird Änderungen an existierenden Kreditbeurteilungs- und -genehmigungssystemen und anderen operativen Systemen und Datenquellen notwendig machen, vor allem wenn IRB-Ansätze angestrebt werden (3).

Aufsichtsrechtliches Reporting, Offenlegung und Internes Reporting
– Basel II-Reportinganforderungen (wie im Akkord spezifiziert) sowie Anforderungen für internes Reporting (4).

Periodische Validierung von Risikomodellen
– Vergleich von Ist- und Planzahlen (z. B. Verlustdaten), um die Risikomodelle zu validieren und zu rekalibrieren (5).

Verbindung zum Hauptbuch (General Ledger)
– Rechnungswesen-Daten für die Abstimmung zum General Ledger (6).

Diese fachlichen Architekturelemente werden um die beispielhaft beschriebenen sog. „Nicht-fachlichen Anforderungen" ergänzt, z. B. Mechanismen für die Fehlerbehandlung.

Basierend auf dieser Grundstruktur kann anschließend ein erster Entwurf der funktionalen Architektur für das Kreditrisiko erstellt werden. Die folgende Abbildung zeigt beispielhaft eine mögliche Ebene 1, die höchste Abstraktionsebene der funktionalen Architektur:

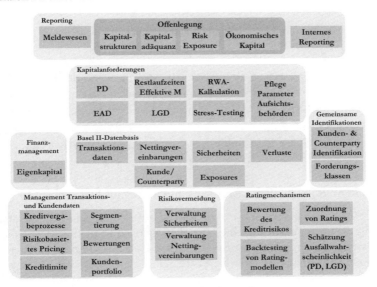

Abbildung 15: Beispiel für eine Funktionale Architektur/Ebene 1

Als nächstes wird eine **logische Applikationsarchitektur** entwickelt. Diese wird Quellsystemtypen, Datenschnittstellen, Datenflüsse und Basel II–Funktionen für Kalkulationen und Reporting etc. identifizieren und darstellen. Verantwortlichkeiten für die Basel II-Funktionalität und Datenhoheit (z. B. Datenlokation, Rollen) werden zugeordnet. Abbildung 16 skizziert beispielhaft die oberste Abstraktionsebene einer logischen Applikationsarchitektur, die selbstverständlich in einem Implementierungsprojekt weiterer Detaillierung bedarf:

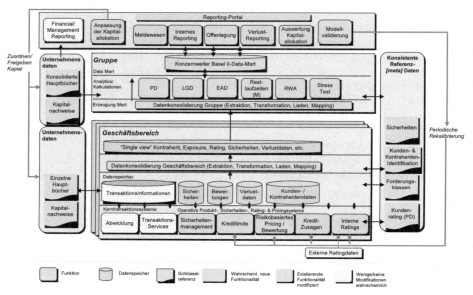

Abbildung 16: Beispiel einer logischen Applikationsarchitektur/Ebene 1

Diese Abbildung zeigt neben den fachlichen Zusammenhängen den organisatorischen Zusammenhang zwischen den Geschäftsbereichen und der Gruppe bzw. dem Konzern, denn viele der Daten müssen sowohl bereichs- als auch gesamtbankbezogen vorgehalten werden.

Im Folgenden werden die einzelnen Komponenten kurz beschrieben. Die Gruppierung wird anhand der in Abbildung 14 aufgebauten Grundstruktur vorgenommen:

(1) Komponenten im Bereich „Kernfunktionalität und Datenspeicher"

Dieses Architekturelement bezieht sich sowohl auf den einzelnen Geschäftsbereich als auch auf die Gruppe. Im einzelnen Geschäftsbereich handelt es sich insbesondere um die Datentransformation, -anreicherung und -konsolidierung aus den operativen Systemen sowie um den bereichsspezifischen „single view" auf Daten wie Exposure und Sicherheiten, etc. In der Gruppe bzw. Gesamtbank handelt es sich insbesondere um die Basel II-Kalkulationen.

Die in Abbildung 16 auf Gruppenebene im Baustein „Erzeugung Mart" dargestellten Mechanismen für Extraktion, Transformation, Laden und Mapping dienen der Datenübertragung aus den einzelnen Geschäftsbereichen, der Datenstandardisierung und -vereinheitlichung inkl. Mapping auf die Zielstruktur, soweit notwendig Datenanreicherung, u. ä.

Die im Baustein „Analytics/Kalkulationen" dargestellten Funktionen beinhalten:
- Kalkulation *PD, LGD, EAD*, Restlaufzeiten:[2]
    - *PD* (*Probability of Default*, Wahrscheinlichkeit, dass es zu einem Ausfall kommt): Der Baseler Akkord benennt verschiedene Indikatoren für den Ausfall. *PD* muss sowohl für IRB-Basisansatz als auch für den Fortgeschrittenen IRB-Ansatz berechnet werden. Da hierbei eine Vielzahl von Parametern benötigt wird, ist eine zentrale Kalkulationsroutine vorteilhaft. Entsprechende Datenflüsse sind vorzusehen.
    - *LGD* (*Loss Given Default*, Prozentsatz des Exposures, der bei einem Ausfall des Schuldners gefährdet wäre):
    Um im Fortgeschrittenen IRB-Ansatz den Verlustkoeffizienten *LGD* zu berechnen, müssen eine Reihe von Daten vorliegen: Vertragsdaten für die einzelnen Sicherheitenarten und für nicht gesicherte Exposures sowie Stammdaten wie Forderungsklassen, Restlaufzeiten, Minimum-Haltedauer, aufsichtsrechtliche *Haircuts*, Sicherheitenarten, sowie Mindest-LGD-Werte für nicht-finanzielle Sicherheiten und VaR-Multiplikatoren. Sind verschiedene Sicherheitenarten zugeordnet, sollte die Software die Sicherheitenzuordnung priorisieren, um den gesamten RWA-Wert zu reduzieren. Damit werden Sicherheiten in der Reihenfolge von der niedrigsten zur höchsten *LGD* zugeordnet.[3]
    - *EAD* (*Exposure at Default*, ausstehende Forderung, wenn es zum Ausfall kommt):
    EAD wird berechnet und mit *Add-Ons* versehen, die nach Klassifizierung der Produkte vergeben werden. In die ausstehenden Forderungen fließen finanzielle Sicherheiten ein, die gemäß den Vorgaben für Risikovermeidungsstrategien angerechnet werden können. Ebenso werden Netting-Vereinbarungen berücksichtigt. Die Exposures werden damit als der legal ausstehende Gesamtbetrag für die Bank berechnet. Die Berechnung von *EAD* beruht auf einer Reihe von Rohdaten, jedoch sind die Kalkulationen sehr komplex, so dass auch Zwischenergebnisse vorgehalten werden müssen, die als Inputparameter für nachgelagerte Rechenschritte verwendet werden. Die jeweils zu berücksichtigende Historisierung der Ausfalldaten muss mindestens sieben Jahre, am besten einen vollständigen Konjunkturzyklus umfassen, so dass schon die Rohdaten einen erheblichen Speicheraufwand bedingen.
    - *M* (*Maturity*, Restlaufzeit):
    Die Restlaufzeit ist der ausstehende Zeitraum, in dem der Kontrahent seinen Verpflichtungen offiziell nachkommen kann. Aufsichtsrechtlich beträgt diese

---

[2] Zu den Berechnungsvorschriften für die jeweiligen Parameter vgl. auch Kapitel C. III „Die IRB-Ansätze".
[3] Vgl. hierzu auch nachfolgend die Ausführungen zum Thema Sicherheitenmanagement.

Restlaufzeit i. d. R. 2,5 (ausgenommen „Repos" unter bestimmten Voraussetzungen) und maximal fünf Jahre. Die hierfür vorzuhaltenden Informationen sind im Wesentlichen die Vertragsdaten des jeweiligen Geschäfts sowie die Einteilung in die Forderungsklassen.

Hat die Bank den IRB-Basisansatz gewählt, muss sie jeden Kreditnehmer einzeln bewerten und in eine von mindestens sieben Risikoklassen einordnen. Darüber hinaus sind weitere Anforderungen an die Ausgestaltung des Ratingsystems zu erfüllen, deren Einhaltung regelmäßig von der Bankenaufsicht überprüft wird.

- Berechnung bzw. Konsolidierung der *Risk Weighted Assets-Werte (RWA)* und Kalkulation der regulatorischen Mindestkapitalanforderungen: Dafür ist sicherzustellen, dass von den Quellapplikationen entsprechende Exposure-Informationen und zutreffende Sicherheiten, Netting-Vereinbarungen, Garantien und Kreditderivate, zugeordnet zu den jeweiligen Exposures, geliefert werden.
- Stresstest: Gemäß den Anforderungen der Säule II müssen die Minimum-Kapitalanforderungen auf Basis einer vordefinierten Liste von Stresstests kalkuliert werden. Ein Stresstest kann zwei aufeinanderfolgende Quartale von Nullwachstum inkludieren, um den Effekt auf die *PD*, *LGD* und *EAD* der Bank zu bewerten. Es soll vorgesehen werden, dass die Speicherung von mehreren Versionen von *PD*, *LGD* und *EAD* möglich ist, welche mit den Szenarien korrespondieren.

(2) Konsistente Referenzdaten/Metadaten

Referenzdaten/Metadaten müssen bankweit, nicht nur geschäftsbereichsweit, als Parameter gespeichert und den jeweiligen Funktionen zur Verfügung gestellt werden. Insbesondere zählen dazu:
- Sicherheitenarten für die Klassifizierung
- Kunden- und Kontrahenten-Identifikation, die vor allem für die Datenanreicherung benötigt wird
- Einheitliche Kategorisierung von Geschäfts- und Produktarten
- Forderungsklassen (z. B. für die Berechnung der *RWA*)
- Kategorien von Kundenratings.

(3) Kreditmanagement (operative Systeme und existierende Datenquellen)

Je nach angewandtem Ansatz müssen die operativen Systeme und die Datenquellen funktional und inhaltlich verändert oder erweitert werden, wobei die Änderungswahrscheinlichkeit bei Kerntransaktionssystemen (Handel etc.) geringer ist als in den Bereichen interne Ratings, Kreditzusagenmanagement, Kreditlimitsystem, Sicherheitenmanagement und risikobasiertes Pricing:
- **Interne Ratings:** Bereits beim Standardansatz müssen in vielen Banken die Ratingsysteme erweitert werden. Insbesondere das automatisierte Einspielen von externen Ratings der relevanten Ratingagenturen, das Ermitteln des gültigen Ratings und die Zuordnung dieser Ratings zu Risikoträgern sowie das Freigabemanagement mit Vier-Augen-Prinzip, die mindestens monatliche Historisierung der Ratings und das Berichtswesen verlangen Anpassungen.

Banken, die sich für den IRB oder zumindest einen *Partial Use* entschieden haben, müssen für die Ermittlung des internen Ratings eigene Ratingverfahren definieren. Entsprechende Strukturen und die Gewichtung einzelner Kriterien sind zu konzipieren und umzusetzen. Diese beinhalten meist quantitative Analyse (Firmenkennzahlen), qualitative Analyse (Firmenbewertung) und Firmenszenario/Umfeldanalyse. Für den Bereich Firmenkennzahlen ist dabei ein System zu designen, das die Überführung in eine Normbilanz bzw. Normkennzahlen, also möglichst frei von Bewertungsunterschieden zwischen unterschiedlichen Rechnungslegungen, erlaubt. Für den zweiten Baustein, die Firmenbewertung wiederum ist ein Modul zu konzipieren, welches eine ausreichende Anzahl von Faktoren einfließen lässt, andererseits den Erfassungsaufwand begrenzt (oft 30-50 Kriterien). Weitere Funktionen beinhalten bspw. die Pflege der Ratings für verschiedene Risikoträger wie Kunde, Objekt, Position, Land, Branche, Projekt sowie die Historisierung dieser.

Schnittstellen sind zu beachten insbesondere zu Stammdatensystemen für den Import der Risikoträger vom führenden Stammdatenpflegetool, für Zuordnungen von Benutzerrechten, zu den Systemen für Kredite/Zusagen, zum Limitmanagementsystem, v. a. beim Standardansatz für den Import der externen Ratings sowie für das Reporting.

Für IRB-Ansätze bzw. beim Erstellen der internen Ratings muss im Rahmen der Architektur entschieden werden, ob die Risikoparameter *LGD*, *EAD* und *PD* innerhalb oder außerhalb der Ratinganwendungen berechnet und abgelegt werden („Kalkulationsmodul"). In unseren Ausführungen wird von einer zentralen Kalkulationsroutine ausgegangen (siehe oben) und deshalb an dieser Stelle nicht weiter vertieft.

- **Kreditzusagemanagement:** In den Bausteinen für Kreditzusagen muss v. a. die stärkere Gewichtung der Ratings berücksichtigt werden.
- **Risikobasiertes Pricing:** Pricing-Modelle sind bankenindividuell sehr unterschiedlich. Durch Basel II wird noch viel stärker der Risikoaspekt einbezogen und Opportunitätskosten sind zu berechnen.
- **Kreditlimitmanagement:** Im Rahmen der Architektur erfüllt das operative System für die Limitüberwachung folgende Funktionen:
  - Abbildung der bank- bzw. konzerneigenen Organisationsstruktur inkl. Limitierung
  - Abbildung einer Branchen- und Länderstruktur inkl. Limitierung
  - Abbildung interner und externer Rating-Systematiken
  - Abbildung der Kunden inkl. der Zuordnung zu Kreditnehmereinheiten, Länder und Branchen, der Zuordnung interner wie externer Ratings und der Möglichkeit zur Limitierung
  - Kombinierte Geschäftsabbildung für Kreditgeschäfte, Handelsgeschäfte, Beteiligungen und Reservierungen inkl. Zuordnung von Sicherheiten sowie interner und externer Ratings
  - Möglichkeit zur Limitierung von Kombinationen diverser Charakteristika
  - Berechnungsmodule übertragen die Ergebnisse bankfachlicher Algorithmen zur Eigenkapitalbelastung, zur Großrisikosteuerung und für interne Zwecke.

Diese Funktionen und Daten müssen im Zusammenhang mit Basel II überprüft und ggf. erweitert werden.
- **Sicherheitenmanagement** (*Collateral Management*): Wie in anderen Teilen dieses Buches ausführlich beschrieben, reduziert die Minderung des Kreditrisikos durch Hereinnahme von Sicherheiten den Eigenkapitalbedarf. Basel II erweitert die aufsichtsrechtliche Anerkennung von Sicherheiten im Vergleich zum Status quo. Welche Sicherheiten anerkennungsfähig sind, ist je nach Ansatz sehr verschieden und weitreichend. Darüber hinaus sollen auch Kreditderivate und Garantien Risiko mindernd angerechnet werden, soweit das Risikogewicht des Garanten niedriger als das des Kreditnehmers ist. Außerdem hat der Baseler Ausschuss beschlossen, das Netting auf alle bilanziellen Aktiva und Passiva auszudehnen. Dies und große Unterschiede je nach gewähltem Ansatz zeigen, wie wichtig eine exakte fachliche Definition und vor allem die Entscheidung für einen der Ansätze vor dem Start der IT-Implementierung ist.

Viele heute existierende Lösungen zur Verwaltung von Sicherheiten weisen eine Reihe von Schwächen auf. So sind in den meisten Fällen die Sicherheitenkataloge unvollständig und die Bewertung erfolgt nicht zeitnah bzw. nicht korrekt. Die Sicherheiten selbst werden nicht in separaten Systemen geführt, sondern in den operativen Systemen „mitverwaltet". Ferner ist die Zuordnung von Sicherheiten zu mehreren Konten, Kunden bzw. Verträgen oft unzureichend. Aber auch die Ansprüche an die Verwaltung von Sicherheiten steigen. Je nach Ansatz müssen die bereitzustellenden Daten und die zu realisierenden Funktionen unterschiedlichen Anforderungen genügen. Es bedarf einer Vielzahl an Daten, um u. a. Marktwerte, *Haircuts*, bereinigte Werte oder Verlustquoten (*LGD*) bei den Sicherheiten zu ermitteln.

Im Rahmen der funktionalen Architektur wird unterschieden zwischen
- dem operativen Sicherheitenmanagement, welche das führende System v. a. für die Erfassung und Pflege von Sicherheiten darstellt, sowie
- der Basel II-spezifischen Komponente, welche für die verschiedenen Berechnungen die Risiko reduzierende Wirkung von Sicherheiten berücksichtigt.

Das operative Sicherheitenmanagement umfasst dabei:
- Verwaltung der Sicherheitenvereinbarungen und Zuordnung zu Sicherheitenarten, Vermögensobjekte, aktuelle Bewertungen (Verkehrs-/Kreditwerte), Sicherheitendeckung, Sicherheitengeber/Bürgen, Zuordnung zu Kreditnehmern bzw. Geschäften, vorrangige Sicherungsrechte, Bewertungszeiträume, Laufzeitinformationen, Ausfallwahrscheinlichkeiten, Ratingdaten etc.
- Pflege der Sicherheiten im Sicherheitenmanagementsystem, um zu gewährleisten, dass die qualitativen Aspekte der Anrechenbarkeit gegeben sind (z. B. Durchsetzbarkeit, geringe Korrelation zum Schuldner)
- Ermöglichung eines schnellen geschäftsbereichs- bzw. konzernweiten Überblicks über den aktuellen Sicherheitenbestand für das Reporting
- Ggf. Schnittstellen zu Stammdaten und Kurssystemen
- Analyse von Laufzeiten, Analyse von Währungsinkongruenzen
- Ermittlung von Teilbesicherungen
- Zuordnung von Ausfallwahrscheinlichkeiten

Bei der Architekturfestlegung für die Basel II-spezifischen Komponenten ist zu entscheiden, an welcher Stelle die Anrechnungsbeträge errechnet werden. Im Folgenden wird davon ausgegangen, dass die für die Verarbeitung der Sicherheiten komplexen Arbeitsschritte im zentralen Kalkulationsmodul abgedeckt sind – siehe dazu „Analytics/Kalkulationen", hier nur zur Vollständigkeit aufgeführt:
- Ermittlung der Anerkennungsfähigkeit von Sicherungsinstrumenten im Rahmen des IRB-Basisansatzes und des fortgeschrittenen IRB-Ansatzes in Abhängigkeit von der Sicherheitenart bzw. der Risikoklasse des Garantiegebers
- Auf Basis der Vertrags- und Geschäftspartnerdaten sowie zugeordneter IDs und Rollen werden ansatzabhängig zusammenhängende Bündel von Forderungen und Sicherungsinstrumenten gebildet
- Über den aufsichtsrechtlichen Standard – d. h. der Wurzel-Zeit-Formel – werden *Haircuts* für Forderungen, Sicherheiten und Währungsinkongruenzen ermittelt
- Für den IRB-Basisansatz werden Laufzeitinkongruenzen festgestellt, d. h. Fälle bei denen die Restlaufzeit des Sicherungsinstruments kürzer als die der Forderung ist
- Innerhalb der Bündel werden die Sicherungsinstrumente mittels eines Optimierungsalgorithmus angerechnet: Bei entsprechender Vertragsgestaltung sind komplexe n:m-Beziehungen zwischen Krediten und Sicherungsinstrumenten möglich. Die Optimierung dieses Netzwerks muss Aufgabe eines neu eingesetzten Tools sein. Unter Umständen existieren zahlreiche Kombinationsmöglichkeiten zur Anrechnung von Anteilen der Sicherungsinstrumente auf Kreditanteile. Risikoklasse, Bonität, Art des Sicherungsinstruments und Inkongruenzen von Währung bzw. Laufzeit können unterschiedliche Eigenkapitalanforderungen je Kombination bedingen.
- **Transaktionssysteme/Abwicklungs- und Transaktionsservices** (z. B. Kontokorrent, Zahlungsverkehr, Wertpapierabwicklung) sind hier nur zur Vervollständigung der Architektur aufgeführt. Die Auswirkung von Basel II auf diese Funktionen ist gering bis gar nicht gegeben.
- Die **Datenspeicher** illustrieren die zu den jeweiligen Funktionen gehörenden operativen Datenbestände.

(4) Reporting

Systeme und Daten sind irrelevant, wenn die Geschäftsinformationen nicht zeitgerecht und richtig aufbereitet bereitgestellt werden. Die in Abbildung 16 für Reporting dargestellten Funktionen bilden den Rahmen für die nach Basel II geforderten Offenlegungspflichten, das Meldewesen und das interne Reporting. Das Reporting im weiteren Sinne umfasst auch Auswertungen über implementierte Prozesse, Prozeduren und Workflows. Diese Auswertungen können wesentlich zur Erreichung der Basel II-Compliance beitragen.

Zusätzlich zur Erstellung von Risikometriken und prozeduralen, qualitativen Auswertungen können die Aufsichtsbehörden verlangen, die Kalkulationen der *RWA* nachzuvollziehen. Diese häufig „*no black box*" genannte Regel fordert von den Banken, dass sie nun auch ihre Systeme im Detail erklären, um Kalkulationen

Teil E: Banksteuerung und Basel II

nachzuvollziehen. Für das Reporting wünschenswert ist hier eine visuelle „Trace"-Funktionalität der Kalkulationen.

Ein Reportingportal gibt dem Anwender eine über alle Berichtsbereiche hinweg einheitliche Benutzerschnittstelle.

(5) Periodische Validierung, Backtesting und Rekalibrierung

Die Genauigkeit und Konsistenz des Ratingsystems und die Schätzung aller relevanten Komponenten wird durch das Vergleichen von tatsächlichen Ausfällen mit geschätzten *PDs* für jede Organisationsebene (und *LGDs* und *EAD* beim Advanced IRB-Ansatz) validiert.

Um diese Modelle zu validieren, muss das Modul historische **Ratingtabellen speichern** können und **Leistungsstörungen sammeln**, z. B.

- Anzahl der Leistungsstörungen
- Charakteristika der Sicherheiten (inkl. Typ, Wert, geschätzte und aktuelle Einbringung, Datum der Einbringung und Kosten), die dem Exposure zugeordnet sind
- Dem Exposure zugeordnete Garantien/Kreditderivate (inkl. Name, Rating, Garant)
- Charakteristika der Kreditnehmer (inkl. Hierarchie, Branchencode, geographische Zuordnung, internes Rating, externes Rating, PD-Schätzung)
- Daten der Leistungsstörung (inkl. Begründung, Datum, EAD-Schätzung, LGD-Schätzung, Netting-Vereinbarung, ausstehender Betrag, Zins-/Fremdwährungsrate etc.)

(6) Verbindung zum Hauptbuch (General Ledger)

Diese Funktion stellt die Verbindung zwischen Basel II und dem Hauptbuch dar, insbesondere für den Abgleich der Kapitalanforderungen und dem verfügbaren Eigenkapital. Oft wird dies jedoch ein manueller Abgleich sein.

5.3.2 Bewertung der Ist-Architekturen und Bewertung des Software-Markts

Als nächster Schritt ist die funktionale Zielarchitektur und die logische Applikationsarchitektur mit der derzeitigen IT-Landschaft im Sinne einer Gap-Analyse abzugleichen, zu bewerten und Handlungsempfehlungen abzuleiten sowie der Software-Markt zu evaluieren:

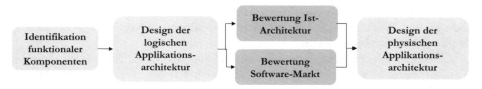

Abbildung 17: Schritte 3 und 4 zur Erstellung der Basel II-Applikationsarchitektur

Wichtiges Ziel ist, den Änderungs- bzw. Erweiterungsbedarf aufzuzeigen, die Entscheidung zentrale versus dezentrale Lösungskomponenten vorzubereiten und die Basis für die Evaluierung von Kaufsoftware zu legen.

Um das Entscheidende vorweg zu nehmen: Es gibt nicht die Softwarelösung für Basel II, die für alle Institute passt. Die Auswahl einer optimalen Lösung ist von vielen Randbedingungen abhängig und das Entscheidungsspektrum ist größer als man auf dem ersten Blick vermuten kann. Das Thema Kauf versus Eigenentwicklung ist daher eingehend zu prüfen. Im Wesentlichen bieten sich für die Basel II-Kernfunktionen drei Applikationsarchitekturoptionen an, welche alternativ dargestellt werden:
- Neue Basel II-spezifische, zentrale Applikationslösungen
- Best-of-Breed-Lösung basierend auf existierendem Data Warehouse
- Best-of-Breed - dezentrale Lösung

Diese Architekturoptionen sind sowohl bei einer organisatorisch verteilten als auch einer organisatorisch zentralisierten Datenhaltung (siehe Tabelle 4) möglich. Die Kombination mit den unterschiedlichen Ansätzen für die Applikationsarchitekturen ergibt für eine Bank damit bis zu fünf mögliche Szenarien:
- Jeder Geschäftsbereich entscheidet selbst, jeweils Best-of-Breed-Ansatz und Einsatz mehrerer Softwarepakete von verschiedenen Anbietern pro Geschäftsbereich; Zusätzliche Datenkonsolidierungsmechanismen
- Eine zentralisierte Gesamtlösung pro Geschäftsbereich; zusätzliche Datenkonsolidierungsmechanismen
- Gleiche Software für alle Geschäftsbereiche, aber unabhängige Implementierungen; zusätzliche Datenkonsolidierungsmechanismen
- Gleiche Software für alle Geschäftsbereiche und gut integrierte Umgebungen
- Eine einzige, zentralisierte und integrierte gruppenweite Systemlandschaft.

Zentrale Applikationslösung

Eine zentrale Applikationslösung hat aus Architektursicht sehr viel Charme, ist jedoch für die Implementierung mit großen Risiken behaftet. Dabei werden mit einer zentralen Applikation sämtliche oder zumindest der Großteil der Basel II-relevanten Kernanforderungen abgedeckt. Ausgenommen sind die zuvor beschriebenen operativen Module wie Pricing, Kreditzusagenmanagement, operatives Sicherheitenmanagement, u. ä. Künftige Änderungen oder Erweiterungen sind einfacher durchführbar, weil die Daten und Funktionalität (z. B. Kalkulationsregeln) an nur einer Stelle gespeichert und ausgeführt werden. Dadurch ist die Datenkonsistenz einfacher herzustellen als bei einer dezentralen Lösung (siehe nachfolgend) und der Abstimmungsaufwand verringert sich. Die Datenaggregation und -compliance können als eine „Point solution" implementiert werden.

Probleme einer zentralen Applikationslösung können sein:
- Große Abhängigkeit von einem Softwarehersteller
- Obwohl die meisten Produktmodelle abgebildet werden können, ist es gerade bei komplexen Bankprodukten oder bei sehr individuellen Ausprägungen (z. B. Spezialfinanzierungen) häufig erforderlich, die Vollständigkeit doch wieder durch

Erweiterungsprogrammierung oder Integration einer „Best-of-Breed-Lösung" herzustellen
- Hohes Implementierungsrisiko, da eine Gesamtlösung selten nur in Teilbereichen erfolgreich implementiert werden kann und dadurch ein sehr komplexes und großes Projekt erfordert. Zudem sind diese Gesamtlösungen teilweise noch nicht ausgereift und haben noch funktionale Lücken.

Die Entscheidung, eine Gesamtlösung zu implementieren, ist strategisch und richtet sich naturgemäß sehr stark an der langfristigen Ausrichtung eines Instituts aus. Wenn der Lösungsanbieter auch das Rechnungswesen integriert, entsteht dadurch eine Applikation, die auch das Finanzreporting (HGB/IAS), Teile des Management-Reportings, sowie das regulatorische Reporting und das Risikoreporting abdeckt. Der **Abstimmungsaufwand** zwischen den verschiedenen Teillösungen unterschiedlicher Anbieter **entfällt** dadurch – die **Implementierung** wird dagegen noch **komplexer**.

Best-of-Breed-Lösung basierend auf existierendem Data Warehouse

Viele Banken haben erhebliche Investitionen in bestehende Data Warehouse-Lösungen getätigt. Dieser Best-of-Breed-Ansatz geht davon aus, dass bereits relativ vollständige Transaktionsdaten und Positionsdaten (Salden von Verträgen, Konten etc.) in einem zentralen Data Warehouse gespeichert werden. Wie in der funktionalen Architektur dargestellt, ist dabei insbesondere die Konsolidierung von Einzeldaten auf bankweiter Ebene zu prüfen und ggf. zu erweitern. Es empfiehlt sich, dabei eine detaillierte Gap-Analyse zu den notwendigen Datenanforderungen des Akkords durchzuführen.

Durch Basel II neu erforderliche Komponenten, z. B. für die Kalkulationen, werden durch die zu erwerbende Standardsoftware abgedeckt, die diese Anforderungen jeweils am besten erfüllt. Dazu müssen für alle in der funktionalen Architektur und logischen Applikationsarchitektur dargestellten Anforderungen, welche nicht durch bestehende Lösungen abgedeckt werden, Softwareauswahlverfahren durchgeführt werden.

Vorteil der auf einem existierenden Data Warehouse aufbauenden Best-of-Breed-Lösungen ist es, dass diese die jeweiligen Anforderungen sehr gut abdecken und die **Schnittstellenkomplexität** für das Basel II-Projekt **verringert** wird.

Best-of-Breed mit dezentralen Lösungen

Bei diesem Ansatz wird für jeden Teilbereich die jeweils beste Lösung ausgewählt. D. h., dass z. B. die Systeme für Rating(-datenbank), Sicherheitenmanagement, Kalkulationen, Reporting etc. von jeweils der Softwarelösung abgedeckt werden, die diese fachlichen Anforderungen und die Integrationsanforderungen einzeln am besten erfüllt. Alternativ können einzelne, bereits im Einsatz befindliche Systeme durch Funktions- und Datenbankerweiterungen für Basel II adaptiert werden.

Der wesentliche Vorteil dürfte das **gesunkene Projektrisiko** sein, da häufig auf vorhandenen Systemen aufgebaut wird und das Basel II-Gesamtprojekt in kleinere, überschaubarere Einzelprojekte aufgeteilt werden kann. Die große Herausforderung ist aber zweifelsfrei die Integration der verschiedenen kleineren Softwarekomponenten. Eine solide geplante und abgestimmte IT-Architektur mit genauer Zuordnung von Daten und Funktionen zu den jeweiligen Applikationen, Design des Datenflusses sowie genaue Definition der Schnittstellen ist bei diesem Ansatz entscheidend für die Aufwandsminimierung und den Projekterfolg. Die Umsetzbarkeit der Architektur und die Integration soll durch frühzeitige *„Proof of Concepts"* geprüft werden.

5.3.3 Entwurf der physischen Applikationsarchitektur
Als abschließende Aktivität im Rahmen der Architekturdefinition für Basel II wird die physische Applikationsarchitektur entworfen:

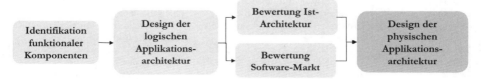

Abbildung 18: Schritt 5 zur Erstellung der Basel II-Applikationsarchitektur

Die physische Applikationsarchitektur beschreibt jeden einzelnen Softwarebaustein und die Art der Integration zwischen den Bausteinen, z. B. über Middleware, im Detail. Sie hängt sehr stark von der ausgewählten Software ab – eine **generell gültige Darstellung ist nicht möglich**. Im Folgenden wird daher ergänzend auf die Kriterien und Treiber für das Design und für die Auswahl eines Anbieters versus Lösungen von mehreren Anbietern eingegangen:

Kriterium/ Treiber	Umsetzung auf Basis einer Gesamtlösung eines Anbieters	Umsetzung auf Basis der Lösungen von mehreren Anbietern
Systeme bereits im Einsatz, die um Basel II-Erweiterungen ergänzt werden können	Keine oder nur wenige der Systeme mit „Best of Breed"-Erweiterungsmöglichkeiten für Basel II sind derzeit im Einsatz. Oder, falls solche im Einsatz sind, erreichen diese bald ihre Designlimits bzgl. Datenvolumen und Verarbeitung oder haben sie bereits erreicht.	Einige oder viele der Produkte mit „Best of Breed"-Erweiterungsmöglichkeiten für Basel II sind derzeit im Einsatz. Hohe Zufriedenheit mit dem Produkt und Service der jeweiligen Anbieter.
Existenz und Flexibilität des vorhandenen Data Warehouse, ETL/ Middleware und Reportingtools	Wenig oder keine Verbreitung oder Erfahrung mit diesen Tools. Oder die existierenden Datenintegrationsmechanismen sind nicht zuverlässig, schwer zu warten und zu erweitern (d. h. Punkt-zu-Punkt-Schnittstellen).	Verbreiteter und intensiver Einsatz dieser Tools. Existierende Datenintegrationsmechanismen sind zuverlässig, robust und leicht erweiterbar (z. B. Nutzung einer Art Middleware).

Kriterium/ Treiber	Umsetzung auf Basis einer Gesamtlösung eines Anbieters	Umsetzung auf Basis der Lösungen von mehreren Anbietern
Strategie bzgl. Kauf oder Eigenentwicklung	Eigene Entwicklungen wegen potentieller Realisierungsrisiken gering priorisiert. Wenig oder keine Fähigkeiten und Kapazitäten, die Spezifikation und die Entwicklung von Software zu unterstützen.	Ausreichende Ressourcen und umfangreiche Erfahrungen in der Spezifikation, Entwicklung, Weiterentwicklung und Wartung von Software.
Unternehmensstrategie bzgl. ERP-Anbieter	ERP-Systeme sind bereits in Produktion. Hohe Zufriedenheit mit dem Produkt und Service des ERP-Anbieters und Absicht die Nutzung innerhalb der Organisation zu erweitern.	Keine existierende ERP-Infrastruktur in Verwendung bzw. lt. IT-Strategie kein unmittelbarer Einsatz geplant. Oder große Unzufriedenheit mit derzeitigem ERP-Produkt und Service.
Breite der IT-Skills	Tiefe, aber keine breiten technologischen und Applikations-Kenntnisse. Wenige wirklich gute Beziehungen zu Softwareherstellern.	Breite, aber nicht besonders tiefe technische und Applikationskenntnisse. Viele gute Beziehungen zu Softwareherstellern.

Tabelle 7: Kriterien und Treiber für das Design der physischen Applikationsarchitektur

Mit der Definition der physischen Basel II-Architektur sind die generell gültigen Architekturdefinitionen abgeschlossen. Die weitergehenden, detaillierten technischen Designaktivitäten sind anhand vorhandener Infrastrukturen, Bankstandards und individueller IT-Strategien im Einzelfall zu entscheiden.

6. Zusammenfassung und Ausblick

Zusammengefasst zeigt sich, dass Basel II-Implementierungsprojekte sehr individuell verlaufen und eine methodisch zu verallgemeinernde Vorgehensweise an der Stelle endet, an der die vorhandene IT-Landschaft der Bank in den Vordergrund tritt. Dennoch bietet ein Basel II-Projekt dadurch Chancen, bestehende Applikationen auszubauen, neue Vorgehensweisen zu definieren und damit die Basis für weitere Nutzungsmöglichkeiten zu legen.

Management-Reporting

Allein der Aufbau des Basel II-Datenhaushalts liefert eine neue, umfangreiche und aktuelle Datenbasis, die im Rahmen des Managementreportings zusätzliche Auswertungsmöglichkeiten bietet. Je nach Wahl der Ansätze können unterschiedliche Szenariokalkulationen durchgeführt werden, die eine aktive risikogerechte Steuerung und ggf. Neuausrichtungen und Entscheidungsfindungen vorbereiten.

CRM

Für die IRB-Ansätze wird eine umfangreiche Datenbasis über Kunden angelegt. Die Kundenhistorie ist leicht zugänglich und Leistungsstörungen werden durch die neuen Prozesse schnell ersichtlich. Eine Kundenklassifizierung kann neu nach Risikogesichtspunkten erfolgen. Damit ist eine Erweiterung der Kundeninformationen geschaffen, die einerseits der Entscheidungsfindung für Kreditvergaben dient, andererseits aber das Verhalten der Kunden transparenter macht als zuvor in den Banken bekannt war. Entsprechend wird diese Information im Tagesgeschäft verwendet und auch für weitere Applikationen ausgebaut. Hinsichtlich der Applikationsarchitektur werden teilweise nachträgliche Anpassungen vorgenommen, um diesen Datenhaushalt für das Tagesgeschäft nutzbar zu machen.

Frühwarnsysteme
Banken, die bereits Frühwarnsysteme im Einsatz haben, können meist auf eine solidere Basis als andere zurückgreifen. Dies gilt besonders im Bereich der operationellen Risiken. Dennoch werden durch Basel II optimale Voraussetzungen für Frühwarnsysteme geschaffen, da die Risikovermeidungsstrategien direkt dazu führen. Prozess- und Schwachstellenanalyse erfolgen sowohl für operationelle Risiken als auch für Kreditrisiken, Risikoindikatoren werden definiert, so dass auf dieser Basis eine Automatisierung der Abläufe zur Früherkennung von Schadensfällen nahe liegt.

Basel II-Zielarchitektur als integraler Bestandteil der Gesamtbanksteuerung
Basel II wird derzeit von vielen Banken als Pflichtprojekt empfunden und entsprechend abgearbeitet. Die überarbeiteten aufsichtsrechtlichen Anforderungen nehmen allerdings erheblichen Einfluss auf die bankweiten Prozesse und das Risikomanagement. Basel II bildet damit ein Rahmenwerk für das Risikomanagement der nächsten Jahre. Da das wirtschaftliche Ergebnis gegen die Eigenkapitalkosten gestellt wird, nehmen die Basel II-Bausteine eine wesentliche Rolle im Rahmen der Gesamtbanksteuerung ein. Nur wenige Banken haben Basel II zum Anlass genommen, die Gesamtbanksteuerung neu auszurichten. Ist dies geplant, sollten Entscheidungen hinsichtlich zentraler Lösung vs. Komponentenlösung schon für Basel II daraufhin untersucht werden, ob eine langfristige Zusammenführung der Risiko- und Ertragssteuerung geplant ist.

VI. Kommunikation von internen Ratings mit den Kreditnehmern

Klaus Frick, Frank Schönherr

Inhalt:

	Seite
1 Einleitung	489
2 Bedeutung des Ratings im Kontext von Basel II	490
3 Das IKB-Mittelstandsrating	492
3.1 Aufbau des IKB-Mittelstandsratings	492
3.2 Bisherige Unternehmensentwicklung	493
3.3 Mittelfristige Unternehmensplanung	494
3.4 Bilanzpolitik/Anhanganalyse	494
3.5 Liquiditätslage	494
3.6 Qualitative Erfolgsfaktoren	495
3.6.1 Aufgaben der qualitativen Analyse	495
3.6.2 Management	496
3.6.3 Wertschöpfung	496
3.6.4 Unternehmensumfeld	496
3.6.5 Branchenrating	497
4 Schulungskonzeption für die Firmenbetreuer	497
4.1 E-Learning-Konzeption	498
4.2 Präsenzseminare	499
5 Präsentationsformen für den Kunden	500
5.1 Der IKB-Rating-Review	500
5.2 Erfahrungsbericht	503
5.3 Kosten des Rating-Reviews	503
6 Fazit	504

1. Einleitung

Die Diskussion um Basel II sowie die sich daraus ableitenden Konsequenzen haben während der Konsultationsphase zu einer deutlichen Verunsicherung der Unternehmer geführt. Gekoppelt mit einem parallel laufenden Strukturwandel in der deutschen Finanzierungslandschaft sorgt sich deshalb insbesondere der Mittelstand um seine Finanzierungsbasis.

Die risikoadäquate Unterlegung der vergebenen Kredite mit Eigenkapital ist zwar aus Sicht aller Beteiligten eine sinnvolle Entwicklung, allerdings werden die damit verbundenen bankinternen Ratings von vielen Unternehmen kritisch gesehen. So besteht die Angst, dass die bankinternen Verfahren der Vielfalt des deutschen Mittelstands nicht gerecht werden und es zunehmend zu einer rein mathematisch bzw. statistisch bestimmten Risikozuweisung und damit auch Kreditentscheidung kommt. Dies gilt insbesondere für schwierige Branchensegmente, wo eine Verweigerung der Finanzierungsbereitschaft befürchtet wird.

Aus diesem Grund ist es für eine auf wechselseitigem Vertrauen beruhende Geschäftsbeziehung unerlässlich, dem Kreditnehmer ein Höchstmaß an Transparenz bezüglich der Ratingergebnisse einzuräumen. Zudem müssen gerade kreditorientierte Banken den Ratingprozess in der Kundenbeziehung als „ihre" Kernkompetenz verstehen, da er einen hervorragenden Ansatz für eine **positive Wettbewerbsdifferenzierung** darstellt und auch maßgeblich für die Rentabilität des Kreditgeschäfts ist.

Diese Entwicklung stellt aber auch die Firmenbetreuer vor neue Herausforderungen. So muss sichergestellt werden, dass der Ratingprozess und die damit verbundenen Wirkungszusammenhänge eindeutig verstanden und die Ergebnisse auch aus Kundensicht nachvollziehbar erläutert werden können. Zudem wird es zu einer **Intensivierung der Diskussion in der Kundenbeziehung** kommen, da die Einschätzung der Bank und die Selbstwahrnehmung des Kunden natürlich nicht immer deckungsgleich sein müssen.

Die IKB hat sich deshalb entschlossen, ihre Kunden während der gesamten Konsultationsphase über die mit Basel II verbundenen Konsequenzen ausführlich zu informieren, die Firmenbetreuer durch ein neu konzipiertes Schulungskonzept auf die Herausforderungen vorzubereiten und die Ratingergebnisse den Kunden nachvollziehbar offen zu legen.

2. Bedeutung des Ratings im Kontext von Basel II

Jedes Kreditinstitut muss bei der Vergabe eines Kredites einen bestimmten Prozentsatz der risikogewichteten Aktiva mit Eigenkapital unterlegen. Die Höhe dieser Eigenkapitalunterlegung hat der Gesetzgeber in Deutschland im Grundsatz I des Kreditwesengesetzes auf Grundlage der Baseler Eigenkapitalübereinkunft von 1988 (sog. Basel I) festgelegt. Die Einhaltung des Grundsatzes I wird durch die Bundesanstalt für Finanzdienstleistungsaufsicht (BaFin) sichergestellt.

Die darin enthaltenen Bestimmungen unterteilen Kreditnehmer pauschal in drei Klassen: Öffentliche Kreditnehmer und Zentral- bzw. Notenbanken, Kreditinstitute sowie alle übrigen Kreditnehmer, also auch Unternehmen.

Danach müssen Kreditinstitute ihre Kredite grundsätzlich zu 8 % mit Eigenkapital unterlegen. Diese Eigenkapitalunterlegung wird jedoch zusätzlich mit einem Risikofaktor gewichtet. Bislang sind dabei Kredite an Unternehmen grundsätzlich mit einem Gewichtungsfaktor von 100 %, wegen des geringeren Risikos Ausleihungen an Kreditinstitute mit einem Faktor von 20 % und an öffentliche Kreditnehmer mit 0 % anzusetzen. Diese spezifische Gewichtung hat automatisch zur Folge, dass die Finanzierungskosten für die verschiedenen Kreditnehmergruppen unterschiedlich hoch ausfallen, da die Bereitstellung von Eigenkapital in die Konditionengestaltung einfließt.

Dieses bislang gültige, **pauschale Verfahren** ermöglicht **keine Differenzierung** innerhalb einer Schuldnergruppe, z. B. nach der individuellen Bonität des Kreditnehmers bzw. der Wahrscheinlichkeit des Kreditausfalls. In Folge dessen hat sich eine mehr oder weniger einheitliche Zinsmarge gebildet, welche die individuelle Bonitätssituation des Kreditnehmers nur unzureichend berücksichtigt. In der Praxis zahlen derzeit Kreditnehmer mit einer schwächeren Bonität einen zu geringen Risikoaufschlag.

Basel II strebt an, die Anforderung an die Eigenkapitalunterlegung künftig risikogerechter zu gestalten. Das Konzept regelt die Mindesteigenkapitalanforderungen in folgender Weise neu: Grundsätzlich sieht auch Basel II eine Eigenkapitalunterlegung von 8 % vor, berücksichtigt jedoch durch eine wesentlich stärkere Differenzierung der Gewichtungsfaktoren die individuelle Risikoeinstufung nach der Bonität des Kreditnehmers.

Im auf externen Ratings basierenden Standardansatz stellt sich die erforderliche Kapitalunterlegung beispielsweise wie folgt dar:

Kredit	Kreditnehmer	Rating	Richtgröße	Gewichtung	EK-Unterlegung
EUR 1 Mio.	Unternehmen	AAA bis AA-	8%	20%	EUR 16.000
		A+ bis A-		50%	EUR 40.000
		BBB+ bis BB-		100%	EUR 80.000
		B+ bis C		150%	EUR 120.000

Abbildung 1: Ratingabhängige Eigenkapitalunterlegung

Ein Rating versteht sich im Wesentlichen als Beurteilung der wirtschaftlichen Fähigkeiten eines Kreditnehmers, in Zukunft seinen Zahlungsverpflichtungen termingerecht nachzukommen.

Mit der Forderung, die Bonität eines (potenziellen) Kreditnehmers mit der Wahrscheinlichkeit eines Ausfallrisikos zu verknüpfen, stützt sich Basel II im Wesentlichen auf die Ratingsystematik der international führenden Ratingagenturen wie *Fitch, Standard & Poor's oder Moody's*:

Auch wenn die Ratingsysteme und -verfahren von Agentur zu Agentur unterschiedlich sind, ist die Aussagekraft der mit jeder Ratingkategorie verbundenen Ausfallwahrscheinlichkeit durchaus vergleichbar. In der Regel ist ein Rating prospektiv auf einen Ein-Jahres-Horizont ausgerichtet und berücksichtigt sowohl Geschäfts- als auch Finanzrisiken:

Rating des Geschäftsrisikos	Rating des Finanzrisikos
- Branchencharakteristika	- Rentabilität
- Wettbewerbsposition	- Planzahlen und Cashflow-Projektion
- Management	- Finanzpolitik
	- Finanzielle Flexiblität

Abbildung 2: Einflussgrößen des Ratings

3. Das IKB-Mittelstandsrating

3.1 Aufbau des IKB-Mittelstandsratings

Die IKB als Spezialinstitut für die langfristige Unternehmensfinanzierung und Partner des Mittelstands verfügt schon seit vielen Jahren über ein System zur Bonitätseinstufung ihrer Kunden. Das System wurde ständig verfeinert und in engem Austausch mit führenden Ratingagenturen und Institutionen den aktuellen Anforderungen aus Basel angepasst.

Ein wesentlicher Vorteil für das Unternehmen ist, dass das IKB-Mittelstandsrating auf einer statistisch hochwertigen Referenzdatenbasis aufbaut, über die in dieser Form nur die IKB auf Grund ihrer langjährigen vorherrschenden Marktposition im Mittelstand verfügt. Ein IKB-Mittelstandsrating bietet damit de facto ein Benchmarking auf hohem Niveau.

Im Rahmen des IKB-Mittelstandsratings werden sechs Themenkomplexe abgebildet:
- Bisherige Unternehmensentwicklung
- Mittelfristige Unternehmensplanung
- Bilanzpolitik
- Liquiditätslage
- Qualitative Erfolgsfaktoren
- Branchenrating

Die einzelnen Bewertungsergebnisse werden zu einer Gesamtbewertung der wirtschaftlichen Bonität – also einem Rating – zusammengefasst. Diese Zusammenfassung der Einzelbewertungen erfolgt mit Hilfe eines komplexen Rechenwerks. Die Gewichtung basiert auf Referenztabellen nach dem **Vorsichtsprinzip**. An dieser Stelle beschränken wir uns jedoch auf die wesentlichen Aspekte der Bewertung.

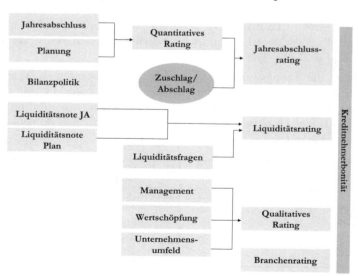

Abbildung 3: Einflussfaktoren Kundenrating

3.2 Bisherige Unternehmensentwicklung

Gegenstand der Analyse sind Daten der drei letzten Jahresabschlüsse (Bilanz sowie Gewinn- und Verlustrechnung), aus denen folgende Kennziffern gebildet werden (hier vereinfacht dargestellt):

Kennziffer	Definition
Gesamtkapitalrendite =	$\dfrac{\text{Betriebs- und Finanzergebnisse} + \text{Zinsaufwand}}{\text{Durchschnittliche Bilanzsumme}}$
Kapitalstruktur =	$\dfrac{\text{Bereinigte Eigenmittel}}{(\text{Bilanzsumme} - \text{Immaterielles Vermögen} - \text{Kasse} - \text{Grundstücke/Bauten})}$
Verschuldungsgrad =	$\dfrac{\text{Gesamtverbindlichkeiten} + 50\,\%\ \text{SoPo} - \text{Betriebsmittel}}{\text{Betriebs- und Finanzergebnis} + \text{Normal-Afa}}$
Cashflow =	Betriebs- und Finanzergebnis + Normal-Afa (absolute Größe)
Zinsdeckungsgrad =	$\dfrac{\text{Betriebsergebnis} + \text{Normal-Afa}}{\text{Zinsaufwand}}$

Abbildung 4: Bilanzkennziffern

Die **Gesamtkapitalrendite** veranschaulicht die Ertragskraft der insgesamt in einer Periode durchschnittlich eingesetzten eigenen und fremden Mittel.

Die **Kapitalstruktur** bildet die Eigenmittelquote in einer spezifischen Form ab. Eine nicht ausreichende Eigenmittelquote stellt in der Bewertung einen signifikanten Risikofaktor dar.

Der **Verschuldungsgrad** spiegelt die Effektivverschuldung des Unternehmens in Relation zum Cashflow wider. Er gibt damit einen Hinweis auf die Schuldentilgungsfähigkeit des Unternehmens und bemisst die Anzahl von Jahren, in denen ein Unternehmen bei gleich bleibendem Cashflow entschuldet werden könnte, sofern der gesamte Cashflow ausschließlich zur Schuldentilgung herangezogen werden könnte.

Der **Cashflow** beschreibt in finanzwirtschaftlicher Sicht den Mittelrückfluss aus dem Umsatzprozess, der nicht in Kürze zu Auszahlungen führt, also dem Unternehmen zur Verfügung steht. Er ist somit eine Näherungsgröße für das Innenfinanzierungsvolumen des Unternehmens.

Der **Zinsdeckungsgrad** setzt den liquiditätsmäßigen Ertragsüberschuss in Beziehung zum Zinsaufwand. Er gibt an, wie oft mit dem zur Verfügung stehenden Überschuss der Zinsaufwand abgedeckt werden könnte, wenn er ausschließlich hierfür verwendet würde.

Für die genannten Kennziffern wird über eine Regressionsformel ein Gesamtwert ermittelt. Dieser wird in eine Note von 1 bis 5 übersetzt, die sodann in das Rating einfließt.

3.3 Mittelfristige Unternehmensplanung

Die zukunftsbezogene Bewertung erfolgt anhand der gleichen fünf Kennzahlen wie die vergangenheitsbezogene Analyse. Hat ein Unternehmen in der Vergangenheit die Weichen für eine nachhaltige Verbesserung des Bilanzbildes gestellt, schlägt sich das auch in einer Verbesserung des Ratings nieder. Im umgekehrten Fall führt eine Verschlechterung der Planzahlen gegenüber den Vergangenheitsdaten zu einer Bonitätsherabstufung. Die eingereichten Planungen werden auf Konsistenz und Plausibilität geprüft. Die IKB berücksichtigt dabei die bisherige Unternehmensentwicklung sowie die Markt- und Konkurrenzsituation.

Zusammen mit der Analyse des Themenkomplexes „Bisherige Unternehmensentwicklung" bildet die Bewertung der mittelfristigen Unternehmensplanung das quantitative Rating. Ergänzt um die Analyse der Bilanzpolitik und die Anhanganalyse ergibt sich das Jahresabschlussrating als erster Teil des IKB-Mittelstandsrating.

3.4 Bilanzpolitik/Anhanganalyse

Das statistische Ratingmodell analysiert lediglich die „harten" Fakten. Es kann jedoch nicht beurteilen, inwieweit die Zahlen durch bilanzpolitische Maßnahmen (Ausnutzung von Ansatz- und Bewertungswahlrechten) geprägt bzw. beeinflusst sind. Eine umfassende Jahresabschlussanalyse beinhaltet daher auch die Würdigung der Bilanzpolitik.

Über die Bewertung der Abschreibungsmethoden und der Ausnutzung von Ansatzwahlrechten hinaus fließt u. a. auch die Beurteilung der Angemessenheit von Risikovorsorgen (Wertberichtigungen, Rückstellungen) in das Ergebnis ein. Dieses Ergebnis wiederum kann bei besonders konservativer Bilanzierung als positives Korrektiv, bei besonders progressiver Bilanzierung entsprechend als negatives Korrektiv zum quantitativen Rating wirken.

3.5 Liquiditätslage

Eine jederzeit ausreichende Liquiditätsausstattung ist zwingende Voraussetzung für die Existenzfähigkeit eines Unternehmens. Um die Liquiditätssituation eines Unternehmens hinreichend beurteilen zu können, müssen neben reinen Liquiditätskenn-

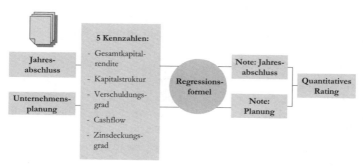

Abbildung 5: Bestandteile des quantitativen Ratings

zahlen weitere Faktoren wie z. B. Umfang und Ausnutzung von Kreditlinien sowie die Quellen von Liquiditätsüberschüssen analysiert werden. Basis einer fundierten und adäquaten Analyse ist die Vorlage eines aktuellen Bankenspiegels sowie einer Liquiditätsplanung. Das Liquiditätsrating setzt sich somit aus Kennzahlen und einer darüber hinaus gehenden Analyse zusammen.

3.6 Qualitative Erfolgsfaktoren

3.6.1 Aufgaben der qualitativen Analyse

Erfahrungen aus der Vergangenheit haben immer wieder gezeigt, dass es nicht möglich ist, sich allein auf Basis von Kennzahlen ein ausreichendes Bild von einem Unternehmen zu verschaffen. Dies gilt nicht zuletzt vor dem Hintergrund, dass sich häufig Erfolge aus Umstrukturierungsmaßnahmen erst mit einer gewissen Zeitverzögerung in den Kennzahlen widerspiegeln. Umgekehrt können Kennzahlen über latente Risiken in der Unternehmensstruktur, -organisation oder -ausstattung hinwegtäuschen.

Neben den Kennzahlen aus Jahresabschlüssen und Planungen bezieht das IKB-Mittelstandsrating daher auch qualitative Chancen- und Risikofaktoren („qualitatives Rating") in die Gesamtbewertung ein. Das qualitative Rating setzt sich dabei aus den Beurteilungsfeldern Management, Wertschöpfung und Unternehmensumfeld zusammen, wobei die Felder Management und Unternehmensumfeld nochmals untergliedert sind:

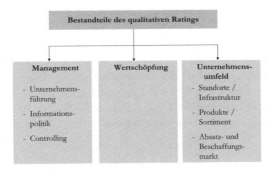

Abbildung 6: Bestandteile des qualitativen Ratings

Bei der Analyse der Felder Wertschöpfung und Unternehmensumfeld fließen branchenspezifische Erfolgs- und Risikofaktoren in das Ergebnis ein, die z. B. bei produzierenden Unternehmen anders gelagert sind als bei Dienstleistungs- oder Handelsunternehmen. Darüber hinaus kann die Analysetiefe in Abhängigkeit vom Ergebnis des Jahresabschlussratings variieren, wobei der Grundsatz gilt: Je mehr Detailinformationen vorliegen, desto höher ist die Qualität der Analyse!

Liegen für die Erstellung des qualitativen Ratings wesentliche Informationen nicht vor, schlägt sich dies tendenziell negativ auf das Ergebnis aus. Sollte das ermittelte qualitative Rating deshalb subjektiv als „zu schlecht" empfunden werden, kann dies auf eine unzureichende **Informationsbasis** zurückzuführen sein. Wesentliche

Grundlage eines aussagefähigen qualitativen Ratings und der anschließenden Diskussion der Ergebnisse ist somit der offene Dialog zwischen dem Unternehmen und dem Firmenbetreuer.

Die Schwerpunkte der qualitativen Analyse werden nachfolgend dargestellt, wobei es sich um keine abschließende Aufzählung der Erfolgs- bzw. Risikoparameter handelt.

3.6.2 Management

Unternehmensführung

Gegenstand der Analyse der Unternehmensführung sind die Managementstrukturen (Führungserfahrung, Branchenerfahrung, Krisenerfahrung, Aufgabenverteilung im Management) und die strategische Ausrichtung des Unternehmens. Auch Nachfolgefragen fließen bei gegebener Altersstruktur des Managements in die Bewertung ein. Ebenso kann die Einbindung bzw. der Einfluss von Beratungs- und Kontrollgremien in die Bewertung eingehen.

Informationspolitik

Analysiert werden der Umfang und die Qualität der vorliegenden Unterlagen (z. B. Jahresabschlüsse, Planungen, Zwischenzahlen, sonstige wesentliche Informationen zum Geschäftsverlauf) und ob diese Unterlagen/Informationen zeitnah vorliegen. Auch die Frage, ob und mit welchem Ergebnis sich das Unternehmen den Vorschriften des KonTraG unterzieht, kann in die Bewertung einfließen.

Controlling

Betrachtet werden der Detaillierungsgrad der Unternehmensplanung und der Planungshorizont sowie die Qualität des Ertragscontrollings (Kostenrechnung). Sofern eingetreten, werden auch Ursachen für Planverfehlungen und – falls erforderlich – eingeleitete Gegenmaßnahmen hinterfragt. Ferner fließt die Qualität des Debitoren- und Währungsmanagements des Unternehmens in das Ergebnis ein.

3.6.3 Wertschöpfung

Im Rahmen der Beurteilung werden – abhängig von der Branchenzugehörigkeit – unterschiedliche Schwerpunkte gelegt. Ziel ist es, die gewonnenen Eindrücke zu den Wertschöpfungsprozessen adäquat zu bewerten und die Flexibilität des Unternehmens hinsichtlich möglicher Marktveränderungen einzuschätzen. Ferner werden die Maßnahmen zur systematischen Qualitätssicherung sowie der Zustand des Warenwirtschaftssystems berücksichtigt.

3.6.4 Unternehmensumfeld

Standort/Infrastruktur

Beurteilt wird die Qualität des Standortes bzw. der Standorte des Unternehmens. Dabei werden Faktoren wie Entwicklungsmöglichkeiten (Ersatzflächen), Verkehrsanbindung sowie Umwelt- bzw. Altlastenproblematik berücksichtigt. Bei Handelsunternehmen werden zusätzlich Wettbewerbsumfeld und -intensität bewertet.

Produkte/Sortiment
Neben der Einschätzung zur Breite und Tiefe des Produktsortiments fließen Fragen nach Alleinstellungsmerkmalen, zum Produktmix (Produktlebenszyklen und Umsatzverteilung) sowie zur Substitutionsgefahr der Produkte in das Ergebnis ein.

Absatz- und Beschaffungsmarkt
Hinterfragt werden Abhängigkeiten auf Absatz- und Beschaffungsseite sowie die Möglichkeit, bei entsprechendem Erfordernis alternative Lieferanten und/oder Kunden zu gewinnen. Ferner werden die Marktstrukturen hinsichtlich Preisvolatilitäten, Konzentrationstendenzen und Marktanteilsentwicklungen analysiert.

3.6.5 Branchenrating
Ein wesentlicher Einflussfaktor auf die Zukunftsfähigkeit eines Unternehmens und seine potenzielle Entwicklung ist das wirtschaftliche Branchenumfeld (makroökonomisches Umfeld). Die Bewertung des Branchenrisikos erfolgt über die **branchenspezifische Insolvenzhäufigkeit**, die anhand der branchenspezifischen Faktoren Wachstumspotenzial, Wettbewerbsfähigkeit, Ertragspotenzial und Konjunkturabhängigkeit ermittelt wird.

Ergänzend zu diesem umfangreichen Branchen-Know-how unserer eigenen volkswirtschaftlichen Abteilung greifen wir im Rahmen des IKB-Mittelstandsrating auch auf die Expertise der Feri Group of Financial Services zu, die uns umfangreiche Datenbanken zur wirtschaftlichen Entwicklung von Branchen in Europa und den USA zur Verfügung stellt. Weiterhin analysiert Feri globale Branchenentwicklungen, identifiziert neue Trends und bewertet die relative Position einzelner Branchen zueinander.

Schließlich werden auf Basis ökonometrischer Modelle detaillierte Branchenprognosen entwickelt, die in Kennziffern für das Wachstumspotenzial, die Profitabilität und Bonität der Gesamtbranche (Ausfallrisiko) überführt werden.

4. Schulungskonzeption für die Firmenbetreuer

Die Komplexität des Ratingprozesses und seine Bedeutung für die Kundenbeziehung verdeutlicht, dass der Firmenbetreuer, will er dem Anspruch des Beraters des Unternehmens im Sinne eines Ratgebers gerecht werden, bestens für den Diskurs mit dem Kunden vorbereitet sein muss. Dazu muss er en détail über alle Aspekte und Wirkungszusammenhänge des Ratings informiert sein, das Ratingergebnis interpretieren und Handlungsalternativen für das Unternehmen aufzeigen können. Die IKB hat deshalb mit der Firma Arideon ein spezielles e-Learning-Konzept für ihre Firmenbetreuer entwickelt, welches diesen Erfordernissen Rechnung trägt. Zudem wird der Firmenbetreuer im Rahmen von Präsenzschulungen auf das Kundengespräch vorbereitet.

4.1 E-Learning-Konzeption

Wissensvermittlung über e-Learning hat den großen Vorteil, dass die Lernenden ihren Lernstoff individuell nach ihrer Vorbildung zusammenstellen und die Lerngeschwindigkeit selbst regulieren können. Außerdem können sie zu jeder Zeit auf diesen Kurs zugreifen und sind an keinen Veranstaltungsort gebunden. Ein weiterer wichtiger Aspekt dieser Lernform ist die Homogenisierung von Teilnehmern unterschiedlicher Vorbildung für ein Präsenzseminar. Durch eine qualitativ hochwertige Seminarvorbereitung über e-Learning verfügen alle Seminarteilnehmer über das gleiche Basiswissen, wodurch das Seminar deutlich effektiver durchgeführt werden kann.

Der e-Learning-Kurs „IKB-Mittelstandsrating" beginnt mit einer Einführung in die Thematik (Abbildung 7), die gleichermaßen als motivierender Einstieg für die Lernzielgruppe und als komprimierter Überblick für alle Bankmitarbeiter dient. Diese Wirkung wird durch den Einsatz eines grafisch animierten und vertonten Web-Films – eines „Smart Movies" – erreicht.

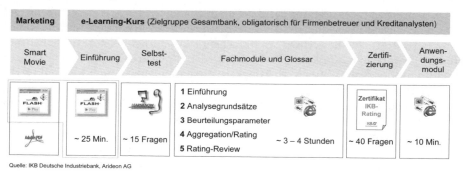

Abbildung 7: Konzeption Marketing und e-Learning „IKB-Mittelstandsrating"

Neben der **motivierenden Funktion** des Smart Movies für die lernorientierte Nutzung dient dieses Medium aber auch als Kernelement einer **Marketing-CD** für Kunden und Interessenten. Hierdurch wird der beratungsorientierte Ansatz der IKB über ein modernes Medium punktgenau kommuniziert. Die Marketing-CD umfasst darüber hinaus Broschüren zum Ausdruck, ein HTML-Glossar sowie weiter führende Internet-Angebote.

Für die Kursteilnehmer folgt nach Durcharbeitung des Einführungsmoduls ein freiwilliger Selbsttest. Hierdurch wird sowohl eine Verständnisüberprüfung der Einführungsinhalte als auch eine Einschätzung der individuellen Vorbildung in diesem Gebiet ermöglicht.

Im Anschluss daran wird in den folgenden **fünf Fachmodulen** ein detailliertes Fachwissen vermittelt. Um den Erfordernissen an die Pflegbarkeit durch die IKB und den Anforderungen der Lernzielgruppe – insbesondere der Firmenbetreuer – gerecht zu werden, wurden diese Fachmodule dokumentenbasiert ohne Animationen und gesprochenen Text umgesetzt. Die Lerninhalte sind einfach auszudrucken und eignen sich in Auszügen als Präsentationsmedium zur Erläuterung des IKB-Mittelstandsratings bei Kunden und Interessenten.

Nach intensiver Erarbeitung der Fachinhalte schließt sich eine Zertifizierung an, die über einen elektronischen Abschlusstest erworben wird. Der Firmenbetreuer erhält eine Auswertung seines Testergebnisses sowie – bei Erreichen einer vorgegebenen Mindestpunktzahl – ein Zertifikat. Zur Sicherstellung eines einheitlichen Basiswissens über die zentrale Thematik Basel II und Rating müssen alle in den Ratingprozess involvierten Mitarbeiter aus Markt und Marktfolge den Abschlusstest bestehen und das Zertifikat vorweisen.

Für Mitarbeiter, die auch am Computer mit der speziell für den Bedarf der IKB entwickelten Software „Rating" arbeiten müssen, wurde ein Lernmodul zur Anwendungsschulung erstellt. Ein HTML-Glossar aller wichtigen Fachtermini rundet die elektronische Wissensvermittlung ab.

Der e-Learning-Kurs wird ebenso wie das gesamte IKB-Mittelstandsrating bis zum endgültigen Inkrafttreten der neuen Eigenkapitalvorschriften – und auch darüber hinaus – ein „lebendes" System bleiben. Die Lerninhalte werden regelmäßig aktualisiert, berücksichtigen Erfahrungen der Lerner und Trainer und bieten so ein **kontinuierliches Wissensmanagement**. Zusätzlich gibt es Intranet-Foren zu den einzelnen Lernmodulen, die die Möglichkeit eines Wissens- und Erfahrungsaustauschs mit Kollegen und Fachexperten eröffnen. Aktualität und Interaktivität fördern so die Nachhaltigkeit der Wissensvermittlung. Diese wiederum ermöglicht es dem Firmenbetreuer in hervorragendem Maße, den Herausforderungen im Markt dauerhaft gerecht zu werden.

4.2 Präsenzseminare

Die Präsenzseminare setzten auf dem e-Learning-Kurs auf. Nach kurzer Einführung und Rekapitulation der wichtigsten fachlichen Kernaussagen der e-Learning-Kurse durch den Trainer werden die Teilnehmer in Zweiergruppen mit sechs verschiedenen (eine je Team) komplexen Kunden-Fallstudien konfrontiert, die vom Trainer auf Basis von Fällen der IKB erstellt und im Vorfeld mit den Fachbereichen abgestimmt wurden. Die Fallstudien bestehen aus einem Textteil, einem Zahlenteil (Jahresabschlüsse, Kennzahlen, Planzahlen) und einem strukturierten Analysebogen, der die e-Learning-Inhalte mit der Praxis im Firmenkunden-Vertrieb verzahnt.

Im verhaltensorientierten Seminarteil werden alle Teilnehmer mit Hilfe des strukturierten Analysebogens auf ein Gespräch mit dem „Kunden" vorbereitet. Anschließend wird dieses Gespräch dann zur Analyse des exakten Beratungsbedarfs und zur Gewinnung des Kunden für eine bestimmte Konzeptidee (in Anwesenheit des Plenums) mit dem Kunden (Trainer) geführt.

Um die Teilnehmer in verschiedene Trainingssituationen zu manövrieren, stellt sich im Laufe des simulierten Beratungsgesprächs heraus, dass der „Kunde" noch über eine Reihe weiterer, in den Fallstudientexten nicht enthaltener wichtiger Informationen verfügt, die er jedoch nur auf ausdrückliches Nachfragen zur Verfügung stellt. Wie sich weiter herausstellt, sind die Fallstudien ohne diese Zusatzinformationen i. d. R. nicht lösbar.

499

In den anschließenden Feedback-Runden im Plenum werden Erfolgs- und Misserfolgsfaktoren herausgearbeitet. Ziel führende Vorgehensweisen werden besonders verstärkt; soweit den Teilnehmern in ihren Gesprächen typische Fehler unterlaufen, wird damit aufrichtig und unmissverständlich, aber immer humorvoll und niemals verletzend umgegangen, so dass Motivation und Engagement der Teilnehmer sehr schnell ein spürbar hohes Niveau erreichen.

Der zweite Trainingstag dient der Lösung der Kunden-Fallstudien nach Maßgabe der Kenntnisse, die die Teilnehmer durch das e-Learning-Modul, die Lektüre der Fallstudie, das Gespräch mit dem „Kunden" und ggf. weiterer vom „Kunden" bereitgestellter Unterlagen haben. Dabei können die jeweiligen Zweierteams auf die Hilfe von Vertretern der Fachbereiche zurückgreifen, die zu diesem Zweck eigens am zweiten Tag anreisen, ferner auf die Hilfe des Trainers. Durch die Anwesenheit wird zudem zum Ausdruck gebracht, dass den Fachbereichen selbst sehr an einem Erfolg der Gesamtmaßnahme gelegen ist.

Umsetzung und Transfersicherung

Nach Abschluss der Präsenzseminarphase wird den Teilnehmern zusätzlich angeboten, sie bei der Übertragung der Lerninhalte auf ihr eigenes Kundenportfolio durch ein Einzelcoaching zu unterstützen. Den Teilnehmern stehen ihre Führungskraft und/oder der aus den Präsenzseminaren bekannte externe Trainer als Coach zur Verfügung.

Das Coaching setzt nahtlos auf den Lerninhalten des Präsenzseminars auf. Es hat konsequenterweise zwei Schwerpunkte: einen fachlichen und einen verhaltensorientierten. Auf die Gleichberechtigung dieser zwei Lernschwerpunkte wird besonderen Wert gelegt, weil – anders als im Coaching für andere Teilnehmergruppen – im gehobenen Firmenkundengeschäft der IKB die Verhaltenskompetenz ein Hygienefaktor ist (d. h. ein Faktor, ohne den die Bank kaum zur Angebotsabgabe eingeladen wird), während die Fach- oder Lösungskompetenz in vielen Fällen über Mandatierung oder Nicht-Mandatierung entscheidet.

Nachbereitung

Ein regelmäßiges Update der einzelnen e-Learning-Kurse und die Möglichkeit eines Chats mit den Fachexperten ermöglicht es den Absolventen des Schulungscurriculums, sich auch nach den fix terminierten Schulungsabschnitten auf dem laufenden zu halten und die entwickelten Module als Wissensdatenbank zu nutzen.

5. Präsentationsformen für den Kunden

5.1 Der IKB-Rating-Review

In jüngster Zeit nimmt – nicht zuletzt im Zuge der Diskussion um Basel II – die Frage der Offenlegung bankinterner Ratings gegenüber den Kunden an Bedeutung zu. Hierfür gibt es im Wesentlichen zwei Ursachen:

Zum einen kann Transparenz keine Einbahnstraße sein, sondern muss auf beiden Seiten der Bank-Kunde-Beziehung fester Bestandteil des Umgangs miteinander werden. Die seit der Einführung von § 18 KWG[1] ständig gestiegenen Anforderungen der Banken an die Tiefe der Informationen durch ihre Kunden finden ihren vorläufigen Höhepunkt in den Regelungen von Basel II. Diese fordern, dass die bankinternen Ratingmodelle alle relevanten Kreditnehmercharakteristika umfassen müssen; eine Forderung, der die IKB mit ihrem Ratingmodell für mittelständische Unternehmen nachgekommen ist. Mit diesem gestiegenen Informationsbedürfnis der Banken sollte nach unserem Verständnis auch ein größeres Maß an Transparenz den Kunden gegenüber verbunden sein.

Zum anderen zeichnet sich ab, dass neben den Kredit gebenden Banken auch weitere Marktteilnehmer – wie beispielsweise die Lieferanten und Abnehmer eines Unternehmens – zunehmenden Informationsbedarf über die Bonität dieses Unternehmens signalisieren. So sind beispielsweise die großen Automobilkonzerne inzwischen in ihrer Produktion in eine mehr oder weniger starke Abhängigkeit von ihren Zulieferern geraten. Dies hat zur Folge, dass sich die Konzerne die „Überlebensfähigkeit" der Zulieferer in Form eines guten Ratings und damit einer geringen Ausfallwahrscheinlichkeit dokumentieren lassen.

Mit dem IKB-Rating-Review wird die IKB beiden Anforderungen gerecht. Durch eine ausführliche Dokumentation der einzelnen Ratingfaktoren und deren Teilnoten sowie durch die umfassende Darstellung der IKB-Ratingsystematik wird der Kunde zunächst in die Gesamtmaterie eingeführt. Die weiteren Inhalte des IKB-Rating-Review bestehen aus:

- der **EBILA**, in der die Daten aus Bilanz und GuV im Rahmen einer EDV-gestützten Bilanzanalyse in ein Kennzahlensystem überführt werden. Die Kennzahlen werden sowohl auf Basis der Ist-Daten als auch für Planzahlen ermittelt. Im Unterschied zu den Ratingsystemen anderer Banken fließen auch die aus den Planzahlen ermittelten Werte in das Ratingergebnis ein.
- dem **IKB-Betriebsvergleich**, in dem ausgewählte Kennziffern des Unternehmens (neben den im Ratingmodell genannten Kennziffern sind dies z. B. Cashflow-Quote, EBITDA-Quote, Investitionsquote, Materialeinsatzquote, Personalaufwandsquote) verglichen werden mit anderen IKB-Kunden aus der gleichen Branche und die Position des betrachteten Unternehmens graphisch im Vergleich zum Branchenbesten, Branchendurchschnitt und Branchenschlechtesten dargestellt wird.
- dem **IKB-Branchenrating**, bei dem auf Basis des Wachstumspotenzials, der Wettbewerbsintensität und der Rentabilität der betrachteten Branche eine Entwicklungsprognose der nächsten fünf Jahre aufgezeigt wird.
- dem **Stärken-Schwächen-Profil** des Unternehmens, das aus den qualitativen Informationen zu Management, Wertschöpfung und Unternehmensumfeld sowie aus den Liquiditätsfragen generiert wird. Das Stärken-Schwächen-Profil leitet sich aus den Antworten ab, die der Firmenbetreuer im Anschluss an das in der Regel mehrstündige Managementgespräch in das IKB-Ratingsystem einträgt. Aus den bis zu 80 Ratingfragen (in Abhängigkeit von der aus den Kennziffern ermit-

---
[1] § 18 KWG regelt die Verpflichtung der Kreditinstitute, sich die wirtschaftlichen Verhältnisse ihrer Kunden offen legen zu lassen.

telten Vorbonität und der Branchenzugehörigkeit) und den dazugehörigen Antworten (das sind mindestens zwei und maximal sechs Möglichkeiten pro Frage) werden Ratingaussagen formuliert, die dem Kunden seine Stärken und Schwächen vermitteln sollen und die insbesondere auch die Grundlage für das Erkennen von Handlungsnotwendigkeiten und Verbesserungspotenzialen darstellen.

In den genannten Bereichen (Management, Wertschöpfung, Unternehmensumfeld und Liquidität) werden Aussagen zu folgenden (risikorelevanten) Aspekten des Unternehmens getroffen (die folgende Aufzählung ist nicht abschließend):[2]

Management
- Managementstruktur
- Fachliche Qualifikation
- Nachfolgeregelungen
- Einflussnahme beratender Gremien
- Bewertung des Strategieprozesses
- Qualität der für das Rating vorgelegten Unterlagen
- Qualität des Planungsprozesses

Wertschöpfung des Unternehmens
- Zustand von Maschinen und angewandten Technologien
- Qualität der Leistungserstellung
- Einhaltung eines zertifizierten Qualitätssicherungssystems
- Kapazitätsauslastung von Produktion und Lager
- regelmäßige Durchführung von Marktanalysen

Unternehmensumfeld
- Standort und Entwicklungsmöglichkeiten
- Wettbewerbssituation
- Umweltrisiken
- Breite des Produkt-/Dienstleistungsportfolios
- Alleinstellungsmerkmale/Wettbewerbsvorteile
- Substitutionsgefahren durch Wettbewerber
- Absatz- und Beschaffungsmärkte

Liquidität
- Da die IKB Deutsche Industriebank AG keine kurzfristigen Finanzierungen vornimmt und für ihre Kunden auch keine Kontokorrentkonten führt, besteht im Unterschied zu den meisten Wettbewerbern nur eingeschränkt die Möglichkeit, Einblick in die Liquiditätsströme der Kunden zu nehmen. Insofern wurde im Rahmen des IKB-Mittelstandsratings ein ergänzender Fragenkatalog zur Liqui-

---

[2] Vgl. auch Abschnitt 3.

dität der Unternehmen entwickelt, aus dem im Stärken-Schwächen-Profil Aussagen zu folgenden Fragen getroffen werden:
- Bankenspiegel mit Darstellung der KK-Linien
- Inanspruchnahme eingeräumter KK-Linien
- Besicherung der KK-Linien
- Liquiditätsplanung
- Rückstände auf Zins- und/oder Tilgungszahlungen

5.2 Erfahrungsbericht

Die mittlerweile abgeschlossene Testphase im Vorfeld der Einführung des IKB-Rating-Review als neues Produkt hatte eine ganz überwiegend positive Resonanz der teilnehmenden Kunden als Ergebnis. Dies gilt sowohl in Bezug auf den Detaillierungsgrad der Inhalte als auch mit Blick auf die Transparenz der Darstellung, die deutlich über die Offenheit anderer Banken bezüglich deren Ratingsystematik und -ergebnisse hinausgeht.

Weitergabemöglichkeit an Dritte

Die Möglichkeit, das Ratingergebnis an Dritte weiterzugeben, ist bei den internen Ratings anderer Banken bislang nicht gegeben. Dabei ist dies eine Anforderung der mittelständischen Unternehmen, die immer öfter erhoben wird. Hintergrund hierfür ist die zunehmende Forderung großer Abnehmer oder Lieferanten nach Offenlegung der wirtschaftlichen Bonität ihrer Geschäftspartner in Form eines Ratings. Dabei wird durchaus nicht immer auf die Vorlage eines extern ermittelten Ratingergebnisses beharrt; vielmehr genügt regelmäßig das bankinterne Rating.

Voraussetzung für die Weitergabe ist die vertragliche Vereinbarung eines Haftungsausschlusses zwischen der IKB und dem Drittempfänger des Ratings, durch den auch die unberechtigte Weitergabe des Ratings an Empfänger außerhalb der Sphäre IKB/Unternehmen/Drittempfänger vertraglich ausgeschlossen wird.

5.3 Kosten des Rating-Reviews
Abweichungen zwischen dem IKB-Ratingergebnis und den Bewertungen anderer Banken bzw. Agenturen

Bereits heute sind die wesentlichen Elemente der unterschiedlichen Ratingmodelle durchaus vergleichbar. Dass es dennoch zu Abweichungen bei der Bewertung desselben Unternehmens durch unterschiedliche Banken bzw. Ratingagenturen kommen kann, hat unterschiedliche Ursachen.

Zum einen fließen nicht alle erhobenen Parameter gleichermaßen auch in die Ratingnote ein. So wird zwar von allen Banken eine Unternehmensplanung verlangt; die Werte in Form von Kennziffern hieraus wird aber – soweit bekannt – derzeit nur im IKB-Mittelstandsrating in die Bewertung mit einbezogen.

Zum anderen variiert die Gewichtung, mit der die einzelnen Ratingparameter in die Gesamtnote einfließen, von Institut zu Institut. Dabei gibt es sowohl lineare Modelle mit festgelegten Gewichtungen, als auch „risikoaverse" Modelle wie das der

IKB, bei denen die Ratingkomponenten mit dem jeweils höchsten Risiko (d. h. mit der schlechtesten Teilnote) auch das jeweils höchste Gewicht im Rahmen der Gesamtnote erhalten.

Da jedoch die Vorgaben der Ende 2006 in Kraft tretenden Baseler Beschlüsse für alle Banken gleichermaßen Wirkung entfalten werden und zudem die Prüfer der BaFin die Einhaltung dieser Vorgaben nach den gleichen Maßstäben prüfen werden, ist mit einer zunehmenden Angleichung der Ratingverfahren und der Ratingergebnisse zu rechnen.

6. Fazit

Die IKB als kreditorientierte Bank sieht den Ratingprozess als eine ihrer Kernkompetenzen. Sie hat deshalb erhebliche Anstrengungen unternommen, um sowohl mit dem Mittelstandsrating, als auch durch die Schulung der Firmenkundenbetreuer dem Kunden eine bestmögliche Beratung anzubieten. Zudem erhält der Kunde über den IKB-Rating-Review ein Stärken-Schwächen-Profil, welches ihm absolute Transparenz hinsichtlich des Ratingergebnisses gibt und klare strategische Handlungsfelder aufzeigt.

VII. Behandlung von Nettingvereinbarungen unter Basel II und IAS/IFRS

Bernd Claußen, Michael Cluse, Maria R. Tomasi

Inhalt:

	Seite
1 Einleitung	505
2 Derzeitige Behandlung von Nettingvereinbarungen	505
3 Berücksichtigung des Nettings unter Basel II	507
3.1 On-Balance-Sheet-Netting	507
3.2 Off-Balance-Sheet-Netting	510
3.3 Netting im Rahmen der EU-Richtlinie	510
4 Internationale Rechnungslegung nach IFRS	511
5 Zusammenfassung und Fazit	513

1. Einleitung

Mit Basel II und der Rechnungslegung nach IAS/IFRS[1] stehen Kreditinstitute vor großen Aufgaben, die in den nächsten Jahren bewältigt werden müssen. Wenngleich der Fokus beider Regelwerke unterschiedlich ist, bestehen doch in verschiedenen Themengebieten Überschneidungen. Da in den meisten Kreditinstituten eigenständige Projekte für Basel II und IAS/IFRS aufgesetzt wurden, muss bei der Umsetzung sichergestellt werden, dass die Anforderungen beider Regelwerke aufeinander abgestimmt werden.

Für Kreditinstitute und Wertpapierfinanzdienstleister, die ihren Sitz in einem Mitgliedsstaat der EU haben, wird neben bzw. an Stelle der neuen Baseler Eigenkapitalrichtlinie die überarbeitete EU-Richtlinie („CAD 3") maßgeblich sein.

Dieser Beitrag gibt einen Überblick zur heutigen und zukünftigen Behandlung von Aufrechnungsvereinbarungen im Rahmen der verschiedenen Vorschriften.

2. Derzeitige Behandlung von Nettingvereinbarungen

In Deutschland werden die Mindestkapitalvorschriften für Kreditinstitute und Finanzdienstleister bisher im Grundsatz I geregelt. Hinsichtlich Netting heißt es dort in § 12 Abs. 1: „Zweiseitige Aufrechnungsvereinbarungen und Schuldumwandlungsverträge für Swapgeschäfte, Termingeschäfte und Optionsrechte zwischen dem Institut und seinem Vertragspartner bewirken eine ermäßigte Anrechnung der darunter einbezogenen Risikoaktiva [...], sofern die in der GroMiKV genannten Vor-

---

[1] International Financial Reporting Standards (IFRS), vormals International Accounting Standards (IAS).

aussetzungen erfüllt sind und die Bundesanstalt für Finanzdienstleistungsaufsicht (BaFin) die Berücksichtigung der Risiko mindernden Wirkung nicht untersagt hat."

Die bankaufsichtliche Anerkennung von Nettingvereinbarungen wurde im Jahre 1999 durch eine Änderung der Groß- und Millionenkreditverordnung (§§ 5 bis 8 GroMiKV) zugunsten eines formlosen Anzeigeverfahrens beschleunigt. Besonderheiten zum Netting von Wertpapierpensions- oder Darlehensgeschäften sind in § 10 GroMiKV geregelt. Im Oktober 2001 hat sich die Aufsicht ergänzend in einem Rundschreiben zu den Voraussetzungen für die Anwendung von Netting im Grundsatz I geäußert.[2]

Grundsätzlich müssen alle Nettingvereinbarungen von der BaFin genehmigt werden bzw. die Berücksichtigung der Risiko mindernden Wirkung darf nicht ausdrücklich untersagt sein.[3] Zur Vereinfachung wurden der BaFin bereits gemeinsame Rahmenverträge zur Anerkennung vorgelegt, z. B. der **ISDA-Rahmenvertrag** von 1992 (Multicurrency-Cross-Border).

Zwei Arten des Nettings werden im Grundsatz I anerkannt:
1. Novationsnetting (Schuldumwandlungsverträge; „netting by novation")
2. Liquidationsnetting (Schuldaufrechnungsverträge; „close-out-netting").

Beim **Novationsnetting** erfolgt eine laufende Verrechnung der bestehenden Ansprüche und Verpflichtungen. Gemäß § 8 GroMiKV werden alle gegenüber einem Kontrahenten entstehenden Ansprüche und Verpflichtungen aus Finanzkontrakten in gleicher Währung und mit gleichem Erfüllungsdatum laufend in Schuld ersetzender Weise verrechnet. Die Kriterien für eine Anerkennung zweiseitiger **Aufrechnungsvereinbarungen** sind in § 6 GroMiKV genannt.

Beim **Liquidationsnetting** wird bei Ausfall der Gegenpartei eine Verrechnung der Ansprüche und Verpflichtungen aus den unter den Nettingvertrag fallenden Geschäften vorgenommen. Entsprechend § 12 Grundsatz I erfolgt die Berechnung ermäßigter Kreditäquivalenzbeträge beim **Liquidationsnetting** nach der Laufzeitmethode oder der Marktbewertungsmethode. Bei Anwendung der Laufzeitmethode werden die in eine Nettingvereinbarung einbezogenen Kontrakte mit einem Vomhundertsatz gewichtet.[4]

Bei der Marktbewertungsmethode wird von der Annahme ausgegangen, dass die Positionen am Tag der Verrechnung, wenn also erkennbar ist, dass der Kontrahent die Geschäfte nicht mehr erfüllen kann, neu eingedeckt werden. Es wird dementsprechend für jedes einbezogene Geschäft ein (positiver oder negativer) Marktwert ermittelt, aus deren Summe sich der Netto-Marktwert ergibt. Ein positiver Marktwert (Bewertungsverlust) entsteht, wenn mit dem Abschluss eines gleichwertigen Ersatzkontraktes ein zusätzlicher Aufwand verbunden ist. Ein negativer Marktwert

---

[2] Vgl. Bundesaufsichtsamt für das Kreditwesen, Rundschreiben 7/2001, 2. Oktober 2001. Im Rahmen der Überführung des geltenden Grundsatz I in eine Solvabilitätsverordnung (SolvV), die als Interimslösung noch vor der Umsetzung von Basel II in Kraft treten soll, werden diese Regelungen in den Verordnungstext übernommen. Vgl. BaFin, „Überführung der Grundsätze I und II in Rechtsverordnungen", 13. Januar 2004.
[3] Vgl. § 12 Abs. 1 Grundsatz I.
[4] Vgl. § 11 Grundsatz I.

(Bewertungsgewinn) entsteht dann, wenn aus der Nichterfüllung des Kontrahenten kein zusätzlicher Aufwand, sondern ein zusätzlicher Erlös resultiert. Der sich ergebende Netto-Marktwert wird somit als Eindeckungsaufwand für alle Geschäfte angesetzt.

Durch die Verrechnung positiver und negativer Eindeckungsaufwendungen aus den Einzelkontrakten ist der anzusetzende Eindeckungsaufwand (Netto-Marktwert) niedriger als die Summe der Einzeleindeckungsaufwendungen. Allerdings muss bei Anwendung des Liquidationsnettings nach der Marktbewertungsmethode ein Zuschlag (Add-on) auf den Nettoeindeckungsaufwand ermittelt werden:

$$Z = 0{,}4 \times S + 0{,}6 \times V \times S$$

mit:

Z = Zuschlag

S = Summe der Zuschläge nach § 4 Abs. 1 Satz 2 GroMiKV

V = Verhältnis vom Netto-Marktwert (potenzieller Eindeckungsaufwand) zur Summe der einzeln ermittelten potenziellen Eindeckungsaufwendungen

= Max (0, N / B)

sowie

N = Differenz der Summe der Bewertungsgewinne/-verluste der in die Aufrechnungsvereinbarung einbezogenen Geschäfte, und

B = die Summe der Bewertungsgewinne.[5]

Bei Anwendung der Marktbewertungsmethode sind die in die Aufrechnungsvereinbarung einbezogenen Geschäfte in Höhe des Unterschiedsbetrages der positiven und negativen Marktwerte anzurechnen. Der Kreditäquivalenzbetrag ergibt sich aus dieser Differenz und dem Zuschlag Z, der einen Puffer für eine mögliche zukünftige Erhöhung des Eindeckungsaufwands darstellt. Durch diese Vorgehensweise sinkt bei Vorhandensein einer Nettingvereinbarung der erforderliche Zuschlag um bis zu 60 %, da der Gesamtzuschlag die andernfalls je Geschäft einzeln zu ermittelnden Werte ersetzt.

3. Berücksichtigung des Nettings unter Basel II

3.1 On-Balance-Sheet-Netting

Im Rahmen der neuen Eigenkapitalanforderungen wurden auch die Regelungen zur Berücksichtigung von Nettingvereinbarungen überarbeitet, wobei für das Netting von Bilanzpositionen detaillierte Regelungen aufgestellt wurden. Es ist erforderlich, in diesem Zusammenhang eine Abgrenzung zwischen Aufrechnungsvereinbarungen und finanziellen Sicherheiten in Form von Kontoguthaben vorzunehmen.

Kontoguthaben über einen festen Betrag und mit einer vertraglich vereinbarten (Rest-)Laufzeit können als finanzielle Sicherheit anerkannt werden. Sofern die Restlaufzeit der Sicherheit selbst oder deren Bestellung kürzer ist als die Restlaufzeit der

---

[5] Vgl. § 7 GroMiKV.

Forderung, muss eine Anpassung des anerkennungsfähigen Sicherheitenbetrags vorgenommen werden.[6]

Wenn jedoch die Höhe der Sicherheit schwankt oder die Restlaufzeit unbestimmt ist, kann eine Forderung nicht nach den Vorschriften für finanzielle Sicherheiten Risiko mindernd anerkannt werden. Stattdessen könnte eine Berücksichtigung in Form des Nettings in Frage kommen.

Die Berechnung der Kapitalerleichterung folgt dabei im Standardansatz der Methodik des umfassenden Verfahrens zur Behandlung von Sicherheiten. Banken, die für Sicherheiten im engeren Sinne den einfachen Standardansatz anwenden, müssen somit bei Vorliegen von Nettingvereinbarungen in der Lage sein, für diese Geschäfte den umfassenden Ansatz zu rechnen, um eine Kapitalminderung erzielen zu können. Durch die Nettingvereinbarungen reduziert sich der unterlegungspflichtige Forderungsbetrag.[7]

Im Rahmen der IRB-Ansätze wird es den Banken ermöglicht, das so genannte *Exposure at Default (EAD)* durch das Netting von Bilanzpositionen zu reduzieren. Eine Anpassung des *Loss Given Default (LGD)* ist nicht zulässig.[8] Das *EAD* für eine Bilanzposition oder ein außerbilanzielles Geschäft ist definiert als die erwartete Höhe der Inanspruchnahme im Zeitpunkt des Ausfalls des Schuldners.

Die Risiko mindernde Wirkung von Nettingvereinbarungen wird sowohl im Standard- als auch in den IRB-Ansätzen anerkannt, wenn die nachstehenden **Anforderungen** erfüllt sind:
1. Die Bank hat eine fundierte rechtliche Grundlage für das Netting oder die Aufrechnung und die Vereinbarung ist in allen betroffenen Rechtsordnungen auch im Fall eines Insolvenzverfahrens durchsetzbar
2. Die Bank kann jederzeit diejenigen Forderungen und Verbindlichkeiten gegenüber einem Kontrahenten bestimmen, für welche die Nettingvereinbarung gilt
3. Die Bank überwacht und steuert die Anschlussrisiken
4. Die Bank überwacht und steuert die betroffenen Positionen auf Nettobasis.[9]

Im Rahmen des Nettings werden Forderungen als *Exposure (E)* und Verbindlichkeiten als Sicherheiten bzw. *Collateral (C)* behandelt. Sofern Banken mehrere Forderungen und Verbindlichkeiten mit einem Kontrahenten haben, muss dieses Portfolio zerlegt und einzeln verrechnet werden.

Die Berücksichtigung des Nettings in den IRB-Ansätzen entspricht dem umfassenden Ansatz zur Sicherheitenbehandlung im Standardansatz. In diesem Ansatz werden für Sicherheiten so genannte Sicherheitszu- oder -abschläge *(H, Haircuts)* auf den Marktwert der Sicherheit angewandt, die einen Schutz vor Wertveränderungen darstellen. Die *Haircuts* sind so gestaltet, dass sie die Volatilität des Forderungsbetrags (H_E), die erwartete Wertschwankung der erhaltenen Sicherheit (H_C) und eine eventuelle Währungsinkongruenz (H_{FX}) widerspiegeln.

---

[6] Vgl. Kapitel C. VI. „Sicherheiten und Risk Mitigation".
[7] Vgl. Basel II, § 139 i. V. m. §§ 147 ff. und 188. Zu den unterschiedlichen Verfahren der Sicherheitenanrechnung vgl. Kapitel C. VI. „Sicherheiten und Risk Mitigation".
[8] Vgl. Basel II, §§ 291 ff.
[9] Vgl. Basel II, § 188.

Die Berechnung des angepassten **Exposures** erfolgt im einfachsten Fall gemäß nachstehender Formel:[10]

$$E^* = \max\{0, [E - C \times (1 - H_{FX})]\}$$

mit:
E* = Forderungsbetrag nach Kreditrisikominderung
E = Gegenwärtiger Forderungsbetrag
C = Wert der Sicherheit
H_{FX} = Haircut für die Währungsinkongruenz

H_{FX} ist Null, wenn alle Forderungen und Verbindlichkeiten in der gleichen Währung bestehen. Sofern Laufzeitinkongruenzen vorliegen, die Laufzeit der Verbindlichkeit also kürzer ist als die der Forderung, wird der Wert der Sicherheit/Verbindlichkeit zeitanteilig gekürzt.[11]

Eine erweiterte Formel kommt für Wertpapierpensions- und Repo-Geschäfte bei Vorliegen einer Netting-Rahmenvereinbarung zur Anwendung, um die mögliche Schwankungsbreite der Wertpapiere einzubeziehen:[12]

$$E^* = \max\left\{0, \left[\left(\sum(E) - \sum(C)\right) + \sum(E_S \times H_S) + \sum(E_{FX} \times H_{FX})\right]\right\}$$

mit:
E_S = Absoluter Wert der Nettoposition in einer Sicherheit
H_S = Haircut für die Sicherheit
E_{FX} = Absoluter Wert der Nettoposition in einer von der vereinbarten Währung abweichenden Währung

Die Banken können unabhängig vom gewählten Ansatz unter bestimmten Umständen zwischen der Verwendung von Standard-Haircuts (Festlegung durch die Aufsichtsbehörden) oder *internen Haircuts* wählen, wobei der Gebrauch interner Daten an strenge Bedingungen geknüpft ist.[13] Grundsätzlich ist die Höhe der *Haircuts* u. a. von der Häufigkeit der Wertermittlung abhängig. Werden die Marktwerte von Forderungen und Verbindlichkeiten nicht täglich neu ermittelt, kommen höhere *Haircuts* zur Anwendung, die somit zu einer Verringerung des Saldierungseffektes führen.

Als weitere Variante können Banken Value-at-Risk-Modelle nutzen, um Preisvolatilitäten zu berücksichtigen. Diese Option gilt nur für Wertpapierpensionsgeschäfte, die in bilaterale Nettingvereinbarungen einbezogen sind. Grundsätzlich muss ein solches Modell als internes Modell im Sinne der Marktrisikounterlegung anerkannt sein. Allerdings können solche Modelle unter Basel II auch separat für Wertpapierpensions- und ähnliche Geschäfte genehmigt werden.[14]

---

[10] Vgl. Basel II, § 147. Der einfachste Fall liegt vor, wenn die Volatilität des Forderungsbetrages und die Wertschwankung der Sicherheit gleich 0 sind.
[11] Vgl. Basel II, § 204.
[12] Vgl. Basel II, §§ 175 ff.
[13] Vgl. Basel II, §§ 154 ff. und Kapitel C.VI. „Sicherheiten und Risk Mitigation".
[14] Vgl. Basel II, §§ 178 ff.

Bei Wertpapierpensionsgeschäften und Repo-Transaktionen gelten besondere Anforderungen für die Zulässigkeit von Aufrechnungen. Für das Netting solcher Transaktionen muss ein Rahmenvertrag bestehen, aus dem u. a. die rechtliche Durchsetzbarkeit der Schuldaufrechnung hervorgeht und in dem die unverzügliche Liquidation oder Aufrechnung der Sicherheiten bei Insolvenz geregelt wird. Das Netting von Repo-Geschäften zwischen Positionen des Bank- und des Handelsbuches ist nur dann möglich, wenn die Transaktionen einer täglichen Neubewertung unterliegen und die Sicherheiten im Bankbuch anerkannt werden. [15]

Bei Anwendung der Nettingregelungen unterliegen die Institute den zusätzlichen Offenlegungsanforderungen gemäß Säule III.[16]

3.2 Off-Balance-Sheet-Netting

Die Behandlung des Nettings von außerbilanziellen Positionen bleibt im neuen Akkord weit gehend unverändert. Dementsprechend ähneln die neuen Regeln stark dem geltenden Grundsatz I.

Bei besicherten OTC-Derivaten errechnet sich die Kapitalanforderung nach der Formel: [17]

$$k = [(RC + \text{add-on}) - C_A] \times r \times 8\,\%$$

RC bezeichnet hierbei die Wiedereindeckungskosten und C_A den mit Hilfe der *Haircuts* adjustierten Wert der Sicherheit. r ist das Risikogewicht des Schuldners. Falls eine Nettingvereinbarung vorliegt, kann der Add-on wie im heutigen Grundsatz I gekürzt werden. Im Falle von Währungsinkongruenzen kommt zukünftig ergänzend der Währungs-Haircut H_{FX} zum Tragen.

Für r sind künftig grundsätzlich die entsprechend dem neuen Akkord ermittelten individuellen Risikogewichte für die Eigenkapitalunterlegung anzuwenden. Dies betrifft auch die Transaktionen des Handelsbuchs, wobei für Wertpapierpensionsgeschäfte des Handelsbuchs der Kreis der anerkennungsfähigen Sicherheiten weiter gefasst ist als im Anlagebuch.[18]

3.3 Netting im Rahmen der EU-Richtlinie

Die Vorschriften der neuen EU-Kapitaladäquanzrichtlinie (CAD 3) unterscheiden sich vom Baseler Rahmenwerk in der Regel nur dann, wenn es erforderlich ist, die besonderen Anforderungen der europäischen Banken zu berücksichtigen. Dabei ist zu beachten, dass diese Richtlinie EU-weit in nationales Recht umgesetzt werden wird und von allen Instituten einzuhalten ist, während der Baseler Akkord selbst nur für große, international tätige Banken maßgeblich ist.

Grundsätzlich werden an das **bilanzielle Netting** unter CAD 3 die gleichen Mindestanforderungen wie unter Basel II gestellt. Dies gilt sowohl für „normale" Nettingvereinbarungen als auch für das Netting von Wertpapierpensions- und Repo-

---

[15] Vgl. Basel II, §§ 173 f. und 293.
[16] Vgl. Basel II, § 826, Tab. 7.
[17] Vgl. Basel II, §§ 186 f.
[18] Vgl. Basel II, §§ 702 ff.

Geschäften. Auch auf europäischer Ebene gilt, dass die Möglichkeit, Nettingvereinbarungen Eigenkapital mindernd zu berücksichtigen, nur für Banken in Frage kommt, die den umfassenden Standardansatz oder einen IRB-Ansatz anwenden.

Während der Baseler Ausschuss von Wertpapierpensions- und ähnlichen Geschäften spricht, werden im Entwurf der CAD 3 ausdrücklich auch Leih-/Entleihgeschäfte mit Commodities und andere kapitalmarktgetriebene Transaktionen genannt.[19] Zudem fordert der EU-Entwurf, dass die Wertpapiere bzw. Commodities selbst und nicht Rechte daran Gegenstand der Vereinbarung sein müssen.

Das 3. EU-Konsultationspapier vom 1. Juli 2003 sah hinsichtlich der Anerkennungsfähigkeit von Nettingvereinbarungen detailliertere Regelungen vor als der Richtlinienentwurf vom 14. Juli 2004. Hinsichtlich des Nettings zwischen Positionen des Anlage- und Handelsbuchs werden keine zusätzlichen Anforderungen mehr genannt und für das On-Balance-Sheet-Netting von Positionen, die nicht unter Master Agreements fallen, muss das Recht zum Close-Out nicht mehr ausdrücklich vereinbart werden.

Die Behandlung des Nettings von **außerbilanziellen Geschäften** bleibt unter CAD 3 grundsätzlich unverändert und entspricht damit weit gehend dem geltenden Grundsatz I. Wie bereits ausgeführt, sind zukünftig jedoch die neuen Risikogewichte für die Gegenparteien anzusetzen.[20]

4. Internationale Rechnungslegung nach IFRS

Neben den Anforderungen, die sich aus Basel II bzw. der neuen europäischen Eigenmittelrichtlinie ergeben, müssen zukünftig viele Institute die International Financial Reporting Standards beachten. Ab 2005 wird die neue Rechnungslegung Pflicht für alle Institute, deren **Aktien** an einer geregelten Börse gehandelt werden. Ab 2007 wird der Anwendungskreis dann um die Institute erweitert, die (lediglich) börsennotierte **Schuldverschreibungen** emittiert haben oder bisher ihren Konzernabschluss nach US-GAAP erstellen.

Die IFRS-Vorschriften zur bilanziellen Aufrechnung von Forderungen unterscheiden sich teilweise recht deutlich von der Bilanzierung nach HGB. Zukünftig regelt der International Accounting Standard (IAS) No. 32 den bilanziellen Ausweis von Forderungen und Verbindlichkeiten, die unter vertragliche oder andere Nettingvereinbarungen fallen.

So hat die Saldierung von finanziellen Vermögenswerten und Verbindlichkeiten und die Angabe der Nettobeträge in der Bilanz dann zu erfolgen, wenn ein Unternehmen

a) einen **Rechtsanspruch** hat, die erfassten Beträge gegeneinander aufzurechnen und

---
[19] Vgl. CAD 3, Annex VIII, Part 1 Punkt 1 und 2.
[20] Vgl. CAD 3, Annex III, Punkt 3.

b) **beabsichtigt**, entweder den Ausgleich auf Nettobasis herbeizuführen, oder gleichzeitig mit der Verwertung des betreffenden Vermögenswertes die dazugehörige Verbindlichkeit abzulösen.[21]

Da der Anspruch auf Aufrechnung ein gesetzliches Recht ist, sind die Bedingungen, unter denen Aufrechnungsvereinbarungen gültig sind, abhängig von den Gebräuchen des Rechtskreises, in dem sie getroffen werden. Daher ist im Einzelfall immer sorgfältig zu prüfen, welche Rechtsvorschriften für das Vertragsverhältnis zwischen den jeweiligen Parteien maßgebend sind.[22]

Wenn ein Unternehmen beabsichtigt, vom Anspruch auf Aufrechnung Gebrauch zu machen oder die jeweiligen Forderungen und Verbindlichkeiten zum gleichen Zeitpunkt zu bedienen, spiegelt die Nettodarstellung von Vermögenswerten und Verbindlichkeiten die Beträge, den zeitlichen Anfall und die damit verbundenen Risiken künftiger Cashflows besser wider als eine Bruttodarstellung.

Der gleichzeitige Ausgleich von zwei Finanzinstrumenten kann beispielsweise durch direkten Austausch oder über eine Clearingstelle in einem organisierten Finanzmarkt erfolgen. In solchen Fällen findet tatsächlich nur ein einziger Finanzmitteltransfer statt, wobei weder Ausfall- noch Liquiditätsrisiken bestehen.

Die bloße Absicht eines oder beider Vertragspartner, Forderungen und Verbindlichkeiten auf Nettobasis ohne rechtlich bindende Vereinbarung auszugleichen, stellt noch keine ausreichende Grundlage für eine bilanzielle Saldierung dar, da die mit den einzelnen finanziellen Vermögenswerten und finanziellen Verbindlichkeiten verbundenen Rechte und Verpflichtungen unverändert fortbestehen.[23]

Besteht auf der anderen Seite ein Rechtsanspruch auf Aufrechnung, hat aber das bilanzierende Institut nicht die Absicht, davon Gebrauch zu machen, ist eine bilanzielle Saldierung nicht geboten. Das Unternehmen ist in solchen Fällen allerdings gehalten, den Anspruch auf Aufrechnung im Anhang zur Bilanz anzugeben und zusätzliche Informationen zum verbleibenden Kreditrisiko zur Verfügung zu stellen.[24]

Die in IAS 32.42 genannten Voraussetzungen für eine Aufrechung von Forderungen und Verbindlichkeiten sind in den folgenden Fällen in der Regel nicht erfüllt, so dass die Saldierung unzulässig wäre:

a) Wenn mehrere verschiedene Finanzinstrumente kombiniert werden, um die Merkmale eines einzelnen Finanzinstrumentes (d. h. eines synthetischen Finanzinstrumentes) nachzuahmen.
b) Wenn sich aus Finanzinstrumenten ergebende finanzielle Vermögenswerte und finanzielle Verbindlichkeiten, die das gleiche Risikoprofil haben (wenn sie beispielsweise zu einem Portfolio von Termingeschäften oder anderen derivativen Instrumenten gehören), gegenüber verschiedenen Partnern bestehen.
c) Wenn finanzielle oder andere Vermögenswerte als Sicherheit für finanzielle Verbindlichkeiten ohne Rückgriff dienen.

---

[21] Vgl. IAS 32.42.
[22] Vgl. IAS 32.45.
[23] Vgl. IAS 32.46.
[24] Vgl. IAS 32.76.

d) Wenn finanzielle Vermögenswerte von einem Schuldner in ein Treuhandverhältnis gegeben werden, um eine Verpflichtung zu begleichen, ohne dass die Vermögenswerte vom Gläubiger zum Ausgleich der Verbindlichkeit akzeptiert worden sind (beispielsweise eine Tilgungsfondsvereinbarung).
e) Oder wenn bei Verpflichtungen, die aus Schadensereignissen entstehen, zu erwarten ist, dass diese durch Ersatzleistungen von Dritten beglichen werden, weil aus einem Versicherungsvertrag ein entsprechender Entschädigungsanspruch abgeleitet werden kann.[25]

Wenn vom Unternehmen ein **Globalverrechnungsvertrag** zur Reduktion des Ausfallrisikos abgeschlossen wurde, so stellt dieser Vertrag (z. B. ISDA-Rahmenvertrag) für sich genommen keine Grundlage für eine Saldierung in der Bilanz dar, es sei denn, die Aufrechnungsvoraussetzungen gemäß IAS 32.42 werden ebenfalls erfüllt.

Zudem sind die Bilanzadressaten vom bilanzierenden Unternehmen darüber zu informieren, in welchem Ausmaß das Ausfallrisiko zu einem bestimmten Zeitpunkt verringert wurde. Zu diesem Zweck sind Informationen über das Vorhandensein und die Auswirkungen eines Aufrechnungsanspruchs in den **Notes** (Bilanzanhang nach IAS/IFRS) anzugeben.[26]

5. Zusammenfassung und Fazit

Im heutigen **Grundsatz I** werden das Novations- und das Liquidationsnetting anerkannt, wobei die Nettingvereinbarungen von der BaFin genehmigt werden müssen. Beim **Novationsnetting** werden alle gegenüber einem Kontrahenten entstehenden Ansprüche und Verpflichtungen aus Finanzkontrakten in gleicher Währung und mit gleichem Erfüllungsdatum laufend in Schuld ersetzender Weise verrechnet. Nur der Saldo aus diesen Geschäften wird geschuldet.

Beim **Liquidationsnetting** findet eine Verrechnung nur im Falle des Ausfalls einer Partei statt. Hier ist eine Berechnung der ermäßigten Kreditäquivalenzbeiträge nach der Laufzeitmethode oder nach der Marktbewertungsmethode zulässig. Für die Zwecke der Eigenmittelunterlegung können derivative Geschäfte, die unter den Nettingvertrag fallen, unabhängig vom Eintritt des Aufrechnungsereignisses bei der Berechnung des Kreditäquivalenzbetrages anrechnungsbegünstigend berücksichtigt werden.

Der **Baseler Ausschuss** erkennt Nettingvereinbarungen als Risiko mindernde Techniken für Bilanzpositionen im Anlagebuch an, sofern bestimmte Bedingungen eingehalten werden, die auch im Fall eines Insolvenzverfahrens durchsetzbar sind.

Der geltende Grundsatz I bietet ein Wahlrecht zwischen Laufzeitmethode und Marktbewertungsmethode. Unter Basel II kann die Höhe des Saldierungseffekts auch von der Neubewertungsfrequenz abhängen. Die Berechnung des Saldierungseffekts ist weiterhin an vorgegebene Formeln gebunden.

In der **Bilanz** soll die Nettodarstellung von Vermögenswert und Verbindlichkeit die Beträge, den zeitlichen Anfall und die damit verbundenen Risiken künftiger Cash-

---

[25] Vgl. IAS 32.49.
[26] Vgl. IAS 32.80 und 81.

flows besser widerspiegeln als ein Bruttoausweis. Dies ist dann möglich, wenn die Anforderungen an ein Netting gemäß IAS 32 erfüllt sind. Dabei stellt die bloße Absicht eines oder beider Vertragspartner, Forderungen und Verbindlichkeiten auf Nettobasis ohne rechtlich bindende Vereinbarung auszugleichen, keine ausreichende Grundlage für eine bilanzielle Saldierung dar. Umgekehrt rechtfertigt das Bestehen eines Rechtspruches die Saldierung nicht, wenn nicht auch die Absicht zur Aufrechnung vorhanden ist.

Die in IAS 32 geforderten **Notesangaben** für die Saldierung von finanziellen Vermögenswerten und finanziellen Schulden sollen ein besseres Verständnis der Bedeutung von bilanzwirksamen und bilanzunwirksamen Finanzinstrumenten für die Vermögens-, Finanz- und Ertragslage sowie für die Cashflows eines Unternehmens sicherstellen. In diesen Rahmen fallen auch die Informationen über die unternehmensinternen Richtlinien, die zur Sicherung von Risikopositionen, zur Vermeidung von übermäßigen Risikokonzentrationen sowie zur Minderung von Ausfallrisiken erlassen worden sind.

Die im dritten Baseler Konsultationspapier formulierten Ziele einer erhöhten Sicherheit und Solidität im Finanzsystem bzw. insbesondere die **Offenlegungsanforderungen** zur Stärkung der Marktdisziplin gehen einher mit den in IAS 32 beschriebenen Anforderungen.

Insgesamt ergibt sich somit, dass grundsätzlich alle Geschäfte, die unter IAS den Netting-Anforderungen genügen, auch unter Basel II nettingfähig sein können. Aus aufsichtsrechtlicher Sicht ist hierbei jedoch im Zweifel die Anerkennung der jeweiligen vertraglichen Grundlage maßgeblich. Da für das Netting nach IAS zusätzlich die Absicht zur tatsächlichen Aufrechnung entscheidend ist, können nicht zwingend alle unter Basel II genetteten Kontrakte auch in der IAS-Bilanz saldiert werden.

Im Übrigen ist das Netting zur Bestimmung der Kapitalunterlegung unter Basel II prinzipiell ein Wahlrecht, da ein Verzicht auf eine mögliche Saldierung zu einer höheren Kapitalunterlegung führt. Die Rechnungslegung nach IAS schreibt die Aufrechnung in der Bilanz hingegen vor, jedoch nur dann, wenn die genannten Voraussetzungen (Rechtsanspruch und Nettingabsicht) erfüllt sind. Somit sind auch Konstellationen denkbar, in denen Geschäfte in der Bilanz saldiert werden, während aufsichtsrechtlich keine Aufrechnung erfolgt.

Teil F:

Branchenspezifische Aspekte der Kreditinstitute und Finanzdienstleister

I. Basel II in Hypothekenbanken

Patrick Esperstedt

Inhalt:

	Seite
1 Veränderungen durch Basel II	517
1.1 Anpassung an veränderte Rahmenbedingungen	517
1.2 Adäquate Margen durch effektives Risikomanagement	519
1.3 Neue Ansätze und Möglichkeiten durch Basel II	520
2 Bestandteile des internen Ratings	521
2.1 Philosophie der IRB-Ansätze	521
2.2 Komponenten des Kreditrisikos	522
2.3 Gemeinschaftsprojekte der Hypothekenbanken	523
2.3.1 Abgrenzung der Spezialfinanzierungen	523
2.3.2 Das Immobilienkundenrating der Hypothekenbanken	524
2.3.3 Ablauf des Bonitätsratingprozesses	525
2.4 Entwicklung des Ratingverfahrens	527
2.4.1 Statistische Herausforderungen	527
2.4.2 Vorgehensweise bei der statistischen Analyse	528
2.4.3 Schätzung der Ausfallwahrscheinlichkeiten	531
2.5 Das LGD-Grading der Hypothekenbanken	531
2.5.1 Ziel der LGD-Schätzung	531
2.5.2 Ablauf des LGD-Ratingprozesses	532
2.5.3 Statistische Anforderungen	533
2.6 Zuständigkeiten für die Ratingdurchführung	533
3 Einbeziehung in die Kreditrisikosteuerung	534
3.1 Kapitalanforderungen in den IRB-Ansätzen	534
3.2 Kundennutzen durch Basel II	537
3.3 Praxisbeispiel zur Berechnung der Kundenkondition	538
4 Fazit	541

1. Veränderungen durch Basel II

1.1 Anpassung an veränderte Rahmenbedingungen

Die Kreditwirtschaft im Allgemeinen und das Geschäft der Spezialkreditinstitute im Besonderen befinden sich inmitten eines durch tief greifende strukturelle Veränderungen charakterisierten Prozesses. Die vielfältigen Ursachen für diese Entwicklung sind bekannt.

So agieren Hypothekenbanken im sog. Staatskreditgeschäft bereits seit Jahren in einem ungünstigen Marktumfeld. Die anhaltenden **Konsolidierungsanstrengungen der öffentlichen Haushalte** und eine deutlich abgeflachte Zinskurve wirken sich erschwerend auf die Möglichkeiten der Kreditvergabe im Staatskredit aus.

Als nicht minder problematisch erweist sich die Ausgangslage im nationalen Finanzierungsgeschäft mit Immobilienkunden; hier sind die Aktivitäten der gesamten Bankenbranche eingebettet in einen als schwierig zu charakterisierenden wirtschaftlichen Kontext. Obgleich durch das im langfristigen Vergleich in den letzten Jahren sehr **günstige Zinsniveau** grundsätzlich unterstützt, ist die erhoffte, nachhaltige Trendwende der heimischen Bauwirtschaft vor dem Hintergrund negativer struktureller Faktoren, ungünstiger Volkswirtschaftsdaten, stagnierendem Wachstum und nicht zuletzt unklarer politischer Vorgaben bislang ausgeblieben. So korrespondiert die schwache wirtschaftliche Tätigkeit mit entsprechend rückläufigen Kreditausreichungen, die sowohl die Wohnungsbaufinanzierung als auch das Gewerbekreditgeschäft hierzulande charakterisieren.

In diesem Umfeld agiert die 1987 gegründete Hypothekenbank in Essen AG dennoch sehr erfolgreich. Ihre Ergebniszahlen belegen, dass sich die Essen Hyp, deren Anteile (zu 51 %) von der Commerzbank AG und der Familie Schuppli (zu 49 %) gehalten werden, auch unter wirtschaftlich schwierigen Bedingungen behaupten kann.

Die Essen Hyp, in der die Finanzierung der öffentlichen Hand nach wie vor als angestammtes Hauptgeschäft identifiziert wird, sah sich beizeiten gezwungen, wirksame Instrumente zu entwickeln, um den sich verschlechternden Rahmenbedingungen zu begegnen. Unter Ausnutzung des gesamten Spektrums kreativen „Spreadmanagements"[1] gelingt es mit Erfolg, die nachteiligen Auswirkungen aufzufangen, zu kompensieren und dieses durch engste Margen charakterisierte Geschäft dennoch rentabel zu gestalten.[2]

Auf diese Weise gelang es, das Betriebsergebnis der Bank (i. H. v. 118,6 Mio. Euro) zum 31. Dezember 2003 wiederum zu steigern. Der Jahresüberschuss in Höhe von 81,2 Mio. Euro konnte gegenüber dem Vorjahr um noch einmal 6,6 % verbessert werden. Der **Return-on-Equity** nach Steuern – also die Kernkapitalverzinsung auf das im Jahresverlauf durchschnittlich gehaltene, bilanzielle Eigenkapital – stieg auf 14,1 %. Die Cost-Income Ratio betrug – bei einem Branchendurchschnitt von ansonsten rund 37 % – nur noch rund 12 % – praktisch bedeutet dies: Um 100 Euro Zins- und Provisionsüberschuss zu erwirtschaften, muss die Bank nur 12 Euro aufwenden!

Die ersten beiden Quartale des Geschäftsjahres 2004 bestätigen diesen Trend. So weist die Essen Hyp – i. H. v. 80,4 Mio. Euro – ein um 8,1 % verbessertes Betriebsergebnis im Vergleich zum Vorjahreszeitraum aus. Mit einer Bilanzsumme von über 77 Mrd. Euro rangiert die Bank – bei einer Mitarbeiterzahl von durchschnittlich 135 – hierzulande unter den 25 größten Kreditinstituten.

Es zeigt sich, dass sich auch – oder gerade – in schwierigen Zeiten, neue wirtschaftliche Wachstumspotenziale entwickeln können. Unstrittig ist, das in diesem Rahmen dem regulatorischen Umfeld – neben Basel II ist hier insbesondere die Einführung des allgemeinen Pfandbriefgesetzes anzuführen – für die Geschäftstätigkeit

---

[1] Wesentliche Komponente der Strategie der Essen Hyp im Kapitalmarktgeschäft ist das „Spreadmanagement". Ziel ist dabei die Optimierung des Bestands, indem Forderungen mit geringem *Spread* (Marge) gegen solche mit höherem *Spread* getauscht werden (bei gleich bleibender Kreditqualität).

[2] Die Ausführungen zur Geschäftsentwicklung der Essen Hyp respektive zu den geschäftlichen Rahmenbedingungen wurden bis September 2004 abgeschlossen.

der Hypothekenbanken eine außerordentliche Bedeutung beizumessen ist. Die Essen Hyp arbeitet gezielt am Ausbau ihres nationalen und internationalen Geschäfts mit Immobilienkunden. Es gelang, dieses Geschäft zu einem erfolgreichen Kernsegment zu entwickeln und damit den vor wenigen Jahren in diese Richtung eingeläuteten Strategiewechsel als vollen Erfolg verbuchen zu können.

Das neu ausgereichte Kreditvolumen erhöhte sich zum Halbjahr 2004 gegenüber dem Vorjahreszeitraum um rund 40 % auf 1,7 Mrd. Euro; der Gesamtbestand beläuft sich auf 7,5 Mrd. Euro (31. Dezember 2003: 5,9 Mrd. Euro). Die Aktivitäten im Hypothekengeschäft basieren im Wesentlichen auf zwei Säulen: Dem Ausbau eigener Kreditgewährungen bzw. Konsortialfinanzierungen sowie der Geschäftszuführung über eigene Geschäftsstellen respektive der Vermittlung von Krediten durch das Filialnetz der Commerzbank AG im heimischen Markt.

Gerade weil sich die Etablierung und Festigung dieses Geschäftsbereichs in einem insgesamt von wirtschaftlicher Schwäche gezeichneten Immobilienmarkt vollzieht, wird in besonderer Weise darauf geachtet, dass die Maßgaben der **Kreditrisikostrategie** stets in vollem Umfang eingehalten werden. So kann im Hause der Essen Hyp eine reine „Volumenbetrachtung" allein niemals den Ausschlag für die zu treffende Finanzierungsentscheidung geben. Vielmehr steht die erzielbare Marge – bei gleichzeitiger Konformität des Investments mit entsprechend strengen Risikomaßstäben – im Vordergrund des Kreditentscheidungsprozesses.

Die Essen Hyp verfolgt ihre Aktivitäten im Hypothekengeschäft – auch international – mit dem Ziel, ein diversifiziertes Kreditportfolio aufzubauen. Dies dient dem Zweck, weniger ergebnisabhängig von Volatilitäten innerhalb der verschiedenen Immobilienmärkte zu werden und auf diesem Wege den Ergebnisbeitrag aus diesem Geschäftssegment am Gesamterfolg der Bank nachhaltig zu stabilisieren.

Als Institut mit einem im Aufbau befindlichen Hypothekenportfolio konnte die Essen Hyp naturgemäß (noch) keine *„Benchmarks"* bezüglich der Umsetzung der Anforderungen nach Basel II setzen. Bei der Konzeption bzw. Implementierung der diesbezüglich notwendigen, einschlägigen Prozesse steht die Bank noch am Anfang. Gleichwohl korrespondiert ihre strategische Intention – und insbesondere deren Integration in die tägliche geschäftliche Praxis – bereits heute sehr eng mit den Zielsetzungen von Basel II sowie den Mindestanforderungen an das Kreditgeschäft (MaK).

Die Anforderungen zur angemessenen und nachvollziehbaren Eigenkapitalallokation sowie zur risikoadjustierten Margengestaltung stellen deshalb aus Sicht der Essen Hyp keineswegs nur ein regulatorisches Erfordernis, sondern vielmehr eine betriebswirtschaftliche Notwendigkeit dar.

1.2 Adäquate Margen durch effektives Risikomanagement

Die Hypothekenbank in Essen AG betrachtet die risikogewichtete Allokation von Eigenkapital als eine der wesentlichen unternehmerischen Erfolgskomponenten für das Betreiben des Immobilienkundengeschäfts. Es gilt daher, die künftigen regulatorischen Anforderungen zur Eigenkapitalunterlegung gemäß Basel II in ein System zur **angemessenen Risikoklassifizierung** zu integrieren, das auf betriebswirtschaftlichen Faktoren basiert. Dies bildet die Grundvoraussetzung zur risikoadjustierten – und damit adäquaten – Konditionierung des ausgereichten Kreditgeschäftes.

Obgleich durch den gezielten Aufbau des Hypothekengeschäfts eine Zunahme der durch Kapital gebundenen Aktiva zu verzeichnen ist, so geben (zum 30. Juni 2004) die Eigenkapitalquote von 12 % – bei gesetzlich geforderten 8 % – bzw. die Kernkapitalquote von 6,3 % – bei geforderten 4 % nicht allein Aufschluss über eine komfortable Kapitalbasis der Essen Hyp. Vielmehr wird durch diese Kennzahlen die exzellente – weil fundierte – Risikotragfähigkeit der Bank nachhaltig zum Ausdruck gebracht. Dies unterstreicht zudem das ausgesprochen hohe Potenzial der Essen Hyp und charakterisiert ihre günstige geschäftliche Ausgangsposition!

1.3 Neue Ansätze und Möglichkeiten durch Basel II

Im Zuge der Regelungen gemäß Basel I (bzw. dem daraus abgeleiteten Grundsatz I) gilt derzeit, dass die gewichteten Risikoaktiva einer Bank mit 8 % Eigenkapital zu unterlegen sind. Schon mit In-Kraft-Treten des ersten Baseler Papiers wurde versucht, die unterschiedlichen Risikostrukturen der zu unterlegenden Assets differenziert zu berücksichtigen, indem Risikogewichtsklassen von 0 %, 10 %, 20 %, 50 % und 100 % für bestimmte Aktiva vorgegeben wurden. Über diese Gewichtungsvorgaben wird seitdem gesteuert, in welcher Höhe regulatorisches Eigenkapital für die jeweilige Kreditausreichung vorzuhalten ist. Diese wenig risikosensitive Vorgehensweise war jedoch einer der Hauptkritikpunkte am geltenden Aufsichtsrecht.

Bereits der **Standardansatz** von Basel II, der im Wesentlichen eine Weiterentwicklung der bisherigen Regelungen ist, weist daher in Richtung einer deutlich verbesserten, weil differenzierten Risikoorientierung im Rahmen der regulatorischen Kapitalbindung.

Analog zu Basel I werden auch hier zunächst Gewichtungsklassen vorgegeben. Diese decken aber im Unterschied zu den bestehenden Eigenmittelregelungen nicht mehr vollständig bestimmte Arten von Finanzierungen bzw. Gruppen von Kunden ab; vielmehr basiert diese Methodik auf der Bonitätsfestlegung durch die Zuordnung der jeweiligen Kreditnehmer innerhalb bestimmter, durch externe Ratings charakterisierter Risikogewichtsklassen.

Aufgrund ihrer nachgewiesenen „Risikoarmut" sollen für die Immobilienfinanzierung sowohl analog den bestehenden Regelungen nach Basel I als auch gemäß den künftigen Anforderungen i. S. d. modifizierten Standardansatzes durch Basel II entsprechende Sonderregelungen etabliert werden.

Im Folgenden werden diese im Überblick dargestellt:

Basel I			
Segment	Risikogewicht	Eigenkapital	Bedingung
Wohnimmobilien	50 %	4 %	Innerhalb 60 % Beleihungswert
Gewerbeimmobilien	50 %	4 %	Innerhalb 60 % Beleihungswert

Basel II			
Segment	Risikogewicht	Eigenkapital	Bedingung
Wohnimmobilien	35 %	2,8 %	Innerhalb 60 % Beleihungswert
Gewerbeimmobilien	50 %	4 %	Innerhalb 60 % Beleihungswert

Tabelle 1: Veränderung in den Sonderregelungen gem. Basel I und Basel II (modifizierter Standardansatz)

Bemerkenswert ist, dass gemäß Basel II solche Darlehen, die vollständig durch Grundpfandrechte auf selbst genutzte oder vermietete Wohnimmobilien abgesichert sind, nur noch mit 35 % gewichtet – also dadurch mit nur 2,8 % Eigenkapital – zu unterlegen sind. Zudem können Kredite, die zur Finanzierung von Büros und vielseitig genutzten Geschäftsgebäuden herausgelegt wurden, auch nach Basel II künftig mit 50 % gewichtet werden.

Positiv zudem ist die **Sonderbehandlung des Hypothekarkredites** im Falle des Verzugs des Kreditnehmers; in diesem Falle beläuft sich die Gewichtung auf 100 % statt der ansonsten üblichen 150 %.[3]

Die im Rahmen der Verhandlungen zu Basel II erzielten Sonderregelungen zur gewerblichen Hypothekarfinanzierung sind zweifellos zu begrüßen. Entscheidend allerdings ist, dass es sich – wie der Name schon sagt – beim Standardansatz nach Basel II eben ausschließlich um eine Modifikation der pauschalen Risikobetrachtung i. S. v. Basel I handelt.

Indes, zur Etablierung aussagekräftiger Risikoklassen können diese aufsichtsrechtlich vorgegebenen Kategorien *per se* nicht herangezogen werden. Um eine fundierte Risikoaussage im Rahmen der Immobilienfinanzierung zu treffen, bedarf es vielmehr einer weitaus differenzierteren Betrachtungsweise. Im auf internen Ratings basierenden Ansatz (IRB-Ansatz) bietet Basel II die Möglichkeit, diese differenzierte Betrachtungsweise auch für die Berechnung des aufsichtsrechtlich erforderlichen Eigenkapitals zu nutzen.

2. Bestandteile des internen Ratings

2.1 Philosophie der IRB-Ansätze

Die Fähigkeit, risikoadäquates Kreditmanagement zu betreiben und risikogerecht Eigenkapital zu verteilen, stellt **weniger** auf die **Festlegung** bestimmter **Risikoklassen** ab, sondern baut vielmehr auf die **Ermittlung** entsprechender **Risikogewichte**, welche durch das Zusammenwirken und die Verknüpfung kreditrelevanter Parameter generiert werden.

---

[3] Bei entsprechender Wertberichtigung kann das Risikogewicht sogar auf 50 % reduziert werden. Vgl. Kapitel C. II. „Der Standardansatz".

Diese Methodik ist zwar erheblich komplexer als die Verfahrensweise im Standardansatz und ihr Einsatz erfordert einen ungleich höheren Aufwand; sie stellt dafür aber das wesentlich präzisere Instrumentarium dar.

Die Zulassung alternativer Verfahren ist daher aus Sicht Immobilien finanzierender Banken nicht allein deshalb zu begrüßen, sondern auch aus dem Grund, dass grundsätzlich nur sehr wenige ihrer Kreditnehmer überhaupt mit einem externen Rating ausgestattet sind. Darüber hinaus bietet der interne Ratingansatz (*Internal-Ratings-Based Approach, IRB*) den Häusern erweiterte Möglichkeiten, die regulatorisch erforderliche Eigenmittelbindung sehr eng mit dem wirtschaftlichen Risikoprofil ihres Kreditportfolios zu verknüpfen.

Durch die Anwendung eines internen Ratings werden drei wesentliche Funktionen erfüllt:

– Errechnung der Standardrisikokosten als Grundlage zur risikoorientierten Preisgestaltung
– Ermittlung der Eigenkapitalunterlegung
– Etablierung einer institutsspezifischen Risikoklassifizierung

2.2 Komponenten des Kreditrisikos

Neu ist, dass es in den IRB-Ansätzen den Banken gestattet wird, die Ausfallwahrscheinlichkeit (*Probability of Default, PD*) sämtlicher Schuldner selbst zu schätzen und zur Basis der Kapitalanforderungen zu machen. Die ermittelte PD gibt Aufschluss über die spezifische **Bonität** des Kunden; sie bezeichnet die Wahrscheinlichkeit, dass dieser seinen monetären Verpflichtungen aus dem Darlehensvertrag nicht nachkommen kann und innerhalb des nächsten Jahres ausfällt.[4]

Auf Grundlage dieser internen Bonitätseinschätzung ordnet die Bank die jeweiligen Schuldner den entsprechenden Risikoklassen ihres internen Ratingsystems zu.

Auf die Besonderheit des Ratings für Hypothekenkunden wird noch eingegangen. An dieser Stelle sei aber schon einmal darauf hingewiesen, dass deren „PD-Strukturen" naturgemäß durch immobilienspezifische Risikotreiber charakterisiert werden, zu deren objektiver Beurteilung die im Rahmen des allgemeinen Kreditgeschäfts bislang angewandten Verfahren allein nicht herangezogen werden können.[5]

Die PD des Kreditnehmers stellt aber nur einen von mehreren Faktoren zur Bestimmung des Kreditrisikos dar. Eine weitere wichtige Kennziffer im Hypothekargeschäft ist die erwartete Verlustquote bei Ausfall (*Loss Given Default, LGD*).

LGD bezeichnet den Verlust, den die Bank nach Verwertung der dinglichen Sicherheiten erleidet. Danach werden im IRB-Basisansatz die LGD-Quoten durch die Bankenaufsicht vorgegeben. In diesem Rahmen wird der Wert der zugrunde liegenden Sicherheit anerkannt und ist an die Höhe des Kreditbetrages gekoppelt.

---

[4] Die Festlegung auf den 1-Jahres-Horizont ist aufsichtlich vorgegeben. Intern könnten theoretisch auch Ausfallwahrscheinlichkeiten für abweichende Laufzeiten (z. B. Gesamtlaufzeit der Finanzierung) ermittelt werden.
[5] Vgl. auch die Kapitel E. VI. „Kommunikation von internen Ratings mit den Kreditnehmern" und B. II. „Interne Ratingverfahren".

Sofern allerdings die LGD-Quote im fortgeschrittenen IRB-Ansatz durch die Bank **selbst** geschätzt wird, so muss in diesem Rahmen die Höhe des Darlehens bei Ausfall (*Exposure At Default, EAD*), der aktuelle Marktwert der beliehenen Immobilie, deren prognostizierter Wert bzw. deren Verwertungserlös – beide jeweils im Rahmen einer Einjahresbetrachtung – sowie die bei der Verwertung anfallenden Kosten jeweils (eigenständig) ermittelt werden.

Für Hypothekenbanken gilt dabei, dass der Wert der Sicherheit im Verwertungsfalle die zentrale Aussagekraft besitzt. Dies unterstreicht den hohen Stellenwert des **grundpfandrechtlich gesicherten Darlehens**. Damit der sich aus der Erlösquote ergebende hohe Wert dieser Sicherheit angemessen zum Tragen kommt, ist es für die Institute von großer Wichtigkeit – im Rahmen des fortgeschrittenen Ansatzes – die LGD-Quote **selbst** zu schätzen, weil nur so der Immobilie als Sicherheit angemessen Rechnung getragen wird.

An späterer Stelle werden diese Aspekte noch weiter zu vertiefen sein. Zunächst soll festgehalten werden, dass das Realkreditgeschäft der Hypothekenbanken geprägt wird durch eine sehr dezidierte Fokussierung auf das beliehene Objekt, sowohl für die Bonitätsermittlung im Rahmen der Ratingeinstufung des Kunden als auch im Zuge der Verlustbestimmung nach Verwertung der zugrunde liegenden Immobiliarsicherheit.

2.3 Gemeinschaftsprojekte der Hypothekenbanken

2.3.1 Abgrenzung der Spezialfinanzierungen

Im IRB-Ansatz definiert Basel II mehrere **Teilportfolien** mit verschiedenen Methoden zur Kapitalunterlegung. Dabei stellen die Risikogewichtungsfunktionen die Regeln dar, nach denen die Risikokomponenten – also die von den Banken geschätzten Risikofaktoren – in gewichtete Risikoaktiva – und somit in eine entsprechende Kapitalforderung – umgerechnet werden.

Ein besonderes Merkmal von Immobilienkunden-Finanzierungen im IRB bildet deren Zuordnung in die jeweilige Forderungsklasse – ein „eigenständiges" Segment „Immobilienfinanzierung" sieht Basel II nicht vor. Es muss also im Rahmen des IRB identifiziert werden, ob der Darlehensnehmer der Forderungsklasse Unternehmen (dem sog. *Corporate-Segment*) oder bei einer privaten Baufinanzierung, dem Retailsegment, zuzurechnen ist.

Basel II definiert innerhalb der **Klasse der Unternehmenskredite** (*Corporate-Segment*) zudem eine Gruppe von Spezialfinanzierungen, das sog. „*Specialised Lending*".

Solche Spezialkredite beziehen sich auf die Finanzierung individueller Projekte, bei denen die Rückzahlung in erster Linie von der Entwicklung des zugrunde liegenden Pools bzw. von der hinterlegten Sicherheit abhängig ist.

Die wesentlichen Kriterien des *Specialised Lendings* lauten im Überblick:

– Der wirtschaftliche Zweck des Kredits ist die Finanzierung eines Assets (z. B. einer Immobilie).

- Der Cashflow (z. B. Mieteinnahmen), der durch die Sicherheit generiert wird, ist die einzige oder hauptsächliche Quelle für die Bedienung (Rückzahlung) des Kredits und ist damit maßgeblich für die Schuldendienstfähigkeit.
- Der Kredit stellt einen erheblichen Anteil innerhalb der Gesamtverschuldung des Kreditnehmers dar. Häufig tritt dieser in der Form eines *Special Purpose Vehicle (SPV)* auf, das explizit für dieses Investment etabliert wurde.
- Hauptreiber des Kreditrisikos ist die Schwankung des Cashflows, welches durch die Sicherheit generiert wird.

Wichtig ist in diesem Zusammenhang folgende Regelung: Mit Ausnahme einer Unterkategorie, der sog. hochvolatilen gewerblichen Immobilienfinanzierung, gilt für alle übrigen Klassen des *Specialised Lendings*, dass – sofern die Mindestanforderungen für die Schätzung der relevanten Datenangaben erfüllt werden – der IRB-Ansatz **für Unternehmen** zur Berechnung der Risikogewichtung dieser Kredite verwandt werden darf.

Zu diesen Produktlinien des *Specialised Lendings* ist neben Projektfinanzierungen, Objektfinanzierungen, Warenfinanzierungen insbesondere auch die Kategorie „*Income-Producing Real Estate, IPRE*" zu zählen; darunter fallen Finanzierungen von Büro-, Handels-, Wohn-, Hotel- u. a. Immobilien. Bei diesen Finanzierungen wird die Wahrscheinlichkeit des Kreditausfalls bzw. die erzielbare Erlösquote durch die aus dem Projekt generierten Cashflows (z. B. Mieteinnahmen) maßgeblich bestimmt.

Innerhalb dieser Kategorie sind definitionsgemäß die vermieteten Wohn- und Gewerbeimmobilien sowie der überwiegende Teil des klassischen in- und ausländischen Finanzierungsgeschäfts deutscher Hypothekenbanken einzuordnen.

Obgleich seit dem 3. Konsultationspapier – insbesondere durch entsprechende Verhandlungen auf EU-Ebene – die Regelungen zum *Specialised Lending* bzw. zur (privilegierten) Behandlung des gewerblichen Hypothekarkredites mittlerweile eindeutig verbessert wurden, so bleibt die aus dem modifizierten Regelwerk abzuleitende **Handlungsmaxime** für die Spezialkreditinstitute eindeutig klar: Insbesondere mit Blick auf empirisch nachweisbare, niedrige Verlustraten innerhalb der Hypothekarfinanzierung gilt es, die für die typischen Belange der Immobilienfinanzierung bestmögliche Voraussetzung zu identifizieren, um darauf eine spezifische Ratinglösung zu konzeptionieren.

2.3.2 Das Immobilienkundenrating der Hypothekenbanken

Der Bedarf, ein modifiziertes internes Ratingsystem zu entwickeln, entstand somit aus der Erkenntnis, die entsprechenden aufsichtsrechtlichen Vorgaben zur Eigenkapitalunterlegung auf die Bedürfnisse Immobilien finanzierender Häuser zielgenau auszurichten.

Die Anpassung bereits existierender Ratingsysteme auf die Immobilienkundenfinanzierung wäre – wenn überhaupt – auch nur unter erheblichen Aufwand möglich. Ein wesentlicher Grund dafür liegt darin, dass eine Reihe besonderer Merkmale von

Immobilienunternehmen die unmittelbare Übertragung anderer Systeme schlicht unmöglich gestaltet.

So ist ein **Standardrating**, das z. B. ausschließlich auf typische Kennzahlen im Rahmen der klassischen Bilanzanalyse setzt, als **unzureichend** anzusehen, da auf diesem Wege von ungerechtfertigten Ab- oder Aufschlägen für den Immobilienkreditnehmer ausgegangen werden muss.

Eine weitere Besonderheit bei Immobilienunternehmen stellen die Informationen über die finanzierten Objekte dar. Auf Basis der Objektdaten lassen sich Indikatoren entwickeln, welche zu einer erhöhten Aussagekraft des Ratings beitragen können.

Die Essen Hyp gehört mit zu den Hypothekenbanken, die es sich auf Basis eines gemeinsamen Projekts (zusammen mit dem Bankverlag, Köln, der Res-Consult GmbH, Leipzig, und dem Lehrstuhl für Statistik der Universität Regensburg) zur Aufgabe gemacht haben, ein Basel II-konformes Rating zur Schätzung von Ausfallwahrscheinlichkeiten von Immobilienkunden zu entwickeln.

2.3.3 Ablauf des Bonitätsratingprozesses

Zentraler Bestandteil eines Ratingprozesses ist die Identifikation und Bewertung der wesentlichen Risikokomponenten. Eine Voraussetzung hierfür ist die Definition der relevanten Kundensegmente. Im Rahmen des Ratings von Immobilienengagements werden verschiedene Typen von Kreditnehmern entsprechend der Art ihrer Geschäftstätigkeit unterschieden. Eine wichtige Trennlinie stellt hierbei eine Tätigkeit als Investor/Bestandshalter gegenüber einer Tätigkeit als Developer/Bauträger dar. In der folgenden Tabelle 2 werden die Eigenschaften wichtiger Kreditnehmersegmente näher erläutert:

Kreditnehmertyp	Charakterisierung/Unternehmensziel des Kreditnehmers
Immobilieninvestor	– Erzielung der Einkünfte vornehmlich aus Mieteinnahmen (Bestandsobjekten), als juristische/natürliche Person – Kreditnehmer kann zudem für Eigenbestand bauen bzw. Immobilien erwerben – Investor zielt auf Eigenbestand
Developer	– Erstellung/Veräußerung von Wohn- und Gewerbeimmobilien auf eigene Rechnung, als juristische/natürliche Person – Developer zielt auf Verkauf
Wohnungsbaugesellschaften	– Erzielung der Einkommen überwiegend aus Mieteinnahmen von Bestandsobjekten, überwiegend als juristische Personen (mit großem Wohnungsbestand)
Projektfinanzierungen (SL)	– Kreditnehmer in Form eines Special Purpose Vehicle (SPV), in Form eines Developers oder Investors
Wirtschaftlich unselbständige Privatpersonen	

Tabelle 2: Charakterisierung des Kreditnehmertyps

Wichtig ist: Die obige Zuordnung ist **nicht statisch**; vielmehr sorgen dynamische Steuerungsgewichte dafür, dass die Risikomerkmale des Bestandsgeschäfts sowie die spezifischen Merkmale von Projektentwicklungsmaßnahmen entsprechend ihrer jeweiligen Bedeutung im Ratingprozess berücksichtigt werden. Dies erlaubt auch die adäquate Abbildung von Unternehmen, die beispielsweise ein großes Immobilienportfolio im Bestand halten, aus dem Mieterträge generiert werden, und die zudem wesentliche Projektentwicklungsmaßnahmen durchführen. Eine möglichst spezifische Charakterisierung der Kreditnehmer ist wünschenswert, da mit den unterschiedlichen Geschäftsaktivitäten auch unterschiedliche Risikoprofile verbunden sind, die im Rating zu berücksichtigen sind.

Die strukturell wesentliche Unterscheidung zwischen „klassischem" Unternehmensrating und der Idee des Immobilienkundenratings besteht im Zusammenwirken zweier eigenständiger Ratinganalysen: dem **Corporate-Rating** (unter besonderer Berücksichtigung von Bilanz, Markt, Unternehmensleitung, etc.) sowie dem **Objektrating** (mit Fokus auf Immobilie, Portfolio, Standort etc.).

Das Immobilienrating ist so konzipiert, dass es subjektive und willkürliche Einflüsse und damit Verzerrungen in den Ratingergebnissen minimiert. Auf Grundlage der Eingaben des Analysten ermittelt der Ratingprozess **eigenständig** die zu Grunde zu legenden Gewichtungseigenschaften. Die Unterscheidungen umfassen, wie oben erwähnt, sowohl eine Differenzierung des Kreditnehmertyps (des Immobilienkunden) als auch eine Kategorisierung des Immobilienbestandes. Neben der Berücksichtigung wesentlicher Aspekte wie Kapitalbindung, Lebenszyklus, Standorteigenschaften etc. wird dabei insbesondere auf die vielfältigen Nutzungsarten abgestellt (z. B. Handels- und Büroimmobilien, Spezialimmobilien, unter Berücksichtigung des Standortes, also z. B. Stadtkern, Gewerbegebiet etc.).

Entscheidend für die Adjustierung der Gewichtung zwischen Unternehmens- und Objektrating ist die Überlegung, inwieweit der Unternehmenserfolg (respektive der Unternehmensfortbestand) vom Erfolg der zu finanzierenden Immobilienmaßnahme abhängt. Die Betrachtung des Objekts als Risikotreiber des Investments unterliegt somit einem Steuerungsmodus, der über die anteilige Gewichtung des Corporate-Ratings zum Objektrating entscheidet.

Signifikante Ratinganalysen bedingen im Rahmen dieser Analyse eine dezidierte Zuordnung von Risikotreibern zu Finanzierungsarten.

Folgende Tabelle soll dies im Überblick veranschaulichen:

Finanzierungsart	Risikotreiber
Finanzierungen mit negativem Cashflow in Relation zum Jahresrohertrag	Deckung der Annuität, Ausgleich durch Kreditnehmer; erhöhtes Abstellen auf die Bonität des Kunden
Bauzwischenfinanzierungen	Fertigstellungsrisiko, Kostenrisiko
Finanzierung von Managementimmobilien (z. B. Hotels, Seniorenheime)	Betreiberbonitäten

Finanzierungsart	Risikotreiber
Mieterträge aus Finanzierungen resultieren aus Verträgen, deren Restlaufzeit weniger als 3 Jahre beträgt	Anschlussvermietungsrisiko
Gewerbliche Auslandsfinanzierung	Erschwerte Markt- bzw. Bonitätseinschätzungen
Portfoliofinanzierungen, die eines der o.g. Kriterien aufweisen	

Tabelle 3: Finanzierungsart und Risikotreiber

Die Bewertung sämtlicher immobilienspezifischer Kriterien spiegelt sich dabei in den jeweiligen Teilratings wider. So werden die Ratingergebnisse des Corporate-Rating (aus der Analyse des Kredit nehmenden Unternehmens) und diejenigen aus dem Objektrating (aus der Untersuchung des Investments) respektive die Bewertungen aus den entsprechenden **Hard Fact- und Soft Factratings** (sprich: Qualität von Bilanz/GuV, Cashflow, sonstige Risikotreiber) zueinander in Beziehung gestellt.

Im Ergebnis entsteht ein einheitliches Ratingurteil, welches auf die Besonderheiten von Immobilienfinanzierungen optimal ausgerichtet ist. Das letztendliche Ziel des Ratingprozesses ist die Schätzung der *PD* des Kreditnehmers.

Mit ihr beantwortet das Ratingurteil – als kundenspezifische Komponente des *Expected Loss (EL)* – die Frage nach der Wahrscheinlichkeit, dass der Kreditnehmer innerhalb eines einjährigen Betrachtungszeitraumes ausfällt.

2.4 Entwicklung des Ratingverfahrens

2.4.1 Statistische Herausforderungen

Gemäß den Anforderungen nach Basel II müssen die Aussagen, die aus Ratingsystemen abgeleitet werden, auf einer mathematisch-statistisch fundierten Schätzung von Ausfallwahrscheinlichkeiten basieren. Stets problematisch im Hinblick auf die Konzeption trennscharfer, statistisch valider Ratings ist die Anzahl auswertbarer **Kreditausfallereignisse** (sog. Default-Fälle). Die Möglichkeiten und Grenzen statistischer Analysen sind unmittelbar mit der Qualität und dem Umfang des zur Verfügung stehenden Datenmaterials verbunden. Eine wesentliche Motivation für das gemeinsame Ratingprojekt der Essen Hyp mit anderen Hypothekenbanken war deshalb, durch die größere Datenbasis die Aussagekraft statistischer Analysen sowohl bei der Ratingentwicklung als auch bei späteren Validierungen zu erhöhen.

Im Rahmen des Immobilienratings kam die **Datenproblematik** in zweierlei Hinsicht zum Ausdruck:

– Zum einen bestand ein wichtiger Teil der Entwicklungsarbeit des Immobilienkundenratings in der Abstimmung der neuen Erfassungsschemata, um in den kommenden Jahren den Aufbau eines gemeinsamen Datenpools zu gewährleisten. Nur dadurch, dass die beteiligten Banken in der Lage sind, vergleichbare

Informationen liefern zu können, lassen sich diese später in einem gemeinsamen Datenpool auswerten. Wäre dies nicht der Fall, können z. B. allein schon unterschiedliche Begriffsdefinitionen zu Verzerrungen und einer erheblichen Reduktion des Stichprobenumfangs führen.

- Zum anderen unternahmen die im PD-Projekt zusammengeschlossenen Häuser große Anstrengungen, um bereits für die Entwicklungsphase des Ratings eine aussagekräftige Stichprobe liefern zu können. Zu diesem Zweck sammelten die beteiligten Banken (nach einer einheitlich vorgegebenen Struktur; siehe Auszug in folgender Abbildung) Daten aus Jahresabschlüssen und Objektgutachten zu Finanzierungen der vergangenen Jahre. Auf Basis dieser Stichprobe wurde – soweit möglich – die konzeptionelle Gestaltung des Immobilienratings überprüft und nach Indikationen hinsichtlich trennscharfer Scoringfunktionen für das Objekt- und das Corporate-Rating gesucht.

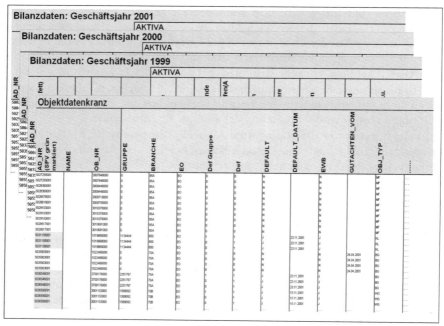

Abbildung 1: Tableaus der Essen Hyp zur Erfassung historischer Daten

2.4.2 Vorgehensweise bei der statistischen Analyse

Erfahrungen in der Praxis sowie Erkenntnisse aus der betriebswirtschaftlichen Lehre zeigen, dass für den *Default* eines Unternehmens verschiedene Problemfelder als **Ursachen** existieren können: Liquidität, Kapitalstruktur, Rentabilität etc. Bei der Entwicklung eines Ratingsystems wird versucht, Indikatoren zu finden, die in der Lage sind, bereits vor dem eigentlichen *Default* das bestehende Risiko anzuzeigen (z. B. eine relativ geringe Eigenkapitalquote als Hinweis auf ein erhöhtes Überschuldungsrisiko).

Die Voraussetzung für eine solche Analyse ist eine **Datenbasis**, die zum einen wiedergibt, wann ein Unternehmen in *Default* bzw. nicht in *Default* gegangen ist, und die zum anderen die Werte der potenziell relevanten Kennzahlen (Bilanz- und Objektdaten) beinhaltet, die ein Jahr vor dem *Default* zur Verfügung standen. Im Rahmen einer statistischen Analyse kann dies bedeuten, dass, falls ein Unternehmen im Jahr 2001 in *Default* gegangen ist, zu untersuchen ist, ob sich in den Bilanz- und Objektdaten, die der Bank im Jahr 2000 vorlagen, Hinweise auf das spätere Defaultereignis finden lassen. Die Liste der potenziell relevanten Faktoren wird unter Berücksichtigung vergleichbarer Analysen sowie der betriebswirtschaftlichen Theorie zusammengestellt.

Zu beachten ist, dass bei statistischen Analysen nicht der Einzelfall, sondern die Regel im Mittelpunkt der Auswertungen steht. Untersucht wird, ob bei *Defaults* und *Non-Defaults* **tendenzielle Unterschiede** bei den untersuchten Kennzahlen auftreten. Es werden immer auch Unternehmen mit guten Kennzahlenwerten in *Default* gehen bzw. Unternehmen mit sehr ungünstigen Kennzahlen überleben.

Eine einfache grafische Darstellung der „Trennfähigkeit" einer Kennzahl ergibt sich aus einer Gegenüberstellung ihrer Verteilungen für Default- und Non-Default-Fälle. Folgende Abbildung zeigt die beiden Verteilungen beispielhaft für die Kennzahl „Beleihungsauslauf" (sprich: Kreditsumme im Verhältnis zum Beleihungswert).

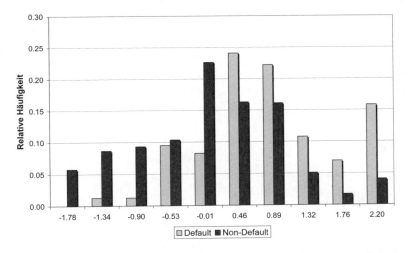

Abbildung 2: Verteilung Default/Non-Defaults am Beispiel „Kreditsumme in Relation zum Beleihungswert" (Beleihungsauslauf)

Bei den Angaben auf der horizontalen („x"-)Achse ist zu berücksichtigen, dass es sich um standardisierte (statistisch aufbereitete) Werte der Beleihungskennzahl „Beleihungsauslauf" handelt. Hier wurde also der Wertebereich der Kennzahl so angepasst, dass sich ein Erwartungswert von Null und eine Standardabweichung von Eins ergeben. Eine solche Standardisierung wurde im Rahmen der Analyse **bei allen Kennzahlen** durchgeführt, da auf diese Weise die **Vergleichbarkeit verschiedener**

Kennzahlen und damit die Interpretation ihrer relevanten Gewichte in einer Schätzfunktion erleichtert wird.

Es wäre zu erwarten, dass der Beleihungsauslauf bei stark Default-gefährdeten Unternehmen tendenziell höher ist, als bei gering gefährdeten. Dahinter steht die Überlegung, dass Unternehmen bereits vor einem *Default* einen geringeren Finanzierungsspielraum besitzen und dementsprechend das Finanzierungspotenzial ihrer Objekte stärker ausreizen müssen.

In der obigen Grafik bestätigen sich die vermuteten Zusammenhänge: Im Bereich sehr geringer Beleihungsausläufe sind überwiegend Non-Default-Fälle zu finden, während im Bereich hoher Beleihungsausläufe (hoher Scorewert bedeutet hohes Risiko) vermehrt *Defaults* vorliegen.

Solche grafischen Betrachtungen einzelner Kennzahlen zählen aber nur zu den ersten Schritten bei der **Modellierung** einer Ratingfunktion. Im Kern der späteren Analysen wird mit Hilfe statistischer Verfahren – beispielsweise **kategorialer Regression** oder **Diskriminanzanalyse** – nach trennscharfen und stabilen Scoringfunktionen mit mehreren Kennzahlen gesucht. Erst in der Kombination verschiedener Kennzahlen kann sich ein aussagekräftiges Ratingurteil ergeben, das die unterschiedlichen Risikotreiber adäquat berücksichtigt.

Die eingeschränkte Aussagekraft einzelner Kennzahlen lässt sich auch anhand der vorigen Grafik zum Beleihungsauslauf zeigen. Zwar ist – wie beschrieben – eine tendenzielle Trennung erkennbar, diese Trennung ist jedoch noch sehr unvollkommen. Ein Großteil der Beobachtungen, sowohl der *Defaults* als auch der *Non-Defaults*, befinden sich in einem mittleren Bereich.

Als Vergleich werden in der folgenden Grafik die Default- und die Non-Default-Verteilung eines Scores dargestellt, der aus einer **Kombination** von Bilanz- und Objektkennzahlen gebildet wurde. Gegenüber der Trennkraft einer einzelnen Kennzahl wird die Verbesserung sehr deutlich.

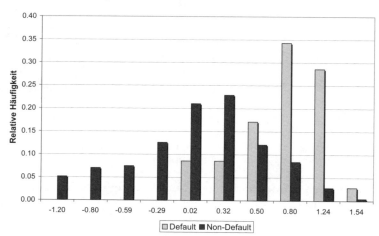

Abbildung 3: Verteilung von Default/Non-Defaults eines Scores aus Bilanz- und Objektkennzahlen

2.4.3 Schätzung der Ausfallwahrscheinlichkeiten

Die Schätzung der Ausfallwahrscheinlichkeiten (*Probabilities of Default, PD*) muss im Rahmen des Ratingprojekts als ein Entwicklungsprozess betrachtet werden.

In der Anfangsphase des Ratings werden die konzeptionellen Entwürfe umgesetzt und mit den Indikationen aus den erhobenen Daten abgestimmt. Aus den einzelnen Teilergebnissen wird ein „**Gesamtscore**" für den Kunden generiert, dem sich wiederum einzelne Ratingklassen zuordnen lassen. Zu verlässlichen Aussagen über die entsprechend spezifischen *PDs* werden jedoch erst die Analysen im Verlauf künftiger Entwicklungsschritte führen.

Statistische Analysen sind gegenwärtig erst im Rahmen der historisch lieferbaren Daten möglich. Da das Ratingprojekt die Neugestaltung wesentlicher Teile des Immobilienkundenratings – insbesondere der Softfacts – beinhaltet, können zu diesen Bereichen auch keine Daten geliefert werden. Gewichtungen und Verknüpfungen müssen hier zunächst auf Basis von Experteneinschätzungen gestaltet werden.

Der Schritt zu einer echten statistischen PD-Ermittlung kann erst bei Vorliegen **aller** Einzelergebnisse (aus Hard- und Softfacts) vorgenommen werden. Die neu erfassten Daten werden darüber hinaus die Möglichkeiten zur Analyse spezifischer Kennzahlen erweitern. In der Folge gilt es, die PD-Schätzungen in regelmäßigen Abständen zu validieren und zu verbessern.

2.5 Das LGD-Grading der Hypothekenbanken

2.5.1 Ziel der LGD-Schätzung

Während das Bonitätsrating die Frage nach der Ausfallwahrscheinlichkeit (des Eintritts eines Defaultereignisses) stellt, ist es das Ziel der LGD-Analyse, den zu erwartenden Verlust (das „Loss"-Ereignis) ausgefallener Kredite zu ermitteln.

Der *LGD* – ausgedrückt als Prozentsatz des *EAD* – ist abhängig von der Art der Besicherung, der Zeitdauer der **Sicherheitenverwertung** (Zinskosten) sowie der Kosten der **Liquidationsabwicklung** (Administrationskosten).

Allein der fortgeschrittene Interne Ratingansatz bietet für gewerbliche Kreditnehmer[6] die Voraussetzung, durch die Messung von Verlusten bei Kreditausfall, die Immobiliarsicherheit in vollem Umfang angemessen zu bewerten. Aufgrund der erheblichen Anforderungen an die LGD-Messung einerseits und des hohen Stellenwertes der LGD-Komponente im Immobiliengeschäft andererseits, wurde mit Unterstützung des **Verbands Deutscher Hypothekenbanken (VDH)**, ein so genanntes LGD-Grading entwickelt.

Diese Berechnungssystematik ermöglicht es, unter Verwendung verbandsweit prognostizierter als auch institutsspezifisch ermittelter Parameter den *LGD* für Hypothekarkredite, in Abhängigkeit von den unterliegenden Sicherheiten, zu schätzen. Die erwarteten Verlustquoten werden dabei für die einzelnen Abwicklungsarten jeweils differenziert berechnet.

---

[6] Als „gewerbliche Kreditnehmer" sollen in diesem Zusammenhang alle Kreditkunden verstanden werden, die nicht dem Retail-Segment zugerechnet werden.

Kernstück des LGD-Projektes bildet die **Immobilienmarktprognose** – ein echtes „*Asset*" der beteiligten Hypothekenbanken. Diese Prognose gibt Aufschluss über die zukünftige Entwicklung einer definierten Objektart in einem spezifischen geografischen Teilmarkt. Zusätzlich untermauert werden diese Vorhersagen durch die Angaben aus einer so genannten **Transaktionsdatenbank**. Darin fließen die zur Festlegung des Wertes einer Immobilie relevanten Komponenten aus allen seitens der Hypothekenbanken getätigten geschäftlichen Aktionen ein. Als Ergebnis dieser Auswertungen resultieren auf echten Transaktionen basierende Angaben zur Entwicklung von Immobilienpreisen in differenzierter regionaler und sektoraler Gliederung.

Das Interesse an diesen Prognosemodellen erstreckt sich bereits zum jetzigen Zeitpunkt weit über die Hypothekar-Branche hinaus. Auch andere Häuser haben längst realisiert, dass durch die starken Marktanteile der Hypothekenbanken, deren Prognosen ein hoher Stellenwert zuzurechnen ist, ein erheblicher Wettbewerbsvorteil zu verzeichnen ist.

2.5.2 Ablauf des LGD-Ratingprozesses

Zur Ermittlung des *LGD* wird zunächst der aktuelle Marktwert des Objektes mit Hilfe der vorgenannten Marktwertprognose auf den Abwicklungszeitpunkt fortgeschrieben, wobei dieser mit Hilfe einer empirisch bestimmbaren Abwicklungsdauer ermittelt wird. Es folgt die Errechnung der Erlösquote bei Abwicklung, die durch Multiplikation des Marktwertes mit der ebenfalls auf empirischem Wege ermittelten, objektspezifischen Erlösquote zustande kommt.

Durch diese Erlösquote wird somit zum Ausdruck gebracht, welcher Anteil des Marktwertes einer Immobiliensicherheit zum Zeitpunkt der Zwangsverwertung erzielt werden kann. Die Abwicklungsdauer weist den durchschnittlichen Zeitraum von Eintritt eines Defaults in die Abwicklungsabteilung bis zum Zeitpunkt der Sicherheitenverwertung an.

Im Rahmen der Abwicklung entstehen spezielle Aufwendungen (in Form direkter Abwicklungskosten), welche dem Abwicklungsfall direkt zuzuordnen sind (so z. B. Kosten für Zwangsverwaltung, Gerichtskosten). Diesem Aufwandsposten sind die entsprechenden Erträge (die z. B. im Rahmen der Zwangsverwaltung entstehen) gegenüber zu stellen. Analog der Ermittlung der direkten **Abwicklungskosten** werden auch die indirekten Kosten durch die Hypothekenbanken selbst ermittelt. Dazu zählen insbesondere die internen Kosten der Kreditabwicklung.

Zusätzliche Sicherheiten können im LGD-Modell ebenfalls berücksichtigt werden. So können z. B. Festgeldkonten, Lebensversicherungen und Bausparverträge als liquide Sicherheiten eingeordnet werden.

Als Resultat dieses Prozesses lassen sich über die Ermittlung der LGD-Quote umfassende Erkenntnisse über den Risikogehalt von Immobilienfinanzierungen und damit für die interne Risikosteuerung gewinnen. Im Ergebnis beantwortet die LGD-Quote als produktspezifische Komponente des *Expected Loss* die Frage, wie hoch der erwartete Verlust wahrscheinlich ausfallen wird.

2.5.3 Statistische Anforderungen

Die Schätzung der Erlösquoten und der Abwicklungsdauer erfolgt auf Grundlage eines verbandsweit erhobenen Datenpools. Mit Blick auf den hohen Marktanteil der Hypothekenbanken kann die Qualität der erhobenen Verlustdaten naturgemäß als sehr hoch eingeschätzt werden.

Die im LGD-Projekt zusammengeschlossenen Hypothekenbanken haben sich vertraglich zur weiteren **kontinuierlichen Zusammenarbeit** verpflichtet. In diesem Rahmen übermitteln sie einmal jährlich einschlägige Daten bezüglich abgewickelter Objekte (Zwangsversteigerungen, Umschuldungen oder Restrukturierungen) an eine gemeinsame LGD-Datenbank, welche bei der Hyp Rating GmbH, einer Tochter des VDH, geführt wird. Diese ermittelt anhand der Abwicklungsdaten entsprechende Erlösquoten und Abwicklungsdauern, welche nach Regionen und Objektarten differenziert werden.

2.6 Zuständigkeiten für die Ratingdurchführung

Nicht nur die Konzeptionierung, sondern auch die künftige Anwendung der Komponenten des internen Ratings stellt hohe Ansprüche an die Ressource Personal. Der vollständige Prozess des Ratings – diesen Rückschluss lassen die vorangegangenen Ausführungen gewiss zu – erfordert eine Fülle an zu erhebenden Informationen, um zu einer fundierten Finanzierungsentscheidung und entsprechenden Kalkulationsgrundlagen zu gelangen.

Mit Blick auf das regulatorische Erfordernis, die Kreditentscheidung mit einem nachvollziehbaren, risikoadjustierten Pricing zu versehen, stellen die **Ergebnisse des Ratingprozesses wesentliche Komponenten des Kreditbeschlusses** dar.

Der Intention der MaK folgend, soll mit dem Kreditbeschluss regelmäßig die Bewertung der Sicherheiten und damit ebenfalls die Beurteilung von Wertgutachten sowie die Festlegung von Beleihungswerten erfolgen.[7]

Der Baseler Akkord[8] sieht vor, dass „die Zuordnung von Ratings und die turnusmäßige Überprüfung von einer Stelle vorgenommen oder überprüft werden muss, die kein unmittelbares Interesse an der Kreditgewährung hat." Im Sinne von Basel II hat die Ratingzuordnung unabhängig vom Vertrieb (sprich: durch die Marktfolge) zu erfolgen.

Im Hause der Essen Hyp wurde diesbezüglich eine entsprechende **Organisationsstruktur** etabliert. Danach steht die Bearbeitung der Kernprozesse des Ratings in der Verantwortung der Marktfolge, die für das Kredit entscheidende Votum letztlich verantwortlich zeichnet. Die Risiko klassifizierende Einstufung des Kreditnehmers in eine entsprechende Ratingklasse liegt in der Kompetenz der Kreditanalyse. Deren Urteil wird daher im Kreditbeschluss entsprechend dokumentiert.

---

[7] Vgl. MaK, Tz. 28.
[8] Vgl. Basel II, § 424.

3. Einbeziehung in die Kreditrisikosteuerung

3.1 Kapitalanforderungen in den IRB-Ansätzen

Im derzeit gültigen Grundsatz I werden die für die Eigenkapitalunterlegung relevanten Risikogewichte wie beschrieben aufsichtsrechtlich vorgegeben. Insbesondere mit den IRB-Ansätzen nach Basel II wird sich dies nachhaltig ändern. Danach bilden künftig vielmehr die seitens der Bank geschätzten Komponenten PD, LGD (und EAD) die „entscheidenden" Eingabeparameter zur Berechnung des Risikogewichts, indem sie in eine vorgegebene Funktion einfließen.[9] Die Berechnung der Eigenmittel erfolgt, indem das individuell ermittelte Risikogewicht mit dem Kreditbetrag und dem **Solvabilitätskoeffizienten** von 8 % multipliziert wird.

Durch multiplikative Verknüpfung der Komponenten Ausfallwahrscheinlichkeit, Verlust bei Ausfall sowie Forderungshöhe bei Ausfall (EAD) errechnet sich der erwartete Verlust (*Expected Loss, EL*). In der prozentualen Relation zur Darlehensforderung stellt der EL die Größe dar, die im Rahmen der Konditionskalkulation über die Gestaltung der Risikomarge die Standardrisikokosten des Engagements abdecken soll.

Aus dem Zusammenwirken der IRB-Komponenten ergibt sich folgende Konstellation, die im Überblick gemäß nachstehender Abbildung verdeutlicht werden soll.

Verlustprognose/risikoorientierte Preisgestaltung (Erwarteter Verlust):
Expected Loss = PD × LGD × EAD

Eigenmittelunterlegung gem. Basel II (Unerwarteter Verlust):
EK-Unterlegung = 8 % × {Risikogewichtungsfunktion (PD; LGD)} × EAD

Tabelle 4: Funktion der Komponenten des Internen Ratingansatzes

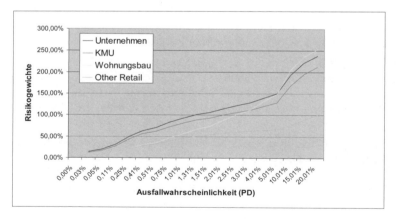

Abbildung 4: Risikogewichte im fortgeschrittenen IRB-Ansatz für ausgewählte Forderungsklassen

---

[9] Je nach Kreditnehmersegment kommen dabei unterschiedliche Funktionen zur Anwendung. Vgl. Kapitel C. III. „Die IRB-Ansätze".

Obige Abbildung zeigt die Risikokurve auf, die sich – je Forderungsklasse nach Basel II – bei bestimmter Konstellation von *PD* und *LGD* rechnerisch ergibt. Diese Betrachtung wird – hier für die Risikogewichtungsfunktion **Corporates** (unter Annahme konstanter Restlaufzeit von 2,5 Jahren; keine Umsatz- bzw. Kredithöhenbegrenzung) – im Folgenden erweitert:

	Eigenkapitalunterlegung in %		
PD (in %)	LGD = 25 %	LGD = 35 %	LGD = 45 %
0,03	0,64	0,90	1,16
0,10	1,32	1,85	2,37
0,25	2,20	3,08	3,96
0,50	3,09	4,33	5,57
0,75	3,86	5,15	6,62
1,00	4,10	5,74	7,39
1,25	4,43	6,20	7,97
1,50	4,69	657	8,45
2,00	5,10	7,15	9,19
3,00	5,71	7,99	10,28
4,00	6,20	8,68	11,17

Tabelle 5: Eigenkapitalbindung bei bestimmten Konstellationen von PD und LGD (Segment Corporates)

Zu beachten ist, dass obige Tabelle insgesamt einer konservativen Betrachtungsweise folgt. So wird im Rahmen der gewerblichen Immobilienfinanzierung mit durchschnittlichen LGD-Quoten von **bis zu max. 30 %** zu rechnen sein!

Diese Betrachtung soll anhand eines einfachen Beispiels vertieft werden: Grundlage folgenden Vergleichs (zwischen Basel I und dem IRB Advanced Approach) bildet dabei die Finanzierung einer gewerblichen Immobilie (*Corporate-Segment*) zu 100 % des Beleihungswertes (für die ersten 60 % Darlehnsauslauf: Risikogewicht von 50 %; für die restlichen 40 % Darlehnsauslauf: Risikogewicht von 100 %).

		LGD 35 %	LGD 45 %	Basel I
Ausfallwahrscheinlichkeit	0,75 %	5,15 %	6,62 %	5,60 % (für die ersten 60 % Darlehnsauslauf: 4 % Eigenkapital; für die restlichen 40 % Darlehnsauslauf: 8 % Eigenkapital)
	0,50 %	4,33 %	5,57 %	

Tabelle 6: Vergleich Basel I/Basel II (Gewerbliche Hypothekarfinanzierung)

Es zeigt sich anhand dieses Beispiels, dass die Kapitalunterlegung im *Advanced Approach* des IRB nicht automatisch geringer ausfällt, als es nach derzeitiger Regelung gemäß Basel I der Fall ist. Vielmehr gilt, dass für Finanzierungen gut gerateter Kreditkunden – mit niedrigen Verlustquoten – künftig die Eigenmittelunterlegung – und auch die Konditionierung – in jedem Fall günstiger ausfallen wird als derzeit.

Zum Vergleich: Bei einer Ausfallwahrscheinlichkeit von 0,50 % – und der LGD-Quote von 45 % – wird das Risikogewicht im internen Rating künftig niedriger als bisher ausfallen. Bei einer Ausfallwahrscheinlichkeit von 0,75 % darf die LGD-Quote maximal 38 % betragen, damit die Kapitalanforderungen gem. Basel II gegenüber dem heutigen Grundsatz I sinken.

Nicht minder interessant ist die Konstellation im Retailbereich: Dieser Forderungsklasse des IRB werden u. a. private Wohnungsbaukredite zugeordnet.

Die Finanzierung privater Wohnimmobilien nimmt mit über 40 % einen hohen Anteil am gesamten Kreditportfolio der Essen Hyp ein. Grund genug, analog den obigen Betrachtungen zum gewerblichen Hypothekarkredit, im Folgenden die **Eigenkapitalkonstellationen** für die „private Baufinanzierung" in Augenschein zu nehmen.

PD (in %)	LGD = 35 %	LGD = 20 %
0,03	0,26	0,15
0,10	0,67	0,38
0,25	1,33	0,76
0,50	2,18	1,25
0,75	2,89	1,65
1,00	3,51	2,01
1,25	4,06	2,32
1,50	4,57	2,61
2,00	5,47	3,13
3,00	6,97	3,98
4,00	8,19	4,68
5,00	9,22	5,27

Tabelle 7: Eigenkapitalbindung bei bestimmten Konstellationen von PD und LGD (Retailsegment)

Analog zu Tabelle 5 basiert auch obige Darstellung auf einer konservativen Betrachtungsweise. So ist im Bereich der Retailfinanzierung von LGD-Quoten **bis max. 20 %** auszugehen.

Auch hier lässt sich anhand eines einfachen Beispiels der „Effekt" aus der Anwendung des IRB auf dieses Segment aufzeigen – Grundlage bildet im Folgenden die Finanzierung einer privat genutzten Wohnimmobilie zu 100 % des Beleihungswertes:

Basel I			Basel II	
Komponenten	Eigenkapital-unterlegung	Durchschnittliche Eigenkapitalbelastung insgesamt	Komponenten	Eigenkapitalbelastung insgesamt
Für die ersten 60 % Darlehnsauslauf: Risikogewicht von 50 %, für die restlichen 40 % Darlehnsauslauf: Risikogewicht von 100 %	4,00 % 8,00 %	5,6 %	jeweils intern geschätzt PD: 1,00 % LGD: 20 %	2,01 %

Tabelle 8: Vergleich Basel I/Basel II (Private Baufinanzierung)

Auch für die **private Wohnungsbaufinanzierung** gilt somit, dass für gute Kreditkunden mit niedrigen Verlustquoten die Eigenmittelunterlegung und Konditionsgestaltung im IRB deutlich günstiger als bisher ausfallen kann.

Was in diesem Segment im internen Rating erreicht wird, kann auch die privilegierte Behandlung der wohnwirtschaftlich genutzten Immobilien im modifizierten Standardansatz nicht unterbieten. Hier würde, übertragen auf obiges Beispiel, eine durchschnittliche Eigenkapitalbelastung von rund 4,8 %, zu verzeichnen sein.

Die Finanzierung des privaten Wohnungsbaus stellt für die Essen Hyp in jeder Hinsicht ein perspektivisch interessantes und geschäftspolitisch wichtiges Geschäftssegment dar. Neben der durch Basel II zu erwartenden günstigen Bindung von Eigenmitteln für diese Finanzierungen ist außerdem gewährleistet, dass die Bank erhebliches Neugeschäft in die Bücher nehmen kann, ohne durch den diesbezüglich üblicherweise notwendigen Bearbeitungsaufwand in Form von Bonitätsprüfungen (Durchführung von Rating- bzw. Kreditgewährungsprozessen) auf der Kostenseite nachhaltig belastet zu werden. So wurden in Kooperation mit der Konzernmutter Verfahrensweisen vertraglich etabliert, wonach große Abschnitte an Retailgeschäft, die seitens der Commerzbank akquiriert wurden, der Essen Hyp zugeführt werden. Über entsprechende Abkommen zum **Outsourcing** mit zwei am Markt etablierten Servicegesellschaften wurde zudem die Bestandsverwaltung für diese Darlehen effizient übertragen.

Darüber hinaus engagiert sich die Bank über den Ankauf von Portfolien in diesem Segment.

3.2 Kundennutzen durch Basel II

Gute Immobilienkunden profitieren von Basel II, wenn bzw. indem sie im Rahmen des Finanzierungsprozesses **aktiv** mithelfen, sowohl die eigenen kundenspezifischen Merkmale so transparent wie möglich herauszustellen als auch die objekttypischen Charakteristika des Investments entsprechend zu würdigen. Dies hört sich vielleicht schwieriger an als es ist, denn gerade die Anwendung der Bewertungskriterien eines modernen Ratings sorgt für die **bestmögliche objektive Beurteilung des Kreditkunden** respektive des Finanzierungsgutes Immobilie innerhalb des Unternehmens.

Die Essen Hyp ist überzeugt, dass die Komponenten des internen Ratings in angemessener Weise die Besonderheit des Hypothekarkredits als einer stark auf die Kreditsicherheit abstellenden Finanzierungsform zum Ausdruck bringen. Zudem gilt das Geschäft der Hypothekarfinanzierer traditionell als risikoarm, was sich nicht zuletzt in den historisch niedrigen Verlustdaten widerspiegelt.

Von daher erscheint es nur konsequent, den regulatorischen Ansatz anzustreben, der die differenzierteste Abbildung des wirtschaftlichen Kreditrisikos erlaubt. Damit wird die Umsetzung des fortschrittlichsten Internen Ratingansatz zum wesentlichen Wettbewerbsfaktor für Hypothekenbanken.

3.3 Praxisbeispiel zur Berechnung der Kundenkondition

Eine Bank mit einer schlanken Organisations- und Kostenstruktur hat einen wesentlichen Wettbewerbsvorteil, der sich positiv – in der zur Qualifizierung des Erfolgs von eingesetztem Kapital heranzuziehenden Kennzahl Eigenkapitalrentabilität (*Return on Equity, RoE*) – entsprechend widerspiegelt. Das im Folgenden dargestellte Beispiel für eine Immobilienfinanzierung unter Berücksichtigung der derzeitigen Regelungen soll dies belegen.

Betrachtet werden soll eine Immobilienfinanzierung in Höhe von 1 Mio. Euro. Es wird unterstellt, dass diese Finanzierung im geltenden Grundsatz die Kriterien für eine 50 %-ige Gewichtung erfüllt.[10]

Die Vorgaben der Anteilseigner der Essen Hyp sehen vor, dass ein *RoE* von mindestens 14 % nach Steuern erzielt wird. Festgehalten werden sollte an dieser Stelle ebenfalls, dass sich die Komponente „Anlagenutzen" naturgemäß an der Entwicklung des Zinsniveaus orientiert, das für die nachstehenden Beispiele mit 5 % angenommen wird. Die Unterlegung des risikogewichteten Finanzierungsbetrages mit 7 % Kernkapital statt der gesetzlich geforderten 4 % folgt den internen Planungen der Bank nach einem **Kernkapitalkoeffizienten** in entsprechender Höhe. Darüber hinaus wurde eine *Cost-Income-Ratio* von 12 % für die Kalkulation der Verwaltungskosten unterstellt.

Berechnung der benötigten Risikoaktiva und des gebundenen Kapitals (gem. Basel I)		
EK-Erfordernis gem. GS I benötige Risikoaktiva (gem. Basel I)	50 %	500.000 EUR
gebundenes Kernkapital (statt gesetzlich 4 %)	7 %	35.000 EUR
gebundenes Ergänzungskapital	4 %	20.000 EUR

---

[10] Aus Gründen der Vereinfachung wird für die folgenden Beispiele davon ausgegangen, dass die Darlehensvergabe ausschließlich auf den erstrangig besicherten Ia-Teil abstellt und außerdem keine Kosten für die Bereitstellung des Ergänzungskapitals anfallen.

Eigenkapitalverzinsung		
Bruttoertrag		8.200 EUR
+ Anlagenutzen gebundenes Kapital	5 %	1.750 EUR
− Verwaltungskosten (i.H.v. Bruttoertrag)	12 %	− 984 EUR
− Risikokosten (indikativ vom Darlehensbetrag/ vom Beleihungsauslauf)	0,14 %	−1.400 EUR
= Nettoertrag vor Steuern		7.566 EUR
= EK-Rendite vor Steuern		21,62 %
− Steuern	35 %	−2.648 EUR
= Nettoertrag nach Steuern		4.918 EUR
= EK-Rendite nach Steuern		14,05 %

Tabelle 9: Beispiel für eine Immobilienfinanzierung in Deutschland (gem. Grundsatz I)

Der notwendige Bruttoertrag kann retrograd ermittelt werden. Im Beispiel ergibt sich ein Mindestertrag von 8.200 Euro bzw. 82 Basispunkten, damit die *RoE*-Vorgabe von 14 % unter den Bedingungen des geltenden Grundsatz I erfüllt werden kann.

Unter Berücksichtigung der verbesserten Informationsbasis, die aus der Einführung des Ratings und LGD-Gradings resultiert, und den detaillierteren Eigenkapitalberechnungen kann und muss die gleiche Finanzierung unter Basel II differenzierter betrachtet werden. In den beiden nachstehenden Beispielen resultiert aus der Kombination von Ausfallwahrscheinlichkeit und LGD jeweils eine differenzierte Kapitalunterlegung im Vergleich zum geltenden Aufsichtsrecht; zudem kann der Erwartete Verlust ($PD \times LGD$) separat einbezogen werden, während zuvor ein pauschaler Wert unterstellt wurde.

Faktor	Beispiel 1	Beispiel 2
PD	1,15 %	1,25 %
LGD	20 %	15 %
Resultierendes Risikogewicht	Ca. 43 %	Ca. 33 %
Forderungsvolumen	1.000.00 EUR	1.000.000 EUR
Kapitalbedarf[11]	47.300 EUR	36.300 EUR
Erwarteter Verlust (EL)	0,23 %	0,19 %

Tabelle 10: Annahmen der Immobilienfinanzierungen

---

[11] Berechnung: (1.000.000 EUR × 43/100 × 0,08) + (1.000.000 EUR × 43 /100 × 0,03)
Um das risikogewichtete Aktivum aus einem Kredit zu errechnen, wird die EAD des Kredits mit dem Risikogewicht multipliziert. Die Multiplikation dieses Ergebnisses mit 8 % ergibt die Eigenkapitalanforderung für den Kredit. Das Risikogewicht ist als mathematische Funktion von PD, LGD und der Restlaufzeit definiert. Diese Funktion hängt von der entsprechenden Risikoaktivaklasse gem. Basel II ab (siehe auch Abbildung 4). Gemäß interner Anforderungen, unterlegt die Essen Hyp die gebundenen Eigenmittel mit 7 % (statt 4 %) Kern- und mit 4 % Ergänzungskapital (daraus erklärt sich der zusätzliche Faktor von 3 % in obiger Formel).

	Beispiel 1		Beispiel 2	
Berechnung der Risikoaktiva und des gebundenen Kapitals				
Risikogewicht bzw. Risikoaktiva unter Basel II	43,00 %	430.000 EUR	33,00 %	330.000 EUR
gebundenes Kernkapital (statt gesetzlich 4,00 %)	7,00 %	30.100 EUR	7,00 %	23.100 EUR
gebundenes Ergänzungskapital	4,00 %	17.200 EUR	4,00 %	13.200 EUR
Eigenkapitalverzinsung				
Bruttoertrag		8.300 EUR		6.500 EUR
+ Anlagenutzen gebundenes Kernkapital	5,00 %	1.505 EUR	5,00 %	1.155 EUR
− Verwaltungskosten (i.H.v. Bruttoertrag)	12,00 %	-996 EUR	12,00 %	- 780 EUR
− Risikokosten (vom Darlehensbetrag)	0,23 %	-2.300 EUR	0,19 %	-1.900 EUR
= Nettoertrag vor Steuern		6.509 EUR		4.975 EUR
= EK-Rendite vor Steuern		21,62 %		21,54 %
− Steuern	35,00 %	-2.278 EUR	35,00 %	-1.741 EUR
= Nettoertrag nach Steuern		4.231 EUR		3.234 EUR
= EK-Rendite nach Steuern		14,05 %		14,00 %

Tabelle 11: Beispiel für eine Immobilienfinanzierung in Deutschland (gem. Basel II)

Während die erforderliche Bruttomarge gegenüber dem geltenden Grundsatz I im ersten Beispiel leicht um einen Basispunkt ansteigt, ergibt sich in Beispiel 2 eine Reduktion auf 65 Basispunkte. Dabei ist zu beachten, dass dieser Effekt aus der verbesserten Besicherung (siehe LGD-Quote) rührt, da die Ausfallwahrscheinlichkeit (PD) in Beispiel 2 höher ist.

Es zeigt sich, dass eine Immobilien finanzierende Bank wie die Essen Hyp durchaus die Möglichkeit hat, guten Darlehenskunden günstige Konditionen zu gewähren und dabei gleichzeitig die angestrebte Eigenkapitalrendite zu erzielen. Allerdings bedeutet dies nicht, dass grundsätzlich erwartet werden kann, dass mit In-Kraft-Treten von Basel II die Immobilienfinanzierung per se günstiger wird, da – wie gezeigt – der individuelle Einzelfall betrachtet werden muss.

Indes, die hier aufgezeigte Methode zur Gestaltung der Konditionenkalkulation erfüllt drei wesentliche Voraussetzungen:

1. **Basel II:**
Angleichung der regulatorischen an die ökonomische Eigenmittelunterlegung

2. **MaK:**
Umsetzung einer risikoadjustierten Margengestaltung

3. **Kreditkunde:**
Differenzierte Betrachtung des Einzelengagements und transparente Finanzierungsentscheidung des Kreditinstituts

4. **Fazit**

Die Erkenntnis ist nicht neu und doch gewinnt sie wieder zunehmend an Bedeutung:

Effiziente Banken investieren künftig ausschließlich in Geschäfte mit auskömmlichen Margen!

Ein wesentlicher Grund für das neu aufkeimende Interesse an dieser elementaren Erkenntnis liegt gewiss in der Intention von Basel II. Die Essen Hyp verspricht sich – neben der absoluten Ersparnis von Kapital – von der Etablierung der Komponenten internen Ratings vor allem eine Optimierung ihres eingesetzten Kapitals aufgrund erweiterter Möglichkeiten zur differenzierten Betrachtung jedes einzelnen Kreditengagements. Danach gibt Basel II die richtige Weichenstellung vor in Richtung risikoadjustiertes Pricing, insbesondere mit Blick auf die Kalkulation der Risikokosten.

Nur bei einer marktgerechten Konditionierung von Kreditengagements werden eingegangene Risiken adäquat honoriert und Fehlallokationen vermieden. **Gute Konditionen für gute Risiken** – diesen Gedanken von Basel II interpretiert die Essen Hyp daher als Verpflichtung, die Vorteile eines zeitgemäßen Kreditrisikomanagements auch an ihre Kunden weiterzugeben.

II. Basel II in Bausparkassen

Christoph Wichmann

Inhalt:

	Seite
1 Allgemeine Informationen zu Basel II in Bausparkassen	543
1.1 Anwendungsvorschrift von Basel II für Bausparkassen	543
1.2 Begriffsbestimmung und zulässige Geschäfte	545
2 Notwendige Bedingungen für Basel II in Bausparkassen	545
2.1 Ansatzwahlmöglichkeiten für Bausparkassen	545
2.2 Mögliche Segmentierung in Bausparkassen	546
2.3 Scoring in Bausparkassen	547
3 Ausgewählte Probleme bei der Umsetzung von Basel II in Bausparkassen	548
3.1 Ausgewählte Probleme im Standardansatz	548
3.1.1 Forderungen im Retailportfolio	548
3.1.2 Durch Wohnimmobilien besicherte Forderungen	549
3.1.3 Gewerbliche Realkredite	549
3.1.4 Berücksichtigung von Einzelwertberichtigungen	550
3.2 Ausgewählte Probleme im IRB-Ansatz	550
3.2.1 Abgrenzung der Forderungsklassen	550
3.2.2 Nichtanwendung des IRB-Ansatzes für bestimmte Forderungsklassen	551
3.2.3 Unterlegung von Kreditrisiken im IRB-Ansatz	551
4 Fazit	552

1. Allgemeine Informationen zu Basel II in Bausparkassen

1.1 Anwendungsvorschrift von Basel II für Bausparkassen

Bausparkassen sind Spezialkreditinstitute und damit Teil des Kreditgewerbes. Es steht somit außer Zweifel, dass Basel II auch bei den Bausparkassen umzusetzen ist. Aufgrund der speziellen Ausrichtung finden die Zielvorstellungen aus der neuen Eigenkapitalverordnung aber nur teilweise eine Anwendung für Bausparkassen.

Selbstverständlich liegt es im Interesse der Bausparkasse Wüstenrot, die Risikosensitivität zu erhöhen, um dadurch Risiken möglichst frühzeitig zu erfassen sowie notwendige Gegensteuerungsmaßnahmen einzuleiten. Darüber hinaus schaffen die Regelungen zur Erhöhung der Markttransparenz die Voraussetzungen für eine verbesserte Reputation der jeweiligen Institute. Jedoch wird das Kreditrisiko bei Bausparkassen bereits vor Basel II durch zahlreiche Regelungen eingeschränkt. Vor diesem Hintergrund erscheint es zweckmäßig, eine differenzierte Sichtweise für die Umsetzung von Basel II in Bausparkassen darzulegen.

> – Förderung der Stabilität und Zuverlässigkeit des internationalen Finanzsystems
> – Erhöhung der Risikosensitivität
> – Förderung von einheitlichen Wettbewerbsregeln
> – Erreichen von Mindeststandards für risikobehaftete Geschäfte und der Herstellung einer ausreichenden Eigenkapitaldeckung

Abbildung 1: Ziele von Basel II

Weder die Baseler Konsultationspapiere noch die Papiere der Europäischen Kommission (CAD 3) enthalten gesonderte Regelungen, die auf das typische – kollektive und außerkollektive – und länderspezifische Geschäft einer Bausparkasse ausgerichtet sind. Der Grund dafür liegt in dem eingeschränkten Adressatenkreis der Papiere.

Parallel zu den Papieren des Baseler Ausschusses für Bankenaufsicht erarbeiten auch die Dienststellen der EU-Kommission eine Neufassung der Solvabilitätsvorschriften. Die Baseler Regelungen werden darin weitgehend analog und zeitgleich auf europäischer Ebene umgesetzt. Die nationale Umsetzung findet anschließend durch die Bundesanstalt für Finanzdienstleistungsaufsicht (BaFin) statt. Bausparkassen sind zwar keine „großen international tätigen Banken", welche die Baseler Regelungen direkt betreffen, aber durch die Umsetzung der Regelungen in nationales Recht gelten diese auch für deutsche Bausparkassen. Für die Bausparkassen gilt somit der „neue" Grundsatz I.

Aufgaben und Ziele der deutschen Bausparkassen war es, in den entsprechenden nationalen Entscheidungsgremien die Einsicht zu verbessern, dass die Regelungen eine sinnvolle Anwendung in den Bausparkassen fanden und es zu keiner Einschränkung der Auslegungsmöglichkeiten kam. Unterstützung erhielten die Bausparkassen dabei durch die beiden Bausparkassenverbände, dem Verband der Privaten Bausparkassen e. V. und der Bundesgeschäftsstelle der Landesbausparkassen. Sie waren bemüht, entsprechend den Vorstellungen der Bausparkassen, Einfluss auf die Anforderungen von Basel II zu nehmen. Die Verbände traten regelmäßig mit der BaFin in Kontakt, um offene Fragen und Auslegungsspielräume zu klären und versuchten die Interessen der Bausparkassen gegenüber der BaFin stärker zum Ausdruck zu bringen. Im Verband der Privaten Bausparkassen e. V. wurden die kritischen Punkte ausgearbeitet und diese durch einen Vertreter gegenüber der BaFin dargelegt. Der Verband sprach sich bspw. dafür aus, bei der Behandlung von Immobilienkrediten auf eine europäische Sonderlösung zu verzichten und die Regelungsdichte im Vergleich zum Baseler Regelungswerk nicht weiter zu erhöhen. Beim IRB-Ansatz plädierte er für eine Ausweitung der Möglichkeiten zur teilweisen Anwendung des Standardansatzes *(Partial Use)* für bestimmte Forderungsklassen bei der Bemessung des Kreditrisikos und des operationellen Risikos.

Die Rahmenbedingungen stehen mittlerweile fest. In der Umsetzung wird die Bausparkasse Wüstenrot trotz der kollektiven Gegebenheiten eine optimierte Risikosteuerung und bessere Transparenz schaffen, sowie im außerkollektiven Bereich möglicherweise eine Steuerung über die Konditionen vornehmen. Insgesamt verspricht sich die Bausparkasse durch Basel II zusätzliche Freiräume beim Eigenkapital.

1.2 Begriffsbestimmung und zulässige Geschäfte

Laut der gesetzlichen Begriffsbestimmung sind Bausparkassen Kreditinstitute, deren Geschäftsbetrieb darauf ausgerichtet ist, Einlagen von Bausparern (Bauspareinlagen) entgegenzunehmen und aus den angesammelten Beträgen den Bausparern für wohnungswirtschaftliche Maßnahmen Gelddarlehen (Bauspardarlehen) zu gewähren (Bauspargeschäft).[1] Bausparer ist, wer mit einer Bausparkasse einen Vertrag schließt, durch den er nach Leistung von Bauspareinlagen einen Rechtsanspruch auf Gewährung eines Bauspardarlehens erwirbt (Bausparvertrag).[2] Wohnungswirtschaftliche Maßnahmen im Sinne des Gesetzes für Bausparkassen sind beispielsweise die Errichtung, Beschaffung, Erhaltung und Verbesserung von überwiegend zu Wohnzwecken bestimmten Gebäuden und Wohnungen. Weitere wohnungswirtschaftliche Maßnahmen sind ausführlich im § 1 Abs. 3 BSpKG geregelt.

Zulässige Geschäfte für Bausparkassen außerhalb des Bauspargeschäfts sind beispielsweise gewährte Gelddarlehen, die der Vorfinanzierung oder Zwischenfinanzierung von Leistungen der Bausparkasse auf Bausparverträge ihrer Bausparer dienen. Zu den zulässigen Geschäften zählen auch Anlagegeschäfte der Bausparkassen in Guthaben bei geeigneten Kreditinstituten, in unverzinsliche Schatzanweisungen oder ähnliches. Die zulässigen Geschäfte sind ausführlich im § 4 BSpKG geregelt.

Diese gesetzlichen Rahmenbedingungen dienen zum Schutz der Bauspargemeinschaft. Sie sollen verhindern, dass die eingezahlten Sparguthaben der Bausparer zweckentfremdet werden. Durch diese Regelungen schränkte der deutsche Gesetzgeber die Kreditrisiken in Bausparkassen schon vor Basel II deutlich ein.

2. Notwendige Bedingungen für Basel II in Bausparkassen

2.1 Ansatzwahlmöglichkeiten für Bausparkassen

Die Bausparkassen haben nach Basel II, wie alle anderen Kreditinstitute, die Möglichkeit, zwischen zwei verschiedenen Risikogewichtungsansätzen zu wählen. Diese sind zum einen der Standardansatz und zum anderen der IRB-Ansatz, der sich wiederum in einen Retailansatz, einen Basisansatz und einen fortgeschrittenen Ansatz unterteilt.

Ausgewählte Probleme, die sich in den einzelnen Ansätzen ergeben, werden in Kapitel 3 näher erläutert. Allgemein eignen sich für Bausparkassen nur der Standardansatz oder der Retailansatz, da die Forderungsklassen außerhalb des Retailsegments (Staaten, Banken und Unternehmen) für Bausparkassen von geringer Bedeutung sind.

Die erste Frage, die jede Bausparkasse klären muss ist, welcher Ansatz sich am besten für das Institut eignet. Die Bausparkasse Wüstenrot hat für sich festgestellt,

---
[1] Vgl. § 1 Abs. 1 BSpKG.
[2] Vgl. § 1 Abs. 2 BSpKG.

dass die Erleichterungsmöglichkeiten im Standardansatz zunächst ausreichend erscheinen. Ein späterer Wechsel in ein fortgeschritteneres Verfahren ist jederzeit zulässig, vorausgesetzt, die entsprechenden Anforderungen sind erfüllt. Deshalb werden schon jetzt die notwendigen Schritte zur Umsetzung des IRB-Ansatzes bei der Bausparkasse Wüstenrot in die Wege geleitet.

2.2 Mögliche Segmentierung in Bausparkassen

Unabhängig davon, für welchen Ansatz sich eine Bausparkasse entscheidet, muss im Vorfeld über eine mögliche **Segmentierung** der Forderungsklassen nachgedacht werden. Für das Segment der Privatkundenkredite kann das wie in der Abbildung 2 aussehen. Eine entsprechende Segmentierung kann auch für Unternehmen, Kommunen oder andere Kreditnehmer stattfinden. Die Segmentierung dient dazu, das individuelle Portfolio eines Kreditinstituts in verschiedene Risikoklassen aufzuteilen, denen schließlich verschiedene Risikogewichte zugeordnet werden.

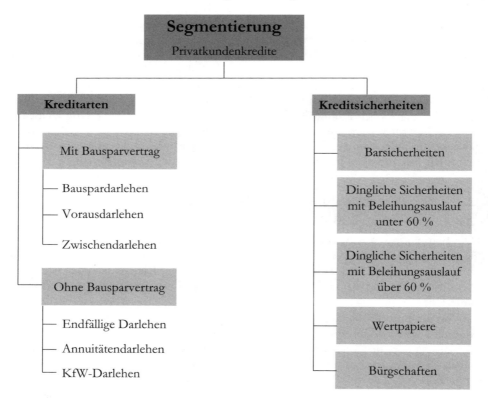

Abbildung 2: Beispielhafte Segmentierung in Bausparkassen

2.3 Scoring in Bausparkassen

Die oben erwähnte Segmentierung wird durch ein **Scoringverfahren** unterstützt. Es dient dazu, Kreditrisiken leichter und schneller zu ermitteln. Die Implementierung eines solchen Verfahrens in den Prozessablauf soll in der folgenden Abbildung 3 kurz dargestellt werden.

Dabei handelt es sich um ein Antragsscoring, welches bei der erstmaligen Erfassung der Daten ansetzt. Ein Bestandsscoring hingegen versucht Kreditrisiken aus einem vorhandenen Bestand zu ermitteln.

Erfassung der Daten ➔ Anreicherung der Daten ➔ K.O.-Kriterien/ Warnhinweise ➔ Haushaltsrechnung, Bilanzanalyse ➔ Bewertung der Kriterien ➔ Scoring, Rating ➔ Bewertung von Sicherheiten und Garantien ➔ Engagementbeurteilung

---

Abbildung 3: Prozessablauf mit Scoring

Um das Scoringverfahren sinnvoll in eine Bausparkasse zu implementieren, werden folgende typische Merkmale (Abbildung 4) herangezogen. Diese können in darlehensnehmerspezifische und engagementspezifische Merkmale unterteilt werden.

---
1) **Darlehensnehmerspezifische Merkmale**
    - persönliche Merkmale (z. B. Geschlecht, Alter, Familienstand)
    - Wohnort (z. B. Postleitzahl, wohnhaft seit)
    - Berufliche Merkmale (z. B. Branche, Dauer des Arbeitsverhältnisses)
    - Wirtschaftliche Verhältnisse (z. B. Einnahmen, Ausgaben, Vermögen)

2) **Engagementspezifische Merkmale**
    - Darlehensverhältnisse (z. B. Verwendungszweck, Objektnutzung)
    - Objektmerkmale (z. B. Art der Immobilie, Lage, Ertragswert)
    - Sicherheiten (z. B. Beleihungswert, Beleihungsauslauf, Ersatzsicherheiten)

Abbildung 4: Potenziell relevante Merkmale für ein Antragsscoring

Dadurch werden dem Scoringverfahren die notwendigen Informationen geliefert, um eine sichere und objektive Engagementbeurteilung durchzuführen und die Kreditnehmer in die richtige Risikoklasse einstufen zu können.

Für Bausparkassen ist ein **Antragsscoring** im kollektiven Bauspargeschäft allerdings von geringer Bedeutung. Hier hat der Kunde schon durch den Ansparprozess seine Bonität unter Beweis gestellt. Die Zinsen für ein Bauspardarlehen richten sich auch nach der Umsetzung von Basel II nicht nach Bonitätskriterien, sondern sind durch den Bausparvertrag festgelegt. Ein Antragsscoring spielt deshalb nur im außerkollektiven Bereich eine wichtige Rolle. Hier kann der Kreditentscheidungsprozess erheblich beschleunigt und qualitativ verbessert werden. Die Kunden werden zunächst anhand des maschinell erstellten Scorings beurteilt. In die tatsächliche Kreditentscheidung fließt aber zusätzlich noch eine transaktionsspezifische Komponente mit ein (z. B. die Besicherung). Des Weiteren können Entscheidungsträger, die mit einer entsprechenden Kompetenz ausgestattet sind, die Entscheidungsregeln abändern, um qualitative Merkmale, die vom Scoring nicht standardgemäß erfasst werden, angemessen zu berücksichtigen.

3. Ausgewählte Probleme bei der Umsetzung von Basel II in Bausparkassen

3.1 Ausgewählte Probleme im Standardansatz

3.1.1 Forderungen im Retailportfolio

Im Standardansatz gibt es verschiedene Gewichtungssätze für die verschiedenen Forderungen. Diese Gewichtungssätze reichen von 0 % bis 150 % und werden zur Berechnung der gewichteten Risikoaktiva benötigt. Retailforderungen müssen nur mit 75 % angesetzt werden, was von Vorteil für Bausparkassen ist, denn das Portfolio der Bausparkassen besteht größtenteils aus Retailforderungen. Es setzt sich zum einen aus Bauspardarlehen (Kollektivgeschäft) und zum anderen aus Vor- und Zwischenkrediten sowie sonstige Bauspardarlehen (Außerkollektivgeschäft) zusammen. Die übrige Aktiva besteht überwiegend aus Geldanlagen und Hilfsgeschäften von relativ geringer Bedeutung.

Um im Standardansatz die genannten Forderungen dem **Retailportfolio** zuordnen zu können, werden im Konsultationspapier vier Kriterien genannt, welche auch erfüllt sein müssen. Sie können in ein Kreditnehmerkriterium, ein Produktkriterium, ein Granularitätskriterium und ein Volumenkriterium unterteilt werden.

- Das Kreditnehmerkriterium setzt voraus, dass der Kreditnehmer eine natürliche Person bzw. ein Kleinunternehmen ist.
- Das Produktkriterium wird erfüllt, wenn sich der Kredit einer der folgenden Gruppen zuordnen lässt: revolvierende Kredite, Privatkredite und Leasingforderungen, grundpfandrechtlich besicherte Kredite sowie Kredite an Kleinunternehmen.
- Beim Granularitätskriterium muss der Aufsichtsbehörde überzeugend dargestellt werden, dass das für aufsichtsrechtliche Zwecke gebildete Retailportfolio ausreichend diversifiziert ist. Nach Basel II könnte dies ein zahlenmäßiges Limit sein, wonach die zusammengefassten Kredite an eine Kreditnehmereinheit z. B. 0,2 % des gesamten für aufsichtsrechtliche Zwecke gebildeten Retailportfolios nicht übersteigen.
- Das Volumenkriterium verlangt, dass Retailkredite an einen Kreditnehmer auf Konzernebene zusammengefasst werden und das Volumen von 1 Mio. Euro nicht übersteigen.

Die Aufteilung des Portfolios hinsichtlich der ersten drei Kriterien ist bei der Bausparkasse Wüstenrot relativ unproblematisch. Schwieriger hingegen ist das Volumenkriterium. Die Bausparkasse Wüstenrot ist eine Konzerntochter des W & W-Konzerns, welcher Dienstleistungen im Bank- und Versicherungsbereich anbietet. Auch andere Bausparkassen sind nicht selten in einen Finanz- oder Versicherungskonzern eingegliedert. Das Konsultationspapier verlangt nun, dass die Bausparkassen die Retailkredite auf Konzernebene zusammenführen. Hierdurch entsteht ein beträchtlicher Aufwand, da die Zusammenführung der Forderungen auf Konzernebene nicht einfach sein wird.

3.1.2 Durch Wohnimmobilien besicherte Forderungen

Der Standardansatz des neuen Regelwerks sieht vor, dass durch Wohnimmobilien besicherte Forderungen mit einer relativ niedrigen Risikogewichtung unterlegt werden. Ausleihungen, die vollständig durch Grundpfandrechte oder Hypotheken auf Wohnimmobilien abgesichert sind, die vom Kreditnehmer bewohnt werden oder künftig bewohnt werden sollen oder die vermietet sind, erhalten ein **Risikogewicht von 35 %**. Die nationale Aufsichtsinstanz muss sich davon überzeugen, dass dieses verminderte Risikogewicht ausschließlich auf Wohnimmobilien angewandt wird, und dass diese Wohnungsbaukredite strengen Kriterien entsprechen. Bei diesen Kriterien handelt es sich beispielsweise darum, dass der Wert der Immobilie im Wesentlichen unabhängig von der Bonität des Schuldners ist, d. h. dass der Wert der Immobilie auch für andere Nutzer als den Kreditnehmer gegeben ist. Als weitere Kriterien muss eine zeitnahe Verwertung der Sicherheiten möglich sein und die Wertansätze der Immobilie müssen regelmäßig überprüft werden.

Nach den derzeitigen Regelungen können die Bausparkassen einen „Mischsatz" aus den Risikogewichten von 100 % und 50 % für die Kredite an Bausparer anwenden, welcher 70 % beträgt. Dieser kann benutzt werden, wenn nach § 7 Abs. 1 Satz 3 des BSpKG die Beleihung die ersten 80 % des Beleihungswerts des Pfandobjekts nicht übersteigt. Nach Basel II ist bei einem Beleihungsauslauf bis zu 60 % schon eindeutig eine Gewichtung von 35 % geregelt. Für einen Beleihungsauslauf über 60 % fällt die Forderung in die Forderungsklasse der Retailforderungen und kann mit 75 % angesetzt werden.

In Anbetracht dieser Regelungen ist zu erkennen, dass Forderungen, die durch Wohnimmobilien besichert sind, auch in Zukunft einen relativ niedrigen Gewichtungsansatz zur Folge haben. Da dieser Bereich den Großteil der Geschäftstätigkeit der Bausparkassen ausmacht, kann davon ausgegangen werden, dass es durch Basel II zu einem geringeren Eigenkapitalbedarf kommen wird.

3.1.3 Gewerbliche Realkredite

Das Portfolio der Bausparkassen enthält auch Forderungen die durch Büro- oder sonstige gewerbliche Gebäude besichert sind. Diese zählen zur Forderungsklasse der gewerblichen Realkredite. Auch hier müssen bestimmte Voraussetzungen erfüllt sein, wie z. B. dass der Wert der Immobilie unabhängig von der Bonität des Schuldners ist oder dass die Wertansätze der Immobile regelmäßig überprüft werden. Dadurch kann die Forderung mit einem bevorzugten Risikogewicht unterlegt werden.

Der deutsche Gesetzgeber gewährt den Bausparkassen für gewerbliche Finanzierungen i. S. v. § 1 Abs. 3 Satz 2 BSpKG eine Ausnahmeregelung. Diese beinhaltet, dass eine gewerbliche Baufinanzierung, die in einem Wohngebiet liegt und zur Versorgung dieses Gebiets dient, als ein privater Wohnbaukredit angesehen werden könnte. Hierzu kann aber eindeutig gesagt werden, dass solche Forderungen nicht zur Kategorie „**wohnwirtschaftliche Realkredite**" zählen. Diese Darlehen können nur regulär der Forderungsklasse der gewerblichen Realkredite zugeordnet werden.

3.1.4 Berücksichtigung von Einzelwertberichtigungen

In den Eigenkapitalvereinbarungen ist auch die Handhabung von Einzelwertberichtigungen (EWB) geregelt. Hier hat es im Verlauf des Konsultationsprozesses verschiedene Änderungen gegeben. Für Kredite mit einem **Verzug von mehr als 90 Tagen** ist abhängig von der Höhe einer etwaigen EWB eine differenzierte Kapitalunterlegung vorgesehen. Gegenwärtiger Diskussionsstand ist, dass bei solchen Forderungen, für die eine Einzelwertberichtigung von unter 20 % der ausstehenden Forderung gebildet wurde, das volle Risikogewicht von 100 % anzusetzen ist, wohingegen bei einer gebildeten Einzelwertberichtigung von mehr als 20 % nur ein Risikogewicht von 50 % anzusetzen wäre.

In Zukunft sollen nur unerwartete Verluste mit Eigenkapital unterlegt werden. Das bedeutet, dass die erwarteten Verluste durch die EWB eine angemessene Unterlegung erhalten. Werden die EWB – Einzel- und Pauschalwertberichtigungen – jedoch zu klein gebildet und decken die erwarteten Verluste nicht komplett ab, muss der Differenzbetrag aus 50 % Kernkapital und aus 50 % Ergänzungskapital aufgefüllt werden.

3.2 Ausgewählte Probleme im IRB-Ansatz

Wie anfangs schon erwähnt wurde, hat sich die Bausparkasse Wüstenrot dafür entschieden, im ersten Schritt den Standardansatz zu implementieren. Diese Entscheidung wurde getroffen, weil im IRB-Ansatz der EDV-technische Aufwand wesentlich größer ist und bekanntlich die EDV-Ressourcen in jedem Unternehmen nicht unbegrenzt zur Verfügung stehen. Dennoch werden schon jetzt die ersten Schritte für einen fortgeschrittenen Ansatz in der Bausparkasse Wüstenrot gemacht, um dadurch noch weitere freie Eigenmittel zu schaffen.

3.2.1 Abgrenzung der Forderungsklassen

Da die Überarbeitung der Eigenkapitalvorschriften nicht explizit für Bausparkassen vorgenommen wurde, sondern für „normale" Kreditinstitute mit ihrem breiten Angebot von Aktivprodukten, kommt es immer wieder zu einem Abstimmungsbedarf bezüglich bestimmter Forderungsklassen. Wie oben schon beschrieben wurde, besteht für bestimmte Darlehensarten Klärungsbedarf, ob diese als eine Retailforderung, als ein wohnwirtschaftlicher Realkredit, als ein gewerblicher Realkredit oder als andere Forderungen betrachtet werden können. So ist es beispielsweise für Darlehen an Wohnungsbaugenossenschaften, an Unternehmen und an Kommunen nicht sofort klar, mit welcher Gewichtung diese anzusetzen sind. Der Versuch, diese Darlehen als wohnwirtschaftliche Realkredite zu klassifizieren scheitert, da für die Zuordnung der Kreditnehmer maßgeblich ist und nicht die Maßnahme. In den genannten drei Fällen handelt es sich beim Darlehensnehmer nicht um Privatpersonen, sondern um Unternehmen bzw. Kommunen.

Die Frage, ob die vorstehenden Darlehen dem Retailgeschäft zuzuordnen sind, ist von verschiedenen Faktoren abhängig. So ist beispielsweise auch im IRB-Ansatz für Darlehen an Wohnungsbaugenossenschaften die Grenze von 1 Mio. Euro des Gesamtengagements für die Behandlung als Retailforderung maßgeblich. Bei anderen Unternehmen ist die Zuordnung zum Retailsegment zum einen vom Umsatz (maximal bis 50 Mio. Euro p. a.) und vom Gesamtengagementvolumen (bis maximal 1 Mio. Euro) abhängig. Werden diese Grenzen überschritten, so müssen die betreffenden Forderungen dem Segment „Darlehen an Unternehmen" zugeordnet werden. Wie auch schon im Standardansatz gefordert, macht es Sinn, auch im IRB-Ansatz eine Obergrenze einzuführen, die auf Ebene der einzelnen Institute und nicht auf Konzernebene anzuwenden ist. Andernfalls könnten viele kleinvolumige Bauspardarlehen von kleinen und mittleren Unternehmen ein Risikogewicht erhalten, welches nicht dem tatsächlichen Kreditrisiko entspricht.

3.2.2 Nichtanwendung des IRB-Ansatzes für bestimmte Forderungsklassen

Im Falle einer Entscheidung, die Kreditrisikounterlegung auf Basis interner Ratings vorzunehmen, müssen die IRB-Ansätze für das gesamte Aktivgeschäft angewandt werden. Eine Ausnahme von der Anwendung des IRB-Ansatzes *(„Partial Use")* ist auf Dauer nur für einzelne Engagements in unbedeutenden Geschäftseinheiten und Forderungsklassen möglich. Diese müssen in Bezug auf ihre Größe bzw. ihr inhärentes Risikoprofil unwesentlich sein.

Aus Sicht der Bausparkassen wäre es sinnvoll, eine Ausnahme von der Anwendung des IRB-Ansatzes für die nach dem Bausparkassengesetz vorgeschriebenen risikoarmen Geldanlagen auf Dauer zu ermöglichen. Dies wären u. a. Forderungen an Banken und Staaten i. S. v. § 1 Abs. 3 Satz 2 BSpKG. Hier handelt es sich bei der Bausparkasse Wüstenrot volumenmäßig um relativ hohe Beträge, welche jedoch auf einige wenige deutsche Kreditinstitute verteilt sind, über das Länderrating ein AAA-Rating erhalten und somit kaum ein Risiko enthalten. Durch die teilweise Nichtanwendung des IRB-Ansatzes hätte die Bausparkasse ein Anreiz für das „Hineinwachsen" in komplexere bankaufsichtliche Methoden. Es sollte daher im Ermessen des Instituts liegen, weitere in Abstimmung mit der Aufsicht klar abzugrenzende Bereiche dauerhaft von der Anwendung des IRB-Ansatzes auszunehmen.

3.2.3 Unterlegung von Kreditrisiken im IRB-Ansatz

Die neuen Regelungen sehen weiter vor, dass bei der Unterlegung von Kreditrisiken im IRB-Ansatz auch die erwartete Verlustquote *(Loss Given Default, LGD)* mit in die Risikogewichtungsformel einfließt. Für alle Finanzdienstleister stellt sich somit die Aufgabe, diesen *LGD* zu bestimmen. Hierzu sind die Bausparkassen gehalten, eine Datenhistorie aufzubauen, welche über zwei Jahre hinweg alle Ausfälle widerspiegelt. Für Forderungen an Unternehmen, Staaten und Banken sowie für Retailforderungen gibt es jedoch eine Übergangsbestimmung. Wie oben schon erläutert, können private Wohnungsbaukredite als Retailforderungen angesehen werden. Aufgrund der potenziell sehr langfristigen Immobilienzyklen, können die kurzfristig erhobenen Daten gegebenenfalls nicht richtig abgebildet werden. Die *LGD* der durch private Wohnimmobilien besicherten Retailforderungen dürfen daher während der dreijährigen Übergangsperiode nicht unter 10 % fallen.

Diese Untergrenze erscheint für Bausparkassen als zu hoch. Auch unter Berücksichtigung eines geforderten Sicherheitszuschlags für einen evtl. wirtschaftlichen Abschwung ist die vorgeschriebene konservative LGD-Schätzung zu hoch. Speziell für Retailforderungen und einer regelmäßigen Validierung der Parameter ist die Grenze von 10 % für Bausparkassen nicht geeignet. In ersten Berechnungen bei der Bausparkasse Wüstenrot lag die erwartete Verlustquote deutlich unter der Mindestforderung von 10 %, was bedeutet, dass dadurch zusätzliches Eigenkapital gebunden wird.

4. Fazit

Es ist unstrittig, dass die neuen Baseler Eigenkapitalvereinbarungen vor dem Hintergrund der aktuellen Entwicklungen im Finanzsektor sinnvolle Schritte in die richtige Richtung sind. Sie dienen einerseits dazu, der Bundesanstalt für Finanzdienstleistungsaufsicht eine bessere und genauere Überprüfung der Risikostruktur in den einzelnen Instituten zu ermöglichen. Andererseits sind auch die Finanzdienstleister dazu angehalten, sich konkrete Gedanken über die Risikosituation im eigenen Hause zu machen. Nur durch eine kontinuierliche Weiterentwicklung kann es zu einer dauerhaften Stabilität des Finanzsystems und folglich auch zum Schutz der Anleger kommen. Auch aus dem Eigeninteresse der Bausparkassen werden sie in aller Regel daran interessiert sein, Risiken möglichst objektiv zu ermitteln, um dadurch notwendige Steuerungs- und Kontrollmaßnahmen einleiten zu können.

Deutlich wurde auch, dass die neuen Regelungen nicht speziell auf Bausparkassen ausgerichtet sind. Wie im allgemeinen Teil kurz erläutert, liegt der Geschäftsschwerpunkt von Bausparkassen in der Finanzierung von Wohnimmobilien durch Bauspardarlehen. Diese Art des Kreditgeschäfts birgt insofern schon heute ein relativ geringes Risiko, da

– die Darlehen durch die finanzierte Immobilie gesichert sind
– die Objekte in aller Regel selbst genutzt werden
– die Schuldner eine starke emotionale Bindung hierzu haben
– der Bausparer durch die in der Ansparphase regelmäßig geleisteten Sparbeträgen in aller Regel schon bewiesen hat, den Kapitaldienst auch in der Darlehensphase tragen zu können.

Dieser besonderen Situation der Bausparkassen sollte durch die sinnvolle Auslegung der EU-Richtlinien bei Umsetzung in die nationalen Vorschriften Rechnung getragen werden.

Welche Folgen Basel II für die Darlehensgewährung und somit für den Kunden hat, ist schwer abzuschätzen. In Zukunft werden die Kreditinstitute die Höhe der Darlehenszinsen abhängig von der Bonität des Kunden machen, d. h. gute Kunden zahlen niedrigere Zinsen und schlechte Kunden höhere Zinsen. Dies entspricht der Steuerung der Kreditrisiken im außerkollektiven Geschäft. Anders wird dies jedoch im kollektiven Geschäft der Bausparkassen sein. Hier werden sich die Zinsen auch künftig nicht nach dem Einkommen, dem Vermögen oder anderen Bonitätskriterien richten. Die Konditionen sind auch in Zukunft fest im Bausparvertrag vereinbart. Ein weiterer Vorteil liegt darin, dass sich die Bausparkassen nicht am Kapitalmarkt für die Vergabe der Bauspardarlehen refinanzieren müssen, sondern finanzielle Mittel über das Bausparkollektiv erhalten. Die neuen Eigenkapitalanforderungen betreffen also nicht den privaten „Häuslebauer", da sie ihre Wohnimmobilie über die Bauspargemeinschaft finanzieren.

Abschließend kann deshalb gesagt werden, dass sich auch in Zukunft das Bausparen auszahlt. In der Ansparphase werden relativ hohe Guthabenszinsen bezahlt und durch eine staatliche Förderung zusätzlich unterstützt. In der Darlehensphase können die Kunden über die gesamte Laufzeit mit festen, relativ günstigen Darlehenszinsen rechnen und jederzeit Sondertilgungen leisten. Die Attraktivität des Bausparens bleibt auch aus diesem Grund erhalten.

Basel II stellt Bausparkassen insbesondere vor neue Informatikanforderungen, von denen wir überzeugt sind, das die Bausparkasse Wüstenrot sie mit vertretbarem Aufwand schultern kann. Basel II kann dazu beitragen, Hinweise für ein optimiertes Risikomanagement zu geben. Hinsichtlich der Steuerung der Kreditrisiken durch Konditionsgestaltung sind die Möglichkeiten bei Bausparkassen begrenzt.

III. Basel II in der Energiewirtschaft

Joachim von Gélieu, Volker Linde

Inhalt:

	Seite
1 Einleitung	555
2 Kreditpreisbildung als Treiber für die Unternehmensentwicklung	556
2.1 Risikoklassifizierung und ihrer Auswirkungen	556
2.2 Risikoadäquate Kalkulation – Chance und Risiko zugleich	557
2.3 Auswirkungen von Basel II auf die Finanzkommunikation der Energieunternehmen	557
3 Der liberalisierte Energiemarkt im Regulierungsbereich der Finanzdienstleistungsaufsicht	558
3.1 Stromterminkontrakte als Derivate im Sinne des Kreditwesengesetzes (KWG)	558
3.2 Bank- und Finanzdienstleistungen und die Notwendigkeit einer BaFin-Erlaubnis im liberalisierten Strommarkt	559
4 Auswirkungen auf Unternehmen der Energiewirtschaft	561
4.1 Energieunternehmen ohne Finanzdienstleisterlizenz	561
4.2 Energieunternehmen mit Finanzdienstleisterlizenz	562
5 Fazit und Ausblick	563

1. Einleitung

Seit der Liberalisierung der deutschen Energiemärkte und hier insbesondere des Strommarktes im Jahre 1998 hat die Energiebranche einen fundamentalen Wandel vollzogen. Konzentrationsprozesse und Unternehmenszusammenschlüsse auf der einen Seite sowie neue Markteintritte und der Aufbruch der regionalen Monopole auf der anderen Seite schufen völlig neue Strukturen und Möglichkeiten des Handels und der Geschäftstätigkeit.

Standardisierte Spot- und Terminkontrakte, wie sie bspw. an der neu geschaffenen Strombörse European Energy Exchange (EEX) in Leipzig gehandelt werden, eröffnen den Energieversorgern und Energiehändlern aber auch großen industriellen Stromabnehmern die Möglichkeit, ihre Positionen gegen Preisschwankungen abzusichern und auch gezielt Risikopositionen zum Zwecke der Gewinnerzielung einzugehen.

Mit der Schaffung dieser neuen Sicherungs- und Handelsmöglichkeiten und der Entstehung neuer Handelsprodukte erfuhr der Strommarkt aber nicht nur eine Liberalisierung und Erweiterung, diesen Entwicklungen stehen auch Einschränkungen und Reglementierungen der Geschäftstätigkeit durch die Finanzdienstleistungsaufsicht gegenüber.

Neben diesen Besonderheiten des liberalisierten Energiemarktes treten die an diesem Markt aktiven Unternehmen natürlich auch weiterhin in teilweise erheblichem

Maße als Kreditnachfrager am Finanzmarkt auf. In Ergänzung zu den Anforderungen der Ratingagenturen stellen die aus den Regelungen von Basel II resultierenden Anforderungen insb. an die Güte, Art, Qualität und zeitliche Aktualität der Informationen, die Kreditnehmer ihren Kreditgebern etwa zum Zwecke der Erstellung interner Ratings zur Verfügung stellen müssen, auch für die Unternehmen der Energiewirtschaft eine nicht zu unterschätzende Herausforderung dar, zumal insbesondere die großen, international tätigen Unternehmen der Branche seit der Marktliberalisierung noch intensiver im Bereich der Fusionen und Unternehmenszukäufe im nationalen und internationalen Umfeld tätig geworden sind.

Dieser Aufsatz beschäftigt sich mit den Auswirkungen der Regelungen von Basel II auf die Energiewirtschaft und beleuchtet dabei insbesondere auch die Besonderheiten von Finanzdienstleistungen und Aufsichtsrecht im liberalisierten Strommarkt.

2. Kreditpreisbildung als Treiber für die Unternehmensentwicklung

Die Vorschriften von Basel II sollen insbesondere auf der Bankenseite zu einer erhöhten Transparenz und damit risikoadäquaten Kreditvergabe und -konditionierung in der Praxis führen.

Um diese Ziele des Akkords zu erreichen, gibt Basel II den Kreditinstituten verschiedene Verfahren an die Hand, die unterschiedliche Anforderungen an die zu Grunde liegenden Daten stellen. Zur Umsetzung dieser Verfahren benötigen die Institute je nach gewähltem Ansatz eine Vielzahl neuer und zusätzlicher Informationen seitens der Kreditnehmer, die es systematisch und zeitnah auszuwerten gilt. Diese Anforderungen stellen nicht nur die Kreditinstitute selbst, sondern insbesondere auch die Kreditnehmer und damit auch die Unternehmen der Energiewirtschaft vor erhebliche Herausforderungen.

Die Finanzkommunikation der Unternehmen gewinnt durch diese Entwicklungen rasant an Bedeutung, entscheidet sie doch zukünftig in nicht unerheblichem Maße mit darüber, zu welchen Konditionen und in welchem Umfang geplante Fremdkapitalaufnahmen getätigt werden können.

2.1 Risikoklassifizierung und ihrer Auswirkungen

Dient die Risikoklassifizierung nach Basel II, wie bereits kurz skizziert, in erster Linie einer Transparenzverbesserung aus Sicht der Banken, geraten insbesondere diejenigen Unternehmen hierdurch zumindest indirekt unter Druck und in Zugzwang, die ihrem Kreditinstitut keinen transparenten und zeitnahen Überblick über ihre Risikosituation „kommunizieren" können. So werden die Datenanforderungen zur Risikoklassifizierung schnell zu einem direkten und vordringlichen Treiber für Veränderungen in der Datenhaltung und -aufbereitung der internen (Controlling) und externen Reporting- und Rechnungswesenabläufe in den Unternehmen.

2.2 Risikoadäquate Kalkulation – Chance und Risiko zugleich

Eine risikoadäquate Preiskalkulation soll auf Basis der Berücksichtigung der spezifischen Risikosituation eines Unternehmens, die oft vorhandenen bankinternen Quersubventionen über Kundengruppen und Branchen, aber auch über das gesamte Kreditportfolio hinweg abbauen. Ein Unternehmen hat somit die Möglichkeit, durch die Bereitstellung aktueller und angemessener Informationen die Konditionierung seiner eigenen Fremdkapitalaufnahme zumindest in Teilen mit zu beeinflussen. Zeitnahe Informationen und transparente Daten zu übermitteln ist dabei aber nur ein Teil der vorhandenen Einflussnahmemöglichkeiten durch die Unternehmen. Auch die Struktur und Art der vorhandenen Finanzkommunikation eines Unternehmens ist von entscheidender Bedeutung für die spätere Konditionengestaltung bei der Kreditvergabe.

2.3 Auswirkungen von Basel II auf die Finanzkommunikation der Energieunternehmen

Basel II und die neue europäische Kapitaladäquanzrichtlinie (CAD 3) verstärken bei allen Unternehmen den Fokus auf das eigene Risikomanagement und Risikobewusstsein und den Druck, hier angemessene und am Markt akzeptierte Methoden und Verfahren zu implementieren. Auch in der Energiewirtschaft und hier vor allem im Umfeld des Energiehandels, der sich in vielen Bereichen stark an den Best-Practice-Vorlagen und aufsichtsrechtlichen Mindestvorgaben der Finanzmärkte wie bspw. den Mindestanforderungen an das Betreiben von Handelsgeschäften der Kreditinstitute (MaH) orientiert, werden sich durch die Vorschriften und Anforderungen von Basel II und CAD 3 neue Impulse für das Risikomanagement und hier insbesondere für das Kreditrisikomanagement und den Bereich der operationellen Risiken ergeben.

So legen die neuen aufsichtsrechtlichen Anforderungen an die Kreditinstitute durch Basel II und die CAD 3 auch für die Unternehmen der Energiewirtschaft die Messlatte wieder ein Stück höher, denn zumindest Teile der neuen Vorgaben aus dem Bankenbereich werden sich mit einer gewissen Zeitverzögerung auch in den Best-Practice-Standards des Energiehandels wieder finden und somit zur Benchmark für alle am Markt aktiven Unternehmen werden. Ähnliche Tendenzen sind im Übrigen auch im europäischen Ausland zu beobachten. Für Energieunternehmen mit einer Finanzdienstleisterlizenz wirken die neuen Anforderungen noch direkter und ohne zeitliche Verzögerung. Mit den Gründen für die aktuellen Aufsichtstätigkeiten der Bundesanstalt für Finanzdienstleistungsaufsicht (BaFin) im Stromhandelsmarkt sowie den korrespondieren Auswirkungen auf Marktteilnehmer mit Finanzdienstleisterlizenz befassen sich die nächsten Abschnitte im Detail.

3. Der liberalisierte Energiemarkt im Regulierungsbereich der Finanzdienstleistungsaufsicht

Bereits im September 2000[1] wies das damalige Bundesaufsichtsamt für das Kreditwesen (BAKred), eine der Vorgängerbehörden der heutigen Bundesanstalt für Finanzdienstleistungsaufsicht (BaFin)[2], darauf hin, dass es sich bei den von der damaligen European Energy Exchange (EEX) und der Leipzig Power Exchange (LPX) vorgestellten Plänen für standardisierte Börsenterminkontrakte auf Strom potenziell um Finanzinstrumente im Sinne des Kreditwesengesetzes handelt und somit alle Unternehmen, die börslich oder außerbörslich mit Stromterminkontrakten handeln oder diese vermitteln wollen, der Aufsicht des BAKred unterliegen. Diese Äußerung wurde in der Energiewirtschaft mit breitem Erstaunen und Unverständnis aufgenommen, zumal bis dahin kaum ein Energieunternehmen jemals Kontakt mit der Bankenaufsicht und deren weitreichenden Anforderungen, Vorschriften und Befugnissen hatte.

3.1 Stromterminkontrakte als Derivate im Sinne des Kreditwesengesetzes (KWG)

Zwecks Überprüfung der Anwendbarkeit der Regelungen der Bankenaufsicht auch für Unternehmen der Energiewirtschaft gilt es zuerst einmal zu klären, unter welchen Bedingungen Stromterminkontrakte tatsächlich Finanzinstrumente im Sinne des Kreditwesengesetzes sein können.

Unter den Begriff **Finanzinstrumente** fallen:[3]
- Wertpapiere
- Geldmarktinstrumente
- Devisen und Rechnungseinheiten
- Derivate.

Relevant für die Geschäfte im Stromhandel ist hier in der Regel die Kategorie der **Derivate**.[4] Da die Bankenaufsicht Strom als eine Ware begreift, fallen hierbei Stromgeschäfte in Form von Warentermingeschäften unter die Definition der Derivate nach KWG, wenn sie neben den **hinreichenden Merkmalen** des hinausgeschobenen Erfüllungszeitpunktes und der Abhängigkeit ihres Preises von einem Börsen- oder Marktpreis eines korrespondierenden Basiswertes gewisse weitere so genannte **Typus bildende Merkmale**[5] aufweisen.

---

[1] Vgl. Pressemitteilung des BAKred: „Terminhandel an der Strombörse nur unter der Aufsicht des BAKred" vom 26. September 2000.
[2] Zum 1. Mai 2002 ist die BaFin aus dem Zusammenschluss der damaligen Bundesaufsichtsämter für das Kreditwesen (BAKred), das Versicherungswesen (BAV) und den Wertpapierhandel (BAWe) hervorgegangen.
[3] Vgl. § 1 Abs. 11 Satz 1 KWG.
[4] Vgl. § 1 Abs. 11 S. 4 KWG.
[5] Vgl. Hinweise zur Erlaubnispflicht von Geschäften im Zusammenhang mit Stromhandelsaktivitäten, BaFin, Juli 2003.

Zu diesen Merkmalen gehören:
- die Möglichkeit, mit verhältnismäßig geringem Kapitaleinsatz überproportional an auftretenden Preisveränderungen zu partizipieren (**Hebel- oder Leverageeffekt**)
- das über das generell bestehende Insolvenzrisiko des Kontrahenten hinaus gehende **Risiko eines Totalverlustes** der eingesetzten Geldmittel
- das Risiko, **zusätzliche Geldmittel** zur Erfüllung einer eingegangenen Verbindlichkeit entgegen ursprünglicher Absicht aufbringen zu müssen.

Bei den börslich gehandelten Stromterminprodukten liegen diese Merkmale regelmäßig vor und es handelt sich hierbei somit ausnahmslos um Finanzinstrumente im Sinne des KWG. Außerbörsliche Termingeschäfte auf Strom können dann als Derivate im Sinne des KWG qualifizieren, wenn sie nicht auf **physische Erfüllung** abzielen, sondern sich die feste Abnahmeverpflichtung des Käufers vielmehr auf eine Verpflichtung zum finanziellen **Differenzenausgleich** reduzieren lässt. In diesem Falle können derartige Geschäfte auch als Anlage- und Spekulationsgeschäfte genutzt werden und über entsprechende Hebelwirkungen verfügen. Ein erkennbares Abzielen auf nicht physische Erfüllung ist regelmäßig dann anzunehmen, wenn der entsprechende Vertragspartner objektiv nicht in der Lage ist, die vereinbarte Menge an Strom abzunehmen bzw. zu liefern oder der Vertrag bereits die Möglichkeit eines Differenzenausgleichs alternativ zu einer physischen Lieferung bietet.

3.2 Bank- und Finanzdienstleistungen und die Notwendigkeit einer BaFin-Erlaubnis im liberalisierten Strommarkt

Stromhandelsaktivitäten mit Finanzinstrumenten im Sinne des KWG zählen unter gewissen Bedingungen zu den erlaubnispflichtigen Bankgeschäften[6] bzw. zu den erlaubnispflichtigen Finanzdienstleistungen.[7] Relevante **Finanzdienstleistungen** sind dabei insbesondere:
- die Anschaffung und Veräußerung von Finanzinstrumenten im eigenen Namen für fremde Rechnung (**Finanzkommissionsgeschäft**, § 1 Abs. 1 Satz 2 Nr. 4 KWG)
- die Vermittlung von Geschäften über die Anschaffung und Veräußerung von Finanzinstrumenten oder deren Nachweis (**Anlagevermittlung**, § 1 Abs. 1a Satz 2 Nr. 1 KWG)
- die Anschaffung und Veräußerung von Finanzinstrumenten im fremden Namen für fremde Rechnung (**Abschlussvermittlung**, § 1 Abs. 1a Satz 2 Nr. 2 KWG)
- die Verwaltung einzelner in Finanzinstrumenten angelegter Vermögen für andere mit Entscheidungsspielraum (**Finanzportfolioverwaltung**, § 1 Abs. 1a Satz 2 Nr. 3 KWG)
- die Anschaffung und Veräußerung von Finanzinstrumenten im Wege des Eigenhandels für andere (**Eigenhandel**, § 1 Abs. 1a Satz 2 Nr. 4 KWG).

---
[6] Vgl. § 1 Abs. 1 Satz 2 KWG.
[7] Vgl. § 1 Abs. 1a Satz 2 KWG.

Während Finanzkommissionsgeschäfte eine Banklizenz erfordern, muss für die übrigen aufgeführten Finanzdienstleistungen vor Aufnahme der Geschäftstätigkeit bei der BaFin eine Finanzdienstleisterlizenz[8] beantragt und durch diese erteilt werden.

Die oben genannten Bank- oder Finanzdienstleistungsgeschäfte sind in gewissen Ausnahmefällen immer dann nicht erlaubnispflichtig, wenn eine der **Ausnahmeregelungen** des § 2 Abs. 1 und Abs. 6 S. 1 KWG vorliegen. Diese Regelungen betreffen zum einen das so genannte **Konzernprivileg**, wonach Unternehmen, die Bank- oder Finanzdienstleistungen **ausschließlich** für ihre Mutter-, Tochter- oder Schwesterunternehmen betreiben, nicht als Institute gelten und somit auch keine Erlaubnis nach § 32 KWG benötigen. Der zweite Ausnahmetatbestand ist das so genannte **Terminbörsenprivileg**, das regelt, dass Unternehmen die Bank- oder Finanzdienstleistungen **ausschließlich** an einer ordentlichen Börse für andere zugelassene Mitglieder des Marktes erbringen, ebenfalls keine Erlaubnis benötigen, wenn ihre Verbindlichkeiten gegenüber anderen Mitgliedern des Marktes nach den dort herrschenden Regularien durch ein System, das die Erfüllung der von ihnen eingegangenen Positionen gewährleistet, gesichert ist.

Alle übrigen Unternehmen, die Bank- oder Finanzdienstleistungen erbringen wollen, benötigen eine entsprechende Erlaubnis nach § 32 KWG.

Mit der Erteilung der Erlaubnis und Abschluss des ersten erlaubnispflichtigen Geschäfts wird das Unternehmen zu einem Kredit- oder Finanzdienstleistungsinstitut. Als Institut finden alle relevanten **aufsichtsrechtlichen Vorschriften** auf das Unternehmen Anwendung und es untersteht nunmehr der Aufsicht der BaFin. Überdies ist die Rechnungslegung des Unternehmens vom klassischen HGB-Schema auf das Schema der Verordnung über die Rechnungslegung der Kreditinstitute und Finanzdienstleistungsinstitute (**RechKredV**) umzustellen, was in der Regel zu nicht unerheblichem Aufwand innerhalb des Finanzbereichs und Rechnungswesen des Unternehmens führt.

Auf der aufsichtsrechtlichen Seite hat das neu entstandene Institut die gleichen Anforderungen und Pflichten wie jedes andere beaufsichtigte Institut auch zu erfüllen. Hierunter fallen insbesondere die Regelungen der Eigenkapital- (Grundsatz I) und Liquiditätsgrundsätze (Grundsatz II) der BaFin sowie die Bestimmungen der Groß- und Millionenkreditverordnung (GroMiKV). Daneben sind auch die Vorschriften der Monatsausweis- und Anzeigenverordnungen exemplarisch für die Vielzahl weiterer aufsichtsrechtlicher Reglungen zu nennen, die das Unternehmen nunmehr zu beachten und zu erfüllen hat.

In Bezug auf Stromkontrakte hat die BaFin mit Datum vom 3. Februar 2004[9] ein Dokument mit Spezifizierungen, Ergänzungen und Ausnahmen zu den grundsätzlichen Bestimmungen des Grundsatz I und der GroMiKV veröffentlicht, das insbesondere eine spezifische Vorgehensweise für die **Anrechnungssystematik** der Ware

---

[8] Vgl. § 32 Abs. 1 KWG.
[9] Vgl. „Grundsatz I gemäß §§ 10, 10a Kreditwesengesetz – Berücksichtigung von derivativen Kontrakten auf Strom und andere nicht unmittelbar finanzmarktbezogene Basiswerte", BaFin, 3. Februar 2004.

Strom und anderer innovativer Produkte mit nicht unmittelbar finanzmarktbezogenen Basiswerten verlangt.

Die Umsetzung der aufsichtsrechtlichen Anforderungen und Erfüllung aller relevanten Vorschriften bedarf umfangreicher Anstrengungen im gesamten Unternehmen und stellt insbesondere die Bereiche Risikomanagement, Rechnungswesen, Finanzen, IT und Controlling vor anspruchsvolle Herausforderungen. Ohne Know-how-Aufbau und externe Unterstützung sind diese vielschichtigen Aufgaben bei den meisten betroffenen Energieunternehmen kaum zu bewältigen. Vielmehr sind fundamentale Einschnitte in die Geschäftsabwicklung an der Tagesordnung und der Aufbau zusätzlicher qualifizierter Ressourcen in nennenswertem Umfang ist in der Regel unerlässlich.

4. Auswirkungen auf Unternehmen der Energiewirtschaft

Bei den Auswirkungen von Basel II auf die Unternehmen der Energiewirtschaft gilt es, zwischen Unternehmen mit und ohne Bank- oder Finanzdienstleisterlizenz zu unterscheiden. Während für Unternehmen ohne Erlaubnis insbesondere die Daten- und Informationsanforderungen an Kreditnehmer als zentrale Herausforderung zu identifizieren sind, kommen bei den Unternehmen mit Erlaubnis auch noch die vielfältigen direkten Anforderungen der Finanzdienstleistungsaufsicht an Institute hinzu.

4.1 Energieunternehmen ohne Finanzdienstleisterlizenz

Die klare Ratingorientierung von Basel II rückt auch bei den Unternehmen der Energiewirtschaft als potenziellen Kreditnehmern das Thema „Rating" in den Fokus aktueller Untersuchungen und Überlegungen. Die Güte externer und auch interner Ratings hängt dabei in ganz erheblichem Maße von der Leistungsfähigkeit des jeweiligen Finanzbereichs und Rechnungswesens ab und von deren Fähigkeit, auch zukünftige Risiken angemessen und zeitnah einschätzen und bewerten zu können. Dies geht einher mit gesteigerten Anforderungen an die Qualität und Aktualität (Zeitnähe) des internen und externen Berichtswesens sowie dessen Ausrichtung und Adressatenorientierung.

Insbesondere für große Marktteilnehmer stellt sich in diesem Zusammenhang erneut die Frage nach der Vorteilhaftigkeit eines eigenen externen Ratings und die entsprechenden unternehmensinternen Diskussionen samt Kosten-Nutzen-Analysen werden im Zuge der Bestimmungen von Basel II und unter Berücksichtigung der verbundenen Auswirkungen des spezifischen Unternehmensratings auf die eigenen Kreditkonditionen vielleicht zu einem anderen Ergebnis führen, das die Erlangung eines eigenen externen Ratings nunmehr als ökonomisch sinnvoll und vorteilhaft erscheinen lässt.

In diesem Zusammenhang ist die Bedeutung der Finanzkommunikation mit den eigenen Kreditgebern, die so genannte „Bank oder Investor Relations", nicht genug hervorzuheben. Auch für die Unternehmen der Energiewirtschaft gilt es, durch eine Anpassung ihrer Informationspolitik auf die durch Basel II veränderten Informationsbedürfnisse ihrer Kreditinstitute und Fremdkapitalgeber zu reagieren, indem sie ihre Risiko- und Strategiekommunikation hierauf gezielt ausrichten.

Zentrale Elemente der Unternehmensführung, wie insbesondere das Risikomanagement und die Unternehmensplanung, haben dabei entscheidenden Einfluss auf das zu vergebende Ratingurteil, und Marktteilnehmer, die in diesen Bereichen eher schwach aufgestellt sind, können durch die stärkere Konditionenspreizung bei der Kreditbeschaffung zusätzliche Nachteile erleiden und damit noch weiter ins Hintertreffen geraten.

In Anbetracht der bereits seit langem schwelenden Bonitätsdiskussion an den Energiemärkten und hier vor allem am Stromhandelsmarkt ist es durchaus denkbar, dass die Regeln und Anforderungen von Basel II auch direkte (Verschlechterung oder Verbesserung der Liquiditäts- und Finanzlage eines Unternehmens durch risikoadäquate Kreditkonditionen) oder indirekte (Erhöhung der Marktanforderungen an das Risikomanagement und Rechnungswesen der Unternehmen) Auswirkungen auf den Energiehandelsmarkt haben werden. Es wird spannend sein zu beobachten, ob sich aufgrund dieser Anforderungen auch eine adäquate Preisstellung entwickeln wird. Aufgrund der heutigen Marktstruktur erscheint dies eher unwahrscheinlich.

4.2 Energieunternehmen mit Finanzdienstleisterlizenz

Möchte ein Unternehmen der Energiewirtschaft Stromtermingeschäfte handeln oder vermitteln, befindet es sich schnell im Bereich der erlaubnispflichtigen Finanzdienstleistungen gemäß KWG, wie in Abschnitt 3 bereits detailliert dargestellt. Die hierfür notwendige Finanzdienstleisterlizenz[10] macht das Energieunternehmen zu einem Finanzdienstleistungsinstitut, das in allen kritischen Bereichen der Aufsicht der BaFin unterliegt.

Für alle Institute und damit auch für Energieunternehmen mit Finanzdienstleisterlizenz wird die neue europäische Kapitaladäquanzrichtlinie (CAD 3) über die sich hieraus entwickelnden Bestimmungen der nationalen Bankenaufsicht (geplante Solvabilitäts- und Liquiditätsverordnung der BaFin) ohne Einschränkungen gelten.

Somit wird sich auch ein Energieunternehmen mit Finanzdienstleisterlizenz zwischen dem Standardansatz und dem IRB-Ansatz entscheiden müssen, wobei sich insbesondere beim IRB-Ansatz die Frage nach der Machbarkeit und der ökonomisch sinnvoll darstellbaren Umsetzung stellen dürfte. Beide Ansätze verlangen nicht unbeträchtliche Investitionen im Kreditmanagement der betroffenen Unternehmen.

Neben den neuen Regelungen zum Kreditrisikomanagement ist zu erwarten, dass auch die korrespondierenden Regelungen und Anforderungen in Bezug auf das Management von operationellen Risiken für alle Finanzdienstleistungsinstitute gelten werden. Eine Ausnahme für Unternehmen der Energiewirtschaft ist hier nicht zu erwarten.

Das Regelwerk an sich ist aber noch nicht endgültig und bis zum Jahr 2006 und auch darüber hinaus ist noch mit einigen Modifikationen und Ergänzungen zu rech-

---

[10] Vgl. § 32 Abs. 1 KWG.

nen. Auch die denkbare Ausübung nationaler Wahlrechte bei der Umsetzung der europäischen Anforderungen in lokales Recht ist bis dato noch nicht verbindlich geklärt.

Diese Situation verlangt gerade auch von den Unternehmen der Energiewirtschaft mit Finanzdienstleisterlizenz eine erhöhte Flexibilität bei der Umsetzung aller bestehenden und vor allem auch zukünftigen Anforderungen.

5. Fazit und Ausblick

Basel II ist auch für die Unternehmen der Energiewirtschaft ein Thema von herausragender Bedeutung. Die Auswirkungen auf das einzelne Unternehmen sind dabei von höchst unterschiedlicher Natur.

Während Energieunternehmen mit Finanzdienstleisterlizenz bereits direkt als beaufsichtigungspflichtige Institute mit den Anforderungen von Basel II und insbesondere der europäischen Kapitaladäquanzrichtlinie CAD 3 samt ihrer nationalen Umsetzungen konfrontiert werden, sind alle übrigen Unternehmen der Energiewirtschaft zumindest mittelbar durch die gestiegenen Informationsanforderungen von Basel II betroffen. Als potenzielle Kreditnehmer werden auch an diese Unternehmen durch ihre Kreditinstitute zukünftig deutlich höhere Anforderungen in Bezug auf die Aktualität, Art und Qualität der Daten und Informationen des internen und externen Berichts- und Rechnungswesens gestellt. Der Finanzkommunikation und den „Investor Relations" kommt eine neue, viel stärkere Bedeutung zu.

Auf diese Herausforderungen gilt es für alle Energieunternehmen proaktiv und flexibel zu reagieren.

Unternehmen mit Finanzdienstleisterlizenz haben eine Vielzahl von Umsetzungsthemen anzugehen. Um dieser Aufgabe gerecht zu werden, sollten auch diese Finanzdienstleister über die Einrichtung eines Basel II/CAD 3-Projektes nachdenken.

In einem solchen Projekt gilt es, unternehmensspezifisch alle relevanten Aufgabenfelder zu identifizieren und entsprechende Verantwortlichkeiten zu verteilen. Zentrale Ziele eines derartigen Projektes liegen in aller Regel in der Implementierung eines soliden Programms für das Kreditrisikomanagement und der Konzeption einer Managementstrategie für operationelle Risiken. Zumindest sollte aber eine Erfassung aller vorhandenen Kontrahentenratings erfolgen.

Für Energieunternehmen ohne Finanzdienstleisterlizenz steht der Auf- und Ausbau der eigenen Finanzkommunikation im Vordergrund der notwendigen Maßnahmen. Parallel hierzu sind die Prozesse und Funktionalitäten im internen und externen Berichts- und Rechnungswesen kritisch zu untersuchen, in wie fern sie den gestiegenen Daten- und Informationsanforderungen der Kreditinstitute auch zukünftig genügen werden und dazu geeignet sind, durch proaktive Finanzkommunikation und verbesserte „Investor Relations", positive Wirkungen auf die zukünftige Konditionengestaltung für Fremdkapitalaufnahmen entfalten zu können.

Teil G:

Die Säulen II und III: Aufsichtliche Überprüfung und Marktdiziplin

I. Der Supervisory Review Process

Joachim Schauff, Tobias Stellmacher

Inhalt:

		Seite
1	Einleitung	567
2	Die Bedeutung des aufsichtlichen Überprüfungsverfahrens	568
3	Vier Grundsätze des Überprüfungsverfahrens	569
	3.1 Verfahren zur Beurteilung einer angemessenen Eigenkapitalausstattung	570
	3.2 Überprüfung der internen Beurteilungen und Strategien	574
	3.3 Erwartung einer höheren Eigenkapitalausstattung als vorgeschrieben	577
	3.4 Prinzip des frühzeitigen Eingreifens	578
4	Besondere Sachverhalte	578
	4.1 Zinsänderungsrisiko im Anlagebuch	579
	4.2 Kreditrisiko	579
	4.2.1 Stress-Test nach den IRB-Ansätzen	579
	4.2.2 Restrisiken	580
	4.2.3 Kreditrisikokonzentration	580
	4.3 Operationelles Risiko	581
	4.4 Aufsichtliche Transparenz und Rechenschaft	582
	4.5 Verbesserte grenzüberschreitende Kommunikation und Kooperation	582
5	Anforderungen an eine Bank	583
6	Resümee	586

1. Einleitung

Im Rahmen der zweiten Säule, die als integraler Bestandteil des neuen Kapitalakkords gleichberechtigt neben den Mindestkapitalanforderungen und der Forderung der Markttransparenz steht, wird die Notwendigkeit einer **qualitativen Bankenaufsicht** besonders betont.

Wesentliches Ziel des aufsichtlichen Überprüfungsverfahrens ist dabei die Schaffung von Anreizen für die Banken, ihre internen Verfahren zur Beurteilung der institutsspezifischen Risikosituation sowie der angemessenen Kapitalausstattung kontinuierlich zu verbessern. Gleiches gilt für die ständige Anpassung und Weiterentwicklung neuerer Methoden des Risikomanagements und der internen Kontrollen.

Dabei werden im Rahmen des aufsichtlichen Überprüfungsverfahrens auch externe Faktoren, wie z. B. der Einfluss der Konjunkturentwicklung, und Risikobereiche einbezogen, die bei der Berechnung der Mindesteigenkapitalanforderungen nicht beziehungsweise nicht vollständig berücksichtigt wurden (z. B. Zinsänderungsrisiken im Anlagebuch).

Da die institutseigenen Verfahren viel stärker als bisher zum Maßstab der aufsichtlichen Beurteilung werden, wird sich mit dem aufsichtlichen Überprüfungsverfahren der Dialog zwischen Banken und Aufsehern intensivieren. Die Bankenaufsicht muss zukünftig schließlich die Fähigkeit der Banken bewerten, ihre eingegangenen Risiken zu managen, d. h. zu identifizieren, zu messen, zu steuern und zu überwachen.

Insgesamt stehen in der Säule II somit die Entwicklung zu einer qualitativen Aufsicht, die Intensivierung des Dialogs zwischen den Aufsichtsinstanzen und den Banken sowie die Überprüfung von bankinternen Modellen zum Risikomanagement im Vordergrund.

2. Die Bedeutung des aufsichtlichen Überprüfungsverfahrens

Ein zentraler Bestandteil der bankaufsichtlichen Tätigkeit im Rahmen des Aufsichtlichen Überprüfungsverfahrens (*Supervisory Review Process, SRP*) wird die Einschätzung und Bewertung des bankinternen Bewertungsprozesses über die Angemessenheit des Eigenkapitals (*Capital Adequacy Assessment-Process, CAAP*) sein. Dabei kommt der **Grundsatz der doppelten Proportionalität** zum Tragen. Darunter ist zu verstehen, dass sich zum einen der interne Prozess einer Bank proportional zu Struktur, Größe, Geschäftsvolumen usw. des Kreditinstituts ausrichten soll. Zum anderen soll sich die bankaufsichtliche Einschätzung und Bewertung der Angemessenheit des bankinternen Ansatzes im Hinblick auf Häufigkeit und Tiefe ebenfalls an Risikoprofil und Bedeutung des Instituts orientieren.[1]

Die Aufsichtsinstanzen müssen im Rahmen ihrer Überprüfung sicherstellen, dass jede Bank über die entsprechenden internen Verfahren des Risikomanagements verfügt und diese auch gut funktionieren. Nur so kann beurteilt werden, ob das Risiko richtig bewertet wird, die Risikovorsorgen gebildet werden, sowie, ob das Eigenkapital dem Risikoprofil der Bank entspricht. Ist dem nicht so, müssen Aufsichtsmaßnahmen durch die Finanzmarktaufsichtsbehörde eingeleitet werden.

Das Überprüfungsverfahren dient einerseits der Sicherstellung eines **angemessenen Eigenkapitals** für alle risikobehafteten Geschäfte der betroffenen Kreditinstitute und andererseits sollen die Institute bestärkt werden **bessere Risikomanagementverfahren** für das Management ihrer Risiken zu entwickeln und anzuwenden.

Der Baseler Ausschuss führt ferner aus: „Das aufsichtliche Überprüfungsverfahren erkennt die Verantwortung der Geschäftsleitung der Bank an, ein internes Verfahren zur Kapitalbeurteilung zu entwickeln und Eigenkapitalziele festzulegen, die zum Risikoprofil der Bank und ihrem Überwachungssystem passen. Auch nach der Neuregelung der angemessenen Eigenkapitalausstattung ist die Geschäftsleitung dafür verantwortlich sicherzustellen, dass die Bank über die aufsichtlichen Mindestanforderungen hinaus über angemessene Eigenmittel für die Deckung ihrer Risiken verfügt."[2]

Der Ausschuss erwartet von den Aufsichtsinstanzen, dass sie beurteilen, wie gut Banken ihren Kapitalbedarf im Verhältnis zu ihren Risiken einschätzen und ggf. ein-

---

[1] Arbeitskreis „Umsetzung Basel II", Protokoll der 2. Arbeitskreissitzung vom 15. Januar 2004.
[2] Vgl. Basel II, § 721.

greifen. Dadurch soll ein **aktiver Dialog** zwischen Banken und Aufsichtsinstanzen gefördert werden, damit bei Feststellung von Mängeln schnelle und wirkungsvolle Schritte unternommen werden können, um das Risiko zu reduzieren oder Kapital wieder aufzubauen. Es wird weiter im Ermessen der Aufsichtsinstanzen stehen, welchen Instituten im Zuge der Überprüfungen eine erhöhte Aufmerksamkeit zu schenken ist.

Der SRP definiert drei Hauptbereiche, die besonders für die Behandlung im Rahmen der Säule II geeignet sind:
1. Risiken, die zwar innerhalb der Säule I betrachtet werden, dort aber nicht vollständig erfasst sind (z. B. Kreditrisikokonzentration);
2. Faktoren, die im Rahmen der Säule I nicht berücksichtigt werden (z. B. Zinsänderungsrisiko im Anlagebuch, Betriebsrisiken und strategische Risiken), und
3. Einflüsse, die außerhalb der Bank liegen (z. B. Auswirkungen des Konjunkturzyklus).

Da diese Risiken den Instituten im ungünstigsten Fall erhebliche Verluste zufügen können, sie aber nicht oder nur teilweise unter die Mindesteigenkapitalvorschriften fallen, erfordern sie eine abweichende Vorgehensweise.

Ein weiterer wichtiger Aspekt der Säule II ist die Beurteilung, inwieweit die Institute die Mindeststandards und die Offenlegungsanforderungen für die fortgeschritteneren Methoden aus Säule I einhalten. Dies gilt insbesondere für das IRB-Regelwerk bei den Kreditrisiken und die fortgeschrittenen Ansätze (Advanced Measurement Approaches) zur Messung operationeller Risiken. Die Aufsichtsinstanzen müssen sicherstellen, dass diese Anforderungen nicht nur bei der Zulassung, sondern auch fortlaufend erfüllt werden.[3]

3. Vier Grundsätze des Überprüfungsverfahrens

Das aufsichtliche Überprüfungsverfahren definiert vier allgemein formulierte zentrale Grundsätze. Diese stellen keine exakten Handlungsanweisungen an die nationalen Aufsichtsbehörden dar, sondern stellen Prinzipien für zukünftiges Handeln dar. Damit soll den unterschiedlichen Traditionen und Rechtssystemen der einzelnen Länder entsprochen werden. Die genaue Ausgestaltung der zukünftigen Überwachung obliegt jedoch den jeweiligen nationalen Aufsichtsinstanzen. Sie sind als Ergänzung zu den Grundsätzen einer wirksamen Bankenaufsicht und der prinzipiellen Methodologie angelegt, die der Baseler Ausschuss in den Jahren 1997 und 1999 erlassen hat.[4]

Die Überprüfung der Einhaltung dieser Grundsätze durch die Bankenaufsicht soll durch Vor-Ort-Prüfungen, externe Überprüfungen anhand eingereichter Unterlagen und durch Gespräche mit dem Management des entsprechenden Instituts erfolgen.

---

[3] Vgl. Basel II, § 724.
[4] Vgl. Baseler Ausschuss für Bankenaufsicht, „Grundsätze für eine wirksame Bankenaufsicht", September 1997 und „Core Principles Methodology", Oktober 1999.

3.1 Verfahren zur Beurteilung einer angemessenen Eigenkapitalausstattung

Im ersten zentralen Grundsatz wird verlangt, dass die Banken über ein Verfahren zur Beurteilung ihrer angemessenen Eigenkapitalausstattung im Verhältnis zu ihrem Risikoprofil sowie über eine Strategie für den Erhalt ihres Eigenkapitals verfügen müssen. Die Anforderungen der ersten Säule sind nur Mindestanforderungen. Die Banken sollen darüber hinaus verfeinerte Techniken entwickeln, um Kapital und Risiko in Beziehung zu setzen. Weiterhin verlangt die erste Säule nur, dass die Mindestkapitalanforderungen zum Stichtag erfüllt sind. Ein direkter Zukunftsbezug ist daher nicht gegeben. In der zweiten Säule wird ergänzend gefordert, geeignete Maßnahmen einzurichten, um das Kapitalniveau auch in Zukunft aufrechterhalten zu können.

Detailliert wird von den Instituten verlangt, dass ihre gewählten internen Kapitalziele begründet sind und vor allem mit dem **Gesamtrisikoprofil** der Bank und der aktuellen Geschäftssituation im Einklang stehen. Es ist somit nicht ausreichend, einfach nur Kapitalziele vorzugeben, diese müssen in vernünftigem Zusammenhang mit der Gesamtsituation der Bank stehen, und es muss dargelegt werden, dass diese Kapitalziele der tatsächlichen Geschäftssituation entsprechen.

Besonderes Augenmerk bei den Planungen soll dabei auch auf die jeweils aktuelle Konjunktursituation gerichtet werden. Die Verantwortung zur Umsetzung der Vorgaben obliegt dabei ausdrücklich dem Vorstand.[5] Auch soll die Angemessenheit der Kapitalunterlegung durch strenge, zukunftsorientierte Stress-Tests verifiziert werden, die mögliche negative Ereignisse oder Veränderungen des Marktumfeldes mit entsprechenden Auswirkungen auf die Bank simulieren.[6]

Für diese Verfahren werden fünf Elemente definiert, die zur Erreichung einer angemessenen Kapitalausstattung beitragen sollen:
- Überwachung durch Geschäftsleitung und oberstes Verwaltungsorgan
- Solide Beurteilung des Eigenkapitals
- Umfassende Einschätzung der Risiken
- Überwachung und Berichtswesen
- Überprüfung des internen Kontrollsystems

Überwachung durch Geschäftsleitung und oberstes Verwaltungsorgan

Aufsichtsrat und Vorstand bekommen durch Basel II umfangreiche Pflichten auferlegt. Die Überwachung durch Aufsichtsrat und Vorstand wird als wesentliche Grundlage zur effektiven Implementierung eines angemessenen Risikomanagementverfahrens angesehen. Dieses ist die Grundlage für eine effektive Beurteilung der Angemessenheit des Umgangs mit Risiken. Mit Hilfe eines solchen Systems soll der

---

[5] Der Baseler Ausschuss spricht von der Geschäftsleitung (Board of Directors) und dem obersten Verwaltungsorgan (Senior Management). In vielen Ländern werden beide Funktionen von einem Gremium wahrgenommen (z. B. Board of Directors in den USA), in Deutschland entspricht das oberste Verwaltungsorgan (Board of Directors) dem Vorstand und das Senior Management dem Aufsichtsrat. Vgl. Basel II, Fußnote zu § 728.
[6] Vgl. Basel II, §§ 726-731.

Vorstand in die Lage versetzt werden, alle relevanten **Risiken identifizieren** zu können und falls erforderlich, zeitnah **Gegenmaßnahmen** einleiten zu können.

Das Institut muss in der Lage sein, Art und Niveau der von ihr eingegangenen Risiken sowie deren Einfluss auf die angemessene Eigenkapitalausstattung einschätzen und bewerten zu können. Dazu ist es weiterhin notwendig, dass Form und Entwicklungsgrad des Risikomanagementverfahrens bezüglich des Risikoprofils und des Geschäftsplans der Bank angemessen sind. Eine Bank mit größerer Geschäftstätigkeit muss danach auch über ein effizienteres System verfügen als eine Bank mit überschaubaren Geschäften. Auch wird es davon abhängen, ob eine Bank viele Risiken eingeht oder nicht, denn nur wer viele Risiken hat muss sich auch gegen viele absichern. Die Verantwortung, dass diese Bedingungen erfüllt sind, trägt ebenfalls der Vorstand.

Die Analyse der Risiken allein ist aber nicht ausreichend. Es obliegt dem Vorstand, weiterhin eine umfassende Analyse des gegenwärtigen und zukünftigen Kapitalbedarfs im Kontext der strategischen Planungen zu erstellen. Dabei soll der Kapitalbedarf der Bank, der voraussichtliche Kapitalverbrauch, das angestrebte Kapitalniveau und die externen Kapitalquellen deutlich aufgezeigt werden. Diese Pläne sollten vom Vorstand nicht nur als regulatorische Pflichterfüllung angesehen werden, sondern als entscheidendes Element zur Erreichung der angestrebten Geschäftsziele. Die Banken sollten also an der Planerstellung und Überwachung ein starkes Eigeninteresse haben. Die Bank hat die Durchführung der Analysen und die Übereinstimmung mit den Planungen der Aufsicht darzulegen.

Weiterhin liegt es in der Verantwortung des Aufsichtsorgans, die **Risikotoleranz** der Bank festzulegen, also zu entscheiden welche und wie viele Risiken die Bank eingeht. Dazu ist es u. a. notwendig, dass ein genaues Regelwerk für die Beurteilung der verschiedenen Risiken, ein System mit dem die Gesamtrisikosituation zur Kapitalausstattung der Bank in Relation gesetzt werden kann und eine Methode zur Überwachung der Einhaltung der internen Vorschriften eingeführt wird. Ebenso ist von Bedeutung, dass der Aufsichtsrat strikte interne Kontrollen und schriftliche Vorschriften und Verfahrensweisen einführt und unterstützt. Es muss sichergestellt werden, dass der Vorstand die Regeln in der gesamten Bankorganisation wirksam vermittelt.

Solide Beurteilung des Eigenkapitals

In der ersten Säule werden zwar sehr ausführlich die Mindesteigenkapitalvorschriften behandelt, die aber nur als Untergrenze verstanden werden sollen. Die Banken sollen darüber hinaus auch weitere Risiken betrachten, für die bislang noch keine detaillierten Regeln gemäß der ersten Säule erlassen wurden. Außerdem wird von den Banken zusätzlich eine umfassende Beurteilung des Eigenkapitals und der Risiken verlangt.

Zu diesem Zweck muss die Bank organisatorische Rahmenbedingungen schaffen. Hierzu zählt ein Verfahren, das sicherstellt, dass die Bank **alle materiellen Risiken** identifiziert, misst und berichtet. Es muss weiterhin ein Verfahren existieren, das das Kapital in Relation zur Höhe der bewusst eingegangenen Risiken setzt, sowie ein

Verfahren, das Ziele für eine angemessene Eigenkapitalausstattung mit Blick auf Risiken festlegt. Dabei sind die strategische Ausrichtung und der Geschäftsplan der Bank zu berücksichtigen. Ferner wird ein System interner Kontrollen, Überprüfungen und Revisionen gefordert, welches die Integrität des gesamten Managementverfahrens sicherstellt. Die Einführung dieser Verfahren und ihre Anwendung sind gegenüber der Aufsicht zu belegen.

Umfassende Beurteilung der Risiken

Die zweite Säule enthält ebenfalls Vorschriften über die Behandlung von weiteren Risiken. Für die Behandlung bestimmter Risiken existieren nach Ansicht des Baseler Ausschusses bislang noch keine exakten Messmethoden. Daher können für diese noch keine detaillierten quantitativen Eigenkapitalanforderungen angegeben werden. Um aber die Beachtung der Risiken zu gewährleisten, sind die Banken verpflichtet eigene Kontrollsysteme zu entwickeln und die angemessene Behandlung der Risiken nachzuweisen.

Die im Rahmen der zweiten Säule behandelten Risiken sind: das Kreditrisiko, die operationellen Risiken, das Marktrisiko, das Zinsänderungsrisiko im Anlagebuch und das Liquiditätsrisiko.

Die Banken sollen in der Lage sein, die **Kreditrisiken** einzuschätzen, sowohl auf Ebene des einzelnen Kredits als auch auf Portfolioebene. Dabei sollen vor allem Schwächen auf Portfolioebene identifiziert werden, einschließlich aller Risikokonzentrationen. Im Konjunkturzyklus treten bei Rezessionen verstärkt Ausfälle auf, was seitens der Bank besondere Beachtung finden muss. Auch können starke Konzentrationen in einer Branche (aktuell etwa die Baubranche) oder einer Region Probleme bereiten. Dabei müssen auch die Effekte berücksichtigt werden, die sich aus dem Einsatz von Verbriefungen und Kreditderivaten und anderen Methoden zur Kreditrisikosteuerung ergeben.

Ebenfalls von Wichtigkeit ist bei der Beurteilung des Kontrahentenrisikos, ob die Aufsicht des Kontrahenten nach öffentlicher Beurteilung als effektiv gilt. Damit verringert sich das Risiko für die Bank, da von dem Kontrahenten wegen der strengen Beaufsichtigung ein niedrigeres Risiko ausgeht. Als wichtiges Instrument zur Kreditrisikosteuerung gelten dabei interne Ratings. Sie sind geeignet zur Identifikation und Messung von Risiken aus allen Kreditrisikopositionen. Deshalb sollten sie in die Gesamtanalyse des Kreditrisikos und der angemessenen Kapitalausstattung eines Instituts eingebunden sein. Ratings dienen also nicht nur der Ermittlung der Eigenkapitalunterlegung, sondern sollen auch eine aktive Rolle bei der Gesamtbanksteuerung spielen.[7]

Von operationellen Risiken geht ebenfalls ein besonderes Risiko aus. Eine ungenaue Steuerung des **operationellen Risikos** kann zu einer falschen Darstellung des Risiko-Ertrag-Profils und damit zu bedeutenden Verlusten für eine Bank führen. Es wird daher erwartet, dass die Banken ähnlich strenge Kriterien für die Steuerung der operationellen Risiken wie für die Kreditrisiken entwickeln. Zu diesem Zweck müs-

---

[7] Vgl. Basel II, §§ 733 ff.

sen die Banken ein Regelwerk zur Steuerung operationeller Risiken entwickeln und den diesem Regelwerk entsprechenden Kapitalbedarf ermitteln. Das Regelwerk soll den Umfang und die Verfahren erläutern, die die Bank zur Identifizierung, Steuerung und Überwachung sowie zur Steuerung/Minderung einsetzt. Das gleiche gilt für die eingesetzten Techniken zur Risikominderung bzw. -verlagerung.

Das Risiko einer ungünstigen Entwicklung der Finanzmärkte, das so genannte **Marktrisiko** muss ebenfalls Beachtung finden. Diese Beurteilung erfolgt bei internen Schätzungen auf Basis eines Value-at-Risk-Ansatzes. Die verwendete Methode ist in regelmäßigen Abständen einem Stress-Test zu unterziehen, der die Angemessenheit des durch die Messung ermittelten Kapitalbetrags bei ungünstigen Entwicklungen überprüft. Die Testergebnisse sind der nationalen Aufsicht zu präsentieren.

Das **Zinsänderungsrisiko im Anlagebuch** wird unter Basel II erstmal ausdrücklich geregelt. Für die Positionen des Handelsbuches ist eine Kapitalunterlegung für Zinsänderungsrisiken schon länger üblich. Dieses Prinzip soll nun auf das Anlagebuch übertragen werden. Vorerst werden aber keine exakten Vorgaben zum Verfahren gemacht; die Bank selbst muss ein System entwickeln mit dem das Risiko zu bemessen ist. Dabei muss das System alle wesentlichen Zinspositionen der Bank umfassen und alle relevanten Preisänderungen und Restlaufzeiten berücksichtigen.[8]

Besonders wichtig für das Vertrauen in die Banken ist die jederzeitige Liquidität. Zu diesem Zweck muss jede Bank angemessene Systeme zur Messung, Überwachung und Kontrolle der Liquidität einsetzen. Dabei muss jede Bank unter Berücksichtigung des eigenen Liquiditätsprofils und der Liquidität des Marktes, in dem sie operiert, die Angemessenheit des Kapitals beachten.

Weiterhin benennt der Ausschuss weitere Risiken, die nicht einfach zu messen sind. Als Beispiele werden das Reputationsrisiko und das strategische Risiko genannt. Das Problem der Quantifizierung wird zwar vom Baseler Ausschuss anerkannt, es wird aber die Verpflichtung auferlegt, in Zukunft Systeme und Methoden zum Management dieser Risiken zu entwickeln.

Überwachung und Berichtswesen

Die Erfassung der unterschiedlichen Risiken soll nicht unabhängig voneinander geschehen. Alle Risiken sollen institutsweit, umfassend und einheitlich beurteilt werden. Daher ist verpflichtend ein System zu entwickeln, das dies leisten kann und in der Lage ist zu evaluieren, wie das sich verändernde **Risikoprofil** der Bank den **Kapitalbedarf** beeinflusst. Die Verantwortung hierfür liegt bei der Geschäftsleitung bzw. dem obersten Verwaltungsorgan, die aus diesem Grunde regelmäßig Berichte über Risikoprofil und den Kapitalbedarf erhalten müssen. Dadurch sollen sie in die Lage versetzt werden:
– das Niveau und die künftige Entwicklung der wesentlichen Risiken und deren Auswirkung auf die Kapitalausstattung abzuschätzen,
– die Sensitivität und Schlüssigkeit der im Kapitalbeurteilungssystem verwendeten zentralen Annahmen zu beurteilen,

---

[8] Vgl. Basel II, §§ 739 ff und Abschnitt Zinsänderungsrisiko im Anlagebuch sowie Kapitel E. I. „Unterlegung der Zinsänderungsrisiken".

- festzustellen, dass die Bank ausreichend Kapital für die verschiedenen Risiken vorhält, und sich in Übereinstimmung mit den festgelegten Zielen für die Kapitalausstattung befindet, und
- die zukünftigen Kapitalanforderungen auf Basis des berichteten Risikoprofils der Bank abzuschätzen und dementsprechend die notwendigen Anpassungen am strategischen Plan der Bank vorzunehmen.

Überprüfung der internen Kontrollen

Die interne Kontrollstruktur der Bank ist wesentliches Element im Kapitalbeurteilungsverfahren. Dieses umfasst eine unabhängige Überprüfung und, falls notwendig, auch eine externe Revision. Der Vorstand trägt die Verantwortung für die Etablierung eines Systems, das die diversen Risiken erfasst, diese mit dem Kapitalniveau in Verbindung setzt und die Einhaltung der vorgegebenen Richtlinien überwacht. Auch muss die Effektivität des Überwachungssystems dahingehend kontrolliert werden, ob es eine geordnete und vorsichtige Durchführung der Geschäfte ermöglicht.

Die Bank soll **regelmäßige Überprüfungen** ihres Risikomanagements vornehmen, um dessen Integrität, Präzision und Schlüssigkeit sicherzustellen. Gebiete, die überprüft werden müssen, sind u. a.:[9]
- Angemessenheit des Kapitalbeurteilungsprozesses der Bank in Bezug auf die Art, Schwerpunkt und Komplexität ihrer Geschäfte
- Identifikation von Großkrediten und Kreditkonzentrationen
- Genauigkeit und Vollständigkeit der verwendeten Daten, die den Beurteilungsprozess der Bank bestimmen
- Schlüssigkeit und Nachvollziehbarkeit der Szenarien, die im Beurteilungsprozess benutzt werden
- Stress-Tests und Analyse der Annahmen und Ausgangsdaten.

3.2 Überprüfung der internen Beurteilungen und Strategien

Der zweite Grundsatz lautet: „Die Aufsichtsinstanzen sollten die bankinternen Beurteilungen und Strategien zur angemessenen Eigenkapitalausstattung überprüfen und bewerten; gleiches gilt für die Fähigkeit der Banken, ihre aufsichtsrechtlichen Eigenkapitalanforderungen zu überwachen und deren Einhaltung sicherzustellen. Die Aufsichtsinstanzen sollten angemessene aufsichtsrechtliche Maßnahmen ergreifen, wenn sie mit dem Ergebnis dieses Verfahrens nicht zufrieden sind."

Es werden Vorgaben gemacht, wie die Aufsicht in Zukunft die Einhaltung der Vorgaben überwachen soll. Grundsätzlich sollen die nationalen Aufsichtsinstanzen regelmäßig die Prozesse begutachten, mit denen die Bank ihre Kapitalausstattung, ihr Risikoprofil, ihr daraus resultierendes Kapitalniveau sowie die Qualität des gehaltenen Kapitals ermittelt. Es muss weiterhin begutachtet werden, inwieweit die Bank über ein funktionierendes internes Kapitalbemessungssystem verfügt. Das Hauptaugenmerk soll dabei auf der Qualität des Risikomanagements und des Risikocontrollings liegen. Dabei soll die Aufsicht aber nicht die Rolle einer Geschäfts-

---

[9] Vgl. Basel II, §§ 744 f.

führung einnehmen. Die Wahl der Mittel ist der Aufsicht freigestellt, sie sollen aber möglichst vielfältig sein. Als eine Möglichkeit wird dabei eine Kombination folgender Instrumente empfohlen:[10]
- Vor-Ort-Prüfungen
- Überprüfung anhand eingereichter Unterlagen
- Gespräche mit dem Bankmanagement
- Überprüfung der Arbeit externer Prüfer (sofern es sich auf Eigenkapitalaspekte bezieht)
- Regelmäßige Berichterstattung.

In Anbetracht der Tatsache, dass Fehler in der Methodik oder den Modellannahmen bei einer umfassenden Analyse durch die Bank erheblichen Einfluss auf die Kapitalanforderungen haben können, muss die Analyse jeder Bank von der nationalen Aufsicht umfassend überprüft werden.

Angemessenheit der Risikoeinschätzung

Die nationalen Aufsichtsinstanzen sollen ermitteln, in welchem Maß die internen Ziele und Prozesse die wichtigsten Risiken der Bank abdecken. Es muss gleichermaßen überprüft werden, ob die Maßnahmen zur Risikofeststellung, die zur internen Ermittlung der Kapitalanforderungen dienen, angemessen sind, und inwieweit diese Maßnahmen auch benutzt werden, um im operativen Geschäft Limite zu setzen, Leistungen einzelner Geschäftsfelder zu beurteilen sowie grundsätzlich um Risiken ermitteln und kontrollieren zu können. Die Risikoermittlung ist kein Selbstzweck, sie soll ein zentrales Steuerungsinstrument der Bank sein. Daher sollen ihre Ergebnisse auch im gesamten Unternehmen benutzt werden. Besonderes Augenmerk soll hierbei gelegt werden auf **Sensitivitätsanalysen** und **Stress-Tests**, die seitens der Bank durchgeführt wurden, und inwieweit deren Ergebnisse die Kapitalplanung beeinflussen. Diese Verfahren sollen dazu dienen, Schwächen des gegenwärtigen Risikoprofils aufzuzeigen, die wiederum als Basis für Verbesserungen des Verfahrens dienen sollen.[11]

Angemessenheit der Kapitalausstattung

Die nationalen Aufsichtsinstanzen sollen die bankinternen Prozesse überprüfen, um zu ermitteln ob:
- die gewählten Eigenkapitalziele umfassend und in der gegenwärtigen betrieblichen Situation relevant sind,
- diese Ziele von der Geschäftsleitung richtig überwacht und überprüft werden, und ob
- die Zusammensetzung des Kapitals für Art und Umfang der Geschäfte der Bank angemessen ist.

Der Bankaufsicht obliegt es weiterhin zu beurteilen, inwieweit die Bank mit ihrem selbst definierten Kapitalniveau Vorsorge für unerwartete Ereignisse getroffen hat.

---

[10] Vgl. Basel II, § 746.
[11] Vgl. Basel II, §§ 748 ff.

Hierbei soll eine Vielzahl von Fällen simuliert werden. Es wird erwartet, dass die Systeme der Banken mit zunehmend komplexeren Aktivitäten der Bank auch einen höheren Entwicklungsstand aufweisen, da davon auszugehen ist, dass nur gut entwickelte Systeme den komplexen Realitäten einer weltweit aktiven und in vielen Geschäftsbereichen tätigen Bank gerecht werden.

Beurteilung der Kontrolleinrichtungen

Nicht nur Risikosysteme und Kapitalunterlegung sind Gegenstand der aufsichtlichen Kontrolle, sondern alle Kontrolleinrichtungen der Bank. Hierzu soll die Qualität des Management-Informationssystems, die Deckung von Risiken und Geschäftsaktivitäten sowie die Fähigkeit des Managements, unerwartet aufgetretene Risiken in der Vergangenheit zu beherrschen, untersucht werden. Auf jeden Fall sollte das Kapitalniveau dem Risikoprofil der Bank sowie dem Entwicklungsstand der Risikoüberwachungssysteme und internen Kontrollen entsprechen. Äußere Faktoren, wie Konjunkturzyklus und makroökonomische Bedingungen, sollen ebenfalls Berücksichtigung finden. Es soll also ermittelt werden, inwieweit die Systeme der Bank geeignet erscheinen, auf zukünftige ungünstige Entwicklungen zu reagieren.[12]

Überprüfung der Einhaltung der Mindestanforderungen

Die aufsichtliche Anerkennung bestimmter interner Methoden, Kreditrisikominderungstechniken und Verbriefungen ist an eine Reihe von Voraussetzungen geknüpft. Diese beziehen sich vor allem auf die Bereiche Risikomanagement und Offenlegungspflichten. Vor allem müssen die Banken die Grundsätze ihrer internen Messmethoden offen legen, die bei der Berechnung der aufsichtlichen Kapitalanforderungen zur Anwendung kommen. Die Aufsicht hat sicherzustellen, dass diese Vorschriften dauerhaft erfüllt werden. Die Erfüllung der Mindestanforderungen und Kriterien wird vom Baseler Ausschuss als der integrale Bestandteil des aufsichtlichen Überprüfungsverfahrens des zweiten Grundsatzes angesehen.

Die Festsetzung der Mindestanforderungen erfolgte anhand gängiger Bankpraxis und es ist davon auszugehen, dass diese Mindeststandards die Managementerwartungen an ein effektives Risikomanagement und Kapitalallokation widerspiegeln. Die aufsichtliche Überprüfung spielt jedoch nicht nur in den IRB-Ansätzen eine wichtige Rolle, sondern auch im Standardansatz. Hierbei ist vor allem die aufsichtliche Anerkennung von Sicherheiten von Bedeutung. Die Rolle der Aufsichtsbehörde beschränkt sich hier nicht auf die bloße Genehmigung, es ist vielmehr auch darauf zu achten, dass die Instrumente, die innerhalb des Standardansatzes zur Anwendung kommen, vom Management als Teil eines profunden, bewährten und ausreichend dokumentierten Risikomanagementprozesses angesehen werden.[13]

---

[12] Vgl. Basel II, §§ 751 f.
[13] Vgl. Basel II, §§ 753 ff.

Aufsichtliche Maßnahmen

Ist die Aufsicht nach Durchführung der Überprüfung mit den Resultaten des bankeigenen Risikoerfassungssystems und der Kapitalunterlegung nicht zufrieden, so soll sie darauf angemessen reagieren und aus einer großen Anzahl von möglichen Maßnahmen die passende auswählen.

3.3 Erwartung einer höheren Eigenkapitalausstattung als vorgeschrieben

Die Eigenkapitalanforderungen gemäß Säule I enthalten einen Kapitalpuffer, um Risiken abzudecken, die die Bankwirtschaft im Allgemeinen betreffen. Bankspezifische Unsicherheiten werden durch die Vorschriften der Säule II berücksichtigt. Die Kapitalpuffer unter Säule I sind so konstruiert, dass eine Bank mit gut ausgestalteten internen Risikomanagementsystemen und Kontrollen sowie mit einem sinnvoll diversifiziertem Risiko- und Geschäftsprofil, das ein durch die Säule I anvisiertes Maß an Sicherheit aufweist, wenn sie die Kapitalanforderungen der Säule I erfüllt.[14]

Ergänzend sollen die nationalen Aufsichtsinstanzen betrachten, ob die Anforderungen ausreichend sind, der spezifischen Situation des Marktes gerecht zu werden. Die nationalen Aufsichtsinstanzen sollen den Banken vorschreiben (oder sie zumindest ermutigen), mit einem höheren **Puffer** als dem aus der ersten Säule zu arbeiten. Für das Vorhalten eines Puffers gibt es gute Gründe:

– Die Anforderungen der ersten Säule zielen darauf ab, den Banken ein Mindestmaß an Kreditwürdigkeit am Markt zu verschaffen. Viele international tätige Banken sind jedoch bestrebt, ein möglichst gutes Rating von den internationalen Agenturen zu erhalten. Deshalb wollen Banken mehr Eigenkapital vorhalten als vorgeschrieben, um zu einer höheren Einstufung zu gelangen.
– Im normalen Geschäftsverlauf werden sich Art und Umfang der Geschäfte ändern, genauso wie die Risiken, denen die Banken ausgesetzt sind, woraus Fluktuationen der Kapitalquote resultieren.
– Es kann sich als sehr kostspielig erweisen, Kapital kurzfristig aufnehmen zu müssen, v. a., wenn dies schnell und unter ungünstigen Marktbedingungen erfolgen muss.
– Das Unterschreiten der Mindestkapitalhöhe ist ein kritisches Ereignis für die betroffene Bank. Banken begehen damit ggf. einen Gesetzesverstoß, und lösen dann evtl. zwingende Handlungen seitens der Aufsicht aus, die ernste Folgen für den Geschäftsverlauf haben können.
– Die Vorhaltung eines Kapitalpuffers ist ratsam, um sich gegen weitere nicht antizipierte Risiken zu schützen, die weder in der ersten noch in der zweiten Säule explizit behandelt wurden.

Es sind verschiedene Anreize denkbar, um die Banken dazu zu bewegen über ausreichend Eigenkapital zu verfügen. Möglichkeiten dazu sind das Festlegen von Zielquoten (Triggers) für die Banken, oder die Vorgabe von Kategorien (wie z. B. gut kapitalisiert oder ausreichend kapitalisiert). In Deutschland wurde beispielsweise ein

---

[14] Vgl. Basel II, §§ 757 f.

Anreiz dadurch geschaffen, dass die Meldung der Eigenmittelquote nur monatlich (statt täglich) erfolgen muss, wenn die Eigenmittelquote mindestens 8,4 % beträgt.[15]

3.4 Prinzip des frühzeitigen Eingreifens

Der vierte Grundsatz verlangt von den Aufsichtsbehörden, dass sie bereits eingreifen, wenn erste Anzeichen für ein Absinken der Kapitalquote erkennbar sind.

Die Aufsichtsbehörden sollen eine **Vielzahl von Möglichkeiten** in Betracht ziehen, sollte eine Bank Anzeichen aufweisen, die auf Probleme bei der Einhaltung der Kapitalvorschriften hinweisen. Mögliche Aktionen in diesem Zusammenhang sind:

- Intensivere Überwachung der Bank
- Beschränkung oder Untersagung von Dividendenzahlungen
- Verpflichtung zur Aufstellung und Umsetzung eines Sanierungsplans
- Verpflichtung zur schnellen Neuaufnahme von Kapital.

Die Aufsicht sollte frei sein zu entscheiden, welche Maßnahme sie für angemessen hält. Die ständige Neuaufnahme von Kapital ist keine dauerhafte Lösung bei Problemen. Ein Teil der genannten Maßnahmen (wie verbesserte Kontrollen und Systeme) wird seine Wirkung erst mit zeitlicher Verzögerung zeigen können. Deshalb kann eine verbesserte Kapitalbasis als Übergangslösung angesehen werden, bis dauerhafte Lösungen ihre Wirkung entfalten. Sollte dies geschehen sein, kann die höhere Kapitalunterlegung aufgehoben werden. Grundsätzlich ist allerdings das Ziel des Abkommens, das Risikomanagement entscheidend zu verbessern, und nicht erhöhte Risikopotenziale mit einer höheren Eigenkapitalausstattung auszugleichen.[16]

Mit den vorgeschlagenen Maßnahmen hat die jeweilige Aufsicht eine ganze Brandbreite von Handlungsalternativen, die sie nach entsprechender Prüfung und Abwägung anordnen kann. Bisher sind diese Maßnahmen sehr pauschal formuliert und geben den nationalen Aufsichtsbehörden damit einen großen Spielraum zur Interpretation und Auslegung.

4. Besondere Sachverhalte

Der Ausschuss hat in Säule II neben den vier Grundsätzen des Überprüfungsverfahrens besondere Sachverhalte herausgestellt, auf die das Hauptaugenmerk innerhalb des Verfahrens gelegt werden soll. „Diese Sachverhalte beinhalten einige wesentliche Risiken, die unter Säule I nicht direkt behandelt werden, sowie wichtige Bewertungen, die die Aufsichtsinstanzen treffen sollten, um eine angemessene Funktionsfähigkeit bestimmter Aspekte der Säule I sicher zu stellen."[17]

---

[15] Vgl. BaKred, Erläuterung zu § 2 des Grundsatz I, Oktober 1997.
[16] Vgl. Basel II, §§ 759 f.
[17] Vgl. Basel II, §§ 761 ff.

4.1 Zinsänderungsrisiko im Anlagebuch

Da der Ausschuss das Zinsänderungsrisiko im Anlagebuch als potenziell bedeutendes Risiko ansieht, soll dieses auch mit Kapital unterlegt werden. Insbesondere steht eine Überprüfung und Bewertung der Anwendung von standardisierten Zinsschockszenarien im Blickpunkt. Im Detail regelt der Ausschuss dies in dem Ergänzungsdokument „Principles for the Management and Supervision of Interest Rate Risk".[18]

Als problematisch bei der Behandlung erweist sich aber seine **Heterogenität** im Umgang mit diesem Risiko. Nachdem beträchtliche Unterschiede hinsichtlich der Art des zugrunde liegenden Risikos und der Verfahren zu seiner Überwachung und Steuerung festgestellt wurden, hat der Ausschuss deren Behandlung der Säule II zugeordnet. Damit fallen Zinsänderungsrisiken nicht direkt in die Mindestkapitalanforderungen. Die nationale Aufsichtsinstanzen sind jedoch aufgefordert, eine verbindliche Eigenkapitalanforderung einführen, wenn sie eine hinreichende Homogenität bei der Messung und Steuerung dieses Risikos bei den von ihnen beaufsichtigten Banken erkennen.

Vorerst werden die **internen Steuerungssysteme** der Banken als Hauptinstrument zur Messung des Zinsänderungsrisikos im Anlagebuch anerkannt und sind Hauptanknüpfungspunkt für aufsichtliche Eingriffe. Voraussetzung hierfür ist allerdings die Offenlegung der Ergebnisse aus den internen Messsystemen der jeweiligen Institute. Falls die Aufsichtsinstanzen feststellen, dass eine Bank nicht das ihrem Zinsänderungsrisiko angemessenes Kapital vorhält, müssen sie vom diesem Institut fordern, das Risiko zu verringern und/oder einen bestimmten zusätzlichen Betrag an Eigenkapital aufzubringen.

Die Aufsichtsinstanzen sollten besonders bei so genannten „Ausreißer-Banken" auf ausreichendes Eigenkapital achten. Dies sind Banken, bei denen sich der Barwert als Relation auf den **standardisierten Zinsschock** (200 Basispunkte) oder dessen Äquivalent um mehr als 20 % des Eigenkapitals (Summe aus Kernkapital und Ergänzungskapital) verringert.

4.2 Kreditrisiko

4.2.1 Stress-Test nach den IRB-Ansätzen

Banken, die in der Säule I den IRB-Ansatz gewählt haben, müssen neben den Kapitalanforderungen der Säule I auch die Anforderungen eines Kreditrisiko-Stress-Tests erfüllen, mit denen sie die Adäquanz ihrer Eigenkapitalausstattung beurteilen.[19]

Aufgabe der Aufsichtsinstanzen ist dabei die Überprüfung, wie die Stress-Tests durchgeführt werden und ob eine Bank oberhalb der aufsichtlichen Mindestkapitalquoten operiert. Im Falle eines Fehlbetrages sollen die Aufsichtsbehörden angemessen reagieren, was entweder eine Aufforderung zur Risikoreduzierung und/oder zur Eigenkapitalerhöhung bedeutet.[20]

---

[18] Vgl. Baseler Ausschuss für Bankenaufsicht, „Principles for the Management and Supervision of Interest Rate Risk", Juli 2004 und Kapitel E. I. „Unterlegung der Zinsänderungsrisiken".
[19] Vgl. Basel II, §§ 434 ff.
[20] Vgl. Basel II, § 765.

Besonderes Augenmerk auf die Erfüllung der Stress-Test-Anforderungen müssen insbesondere auch die Institute legen, die wie Sparkassen und genossenschaftlich organisierte Banken ein Ratingmodell verwenden, das durch einen **Verband** entwickelt wurde. Diese Institute müssen in der Lage sein, individuelle Stress-Test-Ergebnisse zu ermitteln. Dieser Nachweis muss von jedem einzelnen Institut erbracht werden.

4.2.2 Restrisiken

Basel II erlaubt es den Banken, Verfahren zur Minderung ihrer Kreditrisiken (*Credit Risk Mitigation, CRM*) in Form von Hereinnahme von Sicherheiten, Garanten und Kreditderivaten einzusetzen. Aus dem Einsatz solcher **CRM-Verfahren** resultieren aber auch wieder neue Risiken, wie Rechts-, Dokumentations- oder Liquiditätsrisiken, wenn z. B. verpfändete Sicherheiten bei Ausfall des Kontrahenten entweder nicht zeitnah oder nicht im erforderlichen Umfang veräußert werden können, wenn ein Garant nicht oder verspätet zahlt oder wenn Vertragsunterlagen nicht testiert und rechtlich unwirksam werden. Daher wird auch hier von den Instituten eine Überwachung dieser Restrisiken gefordert.

Die Institute müssen dazu ihre CRM-Strategie und -Verfahren adäquat ausgestalten und dokumentieren sowie regelmäßig hinsichtlich Angemessenheit, Wirksamkeit und Einhaltung überprüfen. Ferner ist ein Nachweis erforderlich, dass die eingesetzten CRM-Verfahren das Ausmaß der in Anspruch genommenen Kapitalerleichterung auch rechtfertigen. Auch hier gilt es, die Aufsichtsinstanzen bezüglich der Robustheit, Eignung und Einhaltung der CRM-Techniken zufrieden zu stellen. Sollte dies nicht der Fall sein, wird die Aufsicht Maßnahmen zur Verbesserung der Techniken einfordern oder bestimmte Verfahren zur Kreditrisikominderung nicht oder nicht im vollen Umfang anerkennen und damit indirekt die Kapitalanforderungen heraufsetzen.[21]

4.2.3 Kreditrisikokonzentration

Risikokonzentrationen (Klumpenrisiken) können nach Auffassung des Baseler Ausschusses durch Aktiv-, Passiv- oder außerbilanzielle Geschäfte, durch die Ausführung oder Abwicklung von Transaktionen (im Zins- oder Provisionsgeschäft) oder durch die Kombination von Risiken über die gesamte Bandbreite der Geschäfte entstehen.[22]

Das Kreditgeschäft ist für die meisten Banken das Kerngeschäft. Insofern sind **Kreditrisikokonzentrationen** oftmals die wichtigsten Konzentrationsrisiken in einer Bank. Je kleiner die Märkte, der Branchenmix oder die Produktportfolien sind, in denen ein Institut agiert, desto größer ist das Risiko von Kreditkonzentrationen.

Konzentrationen können dabei sein:
- Bedeutende Engagements bei einem Kunden oder einer Kreditnehmereinheit[23]

---

[21] Vgl. Basel II, §§ 767 ff.
[22] Vgl. Basel II, §§ 771 ff.
[23] In Deutschland bestehen durch die Groß- und Millionenkreditverordnung (GroMiKV) detaillierte Regelungen zum Umgang mit bedeutenden Engagements.

- Kredite an Kunden aus derselben Branche oder Region
- Kredite an Kunden, deren Finanzkraft von gleichen Faktoren abhängt (z. B. dieselbe Leistung oder Ware)
- Indirekte Kreditrisiken, die aus der Besicherung von Forderungen stammen (z. B. das Risiko aus der Hereinnahme nur einer Art von Sicherheiten oder nur eines Garanten).

Die Ausführungen zur Kreditrisikokonzentrationen in Säule II ergänzen auch hier die Kapitalanforderungen für Kreditrisiken der Säule I, da solche Konzentrationen dort nicht behandelt werden.

Gemäß Basel II müssen Banken wirksame interne Strategien, Systeme und Kontrollen zur Identifizierung, Messung, Überwachung und Steuerung von Kreditrisikokonzentrationen nachweisen. Dazu ist ein Regelwerk erforderlich, das das Risikobewusstsein und den Umgang mit den wesentlichen Kreditrisikokonzentrationen sowie deren Berechnung und Limitierung dokumentiert. Dabei muss gewährleistet sein, dass die Limitierung in Relation zur Kapitalausstattung, den Vermögenswerten oder, bei Anwendung adäquater Messmethoden, zu den Gesamtrisiken gesetzt wird. Zu den Aufgaben der Geschäftsleitung zählen die Überprüfung der Risiken mittels regelmäßiger Stress-Tests sowie die Validierung der Ergebnisse zur frühzeitigen Erkennung von potenziellen negativen Veränderungen im Marktumfeld. Darüber hinaus sind die Institute aufgefordert, hinsichtlich der Kreditrisikokonzentrationen die „Principles for the Management of Credit Risk" einzuhalten.[24]

Aufgabe der Aufsichtsinstanzen bei ihren Untersuchungen ist die Beurteilung von Ausmaß, Umfang und Steuerung der Kreditrisikokonzentrationen in den jeweiligen Instituten. Bei negativen Ergebnissen ihrer Untersuchungen sind die Aufsichtsinstanzen angehalten, angemessene Maßnahmen einzuleiten.

4.3 Operationelles Risiko

Da die für die Berechnung der operationellen Risiken im Basisindikatoransatz und Standardansatz verwendeten **Bruttoerträge** nur einen **Näherungswert** für die Verlustgefahren einer Bank darstellen, werden die Aufsichtsbehörden prüfen, ob die Berechnungen der Kapitalanforderungen aus der Säule I z. B. im Vergleich mit Banken ähnlicher Größe oder Geschäftstätigkeit ein konsistentes Bild der individuellen Verlustgefahren ergeben. Basel II fordert hier eine qualitative Vergleichsbetrachtung zu Peer Banks und ggf. eine Anpassung der Mindestkapitalanforderungen. In den **„Sound Practices for the Management and Supervision of Operational Risk"** hat der Baseler Ausschuss ergänzende Grundsätze zum Umgang mit operationellen Risiken aufgestellt.[25]

---

[24] Vgl. BCBS Nr. 75, „Principles for the Management of Credit Risk", September 2000.
[25] Vgl. Baseler Ausschuss für Bankenaufsicht, „Sound Practices for the Management and Supervision of Operational Risk", Februar 2003 und Kapitel D. I. „Behandlung der operationellen Risiken unter Basel II".

Für die Institute bedeutet dies, Prozeduren für die Abbildung des tatsächlichen operationellen Risikos zu definieren. Hierzu könnten die Methoden aus Säule I (insbesondere die einfacheren Ansätze) ggf. inadäquat sein. Ferner sollten Risiko minimierende Techniken zum Einsatz gebracht werden. Hier ist insbesondere an „Katastrophenereignisse" und Business Continuity und Contingency Plans zu denken.

4.4 Aufsichtliche Transparenz und Rechenschaft

Im Gegensatz zu den quantitativen Anforderungen der Säule I, die, abgesehen von Abgrenzungs- und Zuordnungsfragen, eindeutig zu berechnen sind, beinhalten die quantitativen Anforderungen mit ihren Entscheidungsspielräumen der Säule II ein wesentlich höheres **Diskussionspotenzial**. Hier kommt es jeweils auf die individuelle Gestaltung in den betroffenen Instituten an, was die Frage nach der Angemessenheit der getroffenen Maßnahmen aufwirft. Nicht zuletzt deshalb wird den nationalen Aufsichtsinstanzen auferlegt, die bei der Überprüfung der internen Kapitalbeurteilung der Banken verwendeten Kriterien **öffentlich** zugänglich zu machen. Nicht nur die verwendeten Kriterien, sondern auch die Faktoren, die bei der eventuellen Festlegung prozentualer Ziel- oder Grenzwerte bzw. Kategorien von Eigenkapital oberhalb des aufsichtsrechtlichen Minimums angewandt werden, sollen publik gemacht werden.

Dies gilt insbesondere für den Fall, dass für eine einzelne Bank die Eigenkapitalanforderungen oberhalb der Mindestanforderungen festgelegt werden. Die Aufsichtsinstanz sollte dann der Bank erläutern, welche Risikocharakteristika zu dieser Anforderung führten, sowie alle notwendigen Abhilfemaßnahmen darlegen.[26]

4.5 Verbesserte grenzüberschreitende Kommunikation und Kooperation

Mit den neuen Anforderungen wächst der Gesprächsbedarf zwischen Aufsicht und der Kreditwirtschaft. Aber auch die Aufsichtsinstanzen der einzelnen Ländern werden durch den Ausschuss aufgefordert, die internationale Kooperation zu intensivieren, da international tätige Kreditinstitute nicht nur der Aufsicht ihres Heimatlandes unterliegen, sondern auch der jeweiligen Aufsicht in allen Ländern, in denen sie vertreten bzw. tätig sind.

Die Rahmenvereinbarung empfiehlt, dass die Aufsichtsinstanzen des Heimatlandes für die Überwachung der Umsetzung der Rahmenvereinbarung durch eine Bankgruppe auf konsolidierter Basis verantwortlich sind und die Aufsichtsinstanzen des Gastlandes für die Beaufsichtigung jener Tochterunternehmen, die in ihrem Land operieren. Zur Verringerung aufsichtsrechtlicher Mehrfachbelastung und Vermeidung regulatorischer Arbitrage, sollten die im Heimatland auf Konzernebene zulässigen Methoden und Genehmigungsverfahren von der Gastlandaufsicht akzeptiert werden, vorausgesetzt, dass die örtlichen Aufsichtsanforderungen adäquat erfüllt werden. Wo immer möglich sollten die Aufsichtsinstanzen die Durchführung überflüssiger und unkoordinierter Genehmigungs- und Validierungsverfahren ver-

---

[26] Vgl. Basel II, § 779.

meiden, um die Umsetzungsbelastung von Banken zu reduzieren und die Ressourcen der Aufsichtsinstanzen zu schonen.[27]

Der Ausschuss unterstützt ausdrücklich den pragmatischen Ansatz der **gegenseitigen Anerkennung** für international tätige Banken als Schlüsselelement einer Grenzen überschreitenden Kooperation der Aufsichtsinstanzen.

Mit den „Leitsätzen für die grenzüberschreitende Umsetzung der Neuen Eigenkapitalvereinbarung" hat der Ausschuss im August 2003 ein begleitendes Dokument veröffentlicht, dass sich schwerpunktmäßig mit dieser Fragestellung befasst.

5. Anforderungen an eine Bank

Der Supervisory Review Process soll sicherstellen, dass die Eigenkapitalausstattung einer Bank und ihre Eigenkapitalstrategie dem gesamten Risikoprofil und der Risikostrategie gerecht werden. Die Aufsichtsbehörden sollen frühzeitig eingreifen können, wenn das Eigenkapital eines Instituts keine genügende Reserve gegen Risiken bildet. Insbesondere soll den Aufsichtsbehörden das Recht gegeben werden, eine Eigenkapitalausstattung zu verlangen, die über den aufsichtlichen Mindestquoten nach Säule I liegt.

Aus der Säule II lassen sich folgende Anforderungen für Risikoerfassung, -management und -controlling der Banken, sowie zur Überprüfung aller Vorschriften aus den Säulen I bis III durch die Aufsicht ableiten.

Anforderungen aus der Säule II für ein Kreditinstitut:

1. Capital Adequacy Assessment-Process (CAAP)

Definition eines Prozesses, der sicherstellt, dass ein Institut jederzeit über ausreichend internes Kapital verfügt, das qualitativ und quantitativ adäquat ist, um die Risiken der Bank abzudecken. Dabei gilt es die folgenden Grundprinzipien einzuhalten:
- Jede Bank muss über einen CAAP verfügen.
- Dieser Prozess muss formal, dokumentiert und vom Vorstand genehmigt sein.
- Der Umfang und die Komplexität muss in Relation zu Natur, Größe, Risikoprofil und Komplexität einer Bank stehen.
- Er muss risikoorientiert sein, d. h. alle materiellen Risiken der Bank sind mit adäquaten Methoden abzubilden.
- Die Verantwortung für den Prozess liegt bei der Geschäftsleitung/dem Vorstand.
- Der Prozess sollte in alle Geschäftsprozesse einbezogen werden.
- Er sollte zukunftsorientiert gestaltet sein, um auch mögliche zukünftige Entwicklungen vorwegnehmen zu können.
- Das Ergebnis dieses Prozesses resultiert auch im Kapitalziel für die Bank, entsprechend ihrem Risikoprofil und ihren Geschäften.
- Es muss eine regelmäßige Überprüfung des Prozesses durch die Innenrevision erfolgen.

---

[27] Vgl. Basel II, § 781 ff.

Bestandteile eines solchen Assessment Process sollen sein:
- Identifizierung aller potenziellen Risiken,
- Messung oder Schätzung von Risiken,
- Reporting,
- Kontrolle eingegangener Risiken,
- Verknüpfung von Risikoprofil und internem Kapital und
- Regelmäßige Überprüfung des gesamten Prozesses.

2. Risikomanagement und -controlling

Jedes Institut muss eine Strategie festlegen, die
- in der Verantwortung der Geschäftsleitung liegt,
- klar festlegt und bankweit kommuniziert, welche Risiken die Bank einzugehen plant, wie Risiken gemanagt und kontrolliert werden und wie hoch die expliziten Limite sind,
- regelmäßig mit allen Geschäftsplänen abgestimmt wird,
- ein effektives Risikocontrolling jederzeit und in allen Bereichen definiert und
- Verantwortungsbereiche klar aufteilt, um Verantwortungskonflikte zu verhindern.

Ferner muss sicher gestellt sein, dass bei der Einführung neuer Produkte oder Aufnahme neuer Aktivitäten diese auf mögliche Risiken untersucht bzw. adäquat gemanagt und kontrolliert werden.

Installation eines kontinuierlichen Kreislaufs von Assessment Process, Risikomanagement und Risikocontrolling nach folgendem Beispielprozess:

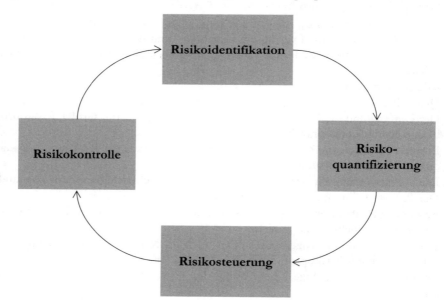

Abbildung: Risikomanagementkreislauf

3. Zu erfassende Risiken

- Kreditrisiko
  - Festlegung von Kreditvergabekriterien
  - Klar definierter Kreditvergabeprozess
  - Einhaltung der Limite
  - Adäquater Umgang mit Problemkrediten, inklusive einer klar determinierten Wertberichtigungspolitik
  - Durchführung von Stress-Tests bei IRB Banken
- Konzentrationsrisiko
  - Adäquate Diversifikation sicherstellen
  - Definition von Limiten gegenüber Einzelexposures, verbundenen Kunden, Branchen und Regionen
  - Risiken aus der Konzentration von Besicherungen in ähnlichen Produkten erfassen, managen und kontrollieren
- Verbriefungen
  - Kontrolle des tatsächlichen Risikotransfers von Verbriefungen sicherstellen
  - Gegebenenfalls Gegenmaßnahmen durchführen
- Operationelles Risiko
  - Klare Prozeduren, um das tatsächliche operationelle Risiko abzubilden
  - Einsatz von Risiko minimierenden Techniken
  - Business Continuity und Contingency Planning
- Marktpreisrisiko
  - Mindestens tägliche Ermittlung des Marktpreisrisikos aus dem Handelsbuch
- Zinsänderungsrisiko im Bankbuch
  - Installation von Systemen zur Erfassung des Zinsänderungsrisikos
  - Standardisierte Zinsschocks zur Messung des Risikos durchführen
- Liquiditätsrisiko
  - Berücksichtigung von Liquiditätsanspannungs- (Refinanzierungs-), Termin- und Abrufrisiken
  - Einrichtung eines Liquiditätsmanagementprozess, der Alternativszenarien berücksichtigt
  - Management von Verbindungen zu Partnern, die Liquidität zur Verfügung stellen können
- Strategische Risiken
- Reputationsrisiko

Die Umsetzung der Baseler Anforderungen aus der Säule II in Deutschland wird laut Bundesanstalt für Finanzdienstleistungsaufsicht (BaFin) mit den „Mindestanforderungen an das Risikomanagement" (MaRisk) umgesetzt werden.[28] Die MaRisk werden auf den entsprechenden EU-Richtlinien basieren. Diese wurden als Grundsätze zum bankaufsichtlichen Überprüfungsverfahren am 24. Mai 2004 erstmals vom Committee of European Banking Supervisors (CEBS) zur Konsultation gestellt.

---

[28] Vgl. BaFin, „Entwicklung von Mindestanforderungen an das Risikomanagement (MaRisk)", 15. April 2004.

In den Grundsätzen werden die folgenden drei Teilprozesse als wichtige Bestandteile des zukünftigen SRP hervorgehoben:

- Institutsinterner Internal Capital Adequacy Assessment Process (ICAAP),
- Bankaufsichtlicher Supervisory Review and Evaluation Process (SREP) sowie
- Risk Assessment Process (RAS) als ein Bestandteil des bankaufsichtlichen SREP.[29]

Die MaRisk werden als qualitative Mindestanforderungen an ein integratives Risikomanagement von der Aufsicht verstanden und gestaltet. Sie werden einen modularen Aufbau haben mit einem allgemeinem Teil (AT) für die Regelung grundsätzlicher Fragen, wie z. B. der Gesamtverantwortung der Geschäftsleitung, und einen besonderen Teil (BT) für die spezifischen Anforderungen an einzelne Risikokategorien und Geschäftsbereiche.[30]

In den MaRisk werden die bereits bestehenden Mindestanforderungen (MaH, MaIR, MaK, Auslagerungsrundschreiben 11/2001) aufgehen und zukünftige (z. B. für Zinsänderungsrisiken und operationellen Risiken) integriert. Damit sollen alle qualitativen Anforderungen in einem Werk vereinheitlicht, Schnittstellenproblematiken zwischen bestehenden Mindestanforderungen beseitigt und dem Zeitdruck für die qualitativen Mindestanforderungen an den ICAAP bis Ende 2005 Rechnung getragen werden.[31]

6. Resümee

Die zweite Säule ist überschrieben mit dem Begriff „Supervisory Review Process" (SRP). Eine sinngemäße Übersetzung der Inhalte der zweiten Säule müsste allerdings eher „kontinuierlicher Aufsichtsprozess" lauten. Damit kommt es zu einem Wandel in der Bankenaufsicht, hat sie doch zukünftig die Eignung aller von den Banken implementierten Kontrollmechanismen sowie des Risikomanagements und des Berichtswesens in Relation zum Risikoprofil und zur Qualität des Risikomanagements der entsprechenden Bank zu bewerten und das auf Basis des CAAP bankintern festgelegte Eigenkapital zu begutachten. Die aufsichtliche Bewertung wird damit auch in verstärktem Maße die zukunftgerichteten Maßnahmen der Institute bewerten müssen. Es liegt nahe, dass solche Wertungen nur in sehr intensivem Dialog zwischen nationaler Aufsicht und den betroffenen Instituten erfolgen kann. Der Aufwand für solch einen Austausch wird auf beiden Seiten deutlich ansteigen. Die nationalen Aufsichtsbehörden werden sich daher in den kommenden Jahren qualitativ und quantitativ verstärken müssen, wollen sie den komplexer werdenden Anforderungen, die durch die Baseler Vorgaben auch an sie gestellt werden, gerecht werden.

---

[29] Vgl. Committee of European Banking Supervisors, „The Application of the Supervisory Review Process under Pillar 2", 24. Mai 2004.
[30] Vgl. Bundesanstalt für Finanzdienstleistungsaufsicht, Schreiben „Entwicklung von Mindestanforderungen an das Risikomanagement (MaRisk)", 15. Mai 2004.
[31] Vgl. BaFin Arbeitskreis „Umsetzung Basel II", Protokoll der 3. Sitzung vom 21. April 2004.

Auf Bankenseite wird mit der Säule II erneut die Verantwortung des Managements zur operativen Führung des Instituts unterstrichen. Sämtliche Risiken müssen im Risikomanagementprozess identifiziert, erfasst, quantifiziert, gesteuert und kontrolliert werden. Jedes Kreditinstitut muss sich aller eingegangenen Risiken bewusst sein, über ein adäquates Risikoprofil verfügen und diese Risiken betriebswirtschaftlich effizient managen.

Eine Reihe von Banken haben die sich aus Basel II ergebenden Maßnahmen bereits im Rahmen interner Umstrukturierungsprojekte umgesetzt. Die Erfordernisse der Säule II richten sich somit in erster Linie an die Kreditinstitute, die bisher noch nicht den Anforderungen an ein risikoorientiertes Bankmanagement entsprechen. Zu beachten bleibt aber, dass bei der Umsetzung der Anforderungen das jeweilige Risikoprofil und die Größe der Bank berücksichtigt werden. Vor allem die international tätigen Institute verfügen in der Mehrzahl bereits über ökonomische Kapitalmodelle für den Assessment-Prozess, während diese bei kleineren und mittleren Instituten bislang weniger verbreitet sind.

Hinsichtlich Risikomanagement und Controlling besteht eine uneinheitliche Situation. Einige Risiken sind in der Regel sehr gut erfasst und gemanagt (Kreditrisiken), andere Risiken aber noch unzureichend geregelt (z. B. operationelles Risiko). Dieser Regelungsbedarf soll durch die Anforderungen der Säule II verstärkt ins Blickfeld gerückt werden.

II. Ausgewählte Rechungslegungsnormen zur Risikopublizität
Claus Buchholz

Inhalt:

	Seite
1 Zielsetzung des Beitrags	589
2 Darstellung wesentlicher Inhalte der Säule III	591
2.1 Zielsetzung und Zielerreichung	591
2.1.1 Zusammenwirkung mit den Offenlegungspflichten nach Rechnungslegungsstandards	593
2.1.2 Sonstige allgemeine Aspekte	593
2.2 Offenlegungsanforderungen	594
2.2.1 Grundprinzip der Offenlegung und Anwendungsbereich	595
2.2.2 Eigenkapital	596
2.2.3 Eingegangene Risiken und ihre Beurteilung	597
3 Vergleich mit ausgewählten Rechnungslegungsnormen zur Risikopublizität	604
3.1 Effizienter Regulierungsgrad und Auswahl der Vergleichsnorm	604
3.2 DRS 5-10 als geeignete Vergleichsnorm	605
3.3 Vergleich der Offenlegungsanforderungen von Basel II, Säule III und DRS 5-10	607
3.3.1 Anwendungsbereich	608
3.3.2 Eigenkapital	608
3.3.3 Eingegangene Risiken und ihre Beurteilung	608
3.4 Zusammenfassung	610
4 Fazit und Ausblick	610

1. Zielsetzung des Beitrags

Gegenüber dem bisher gültigen Eigenkapitalakkord von 1988 ist in der neuen Vereinbarung (Basel II) erstmals auch der Bereich der Offenlegung – insbesondere der verwendeten Berechnungsmethoden (qualitative Offenlegung) und der daraus resultierenden Ergebnisse (quantitative Offenlegung) – als eigenständige Säule in den Akkord selbst mit aufgenommen worden. Die entsprechenden Ausführungen bauen teilweise auf den zwischenzeitlich vom Baseler Ausschuss herausgegebenen Publikationen auf und erweitern diese vornehmlich in Bezug auf die in der Säule I vorgesehenen methodischen Ansätze. Dennoch ist in der Säule III, wenn auch als eigene Säule in das so genannte „symmetrisches Dreieck" aufgenommen, nur ein unterstützender Teil zu sehen. Dies spiegelt auch der anteilige Diskussionsumfang der Säule III sowohl innerhalb der Veröffentlichungen von Basel II als auch in der begleitenden Fachliteratur wieder.

Hervorgehoben wird vom Ausschuss die wesentliche Funktion der Offenlegung geeigneter Informationen zur Erreichung der grundlegenden Ziele von Basel II. Die

Säule III wird mit dem Begriff „Marktdisziplin" überschrieben. Den Regelungen der Säule III liegt die Überlegung zugrunde, dass durch eine erweiterte Offenlegung eine höhere Transparenz des Risikomanagements des Instituts gegenüber dem Markt erreicht werden kann. Eine höhere Transparenz sollte dann zu einer effizienteren Ressourcenallokation zugunsten eines Institutes mit einem vorzugswürdigen Risikomanagementsystem führen. Folglich würde über diesen Marktmechanismus dann auch ein Anreiz für die Institute entstehen, die entsprechenden Systeme im Sinne einer effizienten Lösung weiterzuentwickeln. Damit würde sich in gewisser Weise eine „Disziplinierung" des Managements durch den Markt ergeben.

Die Annahme der Marktdisziplinierung durch (erweiterte) Transparenz ist ein wesentliches Element der aktuellen Diskussion der Regulierungsnormen, deren Einfluss sich insbesondere auch in der derzeitigen Entwicklung der Kapitalmarktgesetzgebung und der (inter-) nationalen Rechnungslegungsnormen wieder findet.[1] Dass man diese Annahme und damit die aktuelle Tendenz in der Regulierungspolitik jedoch auch kritisch hinterfragen kann, soll im folgenden Beitrag kurz aufgegriffen werden. Im Wesentlichen wird im Folgenden aber keine normative Absicht oder Diskussion der Säule III verfolgt, sondern im Sinne des vorliegenden Herausgeberwerkes eine sich mehr an der Praxis orientierende Zielsetzung („ad lege latum") zugrunde gelegt werden. Dementsprechend wird zunächst eine teilweise kommentierte Darstellung der wesentlichen Inhalte der Säule III vorgenommen.

Der Bereich Offenlegung des Risikomanagements weist aber vor dem Hintergrund zahlreicher in diesem Umfeld bestehender Normensysteme und dort tätiger Normen setzender Institutionen zwangsläufig auch Überschneidungen mit diesen anderen Publizitäts- bzw. Regulierungsnormen auf. Insbesondere sind dies die bereits angesprochenen Rechnungslegungsnormen. Vor dem Hintergrund der deutschen Bankenlandschaft sind dies insbesondere das HGB und die IAS.

Die vorliegende Neuregelung des Baseler Eigenkapitalakkords ist das Ergebnis langer internationaler Verhandlungen und Zusammenarbeit unter maßgeblicher Beteiligung deutscher Institutionen und Vertreter über mehrere Konsultationsphasen. Daher sind in nicht geringem Maße auch für deutsche Banken bereits bestehende Regelungen und Vorschriften in den Akkord eingegangen. Dementsprechend ist auch davon auszugehen, dass die deutschen Institute in Anwendung nationaler Vorschriften bereits einen Teil der in der dritten Säule von Basel II geforderten Offenlegungen abdecken können.

Die Erfüllung von Regulierungsnormen führt, sowohl auf Seiten des Informationssenders als auch auf Seiten des Informationsempfängers, zu Kosten des Informationsmanagements. Neue Normen sind demnach stets unter Effizienzaspekten zu beurteilen. Ziel dieses Beitrags soll es daher auch sein, durch eine Gegenüberstellung relevanter Normen nach gemeinsam zu erfüllenden Anforderungen und damit aus dem Gesichtspunkt der durch die Regulierungsanforderungen entstehenden Kosten, nach Synergien zu suchen. Ferner soll als Nebenziel quasi normativ bzw. „de lege ferendum" auch auf ggf. bestehende Probleme oder sogar Gegensätze hingewiesen werden.

---

[1] Als ein Beispiel sei hier der Sarbanes Oxley Act genannt.

Im Rahmen dieses Beitrags kann allerdings kein auch nur annähernd vollumfänglicher, notwendigerweise auch mehrdimensionaler Vergleich mit allen relevanten Normen erfolgen. Da der Ausschuss angabegemäß insbesondere auf eine Kompatibilität mit den internationalen Rechnungslegungsstandards (IAS/IFRS) geachtet hat, scheinen für die Untersuchung nationale Standards und Regeln vorrangig.[2] Dementsprechend erfolgt hier im Wesentlichen und exemplarisch und auch als Beispiel für weitere Untersuchungen eine Gegenüberstellung der Normen der Säule III mit dem seit Anfang 2003 verbindlichen DRS 5-10 „Risikoberichterstattung der Kreditinstitute".

Der Beitrag schließt mit einer Zusammenfassung der wesentlichen Ergebnisse sowie einem kritischen Ausblick auf die sich derzeit darstellende Entwicklung der Publizitätsvorschriften.

2. Darstellung wesentlicher Inhalte der Säule III

Im Folgenden werden in der gebotenen Kürze die wesentlichen Inhalte und Vorschriften der Säule III vorgestellt. Hinsichtlich der detaillierten Anforderungen wird auf die entsprechenden Paragrafen und Erläuterungen des Kapitalakkords verwiesen.

Die dritte Säule gliedert sich in zwei Teile. Der erste Teil beinhaltet allgemeine Überlegungen insbesondere zur Zielsetzung der Offenlegungsvorschriften. Er erfüllt damit in gewisser Weise die Funktion eines Framework oder einer **Grundnorm**, die im Einzelfall zur Bestimmung der offen zu legenden Informationen heranzuziehen ist. Der zweite Teil geht dann zunächst allgemein, schließlich detailliert auf die **zu veröffentlichen Informationsinhalte** ein.

2.1 Zielsetzung und Zielerreichung

Die dritte Säule trägt den Titel „Marktdisziplin". Eine explizite Definition dieses Begriffes wird nicht gegeben; sie ergibt sich aber implizit aus der Funktion bzw. Zielsetzung: „Die dritte Säule [...] hat das Ziel die Mindestkapitalanforderungen (Säule I) und den aufsichtsrechtlichen Überprüfungsprozess (Säule II) zu ergänzen."[3]

Dem Ausschuss zufolge kann und soll durch die erweiterten Vorschriften zur Offenlegung von **Kerninformationen** (u. a. über „...das Eigenkapital, die Risikopositionen [und] die Risikomessverfahren"[4]) der interessierten Öffentlichkeit eine Beurteilung der Angemessenheit der Eigenkapitalausstattung sowie des Risikomanagements des Institutes – insbesondere auch im Vergleich zu anderen Instituten – ermöglicht werden. Diese Beurteilungsfähigkeit soll nach Auffassung des Ausschus-

---

[2] Vgl. Basel II, §§ 813 ff. Ob tatsächlich eine Kompatibilität insbesondere mit IAS 30, 32 und 39 vorliegt soll hier nicht weiter untersucht werden. Vor dem Hintergrund der aktuellen Revision von IAS 30 und der kontinuierlichen Diskussion um die Implementierung von IAS 32/39 kann allerdings angenommen werden, dass auch von Seiten des IASB Anstrengungen zur Kompatibilität unternommen werden.
[3] Vgl. Basel II, § 809.
[4] Vgl. ebenda.

ses zu einer **Disziplinierung des Managements** des Institutes führen, im Sinne der Regelungen und Ziele des gesamten Eigenkapitalakkordes zu handeln.

Der Ausschuss leitet somit die Berechtigung der Existenz der Säule III aus dem Grundprinzip der „Marktdisziplin durch Markttransparenz" her. Dem liegt letztlich die Überlegung zugrunde, dass die Institute nur in dem vom Markt tolerierten Umfang Risiken eingehen und letzterer vom Grad der Transparenz abhängig ist.[5] Ferner wird aus der Zulassung bankinterner Methoden zur Berechnung der Eigenkapitalanforderungen eine Notwendigkeit zur Kontrolle dieses Ermessensspielraumes abgeleitet.

Adressat der offen zu legenden Informationen ist nicht nur eine auf wenige Institutionen begrenzte Gruppe (wie bspw. in Säule II eine Aufsichtsbehörde), sondern die interessierte Öffentlichkeit. Um einem solch breiten Adressatenkreis mit sehr heterogenen, teilweise sogar konträren Informations- bzw. Offenlegungsinteressen Rechnung zu tragen, ist eine Abwägung und Ordnung dieser Interessen notwendig. Zu dieser Frage fehlt allerdings eine klare Stellungnahme des Ausschusses.

Gegenüber dem ursprünglichen Entwurf von Basel II (Januar 2001) sieht die nunmehr vorliegende Publikation keine Trennung in Vorschriften und Empfehlungen mehr vor. Parallel dazu wurde der Umfang der offen zu legenden Informationen allerdings auch deutlich reduziert und stärker auf die eigentlichen Kernbereiche des Eigenkapitalakkords konzentriert.

Die Durchsetzbarkeit der Vorschriften liegt aus Sicht des Ausschusses zunächst in der Verantwortung der (nationalen) Aufsichtsbehörden. Da die Kompetenzen der Aufsichtsbehörden jedoch unterschiedlich ausgeprägt sind und (u. a. politisch motivierter) nationaler Gesetzgebung unterliegen, wird insbesondere im Konstrukt der Marktdisziplin der wesentliche Mechanismus zur Durchsetzbarkeit der Vorschriften gesehen.

Ferner wird in der direkten Kopplung von Anreizen an die Erfüllung von Offenlegungsvorschriften innerhalb der Säule I (z. B. Anwendbarkeit niedriger Gewichtungssätze) eine weitere Durchsetzungsmaßnahme gesehen.

Für die Durchsetzbarkeit der Vorschriften in Deutschland wird vor allem die zu erwartende Übernahme in das EU-Recht maßgeblich sein. Im Zuge der CAD 3 und den bisherigen Verlautbarungen der Bundesbank ist aber davon auszugehen, dass eine weitgehende Übernahme der Vorschriften zu erwarten ist.

---

[5] Vgl. Basel II, § 808. Der Ausschuss folgt damit der vorherrschenden Theorie der Informationseffizienz am Kapitalmarkt. Auf das Problem, inwieweit ein Zusammenhang zwischen mehr Informationen und tatsächlicher Disziplinierung besteht, wird allerdings nicht weiter eingegangen. Es kann aber nicht grundsätzlich unterstellt werden, dass mehr Informationen zugleich eine Erhöhung der Transparenz bedeuten. Zusätzliche Informationen können sogar negativ auf die Transparenz wirken. Weiterhin kann in Frage gestellt werden, ob der Mechanismus der Disziplinierung über den Kapitalmarkt (z. B. durch Kapitalkosten, Aktienkurse oder Vergütungssysteme) durch die hier geforderten Offenlegungen tatsächlich erreicht werden kann.

2.1.1 Zusammenwirkung mit den Offenlegungspflichten nach Rechnungslegungsstandards

Wie bereits einleitend erwähnt, bestehen im Bereich der Publizität von Finanz- und Risikomanagementinformationen zahlreiche Normensysteme. Insbesondere sind dies die verschiedenen Rechnungslegungsstandards. Der Ausschuss betont in diesem Zusammenhang seine Bestrebungen eine weitgehende Kompatibilität mit bestehenden und künftigen Rechnungslegungsstandards zu gewährleisten.[6] Dennoch ist aus nationaler Perspektive zu beachten, dass in diese Betrachtung primär internationale bzw. bedeutende nationale Standardsysteme eingehen dürften. Es ist daher nicht auszuschließen, dass im Einzelfall die gleichzeitige Anwendung nationaler Rechnungslegungsstandards zu Konflikten führen kann.[7]

Um ferner Synergien im Bereich der Erfüllung sämtlicher zu erfüllender Offenlegungsvorschriften zu ermöglichen, werden den Instituten – wenn auch unter der Maßgabe, zusätzliche Angaben im Falle wesentlicher Unterschiede zu machen – weit gehende Ermessensspielräume bei der Auswahl der Bestimmung von Medium und Ort der Veröffentlichungen zugestanden.[8] Hingewiesen wird lediglich auf die Erfordernis der Transparenz der Veröffentlichungen.

Aus der Veröffentlichung der offen zu legenden Informationen im Rahmen anderer Normensysteme, hier der Rechnungslegung, erhofft sich der Ausschuss zudem eine Verbesserung der Informationsqualität, vor allem, sofern die korrespondierenden Normen einer externen Prüfungspflicht unterliegen. Eine explizite Prüfungspflicht für die unter der Säule III verlangten Offenlegungen sieht der Ausschuss aber (derzeit) nicht vor.[9]

2.1.2 Sonstige allgemeine Aspekte

In Übereinstimmung mit den meisten bisherigen Veröffentlichungen des Ausschusses sowie der überwiegenden Zahl der Rechnungslegungsstandards wird nach Basel II nur die Veröffentlichung wesentlicher Informationen erwartet. Die Definition der **Wesentlichkeit** deckt sich u. a. mit den Internationalen Rechnungslegungsstandards (IAS/IFRS) sowie bisherigen Stellungnahmen des Ausschusses. Sie orientiert sich an der **Entscheidungsrelevanz** für den Informationsadressaten.[10] Als maßgebliche Methode für die Entscheidung der Wesentlichkeit wird der so genannte „Nutzertest" nahe gelegt.[11]

---

[6] Vgl. Basel II, §§ 811 ff.
[7] Vgl. Absatz 3 dieses Aufsatzes, der die genannte Problematik exemplarisch am Beispiel des DRS 5-10 betrachtet.
[8] Vgl. Basel II, § 814.
[9] Vgl. Basel II, § 816.
[10] Vgl. Basel II, § 817: „Informationen werden als wesentlich angesehen, falls ihre Auslassung oder fehlerhafte Angabe die Beurteilung oder Entscheidung eines Nutzers der Informationen verändern oder beeinflussen, der auf sie vertraut, um ökonomische Entscheidungen treffen zu können."
[11] Gemeint ist offenbar eine individuelle Beurteilung jeder Einzelinformation nach dem Kriterium der „Decision Usefulness", wie sie auch unter IAS/IFRS vorgesehen ist.

Grundsätzlich sieht der Ausschuss eine halbjährliche Berichterstattung vor. Für allgemeine, qualitative Angaben z. B. zur Organisation des Risikomanagements und Definitionen hält er eine jährliche Offenlegung für hinreichend. Demgegenüber sind für international tätige Institute für bestimmte quantitative Angaben auch kürze Veröffentlichungsintervalle (vierteljährlich, ggf. sogar ad hoc) vorgesehen.[12]

Der Ausschuss erkennt an, dass bestimmte Informationen rechtlichem Schutz unterliegen bzw. vertraulich zu handhaben sind und daher einige Grenzen für eine Veröffentlichung bestehen können.[13] Ebenso können solche Gründe aber auch bewusst als Möglichkeit genutzt werden erforderlichen Angaben auszuweichen. Die Problematik einer solchen Schutzklausel ist nicht neu und ist insbesondere im Umfeld eines internationalen Geltungsbereiches, mit unterschiedlichen Gesetzen und Interessen gegeben. Dementsprechend wird versucht, die Anwendung solcher Gründe auf Ausnahmen und schwerwiegende Konfliktfälle zu begrenzen sowie in diesen Fällen eine entsprechende Negativ-Anzeige[14] vorzunehmen. Inwieweit eine solche Forderung im Rahmen nationaler und supranationaler Auslegung umsetzbar sein wird bleibt abzuwarten.

2.2 Offenlegungsanforderungen

Dem allgemeinen Teil folgt ein zweiter Teil mit den eigentlichen, inhaltlichen Offenlegungsanforderungen. Nach einer kurzen Anforderung an das Grundprinzip der Offenlegung folgen die Ausführungen zum Anwendungsbereich sowie zum Eigenkapital sowie schließlich als wesentlicher Abschnitt die Anforderungen an die Offenlegung eingegangener Risiken und ihrer Beurteilung.

Allgemein ist fest zu stellen, dass gegenüber den Entwürfen in der verabschiedeten „International Convergence of Capital Measurement and Capital Standards" eine deutliche Reduktion des Umfangs der Offenlegungsanforderungen erfolgt ist. Demgegenüber ist allerdings auch die bisherige Trennung in Offenlegungsvorschriften und –empfehlungen sowie in Kerninformationen und ergänzende Informationen aufgehoben worden.[15] Hervorgehoben werden nunmehr die Offenlegungen, die für die Anerkennung eines bestimmten Ansatzes oder einer Berechnungsmethode des aufsichtsrechtlichen Eigenkapitals Voraussetzung und damit Pflicht sind. Andere Angaben werden „nur" als Offenlegungsanforderungen bezeichnet. Das Wort „Empfehlungen" wird in der neuen Version vermieden.

Ein Vergleich mit den Entwürfen zeigt allerdings, dass in der nunmehr vorliegenden Endfassung fast ausschließlich **auf (freiwillige) Offenlegungsempfehlungen verzichtet** wurde. Da jedoch alle verbliebenen Angaben den Charakter von Vor-

---

[12] Vgl. Basel II, § 818.
[13] Vgl. Basel II, § 819.
[14] D. h. es muss sowohl die Tatsache der Nicht-Angabe als auch deren Gründe veröffentlicht werden.
[15] Vgl. Konsultationspapier vom Januar 2001.

schriften angenommen haben, kann somit nicht von einer wesentlichen Reduktion der Anforderungen gesprochen werden.[16]

Die im Folgenden dargestellten Anforderungen sollen primär einen Überblick ermöglichen und gehen daher nur in Ausnahmefällen detailliert auf Einzelprobleme ein. Um eine zu umfangreiche Doppeldarstellung zu vermeiden wird deshalb grundsätzlich zur genaueren Darstellung auf den Originaltext der Säule III verwiesen.

Weiterhin wird (sofern geboten) innerhalb der einzelnen Abschnitte – analog zum Originaltext – zwischen qualitativen und quantitativen Offenlegungsanforderungen unterschieden. Die Unterscheidung ist auch insbesondere bedeutsam für die einzuhaltenden Veröffentlichungsintervalle.

2.2.1 Grundprinzip der Offenlegung und Anwendungsbereich

Der Ausschuss erwartet von den Instituten eine „förmliche und vom obersten Verwaltungsorgan **gebilligte Offenlegungspolitik,** die den bankeigenen Ansatz beschreibt, welche Informationen offen zu legen sind und welche internen Kontrollen für den Offenlegungsprozess festzulegen sind."[17] Ferner sollen die Institute geeignete Maßnahmen zum **Monitoring** ihrer Offenlegungspolitik implementieren.[18]

Der Anwendungsbereich entspricht den Regelungen der Rahmenvereinbarung. Die Regelungen der Säule III finden i. d. R. nur „auf der obersten Konsolidierungsebene der Bankengruppe Anwendung".[19] Eine Ausnahme hiervon gilt allerdings, sofern die Bankengruppe auch auf der Ebene wesentlicher Tochtergesellschaften zur Einhaltung der Rahmenvereinbarung und vergleichbarer Beschränkungen zur Übertragbarkeit von Mitteln innerhalb der Gruppe unterliegt.[20] In diesem Fall sind auch die Gesamt- und Kernkapitalquoten der „bedeutenden" Banktochtergesellschaften durch das Mutterunternehmen anzugeben.

Inwiefern Angaben auf Ebene der Einzelunternehmen erforderlich sind, dürfte auch zu einem großen Teil im Ermessensspielraum der nationalen Aufsichtsbehörden liegen. Diese Frage wird derzeit u. a. vom **Implementierungsausschuss der Bundesbank** geprüft. Bislang sind hierzu noch keine abschließenden Aussagen erfolgt, allerdings ist aus den bisherigen Verlautbarungen zu entnehmen, dass man „keine Überziehung der Anforderungen"[21] beabsichtigt.

---

[16] Dennoch ist anzumerken, dass auch die alleinige Nennung von „Empfehlungen" innerhalb des Eigenkapitalakkords – unter der Annahme des Mechanismus der Marktdisziplin – für große Institute eine faktische Verpflichtung zur Erfüllung bedeuten könnte. Insofern kann eine gewisse Reduktion zugestanden werden.
[17] Vgl. Basel II, § 821.
[18] Entsprechende Angaben sind i. d. R. in Anwendung bestehender Vorschriften zumindest in Teilen schon bei den deutschen Instituten in Organisationsrichtlinien o. ä. Regelungen vorhanden. Neu ist allerdings der umfassende Ansatz im Sinne einer „Offenlegungspolitik". Siehe dazu auch Absatz 3.
[19] Vgl. Basel II, § 822.
[20] Vgl. Basel II, § 822, Satz 3 f.
[21] Vgl. Protokoll vom April 2004.

Im Einzelnen werden folgende Angaben verlangt:[22]

	Qualitative Offenlegung	Quantitative Offenlegung
Anwendungs-bereich	– Namen der Muttergesellschaft – Überblick über die grundlegenden Unterschiede der Konsolidierung zu aufsichtsrechtlichen Zwecken gegenüber der Rechnungslegungskonsolidierung – Einschränkungen der Übertragung von Finanzmitteln/aufsichtsrechtlichem Kapital innerhalb der Gruppe	– Angabe des Überschusskapitals der Versicherungstöchter am Eigenkapital der konsolidierten Gruppe – Kapitalunterdeckung nicht konsolidierter Tochtergesellschaften sowie deren Namen – Beträge und weitergehende Angaben zu Kapitalanteilen an Versicherungsunternehmen, die risikogewichtet sind aber nicht durch Abzug oder einen alternativen Ansatz in die Berechnung einbezogen werden

Tabelle 1

2.2.2 Eigenkapital

Unter dem Bereich Eigenkapital werden eine Vielzahl von Angaben zur Offenlegung der Eigenkapitalstruktur und der Angemessenheit der Eigenkapitalausstattung verlangt. Neben den bisher für deutsche Institute bereits zu erbringenden Angaben sind insbesondere detailliertere Angaben bezogen auf die nach Säule I verwendeten Ansätze zu erbringen. Neu ist aber vor allem die Ausweitung der Publizität, über die bisher, im Rahmen des Meldewesens, nur den Aufsichtsbehörden zu erbringenden Informationen, auf nunmehr die allgemeine bzw. interessierte Öffentlichkeit. Die sich daraus ergebenden Fragen der geeigneten Darstellung werden im Akkord nicht weiter geregelt und damit in den Verantwortungsbereich der Institute verwiesen.

Im Einzelnen werden folgende Angaben zur Eigenkapitalstruktur[23] sowie zur Angemessenheit der Eigenkapitalausstattung[24] verlangt:

	Qualitative Offenlegung	Quantitative Offenlegung
Eigenkapitalstruktur	Bedingungen und Konditionen der wichtigsten Merkmale sämtlicher Eigenkapital-Instrumente	– Summe und Aufschlüsselung des Kernkapitals – Summe des Ergänzungskapitals und der Drittrangmittel – Weitere Kapitalabzugsmöglichkeiten – Summe der anrechnungsfähigen Eigenmittel

Tabelle 2

---

[22] Vgl. Basel II, § 822, Tabelle 1.
[23] Vgl. Basel II, § 822, Tabelle 2.
[24] Vgl. Basel II, § 822, Tabelle 3.

	Qualitative Offenlegung	Quantitative Offenlegung
Angemessenheit der Eigenkapitalausstattung	Erörterung des bankeigenen Ansatzes zur Beurteilung und Unterlegung mit Eigenkapital	– Eigenkapitalanforderungen für Kreditrisiken insbes. Angaben zu einzelnen Portfolien (nach bestimmten Segmentierungsvorgaben) – Eigenkapitalanforderungen für Beteiligungspositionen im IRB-Ansatz – Eigenkapitalanforderungen für Marktrisiken (je nach Ansatz) – Eigenkapitalanforderungen für operationelle Risiken (je nach Ansatz) – Gesamt- und Kernkapitalquote der Gruppe und bedeutender Töchter

Tabelle 3

2.2.3 Eingegangene Risiken und ihre Beurteilung

Entsprechend der Regelungsbereiche des Eigenkapitalakkords bilden die im Folgenden dargestellten Offenlegungsanordnungen den eigentlichen Kern der Säule III. Die dritte Säule baut dabei definitorisch und inhaltlich auf die Rahmenvereinbarung und die bisherigen Stellungnahmen des Baseler Ausschusses auf.

Betrachtet werden nach einer allgemein gültigen Vorschrift hinsichtlich der qualitativen Offenlegungsanforderungen zu den einzelnen Risiken eine getrennte Betrachtung der bekannten großen Risikoarten: Kreditrisiko, Marktrisiko, operationelles Risiko, Beteiligungen sowie Zinsänderungsrisiken im Anlagenbuch. Den Schwerpunkt der Regelungen innerhalb dieser Kategorien bilden wiederum die Kreditrisiken.

Allgemeine qualitative Offenlegungsvorschriften

Von übergreifender Bedeutung für alle Risikoarten ist die gesonderte Beschreibung von Zielen und Grundsätzen des Risikomanagements für jeden Risikobereich.

Dies umfasst vor allem[25]
- Angaben zu Strategien und Prozessen
- Struktur und Organisation des Risikomanagements
- Angaben zum Risikoberichtswesen
- Angaben zum aktiven Risikomanagement (Risikominderungen).

---
[25] Vgl. Basel II, § 824.

Kreditrisiko

Korrespondierend mit den Regelungsbereichen des Akkords kommen sowohl im Gesamtumfang als auch im Detaillierungsgrad den Offenlegungsanforderungen zum Kreditrisiko besondere Bedeutung innerhalb der Säule III zu.

Ziel der Offenlegung im Bereich Kreditrisiko ist es, den Marktteilnehmern Informationen über das Kreditrisiko tragende Gesamtvolumen, die spezifische Zusammensetzung der Risikostruktur, Mittel der Eigenkapitalberechnung sowie Daten, die eine Abschätzung der Zuverlässigkeit der offen gelegten Informationen ermöglichen können, zur Verfügung zu stellen.[26]

Unabhängig vom gewählten Ansatz zur Berechnung der Eigenkapitalunterlegung werden zunächst von allen Instituten zu erbringende, allgemeine Ausweichpflichten zusammengefasst:[27]

	Qualitative Offenlegung	Quantitative Offenlegung
Allgemeine Ausweispflichten Kreditrisiko	– Definitionen – Darstellung der Wertberichtigungsansätze und statistischen Methoden – Darstellung der Grundsätze des Kreditrisikomanagements – Darstellung der Portfolien in denen bereits vorgesehene Ansätze (Standard, IRB) verwendetet werden und Planung bis zur vollständigen Umsetzung	– Kennzahlen zum Betrag und zur Struktur des Bruttokreditvolumens (Verteilung auf Instrumente, geografisch, Arten, Branche/Kontrahent sowie nach vertraglichen Restlaufzeiten) – Anhand der Branchen-/Kontrahentendarstellung sowie der geographischen Aufteilung die Summe Not leidender und in Verzug geratener Kredite sowie Einzel- und Pauschalwertberichtigungen und Abschreibungen – Darstellung der Veränderung der Risikovorsorge für Not leidende Kredite – Für jedes Portfolio: Forderungsbetrag gemäß jeweiligem Ansatz

Tabelle 4

---

[26] Vgl. Basel II, § 825.
[27] Vgl. Basel II, § 825, Tabelle 4. Die allgemeinen Anforderungen sehen auch keine größenabhängigen Erleichterungen vor, da sich diese nach Ansicht des Ausschusses implizit aus dem faktischen Geschäftsumfang ergeben.

Darüber hinaus werden im selben Absatz besondere Offenlegungsanforderungen aufgeführt, welche bei Portfolien, die nach **Standardansatz** und aufsichtsrechtlichen Risikogewichten in den IRB-Ansätzen behandelt werden[28] anzugeben sind.

Dies sind im Wesentlichen:[29]

	Qualitative Offenlegung	Quantitative Offenlegung
Portfolien nach Standardansatz und aufsichtsrechtlichen Risikogewichten innerhalb des IRB-Ansatzes	– Benennung der Ratingagenturen (ggf. Gründe für Änderungen) – Arten der Forderungen die mit Ratings unterlegt werden – Prozess der Übertragung von Ratings öffentlicher Emissionen auf Aktiva des Anlagebuches – Transformation von Ratingkennzahlen in Risikogewichte	– Summe der ausstehenden Forderungsbeträge nach Kreditrisikominderung (geratet und nicht geratet) zu jedem Risikogewicht sowie die vom Eigenkapital abgezogenen Beträge – Für diejenigen Forderungen, die nach den aufsichtsrechtlichen Risikogewichten in den IRB-Ansätzen behandelt werden, ebenfalls die Summe der ausstehenden Beträge zu jedem Risikogewicht

Tabelle 5

Für Institute, die vollständig oder teilweise den **IRB-Ansatz** verwenden, sind für die entsprechenden Portfolien weitergehende Offenlegungen verpflichtend. Damit wird explizit der Zielsetzung entsprochen, die Versorgung der Marktteilnehmer mit Informationen zur Qualität der Aktiva und dadurch mit einer Basis zur Beurteilung des Kreditrisikos eines IRB-Institutes zu versorgen. Ferner sollen – unter Beachtung der Geheimhaltung und der den Aufsichtsorganen zukommenden Aufgaben – die weitergehenden Informationen die Anwendung und Tauglichkeit des umgesetzten IRB-Rahmenwerkes für die interessierte Öffentlichkeit beurteilbar machen.

Es handelt sich hier um einen der Kernbereiche der Säule III, da hier eine direkte Verbindung zwischen der Anerkennung der Ansätze und den Offenlegungsvorschriften gegeben ist. Die Regelungen zur Transparenz im Rahmen des methodischen Ermessensspielraums in diesem Abschnitt haben somit auch eine direkte materielle Funktion.

---

[28] Sofern nicht geringfügig, vgl. Basel II, § 825, Fußnote 92.
[29] Vgl. Basel II, § 825, Tabelle 5.

Im Einzelnen sind folgende Angaben erforderlich:[30]

	Qualitative Offenlegung	Quantitative Offenlegung
Portfolien nach IRB-Ansatz	– Angabe der aufsichtlichen Anerkennung des Ansatzes/Übergangsregeln – Darstellung und Überprüfung der Struktur des internen Rating Systems, alternativen Nutzungen von internen Schätzungen, Steuerung und Anerkennung der Kreditrisikominderungen, Kontrollmechanismen und Revisionsstrukturen des internen Rating Systems. – Beschreibung des internen Rating Prozesses (Definitionen, Methoden, Daten, Variablen sowie Annahmen und wesentliche Abweichungen von Referenzdefinitionen) in fünf unterschiedlichen Portfolien (Kontrahenten, Beteiligungen, Baufinanzierungen, qualifizierte sowie andere Retailforderungen)	– **Risikomessung:** für jedes Portfolio Infos „über eine hinreichende Anzahl an PD-Klassen (inkl. Ausfall), die eine aussagekräftige Differenzierung der Kreditrisiken ermöglichen" (Gesamtforderungen, ggf. gewichtete Durchschnitts-LGD sowie gewichtete durchschnittliche *EAD* für jedes Portfolio, Risikogewichte, ggf. nicht in Anspruch genommene Kreditzusagen) – Für Retailportfolios auf Pool-Ebene wie oben beschrieben oder alternativ Analyse der Forderungen bezüglich einer hinreichenden Zahl von EL-Klassen – **Historische Ergebnisse:** Tatsächliche Verluste für jedes Portfolio sowie eine detaillierte Veränderungsanalyse; ferner Gegenüberstellung der Ist Ergebnisse mit den Zielsetzungen/Prognosen des Institutes für den abgelaufenen Betrachtungszeitraum (Qualität des internen Ratingprozesses) – allerdings erst ab 2009 vorgesehen, da dazu eine entsprechende Datenhistorie erforderlich ist

Tabelle 6

Im Bereich der **Kreditrisikominderungstechniken** gelten für Standard- und IRB-Ansätze im Wesentlichen die gleichen Offenlegungsanforderungen. Lediglich im Bereich der quantitativen Offenlegung wird auf die Daten des jeweiligen Ansatzes zurückgegriffen:[31]

---

[30] Vgl. Basel II, § 826, Tabelle 6.
[31] Vgl. Basel II, § 826, Tabelle 7.

	Qualitative Offenlegung	Quantitative Offenlegung
Portfolios nach IRB-Ansatz	Zusätzlich zu den allgemeinen Anforderungen für Kreditrisikominderungstechniken (vgl. § 824) Angaben zu Strategie, Verfahren sowie Umfang außerbilanziellen Nettings, des Managements von Sicherheiten, Haupttypen der Garanten von Kreditderivaten (inkl. Bonität) und Angaben zu eingegangenen Risikokonzentrationen	– Für jedes Portfolio den Gesamtbetrag, der durch anerkannte finanzielle oder andere IRB-Sicherheiten besichert ist (nach *Haircut*) – Für jedes Portfolio den Gesamtbetrag, der durch Garantien/Kreditderivate besichert ist

Tabelle 7

Abschließend werden im Teil Kreditrisiken **Verbriefungen** betrachtet. Wie bei den Kreditrisikominderungstechniken werden auch hier Standard- und IRB-Ansätze im Wesentlichen gleich behandelt. In diesem Abschnitt werden explizit auch die Interdependenzen mit den Rechnungslegungsstandards deutlich.[32]

	Qualitative Offenlegung	Quantitative Offenlegung
Portfolios nach IRB-Ansatz	– Zusätzlich zu den allgemeinen Offenlegungsanforderungen für Verbriefungen (§ 824) Erörterungen der Ziele und des Umfangs der verlagerten Risiken – Übernommene Funktionen des Institutes im Verbriefungsprozess – Erörterung der vom Institut im Bereich der Verbriefung verwendeten Ansätze, zur Regulierung des aufsichtsrechtlichen Eigenkapitals – Zusammenfassung der bankeigenen Bilanzierungs- und Bewertungsmethoden für Verbriefungen – Nennung und Zuordnung für die Verbriefung eingesetzter Ratingagenturen	– Jeweils nach Forderungsart sind folgende Angaben zu machen: – Ausstehender Gesamtbetrag der von der Bank verbrieften Forderungen – Betrag Not leidender/überfälliger Forderungen sowie in der Periode realisierte Verluste, der Betrag zurückbehaltener und -gekaufter verbriefter Forderungen sowie der damit verbundenen Kapitalanforderung (Detaillierte Angaben) – Weitergehende Angaben zu Verbriefungen mit Early-Amortisation-Klausel – Zusammenfassung (inkl. Betrag) der Verbriefungen des laufenden Jahres und realisierter Verkaufserfolge

Tabelle 8

---

[32] Vgl. Basel II, § 826, Tabelle 8.

Marktrisiko

Für den Bereich Marktrisiken werden im Rahmen der Säule III „nur" die folgenden Angaben gefordert. Für Institute, die mit dem Standardansatz arbeiten:[33]

	Qualitative Offenlegung	Quantitative Offenlegung
Marktrisiko nach Standardansatz	Allgemeine Anforderungen nach § 824 der mit der Standardmethode erfassten Portfolien	Die jeweilige Eigenkapitalanforderungen für das Zinsänderungs-, Aktienpositions- Währungs- und Rohstoffpreisrisiko

Tabelle 9

Für Institute, die im Handelsbuch mit eigenen Ansätzen arbeiten:[34]

	Qualitative Offenlegung	Quantitative Offenlegung
Marktrisiko nach eigenen Ansätzen	– Allgemeine Anforderungen nach § 824 der mit der Modellmethode erfassten Portfolien – Für jedes so behandelte Portfolio: Modellmerkmale, Beschreibung der angewendeten Stress-Tests und des Backtesting – Umfang der Anerkennung durch die Aufsicht	– Höchster, durchschnittlicher und niedrigster Value-at-Risk-Wert über die Periode sowie Periodenendwert – Vergleich der Value-at-Risk-Schätzungen mit den tatsächlichen Erfolgen – Analyse bedeutender Ausreißer im Backtesting

Tabelle 10

Operationelle Risiken

Für den Bereich der operationellen Risiken werden in der dritten Säule nur grundlegende qualitative Offenlegungen gefordert. Dies sind im Wesentlichen:[35]
- Allgemeine Anforderungen nach § 824 sowie Angabe der Methode zur Bestimmung der Eigenkapitalunterlegung des operationellen Risikos, wofür sich die Bank qualifiziert
- Ggf. detaillierte Beschreibung des AMA (falls verwendet) einschließlich einer Beschreibung von Versicherungen zur Risikoreduktion

---

[33] Vgl. Basel II, § 826, Tabelle 9. Hinsichtlich weitergehender Fragen zum Bereich Offenlegung im Bereich Marktrisiko ist auch auf die hier spezifischen Publikationen des Baseler Ausschusses zu verweisen.
[34] Vgl. Basel II, § 826, Tabelle 10.
[35] Vgl. Basel II, § 826, Tabelle 11.

Offenlegungen für Positionen im Anlagebuch

Die letzten beiden Abschnitte der Säule III behandeln Offenlegungen für Risiken die aus Positionen des Anlagebuches entstehen können. Unterteilt wird dieser Bereich in Beteiligungen und Zinsänderungsrisiken im langfristigen Anlagegeschäft. Auch hier wird explizit auf die Verbindung zur Rechnungslegung hingewiesen.

Im Einzelnen werden für Beteiligungen folgende Angaben verlangt:[36]

	Qualitative Offenlegung	Quantitative Offenlegung
Beteiligungen	– Allgemeine Anforderungen nach § 824 für Beteiligungsrisiken inkl. einer Differenzierung von Holdings, die mit Gewinnerzielungsabsicht eingegangen wurden – Erörterung wichtiger Rechnungslegungsgrundsätze einschließlich Grundannahmen und -praktiken der Bewertung und deren Änderungen	– Bilanzausweis und fairer Wert der Beteiligung – Art und Natur der Beteiligungen – Aufgelaufene realisierte Erfolge aus Verkäufen in der Periode – Summe der unrealisierten Neubewertungserfolge, latenten Neubewertungserfolge sowie vergleichbarer Beträge (nicht in der GuV) – Eigenkapitalanforderungen nach Beteiligungsgruppen sowie – Art und Betrag der Beteiligungen die aufsichtsrechtlichen Übergangs- oder Grandfathering-Vorschriften unterliegen

Tabelle 11

Zinsänderungsrisiken im Anlagenbuch sollen wie folgt offen gelegt werden:[37]

	Qualitative Offenlegung	Quantitative Offenlegung
Zinsänderungsrisiko im Anlagebuch	Allgemeine Anforderungen nach § 824 einschließlich Natur und Schlüsselannahmen des IRRBB sowie Häufigkeit der Messung	Veränderung der Erträge, des ökonomischen Wertes bei Änderungsschocks der Zinsen auf der Grundlage der Methoden des Managements (sofern relevant nach Währungen)

Tabelle 12

---

[36] Vgl. Basel II, § 826, Tabelle 12.
[37] Vgl. Basel II, § 826, Tabelle 13.

3. Vergleich mit ausgewählten Rechnungslegungsnormen zur Risikopublizität

3.1 Effizienter Regulierungsgrad und Auswahl der Vergleichsnorm

Die neu gefassten Offenlegungsanforderungen der dritten Säule von Basel II erweitern den Umfang der bereits bestehenden Regulierungsnormen für Kreditinstitute.

Regulierungsnormen dienen dem Ziel, den Marktteilnehmer durch bessere Information effizientere Entscheidungen (bspw. zur Ressourcenallokation) zu ermöglichen. Das Prinzip der Effizienz ist aber in gleicher Weise auch auf die Normen selbst anzuwenden.

Ziel der Normen ist es einen (zusätzlichen) Informationswert zu schaffen. Grundsätzlich ist aber bei der Einführung neuer Regulierungsnormen zu beachten, dass die Umsetzung dieser Normen auch zu Kosten (**Regulierungskosten**) führt. Regulierungskosten entstehen dabei zunächst sowohl auf Seiten des Informationssenders (Erhebung, Kommunikation) als auch auf Seiten des Informationsempfängers (Zugang, Analyse). Neben diesen unmittelbaren Kosten können aber auch indirekte Kosten entstehen. Dies ist bspw. der Fall, wenn – z. B. aufgrund unterschiedlicher, komplexer Normensysteme – doppelte oder widersprüchliche Informationen veröffentlicht werden. Insbesondere im letzteren Fall kann eine dann ggf. eintretende Verunsicherung der Marktteilnehmer hinsichtlich der Informationsrichtigkeit zu zusätzlichen Kosten führen.

Dem Prinzip der Effizienz folgend erhalten Regulierungsnormen ihre Rechtfertigung durch einen die Regulierungskosten übersteigenden Informationswert. Im Idealfall ist eine Situation der optimalen Regulierung (optimaler Regulierungsgrad) vorstellbar. In der Praxis wird man sich aber (schon aufgrund der begrenzten Rationalität der Akteure) mit dem Streben nach einem möglichst effizienten Regulierungsgrad begnügen müssen.

Im konkreten Fall ist es zudem – insbesondere bei Adressaten mit heterogenen, teilweise konträren Informationsinteressen – vor allem höchst problematisch den Wert einer Information zu bestimmen und einer einzelnen Norm Informationskosten und -nutzen zuzurechnen. Mangels entsprechender Methoden zur Informationsbewertung überwiegt daher in der aktuellen (vor allem politischen) Diskussion der Regulierung die Ansicht, dass grundsätzlich ein „Mehr" an Informationen eine höhere Transparenz und schließlich effizientere Entscheidungen der Marktteilnehmer ermöglicht. Dem folgend werden z. B. im Rahmen der Säule III die neuen Normen mit der allgemeinen Zielsetzung von Basel II unter der Annahme eines funktionierenden Marktdisziplinierungsmechanismus begründet.

Aus den oben genannten Ausführungen sollen zusammen fassend für die folgende Betrachtung zwei Aspekte herausgearbeitet werden:

- Neue Normen sind stets unter **Effizienzaspekten** zu beurteilen. Eine vollumfängliche Effizienzbetrachtung erscheint aber weder erreichbar noch mit den bisherigen Methoden praktikabel. Ein mögliches Zwischenziel kann es aber sein sich dem Punkt der optimalen Regulierung durch isolierte Teiloptimierungen anzunähern.

– Vor diesem Hintergrund kann aber auch eine **Teiloptimierung** erfolgen, indem die neuen Regulierungsnormen mit bereits bestehenden, in Kraft gesetzten Normen verglichen werden. Eine solche Gegenüberstellung mit relevanten Normen soll insbesondere auch gemeinsam zu erfüllende Anforderungen aufzeigen und damit, aus dem Gesichtspunkt der durch die Regulierungsanforderungen entstehenden Kosten, Synergieeffekte ermitteln. Ferner kann in Rahmen dieser Untersuchung auch auf ggf. bestehende Probleme oder sogar Gegensätze hingewiesen werden.

Regelungen zur Publizität von Unternehmensinformationen im Bereich Risiken und Kapitaldeckung bei Kreditinstituten sind Bestandteil unterschiedlicher Normensysteme.[38] Ein theoretisch denkbarer, mehrdimensionaler Vergleich zwischen diesen Normensystemen würde in Umfang und Komplexität den hier gegebenen Rahmen allerdings deutlich überschreiten. Der Umfang der mit Säule III interdependenten Offenlegungs- bzw. Regulierungsnormen lässt es somit geboten erscheinen, zunächst eine Begrenzung der hier im Folgenden zu betrachtenden Vergleichsnormen vorzunehmen.

3.2 DRS 5-10 als geeignete Vergleichsnorm

Wie bereits einleitend erwähnt, bestehen im Bereich der Publizität von Finanz- und Risikomanagementinformationen zahlreiche Normensysteme. Insbesondere sind dies die verschiedenen Rechnungslegungsstandards. Demnach ist zu erwarten, dass vor allem in der Erfüllung der Rechnungslegungsstandards und der Regelungen in Säule III umfangreiche Synergieeffekte realisierbar sind. Dies wird auch vom Ausschuss gesehen. Der Ausschuss betont in diesem Zusammenhang seine Bestrebungen eine weitgehende Kompatibilität mit bestehenden und künftigen Rechnungslegungsstandards zu gewährleisten.[39] Dennoch ist aus nationaler Perspektive zu beachten, dass in diese Betrachtung primär internationale bzw. bedeutende nationale Standardsysteme eingehen dürften. Es ist daher nicht auszuschließen, dass im Einzelfall die gleichzeitige Anwendung nationaler Rechnungslegungsstandards zu Konflikten führen kann.

Aus der nationalen Perspektive hinsichtlich der Regulierung der Publizität von Risiken im Kreditsektor erscheinen für die deutsche Bankenlandschaft vor allem die folgenden Normen(-systeme) von Interesse:[40]
– In Ergänzung der Vorschriften des HGB der Deutsche Rechnungslegungs Standard Nr. 5-10: Risikoberichterstattung von Kreditinstituten (DRS 5-10)

---

[38] Neben dem im Folgenden betrachteten Bereich der Rechnungslegungsstandards sind insbesondere – ohne Anspruch auf Vollständigkeit – andere aufsichtsrechtliche Normen, nationale Gesetze für den Kreditsektor oder den Kapitalmarkt sowie Standards durch private Organisationen oder Börsenaufsichtsinstitutionen zu nennen.

[39] Vgl. Basel II, § 813.

[40] Aus oben genannten Gründen wiederum ohne Anspruch auf Vollständigkeit. Ferner wird im Folgenden primär der Kernbereich der Säule III, der Bereich der Risikopublizität betrachtet. Die Regelungen zur Darstellung des Eigenkapitals werden hier nicht weiter untersucht.

- Die Bestimmungen des KWG sowie der RechKredV
- Die Prüfberichtverordnung (PrüfBV) für die externe Prüfung der Rechnungslegung von Kreditinstituten durch einen Wirtschaftsprüfer

Im Mittelpunkt der weiteren Untersuchung soll dabei der seit Anfang 2003 für deutsche Kreditinstitute verbindliche DRS 5-10 stehen. Die Untersuchung kann insofern als exemplarisch bzw. Modell für gleichartige, weitergehende, Analysen auch anderer Regulierungssysteme dienen.

Hintergrund, Relevanz und Regelungsbereich von DRS 5-10

Der Deutsche Rechnungslegungsstandard Nr. 5-10 „Risikoberichterstattung der Kreditinstitute" ist Teil eines Normensystems, das durch das in Deutschland im Zuge des KonTraG eingesetzte, private Standardsetting Gremium, den **DRSC (Deutsches Rechnungslegungs Standards Committee)**[41] , erarbeitet wurde.

Aufgabe des Gremiums ist die zeitnahe Ausgestaltung aktueller Probleme und Fragen der Rechnungslegung im Rahmen der gültigen Gesetzeslage (v. a. HGB) unter besonderer Beachtung der Kompatibilität mit internationalen (Rechnungslegungs-)Standards und Regelungen. An der Entwicklung der Standards sind Rechnungslegungsspezialisten sowie fachkundige Vertreter der Interessengruppen beteiligt. Im Falle von DRS 5-10 waren neben den Vertretern der Kreditinstitute vor allem Vertreter von Finanzanalysten sowie Wirtschaftsprüfungsgesellschaften und der Hochschulen.

Der Standard erhält seine Wirkung einerseits durch die dem DRSC übergebene Kompetenz entsprechende Standards vorzuschlagen und in Zusammenarbeit mit dem Bundesjustizministerium formal in Kraft zu setzen. DRS 5-10 stellt die inhaltliche Ausgestaltung der §§ 289, 315 Abs.1 HGB dar, der für den (Konzern-)Lagebericht eine Darstellung der „künftigen Risiken der Entwicklung"[42] fordert. Andererseits entwickelt der DRS 5-10 auch eine Bindungswirkung durch die quasi Selbstverpflichtung der beteiligten Interessengruppen infolge des Standardsettingprozesses sowie einer faktischen Verpflichtung infolge des Marktdisziplinierungsmechanismus. Die formale Inkraftsetzung des DRS 5-10 erfolgte zum Jahresbeginn 2003. Dementsprechend ist eine erstmalige vollständige Anwendung für den Jahresabschluss zum 31. Dezember 2003 verpflichtend eingetreten.

Die Nummerierung 5-10 weist darauf hin, dass es sich um einen branchenspezifischen Standard für den Kreditsektor handelt. Die speziellen Regelungen des Branchenstandards haben gegenüber dem allgemeinen Standard zur Risikoberichterstattung (DRS 5) Vorrang.

Aufbau des Normenvergleichs

Der folgende Vergleich orientiert sich in der Abfolge an den Vorschriften der dritten Säule von Basel II. Ausgehend von den Regelungen in der Säule III wird nach Ent-

---

[41] Auch unter dem englischen Namen GASC (German Accounting Standards Committee) bekannt.
[42] Vgl. §§ 289, 315 HGB.

sprechungen in anderen Regelwerken (vorrangig DRS 5-10) gesucht. Dementsprechend erfolgt auch keine vollumfängliche Darstellung von DRS 5-10, sondern nur eine Darstellung der Bereiche, die aus Sicht von Basel II relevant sind.

Ferner wird eine möglichst weitgehende Analyse dabei zwar angestrebt, aufgrund der Komplexität der Normen kann aber nicht ausgeschlossen werden, dass im Einzelfall weitergehende Interdependenzen bestehen.

3.3 Vergleich der Offenlegungsanforderungen von Basel II, Säule III und DRS 5-10

Ebenso wie Basel II dient auch DRS 5-10 der Publizität von Risikopositionen und Risikomanagementaspekten gegenüber der allgemeinen, interessierten Öffentlichkeit. Die Zielsetzung der Säule III ist allerdings spezifisch auf den Bereich der Eigenkapitalunterlegung zugeschnitten. Demgegenüber hat DRS 5-10, entsprechend der korrespondierenden Bestimmungen im HGB, die allgemeine Zielsetzung, auf alle Risiken der künftigen Entwicklung des Institutes einzugehen. Dabei nennt DRS 5-10 als Adressaten explizit die wichtigsten Interessengruppen, die mit dem Institut in Beziehung stehen.

Erreichung angemessener Offenlegung

Grundsätzlich basiert auch DRS 5-10 auf der Annahme des Marktdisziplinierungsmechanismus. Allerdings ist für DRS 5-10 bereits eine direkte Durchsetzbarkeit der Vorschriften über die Einsetzung durch das Bundesjustizministerium gegeben.

Zusammenwirkung mit den Offenlegungspflichten nach Rechnungslegungsstandards

Hinsichtlich des Zusammenwirkens zwischen dem Baseler Ausschuss und den Standardsettern wird auf Absatz 2.1.1 verwiesen.

Aus Sicht von DRS 5-10 ist anzumerken, dass in der Phase der Ausarbeitung des Standards bereits die ersten Überlegungen zu Basel II veröffentlicht waren, sowie auftragsgemäß auch eine eingehende Betrachtung internationaler Rechnungslegungsstandards vorgenommen wurde. Zudem basieren beide Normen auf der allgemeinen internationalen Entwicklung der Regulierung der Offenlegung.

Sonstige allgemeine Aspekte

Die Definition der **Wesentlichkeit** ist faktisch in beiden Normen identisch. Zu beachten ist bei der Anwendung des Nutzertests allerdings die Zielsetzung der jeweiligen Normen.

Als Veröffentlichungsintervalle sieht DRS 5-10 prinzipiell jährliche Berichterstattung im Rahmen des Lageberichts (**Risikobericht**) vor. Daneben werden auch Angaben im Rahmen der Zwischenberichterstattung sowie ggf. ad-hoc Informationen angeregt. Formal wird die Risikoberichterstattung damit an die Geschäftsberichterstattung im Rahmen des Jahresabschlusses gekoppelt.

3.3.1 Anwendungsbereich

DRS 5-10 gilt zunächst nur für den **Konzernlagebericht**. Entsprechende Vorschriften zum Konsolidierungskreis und zur Konzernrechnungslegung ergeben sich aus den allgemeinen Vorschriften des HGB. Eine Wirkung auf den Einzelabschluss ist zwar erwünscht, unterliegt derzeit aber freiwilliger Anwendung.

Zwar bestehen grundsätzlich zwischen handels- und aufsichtsrechtlichem Konsolidierungskreis unterschiedliche Zuordnungen, prinzipiell sind aber (fast) alle Angaben nach Säule III sowie nach DRS 5-10 auf der obersten Konsolidierungsebene (der Bankengruppe) vorzunehmen. Kommt es im Einzelfall zu Problemen aufgrund unterschiedlicher Zuordnung von für die Darstellung der Risikopositionen materiell wesentlichen Tochterunternehmen, können getrennte Darstellungen erforderlich sein. In den meisten Fällen kann aber davon ausgegangen werden, dass sich keine wesentlichen Unterschiede in der Darstellung der Offenlegungsinformationen aufgrund des Konsolidierungskreises ergeben dürften.

Da DRS 5-10 keinen direkten Zusammenhang mit bestimmten Berechnungsmethoden beinhaltet, ist dieser hinsichtlich der Berücksichtigung von Größenkriterien der der Offenlegungspflicht unterliegenden Institute flexibler als Basel II. Neben der (derzeitigen) Beschränkung auf Konzernabschlüsse wird von den Instituten eine Offenlegung zumeist nur auf der Grundlage der intern bereits verfügbaren Daten und in Abhängigkeit vom Geschäftsumfang gefordert.

3.3.2 Eigenkapital

Entsprechende Angaben sind nach DRS 5-10 nicht zu erbringen. Die Verwendung der bisher gegenüber den Aufsichtsbehörden (z. B. nach §§ 10, 10a KWG) zu erbringenden Meldungen dürfte keine geeignete Basis für eine Offenlegung darstellen. Dementsprechend ist dieser Bereich als Offenlegung gegenüber der Öffentlichkeit neu zu gestalten. Ggf. kann hier auch die Darstellung der Eigenmittel gegenüber dem Aufsichtsrat nach Maßgabe der PrüfBV als Beispiel herangezogen werden.

Einer Offenlegung innerhalb des Risikoberichtes (sowohl im Jahresbericht als auch auf Ebene der Zwischenberichte) steht ferner – unter Maßgabe der Klarheit des Risikoberichtes – nichts entgegen.

3.3.3 Eingegangene Risiken und ihre Beurteilung

Im Bereich Risikopublizität ist der eigentliche Kern der beiden Regelwerke zu sehen. Entsprechend sind primär dort Schnittpunkte und Synergien zu erwarten.

Bei einem Vergleich der in beiden Regelwerken behandelten Risikoarten fällt zunächst auf, dass weitgehend Übereinstimmung besteht. Basel II gliedert allerdings explizit Risiken aus Beteiligungen im Anlagebuch heraus und setzt seinen Schwerpunkt deutlicher im Bereich der Kredit- bzw. Adressenausfallrisiken.

Allgemeine qualitative Offenlegungsvorschriften

Die allgemeinen qualitativen Offenlegungsvorschriften[43] sind faktisch identisch mit den entsprechenden Vorschriften von DRS 5-10. Einzig die geforderten Angaben zum Risikoberichtswesen und zu den Überwachungsprozessen zur Effektivität des *Hedgings* sind etwas spezifischer als von DRS 5-10 explizit verlangt.

Aufgrund der Entsprechung bei dem Veröffentlichungsintervall – beide Normen sehen eine jährliche Veröffentlichung als ausreichend an – und der inhaltlichen Konformität kann dieser Bereich problemlos durch den Risikobericht abgedeckt werden.

Kreditrisiko

Basel II verlangt primär Veröffentlichungen bezüglich der Techniken der Eigenkapitalbestimmung, aus denen sich dann u. a. Informationen zur Risikostruktur ergeben. DRS 5-10 fordert direkt die Angaben zur Risikostruktur und zu den zugrunde liegenden Modellen einschließlich der Modellannahmen. Dabei sind z. B. auch nach DRS 5-10 Segmentierungen des Kreditvolumens nach geeigneten Kriterien vorgesehen.

Die spezifischen Anforderungen zu den benutzen Ansätzen jeweils für jedes Portfolio, die Basel II vorsieht, werden im DRS 5-10 nur durch die allgemeine Forderung nach Angabe und Darstellung der verwendeten Risikomanagementmodelle der jeweiligen Risikoart abgedeckt. Im Detaillierungsgrad gehen sie daher in Säule III deutlich über DRS 5-10 hinaus.

Alle nach Basel II erforderlichen Angaben lassen sich in den Risikobericht integrieren. Mit der Erfüllung der Anforderungen nach Säule III dürfte auch sämtlichen Anforderungen von DRS 5-10 in dieser Risikoart entsprochen werden. Zu beachten ist allerdings, dass die Klarheit im Risikobericht zu wahren ist und ggf. nach Basel II kurzfristigere Veröffentlichungen erforderlich sein können.

Marktrisiko

Im Bereich Markrisiken ist DRS 5-10 umfangreicher als Basel II, da sich die letztere Norm auf die für das Eigenkapital relevanten Angaben beschränkt. Demgegenüber dürften insbesondere die Anforderungen zur Offenlegung bankeigener Modelle im Handelsbuch DRS 5-10 in guter Weise ergänzen.

Auch hier gelten hinsichtlich der Vereinbarkeit der Normen die Feststellungen zu den Kreditrisiken.

Operationelle Risiken

Der Regelungsbereich zu den operationellen Risiken ist – entsprechend zum Entwicklungsstand der Risikomanagementmodelle in diesem Feld – in beiden Regelwerken nur kurz, hauptsächlich durch qualitative Anforderungen berücksichtigt. Im Wesentlichen beschränken sich beide Normen auf eine Darstellung der vom jeweiligen Institut verwendeten Modelle.

Auch hier gelten hinsichtlich der Vereinbarkeit der Normen die Feststellungen zu den Kreditrisiken.

---

[43] Vgl. Basel II, § 824.

Offenlegungen für Positionen im Anlagebuch

Die Risiken in diesem Bereich werden von DRS 5-10 nicht als eigenständige Risikoart behandelt, allerdings in den Definitionen explizit berücksichtigt. Einer gesonderten Darstellung, wie sie Basel II vorsieht, steht DRS 5-10 – bei Wahrung der Klarheit – aufgrund der „Flexibilitätsklausel" allerdings nicht entgegen. Auch hier kann Basel II den DRS 5-10 ausfüllen helfen.

3.4 Zusammenfassung

Mit der (vollumfänglichen) Anwendung von DRS 5-10 wird bereits ein nicht unerheblicher Teil der Offenlegungsanforderungen der dritten Säule von Basel II ausgefüllt. Dies gilt insbesondere für allgemeine (meist qualitative) Offenlegungen zum Risikomanagement allgemein und innerhalb der jeweiligen Risikoklassen, sowie für qualitative und quantitative Offenlegungen im Bereich der Kredit- bzw. Adressenausfallrisiken.

Grundsätzlich bietet sich der **Risikobericht** daneben als formaler Rahmen und **Kommunikationsmittel** der in Basel II geforderten Offenlegungen an. Probleme hinsichtlich der Klarheit des Risikoberichtes sollten durch eine geeignete Gestaltung vermeidbar sein.

In den meisten Fällen gehen die Angaben nach Basel II, Säule III im Detaillierungsgrad über den DRS 5-10 hinaus. Dies überrascht nicht, da Basel II einerseits einen anderen Schwerpunkt verfolgt; andererseits profitiert Basel II aufgrund des späteren Veröffentlichungstermins auch vom fortgeschrittenen Stand der Diskussion in der Risikopublizität. Zu beachten ist aber auch, dass DRS 5-10 eine allgemeine, weiter gefasste Zielsetzung verfolgt und damit auch seinerseits über Basel II hinaus gehende Informationen erfordert.

Direkte Konflikte oder Probleme infolge konträrer Offenlegungsanforderungen, die bspw. zur Verunsicherung der Marktteilnehmer führen könnten, werden nicht gesehen. Aus dem Konsolidierungskreis können sich in Einzelfällen Probleme ergeben, die eine parallele bzw. getrennte Darstellung von Informationen nach beiden Regelwerken erforderlich macht. Solche Fälle sollten jedoch auf Ausnahmen beschränkt sein.

4. Fazit und Ausblick

Die dritte Säule erweitert für die deutschen Kreditinstitute den Umfang der zu erfüllenden Regulierungsvorschriften im Bereich der Offenlegung. Vor allem die von Seiten der Kreditwirtschaft im Verlauf des Konsultationsprozesses eingereichten Reaktionen auf Basel II verdeutlichen, dass die zunehmende Belastung insbesondere kleiner und mittlerer Institute durch das steigende Regulierungsvolumen nicht übersehen werden sollte.

Dies betont die Notwendigkeit (neue) Regulierungsnormen auf ihre Effizienz hin zu untersuchen. Infolge der Problematik der Messung von Kosten und Nutzen von Regulierungsnormen sowie komplexer Interdependenzen zwischen teilweise konkurrierenden Normensystemen erscheint eine Totalbetrachtung jedoch kaum praktikabel. Ferner stellt sich auch die Frage, inwiefern ein Zusammenhang von Markttransparenz und Marktdisziplinierungsmechanismus gegeben ist. Der derzeit international zu beobachtende Trend durch eine ständige Erweiterung der Offenlegung mehr Transparenz erreichen zu wollen, ist daher durchaus kritisch zu sehen.

Als (normative) Alternative zu einer allgemeinen Publizität, also einer Offenlegung gegenüber der allgemeinen Öffentlichkeit, im Bereich der Risikoinformationen bietet sich der Weg der Informationsanalyse und -aufbereitung durch Dritte an. Dieses können bspw. Assurance-Dienstleister (Ratingagenturen, Wirtschaftsprüfer) oder auch Aufsichtsbehörden sein. Allerdings muss dabei berücksichtigt werden, dass diese teilweise nationalen Normensystemen unterliegen und ggf. die Transparenz und eine Vergleichbarkeit auf internationaler Ebene erschwert wird.

Die derzeitigen Bestrebungen, die Markttransparenz durch eine Ausweitung der Offenlegungsvorschriften zu erhöhen, dürfte sich auch in den kommenden Jahren nicht wesentlich verändern. Unter der gegebenen Situation der derzeit bestehenden Normen zur Offenlegung kann aber – quasi als Second-Best-Lösung – zumindest versucht werden, die Informationskosten im Bereich der Erhebung und Vermittlung durch geeignete Maßnahmen zu optimieren. Der vorliegende Beitrag zeigt, dass eine praktikable Vorgehensweise die Analyse von Normen mit ähnlichem Regelungsbereich sein kann. Das Ergebnis der Analyse zeigt, dass die bestehenden Normen durchaus miteinander vereinbar sind und Synergien genutzt werden können.

Neben dieser anwendungs- oder praxisorientierten Zielsetzung einer Reduktion der Informationskosten kann damit auch auf eine Harmonisierung der Normen hingewirkt werden. Zumindest kann versucht werden, auf nationaler Ebene Normen nach Möglichkeit so zu gestalten, dass keine Doppelbelastungen durch oder Widersprüche mit internationalen Normen entstehen. Dass dieses nicht einseitig durch eine Anpassung nationaler Normen erfolgen muss, zeigen auch die Aussagen durch den Baseler Ausschuss, der künftige Modifikationen in der Säule III bereits angekündigt hat. Der Einfluss der deutschen Vertreter im weiteren Anpassungsprozess sollte daher auch (weiterhin) auf eine Kompatibilität mit den für maßgeblich erachteten deutschen Normen gerichtet sein.

Autorenverzeichnis

Sabine Appel absolvierte ihr Studium an der Universität Dortmund, das sie als Diplom-Mathematikerin abschloss. Seit 1999 arbeitet sie bei Deloitte in der Service Line Financial Risk Solutions. Ihre Tätigkeiten erstrecken sich von bankaufsichtsrechtlichen Fragestellungen über die Risikoanalyse von Kapitalanlagen bei Versicherungen bis hin zu Model-Reviews für strukturierte Projektfinanzierungen.

Dr. Ulrich Braun, Wirtschaftsprüfer und Steuerberater, ist bei Deloitte Partner im Bereich Financial Services Industries. Seine Tätigkeitsschwerpunkte im Rahmen der Prüfung und Beratung von Banken und Finanzdienstleistern sind Fragen der nationalen und internationalen Rechnungslegung, das Bankaufsichtsrecht, Risikomanagementsysteme und Kreditrisiken. Zu seinen Mandanten zählen nationale und internationale Banken und Finanzinstitute. Er ist Mitautor eines bekannten KWG-Kommentars und Mitglied in verschiedenen Arbeitskreisen des Instituts der Wirtschaftsprüfer e. V.

Claus Buchholz studierte Betriebswirtschaftslehre an der Heinrich-Heine-Universität, Düsseldorf, mit den Schwerpunkten Controlling und Wirtschaftsprüfung. Daran an schließt sich seit 2000 eine Dissertation im Bereich Risikopublizität. Seit Anfang 1999 arbeitet er bei Deloitte im Bereich der Financial Services Group als Assistent im Backoffice zu Fragen der Rechnungslegung sowie im aktiven Prüfungsdienst.

Leon Bloom ist geschäftsführender Partner der Deloitte Global Financial Services Industry (GFSI) Service Lines, der Strategic Risk Service Line und der Capital Management Service Line. Er berät Unternehmen des öffentlichen und privaten Bereichs bei der Allokation von Risikokapital, Unternehmensführung und Zahlungssystemen. Leon Bloom hat an der University of London und der J. L. Kellogg Graduate School of Management in Evanston, USA, studiert.

Bernd Claußen ist Geschäftsfeldsteuerer für den Bereich „Treasury and Financial Markets" der IKB Deutsche Industriebank AG. Er begann seine berufliche Karriere nach dem Studium zum Diplom-Wirtschaftsingenieur an der Universität Karlsruhe bei der Deutsche Bank AG im Geschäftsbereich Global Markets als Derivate Strukturierer. Während seiner Tätigkeit bei Deloitte beriet er in der Service Line Financial Risk Solutions Banken und Industrie- und Handelsunternehmen in den Bereichen Treasury und International Accounting Standards. Ein Schwerpunkt seiner Beratung war der betriebswirtschaftliche Einsatz von Derivaten und deren Abbildung in den Geschäftsprozessen sowie gemäß IAS 39/FAS 133. Im Frühjahr 2004 wechselte er zur IKB Industriebank AG.

Michael Cluse ist seit 1998, derzeit als Manager, bei Deloitte in der Service Line Financial Risk Solutions in der Beratung für Risikomanagement in Finanzdienstleistungsunternehmen tätig. Seine Schwerpunkte liegen vor allem in den Bereichen Kreditrisikomanagement und aufsichtsrechtliche Anforderungen an die Risikomessung und -steuerung. Zuvor war er mehrere Jahre in verschiedenen Aufgabenfeldern in einer Sparkasse und einer Banken-Rechenzentrale tätig und absolvierte ein Studium der Betriebswirtschaftslehre an der Westfälischen Wilhelms-Universität Münster.

Ingo de Harde ist seit 2001 als Senior Consultant bei Deloitte im Bereich Financial Risk Solutions tätig, wo er insbesondere mit den Bereichen Risk Management, Cashflow-Modelling und der EDV-technischen Umsetzung von ABS-Transaktionen befasst ist. Weitere Tätigkeitsschwerpunkte sind die Beratung von Banken bei der Umstellung auf IAS, insb. IAS 39, sowie die Erfüllung aufsichtsrechtlicher Anforderungen (Basel II, Grundsatz I). Herr de Harde hat an der Universität Osnabrück sein Studium als Diplom-Physiker abgeschlossen.

Alexander Dernbach ist seit 2001 als Werkstudent bei Deloitte in der Service Line Financial Risk Solutions tätig und befasst sich mit den Bereichen Aufsichtsrecht und qualitatives Risikomanagement. Zuvor absolvierte er eine Ausbildung zum Bankkaufmann.

Dr. Jens Döhring ist Gruppenleiter Rating und Ausfallrisikobepreisung in der DZ BANK AG. Nach einem Studium der Betriebswirtschaftslehre in Münster und Hull/GB war er zunächst Assistent am Lehrstuhl für Bankbetriebslehre an der Universität zu Köln. Dort promovierte er zum Thema „Gesamtrisikomanagement von Banken". Im Anschluss nahm er seine Tätigkeit als Risk-Consultant mit Zuständigkeit für Gesamtrisikomanagement-Themen bei der DG BANK AG auf. Später war Herr Dr. Döhring bei der Commerzbank AG im Bereich Ausfallrisiken Handel und Ausfallrisikosteuerung Kredit tätig, bevor er erneut zur DG BANK AG in seiner heutigen Funktion wechselte. Heutige Tätigkeitsschwerpunkte von Herrn Dr. Döhring sind die methodische Entwicklung von Basel II-fähigen Rating- und Ausfallrisikobepreisungssystemen, die Einführungsbegleitung und Anwenderbetreuung dieser Systeme, die operative Ermittlung von Standardrisiko- und Eigenkapitalkosten sowie die Entwicklung und Betreuung von Vorkalkulationssystemen. Neben seiner Tätigkeit bei der DZ BANK AG hat Herr Dr. Döhring einen Lehrauftrag bei der Bankakademie Frankfurt.

Jörg Engels ist Partner, Wirtschaftsprüfer und Steuerberater und seit 1993 Mitarbeiter bei Deloitte. Seit Ende 2000 leitet er die Service Line Financial Risk Solutions, in deren Mittelpunkt die beratende Unterstützung von Finanzdienstleistern sowie Industrie- und Energieunternehmen durch maßgeschneiderte Risikomanagement-Konzepte steht. Die umfassende Leistungspalette reicht vom Marktpreis- und Kreditrisikomanagement bei Banken, Versicherungen und Energieunternehmen bis hin zur Steuerung der operationellen Risiken und der Beratung bei der Umsetzung aufsichtsrechtlicher und gesetzlicher Anforderungen wie z. B. Basel II, MaK oder den IAS/IFRS.

Patrick Esperstedt absolvierte nach dem Abitur eine Ausbildung zum Bankkaufmann bei der Stadtsparkasse in Trier. Nach Beendigung seines Wehrdienstes arbeitete er zunächst zwei Jahre für die Deutsche Bank AG, Filiale Frankfurt in der Auslandsabteilung. Daran schloss sich ein Studium der Betriebswirtschaftslehre/European Business an der Fachhochschule Trier und ein MA-Studiengang der University of Leicester an. Nach erfolgreichem Abschluss seines Studiums arbeitete Patrick Esperstedt über sechs Jahre in Berlin; zunächst als Prüfer bei der KPMG, anschließend als Referent Konzernfinanzen für die Bankgesellschaft Berlin. 1999 wechselte er zur Hypothekenbank in Essen AG. Seit rund zwei Jahren ist er dort als Abteilungsleiter insbesondere für die Bearbeitung und Koordinierung von Vorstandsprojekten im Rahmen des Kreditrisikomanagements verantwortlich. Hierzu gehört die Umsetzung von Basel II-konformen internen Ratingsystemen für alle Segmente der Bank.

Dr. Oliver Everling ist Geschäftsinhaber der Everling Advisory Services und Geschäftsführer der RATING EVIDENCE GmbH in Frankfurt am Main. Er ist als Professor zu Gast an der Capital University of Economics and Business in Peking, China. Dr. Everling ist Herausgeber und Autor von rund 350 Büchern, Artikeln und Fachbeiträgen und Mitglied zahlreicher Vereine zum Thema Rating und Finanzanalyse. Bis Ende 1988 war er wissenschaftlicher Mitarbeiter am Bankseminar der Universität zu Köln und promovierte zum Thema „Credit Rating durch internationale Agenturen". Von 1989 bis 1991 war er Referent des Arbeitskreises Rating bei der Börsen-Zeitung, Herausgebergemeinschaft Wertpapier-Mitteilungen. Dr. Everling wurde 1991 Geschäftsführer der Projektgesellschaft Rating mbH und übernahm 1993 als Abteilungsdirektor das Referat Analyse/Marktpotenziale in der Dresdner Bank. Bis Anfang 1998 leitete er das Projektteam zur Euro-Vorbereitung im Geschäftsbereich Privatkunden/Vermögensberatungskunden. Zuletzt war er in der Dresdner Bank für das Projekt „Rating" verantwortlich. Von Mai 1996 bis zur Markteinführung der EuroRatings AG in Frankfurt am Main im Mai 2000 war Dr. Everling Mitglied des Lenkungsausschusses „Ratingagentur" des Hessischen Wirtschaftsministeriums in Wiesbaden.

Klaus Frick hat nach seinem Abitur 1982 und seinem zweijährigen Dienst bei der Bundeswehr zwischen 1984 und 1986 eine Ausbildung zum Bankkaufmann absolviert. Daran schloss sich ein Jura-Studium an den Universitäten Bayreuth und Bonn an. Das Referendariat leistete er zwischen 1992 und 1994 am OLG Oldenburg. 1995 arbeitete er zunächst als Firmenberater bei der IKB Deutsche Industriebank in Düsseldorf. In den Jahren 1999 und 2000 hatte er die Stelle des Projektleiters Unternehmensentwicklung zu verantworten und leitet seit 2001 als Direktor die strategische Planung der IKB.

Joachim von Gélieu absolvierte an der Technischen Universität Berlin ein Studium der Volkswirtschaftslehre mit Abschluss Diplom-Volkswirt. Von 1994 bis 1997 war er für die Berliner Bank AG in der Auslandsabteilung als Assistant Regional Manager (Far East Desk) sowie in der Abteilung Export- und Projektfinanzierung des Bereichs Corporate Finance tätig. 1997 wechselte er zu RWE Energie AG/RWE Trading GmbH in die Abteilung Strukturierte Finanzierung des Bereichs Finanzen (Schwerpunkt: non-recourse Projektfinanzierungen Mittel- und Osteuropa). Seit 1999 ist er Leiter der Abteilung Global Credit Risk Management des Energiehandelsgeschäftes der RWE Energie AG/RWE Trading GmbH.

Dr. Sabine Henke ist seit 2002 bei Deloitte im Bereich Financial Services beschäftigt. Ihre Tätigkeitsschwerpunkte umfassen die Prüfung und Beratung von Banken und anderen Finanzdienstleistern. Zuvor studierte sie Betriebswirtschaftslehre und arbeitete als wissenschaftliche Mitarbeiterin am Seminar für Kapitalmarktforschung und Finanzierung an der Ludwig-Maximilians-Universität in München. Sie promovierte zum Thema „Anreizprobleme beim Transfer der Kreditrisiken aus Buchkrediten" und ist Autorin verschiedener Aufsätze zu Kreditderivaten, unter anderem auch zu deren bankaufsichtlicher Behandlung.

Hans Peter Hochradl berät als Director im Bereich Consulting bei Deloitte führende Banken bei der Definition von Projektstrategien, der Konzeption und erfolgreichen Durchführung von Implementierungs- und Transformationsprojekten. In den mehr als 16 Jahren Berufserfahrung, davon mehr als 8 Jahre bei Deloitte, hat sich Herr Hochradl inhaltlich auf die Fachbereiche Controlling, Unternehmenssteuerung, Reporting, Rechnungswesen und regulatorische Fragestellungen konzentriert.

Jürgen Hromadka ist Abteilungsleiter für das Controlling von Ausfall- und operationellen Risiken in der DZ BANK. Nach einem Studium der Wirtschaftswissenschaften in Stuttgart war er zunächst Vorstandsassistent, Prüfer und Gutachter im Bankenbereich einer großen Wirtschaftsprüfungsgesellschaft. Im Anschluss daran wechselte er zur DG BANK und war dort zunächst als Leiter der Gruppe Einzelgeschäftssteuerung in der Ausfallrisikodisposition, danach Gruppenleiter Risikocontrolling/Innovationen für Ausfall- und operationelle Risiken. In seiner heutigen Funktion liegen die Tätigkeitsschwerpunkte bei der Steuerung operationeller Risiken in den Themen Verlustdatensammlung, Self-Assessment, Risikoindikatoren und opVaR-Modelle sowie bei der Ausfallrisikosteuerung in den Themen Rating, Ausfallrisikobepreisung, Credit-VaR-Modelle, Ausfallrisikoreporting und Handelslimitüberwachung.

Alexander Kottmann hat ein Studium der Betriebswirtschaftslehre an der Westfälischen Wilhelms-Universität Münster absolviert. Seit 2002 arbeitet er in der German Securitisation Group bei Deloitte. Hier begleitet er Verbriefungs-Transaktionen in der Strukturierungs- und Umsetzungsphase. Schwerpunktmäßig beschäftigt er sich mit Fragen der bilanziellen Behandlung von Securitisation Transaktionen und ist Experte für aufsichtsrechtliche Fragestellungen im Zusammenhang mit ABS-Transaktionen. Zudem ist er mit Fragestellungen hinsichtlich des Forderungsmanagements im Rahmen von Asset Audits bei Securitisation-Transaktionen mittelständischer Unternehmen befasst.

Peter Lellmann absolvierte zunächst eine Ausbildung zum Bankkaufmann bei der Frankfurter Sparkasse. Im Rahmen seines anschließenden Studiums an der Katholischen Universität Eichstätt konnte er auch ein Auslandssemester in Mexiko wahrnehmen. Seit Juli 2001 arbeitet er bei Deloitte in der Service Line Financial Risk Solutions, wo er sich u.a. mit aufsichtsrechtlichen Fragestellungen befasst.

Volker Linde absolvierte nach seiner Ausbildung zum Bankkaufmann bei der BfG Bank AG ein Studium der Betriebwirtschaftslehre an der Heinrich-Heine-Universität in Düsseldorf. Er hat mehrjährige Berufserfahrung im Bankenbereich, zuletzt als Senior Risk Controller einer großen deutschen Universalbank. Seit 1999 berät er bei Deloitte, derzeit als Manager, im Bereich Financial Risk Solutions Banken, Versicherungen und Energieunternehmen in Fragen des Risikomanagements, Aufsichtsrechts und der internationalen Rechnungslegung nach IFRS.

Ulrich Lotz ist Wirtschaftsprüfer, Steuerberater und Centified Public Accountant und seit 1990 Mitarbeiter bei Deloitte. Als Director ist er verantwortlich für die German Securitisation Group. Herr Lotz betreut zahlreiche deutsche und europäische Verbriefungstransaktionen. Sein Tätigkeitsbereich umfasst die Bearbeitung handelsrechtlicher, steuerlicher und bankaufsichtsrechtlicher Fragestellungen, internationale Rechnungslegung (IAS/US GAAP), Trustee Services, Asset Audits, Due Diligence Work sowie die Transaktionsbegleitung als Berater oder Projektmanager.

Birgit Müller ist seit 2002 bei Deloitte in der German Securitisation Group tätig. Im Anschluss an eine Ausbildung zur Bankkauffrau studierte sie Betriebswirtschaftlehre in Göttingen sowie Sevilla. Zu ihren Aufgaben gehört die Begleitung von Securitisation Transaktionen in der Struktierungs- und Fortführungsphase. Schwerpunktmäßig ist sie mit Fragen der bilanziellen Behandlung von Verbriefungstransaktionen, insbesondere im Rahmen von Asset Backed Commercial Paper Programmen, befasst. Sie ist Expertin für aufsichtsrechtliche Fragestellungen nach gültigem Recht sowie nach Basel II im Bereich der Securitisation.

Dr. Stefan Nellshen studierte Mathematik und Betriebswirtschaft in Köln, wo er 1994 im Fach Mathematik zum „Dr. rer. nat." promovierte. Nachdem er mehr als drei Jahre in der Lebensversicherungswirtschaft gearbeitet hatte, trat er 1998 in die Bayer AG ein, wo er zunächst im Bereich Treasury die Leitung des Zinsrisikomanagements innehatte. Im Januar 2001 wurde er Fachreferats-Leiter für Kapitalmärkte und Finanzmodelle und seit August 2003 ist er als Finanzvorstand der Bayer-Pensionskasse VVaG tätig.

Kurt Peter, geschäftsführender Gesellschafter der Pumpenfabrik Wangen GmbH, hat 1984 seinen Abschluss als Diplom-Ingenieur Elektrotechnik mit Schwerpunkt Technische Informatik und Datentechnik an der TU Darmstadt absolviert. Bis 1987 arbeitete er als Entwicklungsingenieur bei Rohde & Schwarz in München, als er in das Technische Marketing für hochkomplexe Mikrochips bei Siemens, Bereich Halbleiter (heute infineon) wechselte. 1990 bis 1994 übernahm Kurt Peter die Position eines Technical Underwriter bei der Münchener Rückversicherung im Bereich industrielle Großrisiken. Seit 1994 ist er Geschäftsführer der Pumpenfabrik Wangen GmbH, an der er seit 1997 im Rahmen eines Management-Buy-Out (MBO) auch als Gesellschafter beteiligt ist. Im Jahr 2000 initiierte er die Durchführung eines Ratings und einer Zertifizierung gemäß internationalem Qualitätsstandard ISO 9001 und in 2003 die Durchführung einer Zertifizierung gemäß internationalem Qualitätsstandard ISO 14001 für die Pumpenfabrik Wangen GmbH.

Inge Reuling ist Senior Manager im Bereich Consulting/FSI bei Deloitte. Nach Erfahrungen im Risikocontrolling einer Bank hat sie sich auf Capital Markets-Themen spezialisiert. Dabei fokussierte sich Frau Reuling auf Strategische Unternehmensführung, Banking, sowie Quantitative Methoden im Risikomanagement. Neben regulatorischen Fragestellungen gehören Prozessoptimierung und Front-to-back Systemimplementierungen zu den Projektschwerpunkten. Im Bereich Basel II war Frau Reuling in einem europäischen Team eng in die Entwicklung der Deloitte-Methoden zur Umsetzung der Transformationsprojekte involviert.

Joachim Schauff arbeitet seit 1999 bei Deloitte und verfügt über mehr als 10 Jahre Berufserfahrung in der Finanzdienstleistungsbranche. Nach seinem Studium der Betriebswirtschaftslehre an der Universität Erlangen-Nürnberg arbeitete er zunächst bei der Dresdner Bank AG. Vor seinem Wechsel zu Deloitte war er als Senior-Consultant bei Mummert & Partner Unternehmensberatung AG beschäftigt. In seiner aktuellen Tätigkeit bei Deloitte ist Joachim Schauff als Manager verantwortlich für die qualitativen Aspekte der Bereiche Aufsichtrecht und Risikomanagement bei Banken und Finanzdienstleistern.

Frank Schönherr hat nach seinem Abitur in Stuttgart von 1983 bis 1989 ein VWL-Studium in Konstanz mit Abschluss Diplom-Volkswirt absolviert. 1989 trat er in die IKB Deutsche Industriebank, Niederlassung Baden-Württemberg, ein. 1993 übernahm er die Aufgaben des Regionalleiters. 1995 erfolgte eine einjährige Abordnung zum Crédit National S.A, woran sich bis 1999 die Leitung der Repräsentanz bzw. Niederlassung Paris anschloss Seit 2000 leitet er die Unternehmensentwicklung und verantwortet seit April 2004 in der IKB als Vorstandsmitglied das Geschäftsfeld Strukturierte Finanzierung und den Bereich Volkswirtschaft.

Philip Schwersensky hat bei der Dresdner Bank AG in Berlin gelernt und parallel Diplom-Betriebswirtschaft an der Berufsakademie Berlin studiert. Nach erfolgreichem Abschluss des Studiums wechselte er zur Unternehmensberatung

CSC Ploenzke AG in Wiesbaden, wo er in den Bereichen Softwareentwicklung für das Kreditgeschäft und Outsourcing von IT Dienstleistungen tätig war. Seit April 2004 arbeitet er bei der Unternehmensberatung Subito AG, wo er momentan als Projektleiter im Bereich Softwareentwicklung für das Kreditgeschäft tätig ist, speziell in Zusammenhang mit den Themen § 18 KWG und Basel II.

Frank Send ist Mitarbeiter der Structured Asset Group der WestLB AG, für die er strukturierte Zinsderivate entwickelt und verkauft. Zuvor absolvierte von 1996 bis 2002 ein Studium der Wirtschaftmathematik an der Universität Bielefeld. Zwischen 2002 und 2004 hat er als Consultant bei Deloitte Banken und Versicherungen in unterschiedlichen Fragestellungen des Risikomanagements beraten. Tätigkeitsschwerpunkte waren die Beratung mehrerer Banken bei der Umstellung auf IAS, insb. IAS 39 mit dem Fokus Hedge Accounting und Fair Value Bewertung von Finanzinstrumenten. Darüber hinaus befasste er sich mit der Beurteilung verschiedener interner Ratingsysteme.

Dr. Thomas Siwik ging nach seinem Studium der Volkswirtschaftslehre, Univ. Bonn, als wissenschaftlicher Mitarbeiter an die Univ. Bielefeld. Dort promovierte er über Allgemeine Gleichgewichtstheorie und Finanzmärkte. Seit 1999 ist Herr Dr. Siwik Berater bei Deloitte. Als Manager trägt er Verantwortung in der Organisation der Service Line Financial Risk Solutions und leitet Projekte mit den Schwerpunkten Risikomanagement, Bewertung, quantitative Methoden, Berichtswesen, IFRS und Aufsichtsrecht für Finanzdienstleister.

Tobias Stellmacher absolvierte von 1998 bis 2004 ein betriebswirtschaftliches Studium mit den Schwerpunkten Bank und Börsenwesen, Statistik und Unternehmensführung an der Friedrich-Alexander-Universität Erlangen-Nürnberg sowie der Wirtschaftshochschule Turku, Finnland. An seinen Studienabschluss 2004 schloss sich ein Praktikum bei Deloitte an.

Maria R. Tomasi studierte Wirtschaftswissenschaften an der LUISS Guido Carli in Rom und arbeitet seit 2001 bei Deloitte. Der Schwerpunkt ihrer Tätigkeit liegt auf der Umsetzung von Basel II in Kreditinstituten, der Beratung in bankaufsichtsrechtlichen Fragestellungen sowie dem Review von Cashflow-Modellen für strukturierte Projektfinanzierungen.

Christoph Wichmann hat nach seiner Banklehre bei der Dresdner Bank ein rechtswissenschaftliches Studium in Tübingen und Valparaiso (Chile) absolviert. Nach einer Tätigkeit in der Innenverwaltung des Landes Baden-Württemberg übernahm er 1988 die Leitung der Kreditabteilung und wurde zusätzlich seit 1993 als ordentliches Vorstandsmitglied der Wüstenrot Bank berufen. Seit November 2000 ist er ordentliches Vorstandsmitglied der Bausparkasse Wüstenrot AG.

Wilhelm Wolfgarten ist als Wirtschaftsprüfer und Steuerberater bei Deloitte seit über sieben Jahren für die Prüfung sowie Beratung von national und international tätigen Kredit- und Finanzdienstleistungsinstituten im Hinblick auf handels- und aufsichtsrechtlichen Fragen zuständig. Er leitet das deutsche Back-Office des

Bereichs Financial Services. Vor seinem Studium an der Universität zu Köln war er im Rahmen seiner Tätigkeit bei der Deutschen Bundesbank bereits mit bankaufsichtsrechtlichen Fragestellungen und der Institutsaufsicht befasst.

Henryk E. B. Wuppermann leitet den Bereich Capital Markets im Finanzbereich der Bayer AG. Er verantwortet die Kapitalaufnahme des Bayer-Konzerns an den Kapitalmärkten und bei Banken. Daneben betreut er die Ratingagenturen. Vor Übernahme dieser Positon leitete er zwei Jahre den Bereich Structured Finance, währenddessen er u. a. das erste ABS-Programm des Bayer-Konzerns etablierte. Vor seinem Wechsel zur Bayer AG im Jahre 2001 arbeitete er über fünf Jahre in verschiedenen Positionen im Bereich Structured Finance auf der Bankenseite. In dieser Zeit verantwortete er u. a. die steuerlich optimierte Finanzierung von über 15 Großflugzeugen verschiedener internationaler Airlines. Nach einer Ausbildung als Bankkaufmann bei der Deutschen Bank und dem Studium der Betriebswirtschaftlehre an der Universität München absolvierte Henryk Wuppermann ein internationales Traineeprogramm bei der WestLB in Düsseldorf und New York.

Stichwortverzeichnis
(Die Ziffern verweisen auf die Seitenzahlen)

A

ABS 293, 334, 432 ff.
ABS-Finanzierung 433 ff.
ABS-Transaktion 34, 41, 293 ff., 432 ff.
   synthetische 295
   traditionelle 294
Administrationsfunktion 269
Adressenausfallrisiko im Handelsbuch 420
Alternativer Standardansatz (ASA)
   vgl. Standardansatz (SA)
Alpha-Faktor 358
Ambitionierte Messansätze (AMA) 356, 362
Amendment to the Capital Accord to incorporate Market Risks 415
Ampelverfahren 402
Anerkennungskriterium 157
Anhangsangaben vgl. Notesangaben
Anlagebuch 278
Anschaffungskredit 151
Asset-Backed-Commercial Paper (ABCP) 295
Asset-Backed-Commercial Paper-Programm 295, 434
Asset-Backed-Securities vgl. ABS
Asymptotische Konvergenz 118
Attribute Manager 463
Aufnahmeland-Aufsicht 367
Aufsichtliche Genehmigungspflicht 364
Aufsichtlicher Formelansatz 313
Aufsichtliches Überprüfungsverfahren 371, 567
Aufsichtsrat 570
Aufwandssteuerung 433
Ausfall 172
Ausfallquote 333,
   vgl. auch Loss Given Default (LGD)
Ausfallwahrscheinlichkeit 281, 332, 461, vgl. auch Probability of Default
Ausstehende Forderungen bei Ausfall 461, vgl. auch Exposure at Default
Außerbilanzielle Forderung 162
Autofinanzierung vgl. Finanzierung

B

Backtesting 112, 115, 119, 274, 404, 471, 482
Back-up Analyst 81
Backup-Linie 334
Balanced-Scorecard-Ansatz 362, 381, 389
Bank for International Settlements (BIS) 20
Bankinternes Marktrisikomodell
   vgl. Marktrisikomodell
Barausgleich 280
Barunterlegung 283
Barwertansatz 397, 399
Basel I 19, 145, 432, 490
Basisansatz 170, 336
Basisindikatoransatz (BIA) 356, 358
Bausparkasse 543
Bayesian Networks 456
Beleihungswert 152
Benchmarking 112, 115, 120
Bereitstellungsprovision 333
Best-Effort-Basis 337
Bestimmtheitsmaß 118
Beta-Faktor 359
Beteiligung an Versicherung
   vgl. Versicherung
Beteiligungen im Rahmen staatlicher Förderprogramme 241
Beteiligungsfinanzierung 228
Beteiligungsposition 50, 232
Bilanz 511

Bilanzanhang 513
Bilanzielle Forderung 161
Bilanzstrukturmanagement 433
Bonität 339
Bonitätsprüfung 333
Bottom-up Approach 197, 387, 391
Bought Deal 337
Branchenrating 497
Bureau Veritas Quality International (Deutschland) GmbH 85
Business-Continuity-Management (BCM) 382
BVR-II
  -Masterskala 96
  -Ratingsystem 89

C
CAD 323, 45, 415, 505, 510, 557
Capital-Shortfall 405, 409
Cashflow 493
  -Simulation 100
Catastrophic Loss 390
Chief Risk Officer (CRO) 388
Clean-up Call 297
Clearing 514
Coface-Gruppe 82
Cofacerating.de GmbH 85
Collateral Management 480
Collateral (C) 508
Commercial Paper (CP) 334, 338
Conduit 295
Corporate Rating 526
Cost-Income-Ratio 518, 538
Country-Ceiling-Ansatz 95
Covered Bond 155
Credit Conversion Factor (CCF) 162, 187
Credit Default Swap (CDS) 279, 295, 321, 333, 433
Credit Enhancement 35, 295
  explicit 296
  implicit 315
Credit Linked Note (CLN) 279, 295, 432
Credit Story 71

Creditreform Rating AG 79, 85
Credit-Value-at-Risk (CVaR) 207
CRM-Verfahren 580

D
Data Warehouse 449, 471, 484
Daten
  -erfassung 114
  -pflege 114
  -qualität 114
  -verwaltung 111
Datenbanksystem 132
Datenbasis 177
Datenhistorie 48
Datenmanagement 461
Deutscher Rechnungslegungs Standard (DRS) 605
Deutsches Rechnungslegungs Standards Committee (DRSC) 606
Deviance 118
Diskriminanzanalyse 530
Dokumentation des Ratings 109
Downgrade 406
Drittrangmittel 420
DRS 5-10 605
Dun & Bradstreet 73
Duration 189

E
Early-Amortisation 296, 306
Earnings Approach 398
Eigenkapital 329
  -allokation 519
  -rentabilität 538
Eigenkapital-Arbitrage 441
Eigenkapitalausstattung
  angemessene 570
Eigenkapitalvereinbarung von 1988
  vgl. Basel I
Eigenmittel 403
Eigenmittelunterlegung 403, 410
Einbringungsquote 274
Einzelwertberichtigung
  pauschalierte (pEWB) 174
Einzelvertraglicher Kredit 333

e-Learning 498
Emissionsrating 159
Emittentenrating 159
Engagementbewertung 267
Enterprise Risk Management (ERM) 388
Enterprise System Management 459
Ergebnissteuerung 399
Erlaubnispflichtiges Bankgeschäft 559
Ertragssteuerung 433
Erwarteter Verlust vgl. Expected Loss
EU-Kapitaladäquanzrichtlinie 218, vgl. auch CAD 3
Euler Hermes Kreditversicherungs-AG 82
European Energy Exchange (EEX) 555
Excess Spread 297
Expected Loss (EL) 204, 240, 390, 534
Exportversicherung 146
Exportversicherungsagentur 158
Exposure at Default (EAD) 31, 135, 461, 477, 508, 523, vgl. auch Ausstehende Forderung bei Ausfall
 Definition 186
Exposure (E) 508
External Credit Assessment Institution (ECAI) 84
Externer-Rating-Referenzansatz 99

F
Fair Value 428
Federal Deposit Insurance Corporation (FDIC) 387
Feri Group of Financial Services 497
Financial Services Authority (FSA) 62
Finanzdienstleistung 559
Finanzierung
 Auto- 151
 Gewerbeimmobilien- 156
Finanzierungsinstrument 333
Finanzierungskondition 332
Finanzinstrument 423
 Definition 558
Finanzkonglomeraterichtlinie 57, 225
Finanzrisiko 389

Firmenkundengeschäft 341
First to Default 284, 289
First-Loss 298, 319
 -Absicherung 199
 -Position 283
Fitch 70, 78
Forderung
 an Banken 148, 212
 an Bundesländer 147
 an Kommunen 147
 an Staaten 146, 210
 an Unternehmen 149, 213
 an Wertpapierhäuser 149
 an Zentralbank 146
 durch Immobilien besichert 549
Forderung in Verzug 156
Formel zur Eigenmittelunterlegung 201
Fremdwährungsrating 161
Funktionale Architektur 459, 473

G
Gamma-Faktor 362
Gap-Analyse 446, 462, 466, 482
Garantie 185, 246, 279
GDUR-Mittelstands-Rating AG 85
Geldmarktpapier 334
General Corporate Purposes 333
Generally Accepted Accounting Principles (GAAP) 75
Gesamtbanksteuerung 139, 238
Gesamtkapitalanforderungen 164
Gesamtkapitalrendite 493
Gewerbeimmobilienfinanzierung vgl. Finanzierung
Gewerbliche Immobilie 52, 152
Global-Rating GmbH 85
Globalverrechnungsvertrag 513
Grandfathering 34, 62, 200, 242
Granularität 35
Granularitätskriterium 151
GroMiKV § 10 506
Groß- und Millionenkreditverordnung (GroMiKV) 560
Grundpfandrecht 244

Grundpfandrechtlich gesichertes
    Darlehen 523
Grundsatz I 45, 129, 133, 144, 415, 520,
    560
Grundsatz II 560
Gut-Schlecht-Analyse 99

H
Haftendes Eigenkapital 225
Haircut (H) 33, 138, 258, 283
    im Netting 508
Handelsbuch 286, 423
Hard Fact 527
HGB § 271 224
High-Volatility Commercial Real Estate
    (HVCRE) 191, 215
High-Yield-Segment 69
Holdinggesellschaft 55
Hybrides Kapital 60
Hypothekarkredit 538
Hypothekenbank 401

I
IAS/IFRS 42, 449, 511
IKB-Mittelstandsrating 492
Immobilienfinanzierung 214
Immobilienkredit 151
Income-Producing Real Estate (IPRE)
    214, 524
Incurred Loss 205
Industrieunternehmen 333
Informationsrisiko 389
Inhouse Rating 331
Interest Only-Strip (IO-Strip) 297
International Accounting Standards
    vgl. IAS/IFRS
Interner Assessmentansatz (IAA) 35,
    311
Interner Bemessungsansatz
    vgl. Interner Assessmentansatz (IAA)
Internes Messverfahren 375
Investment Banking 348
Investment Grade 75, 422
Investmentfonds 236

IRB-Ansatz (IRB) 31, 248, 332, 336,
    404, 412, 522, 599
    in Bausparkassen 551
ISDA-Rahmenvertrag 506, 513
Ist-Zustand 468

J
Jahresabschlussrating 494
Junk Bond 76

K
Kalibrierung 98
Kapitalmarktzugang 335
Kapitalstruktur 493
Kernkapital 231
Kernkapitalquote 520
Key Risk Indicator (KRI) 390, 458
Kleine und mittelständische Unterneh-
    men (KMU) 28, 201, 213,
    vgl. auch Small and Medium sized
    Enterprises (SME)
Kleinunternehmen 151
Kollinearität 118
Komitologie-Verfahren 46
Konfidenzband 119
Konfidenzintervall 119
Konsolidierung 225
Kontodaten 268
Konzernlagebericht 608
Konzernprivileg 560
Korrelation 116, 238
Kreditausfall 47
Kreditderivat 185, 246, 278, 279
Kreditfabrik 133
Kreditfazilität 333
Kreditkartenforderung 151
Kreditlimitmanagement 479
Kreditmarkt 333
Kreditportfolio 331
Kreditqualität 337
Kreditrating 331
Kreditrisiko 386, 572
Kreditrisikokonzentrationen 580
Kreditrisikominderungstechniken 600

Kreditumrechnungsfaktor 156, 162, 303
Kreditzusagemanagement 479
Kursrisiko
  allgemeines 418
  besonderes 290, 418
KWG § 10 Abs. 3 409
  -§ 10 a Abs. 4 55
  -§ 18 68, 501
  -§ 10 62

L

Lamfalussy-Prozess 47
Laufzeitinkongruenz 270
Lead Analyst 81
Legacysystem 467
Leipzig Power Exchange (LPX) 558
Leverage 329
Liquidatiönsnetting 506
Liquiditätsfazilität 297, 432
Liquiditätssteuerung 433
Logische Applikationsarchitektur 476
Logisches Modell 117
Logit-Funktion 117
Loss Database vgl. Verlustdatenbank
Loss Given Default (LGD) 135, 477, 508, 522
  Definition 180, 184

M

Management-Buy-Out (MBO) 343
Managementinformationssystem 140
Mappingtabelle 145
Margengestaltung
  risikoadjustierte 519
Market-Value-at-Risk (MVaR) 90
Marking-to-Market 426
Marking-to-Model 426
Marktansatz 236
Marktdisziplin 331
Marktpreisrisiko vgl. auch Marktrisiko
  allgemeines 395
  besonderes 395
  des Handelsbuchs 395
Marktrisiko 386, 573

Marktrisikomodell für Beteiligungen 237
Maturity (M) 188, 477
Messsystem
  internes 398, 401
Messung des Zinsänderungsrisikos
  vgl. Zinsänderungsrisiko
Middleware 467, 471
Migrationsmatrix 120
Mindestanforderungen
  an das Betreiben von Handelsgeschäften der Kreditinstitute (MaH) 396, 424, 557
  an das Kreditgeschäft der Kreditinstitute (MaK) 83, 126, 519
  an das Risikomanagement (MaRisk) 36, 371, 396, 411, 585
  Interne Modelle für Beteiligungen 237
  PD/LGD-Ansatz für Beteiligungen 240
  Risk Mitigation 249
Mindestbesicherungsgrad 181
Mindesteigenkapitalquote 165
Mindesteigenkapitalvorschrift 331
Mitentscheidungsverfahren 46
Modell
  expertenbasiertes 99
Modelldesign 116
Modellvalidierung 108
Modelldokumentation 239
Module
  qualitative 93
  quantitative 93
Monte-Carlo-Simulation 456
Moody's 70, 73, 410
Multilateral Development Bank (MDB)
  vgl. Multilaterale Entwicklungsbank
Multilaterale Entwicklungsbank 148, 211

N

Negative Pledge Clause
  vgl. Negativerklärung
Negativerklärungen 334

Nettingvereinbarung 246
Neubewertungsrücklage 235
No-Brainer 71
Notes vgl. Bilanzanhang
Notesangaben 513
Novationsnetting 506
Nullgewichtung 241
Nutzertest 593

O

Objektfinanzierung 216
Objektrating 526
OECD-Skala 146
Off-Balance-Sheet-Netting 510
Offenlegungsanforderung 317, 591, 599
Offenlegungsanforderung gemäß IAS/I FRS 513
Öffentliche Stelle 147
Ökonomisches Kapital 20, 41, 440
Old Economy 342
On-Balance-Sheet-Netting 507, 510
Operational Risk Management (ORM) 455
Operationelles Risiko 35, 52, 354, 453, 572, 581
Organisationsrisiko 389
Organisationsstruktur 533
Originator 294
OTC-Derivat 416, 420
Other Items 64
Outsourcing 537
Override 95
Overruling-Regelung 135

P

Parallelrechnung 49
Pari passu 159
Partial Use 38, 127, 164, 450
Pauschalierte Einzelwertberichtigung (pEWB) vgl. Einzelwertberichtigung
Personal 533
Pfandbrief 155
Physische Lieferung 280

Point-in-Time Rating 405
Portfoliorisiko 406
Preiskartellierung 438
Present Value Approach
 vgl. Barwertansatz/Present Value (PV) 399
Pricing
 risikobasiertes 479
Principles for the Management and Supervision of Interest Rate Risk 398
Private Equity-Finanzierung 234
Private Equity-Markt 223
Probability of Default (PD) 127, 135, 281, 477, 522, 531,
 vgl. auch Ausfallwahrscheinlichkeit
 Definition 172
 Schätzung der 176
Projektfinanzierung 215
Prozessoptimierung 380
Prozessrisiko 389
Pro-Zyklik 336
Public Sector Entity (PSE) 146, 210

Q

QIS 3 21, 446
Qualifikationsbedingung 131
Qualitätsstufe 145
Quantitative Impact Study (QIS) 365
Quantitative Impact Study 3 (QIS 3)
 vgl. QIS 3

R

Rating 330, 410, 435
 externes 341, 404
 indikatives 78
 internes 332, 336, 406, 411, 478, 536
 mehrfaches 158
 preliminary 78
 qualitatives 495
 solicited 161
 unbeauftragtes 161
 unsolicited 73, 161
@rating 82
Rating Advisor 86
Rating Advisory 71, 346

Rating-Center 101
Rating Cert e. V. 84
Ratingagentur 68, 70, 158, 336, 344
Ratingbasierter Ansatz (RBA) 35, 308, 442
Ratingfunktion
    Modellierung der 530
Ratingklasse 178
Ratingmarkt 70
Ratingmigration 406
Ratingmodellentwicklung 96
Ratingprozess 68
Ratingskala 145
Ratingverfahren 332
Realdarlehen 152
Realkredit 218
Rechnungslegung der Kreditinstitute und Finanzdienstleistungsinstitute (RechKredV) 560
Recovery Rate (RR) 180
Referenzaktivum 282, 290
Referenzdaten 475, 478
Regression
    kategoriale 530
Regulatorisches Eigenkapital 20, 434
Regulierungsarbitrage 434
Regulierungskosten 604
Renditemanagement 433
Reporting 465, 475, 481
Residuum 118
Restlaufzeit 251
Restrisiko 580
Retail 193
Retailansatz 170
Retailgeschäft 29, 149, 264
    Definition 217
    im IRB-Ansatz 193
Retailkredit 171, 218, 286, 404
Retailportfolio 150, 286, 548
Retailsegment 410
Return an Equity (RoE) 518, 538
Risiko
    technologisches 389
Risikoadjustierte Eigenkapitalkosten 440

Risikoadjustierte Margengestaltung vgl. Margengestaltung
Risikoaktiva 520
Risikoaktivaklasse 30, 170
Risikobasiertes Pricing vgl. Pricing
Risikobegriff 354
Risikofaktor 96
Risikogewicht (RW) 20, 332
    im einfachen Ansatz 253
Risikogewichtsmethode
    einfache 236
Risikoindikatoren 458
Risikoinventur 379
Risikoklassensegmentierung 128
Risikoklassifizierung 519
Risikomanagement 433
Risikomanagementsystem 330
Risikotransferinstrument 278
Risk Mitigation 249, 457
Risk Warehouse 459
Risk Weighted Assets (RWA) 478
Rohstoffhandelsfinanzierung 216
Roll Out 38
RORAC 440
RS Rating Services AG 85

S
Säule I 89
Säule II 40, 568
Säule III 42
Schadenschwere vgl. Loss Given Default (LGD)
Schnittstelle 132
Scoretransformation 97
Scoring 528
Scoringverfahren in Bausparkassen 547
Second to Default 284
Securitisation 35, 431
Segmentierung der Forderungsklassen 546
Self Assessment 389, 460
Sensitivitätsanalyse 575
Shareholder Value 347
Shelf Registration 75
Sicherheit 244, 338

627

Sicherheitenanrechnung   51
Sicherheitenbestand   274
Sicherheitenbestellung   216
Sicherheitenbewertung   267
Sicherheitendaten   270
Sicherheitenverwaltung   268
Sicherheitenmanagement   480
Sicherheitenwert   274
Sicherheiten im fortgeschrittenen IRB-Ansatz   184
Sicherheiten im IRB-Ansatz   260
Sicherheiten im IRB-Basisansatz   181
Sicherheitszu- oder -abschlag   508
Small and Medium sized Enterprises (SME)   28, vgl. auch Kleine und mittelständische Unternehmen (KMU)
Soft Fact   527
Solvabilitätskoeffizient   534
Solvabilitätsverordnung (SolvV)   43, 45
Sound Practices for the Management and Supervision of Operational Risk (SPOR)   36, 354, 369
Special Purpose Vehicle (SPV) vgl. Zweckgesellschaft
Specialised Lending (SL)   31, 171, 204, 523
   im IRB-Ansatz   190
Speculative Grade   76
Spezialfinanzierungen   213
Spreadmanagement   518
Staatsnahe Organisation   146
Standard & Poor's (S & P)   70, 75
Standardansatz (SA)   144, 247, 302, 331, 356, 359, 404, 442, 460, 599
Alternativer (ASA)   356, 360
   für Marktpreisrisiko   395
Standardrisikokosten   90, 103, 522
Stärken-Schwächen-Profil   501
Stichprobe   116
Strategieanalyse   346
Strategisches Risiko   354
Stresstest   136, 140, 471, 478, 575
Subordination   295
Substance over Form   228, 299
Supervisory Formula (SF)   35

Supervisory Review Process (SRP)   568
Syndizierter Kredit   333
Szenariobasierter Ansatz   363

T

Takedown   75
Technical Guidance   46
Technologisches Risiko   389
Teilkonsolidierung   55
Terminbörsenprivileg   560
Through-the-Cycle Rating   179, 405
Top-Down Approach   197, 391
Total Cost of Ownership   473
Total Rate of Return Swaps (TRS)   279
Transaktionssystem   467, 481
Transferrisiko   95
Transparenz   346
Transparenzmethode   303

U

Übergangsphase   50
Übergangsvorschriften   47
   für Beteiligungen   242
Überziehungskredit   151
Umfassender Ansatz   256
Umweltrisiko   389
Unexpected Loss (UL)   375, 390
Unternehmen   329
Unternehmensbeteiligung   34
Unternehmenskonzept   344
Unternehmensleitbild   344
Unternehmensplanung   494
Unternehmensstruktur   345
Unterstützungsmechanismus   94
Unwesentliches Beteiligungsportfolio   241
URA Unternehmens Ratingagentur AG   79, 85
Use Test   139, 175

V

Validierung   239
Validierung der Schätzung   111
Validierungs
   -ansatz   112

-prozess 110
Value-at-Risk (VaR) 103, 395
Value-at-Risk-Konzept 440
Value-at-Risk-Modell für Beteiligungen 34, 139, 238, 259
Verbindlichkeit 232
Verbriefte Transaktion 154
Verbriefung 246, 601
   synthetische 295, 432
   traditionelle 295, 432
Verlustdatenbank 132, 375, 389, 457, 459
Verlustquote bei Ausfall
   vgl. Loss Given Default (LGD)
Verlustverteilungsansatz 362
Verschuldungsgrad 493
Versicherung
   Beteiligung an 225
Verwässerungsrisiko 198
Verwertungsquote 180, 274,
   vgl. auch Loss Given Default (LGD)
Vier zentrale Grundsätze 396, 569
Volatilität 519
Vollkonsolidierung 55
Vor-Ort-Prüfung 131, 569

Vorsichtige Bewertung 425
Vorstand 570

W

Wagniskapital 234
Warnsignal 94
Wertberichtigungsbedarf 344
Wertpapierleih- und pensionsgeschäft 163
Wertschöpfungsprozess 496
Wohnimmobilie 152, 549
Wohnungsbaufinanzierung 194

Z

Zehn Grundprinzipien 369
Zinsänderungsrisiko 395, 573
   im Anlagebuch 396, 579
   Messung des 397
Zinsdeckungsgrad 493
Zinsnettoposition 418
Zinsschock
   standardisierter 397, 579
Zurücksetzung von Krediten 175
Zweckgesellschaft 154, 294, 432

NEUERSCHEINUNG

Mezzanine Finanzierungsinstrumente

Stille Gesellschaft – Nachrangdarlehen – Genussrechte

von Dipl.-Kfm. MICHAEL HÄGER, Wirtschaftsprüfer und Steuerberater, und Rechtsanwalt Dr. MANFRED ELKEMANN-REUSCH
2004, 333 Seiten, € (D) 46,80/sfr. 80,–. ISBN 3 503 06373 0

▌ Immer häufiger stehen Unternehmen vor Aufgaben, die nicht mehr über klassische Kredite finanziert werden können. In diesen Fällen wird zunehmend Mezzanine Kapital eingesetzt – eine Mischform zwischen Eigen- und Fremdkapital. Dieses Finanzierungsinstrument schließt die Lücke zwischen Krediten und "echtem" Eigenkapital und bietet zahlreiche Vorteile: Die Verbesserung der Bilanzstruktur, keine Einengung des Kreditspielraums, da kein "Sicherheitenverbrauch", keine Verwässerung der Anteilsstruktur der Altgesellschafter sowie große Flexibilität in der Ausgestaltung.

▌ In der Praxis des Beteiligungsgeschäfts stehen bei der Gewährung von Mezzanine Kapital an mittelständische Unternehmen die stille Gesellschaft, das Nachrangdarlehen und der Genussschein im Vordergrund. Die als mezzanine Finanzierungsinstrumente ausgestalteten stillen Gesellschaften, Darlehen und Genussscheine weichen vom jeweiligen gesetzlichen Normaltypus z.T. erheblich ab, was gesellschafts-, steuer- und bilanzrechtliche Fragen aufwirft, die bislang in Literatur und Rechtsprechung nicht oder nur am Rande behandelt wurden. Dies hängt im Wesentlichen damit zusammen, dass die Verwendung von stillen Gesellschaften, Nachrangdarlehen und Genussscheinen als eigenkapitalnahe Finanzierungsinstrumente in Deutschland erst mit dem Anfang der 90iger Jahre einsetzenden Venture Capital/Private Equity Boom Bedeutung erlangte.

▌ Dieses Buch gibt Ihnen eine umfassende Darstellung der vor allem für die Mittelstandsfinanzierung wichtigen mezzaninen Finanzierungsinstrumente.

Informationen online zum Buch unter:
www.ESV.info/3-503-06373-0

ESV

ERICH SCHMIDT VERLAG
Postfach 30 42 40 • 10724 Berlin
Fax 030/25 00 85 275
www.ESV.info
E-Mail: ESV@ESVmedien.de

NEUERSCHEINUNG

Ihr Ratgeber in allen Fällen des IT-Risikos

Der Ausfall von IT-Systemen ist für Unternehmen eine existenzielle Bedrohung. Die Frage ist, ob diese Risiken durch die bestehenden Versicherungen auch tatsächlich abgedeckt sind. Jetzt gibt es einen systematischen Führer durch das Thema.

Versicherbarkeit von IT-Risiken
in der Sach-, Vertrauensschaden- und Haftpflichtversicherung

Von Prof. Dr. Robert Koch, LL.M. (McGill), Hochschule Nürtingen (FH)
2005, 1078 Seiten, € (D) 148,–/sfr. 234,–, fester Einband, ISBN 3 503 08328 6

Unternehmen sichern

Ohne ein **gut durchdachtes Risiko-Management** geht es einfach nicht. Denn eine lückenlose Vorbeugung gegen menschliches Versagen oder Hacker ist praktisch unmöglich. **Dieses Buch zeigt Ihnen jetzt auch im IT-Bereich alle relevanten Risiko-Aspekte.**

Optimal umsetzen

▌ **Bestimmen Sie** einfach und schnell die Risiken. Wie dringend ist der Handlungsbedarf? **Überprüfen Sie** die vorhandenen Verträge. Sind sie ausreichend?

▌ **Klären Sie** die Relevanz der vorhandenen Konzepte: Elektronik-, Datenträger-, Softwareversicherungen? Verträge nach den 2004 neu gefassten Allgemeinen Haftpflichtbedingungen oder den AVB-RWS? Was bringt die aktuelle Euler-Hermes-Police?

▌ **Entwickeln Sie** Konzepte und schließen Sie Deckungslücken. Nutzen Sie die neuen IT-spezifischen Versicherungen. Auch eine Deckungs-Erweiterung der konventionellen Produkte kann für Sie passend sein. Die umfassenden **Praxisbeispiele** zeigen Ihnen alle Möglichkeiten.

Endlich Klarheit

Prof. Dr. Robert Koch hat **alle denkbaren Möglichkeiten** der Versicherung für Sie geprüft. Das Ergebnis finden Sie strukturiert, umfassend und praxisnah aufbereitet. Leicht erlangen Sie Kompetenz und damit Rechtssicherheit im Umgang mit IT-Risiken und möglichen Schäden.

ERICH SCHMIDT VERLAG
Postfach 30 42 40 • 10724 Berlin
Fax 030/25 00 85 275
www.ESV.info
E-Mail: ESV@ESVmedien.de

Informationen online zum Buch unter:
www.ESV.info/3-503-08328-6